Ludwig von Sybel

Christliche Antike

Einführung in die altchristliche Kunst - 1. Band

Literaricon

Ludwig von Sybel

Christliche Antike

Einführung in die altchristliche Kunst - 1. Band

ISBN/EAN: 9783956977466

Auflage: 1

Erscheinungsjahr: 2016

Erscheinungsort: Treuchtlingen, Deutschland

Literaricon Verlag UG (haftungsgeschränkt), Uhlbergstr. 18, 91757 Treuchtlingen. Geschäftsführer: Günther Reiter-Werdin, www.literaricon.de. Dieser Titel ist ein Nachdruck eines historischen Buches. Es musste auf alte Vorlagen zurückgegriffen werden; hieraus zwangsläufig resultierende Qualitätsverluste bitten wir zu entschuldigen.

Printed in Germany

Cover: Romanisches Medaillon, um 1000 n. Chr.

1. Vase zwischen Tauben. Coemeterium Praetextati.

2. Psyche und Amor. Coemeterium Domitillae.

CHRISTLICHE ANTIKE

EINFÜHRUNG IN DIE ALTCHRISTLICHE KUNST

VON

LUDWIG VON SYBEL

ERSTER BAND

EINLEITENDES   KATAKOMBEN

MIT VIER FARBTAFELN UND 55 TEXTBILDERN.

MARBURG
N. G. ELWERT'SCHE VERLAGSBUCHHANDLUNG
1906

Dem Göttinger Kommilitonen

Rudolf Hirzel

dem Philologen

Vorwort.

Dies Buch will eine Einführung sein für alle, welche dem Gegenstande noch nicht näher traten; insbesondere ist dabei an klassische Philologen und Archäologen gedacht. Ob Theologen in dem Buche für sich etwas finden können, müssen sie selbst sehen; jedenfalls haben sachliche Besprechungen von Theologen jeder Konfession auf besonderen Dank zu rechnen. Das Buch ist so geschrieben, daß es auch von weiteren Kreisen der Gebildeten gelesen werden kann; der gelehrte Apparat wurde in die Fußnoten verwiesen.

Die altchristliche Kunst, verstanden als christliche Antike, hat Verfasser 1877 in den Kreis der klassisch-archäologischen Vorlesungen eingeführt und in gleichem Sinne sie 1887 in seinen „Grundriß“ aufgenommen (Weltgeschichte der Kunst im Altertum, 2. verbess. Auflage, Marburg 1903). Das dort knapp Skizzierte wird hier ausgeführt und begründet.

Das Buch hätte an sich früher herausgegeben werden können; aber es mußte auf das Erscheinen von Wilperts „Malereien der Katakomben Roms“ warten und mußte dann erst auf die neue Grundlage ihrer zuverlässigen Reproduktionen gestellt werden; in der Erklärung aber konnte es sich jetzt wesentlich nur um eine Auseinandersetzung mit Wilperts Textband handeln, sei es in offener Aussprache oder stillschweigend. Von entgegengesetzten Ausgangspunkten herkommend gehen wir doch große Strecken zusammen, um an wichtigen Punkten uns dann freilich um so weiter zu trennen. Die Moral der Sache ist: je mehr die „Weltanschauungen“ aus dem Spiele bleiben, desto eher wird man sich verständigen. Seinerseits hat Verfasser gesucht, in einer ersten Einleitung „Glauben und Forschen“ für seine Arbeit wie für das ganze geistige Sein auf längst gegründeten Fundamenten eine dem Streit der Weltanschauungen entrückte Position zu gewinnen.

Die Farbtafeln sollen eine Vorstellung von der Malweise geben, und zwar der besseren Malereien. Die Textbilder wollen bloß eine Anschauung der wichtigsten Bildtypen vermitteln; der größeren Deutlichkeit zulieb sind sie nur zum Teil der Wilpertschen Publikation entnommen, zum Teil de Rossi's Roma sotterranea und Garrucci's Storia.

Mehreren Kollegen verdanke ich wertvolle Nachweisungen auf Gebieten, die mir ferner liegen.

Nach dem Druck der ersten Bogen ging mir verschiedenes zu, dessen hier Erwähnung zu geschehen hat. Erstens Hermann Gunkels Selbstanzeige seiner „Israelitischen Literatur" in der Deutschen Literaturzeitung 1906, Seite 1797 und 1861. Die schöne und große Aufgabe aber, von der unten im Abschnitt über die literarischen Quellen die Rede ist, nämlich die erste Geschichte der altisraelitischen Literatur zu schreiben, hat inzwischen Karl Budde gelöst; mein Kollege teilt mir mit, daß seine Literaturgeschichte jetzt eben erscheint. Endlich ging mir die 1. Lieferung von Lietzmanns Handbuch zum neuen Testament zu; den von Theologen verfaßten Kommentaren wird ein von Philologen (Radermacher und Wendland) gearbeiteter Band vorausgeschickt, grammatischen, literarhistorischen, kulturgeschichtlichen Inhalts. Ob dies selbstverständlich strengwissenschaftliche Werk gerade unser Desiderat eines philologischen Kommentars befriedigen wird, müssen wir abwarten.

Marburg, den 6. August 1906.

Ludwig v. Sybel.

Inhalt

Berichtigungen.

Seite 39 Zeile 16 von unten lies: gereifterer.

   „ 44 letzte Zeile: Griechen, Römer, Juden und Christen.

   „ 49 Anm. 1, Zeile 2: Gilgamesch-Epos 1906.

Einleitung.

Glauben und Forschen.

Sokrates.
Rom.

Glauben und Forschen waren im Keime eins, primitives Bemühen um Weltanschauung. Mit der Herausbildung dessen, was wir methodisches Nachdenken und Forschen nennen, fingen die Wege an sich zu scheiden. Ausschlaggebend war die Stellung zu den Lebensfragen. Wer, von der Notwendigkeit des Fortschreitens in der logischen Erkenntnis durchdrungen, sich entschied, diesen nicht schwindelfreien Höhenweg zu gehen, der nahm das Risiko des Irrtums bewußt in Kauf, im Vertrauen, daß Wahrhaftigkeit besser sei als vermeinte Wahrheit, daß ein Grundsatz sicherer leite als ein Lehrsatz. Wer aber gewohnt, die Lebensfragen im Lichte der alten Weltanschauung zu sehen, die Lösung jener an die Geltung dieser unlösbar gebunden meinte, hielt um der Lebensfragen willen die veraltete Weltanschauung fest; die anders gearteten neueren Erkenntnisse schob er beiseite oder fand sich mit ihnen ab wie er mochte. Unter den Lebensfragen begreifen wir nicht bloß die Existenz in der menschlichen Gemeinschaft, sondern auch die Bedürfnisse des Gemüts, die zuletzt in der Mystik Befriedigung suchen. Die Mystik stellen wir für besondere Besprechung zurück, wie wir überhaupt das Gemütsbedürfnis, als ein Innerpersönliches, hier übergehen; aber das andere ist öffentlicher Natur und von öffentlichem Interesse.

Die menschliche Gesellschaft organisiert sich in Staaten. Sobald nun auch der Staat die Sicherheit dessen, was für ihn Lebensfrage ist, vom Bestande der altgewohnten Weltanschauung abhängig glaubt, so meint er sich derer erwehren zu müssen, von denen er für seine Götter fürchtet. Das war der Fall des gegen fremde Religion bis zur Anerkennung und Übernahme toleranten, aber gegenüber allem den Staat Bedrohenden, vor allem gegenüber „Atheismus" gereizten antiken Staates. Sokrates und die Christen haben es erfahren. Der moderne Staat besteht grundsätzlich unabhängig von irgend einer Weltanschauung. Aber die gleichfalls politisch organisierten Gemeinden der Gläubigen fühlen sich, wie der antike Staat, durch die Zweifler und Forscher in ihrem Bestande bedroht und wenden nun ihrerseits gegen sie den Vorwurf des Atheismus; sie suchen die Staatsgewalt zu überreden, die freie Forschung nage an der Lebenswurzel der Gesellschaft. Man sollte meinen, gerade vor den ernstesten Fragen sei das Wort „Prüfet alles" am meisten angebracht. Aber diese Prüfung möchten die Eifrigsten am liebsten durch die Staatsgewalt ganz verhindert sehen; andere treten zwar in die wissenschaftliche Arbeit ein, verbieten sich jedoch selbst, die Forschung über gewisse, von den Ämtern ihrer Religionsgenossenschaft gezogene Grenzen hinauszuführen, sie halten an dem Punkte inne, wo ihre Ergebnisse in Widerstreit geraten mit dem vom Genossenschaftsamt befohlenen Fürwahrhalten.[1])

Demgegenüber muß immer wieder, nicht nur das Recht, sondern die Pflicht, die unbedingte Pflicht der wissenschaftlichen Forschung betont werden. Solange noch Eide geschworen werden, für solange sollte der Doktoreid in angemessener Formel wieder eingeführt werden; kommt es aber einmal zur Abschaffung des Greuels der Selbstverwünschung, dieses Nachlebsels heidnischer Religiosität („die Erde öffne sich und schlinge mich hinab, wenn ich Unwahres euch berichte"), so bleibt die Selbstverpflichtung übrig, für den Doktoranden die Selbstverpflichtung auf die unbedingte Forschung. Sie geht dahin, dem Grundsatz getreu den Weg der Forschung fortzusetzen, nicht beschränkt durch irgend ein Imperium, noch von irgend einer vorgefaßten Meinung. Nur dies ist der übrigens allen bekannte Sinn des Schlagwortes von der „voraussetzungslosen" freien Wissenschaft.

Gegen den Satz von der voraussetzungslosen Wissenschaft ist der Einwand erhoben worden, sie sei in Wirklichkeit gar nicht so voraussetzungslos, wie ihre Wortführer sich gebärdeten; im Gegenteil, diese sich frei nennenden Gelehrten ständen tatsächlich im Banne vorgefaßter Meinungen, ihrer Weltanschauung und sonstiger Vorurteile.

Der Streit ist leicht zu schlichten durch die notwenige Unterscheidung zwischen den einzelnen Gelehrten und der Wissenschaft selbst. Es ist gewiß richtig, die einzelnen Gelehrten sind Menschen, dem Gesetz der Kausalität unterworfen, insoweit Produkte der Gesellschaft, der sie entstammen, durch Erziehung, Unterricht und Verkehr mit fertigen Urteilen und Anschauungen, also in der Tat mit Vorurteilen angefüllt, ehe sie an den Arbeitstisch nur herantreten. Aber die Wissenschaft selbst ist frei davon. Die Wissenschaft selbst, das will sagen, wie sie dem Arbeiter zur Aufgabe gestellt ist: den Weg der Forschung zu gehen, aufrichtig und ohne Vorbehalt, rücksichtslos alle entgegenstehenden Meinungen beiseite zu setzen, vor allem diejenigen, welche er selbst mitgebracht hat aus Familie und Verkehr, aus Schule und Kirche, oder woher immer. Die Wissenschaft hat ihr Gesetz, aber nur in sich selbst; das ist ihre Freiheit. Aber Freiheit bedeutet Selbstverantwortung; der Gelehrte genügt seiner Verantwortlichkeit, indem er das Gesetz der Wissenschaft achtet und das Gebot der Wissenschaftlichkeit erfüllt, die unbedingte Pflicht der Forschung ohne Vorbehalt.

Die Wissenschaft muß den Fragen auf den Grund gehen; in diesem Sinne ist

---

[1]) Atheismus: Leclercq bei Cabrol, Dictionnaire I 1903, 275. — „Prüfet alles": Kant, Kritik der reinen Vernunft, Vorrede zur ersten Ausgabe 1781: „Unser Zeitalter ist das eigentliche Zeitalter der Kritik, der sich alles unterwerfen muß. Religion, durch ihre Heiligkeit, und Gesetzgebung, durch ihre Majestät, wollen sich gemeiniglich derselben entziehen. Aber alsdann erregen sie gerechten Verdacht wider sich und können auf unverstellte Achtung nicht Anspruch machen, die die Vernunft nur demjenigen bewilligt, was ihre freie und öffentliche Prüfung hat aushalten können."

sie radikal, oder sie ist nicht. Die historische Wissenschaft ist radikale kritische Historie oder sie ist nicht. Mag das Ergebnis ausfallen wie es wolle, man hat es hinzunehmen; und hierin besteht die Objektivität des Historikers. Denn keineswegs soll einer interesselosen Geschichtsbetrachtung das Wort geredet werden, welche den Spielen auf der Weltbühne aus behaglicher Loge nur mit ästhetischem Wohlgefallen zuschaute, oder die unparteiisch wie ein Gott die Wage in der Hand hielte. Das ist dem vom Weibe Geborenen nicht möglich und soll auch nicht sein. Praktisches Interesse, im Ineinanderwirken mit Spiel des freien Geistes, hat die Wissenschaft überhaupt ins Leben gerufen und gibt ihr fortdauernd neue Anregung. Der Mensch steht im Leben als Lebender, und aus innerstem Bedürfnis ergreift er Partei. Nur daß das wissenschaftliche Gewissen nicht erschlaffe unter dem Parteiinteresse, sondern umgekehrt das Parteiideal sich immer neu berichtige an den Ergebnissen der voraussetzungslosen Wissenschaft.

In der Wissenschaft wird nicht nach dem Glauben des Gelehrten gefragt, wohl aber danach, ob er willens ist, der unbedingten Pflicht der Forschung zu leben, oder ob er irgend welche Vorbehalte machen zu müssen glaubt, seien sie kirchlicher, politischer oder welcher Art immer. Dies eben ist der innerste Grund, weshalb (von den theologischen Fakultäten reden wir nicht) konfessionelle Professuren und konfessionelle Studentenverbindungen von den Universitäten als Fremdkörper im akademischen Wesen empfunden werden: die Inhaber jener Professuren und die Angehörigen dieser Verbindungen widmen sich der Wissenschaft, die doch ihr Gesetz in sich selbst trägt, nicht im Sinn und Geist der unbedingten Forschungspflicht, sondern „ihres an kirchliche Dogmen gebundenen Glaubens". Von der politischen Seite dieser Sache sehen wir hier ab.[1])

Ein anderer Einwand wird gegen die freie Wissenschaft selbst erhoben; es ist der schon eingangs angedeutete, sie zerstöre die Religion, und damit den Grund der Sittlichkeit; sie nehme dem Menschen schließlich seinen inneren Halt und seinen inneren Frieden.

Religion. Religio ist Rücksicht, Scheu, ursprünglich die Scheu vor den Gespenstern, Geistern, Göttern, die Angst vor ihrer Macht und Tücke, Deisidämonie; man suchte ihren Groll zu besänftigen, ihre Gunst zu erkaufen, indem man ihnen zu Opfer hinwarf und preisgab, worauf man sie lüstern hielt, Essen und Trinken, Geschenke aller Art, auch Menschen. Veredelte Sitte hat dann auf die Religion zurückgewirkt; die Gespenster und Dämonen hat man in Schattenreiche gebannt, die veredelten Götter

---

[1]) Die Worte in Anführungszeichen nach v. Hertling, Akademische Freiheit (in der Monatsschrift Hochland III 1905, 67). Um einer sich bildenden Legende entgegenzutreten, sei hier festgestellt, daß der Protest der Professoren in der Straßburger Sache tatsächlich nicht durch die Berufung eines Katholiken auf einen akademischen Lehrstuhl veranlaßt war, sondern — dieser springende Punkt sollte in keiner Besprechung der Angelegenheit verschwiegen werden — durch die Errichtung eines konfessionellen Lehrstuhles in der philosophischen Fakultät. Um dem Sinn dieser von der Unterrichtsverwaltung getroffenen Maßregel gerecht zu werden, sei zugegeben, daß die Erziehung der Kandidaten des geistlichen Amts besser an der Universität geschieht als in Priesterseminaren; wenn man sie dann aber in Konvikte sperrt und ihren Unterricht in Philosophie und Geschichte konfessionalisiert, so ist's mit der akademischen Erziehung bloßer Schein. Endlich, der durch solche Maßregeln erzielte nationale Gewinn, darin bestehend, daß die ultramontanen Katholiken sich diesseits der Vogesen jetzt behaglicher fühlen als jenseits, ist zu teuer bezahlt mit der fortgesetzten Übertragung staatlicher Hoheitsrechte an den auswärtigen Souverän, den absoluten Monarchen der internationalen Religionsgesellschaft, und seine Agenten.

aber wurden zu Lenkern der Welt, ein jeder in seiner Sphäre, zu Horten und Wächtern aller Tugenden, zu deren Idealen. Die Gottesangst wurde Gottesfurcht. Nun ist es neben dem immer noch fortdauernden Opferkultus vor allem die Scheu vor Pflichtverletzung, die Rücksicht auf die Pflicht, welche Religion heißt, eine Religion, die „besser ist als Opfer". Religéntem esse oportet, religiosum non opus est. So wechselt der Gegenstand der Religion, sie selbst bleibt. Denn sie hängt nicht an diesem oder jenem Gott, sie hat ihren Gott schon oft gewechselt, Gott allein weiß, ob schon zum letztenmal, dennoch bleibt sie. Gesetzt also, die freie Wissenschaft zerstörte die eine oder andere Religionsform, so hätte sie noch längst nicht alle und jede Religion zerstört, nicht die Religion selbst.

Sittlichkeit. Hierüber haben wir nur das für den Zweck Nötigste zu sagen, nicht in die Tiefe zu gehen; das Ethische liegt nicht im Thema dieses Buches. Die veredelte Sittlichkeit, sagten wir, veredelte rückwirkend die Götter. Die veredelte Sittlichkeit, das heißt, tiefer eindringendes und schärfer fassendes Denken, bezogen auf die menschliche Gesellschaft, wie es dann auch bezogen wurde auf die Naturwelt in ihrem ganzen Umfang und Inhalt. Das tiefere und schärfere Denken über die Verhältnisse in der menschlichen Gesellschaft hat aus der harten Kruste der Barbarei die Sittlichkeit als zarten Kern des Menschentums erst herausgeschält und sie immer weiter entwickelt, hat immer tiefer eindringend ihre innere feinere und feinste Struktur in langer Zeit ans Licht gebracht. Weil man aber als Lenker der Welt Götter dachte, so nahmen mit dem Wachstum der Sittlichkeit die Götter notwendig selbst zu an sittlichem Gehalt, ein Widerwillen erwachte gegen die in der sittlicher gewordenen Atmosphäre unsittlich erscheinenden Naivitäten des Mythus; die Achtung der Sittengesetze erschien nun als Unterwerfung unter die Ordnungen des Zeus, als Gehorsam gegen die Gebote Jahwes. Aber im Denken war das Sittengesetz erzeugt worden; darum kann es durch methodisches Denken nie bedroht, nur gefördert werden.

Der innere Halt. Es pflegt gesagt zu werden, es sei dem Menschen notwendig, daß er etwas glaube, man müsse einen Glauben haben. Der Satz ist richtig, wenn er meint, der Mensch müsse ein Vertrauen haben; aber er ist evident unwahr und verhängnisvoll irreführend, wenn er besagen soll, man müsse irgend welche Lehrsätze ungeprüft hinnehmen, auch wenn sie nicht durch logische Erkenntnis gewonnen sind oder gar ihr widerstreiten. Das Wort Glauben, so schönen Klanges wie schillernden Sinnes, hat viel auf dem Gewissen. Es sollte nur von Vertrauen die Rede sein, Glaube an eine Person darf nur Vertrauen in seine Persönlichkeit meinen. Man sollte einmal den Versuch machen, Luthers „Glaubensbibel" in eine „Vertrauensbibel" umzuschreiben; es lautete nicht so schön, aber es wäre besser. Freilich wird der Versuch nicht durchzuführen sein, da schon in der Entstehungszeit der neutestamentlichen Schriften der Übergang vom „Vertrauen" zum „Dogmenglauben" sich vollzog.

Die Religionen wechseln, aber die Religion bleibt, die Religenz, die Achtung dessen, dem man sich fügt, aus Einsicht und also freien Geistes und freien Willens. Religion war Abhängigkeit, Religion ist Überwindung der Abhängigkeit. Dem man sich fügt, das ist das Sittengesetz und das Naturgesetz. Diese Achtung des Gesetzes ist innerlichst unabhängig von der „Weltanschauung". Eine Weltanschauung baut sich jeder denkende Mensch auf, der primitive und der ungeschulte, wie der höchstgebildete und der höchstmethodische. Je nachdem schaut er die Welt an, den „Himmel" als hohle Halbkugel über die tellerförmige Erde gestülpt, oder sphärisch und geozentrisch, oder heliozentrisch; oder er denkt ungezählte Sonnensysteme, die den Geist in schwindelnde Fernen führen, und erschöpft zuletzt das Denkbare in der Vorstellung einer in Raum und Zeit unendlichen Welt. Wiederum grübelt der Mensch über die Kräfte und die Bewegungen in der Welt und ihren Einzeldingen, was es damit sei; über das organische Leben, über das Lebensprinzip, das er gern hypostasiert in einer Seele, der Trägerin zugleich der Persönlichkeit; wie er denn auch die Weltgebiete, so oder so im Denken sie abgliedernd, nicht denkt ohne Analoga der Pflanzen-, Tier- und Menschenseele, ohne einen zugehörigen persönlichen Gott; zuletzt erhebt sich ihm, mit dem Aufgehen des Begriffs der in die Allwelt gestellten Menschheit, über und gegenüber den vielen Göttern, der Eingott. Und die eigne Erfahrung des Geborgenseins im Arm eines gütigen Vaters in die gottregierte Welt projizierend hat der Mensch sich von jeher als Kind seines Gottes gefühlt. Es ist psychologische Notwendigkeit, daß er die Welt als sinnreiches Kunstwerk sieht und daß er hinter dem Kunstwerk den Künstler sucht; es ist psychologische Notwendigkeit, daß er, in die gottgetragene Welt gestellt, sich wie im Arm eines auch in der Strenge gütigen Vaters fühlt. Er mag den persönlichen Gott zur Gottheit, zur Natur, zum Gesetz verflüchtigen, sobald er das Ganze sich vorstellt und sich in ihm, so kann er nicht anders als personifizieren. Aber er muß wissen, was er tut.

Die Weltanschauungen kommen mit einem großen Anteil Phantasie zustande. Wer aber sein Lebensgesetz dem Sichersten entnimmt, das dem Menschen zu Gebote steht, dem Denken, der wird vorziehen, der Phantasie in ihrem eigensten Tummelplatz Raum zu geben, nämlich in den weiten Gefilden und hohen Hallen der Kunst, aller Künste; sie bieten auch dem Gemüte reiche Nahrung. In Musik und Tanz, in Dichtung und Malerei, in allen Künsten hin und wieder zieht die Kunst alle Register menschlicher Gefühle, durchmißt alle Tiefen und Höhen, ergötzt, rührt und erschüttert, beruhigt und beseligt ihre Andächtigen. Was am religiösen Kultus zum Gemüt spricht, verdankt es in weitgehendem Maße eben derselben Kunst; seine im Gegensatz zur Kälte des Rationalen so gern empfohlene Wärme, sie ist wesentlich ästhetischer Natur.

Es muß zugegeben werden, in der Wissenschaft selbst kann die Phantasie nicht entbehrt werden; da ist sie aber nicht die Herrin in wallender Robe, sondern die bescheidene Gehilfin im schlichten Kleid, Häubchen und Schürze. So dienend, verdeutlicht sie das Nichtsinnfällige durch Bilder, schaut sie Hypothesen, baut sie Synthesen, und so wird eine wissenschaftliche Weltanschauung. Jene in Raum und Zeit unendliche Welt des unerschaffenen und ewigen, in unerschöpflichem Wechsel bewegten Stoffes, in aller Bewegung dieselbe Kraft, in allem Geschehen dieselbe Gesetzmäßigkeit, diese und ähnliche Momente bilden die Weltanschauung des heutigen Naturdenkens. Und wenn sie kritisch die Visierung umkehrend das Weltgesetz statt draußen in der Welt vielmehr in der Tiefe des Denkens findet, so wird sie philosophisch. Aber wie die naturwissenschaftliche, so bleibt auch die philosophische Weltanschauung als Weltanschauung hypothetisch, immer steht dem Forscher ein Warner zur Seite und sitzt ihm der Stachel Vorwärts in der Seele; jeder neue Tag mag unser heutiges Dogma berichtigen, vor uns liegt unerforscht immer Unendlichkeit.

Und in der ewig fließenden, in der Wissenschaft und im Glauben gleich wandelbaren „Weltanschauung" soll einer seinen Halt finden? Es ist wunderlich genug, daß die Menschen sich das immer wieder einreden, sie fänden ihren inneren Halt im Fürwahrhalten dessen, was sie nicht wissen und wohl auch nicht wissen können, sogar in solchem, was sie nicht einmal denken dürften, wenn sie nämlich etwas glauben, weil es absurd ist (credo quia absurdum est). Die Folge ist immer, daß der Weltanschauung die Menschlichkeit geopfert wird; sie beurteilen und richten die Menschen nach ihrer Weltanschauung, klassifizieren sie in die guten Theisten, die schon recht bedenklichen Pantheisten und die ganz verworfenen Atheisten, oder umgekehrt in die gescheiten Atheisten, die leidlich vernünftigen Pantheisten und die ganz törichten Theisten, und was dergleichen wunderliche Äußerungen des Verstandes und Herzens mehr sind. Heute ruft der Monismus die denkenden Menschen zu seiner Fahne. Die Monisten gegen die Dualisten. Gewiß, die monistischen Hypothesen wollen so ernst erwogen sein wie die dualistischen; man muß gestehen, die Erklärung der Welt aus nur einem Prinzip scheint in ihrer Einfachheit eine gewisse logische Beruhigung zu versprechen. Wenn es nur gelingt. Nun, es ist möglich und zu hoffen, daß der Monistenbund die Sache der geistigen Freiheit fördert, aber die religiöse Frage wird er um keinen Schritt der Lösung näher bringen, weil er die Religion nicht vom Dogmatismus erlöst. Auch der Monismus bleibt dabei, das Leben auf Weltanschauung zu gründen, das ist, auf das Fürwahrhalten einer Hypothese. Hypothesen sind gut, der Forschung neue Pfade zu öffnen; aber dogmatisiert sind sie auch nur Glaubensartikel, bloße Fürwahrhaltungen.

Als ob diese „Weltanschauungen" nicht samt und sonders Phantasien wären, die atheistische, die pantheistische, die theistische, die dualistische, die monistische, alle ohne Unterschied. Die Phantasie spielt, die Phantasie erfreut. Sie hilft auch bauen, am liebsten am Hochbau, um ihm den schönen und das Gemüt befriedigenden Schein der Abrundung zu geben, der Geschlossenheit und Vollendung, so daß einer darin warm wohnen kann in seinen Gedanken. Grundsteine legt die Phantasie nicht. Man baut aber auf Grundsteine.[1])

Wirklich, die Bäume sagen uns nichts, ebenso wenig die Alpen, oder die Fixsterne, sie sagen uns nichts, worauf wir bauen könnten. Sie reden vom Kosmos der Welt, dessen Größe und Feinheit uns ästhetisch packt und dessen Betrachtung mittelbar allerdings etwas nützen kann, indem sie uns zu tieferem und feinerem Empfinden stimmt. Das Schöne ist das Sinnbild des Guten, die Betrachtung des Kosmos der Naturwelt kann in uns die Ahnung des Kosmos der Pflichtwelt erwecken, nicht aber kann sie ihn unmittelbar in uns erzeugen. Um den Aufbau des ethischen Kosmos aber handelt es sich.

Die Betrachtung der Unendlichkeit und des Reichtums der physischen Welt wirkt in zwiefacher und entgegengesetzter Weise. Indem der Mensch sich in der unendlich großen Welt als eines der unendlich kleinen Wesen weiß, die im einzelnen und im ganzen von der Weltmaschine irgend einmal zermalmt werden, so wirkt dies Wissen niederdrückend. Auf der anderen Seite aber ruft der Gedanke, im inneren Reichtum der Welt der reichste und seiner selbst bewußteste Organismus zu sein, der einzige den Kosmos und sein Gesetz denkende und empfindende, er löst ein freudiges Schwellen der Brust aus. Dies Schwellen unter jenem Druck erzeugt die psychische Spannung, die Entladung sucht in psychischer Tätigkeit. Aber das Gesetz des Wirkens im psychischen Kosmos lehrt sie ihn nicht.

---

[1]) Zum Kampf der Weltanschauungen vgl. auch v. Sybel bei Kappstein, Modernes Christentum. Erste Serie. Heft 1, 1906, S. 152.

Das den natürlichen Menschen erdrückende Gefühl, der kalten Kausalität preis-gegeben zu sein, wird den von der Weltästhetik Ergriffenen nicht verzweifelt stimmen, wohl aber bescheiden und zur Aufnahme der Idee der Solidarität des Menschengeschlechts empfänglich. Andererseits wird das Bewußtsein des eigenen inneren Besitzes ihn mit der freudigen Genugtuung erfüllen, das reichste Eigenleben entfalten zu dürfen auf einem unermeßlichen und unergründlichen, ganz ihm eigenen Arbeitsfeld. Nach welcher Richtschnur aber setzt er seiner Arbeit das Ziel?

Nur im Denken, nur logisch läßt sich die Sittlichkeit begründen, nicht mytho-logisch. Allerdings, wer eine geschichtlich gegebene Sittlichkeit verstehen will, der muß sie kulturgeschichtlich studieren; wer wissen will, was das sittliche Leben im Arbeiten der Psyche bedeutet, der muß sich der psychologischen Methode bedienen. Das auf diese Weise, historisch und psychologisch, gewonnene Verständnis wird die „Weltanschauung" bereichern, wird ohne Zweifel auch nützliche Warnungstafeln und Wegweiser für den Lebensweg errichten. Wer aber vor der praktischen Frage steht, nach welchem Grundsatz er leben soll, wer an den ethischen Erörterungen seiner Zeit teilnehmend sich vor die Wahl gestellt sieht, diesen oder jenen Weg einzuschlagen, vielleicht auch alle zu Markt gebrachten Richtungen abzulehnen und einen eignen Weg sich zu bahnen, der ist genötigt, das Kriterium aus der Tiefe seines sittlichen Denkens zu schöpfen; ohne die Winke der Moralgeschichte und der Psychologie un-genutzt zu lassen, wird er zuletzt doch auf die Entscheidung der Logik angewiesen sein.

Das Gesetz, wie der Natur, dem man sich fügt, so der Sitte, das man zu befolgen sucht, findet man nicht draußen in der Welt, sondern nur in sich; gewiß nicht im zufälligen Wesen seiner Individualität, sondern im festen Grunde seiner geistigen Persönlichkeit, im Denken. Aus diesem fruchtbaren Boden erwächst uns, wie die Er-fahrungswissenschaft, so der Pflichtbegriff. Nur da, im Denken, ist es dem Menschen gegeben, den wirklichen inneren Halt zu finden. Unter uns gesagt, im Grunde auch dann, wenn die mythische Vorstellungsweise ihn hinausspiegelt in die Vorstellungs-welt; denn wir Menschen haben doch alle dieselbe Art Verstand.

Wie nun im Denkgrund der feste Grund des Erfahrungswissens gegeben ist und zugleich der sittliche Halt, so auch die Möglichkeit des inneren Friedens. Wo der Geist mit sich selbst in Zwiespalt liegt, da ist kein innerer Friede vorhanden. Ein solcher innerer Widerspruch ist mit dem Credo quia absurdum und allen seinen Vor- und Unterstufen verknüpft. Es ist möglich und üblich, der „Weltanschauung" zulieb und von ihr verführt, den Sinn für Wahrhaftigkeit des Denkens so abzutöten, daß er keinen Widerspruch mehr zu erheben vermag gegen Unlogik — nein Widerlogik — und Phantastik; aber das so gewonnene Sicherheitsgefühl ist doch nur ein Fundament von Wachs, das schmilzt, sobald der phantastische Dunst vor der Sonne des Gedankens verfliegt. Und hält der fragwürdige Bau unter peinlicher Hut auch eine Weile, so tickt doch im Holz der mahnende Wurm, wenn auch zurückgedrängt warnt die ein-geborene Logik. Wo aber das Denken mit sich selbst in Einklang steht, somit auch mit dem Gesetz, der Natur und der Sitte, dort und nur dort ist wirklich der innere Friede, die Ruhe der Seele.

Hat der Mensch im Grunde des Denkens seinen Gleichgewichtspunkt und Anker-grund gefunden, so geht ihm hieraus das Vertrauen auf, welches ihm nötig ist als Wanderstab durchs Leben. Der religiöse „Glaube" hat bekanntlich zwei Seiten, nach der objektiven Seite ist er ein Fürwahrhalten, nach der subjektiven ist er Vertrauen.

Das Fürwahrhalten bezieht sich auf Vorstellungen, die sich dem logischen Beweis entziehen, weil an ihrer Erzeugung die Einbildungskraft jenen allzu großen, nicht genügend
durch den Verstand kontrollierten Anteil hat. Dies Fürwahrhalten kann ohne jenes
unsittliche Abtöten des Verstandes die Grundlage für ein lebendiges Vertrauen nicht
abgeben. Das ist ja nun jedermanns Sache, wie er es damit halten will. Die Religion
ist ein Persönliches, Innerliches. Eben deshalb aber gilt der Glaube nur in der
Gemeinde, und zwar nur innerhalb der ebendasselbe und in derselben Weise
glaubenden Gemeinde; streng genommen, nach dem Gesetz der Individualität, gilt
der Glaube nur im Innern der glaubenden Einzelseele. Solange er innerhalb
dieser seiner Grenze bleibt, wird man ihn respektieren. Sobald er aber aus dem Schutze
seiner Grenze und auf den Markt tritt, so wird man die angebotene Religion, ehe man
sie kauft (denn auch für inneren Erwerb muß man zahlen), wie jede andre Ware
prüfen. Vollends, wenn eine Religion propagandistisch oder gar mit Prätentionen auftritt, oder wenn sie in die der logischen Wissenschaft bestimmten Anstalten sich
einnisten will, so fordert sie die Kritik selbst heraus, vor der sie unweigerlich zu
Boden fallen muß, weil der Glaube für die Logik immer nur eine subjektive Gewißheit
von Sachen ist, die man nicht weiß. Man unterscheide wohl, das auf Logik gegründete
wissenschaftliche Vertrauen ist eine Gewißheit nicht dessen, das man nicht weiß,
sondern dessen, das man „nicht siehet", eine Gewißheit, die, weil logisch erzeugt,
logischer Prüfung ruhig stand hält. Wenn wir den kritischen Pfad Platos bis ans
Ende verfolgen, unangesehen wie weit er selbst gegangen ist, so besteht die philosophische
Wendung eben hierin: nicht, wie der Mythus tut, unseren Ankergrund an den blauen
Himmel zu spiegeln, noch die Güte in die Welt der Fixsterne, sondern, das Bild ist
umzukehren, über die Brüstung gelehnt in den Brunnen unseres Denkens zu blicken,
in ihm spiegelt sich der unergründliche Himmel alles Wirklichen, aus ihm schöpfen
wir unsere Urteile, unsere Entschlüsse, über allem liegt sein stiller Glanz.

In der ruhigen Gewißheit des logischen Denkens ruht unser Vertrauen. Es
macht uns den Gang durchs Leben möglich und läßt auch über dem ewigen Eise der
Kausalität die Sonne des heiteren Geistes scheinen.

Wo innerer Friede und Vertrauen ist, da stellt sich das „Gefühl reinen Glückes"
ein, welches mit Recht Seligkeit genannt wird, weil auch die Götter- und Gottesseligkeit nichts der Art nach Höheres sein kann; denn sie ist, wie das ganze Gottsein,
lediglich ein potenziertes Menschsein. Der Mythus verlegt die Seligkeit in die Zeit
nach dem Tode und beschreibt sie als einen vollkommenen Genuß; in seinem primitiven
Stadium versteht der Mythus darunter den Mitgenuß des vollkommenen, dabei sehr
substantiell gedachten Lebens, dessen sich die Götter erfreuen; auf gereifterer Stufe
wird auch die Seligkeit sublimiert zu einem ungetrübten Schauen der Vollkommenheit
des Gottes. Eine Seligkeit in Betrachtung, in Theorie. Die Philosophie ihrerseits
lernte nur langsam auf die Flügel der Phantasie verzichten, war aber immer auf der
Suche nach dem Rückweg aus dem Wunderreich drüben und zurück auf den festen
Boden des Logischen; ein Plato hat, unzweideutig in seinem „Gastmahl", die beseligende Schau zurückverlegt in die Lebenszeit hienieden. Auch ihm war es eine Schau
des Ewigen, aber als eines Unpersönlichen; es ist die Seligkeit in der logischen Betrachtung selbst, in der wissenschaftlichen Erkenntnis.

Da wir es an dieser Stelle eigentlich nur mit dem Leben in der Wissenschaft zu
tun haben, so brechen wir hier ab. Mit dem Gesagten sind die gegen die freie Wissen-

schaft erhobenen Einwände für uns erledigt. Mögen die Toten ihre Toten begraben, wir folgen dem Weg des wissenschaftlichen Lebens.

Christliche Antike.

Juppiter.
Rom.

Die Werke altchristlicher Kunst sind Denkmäler aus der frühen Jugend des Christentums; in dieser Eigenschaft besitzen sie einen Gefühlswert für alle diejenigen, welche im Christentum einen wertvollen und noch nicht erschöpften Besitz der Menschheit erkennen. So ist es nur natürlich, daß vor allem Theologen sich gern diesen Denkmälern zuwenden. Und sie haben den bedeutenden Vorsprung, daß ihnen die das Verständnis erschließenden literarischen Denkmäler, wie die ganzen in den Kunst- und Schriftwerken sich aussprechenden Vorstellungskreise, geläufig sind oder doch nahe zur Hand liegen. Auf der anderen Seite pflegen die Kunsthistoriker die altchristliche Kunst in den Kreis ihrer Betrachtungen zu ziehen. Diese haben den Schwerpunkt ihrer Arbeit in der mittleren und neueren Kunst; da pflegt denn die altchristliche Kunst mehr einleitungsweise vorausgeschickt zu werden, als erstes Kapitel der Kunstgeschichte des Mittelalters. Man begrüßt im Christentum den Anfang einer neuen Kulturentwicklung; man rechnet vom Beginn der christlichen Kunst an eine aufsteigende Entwicklung, ausgehend von den Malereien der Katakomben und hinführend zu Raffael und Rembrandt. Es bleibt noch Raum für eine dritte Gruppe von Arbeitern; neben den Theologen und den Kunsthistorikern finden auch die Archäologen zu tun. Vom Standpunkte der klassischen Archäologie aus treten auch wir an den ohne Zweifel ehrwürdigen Gegenstand heran; und wir meinen, dieser Gesichtspunkt sei den beiden andern gegenüber eigenartig genug, um von uns zur maßgebenden Richtschnur genommen zu werden.

Wir betrachten den Gegenstand nicht aus dem Gesichtspunkte des Theologen, also nicht auf sein Interesse für die heute lebende christliche Religion; wir betrachten die altchristliche Kunst auch nicht als die Vorstufe der allgemeinen christlichen, richtiger zu sprechen, der mittleren und neueren Kunst; sondern für den Archäologen ist sie das Ende einer Entwickelung, wenn man will, ihr geschichtliches Ziel, in dem diese sich vollendet, das Ende und Ziel nämlich der Entwicklung und des ganzen Verlaufs der antiken Kunst, worin sie zuletzt auslief. Dem Archäologen ist die altchristliche Kunst das letzte geschichtliche Ergebnis der gesamten Antike; er glaubt, für ihr geschichtliches Verständnis die wesentlichen Vorbedingungen mitzubringen in seiner methodischen Kenntnis der Antike.

Damit haben wir auch Stellung genommen zu der Frage nach dem Verhältnis
der altchristlichen Kunst zur Antike. Einige stellten sie zur Antike in Gegensatz;
die christliche Kunst sei im Gegensatz zur Antike entstanden, wie das ganze Christentum in schroffem Gegensatz zum Altertum ins Leben getreten sei. Andere erklären,
die christliche Kunst sei von der Antike abgeleitet, von ihr abhängig gewesen, eine
Ansicht, welche der Gegenseite fast als eine Verkennung und Kränkung des Christentums erscheint. Wir nun können weder zugeben, daß das Christentum so ganz
allgemein zur Antike in Gegensatz getreten sei (der Kampf ging nur gegen gewisse
Seiten und Richtungen des Altertums, wurde aber auf dessen eigenem Boden geführt),
noch lassen wir gelten, daß die christliche Kunst im Gegensatz zur antiken erwachsen
sei. Freilich auch nicht in Abhängigkeit; denn sie leitet sich nicht von der Antike
ab, sie ist nicht deren Tochter, sondern sie ist selbst noch Antike. So geben wir die
ganze Gegenüberstellung antiker und christlicher Kunst als pseudhistorisch auf;
richtig kann nur antike und nachantike Kunst in Gegensatz gestellt werden, und
wiederum heidnische und christliche. Innerhalb der gesamten Antike gibt es Kunst
heidnischer und solche christlicher Religion, es gibt heidnische Antike und christliche Antike.

In der christlichen Kunst vollendet die Antike ihren Lauf, vollzieht sich ihr
letztes Schicksal. In Malerei und Plastik bewegt sich die Kunst der Kaiserzeit, einschließlich der christlichen, auf absteigender Linie, in künstlerischer Hinsicht ist da
keine Rede von anhebender Neuentwicklung; es ist nicht quellende Jugendkraft,
sondern absterbendes Greisentum. Schönheit ist nur in den frühesten Werken noch
vorhanden; im übrigen liegt die Bedeutung dieser Arbeiten nicht im Künstlerischen,
sondern im Gegenständlichen, in der Entstehung einer christlichen Typik und in
ihrem Quellenwert für die Kenntnis des frühen Christentums. In der Baukunst
dagegen hat die Antike, gerade die christliche, in der ausgehenden Kaiserzeit noch
Neues gestaltet, man muß sagen, sie hat da gerade zuletzt noch Triumphe feiern dürfen.

Genauer zu sprechen, ist die altchristliche Kunst ein Teil der Spätantike;
diese Stellung am Ende der antiken Kunstentwicklung brachte sie in die zweifel-
hafte Lage des Epigonentums. Die Zeit der höchsten Schöpferkraft, die eigentlich
klassische Blüte der Antike, war abgelaufen; aber sie hatte im Laufe der Jahrhunderte
ein reiches Kapital von Kunstformen, einen unerschöpflichen Kunstschatz geschaffen,
davon die Epigonen zehren mochten. Es konnte nicht leicht eine neue Idee, ein
neues Programm zur Aufgabe gestellt werden, für deren künstlerische Lösung nicht
geeignete Formen zu Gebote oder doch gebahnte Wege offen standen. Die Bedürfnisse der christlichen Gemeinden waren aber gerade in den Anfangszeiten die ein-
fachsten, wenige Elemente bildlicher und baulicher Typik genügten zu ihrer Befriedigung, und zu dem Ende brauchte man das aus dem Vorrat Geschöpfte nur dem
besonderen Kultus anzupassen. Daß es sich dabei um in der heidnischen Antike auf
keine Weise Dagewesenes gehandelt hätte, wäre eine unwahrscheinliche Voraussetzung.
Wo heute zu irgend einem christlichen Typ heidnische Analoga nicht nachweisbar
sind, kann sich das Fehlende jeden Tag durch Fund oder Ausgrabung ergänzen. Die
christlichen Typen stehen in der Kette der typengeschichtlichen Entwicklung; es ist
nötig, sie ebenso typologisch zu untersuchen und ihre typengeschichtliche Filiation zu
ermitteln, wie es in der Archäologie sonst geschieht, beim phidiasischen Zeus oder
bei der praxitelischen Aphrodite. Wie der Zeus und die Aphrodite durch den Nach-

weis ihrer typengeschichtlichen Stellung nichts an ihrem Wert als originale Schöpfungen verlieren, so nimmt die typologische Behandlung auch den christlichen Kunsterzeugnissen nichts von dem Originalwert, welchen sie etwa besitzen. Und soweit die Spätantike noch fähig war, Neues zu schaffen, vermochte sie es für jede Religion zu leisten, wie für Mithras, so für Christus.[1]

Den Satz vom antiken Charakter der altchristlichen Kunst müssen wir nun aber erweitern, um ihn in seinem tiefsten Grunde zu erfassen. Er gilt auch von der christlichen Religion, vom Christentum selbst. Die universalhistorische Stellung der christlichen Religion, ihre Stellung in der allgemeinen Religionsgeschichte, ist analog der eben bezeichneten Stellung der altchristlichen Kunst in der allgemeinen Kunstgeschichte. Die altchristliche Religion, ihr Eintreten in die Welt und ihr Leben während des ersten Halbjahrtausends, will auch nicht als Anfangsglied einer neuen Entwicklungsreihe betrachtet sein, sondern als Endglied einer ablaufenden, als das Schlußkapitel der Religionsgeschichte des Altertums. Historisch betrachtet war der Christianismus das geschichtlich notwendige Endergebnis der religiösen Entwicklung des Altertums.

Hier steht die Bemerkung am Platze, daß der Archäologe immer Philologe ist; und der Philologe ist auch Mytholog. Mythus heißt in diesem Zusammenhange auf deutsch Glaube; das griechische Wort meint den Glauben, insofern er ein Fürwahrhalten ist. Mythologie ist Glaubenslehre. Es handelt sich bei diesem Fürwahrhalten nicht um wissenschaftliche Erkenntnisse, sondern bloß um Vorstellungen. Auch für die Kirche; sie hat die Gnosis als Intuition und als Spekulation benutzt, aber als logische Erkenntnis verworfen und sich ganz auf die Doxa gestellt. Wenn das Dogma etwas mehr ist als bloße Vorstellung, so ist es die Lehrmeinung des Theologen als des christlichen Philosophen, und vermöge der Sanktion durch die Organe der religiösen Genossenschaft ist es der für die Mitglieder verbindlich erklärte theologische Lehrsatz. Wo aber das Glauben schwand, da konnte Mythologie Märchenerzählen werden; der erfolgreichste Erzähler bedeutender Märchen war Plato.[2]

Die historische These wollen wir präzisieren. Der Christianismus ist die Summe, die das Altertum aus all seiner Geistesarbeit selbst gezogen hat. Das ist festzuhalten: das Altertum selbst, und zwar in seinem letzten Stadium, der römischen Kaiserzeit. Es könnte ja sein, daß eine andere Zeit, mit anderen Aufgaben ringend und anders geschult, aus dem Altertum sich eine andere Summe zöge, als es im Christentum der Kaiserzeit geschah. Man denke etwa an die Renaissance des fünfzehnten, an den

---

[1] Christliche Antike: Den Zusammenhang der altchristlichen Kunst mit der Antike betonte zuerst Raoul-Rochette, ohne doch die abschließende Formel zu finden; vgl. seine Schriften Sur l'origine etc. des types imitatifs qui constituent l'art du christianisme 1834. Tableau des catacombes de Rome 1837. (Trois mémoires sur les antiquités chrétiennes, in den Mémoires de l'Academie des inscriptions XIII 1838.) Sein berühmter Satz Un art ne s'improvise pas ist richtig. Aber der ganze Streit erledigt sich, sobald man die altchristliche Kunst als antike anerkennt.

[2] Für Mythologie und Religion kann ich mich einstweilen nur auf den Versuch in meiner Mythologie der Ilias 1877 Abschnitt I—VI beziehen. Ich bemerke noch, daß Wundts Völkerpsychologie II, Mythus und Religion I 1905, mir erst nach Abschluß des Manuskriptes zuging; beachte u. a. S. 3 „Die letzte Quelle aller Mythenbildung, aller religiösen Gefühle und Vorstellungen ist die individuelle Phantasie" usf.; ferner 17 Die elementaren Funktionen der Phantasie; 577 Allgemeine Psychologie der Mythenbildung: Apperzeption, Wahrnehmungsgehalt usf.

Klassizismus des achtzehnten Jahrhunderts, an den Hellenismus des neunzehnten, oder an die Aufgabe, die uns Heutigen obliegt in der Fruchtbarmachung des Altertums; die Lösung wird in jedem neuen Jahrhundert zu einem anderen und immer zu einem vom Christianismus der Kaiserzeit sehr abweichenden Ergebnis führen. Aber auf dergleichen kommt es unserer historischen Betrachtung nicht an; nicht auf solche spätere Vorkommnisse und künftige Möglichkeiten kommt es hier an, sondern lediglich auf das noch im Altertum selbst Vollzogene, auf jene Summe, welche es aus seinem abrollenden Leben noch selbst gezogen hat, in seiner letzten Stunde, in der Kaiserzeit.

Das Altertum hatte seinen Ursprung in vielen einzelnen Quellen und Bächen; diese alle aber ließ die herrschende universalistische Tendenz zuletzt in einen großen Strom einmünden. Das ganze Altertum fand sich in einer Art Einheit zusammen; denn wenn auch im so zusammengesetzten Endbild die Komponenten in ihrer Eigenart noch kenntlich sind, so war doch ein umfassendes Ganzes zustande gekommen: politisch in einem Weltreich, kulturell in einer Weltkultur, religiös in einer Weltreligion.

Die politische Geschichte des Altertums durchzieht ein leitender Gedanke, der Kampf um die Macht, um die Obherrschaft, der Imperialismus. Ägypter und Assyrer bewarben sich um die Vorherrschaft im Orient, danach ging das Großkönigtum über an die Babylonier, die Perser. Jede Etappe auf dem Wege bedeutete die Erweiterung des Großreiches um ganze Völker. Alexander verband Asien und Europa. Endlich fand sich unter dem römischen Adler die ganze alte Welt politisch vereint. Die Kaiserzeit bildet das Schlußkapitel der politischen Geschichte des Altertums.

Das Werben um die politische Herrschaft war zugleich und sehr wesentlich ein Kampf um die Kulturgüter. Im Weltreich wurden die Völker nicht bloß politisch zusammengebracht, sondern auch kulturell; was jedes Volk an Kulturgütern aller Art beizusteuern hatte, kam auf den Markt, und so wuchsen die Kulturkreise ineinander. Die stärkste Kultur überschattete die anderen; das war die griechische, zuletzt als die hellenistische. Wohl trennte eine Kluft den Orient von griechischer Art, in sich behauptete jeder Teil sein Eigenwesen; dennoch erwuchs die hellenistische Kultur nicht mehr als nationale, sondern als Weltkultur. Sie nahmen auch die Römer an, sie wurde die Kultur der Kaiserzeit.

Auch auf religiösem Gebiet muß sich, bei dem frühen und wachsend regen Völkerverkehr, zeitig Gelegenheit zu Berührung und Austausch geboten haben. Der Polytheismus ist tolerant; er will die fremden Götter nicht entthronen, eher sich aneignen. Der Orient reizte die Griechen; was ein Herodot und andere in verwandten Bahnen vom orientalischen Ursprung griechischer Dinge erzählen, hat seine Bedeutung weniger im Inhalt der Erzählungen als in ihrer Tatsache, in dem symptomatisch bedeutsamen Interesse, welches diese Griechen am Orient nahmen. Orientalische Kulte sind durch Händler schon in der klassischen Zeit nach Griechenland gekommen; ihr Überhandnehmen in der Kaiserzeit und der damit zusammenhängende Synkretismus sind nur Anzeichen des zur Herrschaft durchdringenden Universalismus. Die griechischen Mysterien haben auf das entstehende Christentum direkt vielleicht weniger eingewirkt, dagegen haben sie auf der griechischen Seite selbst den Boden für die Aufnahme des Christentums vorbereitet. Die starken Kräfte der ihrer universalis-

tischen Vollendung zustrebenden Religion aber wurzelten in den Tiefen der Geistesarbeit hüben und drüben, dort in der griechischen Philosophie, hier im prophetischen
Israelitismus. Der universale Gedanke spricht sich mythisch aus im Monotheismus.
Der griechische Zeus, der römische Juppiter, hat sich annähernd zur Bedeutung des
Universalgottes erweitert, soweit es innerhalb des polytheistischen Systems möglich
war. Schon lange haben die Griechen von Gott schlechthin gesprochen (δ $\vartheta\varepsilon\delta\varsigma$). Auch
die praktische Bedeutung des Monotheismus fehlte nicht, die Menschheitsidee hat sich
in der Philosophie angekündigt. In ihrer Sprache sprechend, aber klar und gewaltig,
hat die Prophetie den Gedanken formuliert. Einerlei, wie die israelitische Religion
im geschichtlichen Werden zu ihrer Reife und Höhe sich entwickelt hat, das gehört
nicht hierher, jedenfalls war sie in ihrer schönsten Reife universalistischer Monotheismus,
das ist Humanität. Im Christentum fand sich die Formel, welche von den Griechen
aufgenommen wurde, unter ihnen neue Wurzeln trieb und von hier aus sich zu dem
weltüberschattenden Baume entwickelte, als den wir es in der Geschichte kennen.

Was wollte Jesus? Wenn die synoptischen Evangelien alles in der Ankündigung
des „Gottesreiches" zusammenfassen, so ist klar, daß es sich ihm um die Verwirk-
lichung eines Ideals handelte, des Ideals, wie er es aus dem Schatze der prophetischen
Ideen gehoben hatte und wie er es sich dachte, natürlich in der Vorstellungsweise
seines Volkes in seiner Zeit. Vom Israelitismus übernahm Jesus dessen höchstes
Gebot, welches das Wort des Monotheismus ausspricht: den einen Gott mit allen
Kräften umfassen; und dasselbe Gebot noch einmal, aber praktisch gewendet, auf die
Menschheit bezogen: im Menschen den Menschen mit der ganzen sittlichen Liebe
umfassen, den Nächsten lieben wie sich selbst. Wenn dann die Menschenliebe lebendig
wurde, so wie Jesus sie empfand, dann wäre allerdings das Ideal Wirklichkeit geworden, das Erdenleben ein „Gottesreich", und zwar ein innerliches, lebenverbreitendes,
ein ganzes, nicht bloß eine Kirche. Und eine solche Wirklichkeit wäre erblüht, daß als
höchste Betätigung der Liebe, und zugleich als ihr Korrelat, unerschöpflich bereites
Verzeihen der „Sünde" keinen Raum ließ. Es heißt zwar, daß auch in Jesus der
Zorn aufwallen konnte, selbst etwas wie ein Anathem soll dann und wann über seine
Lippen gekommen sein; doch würde jenes allzu menschliche Aufwallen schließlich überwunden worden sein durch die Triebkraft seines innersten Prinzips, seiner tiefgründi-
digen Menschlichkeit. Soviel ist aber klar, daß in ihrem Keime seine Idee auf das
Diesseits gerichtet war.

Nun hatte es viele Propheten gegeben; gesagt war schon so vieles, daß Jesus
sachlich kaum radikal Neues sagen konnte. Was war nun sein Eigenes? Es war nicht
diese oder jene besondere Lehre, wäre sie auch an sich oder in seiner besonderen Auffassung oder Vertiefung etwas Neues gewesen, sondern es war seine Persönlichkeit,
die sich durchsetzte und mit sich soviel von dem Ideal, als aus der Persönlichkeit
lebendig hervortrat; es war sein Aufruf zum unmittelbaren Eintritt in das „Gottesreich". Warum auf morgen warten, warum nicht heute? warum nicht auf dem Fleck?
Man kann es verstehen, daß die Menschen, des Harrens müde, das Wort aufnahmen;
man begreift, daß es zündete. Es dürfte dauernd das Bleibende von Jesus sein, im
Sinne der logischen Erkenntnis, das „Gottesreich" aus der unabsehbar sich hinaus-
ziehenden Zukunft herausgegriffen und in die Gegenwart gestellt zu haben, selbstverständlich nicht auf dem Wege des Wunders, sondern der Forderung und der Tat:
er hat die Forderung, nicht bloß nach dem Kommen des Reiches auszuschauen,

sondern es unmittelbar ins Werk zu setzen, in der Sprache der Zeit gestellt und an seinem Teil erfüllt, wie es menschlicherweise irgend möglich war; in seiner Tat aber hat er ein zur Nachfolge aufrufendes Beispiel gegeben. Andere haben Ähnliches versucht, nur bei ihm war die Tat Wirkung.

Die Menschheitsidee, welche unter Achtung der nationalen Gliederungen die Einheit des Menschengeschlechts betont, setzt seine physiologische Einheit voraus; ihre Absicht aber geht auf seine sittliche Einheit. Den durch die Philosophie vorbereiteten Griechen bot sich in der israelitisch-christlichen Formel des ethischen Universalismus, der nach Lage der Dinge nur auf dem Boden des Monotheismus klar herauskommen konnte, bot sich, sagen wir, die adäquate Religion für die im Hellenismus kulturell und im römischen Reich politisch geeinte Welt. Eine, wie es für damals scheinen durfte, abschließende Lösung des Problems des Lebens, soweit es Leben in der menschlichen Gesellschaft ist.

Aber das Leben ist auch an sich ein Problem, auch abgesehen von der uns umgebenden Menschheit. Der Mensch bedarf eines Mittel- und Ruhepunktes, eines Gleichgewichtspunktes seines Denkens und Lebens. Ihn fand Jesus in demselben Gott, der ihm die ausstrahlende Liebe bedeutete. Die Idee der Gotteskindschaft ist so alt wie die sittliche Menschheit; solange der Mythus einen persönlichen Gott glaubte, immer stellte sich das Verhältnis des Menschen zu seinem Gott im Bilde der Kindschaft dar. Je nach den politischen Zuständen war die Vorstellung der Gotteskindschaft mehr aristokratisch oder mehr demokratisch ausgebildet, aber sie war da. Die Gotteskindschaftsidee war für Jesus gegeben, nur daß er sie in seltener Inbrunst erfaßte. Ihre geschichtliche Ursprünglickheit und Allgültigkeit aber war es, welche dieser Lösung des Problems des inneren Lebens die Herzen der Völker öffnete.

Das Problem des Lebens brannte auf die Nägel; aber es gibt noch eine andere Frage, welche die Menschen ängstigt, das Problem des Todes. Es hat alle Völker der Welt beschäftigt, so weit menschliche Erinnerung zurückreicht. Wenn der Mensch stirbt, soll es dann mit ihm ganz zu Ende sein? Lebt er nicht fort? Von Uranfang her hat man Antworten auf diese Fragen gesucht, Fragen, die immer weiter griffen: wenn es ein Fortleben gibt, was harrt unser drüben? gibt es im Jenseits ein Glück? was bürgt, wer bürgt für jenseitige Seligkeit? Der Glaube an das Fortleben war das Frühere, der Zweifel das Spätere, erst erwacht mit dem erwachenden Nachdenken. Der Zweifel war nahe daran, die klassischen Völker zum allgemeinen Verzicht auf alle Jenseitsgedanken zu bringen; aber in einer Unterströmung hat sich der alte Glaube behauptet, er hat Wege gefunden, wieder Oberwasser zu bekommen und in der Kaiserzeit das Feld zu behaupten, auch unter Einfluß der in das Abendland eindringenden fremden Religionen, nicht zum wenigsten, und zuletzt entscheidend, des Christentums. Im Christus fand man den sichersten Bürgen jenseitiger Seligkeit.

Aber wie war es nur möglich, daß die so diesseitig gerichtete „Religion der Erfüllung" auf einmal abdrehte und den Kurs auf das Jenseits nahm? Es lag an der Unvollkommenheit der menschlichen Dinge; solch ein „Gottesreich" verwirklicht sich im Augenblick doch nur sehr teilweise. Fast noch mehr lag es wohl an der Verknüpfung der Sache mit der Person ihres Trägers. Da er als der erwartete Messias galt, so identifizierte sich das Reich mit seiner Person, und das Schicksal seiner Person ward das Schicksal seiner Sache. Nicht nur, daß er das allgemeine Menschenlos der Sterblichkeit teilte, sondern er mußte schon an der Unlösbarkeit seiner besonderen Mission scheitern. Der tragische Tod war ihm unausweichlich, so sehr, daß Jesus schließlich ihn selbst voraussehen und die Grundlage zum christlichen Jenseitsglauben noch selbst legen mußte. Dieser tragische Tod vollzog sich am Kreuz. Damit schien die Sache verloren. Aber sie arbeitete zu mächtig in den Jüngern, gerade durch die nachwirkende Kraft seiner Persönlichkeit. Sie konnte nicht dahin sein; es war ihnen gewiß, daß er lebe. Hier traten zwei Hilfsvorstellungen ein, die Auferstehung und die Himmelfahrt, welche der Vorstellungsweise jener Zeit entsprachen und genügten: er mußte vom Tode auferstanden sein; und weil er denn doch nicht mehr da war, so mußte er zum Himmel aufgefahren sein zu seinem Vater. Freilich war damit das Prinzip aufgegeben, die gegenwärtige Erfüllung der Hoffnungen; die Gegenwart (Parusie) des Messias und in ihm des Gottesreiches wurde damit wieder in die unbestimmte Zukunft hinausgeschoben, die Gewißheit des gegenwärtigen Besitzes wurde wieder zur ausschauenden Hoffnung auf die Zukunft. Jene zwei Hilfsideen, Auferstehung und Himmelfahrt, waren nun ganz im Sinne des Altertums. Rettung vom Tode, Wiederkehr aus der Unterwelt, dergleichen Wünsche lagen, wo sie nicht durch das Nachdenken zurückgedrängt waren, dem Menschen in der Seele, ebenso aber auch eine jenseitige Seligkeit, die man sich am liebsten als eine himmlische in Gemeinschaft mit den Göttern dachte. Das Christentum bot dem Altertum im auferstandenen und in den Himmel eingegangenen Christus den Erstling und Bürgen einer ewigen Seligkeit; so löste es dem antiken Menschen das Problem des Todes in antikem Geiste.

Die christliche Religion, so sagen wir, bildet das Schlußkapitel der Religionsgeschichte des Altertums; ebenso bildet die altchristliche Kunst das Schlußkapitel der Kunstgeschichte des Altertums. Wer die Religionsgeschichte des Altertums oder seine Kunstgeschichte, überhaupt wer die Geschichte des Altertums im ganzen oder in irgend einer seiner Seiten erzählen will und vor der christlichen Zeit Halt macht, der läßt seine Geschichte als einen Torso ohne Kopf in die Welt gehen.

Der Theologe frägt nach dem Heilsplan der göttlichen Weltregierung, der Metaphysiker konstruiert den Weltlauf teleologisch, der Historiker dagegen sucht die Dinge aus ihren Ursachen zu verstehen; in unserem Falle lautet ihm die Aufgabe: wie war die Religiosität des Altertums, wie waren die Religionen des Altertums beschaffen, und welches war ihr Entwicklungsgang, daß als sein notwendiges Ergebnis das Christentum herauskam? Dabei will natürlich der Orient mitgerechnet werden; aber auch von ihm abgesehen ging die griechische Welt den Weg, der zu jenem Endziele führen mußte.

Wohl ist es wahr, daß die neue Prägung, welche das Christentum den Menschen gab, scharf kontrastiert zu dem Bilde, das wir uns vom klassischen Hellenen zu malen pflegen. Wenn er, um Christ zu werden, alles aufgeben mußte, seine Freiheit, seinen fruchtbaren Individualismus, seine sieghafte Heiterkeit, seinen impulsiven Aristokratismus, seinen unerschöpflichen Formensinn, was blieb dann an ihm Antikes? So scheinen sich Griechentum und Christentum als ausschließende Gegensätze gegenüberzustehen. Ist aber unser Begriff von Hellenentum nicht zu eng gefaßt? Wenn die Griechen jener Wandlung sich unterzogen, so muß sie ihnen psychisch möglich gewesen sein, sie verlangt ihre psychologische Erklärung. Und sie findet sich in der Beobachtung, daß zu alledem, was als spezifisches Merkmal des Hellenentums aufgerechnet wird, die Gegensätze in demselben Griechentum von jeher vorhanden waren, in den

früheren Zeiten vielleicht nur als später zu entwickelnde Keime; sie sind nicht
so sehr Ausnahmen als Entwicklungen. Gegenüber dem Individualismus stand auch
bei den Griechen von je her die Autorität, gerade die auf Freiheit erpichten Indivi-
dualisten waren zur Ausübung jeder Autorität bereit, selbst Philosophen forderten
und fanden Glauben. Neben der antiken Heiterkeit (seine beste entfaltete der Hellene
nicht bei Wein und Weib, sondern beim Genusse des Geistes) bestand ein deutliches
Bewußtsein von den Schattenseiten des Daseins, und hierauf baute schon früh die
mystische Hoffnungsreligion. Dem Aristokratismus der Hellenen gegenüber den
Barbaren schlug seine Stunde schon, als die Griechen durch den Mazedonier im Verlust
ihrer Selbständigkeit ihr babylonisches Exil erlebten; da gaben sie dem Kosmo-
politismus Raum und schenkten ihre in sich humane Bildung der Menschheit; und
wenn die Keime des stoischen Sozialismus schon in der sokratischen Lehre liegen, so
darf man das Menschenrecht nicht als unhellenischen Begriff bezeichnen.

Der Verzicht auf die literarische, schöne Form hat auch nicht erst mit der
christlichen Literatur eingesetzt; es ist aber damit eine eigene Sache. Es ist nicht
eigentlich Verachtung des Ästhetischen überhaupt, sondern der gegebenen Formen;
die zur leeren Formel gewordene Klassizität verwarf man mit Recht, um wahr zu sein.
Das ist gesunde Reaktion gegen ungesund gewordene Ästhetik. Die Evangelisten
schreiben nicht den klassischen Stil, aber darum schreiben sie nicht stillos, sie tragen
schlecht und recht ihre Sache vor und sind eben deshalb volkstümlich; Paulus, der
„Klassiker des Hellenismus“ schreibt Briefe, auch er ganz von der Sache eingenommen,
die freilich nicht ebenso volkstümlich ist, außer wo aus dem arbeitenden Schmelzofen
des Gedankens das reine Metall tiefmenschlicher Empfindung strömt. Dieselbe Reaktion
gegen den klassizistischen Formalismus wirkt auch noch, wenn auch nur beschränkt,
in den späteren Kirchenschriftstellern. Was wir von dieser Bewegung in der Literatur
sagen, das gilt auch von den ganzen Menschen, es handelt sich nicht um Selbstauf-
gabe, sondern um Erneuerung. Früher einmal war eine gründliche Regeneration ins
Werk gesetzt worden, von einem ganzen Mann, nicht einem Aristokraten von Geburt,
aber einem echten Hellenen, dem Forscher, dem fleischgewordenen Eros, eben darin
einem Typus der Hellenen. Das von Sokrates klug Begonnene ward mit Enthusiasmus
fortgesetzt; in Plato hat das griechische Denken den Faden wahrhaft ergriffen, wenn
auch nur für einen Augenblick. Danach wurde noch vieles und Bedeutendes gedacht,
aber der Faden war verloren; was übrig blieb, hier Materialismus, dort Mystik, konnte
nicht befriedigen. Da entsagte der Grieche seinem ziellos gewordenen Forschen und
versuchte es mit dem Glauben. Die schwache Kreatur will einen Herrn haben, und
dem Stärksten kommt ein Augenblick der Schwäche. Aber es dauerte nicht lange,
bis die wissenschaftliche Ader wieder so kräftig pulsierte, daß die griechischen
Sophisten christliche Theologen wurden.

Auf der anderen Seite mag doch gefragt sein, ob nicht auch das Christentum
den Griechen entgegenkam, ob es ihnen in seiner Weise nicht auch Freiheit und
Heiterkeit und Adel und Schönheit zu bieten hatte. Da eben alle irgendwie kräftigen
Ströme des antiken Seins in das große Reservoir, die Kaiserzeit mit ihrer Kultur und
Religiosität, einmündeten, so war alles darin zu finden, daraus zu schöpfen. Christus
war alles in allem. Wer aber vieles bringt, wird jedem etwas bringen.

Da ist denn nun die Frage präzis zu stellen, warum eigentlich die Griechen
Christen wurden. Die Griechen, das ist im Sinne des Hellenismus gesagt. Die

Frage ist jetzt nicht, welche Werte das Christentum zu bieten hatte, sondern was der Grieche, der griechische wie der griechisch gebildete Heide, im Christentum sah, was er an ihm fand, daß er sich ihm zuwandte. War es, daß die Armen und Elenden auf den Ruf horchten, der an sie erging? War es die reinere sittliche Luft, die von dort herüberzuwehen schien? War es ein Verlangen nach Sühnung? Lockte den Gebildeten die Andacht ohne Tempel und ohne Altäre? War es der Monotheismus? die Humanität? oder die ewige Seligkeit? Schien sie ihnen durch den Christus und seine Sakramente wirklich sicherer verbürgt zu sein als durch Eleusis, Orpheus, Mithras? War es der Glaube, dem der forschungsmüde Grieche sich in die Arme warf? nicht zu reden von etwaigen außerreligiösen Motiven, z. B. politischer Opposition. Bei der ganzen Fragestellung haben wir natürlich die vorkonstantinische Zeit im Auge, wo es unter Umständen riskiert war, sich als christlichen Revolutionär zu bekennen; mit Konstantin, jedenfalls mit Theodosius schlug das Verhältnis ins Gegenteil um, da braucht man nicht mehr nach Gründen zum Übertritt zu fragen.

Warum wurden die Griechen Christen? Die Frage beantworten heißt die religiöse Entwicklung der Griechen darlegen, von der Urreligion an durch alle Phasen der griechischen Religionsgeschichte; dazu gehört, ihren Aberglauben und ihre Aufklärung zu beleuchten, den Einschlag der Mystik und der Philosophie abzuwägen und sonst festzustellen, was alles, vorzüglich auch an Orientalischem, auf den Gang der Dinge von Einfluß war, um endlich die Probleme authentisch formulieren zu können, vor welche der Grieche der Kaiserzeit sich gestellt sah und deren Lösung er im Christentum zu finden meinte. Das hieße also die Geschichte der griechischen Religion schreiben und zwar mit Einschluß ihres christlichen Schlußkapitels.[1]

Wenn wir das Christentum als das Ende der religiösen Bewegung des Altertums bezeichneten, so sprachen wir damit nur von seinem Ursprung und von seiner Geltung innerhalb der zeitlichen Grenzen des Altertums; selbstverständlich sollte damit nicht über seine weitere Wirkung abgesprochen werden. Es konnte nicht gemeint sein, mit dem Ausgang des Altertums sei auch die antike Religion einschließlich des

---

[1] Die geschichtliche Stellung des Christentums ähnlich bei Ad. Harnack, Lehrbuch der Dogmengeschichte I³ 1894, 785: „Drei große Religionssysteme haben seit Ausgang des 3. Jahrhunderts in Westasien und Südeuropa einander gegenübergestanden: der Neuplatonismus, der Katholizismus und der Manichäismus. Alle drei dürfen als die Endergebnisse einer mehr als tausendjährigen Geschichte der religiösen Entwicklung der Kulturvölker von Persien bis Italien bezeichnet werden usf." Vgl. dessen Mission und Ausbreitung des Christentums in den ersten drei Jahrhunderten 1902, 226, 1; dazu eb. 358 „Die Kirche — der zusammenfassende Abschluß der bisherigen Religionsgeschichte". Eb. ²1906, 419 „Diese Kirche wirkt durch ihr bloßes Dasein missionierend, weil sie als der zusammenfassende Abschluß der bisherigen Religionsgeschichte auf allen Linien erscheint. In diese Kirche gehörte die Menschheit am Mittelmeerbecken um das Jahr 300 einfach hinein." — Unsere Frage, warum die Griechen Christen wurden, ist durch Harnack nicht beantwortet. Wohl bespricht sein Buch die Christianisierung der Griechen, aber es betrachtet die Dinge von der christlichen, weil von der theologischen Seite aus; die Motive der Griechen selbst aber wollen vom heidnischen, also vom philologischen Standpunkte aus gesehen sein. Die Antwort kann nur in der Form einer Religionsgeschichte der Griechen gegeben werden, die sich von ihrer Urzeit bis zu ihrem Christentum erstrecken müßte. Zur Erklärung der Genesis des griechischen Christentums hat man philologischerseits schon manche Fäden angeknüpft, aber es konnte natürlich noch kein Gewebe werden. Auch ist es ein besonders ausgedehntes, verwickeltes und streckenweis schlüpfriges Gebiet. Immerhin sei auf die in verschiedener Weise einschlagenden Arbeiten der H. Useuer, A. Dieterich, P. Wendland, E. Norden, R. Reitzenstein usf. summarisch hingewiesen.

Christentums zur Rüste gegangen; sondern wie das Altertum im ganzen auf alle Folgezeiten nachgewirkt hat und heute noch nachwirkt, so bildete auch das Christentum einen Bestandteil der großen Hinterlassenschaft des Altertums an die Folgezeit, einen Teil des Erbes der Antike. Das Mittelalter war es zunächst, das jenes Erbe übernahm. Nun pflegt herkömmlich gesagt zu werden, das Mittelalter werde charakterisiert durch das Eintreten des christlichen und des germanischen Geistes. Dagegen ließe sich einwenden, daß beides längst zuvor in Wirksamkeit gewesen war, ohne eine neue Weltzeit ins Leben gerufen zu haben; das Christentum hat ein halbes Jahrtausend bestanden, die Völkerwanderung ist über die Länder gegangen, das alles hat wohl den Boden vorbereiten helfen, aber nicht mehr. Das blieb alles im Rahmen des Altertums, wenn wir Recht haben, dessen Grenzen bis Justinian zu erstrecken; und es scheint diese Abgrenzung sich mehr und mehr durchzusetzen. Neue Weltzeiten ins Leben zu rufen, dazu gehören große konzentrierte Kräfte, stark genug, die Welt in neue Formen zu gießen. Für das Mittelalter waren die maßgebenden Faktoren, abgesehen von dem letzten Rest des alten Römerreiches in Byzanz, im Osten Mohammed und der Islam, im Abendland das Papsttum, etwa von Gregor an, und Karl der Große. Das Auftreten und das Ineinanderspielen dieser Mächte begründete die neue Weltzeit, das Mittelalter. Warum sie warben und warum sie sich bekämpften, das war eben jenes Erbe des Altertums, zuoberst die antike Idee des Imperiums, gesteigert zu der des Weltreichs, inbegriffen im Reich aber die antike Kultur mit der Weltreligion. Denn als den integrierenden und dominierenden Bestandteil der antiken Kultur, der es war, haben wenigstens die nordischen Völker das Christentum übernommen. Die altsemitischen Völker hingegen lösten sich aus dem Bannkreis der christlichen Weltreligion und schufen sich einen ihnen gemäßen orientalischen Monotheismus, unter strikter Ausscheidung aller hellenistischen Momente, ohne deshalb Israeliten zu werden. Sie schieden das ihnen blutfremde Hellenistische aus ihrer Religion aus, um dann mit gesammelter Kraft sich erobernd auf den Länderkreis der klassischen Völker zu werfen und ihrerseits das Erbe der hellenistischen Zivilisation anzutreten, bis ihnen die Franken entgegentraten, ihre Gegenspieler im Weltdrama.[1]

Wenn die altchristliche Religion und Kunst zum Altertum gehört, so wächst auch ihre wissenschaftliche Bearbeitung den Aufgaben der Altertumswissenschaft zu, der klassischen Philologie und Archäologie; den Philologen und Archäologen erwächst die Pflicht, das christliche Altertum nicht den Theologen allein zu überlassen, sondern es in ihre eigenen Studien mit einzubeziehen, nicht etwa in der falschen Meinung, es wäre noch alles zu tun oder sie dürften an der Arbeit der

---

[1] Das Altertum bis Justinian: So·auch m. Weltgeschichte der Kunst 1888. [2]1903 Einleitung. Bekanntlich hat bereits A. v. Gutschmid (in den Grenzboten 1863 = Kleine Schriften V 393) die ersten sechs Jahrhunderte der christlichen Ära dem Altertum zugerechnet; ebenso verfahren u. a. Christ, Geschichte der griech. Literatur, Schanz, Geschichte der römischen Literatur, v. Wilamowitz, Griechische Literatur (in Hinnebergs Kultur der Gegenwart I VIII 1905). Die frühbyzantinische Zeit (324—640, vgl. Krumbacher, Byzantin. Literaturgeschichte [2]1897 Einleitung) fällt in der Hauptsache in dieselben Grenzen. Anderen schien mit Konstantin eine neue Weltzeit anzubrechen. Einige bezeichnen die Zeit von Diocletian bis zu Karl dem Großen als einen für sich bestehenden Zeitraum im Sinne einer Übergangsepoche. Ich bekenne, selbst ähnliches erwogen zu haben. Wir werden sagen, daß jede methodisch gefundene Gliederung, indem sie gewissen Momenten gerecht wird, ihre relative Berechtigung hat; man sollte nicht die eine gegen die andere ausspielen, sondern eine jede zutreffenden Ortes anwenden.

Theologen vorbeigehen, sondern in Anerkennung und mit Verwertung dessen, was von der wissenschaftlichen Theologie bereits geleistet wurde und fortgesetzt geleistet wird, dabei allerdings unter der Verpflichtung, die Erkenntnisse sich überall selbständig neu zu erarbeiten, was denn nicht in einem Tage geschehen kann. Tatsächlich hat es ja immer einzelne Philologen gegeben, welche Hand anlegten; ihre Zahl hat in neuerer Zeit erfreulich zugenommen, wenn auch noch kaum Anstalten getroffen werden, das christliche Altertum im ganzen in die klassische Altertumswissenschaft aufzunehmen. Auch ist die Arbeit der Philologen noch recht ungleich auf die fraglichen Einzelgebiete verteilt. Die Untrennbarkeit der christlichen Epigraphik von der heidnischklassischen scheint anerkannt; die Kirchenväter werden von Theologen und Philologen in vereinter Arbeit herausgegeben, auch finden sie in der griechischen und römischen Literaturgeschichte Aufnahme; den neutestamentlichen Schriften fehlt es nicht an philologischen Arbeitern für Kritik und Grammatik, aber die griechische Literaturgeschichte, in welche Evangelien und Episteln trotz ihrer Eigentümlichkeiten doch gehören, bleibt ihnen so gut wie verschlossen. Die Geschichte der griechischen Philosophie nimmt die heidnische theologisierende Spekulation auf, weil sie mit der Philosophie allzu eng verwachsen ist; auch die philonische nimmt sie auf, warum nicht auch die altchristliche? Die Religionswissenschaft zieht jedes einzelne Christliche in ihre Kreise, aber die griechische Mythologie scheut noch davor zurück; auch die jetzt im Handbuch der klassischen Altertumswissenschaft erscheinende schließt die Zusammenhänge der griechischen mit den übrigen antiken Religionen von ihren Betrachtungen aus. Dafür haben wir die Artikel im mythologischen Lexikon und in der Realencyklopädie: beide bringen Attis, Besas, Isis und Osiris, Mithras und viele andere fremde Götter, sehr mit Recht, denn sie haben in Griechenland und in der griechischen Literatur Gastrecht erhalten; aber vergebens sucht man Artikel wie Christus, Diabolos, Michael, oder dürfen wir auf Satanas hoffen? Einen Artikel Heros finden wir, aber ob Gott (δ $\vartheta\epsilon\delta\varsigma$) folgen wird, heidnisch und christlich? Ebenso vergeblich würde man in den Handbüchern der Altertümer die christlichen Antiquitäten suchen. Endlich die altchristliche Kunst wird von klassischen Archäologen gelegentlich berührt, aber als Ganzes hat sie in der klassischen Archäologie noch nicht Bürgerrecht erhalten, sie war immer so gut wie ausschließlich Domäne der Theologen.

Über das bisher auf dem Gebiete der altchristlichen Kunst Geleistete geben die untenstehend aufgeführten Handbücher Nachricht. Hier genügt zu erwähnen, daß die Geschichte der altchristlichen Kunstarchäologie in Hauptmomenten zusammenfällt mit der weiter unten zu bringenden Geschichte der Katakombenforschung. Die Zeitschriften für christliche Archäologie führen wir ebenfalls hier unten auf.[1])

---

[1]) Handbücher: Heinrici, Theologische Encyklopädie 1893, 141 Die christliche Kunstwissenschaft. Victor Schultze, Archäologie der altchristlichen Kunst 1895. Franz Xaver Kraus, Geschichte der christlichen Kunst. I Die hellenistisch-römische Kunst der alten Christen; die byzantinische Kunst; Anfänge der Kunst bei den Völkern des Nordens 1896. Adolfo Venturi, Storia dell' arta italiana I 1901 (Altchristl. Kunst bis Justinian). Carl Maria Kaufmann, Handbuch der christlichen Archäologie 1903. Diese Bücher pflegen Übersichten über die Geschichte der christlichen Archäologie zu geben, Schultze Seite 3—8; Kraus S. 6—29; Kaufmann S. 9—51; vgl. de Rossi, Roma sott. I 1—82. Müller, Realencykl. für prot. Theol. X 1901, 795. — Zu nennen sind noch: Orazio Marucchi, Éléments d'archéologie chrétienne 1900 ff. I Notions générales. II. Itinéraire (Guide) des catacombes. III Les basiliques (Les trois volumes forment un cours élémentaire d'archéologie chrétienne tant pour l'étude privée que pour l'usage des classes). Pérâté, Archéologie

2*

Die Betrachtung der geschichtlichen Dinge hat sowohl auf das Bleibende zu achten als auch auf den Wandel. Bei aller Stabilität im Kerne hat die Religiosität seit der römischen Kaiserzeit doch so gründliche Wandlungen durchgemacht, daß es dem heutigen Menschen schwer wird, für die antike Religion und Kunst zutreffendes Verständnis zu gewinnen. Einem Evangelischen, nicht bloß einem liberaleren, droht leicht die Gefahr, die Art seiner eigenen Religiosität in die alte hineinzutragen und ihr, sollen wir sagen eine Rationalität, oder eine so geläuterte Vorstellungsart, unterzuschieben, wie sie der Religion gerade der Kaiserzeit ganz fern lag. Wiederum ist es die Stabilität der Religion in dem, was der Römer als religiosum bezeichnete, welche bewirkte, daß ungeachtet des himmelweiten Abstandes zwischen Jesus' Religion und dem heutigen Katholizismus doch ein stetiges schrittweises Auswachsen der einen zum anderen hin sich verfolgen läßt; ist dieser Katholizismus auch nur einer der vielen Stämme und Äste, die aus jener Wurzel sproßten, so leitet er sich doch aus jener Wurzel her. Mit anderen Worten, wenn es auch unrichtig wäre zu sagen, daß bereits Jesus katholisch gewesen sei, so treten die Ansätze zum „Katholischen" im alten Christentum doch schon früh auf, wider Verhoffen früh für manchen guten Protestanten. Solche gehen mit Sympathie an die altchristlichen Denkmäler heran, scheinen aber öfter eine Enttäuschung zu erleben.

Der Katholik andererseits lebt in der Tradition, er steht der Religiosität des alten Christentums nach seinem eigenen religiösen Empfinden näher und bringt ihm unmittelbareres Verständnis entgegen; dafür sind ihm andere Schlingen gelegt. Er ist der Gefahr ausgesetzt, den steten Wandel der Dinge zu unterschätzen und Ergebnisse späterer Entwicklungen in frühere Zeiten zurückzusehen, wo sie tatsächlich sich noch nicht eingestellt hatten. So kommt er leicht zu der Anschauung, daß die römische Kirche immer dieselbe gewesen wäre, wie heute so schon in den Tagen des Petrus; als ob sie ausgenommen wäre vom Gesetz der geschichtlichen Entwicklung. „Es ist die Überzeugung aller gläubigen Katholiken, daß die Kirche der ersten Jahrhunderte keine andere war, als die des neunzehnten Jahrhunderts," sagte Franz Xaver Kraus in der Vorrede seiner Roma Sotterranea 1873. [2] 1879. Er verlangte für monumentale Theologie und christliche Archäologie Raum im katholisch-theologischen Unterricht, damit „die Kandidaten des Priestertums in einem den Forderungen unserer Zeit ent-

chrétienne 1892; ders., Les commencements de l'art chrétien en Occident (in André Michel Histoire de l'art I 1905). Lowrie, Christian art and archaeology 1901. — Lexikalisch: Fr. X. Kraus, Realencyklopädie der christlichen Altertümer 1882, 86. Don Fernand Cabrol, Dictionnaire d'archéologie chrétienne et de liturgie 1903 ff. im Erscheinen (m. Bibliographie). — Eine umfassende Wiedergabe altchristlicher Bildwerke: Garrucci, Storia dell' arte cristiana nei primi otto secoli 1873 ff. (II Katakombengemälde, III andere Gemälde, IV Mosaiken, V Sarkophage, VI sonstige Skulpturen).

Zeitschriften: Bullettino di archeologia cristiana 1863—1894. Es war gegründet und geleitet von de Rossi, nach seinem Tode wurde es fortgesetzt unter dem Titel Nuovo bullettino di arch. cristiana 1895 ff. von M. St. de Rossi, Armellini, Marucchi, Stevenson. — Römische Quartalschrift für christliche Altertumskunde und für Kirchengeschichte 1887 ff., geleitet von de Waal, Rektor des Kollegiums vom Campo Santo der Deutschen zu Rom; seit 1900 bringt die Quart. Kirschs Anzeiger für christliche Archäologie. — Ferner sind die Literaturberichte im Repertorium für Kunstwissenschaft zu beachten, von Fr. X. Kraus 1879 ff. — Weniger eine Zeitschrift als eine Folge von Monographien sind die von Joh. Ficker herausgegebenen Archäologischen Studien zum christlichen Altertum und Mittelalter 1895 ff., fortgesetzt seit 1902 unter dem Titel Studien über christliche Denkmäler. — Baumstarks Oriens christianus, römische Halbjahrshefte für die Kunde des christlichen Orients 1900 ff.

sprechenden Maße geschickt werden, in der jugendlichen Erscheinung der altchristlichen Kirche die geliebten Züge derjenigen wieder zu finden, welche sie selbst als die Mutter ihres geistigen Lebens ehren." Kraus aber hat früh Fühlung gesucht mit der aus dem Protestantismus geborenen voraussetzungslosen Wissenschaft, der philologisch-historischen Forschung des neunzehnten Jahrhunderts; und er ist einer der Gründer, und mit seinem Tode ein Heros des „wissenschaftlichen Reformkatholizismus" geworden. So läßt sich auch in seinen Arbeiten zum christlichen Altertum ein Fortschritt in der Auffassung erkennen; er ist zur Erkenntnis des antiken Charakters der altchristlichen Kunst durchgedrungen, er bezeichnet sie in seiner Geschichte der christlichen Kunst I 1896 als die „hellenistisch-römische Kunst der alten Christen", sie ist ihm „die letzte und lieblichste Offenbarung des dahinsterbenden Genius der Antike" (S. 58). So angenehm dies, auch in neuesten Werken katholischer Autoren zur christlichen Archäologie wiederkehrende Anerkenntnis berührt, beim Lesen der Werke selbst hat man nicht immer den Eindruck, daß die doch weittragende Prämisse auf den Kontext der Bücher wesentlich eingewirkt hätte. Wir dürfen keinen Augenblick vergessen, daß zwar auch der Katholizismus Wissenschaft pflegen, wissenschaftliche Forschung treiben will und tatsächlich fruchtbar treibt, daß er aber grundsätzlich sich an die Dogmen seiner Kirche gebunden hält. Da nun das Material der altchristlichen Kunst nahezu ganz, und seine Verarbeitung ganz überwiegend in katholischen Händen liegt, so erschien das vorstehend und eingangs Gesagte angebracht.

Die literarischen Quellen.

Philosoph.

Neapel.

Wenn wir das Christentum als orientalisierende griechische Religion zu betrachten haben, welche die religiöse Entwicklungsgeschichte der Griechen ebensosehr zur Voraussetzung hat wie die der Juden und der Judenchristen, so gehört die griechische, überhaupt die klassische Literatur in die erste Reihe unserer literarischen Quellen. Nach der besonderen Aufgabe aber, die wir uns gestellt haben, genügt es, auf die Literatur des klassischen Altertums nur hinzuweisen (freilich muß in Erinnerung gebracht werden, daß man wohl schon versucht hat, die Religions- und die Geistesgeschichte der Griechen zu schreiben, ebenso wie auch ihre Literaturgeschichte, aber noch nicht im Sinne der hier vertretenen Auffassung des Christentums). Wir beschränken die hier an die Hand zu gebenden Nachweise auf die israelitisch-jüdische und die altchristliche Literatur. Vorweg sei auf die in der Anmerkung genannten wissenschaftlichen Handbücher der theologischen Disziplinen hingewiesen.[1]

[1] Handbücher: Es gibt eine Sammlung von „Lehrbüchern" und eine solche von „Grundrissen". Aus der Sammlung der Lehrbücher nennen wir: Chantepie de la Saussaye, Religionsgeschichte; R. Smend, Alttestamentliche Religionsgeschichte; Nowack, Hebräische Archäologie; H. J. Holtzmann, Einleitung in das Neue Testament; A. Harnack, Dogmengeschichte; Möller-Kawerau, Kirchengeschichte. Aus der Sammlung der Grundrisse: Heinrici, Encyklopädie; Cornill, Einleitung in das Alte Testament; Guthe, Geschichte des Volkes Israel; Buhl, Geographie des alten Palästina; Benzinger, Hebräische Archäologie; Krüger, Geschichte der altchristlichen Literatur; Jülicher, Einleitung in das Neue Testament; O. Holtzmann, Neutestamentliche Zeitgeschichte; Harnack, Dogmengeschichte; Müller, Kirchengeschichte.

Die altisraelitische Literatur.

Die Schriftquellen, deren wir zum Verständnis der altchristlichen Kunst bedürfen, finden sich zunächst in der altchristlichen Literatur; bei dem engen Verhältnis aber, welches zwischen dem Christentum und dem Israelitismus besteht, ist es nötig, auch die israelitische Literatur heranzuziehen. Die griechisch redenden und schreibenden Christen haben sich nicht der hebräischen Bibel selbst bedient, sondern ihrer griechischen Übersetzung; sie ist dem klassischen Philologen ohne weiteres zugänglich. Aber er muß auch mit den kritischen Forschungen auf dem alttestamentlichen Gebiete vertraut sein, welche zur Rückverwandlung des biblischen Kanons in den ursprünglichen Zustand des hebräischen Schrifttums führen, in den einer geschichtlich gewordenen Literatur. Zur ersten Orientierung geben wir einen kurzen Überblick; er umfaßt die altisraelitische Literatur in ihrem ganzen Umfange, mit Einschluß also auch der vom Kanon ausgeschlossenen Schriften.

Die Kritik der alttestamentlichen Schriften richtet sich auf Ermittelung der wirklichen Entstehungszeiten ihrer Bestandteile.

Kritik ist Unterscheidungskunst, methodische Unterscheidung des Verschiedenen. Die alttestamentlichen Schriftsteller sind ausgeprägte Individualitäten und eben deshalb verschieden genug in Vorstellungen und Absichten, in Sprache und Stil, um an solchen Kennzeichen voneinander unterschieden zu werden. Dazu hängt ihre Entstehung wie ihre Tendenz mit Vorgängen der politischen und Religionsgeschichte Israels eng zusammen. Die Kritik hat viel erreicht. Auf Grund jener Kennzeichen vermochte sie die Zeiten, z. B. der prophetischen Schriften in engeren oder weiteren Grenzen festzustellen, auch wo sie ihre Ursprungszeiten nicht selbst oder nicht zuverlässig angeben. Aber noch mehr. Das Altertum kannte den Begriff des geistigen Eigentums noch fast gar nicht. Einerseits schrieben spätere Schriftsteller die früheren aus, ohne sich der Mühe einer Neubearbeitung des Gegenstandes zu unterziehen; dann heben sich die unveränderten Bruchstücke älterer Schriftstellerei aus der jüngeren Umgebung kennbar heraus. Solche ältere Bestandteile herauszuschälen und ihrem Eigendasein zurückzugeben ist eine Hauptaufgabe der Kritik bei den historischen Büchern des alten Testaments. Andererseits fand man kein Arg darin, eigne Erzeugnisse unter dem Namen eines älteren Autors herauszugeben, in dessen Geist man zu schreiben gemeint war; oder der Sammlung von dessen Schriften Stücke einzureihen, die irgendwie ihm verwandt schienen, ohne doch von ihm verfaßt zu sein. So sind in die gesammelten Schriften des Jesaias viele jüngere Stücke eingereiht worden, die es nun auszuscheiden und auf ihre Ursprungszeit zu bestimmen gilt. Weder diese Interpolationen noch jene Pseudepigraphen sind als Fälschungen zu bezeichnen, weil eine eigennützige Absicht nicht dabei obwaltete; aber es sind tatsächlich Entstellungen der geschichtlichen Wahrheit, welche der Berichtigung bedürfen. In Ausübung dieser Funktionen leistet die Kritik positive Arbeit; sie schafft neue Werte, indem sie mit dem Zauberstab des methodischen Unterscheidens ganze Reihen literarischer Werke, die bisher im Kanon verschüttet lagen, zu neuem Leben auferstehen läßt und eine zuvor nicht geahnte Doppelkette literarischer Produktion vor uns aufrollt, die eine von historischen, die andere von prophetischen Büchern um nur die Hauptgattungen hier zu nennen. Erst durch die Kritik ist aus der „Bibel" eine Literatur wiedererstanden.

Die Ergebnisse all der kritischen Arbeit finden sich, für jede biblische Schrift gesondert, in den „Einleitungen" in das Alte Testament, wie sie nach altakademischem Brauch immer neu aus den Vorlesungen hervorzugehen pflegen, als Marksteine des Weges, welchen die Forschung nie rastend zurücklegt.

Den kanonischen Schriften fügen wir die außerkanonischen hinzu, nicht bloß die Apokryphen, auch die Septuaginta, sowie Aristobul, Philo und Josephus.[1]

Es empfiehlt sich die für unseren Zweck wichtigen historischen Daten in einer Zeittafel vorauszuschicken.

Königszeit.

ca. 1020 Saul. ca. 1000 David. ca. 970 Salomo.

933 Abfall der Nordstämme; Reiche Israel und Juda.

722 Fall Samarias, Ende des Nordreichs durch Sargon von Assyrien.

607 Ninive von den Medern und Babyloniern zerstört.

604 Nebukadnezar besiegt die Ägypter bei Karkemisch.

597 Erste Wegführung von Juden in das babylonische Exil.

587 Zerstörung des Tempels.

Persische Zeit.

549 Cyrus stürzt das Mederreich, 538 erobert er Babylon. Erste Rückkehr der Juden unter Serubabel.

516 Einweihung des zweiten Tempels.

458 Weitere Rückführungen von Juden durch Esra. 445 Nehemia Statthalter in Jerusalem; 432 abermals dort.

Hellenistische Zeit.

332 Alexander der Große in Syrien; die Juden den Mazedoniern untertan; wechselnde Schicksale unter den Diadochen; seit 198 dauernd unter den Seleukiden von Syrien.

---

[1] Einleitungen: Hier seien nur die neueren genannt. C. H. Cornill, Einleitung in die kanonischen Bücher des Alten Testaments ⁵1905 (darin eine Geschichte der Bibelkritik). Driver-Rothstein, Einleitung in die Literatur des Alten Testaments (nach der fünften Ausgabe des englischen Originals übersetzt) 1896. Robertson Smith-Rothstein, Das Alte Testament, seine Entstehung und Überlieferung; Grundzüge der alttestamentlichen Kritik in populärwissenschaftlichen Vorlesungen dargestellt (nach der 2. Ausgabe des englischen Originals) 1904. W. Graf Baudissin, Einleitung in die Bücher des Alten Testaments 1901. — Außerkanonische Literatur: Jülicher, Apokryphen (in Pauly-Wissowa, Realencyklopädie des klass. Altertums I 2838). Gunkel, Apokryphen und Pseudepigraphen (in Vorbereitung). Kautzsch (und Fachgenossen), Die Apokryphen und Pseudepigraphen des Alten Testaments 1900: I. Apokryphen: Esra III; Makkabäer I—III; Tobit; Judith; Zusätze zu Chronik, Daniel, Esther; Baruch; Brief Jeremias; Jesus Sirach; Weisheit Salomos. II. Pseudepigraphen: Aristeasbrief; Jubiläen; Martyrium Jesaiä, Psalmen Salomos; Makkabäer IV; Sibyllinen; Henoch; Himmelfahrt Moses; Esra IV; Apokryphen des Baruch; Testamente der zwölf Patriarchen; Leben Adams und Evas. — Septuaginta: H. B. Swete, The old testament in Greek according to the Septuagint I³ 1901, II² 1896, III² 1899. Dazu Swete, Introduction to the old testament in Greek 1900. Christ, Gesch. d. griech. Lit. ⁴1905, 515. — Zu Septuaginta, Aristobul, Philo und Josephus vgl. die Handbücher zur Geschichte der griechischen Literatur, zu Aristobul und Philo außerdem die Handbücher zur Geschichte der griechischen Philosophie (Zeller; Überweg-Heinze; Vorländers Geschichte der Philosophie I 1903, 188). — Zu den Sibyllinen noch: J. Geffken, Oracula Sibyllina 1902; Komposition und Entstehungszeit der Orac. Sibyll. (in Gebhardt-Harnacks Texte und Untersuch. N. F. VIII 1 1902).

176 Antiochus IV Epiphanes; 168 gewaltsames Hellenisieren Judäas.
167 Erhebung der Makkabäer; 165 Herstellung des Tempelkults; 163 Ge-
währung freier Religionsübung; 142 Judäa selbständig (Dynastie
der Hasmonäer), 139 von den Römern anerkannt.
37—4 Herodes der Große.
70 nach Chr. Zerstörung von Jerusalem durch Titus.

Nun lassen wir eine chronologische Übersicht der Geschichte der altisraelitischen Literatur folgen, unter Beschränkung auf das Erhaltene und auf die
Hauptmomente der Entwicklungsgeschichte.[1]

Ohne Zweifel machten auch bei den Hebräern, wie bei anderen Völkern, Lieder
den Anfang; die erhaltenen Lieder mögen zum Teil älter sein als die Königszeit, so
das Lied der Deborah Richter 5. Eigentliche Literatur erscheint in der Königszeit,
uns greifbare im neunten, vielleicht erst im achten Jahrhundert. Dahin gehören die
ältesten Quellenschriften des Hexateuch (hierunter werden die fünf Bücher Mosis und
Josua verstanden); sie gehen unter den Namen „Jahwist" (J) und „Elohist" (E),
jener gehört dem Südreich, dieser dem Nordreich, aber beide folgen der prophetischen
Richtung, die am Jahwisten stärker hervortritt. Auch ihre Verschmelzung (JE, auch
Rj) fällt noch in denselben Zeitraum; ebenso die Quelle des „Bundesbuches" Exodus
20—23; die älteren Bestandteile des Richterbuchs und der Bücher Samuels. —
Von Prophetenbüchern fallen in diese früheren Zeiten Amos (760/746) und Hosea
(746/734), die beide sich an das Nordreich wenden; für das Südreich die echten Bestandteile der Bücher des Jesaias (740/700) und seines jüngeren Zeitgenossen
Micha. Es folgen Zephanja und Nahum, jener kurz vor der Reform des Josias 621,
dieser in der letzten Zeit Ninivehs.[2]

Epoche macht alsdann die Abfassung des Deuteronomiums (in Mos. V); im
siebenten Jahrhundert verfaßt, wahrscheinlich in dessen erster Hälfte unter König
Manasse, wurde es 621 vom Oberpriester Hilkia im Tempel gefunden, von König
Josia veröffentlicht und einer Reform des Kultus zugrunde gelegt. Es ist eine neuen
Bedürfnissen angepaßte Neugestaltung der älteren Gesetzgebung, seine eigentümliche
Färbung macht sich auch anderweit bemerklich, so im Buch Josua und vorzüglich im
Richterbuch. Deuteronomistisch ist ferner die uns vorliegende Redaktion der aus
älteren Quellen, annalistischen und prophetischen, bearbeiteten zwei Bücher der
Könige; die Redaktion ist von einem Gesinnungsgenossen des Jeremias um 600 abgeschlossen (dazu kamen später die bis 562 reichenden Nachträge II 24, 18 ff.). —
Des Jeremia prophetische Tätigkeit begann 626; nach Auffindung des Deuteronomiums
trat er öffentlich dafür ein (11, 1—8); er überlebte die Zerstörung Jerusalems und
wandte sich mit anderen Flüchtlingen nach Ägypten; seine Prophetien reichen bis in
diese Zeit. Um die Zeit der Schlacht von Karkemisch ließ er sie durch Baruch
niederschreiben, nach Vernichtung dieser Niederschrift durch den König diktierte er

---

[1] Die kanonischen Schriften nach Driver-Rothstein (ich wähle für jetzt den kritisch
gesinnten, aber vorsichtig zurückhaltenden Führer; das entschiedene Vordringen findet man bei
Cornill). Die Apokryphen und Pseudepigraphen nach Kautzschs gleichnamigem Sammelwerk.

[2] Der echte Jesaias: Kap. 1—11. 14—20. 21. 28—33, wovon einiges noch entfällt, anderes
zweifelhaft ist.

sie im folgenden Jahre zum zweitenmal, wie das erstemal aus dem Gedächtnis, also nur dem Sinne nach getreu, das zweitemal außerdem mit Zusätzen. Auch das Buch Jeremia enthält viel Späteres. — In die Zeit des Aufkommens der Babylonier, vielleicht der Zerstörung Ninivehs, fällt Habakuk.

Den tiefsten Schnitt in das Leben der alten Israeliten machte das babylonische Exil; es ist nur zu begreiflich, daß eine solche Erschütterung des ganzen äußeren und inneren Seins auch an der Literatur empfunden wird.

Unter den Exilierten von 597 befand sich der Priester Ezechiel, der danach in Babylonien von 592 bis 570 als Prophet wirkte. Er kennt das ältere Gesetz, auf dem das „Heiligkeitsgesetz" (H) Levit. 17—26 sich aufbaut. Letzteres hinwiederum fand Aufnahme in den Priesterkodex (P), welcher vom priesterlichen Standpunkte aus eine systematische Darstellung der israelitischen Theokratie bieten wollte, ihres Ursprungs und ihrer Haupteinrichtungen unter Benutzung der bereits vorhandenen Geschichtserzählungen und Gesetzesredaktionen; die Gestaltung des Priesterkodex scheint eine Frucht des Exils zu sein. — Der Schmerz über das nationale Unglück äußert sich in den Klageliedern (Threnoi): sie werden in der Sphäre des Jeremias geschaffen sein, doch nicht von ihm selbst. — In der exilischen und nachexilischen Zeit entstand eine Reihe zum Teil bedeutender Prophetien, die später in die gesammelten Schriften teils des Jesaias, teils des Jeremia eingereiht wurden. Exilisch ist Jes. Kap. 34—35, noch aus der Mederherrschaft Jes. 13—14; aus der Zeit zwischen dem Fall der Mederherrschaft und demjenigen Babylons (549/38) der sog. Deuterojesaias (Jes. 40—66) sowie Jerem. 50—51. Dem Ende des babylonischen Exils (538) wird Jes. 21, 1—10 zugeschrieben. Nach der Rückkehr aus dem Exil scheint Jes. 12 gedichtet, als ein Dankpsalm; ferner die weitausschauende Prophetie Jes. 24—27; sicher ist es der Fall mit Haggai und Sacharja 1—8, Mahnungen zum Tempelbau, den Serubabel denn auch begann. — Buch Ruth gilt einzelnen Kritikern wegen seiner Schönheit und Stilreinheit für vorexilisch, den meisten aber wegen gewisser antiquarischer und sprachlicher Besonderheiten für exilisch oder nachexilisch. — Die Psalmen sind eine Sammlung von Kultusgesängen verschiedener Zeit; vorexilisch kann höchstens eine Minderzahl sein, die Mehrzahl ist nachexilisch, nicht wenige reichen bis in die Makkabäerzeit hinab. Auch das Buch der Sprüche ist eine allmählich herangewachsene Sammlung mit vor- und nachexilischen Bestandteilen. Hier mögen die Bücher Joel, Obadja und Hiob genannt sein.

Die Klassizität der ältesten Literatur, des Jahwisten und des Elohisten sowie der älteren Erzählungsstücke sonst, erhielt bereits im Deuteronomium ein etwas verändertes Gepräge; noch getrübter erscheint sie in den jüngeren Bestandteilen der Königsbücher und bei Jeremias, bei Ezechiel, Deuterojesaias, Haggai. Der entschieden nachklassische Stil beginnt im fünften Jahrhundert mit den Aufzeichnungen Esras und Nehemias (benutzt in den Büchern gleichen Namens; es sind die Ichpartien in Esra 7—9, Neh. 1—7, 12—13), mit der aramäisch geschriebenen Quelle von Esra 4—6 und mit dem gleichzeitigen Propheten Maleachi. In das fünfte Jahrhundert wird auch das Buch Jona gesetzt.

Der hellenistischen Zeit gehören: Das Buch Esther; die Bücher der Chronik (Paralipomena) nebst den Büchern Esra und Nehemia; der Prediger (Koheleth, Ecclesiasticus); das Hohelied (als Verwertung von ländlichen Gesängen für die städtische Literatur ein merkwürdiges Analogon zur griechischen Bukolik ebenfalls hellenistischer Zeit); ferner die griechische Bibelübersetzung (Septuaginta und Aristobulos.[1])

Zweites Jahrhundert: Sprüche Jesus Sirach; Buch Tobit; Buch Judith; Gebet Manasses (zu Chron. II 33); Buch Daniel (164); Zusätze zum Buch Daniel (Gebet Asarjas und Lobgesang der drei Jünglinge im glühenden Ofen; Susanna); Zusätze zum Buch Esther; Buch der Jubiläen; Buch Henoch.

Erstes Jahrhundert vor Christus: Makkabäer I (IV ist vielleicht später); Weisheit Salomos; Psalmen Salomos; Brief des Aristeas.

Christliche Zeit, erstes Jahrhundert: Esra III. IV; Makkabäer II. III.; Buch Baruch; Martyrium Jesaiä; Himmelfahrt Moses; Apokalypse des Baruch; Testamente der zwölf Patriarchen. Außerdem Philo und Josephus.

Die Entstehung der Sibyllinen (Buch III—V) erstreckt sich von der hellenistischen Zeit bis zu den Antoninen. —

Großes hat der kritische Fleiß der Theologen an der hebräischen Literatur geleistet. Aber die Leistung selbst stellt ihnen zwei neue Aufgaben, deren Lösung nicht länger hinausgeschoben werden sollte; die wissenschaftliche Welt und der weitere Kreis der Gebildeten, wer irgend für die hebräische Literatur oder für die Weltliteratur, für Religionsgeschichte oder für die heutige religiöse Frage interessiert ist, brennt darauf.

Die eine Aufgabe wäre die Feststellung des Textes der aus den biblischen Schriften herausgeschälten früheren und späteren Literaturreste und ihre Herausgabe im hebräischen Original und (getrennt davon) in deutscher Übersetzung, in umfassenden Sammelwerken, geordnet nach der zeitlichen Folge der einzelnen Schriften und gruppiert nach den Zeiträumen der israelitischen Literaturgeschichte. Nicht als ob den Fachmännern vorgegriffen werden sollte, sondern lediglich um das hier vorgetragene Desiderat zu präzisieren, sei in Anlehnung an die vorstehende Übersicht ein solches Sammelwerk skizziert:

Band I. Die vordeuteronomische Literatur.

Band II. Deuteronomium und deuteronomistische Literatur.

Band III. Der Priesterkodex.

Band IV. Exilisches und nachexilisches (außer dem Priesterkodex).

Band V. Hellenistische Zeit.

Und so fort.

Einer jeden Schrift müßte eine sachlich orientierende Einleitung vorausgehen (für das Kritische wäre überall auf die „Einleitungen ins Alte Testament" und die

---

[1] Hohelied: Baudissin, Einleitung, § 182. Ob mit Vatke an irgend eine Abhängigkeit von der griechischen Bukolik zu denken ist, bleibt offene Frage; aber Analogie liegt vor, wenn ländliche Hochzeitslieder (Wetzstein, Budde) einem städtischen Dichter als Motiv zu einer neuen Dichtart dienten; so haben die Bukoliker nicht Hirtenlieder in die städtische Literatur eingeführt, sondern das Hirtenleben und den Hirtengesang als Motiv verwertet, wie etwa unsere Komponisten ungarische und andere Volksweisen als Motive für eigene Kompositionen. Die zwei Perlen der griechischen Idyllendichtung sind die „Adoniazusen", die eben deshalb so gut gelangen, weil sie als städtisches Motiv dem Großstadtdichter lagen, und das Stück „Oaristys", in welchem der Dichter das Ländliche (hier die Vorwegnahme der ehelichen Verbindung unter Verlobten, wie es bei unsern Bauern und Arbeitern vielfacher Brauch ist) so künstlerisch unmittelbar wiedergibt, wie nur unsere besten Dorfnovellen, etwa Gottfried Kellers „Romeo und Julia auf dem Dorfe". Die Bukolik im ganzen ist barocke Gelehrtenpoesie. Und das Hohelied?

kritische Spezialliteratur zu verweisen); verbindende Bemerkungen müßten die nur in
Trümmern erhaltenen Schriften auch dem Nichtfachmann zugänglich machen; erklärende Anmerkungen sollten das Notwendigste an historischen und antiquarischen
Erläuterungen in knapper Form und mit Verweisen auf die Fachliteratur geben. Ist
es noch nötig, das Desiderat zu begründen? Werke von solcher religions- und literatur-
geschichtlicher Bedeutung wie etwa der „Jahwist" oder der „Elohist" müssen endlich
einmal sauber herauspräpariert, ein jedes in seiner Eigenart vorgelegt werden. Einen
Propheten wie den Jesaias muß man von allem Fremden gründlich gesäubert besitzen,
um ihn, den echten Jesaias, genießen zu können, ohne auf Schritt und Tritt durch
Einschiebsel jüngeren Ursprungs gestört zu sein. Geschieht einem „Deuterojesaias"
nicht bitter unrecht, wenn er in den Bibeldrucken im besten Fall als unechter Anhang
des Jesaias mitgeschleppt wird, statt daß er nach seiner selbständigen Bedeutung,
unter angemessener Überschrift, im Rahmen seiner Zeitgenossen herausgegeben würde?
Technische Schwierigkeiten stehen solcher Herausgabe nur bei den bloß bruchstück-
weise erhaltenen Schriften entgegen, z. B. beim Jahwisten und Elohisten. Für solche
Fälle ist längst die zutreffende Form gefunden in der Fragmentensammlung, wie
man sie für die so traurig zerstörten Literaturen der Griechen und Römer immer
neu bearbeitet.

Die andere Aufgabe wäre die Schöpfung einer Literaturgeschichte. Es
müßte schon eine „Geschichte der altisraelitischen Literatur" sein; denn eine „Geschichte
der hebräischen Nationalliteratur" würde dem Stoffe zu enge Grenzen ziehen. Wir
wollen nicht fragen, warum die Literaturgeschichte noch nicht geschrieben ist. Ihre
anerzogene Scheu vor dem heiligen Kanon haben unsere Kritiker doch längst abgelegt.
Vielleicht spielt der zufällige Umstand ein wenig mit, daß der akademische Unterricht neben der „Einleitung" nicht Raum hat für eine literaturgeschichtliche Vor-
lesung, und was nicht als Kolleg gelesen wird, das erscheint an unseren Universitäten
auch so leicht nicht als Buch. Der einzige Grund, welcher öffentlich ausgesprochen
wird, ist angebliche Unlösbarkeit der Aufgabe: in gewissen Hauptsachen sei wohl
Übereinstimmung erzielt, aber im einzelnen gingen die Ansichten noch viel zu weit
auseinander. Diese Schwierigkeit aber löst sich überraschend einfach, nämlich nach
der in der Wissenschaft allgemein geltenden Regel, daß der einzelne Gelehrte lediglich seiner persönlichen Auffassung folgt und ihr Ausdruck gibt. Wenn die Philologen mit Publikation ihrer Fragmentensammlungen hätten warten wollen, bis allseitige
Übereinstimmung erzielt worden wäre, etwa über die Fragmente der griechischen
Lyriker oder der Tragiker oder der Philosophen, dann wäre nie eine solche Sammlung
erschienen, und es käme nie eine zustande. Genau so steht es mit der griechischen
Literaturgeschichte. Möglich wurde Fragmentensammlung und Literaturgeschichte
dadurch, daß einer die Sache herzhaft angriff und nach bester Überzeugung, und zwar
nach dem augenblicklichen Stand derselben, sie machte, die eine oder die andere
Arbeit oder auch beide. Dann machten es andere ebenfalls, ein jeder auf seine Weise.
So geschehe es auch in unserem Falle. Vielleicht kommt man zu dem Schlusse, nur
e i n e Fragmentensammlung, nur eine Gesamtausgabe der israelitischen Literatur zu
schaffen, in vereinter Arbeit vieler; aber v i e l e Literaturgeschichten müssen geschrieben
werden, eine jede von nur e i n e m Autor; mindestens müßte jeder Verfasser einer
„Einleitung" sich verpflichtet halten, auch eine „Literaturgeschichte" zu schreiben.
Man steht da vor einem psychologischen Rätsel. Man sollte meinen, jeder Gelehrte,

der am alten Testament ein Leben lang kritisch gearbeitet hat, der jahraus, jahrein seinen Zuhörern die Methoden und die Ergebnisse der Kritik vorgetragen, vielleicht auch schon eine „Einleitung" in Druck gegeben hat, man sollte meinen, ein solcher müßte die Brust zum Springen voll haben von einem positiven Geschichtsbild, von einem Bild der literargeschichtlichen Entwicklung und zwar, wie das bei einem Theologen gar nicht anders sein kann, der Literaturgeschichte im Zusammenhang der religiösen, der politischen und der Kulturgeschichte des Volkes Israel. Vielseitig fruchtbar würden solche Bücher wirken; als Proben auf das Exempel würden sie die alttestamentliche Kritik selbst neu befruchten; darüber hinaus würden sie mit der vorbesprochenen altisraelitischen Bibliothek die dann erst wiedergeborene israelitische Literatur als ein neues Ding in die Welt stellen, und was als „Kanon" und „Bibel" dem heutigen Menschen grundsätzlich zuwider ist, das würde als ein der Werdewelt zurückgegebenes Lebewesen dem Kreis der Denkenden und ästhetisch Genießenden etwas bieten. Dann würde auch das ängstliche Gerede von der „verneinenden und zersetzenden Kritik" sich verkriechen müssen. Die Wissenschaft wird positiv gerade dadurch, daß sie radikal ist. Wer scheu nur eben hier und da ein welkes Blatt wegnimmt, der bleibt immer im „Negieren"; wer aber die kranke Pflanze bis auf die Wurzel zurückschneidet, wo sie dann sofort neu treibt, und zum gesunden Baum heranwächst, der schafft Positives. Die „Einleitungen" können nur zergliedern und zertrümmern, in dieser Art sind sie verneinend; aber die Fragmentensammlung, die israelitische Bibliothek, ebenso die Literaturgeschichte, bauen auf. Beides wird geschaffen werden, und beneidenswert wird der Schöpfer heißen. Es wird geschaffen werden, wenn nicht von den Deutschen, dann von den Engländern, sicher von den Amerikanern. Wer wird zuerst auf dem Plan sein?[1])

[1]) Es gibt Vorarbeiten zur israelitischen Bibliothek und zur Literaturgeschichte. Von ersteren nenne ich Carl Budde, Die biblische Urgeschichte 1883. B. W. Bacon, The genesis of the Genesis 1892. In dem Werk „Die Heilige Schrift des Alten Testaments in Verbindung mit anderen Gelehrten übersetzt und herausgegeben von E. Kautzsch 1894 ²1896" sind die Quellen durch Randbuchstaben angegeben, in P. Haupts Sacred books of the old Testament (sowie in den begonnenen englischen und deutschen Ausgaben des Werkes) durch verschiedenfarbigen Druck. — Der Versuch einer Literaturgeschichte liegt vor in E. Reuß, Geschichte der heiligen Schriften des alten Testaments ²1890; vgl. dess. Das Alte Testament, herausgegeben von Erichson und Horst 1892—94; ferner ist zu nennen: E. Kautzsch, Abriß der Geschichte des alttestamentlichen Schrifttums, hinter seiner Bibelübersetzung, auch in Sonderausgabe 1897. Wildeboer-Risch, Literatur des alten Testaments nach der Zeitfolge ihrer Entstehung 1895. Cornill gibt immerhin eine tabellarische „Übersicht über den Entwicklungsgang der alttestamentlichen Literatur nach den Ergebnissen der speziellen Einleitung". Sein Israelitischer Prophetismus ⁴1903 ist eine Art Literaturgeschichte des prophetischen Astes in chronologischem Aufbau. Wie mit der analytischen „Einleitung" der von uns allen geteilte Durst nach ästhetisch genießender synthetischer Literaturgeschichte ringt, das liegt in Baudissins Einleitung vor Augen, die in einer freilich noch nicht chronologischen Folge von Charakteristiken eine lesbare Darstellung gibt. Außerdem: J. Wellhausen, Geschichte Israels 1878, Israelitische und jüdische Geschichte 1894. ⁵1904. B. Stade, Geschichte des Volkes Israel 1881 ff. Wellhausen und Stade überspringen zwar nicht die Bibelkritik, wohl aber die Stufe der Literaturgeschichte und schreiben gleich „Geschichte". Wenn es, wie gesagt wird, unmöglich wäre, eine israelitische Literaturgeschichte zu schreiben, um wieviel unmöglicher müßte es dann sein, eine israelitische Geschichte zu schreiben, da wir doch letztere nur durch die erstere kennen. Über eins dürfen sich die wissenschaftlichen Bibelforscher keiner Täuschung hingeben: durch ihren esoterischen Betrieb haben sie versäumt, zur Verringerung der zwischen Bildung und Bibel bestehenden Kluft dasjenige beizutragen, was in ihrer Macht gelegen hätte.

Die christliche Literatur.

Eine Geschichte der christlichen Literatur des Altertums müßte, abgesehen von den orientalischen Sprachen, die christlichen Griechen und Lateiner der ersten sechs Jahrhunderte umfassen. Eine in diesem Sinne vollständige altchristliche Literaturgeschichte konnte noch nicht geschrieben werden, die Vorarbeiten aber sind im Gange. Eine solche Vorarbeit, umfang- und inhaltreich, ist im Erscheinen begriffen; als Grundlage für eine Ausgabe der älteren griechischen Kirchenväter gedacht, musste sie freilich die neutestamentlichen Schriften übergehen, reicht auch (zunächst, wie es heißt) nur bis Eusebius. Gestützt auf den ersten Teil dieses großen Werkes, dabei doch selbständig, ist ein Grundriß für Vorlesungen gearbeitet, der die neutestamentlichen Schriften in die Literaturgeschichte aufnimmt, wenn auch nur in kürzester Erledigung; auf die ersten drei Jahrhunderte beschränkt er sich lediglich aus dem Grunde, weil für die späteren Zeiten die Überlieferung noch nicht so durchforscht und bearbeitet ist wie für die früheren.[1])

Die altchristlichen Schriften werden in mehrere Klassen geschieden: die kanonischen Schriften des neuen Testamentes und die außerkanonische Literatur, nämlich die Apokryphen, die sogenannten apostolischen Väter und die Kirchenväter; dazu die bischöflichen und Synodalschreiben, die Kirchenordnungen (Didache, Didaskalie und Canon ecclesiasticus) und die Märtyrerakten. Hier folgen einige Nachweisungen für die einzelnen Klassen.

Neutestamentliche Schriften. Analog der Bibel alten Testamentes bildete sich auch ein neutestamentlicher Kanon heraus. Die kanonischen Schriften sind auch heute noch Gegenstand gesonderter wissenschaftlicher Bearbeitung. „Einleitungen in das Neue Testament" geben die nötige Orientierung.[2])

---

[1]) Altchristliche Literatur: Friedr. Nitzsche, Geschichtliches und Methodologisches zur Patristik (in den Jahrbüchern für deutsche Theologie. X, 1865, 37). Franz Overbeck, Über die Anfänge der patristischen Literatur (in H. v. Sybels Histor. Zeitschrift XLVIII, 1882, 472). — A. Harnack, Geschichte der altchristlichen Literatur bis Eusebius 1893. 1897. 1903. G. Krüger, Geschichte der altchristlichen Literatur in den ersten drei Jahrhunderten 1895 (Nachträge 1897). — O. Bardenhewer, Geschichte der altkirchlichen Literatur 1902. 1904. Batiffol, Litérature grécque chrétienne 1897. — Christ, Geschichte der griechischen Literatur bis Justinian ²1905, 912 ff. Krumbacher, Geschichte der byzantinischen Literatur von Justinian ²1897, darin 37 ff. Ehrhard, Die Theologie. Teuffel-Schwabe, Geschichte der römischen Literatur bis Justinian ⁵1890 (927 Minucius Felix). Schanz, Geschichte der römischen Literatur III ²1905, 240 ff. IV I 1904. Christ gibt die christlichen Schriftsteller griechischer Sprache vom neuen Testament an, vorzugsweise solche, welche für den klassischen Philologen besonderes Interesse haben, insofern sie das Gepräge des Hellenismus an sich tragen oder als Quellenschriften für die Kenntnis der klassisch-griechischen Literatur Wert haben. Schanz beginnt die Einzelbesprechung S. 267 mit Minucius Felix, als dem ersten christlichen Schriftsteller in lateinischer Sprache. — Ebert, Geschichte der christlich-lateinischen Literatur von ihren Anfängen bis zum Zeitalter Karls des Großen 1874. M. Manitius, Geschichte der christl.-lat. Poesie 1891. Vorländer, Geschichte der Philosophie, I 1903, 203 Philosophie des Mittelalters. 207 Philosophie der Kirchenväter (mit Literatur).

[2]) Einleitungen: H. J. Holtzmann, Lehrbuch der historisch-kritischen Einleitung in das Neue Testament ³1892. Jülicher, Einleitung in das Neue Testament ⁵⁻⁶ 1906. — Die Schriften des Neuen Testaments neu übersetzt und für die Gegenwart erklärt (in Verbindung mit Fachgenossen) von Joh. Weiß 1906. — Als Spezialschrift eines Philologen nennen wir W. Soltau, Unsere Evangelien, ihre Quellen und ihr Quellenwert vom Standpunkt des Historikers aus betrachtet

Die Tübinger historische Schule Ferdinand Christian Baurs ist es gewesen, welche die Kritik der neutestamentlichen Schriften auf ihre wissenschaftliche Höhe gehoben hat. Baur und seine nächsten Schüler hatten den Bildungsgang der schwäbischen Theologen durchgemacht. Nach gründlicher humanistischer Vorbildung traten sie in das Tübinger Seminar (das Stift), in dem sie erst zwei Jahre Philosophie nebst Geschichte und Philologie, dann drei Jahre Theologie zu studieren hatten; durch die philosophischen Studien gewannen sie Einblick in die geistigen Strömungen der Vergangenheit und Fühlung mit denen der Gegenwart, durch die philologisch-historische Schulung wurden sie zu geschichtlicher Betrachtungsweise in philologischer Methode erzogen. Darauf ruhte die wissenschaftliche Kraft der Männer, für welche Eduard Zeller, einer aus der Zahl, den treffenden Namen der Tübinger historischen Schule geprägt hat.

Baurs Tat bestand darin, daß er die Gesetze der historischen Kritik, wie sie von den Historikern bei der Quellenkritik befolgt werden, auf die neutestamentlichen Schriften anwandte, indem er sie im Zusammenhang mit der Geschichte des jungen Christentums eine jede als notwendiges Erzeugnis einer Entwicklungsphase desselben zu begreifen lehrte. Der Historiker unterscheidet zwischen „Urkunden", als Stücken der Geschichte selbst, und „Berichten" dritter über die Geschichte. Baur erkannte in den echten paulinischen Briefen und der Apokalypse die unmittelbarsten und ältesten Urkunden aus der frühchristlichen Zeit, die daher als vorwiegend geeignet erschienen, eine haltbare Unterlage für historische Forschung über dieselbe Zeit abzugeben; die Evangelien hingegen besitzen nur den bedingten Wert von Berichten, so unersetzlich sie uns sind als die immerhin besten, vielmehr als die so gut wie einzigen Quellen für Jesus' Lehren und Wollen. Gegenüber den Briefen und der Apokalypse, als Urkunden, gilt es die Situation zu ermitteln, aus welcher heraus sie geschrieben wurden; gegenüber den Evangelien gilt es, das Glas zu ermitteln, durch welche ihre Verfasser die Dinge gesehen haben; beiden gegenüber stellt sich die Aufgabe, die Absicht zu erkennen, in welcher sie geschrieben wurden, die Wirkung, welche durch sie erzielt werden sollte. Das ist der Sinn der für jeden Historiker selbstverständlichen und allen Quellen gegenüber geübten „Tendenzkritik".

Es ist aber Pflicht des Historikers, bevor er Urkunden zu historischer Synthese verwertet, ihre Echtheit zu prüfen, ihren wirklichen Ursprung festzustellen; und als

1901. — Ausgaben: Tregelles, Greek new testament 1857—79. Westcott and Hort, New testament in the original Greek 1881. Tischendorf, Novum testamentum graece, editio octava critica maior 1869—72; ed. de Gebhardt ¹1898 (ed. stereotypa ⁶1894). Nestle 8⁰ ³1901; 24⁰ ⁴1903. Hierzu Nestle, Einführung in das griechische Neue Testament ²1899 (Textgeschichte und Textkritik). Jülicher, Einleitung ⁵570ff. — Sprache: Deißmann, Bibelstudien 1895; neue Bibelstudien 1897. Winer-Schmiedel, Grammatik des neutestamentlichen Sprachidioms ⁸1894. Blaß, Grammatik des neutestamentlichen Griechisch ²1902. — Synopsen: A. Huck, Synopse der drei ersten Evangelien (Anhang zum „Handkommentar zum Neuen Testament" I) ²1898. R. Heineke, Synopse der drei ersten kanonischen Evangelien mit Parallelen aus Johannes 1898. Mehr bei Jülicher, Einleitung ⁵251 unten („leider vermißt man in diesen Synopsen durchweg die handschriftlichen Varianten"). — Einen philologischen Kommentar zu den neutestamentlichen Schriften, Sprachliches und Sachliches berücksichtigend, gibt es noch nicht. Das müßte ein Philologe in die Hand nehmen, etwa einer aus der Bonner Schule, der die Vorzüge ihrer Meister in sich vereinigte, der Welcker und Usener, der Friedrich Ritschl und Otto Jahn; er müßte sich dazu mit einem sprachkundigen Theologen verbinden, wie es deren ausgezeichnete gibt.

literarische Erzeugnisse einer gewissen Person und Zeit haben auch Berichte die
Geltung von Urkunden, verlangen also dieselbe Echtheitsprobe, verlangen ein jeder
an die ihm zukommende Stelle im Fachwerk der Geschichte eingeordnet zu werden,
außerdem aber fordern sie, eben als Berichte, die Prüfung ihrer Zuverlässigkeit. Baur
gelangte auf Grund der von ihm in den neutestamentlichen Schriften gefundenen
Tendenzen zu dem Ergebnis, daß von den Briefen nur die vier an die Galater, die
Korinther und die Römer echt seien; es sind diejenigen, welche auf jeden Fall den
bedeutenden Kern der ganzen Briefsammlung bilden und von denen jede Rekonstruktion
der paulinischen Religion auszugehen hat. Alle übrigen Briefe galten ihm als unecht,
das will sagen als nachapostolisch. Aus der apostolischen Zeit entstammt nur noch
die Apokalypse, Baur erkannte den Apostel Johannes als ihren Verfasser an. Die
Evangelien sind, wie die nachpaulinischen Briefe, erst im zweiten Jahrhundert verfaßt,
zuerst Matthäus, dann Lukas (dem sich die Apostelgeschichte desselben Verfassers
anschließt), aus beiden ist unter starken Kürzungen Markus hergestellt, zuletzt folgt
das vierte Evangelium, in welchem die Grundlagen für die Theologie der Kirche
gelegt wurden.

Kein Entdecker ist gegen den Fehler gefeit, daß er neugefundene Schlüssel zu
ausschließlich und in zu weiten Grenzen anwendet. Wenn die Tübinger Schule demselben Fehler verfallen ist, so hat ihn eben die, selbst inzwischen geschärfte Tübinger
historische Methode auch berichtigt. Es ist die Methode der wissenschaftlichen
Theologie.[1])

Die Kritik der neutestamentlichen Schriften steht auf Baurs Schultern. Im
ganzen ist sie konservativer geworden. Von den Briefen werden (von Jülicher) außer
Galater, Korinther und Römer auch Thessaloniker, Philipper, Philemon, Kolosser und
vielleicht Epheser als echt anerkannt; von den Evangelien wird jetzt lieber Markus
an die Spitze gestellt, Matthäus und Lukas gelten als von ihm abgeleitet und aus
anderen Quellen erweitert. Das vierte Evangelium rückt aus der Mitte des zweiten
Jahrhunderts näher an dessen Anfang.

Außerkanonische Literatur. Die außerkanonischen Schriften bis zum Ausgang des Altertums findet man in Bardenhewers Patrologie verzeichnet; dieselben, aber
nur bis Eusebius, beziehungsweise nur bis 300, in Harnacks und in Krügers Geschichten der altchristlichen Literatur. Unter dem Namen der Apokryphen, diesen
in weiterem Sinne verstanden, werden wohl auch die apostolischen Väter und die
ältesten Kirchenordnungen mit einbegriffen; so geschieht in Henneckes Neutestamentlichen Apokryphen und dem dazu gehörigen Handbuch. — Apokryphen. Unter
neutestamentlichen Apokryphen, im eigentlichen Sinne, versteht man Schriften, welche,
meist neutestamentlichen Autoren untergeschoben, die neutestamentliche Literatur
fortbilden; den Gliederungen des Neuen Testamentes entsprechend, zerfallen sie in
Evangelien, Apostelgeschichten, Apostelbriefen und Apokalypsen.[2])

---

[1]) Über die Tübinger historische Schule vgl. E. Zeller in der historischen Zeitschrift
IV 1860, über Baur denselben in den Preußischen Jahrbüchern 1861 (beide Aufsätze auch in
seinen Vorträgen und Abhandlungen 1865, 356ff.) und in der Deutschen Biographie II Artikel
Ferd. Chr. Baur; ferner Jülicher, Einleitung 1894, 11. ⁵⁻⁶ 1906, 12 und in Joh. Weiß' Schriften
des N. T. 1906 I 26.

[2]) Apokryphen. Jülicher in Pauly-Wissowas Realencykl. I 2823 Apokryphen. H. J. Holtzmann, Einleitung, ²534 Neutest. Apokryphen. Harnack, Geschichte I ɪ Christliche Urliteratur. Krüger,

Sog. apostolische Väter. Ihre Bezeichnung als apostolisch ist insofern unzutreffend, als sie erst der nachapostolischen Zeit angehören, rund den Jahren 75—150. Sie werden neuerdings auch den Apokryphen beigezählt; sonst stehen sie an der Spitze der Väter und bilden den Eingang der Patrologie. Es sind Briefe, genannt des Barnabas, Clemens Romanus, Polykarp, Ignatius; auch der Hirt des Hermas ist hinzugerechnet worden, wiederum Papias und der Brief an Diognet.[1]

Aus der christlichen hebt sich als ein Hauptbestandteil die kirchliche Literatur heraus; unter den Kirchenschriftstellern (Scriptores ecclesiastici) stehen obenan die sogenannten Väter (Patres, das Wort bezeichnet in diesem Kreise eigentlich die Bischöfe). Die geschichtliche Kunde von ihrem Leben und ihrer Schriftstellerei wird unter dem Namen der Patrologie begriffen; dagegen die Patristik stellt die Lehren der Väter systematisch dar (jetzt in der Form der Dogmengeschichte). Weil die Ermittelung des Lehrsystems zur Vorbedingung die kritische Erforschung des Lebens und der Schriftstellerei hat, so kann die Patrologie als Hilfsdisziplin der Patristik (oder Dogmengeschichte) aufgefaßt werden; weil aber die Literaturgeschichte erst vollkommen wird, wenn sie auch den Inhalt der Schriften aufnimmt, so kann umgekehrt auch die Patristik in der Patrologie aufgehen. Die Kirchen haben eine engere Auswahl der Väter als höchster Autoritäten anerkannt, die griechische Kirche Basilius den Großen, Gregorius von Nazianz und Johannes Chrysostomus, die römische Kirche Ambrosius, Hieronymus, Augustinus und Gregor den Großen; man nennt sie Kirchenlehrer (Doctores ecclesiae). Diese Distinktionen haben nur kirchliche Bedeutung, die Wissenschaft läßt sie fallen, sie kennt nur „Kirchenschriftsteller", als eine Hauptklasse der antiken Schriftsteller christlicher Religion.[2]

Geschichte 32. 54. 23. Bardenhewer, Patrologie § 28 Übersicht über die neutest. Apokryphen (mit Literatur). — Fabricius, Codex apocryphus novi testamenti [2]1719. 1743. Thilo, Codex apocryphus n. t. I 1832. Hilgenfeld, Novum testamentum extra canonem receptum IV (apokryphe Evangelien, Peter und Pauls Predigt und Akten, Petrusapokalypse) [2]1884. Andere Sonderausgaben erwähnt bei Holtzmann, Krüger, Bardenhewer. Preuschen, Antilegomena, Reste der außerkanonischen Evangelien und urchristlichen Überlieferungen, herausgeg. und übers. 1901 (Ev. der Ägypter, Hebräer, Ebioniten usf.). Klostermann, Apocrypha I (Petrusevangelium, -apocalypse, -kerygma) 1903 (wird fortgesetzt). Hennecke, Neutestamentliche Apokryphen, in Verbindung m. Fachgelehrten in deutscher Übers. und m. Einleitungen herausgeg. 1904 (Evangelien, Briefe, Lehrschreiben und Predigten, Kirchenordnungen, Apokalypsen, Apostelgeschichten [Legenden]); ders. Handbuch zu den neutest. Apokr. in Verb. m. Fachgelehrten herausgeg. 1904 (Inhalt wie vor, dazu Jesus, seine Jünger u. das Evangelium im Talmud u. verw. jüdischen Schriften; Neutestamentliches aus dem Koran). — Über Apokalypsen vgl. E. Norden, Vergils Äneis Buch VI (S. 9 ein Verzeichnis). A. Dieterich, Nekyia, Beiträge zur Erkl. der neuentdeckten Petrusapokalypse 1893.

[1] Apostolische Väter: Hilgenfeld, Die apostolischen Väter 1853. Harnack, Geschichte I Abschnitt I. Krüger, Geschichte, Erste Abteilung. Bardenhewer, Patrologie 14 Die urkirchliche Literatur. — Hilgenfeld, Novum testamentum extra canonem receptum I Clemens Rom., II Barnabas, III Hermas 1866. [2]1876 ff. v. Gebhardt-Harnack-Zahn, Patrum apostolicorum opera 1875 ff.; editio minor zuletzt 1900. Lightfoot, Apostolic fathers I S. Clement of Rome 1890. II S. Ignatius. S. Polycarp [2]1889. Hennecke, Apokryphen, 80 Briefe, 141 Lehrschreiben und Predigten; ders., Handbuch 172. 205.

[2] Harnack (und Preuschen), Geschichte der altchristlichen Literatur bis Eusebius, I Überlieferung u. Bestand 1893. II Chronologie 1897. 1904. G. Krüger in Herzog-Haucks Realencyklopädie XV 1904 Patristik; ders., Geschichte der altchristlichen Literatur in den ersten drei Jahrhunderten 1895 (§ 2 Überlieferung, Bearbeitungen, neuere Literatur, Hilfsmittel, Ausgaben). O. Bardenhewer, Patrologie [2]1901; ders., Geschichte der altkirchlichen Literatur I 1902 (bis 200). II 1904 (bis 300). Die griechische Literaturgeschichte von W. Christ, die römische von Teuffel-

Als bemerkenswerte Unterarten der Kirchenväter heben wir die Apologeten, die Häretiker und die Antihäretiker hervor. Die Apologeten des zweiten Jahrhunderts wurden durch die Auseinandersetzung zwischen Christentum und griechischem Heidentum ins Feld gerufen. Die Unterscheidung zwischen Häretikern und Antihäretikern ist natürlich vom Standpunkt der siegenden Partei aus gemacht; dabei will beachtet sein, daß Rechtgläubige und Ketzer keineswegs durch eine scharfe Grenzlinie voneinander geschieden sind.[1]

Kirchenordnungen. Sie gelten als apostolisch, obwohl sie in späteren Jahrhunderten geschrieben sind. Es sind die Apostellehre (Didache) des zweiten, die Didaskalia und die Canones ecclesiastici des dritten, die apostolischen Konstitutionen des ausgehenden vierten Jahrhunderts.[2]

Bischöfliche und Synodalschreiben des zweiten und dritten Jahrhunderts.[3]

Märtyrerakten. Sie beginnen unter Antoninus Pius mit der Passio Polycarpi; es folgen unter Marc Aurel die Acta Carpi, Papyli et Agathonices, die Acta S. Justini et sociorum, die Epistola ecclesiarum Viennensis et Lugdunensis, die Acta martyrum Scilitanorum, unter Commodus die Acta S. Apollonii, unter Septimius Severus die Acta SS. Perpetuae et Felicitatis, unter Decius die Acta S. Pionii und die Acta disputationis S. Achatii.[4]

Hier folgt eine chronologisch geordnete Übersicht der altchristlichen Literatur; es wird manchem angenehm sein, den ganzen Bestand mit einem Blick zu übersehen, ehe er dem einzelnen näher tritt. Die Ansetzungen der neutestamentlichen Schriften nach Jülichers Einleitung[5], die der außerkanonischen Literatur bis Eusebius nach Harnacks Geschichte der altchristlichen Literatur II, das übrige nach Bardenhewers Patrologie[2].

Schwab und von M. Schanz III [2]1905, 240 (S. 266 neuere Literatur). — M. de la Bigne, Bibliotheca sanctorum patrum 1575. Magna bibl. veterum patrum 1618. Maxima bibliotheca 1765. Migne, Patrologia graeca 1857 ff.; Patrologia latina 1844 ff. Gebhardt-Harnack, Texte u. Untersuchungen zur Geschichte d. altchristl. Literatur 1882—97; dasselbe als Archiv für die von d. Kirchenväterkommission d. K. pr. Akad. d. Wiss. unternommene Ausgabe der älteren christlichen Schriftsteller 1897 ff. Robinson, Texts and studies 1891 ff. Die griechischen christlichen Schriftsteller der ersten drei Jahrhunderte, herausgeg. von der Kirchenväterkommission d. K. pr. Akad. d. Wiss. 1897 ff. Corpus scriptorum ecclesiasticorum latinorum Vindob. 1866 ff. Graffin-Nau, Patrologia orientalis 1903 ff. Chabot etc., Corpus scriptorum christianorum orientalium 1903 ff. Syrische, slawische, koptische Übersetzungen bei Harnack, Geschichte I 885 ff. Syrische Schriftsteller bei Bardenhewer 337, armenische eb. 519.

[1] Apologeten: Krüger, Geschichte 60. Bardenhewer, Patrologie 39. Joh. Geffken, Zwei griechische Apologeten (Aristides und Athenagoras; in der Teubnerschen Sammlung wissenschaftlicher Kommentare) 1906. — Häretiker: Krüger 43. Bardenhewer 64. — Antihäretiker: Krüger 88. Bardenhewer 103.

[2] Didache: Harnack, Geschichte I 86. Krüger, Geschichte 40. Bardenhewer, Patrologie 17. Hennecke, Apokryphen 182; Handbuch 256. — Didaskalia: Harnack I 515, 14. Krüger 223, 1. Bardenhewer 148. — Canones ecclesiastici: Harnack I 451, 31. Krüger 224, 2. Bardenhewer 141. — Apostolische Konstitutionen: Bardenhewer 307.

[3] Schreiben des zweiten Jahrhunderts: Krüger, Geschichte 95, des dritten eb. 219.

[4] Märtyrerakten: Bardenhewer, Patrologie 199, der nur unzweifelhaft echte und glaubwürdige Akten aus der ältesten Zeit aufführen will, gibt obige Reihe. Krüger, Geschichte 236, führt das Verzeichnis bis zu den Quadraginta martyres fort (unter Licinius um 320). Vgl. noch Harnack, Geschichte I 969 Märtyrerverzeichnis, II 2. 463. Leclercq bei Cabrol, Dictionn. d'archéol. chrét. 1 1903, 373. van Gulik, Röm. Quartalschrift 1904, 265 über Pio Franchi de' Cavaleriis hagiographische Schriften.

Urchristliche Zeit.

Jesus' Lebenszeit hat keine christliche Literatur hervorgebracht. ·

Die apostolische Zeit (von der Kreuzigung bis Nero). In diesem Zeitraum, zwischen 53 und 63, hat Paulus seine Briefe geschrieben; an Berichten entstanden die frühesten Aufzeichnungen der Worte und Taten des Jesus, sowie der in die Apostelgeschichte aufgenommene „Wirbericht".

Das zweite Geschlecht, der Epigonen (70—100), ließ an Briefen Hebräer und Petrus I entstehen und die Apokalypse, an Berichten die synoptischen Evangelien Markus, Matthäus, Lukas, dazu die Apostelgeschichte. In den Anfang des zweiten Jahrhunderts gehören die drei Johannesbriefe und Judas, daneben, weniger Bericht als Urkunde, weil eine neue Schöpfung, das vierte Evangelium. Vielleicht erst nach 125 fallen die „Pastoralbriefe" an Timotheus und Titus, zu allerletzt kommen die „katholischen" Briefe (Jakobus und Petrus II). — Den letzten Jahren des ersten und der ersten Hälfte des zweiten Jahrhunderts werden die „apostolischen Väter" verdankt, Klemens I, Polykarp, Ignatius, Barnabas, Hirt des Hermas, Papias, außerdem Kerygma Petri, Petrusapokalypse; dem zweiten und teilweise vielleicht dem dritten Jahrhundert eine Reihe apokrypher Evangelien (Hebräer, Petrus, Ägypter) sowie die Acta Pauli.

Entstehung der altkatholischen Kirche.

Das zweite Jahrhundert (von Hadrian und Antoninus Pius bis Septimius Severus). Auseinandersetzungen mit den heidnischen Griechen und zwischen den Christen.

Apologeten: Quadratus, Aristides, Aristo, Justin, Tatian, Miltiades, Apollinaris, Melito, Athenagoras, Theophilus.

Gnostiker: Basilides (zu Hadrians Zeit) und sein Sohn Isidor, Valentin und die Valentinianer, Bardesanes, die Karpokratianer, die Marcioniten, Julius Cassianus.

Antihäretiker: Rhodon, Modestus, Musanus, Hegesippus, Irenäus; Montanisten und Antimontanisten.

Bischöfliche Schreiben des Soter von Rom (Klemensbrief II), des Victor von Rom u. a.

Märtyrerakten: des Polycarp 155, des Carpus, des Justinus, der Brief der Gemeinden von Vienne und Lyon 177, die Akten der Scilitaner 180, des Apollonius ca. 185.

Das dritte Jahrhundert (von Septimius Severus bis Diocletian). Schaffung einer christlichen Philosophie (theologischen Wissenschaft).

Die Orientalen. Die Alexandriner Klemens, Origenes, Dionysios. Von den Alexandrinern beeinflußt: S. Julius Africanus (Palästina), Alexander (Jerusalem), Gregorios Thaumaturgos (Pontus), Eusebius von Cäsarea (dessen frühere Zeit). Andere Orientalen: Pseudoclemens de virginitate, Paul von Samosata und Malchion, Lucian von Antiochien, Methodius (Lykien), Adamantius, Pseudojustins Cohortatio ad Graecos. Johannesakten (noch zweites Jahrhundert), Petrusakten, Thomasakten. Inschrift des Abercius. Christliche sibyllinische Orakel. Sprüche des Sextus (christlich interpoliert). Pistis Sophia.

Die Occidentalen. Die Afrikaner Tertullian, Cyprian, Arnobius und sein Schüler

3*

Lactantius   In Rom Hippolytus, Novatian.   Victorinus von Pettau, Reticius von Autun.

Didaskalia und Canones ecclesiastici.

Märtyrerakten: Perpetua und Felicitas 203.   Pionius 250.   Achatius usf.

Die orthodoxe Reichskirche.

Das vierte Jahrhundert. Die neue Zeit wurde eröffnet durch das Toleranz-edikt von 313; nach langem Kampfe, der nicht ohne Wunden blieb, erfolgte der Sieg, besiegelt 392 durch das Verbot des Götterdienstes. Die Apologetik richtete sich besonders gegen Kaiser Julian und gegen den Neuplatoniker Porphyrius, die Hauptmasse der theologischen Schriftstellerei aber galt den innerkirchlichen Kämpfen um die Christologie.

Das Zeitalter Konstantins und seiner Nachfolger. Die Griechen Arius, der Vater des Arianismus, Eusebius von Cäsarea, Athanasius von Alexandria, Cyrill von Jeru-salem; die Väter des ägyptischen Mönchtums, Antonius der Große und Pachomius; die Gegner der Manichäer Hegemonius, Alexander von Lykopolis, Serapio von Thmuis, Titus von Bostra. Der Syrer Jakob Aphraates. Die Lateiner Juvencus, Hosius von Corduba, Firmicus Maternus, Marius Victorinus, Eusebius von Vercellae; der Dichter Commodianus; Proba; der Chronograph von 354.

Die julianische und vortheodosianische Zeit. Die Griechen: Basilius der Große, Gregor von Nazianz und Gregor von Nyssa (die drei Kappadozier); Didymus der Blinde; Epiphanius von Cypern und Nemesius von Edessa; die Mönche Orsisius und Theodorus, Macarius Aegyptius und Macarius Alexandrinus. Der Syrer Ephräm. Die Lateiner Hilarius von Poitiers, Zeno von Verona, Lucifer, Hilarius von Rom, Gregor von Eliberis, Phoebadius, die Altercatio Heracliani; Pacianus, Optatus von Mileve.

Das theodosianische Zeitalter. Die Griechen: die Exegeten von Antiochia Diodor von Tarsus, Johannes Chrysostomus, Theodor von Mopsuestia; vielleicht noch die sog. apostolischen Konstitutionen. Die syrischen Gedichte des Cyrillonas. Die Lateiner Ambrosius, Hieronymus, Rufinus, Prudentius und Paulinus von Nola, Priscillian, Philastrius, Faustinus und Marcellinus; das Itinerarium von Burdigala und die Pere-grinatio ad loca sancta; das Carmen adversus paganos und das ad quendam senatorem.

Das fünfte Jahrhundert. Erste Hälfte des Jahrhunderts. Die Alexandriner Synesios von Kyrene und Cyrill; die Antiochener Polychronios, Theodoret von Kyrrhos; die Kirchenhistoriker Philipp Sidetes, Hesychius, Timotheus, Sabinus, Philostorgius, Sokrates, Sozomenos, Theodoret. Die Syrer Baläus, Rabbulas von Edessa, Isaak der Große. Die Lateiner: Sulpicius Severus; Augustinus und sein Kreis, Marius Mercator, Orosius, Prosper und Hilarius, Paulin von Mailand; die Leriner Joh. Cassianus, Hono-ratus, Eucherius, Vincentius, Hilarius von Arles; Leo der Große, Petrus Chrysologus, Maximus von Turin.

Zweite Hälfte des Jahrhunderts. Die Griechen Basilius von Seleucia Isauriae, Antipater von Bostra, Ammonius, Gennadius von Konstantinopel, Gelasius von Kyzikos, Victor von Antiochia, Pseudodionysios Areopagita, Prokop von Gaza. — Die Lateiner, Gallien: Paulinus von Pella, Salvianus, Faustus von Reji, Apollinaris Sidonius, Paulinus von Petricordia, Gennadius von Marseille, Avitus von Vienne. Spanien: Hydatius (Idacius). Afrika: Victor von Vita, Vigilius von Thapsus, Ful-gentius von Ruspe, Dracontius. Italien: Papst Gelasius I.

Das sechste Jahrhundert (Justinian 527—565). Leóntius von Byzanz, Justinian (schrieb vor 553), Theodorus Lector, Zacharias Rhetor, Kosmas Indikopleustes, der Hagiograph Cyrill von Skythopolis. Der Lateiner Cäsarius von Arles. Italien: Ennodius von Pavia, Dionysius Exiguus, Eugippius; Benedikt von Nursia, Victor von Capua, Boethius, Cassiodor.

Zweite Hälfte des Jahrhunderts. Gregor von Tours. Venantius Fortunatus. Gregor der Große 590—604, der erste „Papst" im prägnanten Sinne, eröffnet das Mittelalter.

Die Inschriften.

Neben den literarischen Quellen verlangen die Inschriften gebührende Erwähnung. Es sind vor allem Grabschriften, dann Weihinschriften von Bauten und andere minder erhebliche Gattungen, unter denen die interessanten Kritzeleien (Graffiti) hervorgehoben seien. In Material und Technik, Paläographie und Formular schließen sich die christlichen Inschriften im allgemeinen den heidnischen an. Auf die einzelnen Gattungen kommen wir ihres Ortes zurück; zuerst werden uns die Grabschriften der Katakomben begegnen.

Ein Lehrbuch der christlichen Epigraphik fehlt noch; es ist mit Recht als besonders dringendes Desiderat der christlichen Archäologie bezeichnet worden. Dazu aber würde eine neue und umfassende Sammlung der christlichen Inschriften gehören; innerhalb der antiken Inschriften bilden die christlichen doch eine Sondergattung von solcher Bedeutung, daß sie eine gesonderte Sammlung verlangen. Da sie in der Hauptsache — manches vorbehalten — bereits gut veröffentlicht sind oder neuer Veröffentlichung entgegensehen wie die des Coem. Domitillae, so denken wir dabei weniger an ein monumentales Corpus inscriptionum christianarum, als an handliche Bände, wie es dergleichen für die heidnischen Inschriften bereits gibt.[1]

---

[1] Epigraphik: S. Reinach, Traité d'épigraphie grecque 1885. Larfeld, Griechische Epigraphik (in Iwan Müllers Handbuch d. klass. Altertumswissenschaft I ²1892, 357). Cagnat, Cours d'épigraphie latine 1890. Hübner, Römische Epigraphik (in Müllers Handbuch I² 625). Le Blant, Manuel d'épigraphie chrétienne d'après les marbres de la Gaule 1869 (vgl. dess. Épigraphie chrétienne en Gaule et dans l'Afrique romaine 1890). Nik. Müller, Inschriften (in Herzog-Haucks Realencykl. prot. Theol. IX 1901, 167. Kaufmann, Archäologie 1905, 188 Epigraphische Denkmäler. C. Cäsar, Observ. ad aetatem titulorum lat. christ. definiandam spectantes 1896. Die großen Inschriftwerke, das Corpus inscriptionum graecarum und das Corpus inscriptionum latinarum, haben auch christliche Inschriften aufgenommen. Die folgenden Verweise beziehen sich teils auf den Text, teils auf die Indices. CIG IV pag. 277 pars XL inscriptiones christianae. CI atticarum III II p. 240. IG XIV Italiae et Siciliae p. 741. Ein CIG christianarum ist in Vorbereitung (Bull. corr. hell. XXII 1898, 410). CIL III Orientis et Illyr. suppl II p. 2522. 2666. V Galliae cisalpinae p. 982. VIII Africae I pag. 1087. IX Calabriae Apuliae Samnii Sabinorum Piceni p. 773. X I Bruttii Lucaniae Campaniae, II Siciliae Sardiniae p. 1137. XII Galliae Narbonensis p. 929. XIV Latii veteris p. 568. — Eine Sammlung der stadtrömischen christlichen Inschriften begann de Rossi: Inscriptiones christianae urbis Romae septimo saeculo antiquiores I 1861 (datierte). II I 1888 (metrische). Einzelpublikationen im Bulletino cristiano und in der Roma sotteranea, sowie in der Röm. Quartalschrift. Lichtdrucktafeln, welche die Abteilungen der von de Rossi im Lateran geschaffenen Inschriftensammlung wiedergeben, in dessen Museo epigrafico cristiano Pio-Lateranense (im Triplice omaggio alla Santità di Papa Pio IX) 1877. — F. X. Kraus, die christlichen Inschriften der Rheinlande 1890—94. — Bücheler, Anthologia latina, II Carmina latina epigraphica 1895; vgl. Weymann, Blätter für Gymnasialschulwesen 1895 Heft 9, und Röm. Quart. 1896, 407 (Verzeichnis der christlichen carmina bei Bücheler, dem ein Sachregister fehlt).

Die Jenseitsgedanken des Altertums.

Platon.
Rom.

Die altchristliche Kunst entstand und stand im Dienst des christlichen Jenseitsglaubens, die Katakomben und der ganze Grabbau von vornherein und ausschließlich, aber auch der Kirchenbau im wesentlichen, sicher in den uns vorliegenden Denkmälern. Um diese baulichen Anlagen und ihre künstlerische Ausbildung richtig zu verstehen, nämlich um den Vorstellungskreis vor Augen zu haben, aus dem heraus die Christen ihre Gräber und Grabkammern, ihre Sarkophage, ihre Kirchen gestalteten und schmückten, ist es nötig, die christliche Seligkeit im Zusammenhang der christlichen Jenseitsvorstellungen sich zu vergegenwärtigen. Damit wir aber der Absicht dieses Buches gerecht werden, müssen wir die christlichen Vorstellungen in ihrem religionsgeschichtlichen Zusammenhang vorführen, mithin im Rahmen des ganzen Altertums und der von ihm erzeugten Seligkeitsbilder. Wir werden die Völker des Altertums auf ihre Jenseitsvorstellungen befragen, jedes für sich, werden aber einleitend den Gang ihrer Entwicklungsgeschichte in der Gleichartigkeit der Grundzüge bei allen charakterisieren. Es geschieht dies hier aber nicht, um der literarischen Filiation jener Vorstellungen nachzugehen, noch um religionsvergleichende Untersuchungen anzustellen und etwa auf Fragen der Mythogenese Antwort zu suchen. In diesem ganzen Kapitel hat selbstverständlich der Mythologe das Wort, der vor allem über die Widersprüche im Mythus sich nie verwundert.

Die Auswahl der hier vorgeführten Völker wird kaum eine Rechtfertigung nötig haben. Am wenigsten durften neben den Juden die Griechen und Römer fehlen (die Thrazier glaubten wir von den Griechen gesondert vorführen zu sollen). Altägypten und Altbabylonien sind so oft, gerade jetzt wieder, als Urquellen bezeichnet worden, daß wir schon deshalb nicht an ihnen vorbeigehen konnten. Ferner liegen die Perser und vollends die Inder. Aber wenn man bedenkt, wie sehr die Perser und die Griechen (von den jüdisch-persischen Beziehungen nicht zu reden) einander suchten, freilich in sehr verschiedenem Sinne; wie schon seit dem sechsten Jahrhundert Griechen in immer wachsender Zahl an den persischen Hof gingen; wie es griechische Künstler waren, die nach dem Sinne des Königs die persische Kunst schufen; wieviel Kriegsgefangene die Griechen an die Perser abgaben, aber auch die Perser in Griechenland zurückließen; wenn wir sehen, wie Antisthenes und Xenophon, indem sie ihrem Volke neue Ideale vorzeichneten, auf die Perser hinwiesen: so würde man sich nicht wundern, Spuren eines Austausches auch auf religiösem Gebiet zu treffen. Greifbar wird solches Herüberwirken freilich erst im letzten Zeitraum des Altertums, wo ein Samenkorn aus Persien in den klassischen Boden fiel und sich zu einem weithin über das Römerreich schattenden Baume entwickelte, allerdings der Mutter fast ähnlicher als dem Vater, darin verwandt der gleichzeitigen Entwicklung jenes aus Judäa in den griechischen Boden gebrachten Senfkorns. Fehlte es auch ganz an solcher Fernwirkung, wie sie in den Mithrasmysterien doch vorliegt, so bliebe immer die wichtige Wurzelverwandtschaft der Perser und Griechen. Ebendies gilt von den Indern, nur daß Übertragungen von Indien her noch problematischer sind. Andere Gesichtspunkte werden uns zu diesen Völkern noch zurückführen.

Drei Entwicklungsstufen.

In der Geschichte der Jenseitsvorstellungen lassen sich mancherlei Wandlungen beobachten, in denen drei Hauptmomente hervortreten, Urglaube, Reform und Reaktion. Zunächst einige Worte über diese drei Entwicklungsstufen.

Alle Jenseitsvorstellungen wurzeln im Urglauben, der seinerseits mit den Urgebräuchen zusammenhängt. Ihrer aller Ursache ist der absolute Gegensatz des Lebensgefühls zu dem das Leben aufhebenden Tod; der natürliche Mensch weiß weder das Leben richtig zu werten noch sich in die Tatsache des Todes zu schicken und begehrt in naiver Unbescheidenheit mehr als des Menschen Teil ist. Die primitive Einbildung eines Fortlebens des doch toten Menschen rechtfertigt sich nur als ein erster Versuch, die Aufgabe zu lösen, welche gereiftere Geistesverfassung sich klarer darstellt, das ist, den Tod geistig zu überwinden.

Der Widerspruch zwischen der Tatsache des eingetretenen Todes und dem Postulat der Fortdauer fand einen Ausgleich in der Vorstellung eines vom Körper sich lösenden und getrennt weiter existierenden Lebensträgers. Den Vorgang des Sterbens beobachtend glaubte man im letzten Hauch aus dem offenbleibenden Munde den entweichenden Träger des Lebens und Willens zu erkennen, der nun wie ein aus dem Nest gestoßener Vogel in die Luft flattere, vielleicht im Winde verwehe oder aber, hieran klammert sich das Lebensgefühl, sich erhalte und einen Aufenthalt suche. Das ist die Genesis der eigentlichen Seelenidee, im besonderen der Hauch- oder Luftseele (Psyche) und des grob mythischen Seelenvogels. Von der Hauchseele, sofern sie nicht verweht, dachte man zunächst, daß sie in der Nähe bleibe, der Todesstätte, des Hauses, des Grabes; und daß vielleicht diese oder jene dem Nachgebliebenen begegnende oder auffallende Gestalt eben der Verstorbene sei, in deren Körper die Seele eintrat, um in ihm sichtbar zu werden, etwa ein Tier, eine Blume, vielleicht auch ein anderer Mensch. Vermag die Seele aber sich so frei zu bewegen und in dieser oder jener Gestalt zu erscheinen, so kann sie aus einem Körper in den anderen übergehen, der Typus der Seelenwanderung ist gegeben. Doch gehen die Gedanken auch weiter, lassen die Luftseele in die Höhe steigen; die Sterne, die auf uns niederblicken, erscheinen dann wohl als die Seelen unserer Verstorbenen, oder in abgeschwächter Vorstellung, die Seelen wohnen auf den Sternen und schauen auf uns nieder. Oder sie wohnen auf dem Mond. Auch die Milchstraße kommt in Betracht. Waren aber da oben im lichten Himmel, der besonders licht ist um die Sonne, Götter gedacht, so sieht man die Seelen noch lieber im reinen Licht in der Gemeinschaft der Gottheit. Genauere Lokalisierung wird den himmlischen Ort nicht gleich im Zenith suchen, eher in der Sonnenbahn, im ganzen lieber auf der Seite des Aufgangs, sei es nun mehr nach dem Mittag hin oder nach Norden, von wo die Sonne bei ihrem frühesten Aufgang zu kommen scheint. Doch brachte die Leibhaftigkeit der Göttervorstellung es mit sich, daß man sie gern auf festeren Boden stellte, so auf die in den lichten Himmel ragenden Berggipfel; dem früheren Menschen lag es ja fern, die Gipfel selbst zu ersteigen.

Es kommt auch der Gedanke vor, daß das Leben im Blute sei; er ist aber mythogenetisch unfruchtbar geblieben. Dagegen fand man einen anderen brauchbaren Träger des Selbst in der Gestalt. Man hielt sich zunächst an die Erscheinung des Menschen im ganzen und dachte ihn so weiterseiend; im Traume hatte man ihn gesehen, oder eine überhitzte Phantasie hatte sich sonst mit seinem Trugbild erschreckt. Freilich lag der Körper tot am Boden. Aber was man im Traum gesehen hatte, war doch nicht der Verstorbene im Körper selbst gewesen, wohl aber er in seiner Gestalt, oder etwas wie sein Bild. Also die vom Körper gelöste Gestalt (ägyptisch Ka, man sucht den Begriff mit „Doppelgänger“ zu umschreiben; griechisch Eidolon, Bild in ganzer Figur), diese wahrhafte Abstraktion des Menschen konnte nun leicht als der fortdauernde Träger der Persönlichkeit gelten. Im Sterben löste sich das Eidolon ab, vielleicht mit der Fähigkeit, nach Umständen vorübergehend oder dauernd sich wieder mit dem Körper zu vereinigen.

Wir müssen jetzt nach dem Verbleib des Körpers fragen. Der Leichnam des im Freien Gestorbenen, Verunglückten oder Getöteten mochte in der Urzeit an der Stätte des Todes liegen bleiben; wer in seiner leichtgebauten Hütte den Tod fand, dem mochte man die Hütte überlassen. War das Haus dafür zu wertvoll und die Behauptung der Stätte zu wichtig, so konnte man den Körper in der Mitte des Raumes unter dem Herdplatz vergraben (an den Wänden herum schliefen die Lebenden) oder außer dem Hause unter dem Dachrand; dauernd erhielt sich Bestattung auf dem Familiengut. Bei gedrängterer Ansiedelung mußten die Toten den Lebenden den Platz einräumen. Man trug sie hinaus in die nächste Schlucht, Wildnis oder Wüste, wo sie ein Fraß der Raubtiere wurden, oder auf eine Felsklippe, wo die Raubvögel sie fanden. Fehlte es an solcher Gelegenheit, so vergrub man sie in gesonderter Totenstadt, einer Art Abbild der Städte der Lebenden. Immer ist das Totenreich ein Scheinbild des Lebens. Wie es dazu gekommen sein mag, das bleibe hier ungefragt, kurz, als jüngste Bestattungsart kam die Verbrennung in Aufnahme. Die fast vollständige Vernichtung des Körpers und die Auflösung im flammenden Feuer mochte der Seelenvorstellung zugute kommen; doch wenn die Asche beigesetzt wurde, so fiel der Nachgedanke nicht viel anders aus als beim Vergraben des ganzen Körpers.

Jedenfalls hatte der Bestattungsbrauch Einfluß auf die Jenseitsgedanken. In Memphis hat sich die Kultur der Ägypter zuerst gefestigt, auch ihre Gedankenwelt; brachten die Memphiten ihre Toten über den Fluß an den Rand der westlichen Wüste, so wurde ihnen der Rachen des Schakals der Wüste ein Bild für den Verschlinger Tod; darüber hinaus aber entstand ihnen, rein aus den örtlichen Bedingungen, die Vorstellung eines westlichen Reiches der Toten. Stützend trat das Bild der in demselben Westen untergehenden Sonne hinzu, welches anderen zum alleinigen Grund für die Vorstellung des westlichen Totenreiches wurde; denn die Sonne bedeutet Leben (den Primitiven in noch viel unmittelbarerer Kraft als uns gegen die Natur Verschanzten), ihr Untergang bedeutet Tod. — Sobald aber die Beerdigung stehender Brauch geworden war, so mußte sich die Vorstellung eines Totenreiches unter der Erdoberfläche bilden. Da liegen die Toten und ruhen. Da liegt einer neben dem andern, immer mehr kommen hinzu, schon sind es die mehreren. Die durch Verstand nicht gezügelte Einbildungskraft belebt alles; sobald sie die vielen unter der Erde auch nur denkt, so sind sie ihr schon belebt, ein Reich und Abbild wieder der Reiche auf der Oberwelt, ein Schattenreich. Ein finsteres Reich, lichtlos; oder nein, die im Westen gesunkene Sonne fährt des Nachts durch das Totenreich zum Aufgang zurück, sie leuchtet, wie sie nachts und unterirdisch eben leuchten mag, den Unterirdischen. Es taucht wohl auch die Phantasie einer eigenen Totensonne auf. — Der Tod gibt nichts zurück; wer in die Unterwelt eintrat, den läßt sie nicht wieder heraus, ihre Tore sind ehern und festverriegelt, bewacht von unerbittlichen Pförtnern. Nackt gehst du dort hinein, wie du nackt in die Welt gekommen bist. Das Totenreich, Abbild der oberirdischen Reiche, hat einen König, der wohnt in einem Palast mitten unter den Toten. — War das Begraben Ritus, so war der Tote, der unbegraben blieb, ausgeschlossen von der Teilnahme an dem Reich, in das er gehörte. Der Hinterbliebene schuldet dem Toten das Begräbnis, wäre es auch nur ein rituales; eine Handvoll Erde auf die Leiche geworfen, genügt, daß er in die Unterwelt einkehre und zur Ruhe komme. Die Kulturpflicht, die Leiche zu vergraben, wurde Aberglauben.

Der Tote lebt, flüstert die Einbildungskraft, den einen tröstend, den anderen ängstigend. Er lebt, auch dies im Abbild des Lebens, als Freund oder als Feind. Er hat Macht, dir zu nützen oder zu schaden. Er ist um dein Haus, kann es behüten und ihm Segen schaffen. Und wieder: er ist nicht tot; wenn du ihm das Seine vorenthältst, so kommt er herauf, mahnt und büßt dich. Alles, was er hinterließ, ist sein eigen; er kann es fordern. Und wieder: er lebt; so bedarf er Speise und Trank, Kleid und Salbe wie du. Willst du seinen Groll nicht reizen, so gib ihm, wessen er bedarf. Bist du es, der ihn erschlug, so fürchte seine Rache, er wird sich an deine Fersen heften; also gib ihm die Sühne, die er verlangt, damit er in seiner Ruhe bleiben und du in deiner Ruhe bleibest. Seit jenen Tagen spricht man: Ruhe in Frieden. — Begräbnis, Totenopfer und Spende, vorkommendenfalles Sühnopfer, das zusammen macht den Totenkultus aus. Es ist möglich, den Toten bei freundlicher Gesinnung zu erhalten. Wer aber den richtigen Namen richtig auszusprechen weiß, der besitzt magische Gewalt, er vermag Götter zwingend zu rufen (das nennt man beten) und Tote aus der Tiefe.

Das Reich der Toten ist abgeschieden von dem der Lebenden; es kann auf der Erde gedacht sein, dann ist's aber außerhalb der Grenzen der Siedelung, des Landes,

des menschlichen Bereiches, die nun freilich nach dem Gesichtskreis des betreffenden Volkes enger oder weiter gezogen sein können, so weit auch, daß das jenseitige Land außerhalb der Welt fällt. Es ist abgeschieden: um dahin zu gelangen, muß der Tote über einen Fluß, einen See, ein Meer; gilt aber die Luftseele und ist das Seelenreich am Himmel gedacht, so muß die Seele durch die Luft und über das Luftmeer fahren. Über den Fluß, den See, das Meer fährt ein Kahn, der Totenfährmann setzt über, auch über das Luftmeer. Der Seelenvogel, oder die befiederte Seele, entschwebt auf den eigenen Flügeln; sonst wird die Seele auch von Vögeln geleitet oder von Engeln getragen, wie eine schräge Bahn hinan, gen Morgen. Durch das Wasser geht auch eine Furt; oder eine Brücke führt hinüber, über den Fluß, über das Luftmeer. Das Land ist fern, der Weg dahin ist weit, schwierig, gefahrvoll, die Brücke ist schmal, wer keine Helfer hat, der stürzt hinab; darum ist es gut, die Gunst der Vorangegangenen sich zu sichern.

Bei dem Scheindasein der Toten bleibt die Phantasie nicht stehen, sie läßt sie drüben sich regen in einem Abbild des diesseitigen Lebens. Der Tote lebt weiter in der Gestalt und Kleidung, im Zustand des Leibes und Zuschnitt der Lebenshaltung, wie er es hatte zur Zeit seines Todes. Er lebt sein altes Leben weiter, der Jäger jagt, der Bauer baut das Land, die Kinder hüpfen in der Blumenwiese, die Jugend treibt allerlei Spiel. Die Freuden dieses Lebens stehen als Schmuck des jenseitigen vor Augen. Ein Trunk frischen Wassers aus der Quelle dünkt auch für den Toten Erquickung; Wasser oder Honigseim, Milch, Butter, Öl, Bier oder Wein, einem jeden sein Getränk auch drüben. Das Mahl ist der Gipfel des Tages, das Gelage ein Fest, auch jenseits, das Gelage im Garten voller Blumenduft, im Schatten von Bäumen, das Gelage mit den alten Zechgenossen, die der Verstorbene alle drüben wiederfindet. Damit er ohne Erröten in den Kreis der Vorangegangenen eintreten dürfe, will die Leiche anständig gekleidet und ausgestattet sein. — In Gebirgsländern wohnte der Mensch zuerst in Höhlen, dachte sich daher auch den Gott in einer Berghöhle wohnend. Auch die Toten ruhten in Höhlen; so entstand das Bild des Totengelages im Berg unter Vorsitz des Gottes. War eine Quelle in offner Höhle, so mochte auskleidender Efeu mit anderem Grün sie zu einer bacchischen Grotte gestalten; auch dies Bild folgte ins Jenseits. Wohnten Götter auf den Berggipfeln im lichten Himmel, so warf der hinaufschauende Blick das Gelage in die Höhe. Und da ursprünglich der Mensch nicht differenziert wurde in Leib und Seele, so hieß es einfach, er ist zu dem Gott hingegangen, der Gott hat ihn zu sich geholt, was dann leicht zur Vorstellung von Entrückung Lebender wurde. — Wenn der Blick sich zur Unterwelt hinabsenkte, so schaute er das Gelage dahinein. — Das Bild des Jenseits in der Auffassung als eines Zustandes üppiger Glückseligkeit floß in der Ausmalung zusammen mit dem zwar anders visierten, nämlich in die Vergangenheit zurückgespiegelten, aber im Gehalt identischen Bild des goldenen Zeitalters, der saturnischen Zeit; so wurden die Inseln der Seligen, die elysischen Gefilde.

Die Reform. Sie begann leise und allmählich aufzukeimen; sie wuchs heran und sammelte Kraft. In der Hand großer Reformatoren brach sie dann hervor und bewirkte fundamentale Änderungen des Denkens. Ägypten und Babylonien können uns hier weniger geben; deren Entwicklungs- und Blütezeiten, obendrein noch recht unbekannt, liegen vor dem klassischen Altertum und was ihm parallel geht, im Israelitismus, in Persien und Indien. Ungefähr um dieselben Jahrhunderte sehen wir eine tiefgehende geistige Bewegung die genannten Völker ergreifen; sie hängt eng zusammen mit dem Aufblühen der Literaturen. Bei den Griechen geht das homerische Epos voran, nachher wird die Reformbewegung vorzüglich von der Philosophie getragen. Bei den Israeliten ist es die Prophetie, die den Jahwismus in seiner eigentümlichen Bedeutung ausprägt und die hebräische Literatur erst schafft. Bei den Persern trat Zarathustra als Reformator auf, bei den Indern Gotama Buddha. In welcher Richtung die Reform ging, müssen wir uns hier vergegenwärtigen, soweit es unser Thema berührt. Die Reform war im Grunde logischer Natur, beruhte auf tieferem und schärferem Denken, vorzüglich im Ethischen, dann aber auch im Physischen. Die ganze Jenseitsmythik wurde neu durchgedacht, ethisiert, wurde zu einem wichtigen Träger der sittlichen Idee.

Aus der blutdürstigen rohen Urzeit heraus strebt die Reform in reinere Luft. Sie will nicht mehr die Frauen und Sklaven, die Hunde und Rosse der Verstorbenen ihnen ins Grab oder auf den Scheiterhaufen nachwerfen; den Blutzoll löst sie ab mit einer symbolischen Handlung. Der Gedanke des Fortlebens bleibt, aber er wird für die Lebenden paralysiert; die Verstorbenen entläßt man in das abgeschiedene Schattenreich, indem man den Leib beerdigt und mit der letzten Schaufel Erde auf den Grabhügel das Tor hinter ihnen schließt, das Tor der Rückkehr, auf welcher alle Gespensterfurcht beruhte. Praktisch bedeutsam bleibt das Fortleben im Nachruhm, in den Nachkommen, im Nachwirken eines jeden in seinem Kreise. — Der Gedanke des Jenseits bleibt; aber die Ethisierung macht das jenseitige Schicksal statt von Geburt und Gnade abhängig von der im Leben bewährten Gerechtigkeit. Nach dem Herkommen galt der Edeling als der Edle und Gute, der Geringe war der Schlichte und Schlechte; die neue Versittlichung brachte den inneren Wert zur Anerkennung, verfiel dann freilich zuletzt in das entgegengesetzte Extrem, den armen Lazarus nur seiner Armut halber in Abrahams Schoß zu bringen und den in diesem Leben gesättigten reichen Mann eben deshalb in das höllische Feuer. Es muß aber schon als Reform betrachtet werden, wenn an die Stelle des politischen und sozialen Wertmessers zunächst erst der religiöse trat, wenn die Gerechtigkeit in der Religiosität gefunden wurde, in der ritualen Korrektheit; der Fromme galt als der Gerechte. Es war ein weiter Weg bis zur reinen Sittlichkeit. Als ein Zeichen feiner unterscheidenden sittlichen Urteils mag es auch gelten, wenn das fortdauernd geglaubte jenseitige Schicksal immer genauer abgestuft wurde für die Grade der vollkommen Guten, der Besseren, der Mittelmäßigen und der Verworfenen.

Die Seelenlehre selbst, befruchtet von der inzwischen weitergebildeten Weltlehre, erfuhr eine Verfeinerung, nämlich der Luftseele zur Ätherseele. Endlich die ganze Psychomythie verlor im Reformprozeß Saft und Farbe, oft scheint sie zur poetischen Metapher zu verblassen. Dies Schweben zwischen Mythus und Metapher fällt z. B. bei der persischen Literatur sehr auf; bei den griechischen Philosophen ist es verschieden: in den alten Vorstellungsformen arbeiten neue Gedanken, oder jene dienen als Vehikel für diese, oder sie werden bestimmt abgelehnt. Die Reformatoren der Perser und Inder, der Israeliten und Griechen sind alle auf diesen Wegen zu finden, auf dem Wege vom Mythischen hinweg zum Logischen. Uns geht besonders die Frage an, heute die brennende, ob der Grieche, ob Plato bis auf den Ankergrund des logischen Gedankens hinabgetaucht sei.

Die Reaktion. Der Urglaube war nie verlöscht, unter der Asche glomm er fort, um bald wieder aufzulodern und nach langem Ringen zuletzt siegreich mit seinem magischen Schimmer das Licht der Welt zu sein. Allerdings nicht in seinem Urzustand; sondern in seiner höheren Potenz, der Mystik, bemächtigte er sich des praktisch stärksten Motivs der Reform, des Ethischen, und verband damit Elemente der Naturwissenschaft. So wurde die Theologie wissenschaftlich; die Philosophen aber (Vorhergesagtes kehrt hier wieder, nur in anderer Beleuchtung) waren in den alten Vorstellungsformen meist noch zu sehr verstrickt, um für den neuen Wein gleich neue Schläuche schaffen zu können; einige meinten vielleicht, das neue Lied leichter unter die Leute zu bringen, wenn sie es der altvertrauten Singweise unterlegten; kurz, sie gerieten in die Irrgänge theologisierender Spekulation, jedenfalls in den Schein solcher Zwitterart.

Das rituelle Begräbnis mit dem Apparat des Totenkultus hatte sich erhalten, und der übrige Ritualismus kam nun erst in seine Blüte. Hades wie Scheol hatten soviel mythische Dichtigkeit, daß moralisierende oder politisierende Phantasie alles daraus bilden und darauf bauen konnte. Die Menschen, von jeher lüstern, dem Tod auf irgend eine Art zu entgehen, erzählten sich Geschichten von Hinabgang und Wiederkehr, von Wiederbelebung Toter; die Hoffnung der Juden fügte die leibliche Auferstehung in ihren Erlösungsplan ein. Die aus den verschiedensten Notionen unabhängig voneinander entstandenen Jenseitsvorstellungen wurden durch die planmäßige Ethisierung in ein System gebracht; das lichte und heitere Jenseits wurde den frommgerechten Geweihten verheißen, das finstere und qualenreiche den gottlos ungerechten Ungeweihten angedroht. Die hiermit eingeführte Scheidung der Verstorbenen verdichtete sich zum Bilde eines Gerichts, das von persönlichen Richtern abgehalten wird; es sind immer selbst Verstorbene (die scheinbare Ausnahme in Platos Gorgias ist nur ein geistreiches Spiel), immer sind es Bevorzugte, mehrfach ist es der jeweilige „Erstling", der Herr und Erlöser der Toten. Die Phantasie hatte weiten Spielraum, in der Ausmalung des Jenseits sich zu ergehen. Auf der einen Seite die Seligkeit im Licht, in herrlichen Paradiesen mit berauschenden Düften, das Gelage oder das Lager der Heiligen, dort in ewiger Trunkenheit, hier in ewigem Anbeten und Lobsingen; da ist alles Licht und überirdische Farbe, das Weiß weißer als Schnee, das Rot röter als Rosen, weiße Gewänder, die Mauern des Palastes wie von Licht; die Stadt und das Land der Seligen, die Stadt Gottes, das himmlische Jerusalem, das ist alles Gold und Elfenbein, Jaspis, Sarder, Beryll und Smaragd. Auf der anderen Seite Verdammnis in Finsternis, in Schlamm- und Feuerströmen; Grundgedanke war die Fortdauer des Lebenszustandes, der „Unreine" liegt auch drüben im Kot, der Schuldige leidet, was er getan. Die kosmologische Spekulation gab mehreres dazu: die Gedanken von Weltuntergang und Welterneuerung, die neue Welt wird unvergänglich sein, zuletzt wird der Teufel, der Tod selbst vernichtet; ferner die Sonderung des Äthers in der Sonnensphäre von der unteren Atmosphäre, die Sublimierung der Luftseele zur Ätherseele und ihre Rückkehr in die himmlische Heimat.

Alles weitere wird sich im Folgenden finden. Die nach Völkern geordnete Übersicht der Seligkeitsvorstellungen (diese immer im Rahmen der ganzen Jenseitsgedanken) hat nicht, das sei wiederholt, die Ursprünge als Ziel (sonst müßten auf Ursemiten und Babylonier die Israeliten folgen), sondern die Ausgänge des Altertums, wo dann die Juden den Christen vorangehen. Es folgen sich also Ägypter und Babylonier, Perser und Inder, Thraker und Griechen, Juden und Christen.

Die Völker.

Religionsgeschichtliche Forschungen suchen überall in die Anfänge einzudringen, um die religiösen Gedanken an ihrem kulturgeschichtlichen Keimpunkt zu erfassen und von da aus ihre weitere Entwicklung verfolgend, neues Licht zum Verständniss der gereifteren Anschauungen zu erschließen. Als Hilfswissenschaft der Religionsgeschichte bietet sich die Religionsvergleichung an, welche auch die sogenannten Naturvölker in Betracht zieht, das Hauptobjekt der Völkerkunde. Man hofft an den lebenden Völkern die primitiven Vorstellungen gleichsam auf der Tat zu ertappen, welche für die Anfänge der Kulturvölker aus den dürftigen Denkmälern der Urzeit selbst und aus deren Nachlebseln in der Literatur und den Monumenten der geschichtlichen Zeit so schwer zu rekonstruieren sind. Das Unternehmen ist nicht fruchtlos, immer unter dem Vorbehalt, daß die Naturvölker von den Kulturvölkern im jahrtausendelangen stillen Verkehr von Hand zu Hand, an dem es nie fehlte, dies und jenes angenommen haben können. Wenn es nun wahr ist, daß der natürliche Mensch den Tod nicht begreift, und wenn wir den Jenseitsglauben als eine primitive Erscheinungsform der geistigen Überwindung des Todes auzuerkennen haben, so verstehen wir, was die Völkerkunde lehrt, daß auch das roheste Naturvolk nicht ganz ohne Glauben an eine Fortdauer nach dem Tode ist. Zunächst, so hören wir weiter, läßt man die Geister in Pflanzen, Tieren, Steinen wohnen; daraus entwickelt sich die Vorstellung besonderer Geisterländer, zu denen in der Regel ein schwieriger Zugang über schmale Brücken und reißende Ströme führt. Diese Geisterländer denkt man sich, dem beschränkten Gesichtskreis der meisten Naturvölker entsprechend, oft ganz in der Nähe oder unter der Erde, wohl auch auf Bergen, in der Sonne oder im Mond.[1])

Die Kulturvölker des Altertums haben jedes eine lange Geschichte durchlebt und bei gleichbleibender Grundart manche Wandlungen in der Kultur erfahren; daher ist es nötig, die Zeiten zu unterscheiden. Die Jenseitsvorstellungen wurzeln naturgemäß in der primitiven Vorzeit; bei den Ägyptern standen sie bereits zur Pyramidenzeit in der Hauptsache fest, sogar eine so sekundäre wie Osiris, der Totengott, war schon damals durch ganz Ägypten anerkannt.

Unbefangen genug nahmen die Ägypter verschiedene Träger des Lebens nebeneinander an, einen, den Ka, in der Gestalt des Menschen, man nennt ihn wohl den Doppelgänger, wie auch eine Seele, die als Vogel, doch auch als Blume, als Tier oder sonst in einer beliebigen Gestalt sichtbar werden könne (Wie ein Mißverständnis dieses Glaubens sieht aus, was die Griechen von einer Seelenwanderungslehre der Ägypter berichten; authentisch ist sie nicht bezeugt). Das Reich der Toten dachten sie sich im Westen und unter der Erde, lieber aber am Himmel. Die großen Sterne waren ihnen Götter, die kleinen aber Verstorbene, denen der große Gott, der Herr des Himmels (der Sonnengott Re) die Hand gereicht hatte. Der Verstorbene, so heißt es

---

[1]) Religionsgeschichte: Chantepie de la Saussaye, Lehrbuch der Religionsgeschichte ²I 1897. — Naturvölker: Th. Waitz, Anthropologie der Naturvölker 1859 ff. Mehr bei Chantepie I 18. Unser kurzes Resumé nach H. Schurtz, Katechismus der Völkerkunde 1893, 91.

in den Texten, geht zum Himmel voll Lebenskraft, daß er seinen Vater schaue, daß er den Re schaue; der aber spricht zu ihm: ich gebe dir deine Sprache und deinen Leib, und du empfängst die Gestalt eines Gottes. Und Re läßt seinen Leib leuchten wie den der Himmlischen; er nimmt ihn als Ruderer in seine Barke, er macht ihn zum Befehlshaber seiner Ruderer, er setzt ihn an die Stelle seines Schreibers, so daß er Richter und Schiedsrichter ist und Befehle gibt einem, der größer ist als er. Der Wohnort der Verklärten wurde genauer an der Ostseite des Himmels gedacht auf seinem nördlichen Teile, man malte ihn aus als eine Reihe fruchtbarer Inseln (vielleicht wurden die dunklen Flecke in der Milchstraße als Inseln aufgefaßt), auf dem „Speisenfeld" und dem „Feld Earu" (das sich andere Gelehrte freilich auf der Erde denken, etwa im Nildelta) bestellen sie ihre Äcker und haben Brot, Fleisch und Bier, die ewig dauern. Dorthin tragen den Verstorbenen die Vögel des Himmels; der Fährmann der Götter wird sie übersetzen, aber nur den Gerechten, der nichts Böses getan hat, der nie den König geschmäht oder die Götter mißachtet hat.

Diese, wenigstens in den Grundzügen primären Vorstellungen wurden überwuchert und durchwachsen von den Osirisgedanken. Osiris mußte den Tod erleiden, ward aber wieder zum Leben erweckt und wurde der König der Toten; er ist der Erstling derer, die im Westen sind, und sein Teil wird auch das Teil des Verstorbenen werden. So wahr Osiris lebt, wird auch er leben. Er steigt in den Himmel empor, das Himmelstor wird ihm geöffnet; da nimmt Re ihn bei der Hand und setzt ihn auf den Thron des Osiris, damit er die Verklärten regiere. Die im Keim schon alte Idee des Totengerichts wurde erst in verhältnismäßig jüngerer Zeit ausgebildet (im mittleren Reiche). Vor dem Thron des Orisis und der zweiundvierzig Richter beteuert der Tote, er habe keine Sünde gegen Menschen getan, nichts, was die Götter verabscheuen; er habe niemand bei seinem Vorgesetzten schlecht gemacht, habe nicht hungern lassen, nicht weinen gemacht, nicht gemordet, den Göttern und den Verklärten ihre Speise nicht genommen, nicht Unzucht getrieben, nicht falsches Maß und Gewicht gebraucht, nicht die Milch vom Munde des Unmündigen geraubt; ich gab Brot dem Hungrigen, spricht der Tote im gleichen Sinne auf seinem Grabstein, und Kleider dem Nackten und fuhr den, der nicht übersetzen konnte, auf meiner Fähre über; ich war ein Vater dem Waisen, ein Gatte der Witwe, ein Windschirm des Frierenden, ich sprach nur Gutes von den Menschen, ich erwarb meine Habe in gerechter Weise. Der Tote nun, welcher die Prüfung nicht bestand, findet keinen Eintritt in das Reich des Osiris, der Gerechtfertigte aber hat seinen Sitz in der Halle vor dem großen Gott; er geht ein und aus in der Unterwelt und bewohnt das Feld Earu. Unterwelt und Himmel fließen da überall durcheinander. Den Weg der Toten zum Reich der Seligen hat die ägyptische Spekulation immer detaillierter und immer abstruser ausgemalt, sie hat ihn an die allnächtliche Fahrt der Sonnenbarke durch die Unterwelt angeknüpft, jeder Stunde entspricht ein begrenztes, auch wohl durch Pforten abgeschiedenes Gebiet, in welchem dem durchfahrenden Sonnenschiffe bald freundlich, bald feindlich begegnet wird; die Gefahren werden überwunden, und mit der zwölften Stunde kommt die Sonne aus dem letzten Stadium der Fahrt, der „langen Schlange", hervor als die neue Morgensonne, die nun ihre Tagesfahrt am Himmel beginnt. Diese ganze Schilderung ist ein Zauberbuch; wer seine Bilder und Namen kennt, der ist ein „Insasse der Barke des Re" im Himmel und in der Erde.

In der hellenistischen Zeit endlich wurde das ethische Moment neuerdings betont. Beim Gericht in der Unterwelt werden die Taten der Menschen gewogen; bei wem die bösen Taten überwiegen, der wird der Verschlingerin der Unterwelt übergeben, die Guten aber werden unter die göttlichen Räte des Herrn der Unterwelt aufgenommen, während seine Seele mit den herrlichen Verklärten zum Himmel geht. Der reiche, aber ungerechte Mann wird in der Unterwelt als ein Verdammter gepeinigt, der Arme, der Gutes tat, wird in den prächtigen Kleidern des Reichen am Throne des Osiris stehen, unter den herrlichen Verklärten, als ein Mann Gottes.[1]

Die Jenseitsvorstellungen der Babylonier sind noch so wenig aufgeklärt, daß nicht einmal feststeht, ob sie überhaupt annähernd soweit entwickelt waren wie etwa die der Ägypter. Nachstehend geben wir das leidlich Greifbare nach dem gegenwärtigen Stande des Wissens wieder.

Die Schatten der Verstorbenen, die Totengeister, konnten die Lebenden ängstigen; Kranke glaubten sich durch Zauberei der Gewalt eines umherirrenden Totengeistes ausgeliefert. In einem freilich erst spätassyrischen Gebet wird geklagt, daß der Totengeist den Kranken Tag und Nacht nicht losläßt, der Sonnengott soll ihn befreien von diesem Dämon, möge es der Schatten eines Verwandten oder eines Ermordeten sein; er habe ihm bereits Kleider und Schuhe und Lendengurt gegeben, Wasserschlauch und Wegzehrung, nun möge er nach dem Westen, nach der Unterwelt gehen, und dort soll Gott Nedu, der Pförtner der Unterwelt, ihn festhalten. — Man kannte Boten aus der Unterwelt. Gilgames klagt um seinen abgeschiedenen Freund Eabani; schließlich legt Gott Ea Fürbitte ein; Nergal, der Herr der Unterwelt, öffnet die Erde und der Totengeist Eabanis fuhr heraus wie ein Wind. Da sagte er seinem Freunde das Gesetz der Unterwelt: Wer den Tod des Eisens starb, im Schlafgemach ruht er und trinkt reines Wasser; wer in der Schlacht erschlagen ward, sein Vater und seine Mutter erheben sein Haupt, und sein Weib [beugt sich auf ihn nieder]; aber wessen Leichnam in die Steppe geworfen ward, sein Schatten ruht nicht in der Erde; wessen Schatten niemanden hat, der sich um ihn kümmert, Reste im Topf, Bissen von Essen, die auf die Straße geworfen wurden, ißt er. — Speise und Trank bedarf auch der Tote. Schüsseln mit Speisen setzte man ihm in und auf das Grab, Wasser spendete man für die Totengeister. Eine Guttat an einem Verstorbenen soll belohnt werden: droben sei sein Name gesegnet, drunten möge sein Geist klares Wasser trinken. In den Nekropolen von Surghul und El Hibba fanden sich viele Brunnen.

Die Welt der Toten (Staub ist ihre Nahrung, gekleidet sind sie wie Vögel im Flügelgewand), das Land ohne Rückkehr, lag den Babyloniern in erster Linie da, wo die Toten liegen, im dunklen Schoß der Erde, aus dem auch alles Wachstum quillt. Ihre vollkommene Abgeschiedenheit von der Welt der Lebenden wurde zur Vorstellung, daß man sieben Tore durchschreiten müsse, um hineinzukommen; damit verband sich der andere Gedanke, daß man nackt in die Unterwelt eingehe, wie man nackt in die Welt gekommen sei: so muß Istar bei ihrer Hadesfahrt, in welcher der Untergang des Abendsterns mythisch angeschaut ist, an jedem der sieben Tore seinem

---

[1] Ägypter: Erman, Ägyptische Religion 1905, 87 Der Totenglaube der älteren Zeit und des neuen Reiches. 193 Seelenwanderung. 231 Der reiche und der arme Mann. Erman gibt reiche Zitate aus den Pyramidentexten, dem Totenbuch, dem Buche Amduat usf.

Pförtner ein Stück ihres Schmuckes abgeben, an dem letzten das Hemd. Für den logisch Denkenden setzen die sieben Tore einen siebenfachen Mauerring voraus; das mythische Phantasiebild aber brauchte nur die Tore. Wohl aber scheint ein ewiger Palast in der Unterwelt gedacht; sie hat ihre Götter, die Allatu, den Nergal, die Anunaki. In ihrer Abgeschiedenheit wurde die Totenwelt auch zu einem fernen Land. Den Gott des Pflanzenwuchses, den Tammuz, läßt der Mythus im Sommer, wenn die Vegetation von der Sonnenglut verdorrt, in die Unterwelt hinabgehen: der Sonnengott hat ihn verschwinden lassen zum Lande der Toten, zu einem fernen Lande, das man nicht sieht. Für den Babylonier schob es sich naturgemäß in den Westen, wo die Wüste ist (die syrisch-arabische) und wo die Sonne untergeht. — Ein seliger Ort für verstorbene Fromme ist nicht nachweisbar. Doch Istar und Tammuz kehren wieder an die Oberwelt zurück, sie im Aufgang des Venussterns, er mit dem Aufsprießen der Frühlingsvegetation; Niedergang und Wiederaufgang wiederholen sich bei ihnen periodisch. Bevor Istar aber ins Leben zurückkehren darf, muß sie mit „Wasser des Lebens" besprengt werden.

Auch fehlte den Babyloniern nicht die Idee eines Landes der Seligen, dahin ein Mensch durch die Götter lebend entrückt werden kann, um an ihrem seligen Leben teilzuhaben. Freilich wissen wir nur von einem einzigen Fall von Entrückung, und dieser einzige Selige wird jetzt als ursprünglicher Lichtgott angesprochen, dem also die Seligkeit von Haus aus eignete; doch kennt ihn der Mythus, wie er vorliegt, nur als geborenen Menschen, der aus besonderer Gunst der Götter in das Seligenland versetzt wurde. Es ist der Held der babylonischen Flutsage, Utnapistim („Er hat das Leben gefunden") mit dem Beinamen Atrachasis (das gräcisierte Xisuthros scheint die Form Chasisatra vorauszusetzen). Nach der Flut erging an ihn das Wort „Nun sollen Utnapistim und sein Weib werden wie wir, die Götter"; und die Götter entrückten ihn nebst seinem Weibe und seinem Schiffer und ließen ihn in der Ferne wohnen, an der „Mündung der Ströme".

Den Weg zum Seligenland schildert das Epos von Gilgames, der nach dem Tode seines Freundes und Kampfgenossen Eabani von Todesfurcht ergriffen beschließt, seinen Ahn Utnapistim, der das Leben gefunden hat, aufzusuchen und zu befragen. Von seiner Stadt Erech aus gelangte er durch die Wüste zum Berg Masu, der von einem Paar riesiger Skorpionenmenschen bewacht wird (unter die Unterwelt hinab reicht ihre Brust); nach anfänglicher Weigerung öffnen sie doch das Bergtor, durch lange Finsternis wandert er, nach vierundzwanzig Stunden wird es wieder hell, und nun liegt ein wunderbarer Park vor ihm mit Götterbäumen, die Edelsteine als Frucht tragen, „Rotsteine" wie die äthiopischen, an Reben hängend, Lasursteine und andere. Auf dem „Thron des Meeres" aber sitzt die Göttin Siduri („das Mädchen"), eine Göttin der Weisheit und Schutzgöttin des Lebens. Abmahnend spricht sie ihm von der Unwegsamkeit des Meeres, nur der Sonnengott, der Gewaltige, ist über das Meer gegangen; das Leben, das du suchst, wirst du nicht finden, die Götter haben dem Menschen den Tod bestimmt, das Leben hielten sie in ihren Händen fest (so heißt es bei der Schöpfung des Adapa: Gott Ea gab ihm Vollmacht und Weisheit, nicht aber gab er ihm ewiges Leben), er möge nur sein Leben genießen. Nun aber findet sich Utnapistims Schiffer, sie legen zusammen eine fünfundvierzigtägige Strecke in drei Tagen zurück, um endlich die „Gewässer des Todes" und die „Mündung der Ströme" zu erreichen.

Wo ist nun das Seligenland gedacht? Bisher glaubte man unter der „Mündung der Ströme" diejenige des Euphrat und Tigris verstehen zu müssen; dann lag das Seligenland von Erech aus gerechnet im Südosten, am oder im persischen Meer, oder weiter hinaus im erythräischen; es war auch nicht so uneben, im Seligenland eine dunkle Vorstellung vom Wunderland Indien zu vermuten. Jetzt aber wird eine Lage im Westen vorgezogen; der Weg dahin, und damit auch die Reise des Gilgames, geht dann zunächst durch die syrische Wüste, der Berg Masu wäre das System des Libanon und Antilibanon, die fünfundvierzigtägige Meeresstrecke wäre das Mittelmeer, das Gewässer des Todes der Ozean; die Mündung der Ströme und das Seligenland blieben in Südwestspanien zu suchen. Die Westlage ist eine Hypothese, deren Bewährung die babylonischen Jenseitsvorstellungen vereinfachen würde.

Utnapistim, mit seinem Weib, blieb der einzige in das selige Land lebend Entrückte, sein Schiffer verließ ihn mit dem heimkehrenden Gilgames. Nicht ganz dasselbe ist es, wenn einzelne altbabylonische Könige zu den Göttern versetzt wurden; es wurden ihnen Opfer gebracht, und ihr Name bekam das Determinativ der Gottheit, kurz sie blieben in Kultverbindung mit den Lebenden, was bei Utnapistim nicht der Fall war. Wieder andrer Art ist der Verkehr der Götter mit dem Urkönig Enmeduranki von Sippar; da handelt es sich um göttliche Inspiration, wie sie Minos und Numa Pompilius zuteil wurde.[1]

Soweit es möglich ist, den Urglauben der Perser zu ermitteln, hatten auch sie die allgemein primitive Vorstellung einer Fortdauer nach dem Tode, der Fortdauer nämlich eines vom Körper sich lösenden bleibenden Teiles, eines Doppelgängers oder einer Seele, die sie Fravasi nannten. Sie bedarf Nahrung, Kleidung und Wohnung; letztere nimmt sie im eigenen Hause, falls ihr dies eingeräumt wird, sonst in der Umgebung oder wo sie will. Sie weilt in der Nähe der Hinterbliebenen, teilt deren Freuden und Leiden, Arbeiten und Vergnügungen. Die Familie opfert ihren Toten (im Frühjahr ist ein allgemeines Totenfest, ebenfalls von den Familien gefeiert); denn die Verstorbenen haben Macht, dem Lebenden zu nützen oder zu schaden; von ihrem guten Willen, sich ihrer Gewalt über die Himmelskörper zu bedienen, hängt Kinderreichtum, Gesundheit des Viehs, Fruchtbarkeit der Felder ab. Der Tote wurde in

---

[1] Babylonier: Alfred Jeremias, Hölle und Paradies der Babylonier ²1903; Peter Jensen, Kosmologie der Babylonier 1888; desselben Gilgamesch-Epos 1905, dessen Aushängebogen der Verfasser mich hat einsehen lassen; daselbst Seite 33 Anm. 3 wird die Hypothese von der Westlage des Seligenlandes begründet. Jensen schreibt mir zum „ewigen Palast" in der Unterwelt: „dessen sumerischer Name Egalgina oder Ekalgina (Keilinschr. Bibl. VII 81, 83 f, besonders 89, 31) bedeutet ‚der feststehende, unwandelbare Palast'. Das assyr. Wort für gina bedeutet nun zugleich „treu, zuverlässig" und kennzeichnet den idealen Richter, ist also soviel wie etwa „gerecht"; wenn daher in Ek(g)algina die Richter der Unterwelt sitzen — und das scheint sicher zu sein -- so möchte ich in dem Ek(g)algina einen „gerechten Palast" sehen, einen „palais de justice". Wiederum bemerkt mir Jensen zur „Entrückung": „Daß altbabylonische Könige vergöttert wurden und daß ihnen dann geopfert wurde, ist sicher; siehe Radau, Early Babylonian history 307 ff., mit Vorbehalt für das Einzelne. Von dem Könige Xisuthros wissen wir, daß er zu den Göttern entrückt wurde; das aber hängt, denke ich, damit zusammen, daß er eigentlich ein Lichtgott ist. Von dem altbabylonischen Könige Enmeduranki wissen wir weniger, als man gemeiniglich meint. Daß er direkt mit den oder doch einigen Göttern verkehrte und ihm von dem Sonnengott und Wettergott Geheimnisse mitgeteilt wurden, wird gesagt; aber daß sie ihn in ihre Gemeinschaft berufen hätten, können wir nicht behaupten, von einer Entrückung Enmedurankis verlautet nichts. Man glaubt wohl an sie, weil man ihn mit Henoch identifiziert."

sein bestes Gewand gehüllt; die Verwandten im Jenseits freuen sich, wenn er gut-
gekleidet kommt, sonst müssen sie seinetwegen erröten. Er wird mit lauten Klagen
unter strömenden Tränen gefeiert, zurückgerufen. Drei Tage liegt der Körper aufgebahrt; so lange bleibt die Seele in seiner Nähe, hoffend in den Leib zurückzukehren,
in Furcht zugleich vor allerlei bösen Geistern. Danach, also mit der Bestattung des
Körpers, betritt die Seele die schwindelnde Brücke, die hinüber führt; schmal ist sie
wie die Schneide eines Schwertes, der Tote zittert, indem er darüber geht, und ist
er nicht jung und kräftig, so stürzt er in den Abgrund. Bei diesem gefährlichen
Übergang kommt viel darauf an, daß die früher Abgeschiedenen dem Kommenden
helfen; daher suchte man sie sich mit allerlei Gaben für den Brückenweg günstig zu
stimmen. Nebenher ging die Idee einer künftigen Welterneuerung. Die gegenwärtige
Welt geht durch Kälte und Schnee zugrunde; zuvor aber baut Yima einen (unterirdischen) Raum, in den er von allem Lebenden die kräftigsten Exemplare setzt,
Pflanzen, Tiere und Menschen, je ein Paar, als Stammeltern für die Wesen der
neuen Welt.

Die Reform Zarathustras brachte einen neuen Geist zur Geltung. Die primitiven
Vorstellungen wurden wohl bewahrt, aber ethisiert; dabei fällt die Durchsichtigkeit
ihrer Jenseitsbilder auf, ihr Schweben zwischen Mythus und Metapher. Das Schicksal
des Verstorbenen hängt jetzt ab von seiner Frömmigkeit; waren seine Gedanken,
Worte und Werke gut oder böse? Wenn ein Frommer „entschwindet", so heißt es
im Hadhocht-Nask, so sitzt seine Seele drei Nächte beim Haupte des Körpers, sie
atmet während dieser Zeit „den ganzen Frieden, den die Welt der Lebenden enthalten
kann". Am Ende der dritten Nacht, in der Morgenfrühe, glaubt die Seele zwischen
Pflanzen zu weilen und Wohlgerüche zu empfinden, die ein Wind aus Süden herträgt,
duftender als irgend ein andrer Wind. Nun tritt dem Verstorbenen ein Spiegelbild
seines sittlichen Selbst entgegen (seine Daēna) in Gestalt eines wunderbar starken und
schönen Mädchens; sie ist so stark und so schön geworden durch seine guten Gedanken, Worte und Werke. Den ersten Schritt tut die Seele in die Seligkeit der
guten Gedanken, den zweiten in die der guten Worte, den dritten in die der guten
Handlungen, den vierten in das ewige Licht. Ein früher entschwundener Frommer
spricht sie an und frägt, wie sie entschwunden und aus der körperlichen in die geistige
Welt gekommen sei, aus der vergänglichen in die unvergängliche Welt. Ahuramasda
aber verbietet ihm, den so zu fragen, der den schrecklichen vernichtenden, auflösenden
Weg durchlief, wo der Körper und der Lebensgeist sich trennen; bringe ihm Nahrung,
„Saft des Frühlings" (Rahm oder Butter, natürlich geistige), das ist die Nahrung für
den Dahingegangenen guten Geistes, guter Worte, guter Handlungen, guten Glaubens.
Dem bösen Menschen aber geht es entgegengesetzt. Am Ende der drei Nächte glaubt
seine Seele von Schnee umgeben zu sein, von Norden her weht ihn ein stinkender
Wind an; indem begegnet ihm sein böses Gewissen in Gestalt einer abscheulichen
Hexe und hält ihm vor, wie sie häßlich geworden sei durch seine häßlichen Gedanken,
Worte und Taten. Die Seele des bösen Menschen tut den ersten Schritt in die
Hölle der bösen Gedanken, den zweiten in die der bösen Worte, den dritten in die
der bösen Taten, den vierten in die ewige Finsternis. Ein früher verstorbener Böser
begegnet ihm, auch diesem verweist Ahuramasda das Fragen: bringe ihm Nahrung,
Gift, stinkendes Gift, das ist die Nahrung für den Verstorbenen bösen Geistes, böser
Worte, böser Taten, bösen Glaubens.

Die zoroastrische Jenseitsvorstellung läßt in den späteren Quellen Weiterbildungen und Umbildungen erkennen, aber in der Hauptsache bleibt die Vorstellung dieselbe; manches nur in späterer Überlieferung Erhaltene scheint altes Gut zu sein. Wir geben eine kleine Nachlese, wobei die Frage der Ursprungszeit für jedes Einzelne offen bleibt. Es ist Brauch der Parsen, vor der Bestattung drei Nächte lang ein Feuer neben der Leiche zu brennen. Die Sitte scheint alt und der Anlaß zu der Vorstellung von der drei Nächte beim Haupt der Leiche sitzenden Seele zu sein; es heißt im Bundehesch, so lange hoffe sie, daß das Blut im Körper sich wieder erwärme, die Luft wieder in den Körper eintrete. Ebenda heißt es, der Seele des Frommen begegne zuerst die Gestalt einer fetten und milchreichen Kuh, von welcher ihr Glückseligkeit und Süße komme, danach die Gestalt des schönen Mädchens, und zum dritten die Gestalt eines Gartens, reich an Laub, an Wasser, an Früchten, an Fruchtbarkeit, von welchem der Seele Seligkeit und fruchtbare Gedanken kommen, ein paradiesischer Ort, unberechenbar paradiesischer, als man je einen in der Welt sieht. Umgekehrt begegnet der Seele des Bösen die Gestalt einer milch- und kraftlosen Kuh, von welcher der Seele Dürre und Schwäche kommt; wiederum begegnet ihr die Gestalt eines widerlichen häßlichen Mädchens voller böser Gedanken, von welcher der Seele Schrecken und Furcht kommt; zum dritten begegnet ihr die Gestalt eines wasserlosen, baumlosen, freudlosen Gartens, von welchem der Seele üble Gedanken kommen, ein Ort von unermeßlich höllischer Art. Wir übergehen die Angriffe der bösen Geister auf die durch den Raum gehende Seele und ihre Abwehr mit Hilfe guter Geister, ebenso die Scheidung der guten und bösen Seelen auf der Brücke Kinvat; sie fehlt in der Eschatologie des Hadhocht-Nask, doch findet sich oft, auch in altavestischen Stücken, der Ausdruck „Brücke des Richters" (Scheiders, kinvato peretas. In jüngeren Schilderungen halten Mithra, Sraosa und Rasan Gericht. Mithra, der Sonnengott, ist das Licht, die Wahrheit, das Recht, Sraosa ist der Geist des Gehorsams, Rasau wägt die Handlungen der Menschen mit goldener Wage). Die Brücke des Scheiders ist wie die Schneide eines Schwertes für die Bösen, die von ihrem Gewissen geängstigt hinabstürzen in die Hölle, sie verbreitert sich aber für die Frommen, die von ihrer Daēna hinübergeführt werden in den Himmel. Die Wohnung der Seligen ist am Orte der Sonne, wiederum beim Herrn (Ahuramasda) im Lichte. In ausführlicheren Schilderungen gelangt die Seele nacheinander zu den Sphären der Sterne, des Mondes, der Sonne, sie grüßen den Seligen; zuletzt kommt er in das anfangslose (ewige) Licht, den höchsten Himmel, wo der Herr wohnt. In jeder Sphäre findet sie Heilige sitzen, in der Sonnensphäre sitzen sie auf goldenen Thronen, Männer, die glänzen wie das Sonnenlicht. Die Seligen singen dem Herrn Loblieder.

Die Absicht des Masdeismus ging auf das Leben, welches auf der Grundlage des Landbaues kräftig und gesund erhalten werden sollte, nicht gebrochen sei es durch Mangel oder durch Sünde, auch nicht durch Askese. Er ist frei von Weltverachtung, frei von Jenseitssucht, will sich aber für den Todesfall den Himmel sichern. Es fehlt, wenigstens im späteren Avesta, nicht an Vorschriften, den Himmel durch Magic zu erzwingen. Ein einziger Arm voll Holz auf die heilige Flamme bringt die Seele ins Paradies; wer alle Gebete Staota Yesna hersagt, durchläuft den ganzen Weg bis zum höchsten Himmel; gewisse heilige Texte, im Sterben gelesen, haben die Kraft, den, der sie liest, von der Hölle zu retten. Seit Zarathustras Tagen aber ist ein Schatz aller guten Werke aufgespeichert, die in den sieben Kreisen der Erde getan worden

4*

sind; aus ihm kann Mithra denen, die mit einer ungenügenden Zahl guter Handlungen
auf die Brücke des Richters kommen, das Fehlende ergänzen. Jedermann kann auf
die Barmherzigkeit des Herrn rechnen. Auch die zu Anramainju in die Hölle Ver-
stoßenen brauchen nicht zu verzweifeln: sie büßen ihre Schuld ab bis zum Tage der
Welterneuerung, wo der Teufel vernichtet und der von ihm befreite Höllenort der
neuen Welt hinzugefügt werden wird. Ein Zwischenreich kennt der Masdeismus wohl
(Hamistakan), aber es ist hier der Ort für die Halben, die zwischen Gut und Bös in
der Mitte stehen, es ist nicht ein Fegefeuer, als welches vielmehr die Hölle selbst
dient. Auch die Seligen erfahren im Paradies noch eine Läuterung, damit sie würdig
werden der Glückseligkeit in der neuen Welt. Von der Erde schwindet das Eis und
schwinden die Höhen, sogar der Berg, der die Brücke Kinvat trägt, ebnet sich ein.
Schließlich fließen neue Welt und Himmel ineinander, die Leiber selbst werden in das
Paradies Vahist und in den Himmel Garotman aufgenommen. Theopomps Bericht,
die Magier lehrten Auferstehung der Toten und unsterbliches Leben, entspricht der
Überlieferung.[1])

Die arischen Inder. „Die Vorstellungen der vedischen Inder über den Tod
und das Leben nach dem Tode ruhen auf dem Seelenglauben, den die indogermanischen
Völker aus dem vorgeschichtlichen Stadium der Naturvölker mitgebracht haben." In
der Urzeit, das gilt auch für die Inder, ließ man die Leiche liegen oder schaffte sie
weg (noch später war für die Körper kleiner Kinder Vorschrift, sie in den Wald zu
bringen). Es ist auch von einem „Ausstellen" der Leiche die Rede; man denkt dabei
an den Brauch vieler Völker, die Leichen auf Bäumen zu befestigen, um den Bereich
der Lebenden rein zu halten. Weiterhin kannte man außerdem Begraben und Verbrennen, letzteres aber war der herrschende Ritus. Das ausgebildete Ritual verlangte
sorgfältige Leichentoilette, damit der Tote im Jenseits anständig auftrete. Es folgt
Aufbahrung im Hause und Hinausbringen zum Verbrennungsplatz, wobei die Fuß-
spuren verwischt werden, damit der Tod (oder eigentlich der Tote?) den Rückweg zu
den Lebenden nicht finde. Ursprünglich gab man dem Toten seine Habe ins Jenseits
mit, indem man sie mit ihm begrub oder verbrannte, seine Witwe, seinen Bogen, sein
Gold. Mit der Zeit ist das alles abgelöst, auf eine bloße Formalität reduziert worden;
man gab dem Toten den Bogen und ein Goldstück in die Hand, der Sohn nahm ihm
beides wieder aus der Hand. Die Witwe legte man neben den Toten, richtete sie

---

[1]) Perser: N. Söderblom, La vie future d'après le Mazdéisme à la lumière des croyances
parallèles dans les autres religions, étude d'eschatologie comparée (Annales Guimet IX) Paris
1901; behandelt werden, jedesmal auch in Religionsvergleichung, in Kap. I. III die vorzoroastrischen
(„ethnischen") Vorstellungen über die Fortdauer der Seele und die Welterneuerung, in Kap. II
und IV die zoroastrische Vergeltungslehre (hier die Hauptstellen aus dem Hadhocht-Nask und
Vendidad 19) und Eschatologie, in Kap. V das ewige Leben im Einssein mit Gott. — J. J. Modi,
An untranslated chapter of the Bundehesh, a paper read before the Bombay branch of the Royal
Asiatic Society, Bombay 1902. — Arta Viraf Namak ou Livre d'Arda Viraf, traduction par M. A.
Barthélemy, Paris 1887. — Arda Viraf Nameh, the original Pahlavi text, with an introduction,
notes etc. by D. Kaikhusru D. J. J., Bombay 1902. Arta viraf nameh ist eine breitere Jenseitsschilderung bereits christlicher Ära, eine Himmel- und Höllenfahrt: Arda Viraf entschließt sich
für sieben Tage das Leben zu verlassen, um Kunde aus dem Jenseits zu holen. — Zu pehlewi
vahist, Paradies, vgl. den Bezirk Bazista, das quell- und wildreiche Waldgebirg in Sogdiana, unten
im Verzeichnis der Paradiese. — Theopomp bei C. Müller, Fragm. hist. graec. I 289 Fragm.
71. 72. Söderblom, a. O. 244. — Die vorstehende Literatur verdanke ich Ferd. Justi.

dann aber an der Hand wieder auf und gab sie dem Leben zurück; der Veda hat das Verbrennen der Witwe geradezu verboten, vermochte den barbarischen Brauch aber nicht völlig zu unterdrücken, so daß er später wieder aufleben konnte. Vom Verbrennungsplatz ging man nach Haus, ohne hinter sich zu sehen, denn die Seele des Toten war in der Nähe; man wagte nicht, in seinem Hause zu kochen, noch im Bett zu schlafen oder ehelichen Umgang zu pflegen. Um diesem ängstlichen und undurchführbaren Zustand ein Ende zu machen, wird man irgendwann einmal dazu übergegangen sein, nach einigen Tagen zum Verbrennungsplatz zurückzukehren, um die Gebeine zu sammeln und in die Erde zu betten, damit die Seele zur Ruhe komme. Alle Zeremonien wurden mit entsprechenden Anrufungen des Toten begleitet, von einstiger heftiger Totenklage sind die Klageweiber als Rückstand geblieben.

Die Toten haben die Bedürfnisse der Lebenden und erwarten von diesen ihre Befriedigung; vernachlässigt rächen sie sich, ihr Zorn wird gefürchtet, man hat Ursache, sich vor ihnen zu hüten. Da sie nun also in Besitz höherer Macht gedacht werden, so können sie diese auch zum Guten verwenden; daher betet man zu ihnen um Segen, im allgemeinen, oder um Besonderes, um Regen, Nahrung, Vernichtung von Feinden, vorzüglich aber um Söhne. Dem Hingegangenen (Preta, das bedeutet auch etwa Gespenst) opfert der Sohn Speise und Trank, Salbe und Gewand. Er braucht die Seele nicht erst herbeizurufen, sie ist in der Nähe. Der Opfernde gräbt eine kleine Grube und belegt sie mit Gras zum Sitz für die Seele, gießt Wasser hinein, damit sie vor dem Mahl sich wasche, nimmt mit dem Löffel einen Kloß von der zusammengerührten Speise und legt ihn in die Grube, der Seele zum Mahl, danach opfert er ihr ebenso Öl (zum Trunk?), Salbe, Wohlgerüche, vielleicht Haar, zuletzt Kleidung (ursprünglich doch wohl ein vollständiges Gewand, später in bloß markierendem Verfahren nur eine Wollflocke). Im ausgebildeten Ritual findet sich der Ahnenkult ausgedehnt auf Großvater und Urgroßvater; der Opfernde ruft nun die „Väter" herbei: kommt, ihr Väter, auf euren tiefen alten Pfaden, gebt uns schönen Besitz, laßt uns Reichtum haben und unversehrte Mannen. Nach jedem Opfer dreht er sich weg, indem er den Atem anhält: die Väter haben sich erfreut, so murmelt er; mögen wir haben, Väter, davon wir euch spenden. Zuletzt verscheucht er die Seelen: geht weg ihr Väter, auf euren tiefen alten Pfaden; aber über einen Monat kommt wieder zu unserem Hause das Opfer zu essen.

Der Hingegangene weilt in der Nähe der Wohnung oder vielleicht unter der Schwelle. Die Seele mochte auch die Gestalt eines Vogels oder sonst eines Tiers oder einer Pflanze annehmen, oder eines Sterns. — Das Totenreich der vorvedischen Inder scheint unterirdisch gewesen zu sein. Eine abschüssige Bahn führt hinab; Yama, der Erstling der Gestorbenen, ist hingegangen die weiten, abschüssigen Bahnen, hat vielen einen Pfad erspäht; Yama ist der König im Totenreich, der Herr der Erde. Auf Furten kommen die Seelen hinüber über die weiten abschüssigen Bahnen; den Welten, da die Götter wandeln, werden die tiefen Pfade gegenübergestellt, auf denen die „Väter" wandeln. In der Erde ist der Sitz der Väter, die Welt, da die Väter sitzen. Die Seelen gehen den furchtbaren Weg, auf dem Yamas vieräugige buntgescheckte Hunde ihnen auflauern. Die den Manen heilige Richtung ist Südost.

Mit der Zeit erfolgte ein durchgreifender Wandel in den Vorstellungen über den „Sitz der Väter"; er wurde auf eine höhere Stufe gehoben, in die Sphäre der seligen Götter, also aus dem Dunkel der Erde in den lichten Himmel. „Der Gedanke vom

Recht frommer Werke auf ihren Lohn verlieh den Wünschen den Charakter von Ansprüchen; dazu kam, daß der Bestattungsritus des Verbrennens neben dem des Begrabens zu dem Wege nach unten auch einen nach oben kennen gelehrt hatte." Für diese neuen Vorstellungen stehen uns reichere Quellen offen. Die Verstorbenen gehen den Vätern nach. Sie sind im Himmel gedacht, im dritten Himmel, wo die Lichtwelten sind, wo Geistesspeise und Sättigung, wo Freuden und Wonnen, wo Genuß und Genießen warten, wo des Wunsches Wünsche erlangt sind, dort gibt es nicht Krankheit, nicht Lahmheit, dort hofft man unsterblich zu sein. Herrscher im Reich der Seligen ist Yama, der Erstling der Sterblichen, der als erster in jene Welt einging; aber die Dahingegangenen verkehren nicht allein mit Yama, sondern auch mit den himmlischen Göttern, dem Gott Varuna, die Seligen sind Wagengenossen Indras und der Götter, dann wohl auch ihre Gelaggenossen, wenn Yama zusammen mit den Göttern unter schattigem Baume zecht, Soma trinken die einen, andre Honig oder geschmolzene Butter; Lieder und Flötenspiel erschallen dazu. Die Speise und der Trank, die Kleider und die Salben, den Verstorbenen bei der Bestattung gespendet, folgen ihnen in den Himmel; so folgen ihnen ihre guten Werke, ihre Opfer und frommen Gaben. Hoch am Himmel stehen, die reiche Opfergaben gespendet haben, die Rossespender weilen bei der Sonne; dem, der den Milchbrei den Brahmanen gab, wird vergolten mit Teichen von Butter, mit Ufern von Honig, mit Branntwein statt Wasser, voll von Milch, von Wasser, von saurer Milch: solche Ströme sollen dir alle fließen, honigsüß schwellend in der Himmelswelt, Lotusteiche von allen Seiten dich umgeben. Und viel Weibsvolk gibt es für die Seligen in der Himmelswelt. — Eine Hölle scheinen die vedischen Inder noch nicht ausgebildet zu haben; jedenfalls ist die Idee zu jener Zeit im Keime stecken geblieben. Wohl wünschte man seinen Feinden, den Missetätern, den Tod, man wünschte sie in die Grube, unter die drei Erden, in den Kerker, in das haltlose Dunkel. Inwieweit dabei ein Strafort vorgeschwebt haben mag, im Sinne einer Hölle, muß dahingestellt bleiben. Ein deutlicher Ansatz in solcher Richtung läßt sich nur im Bilde der in Blutströmen sitzenden, ihr Haar verzehrenden Sünder erkennen, die auf Erden einen Brahmanen beleidigt haben. So ist auch kein Gericht gedacht; auch ohne ein solches wissen die Götter Redliche und Falsche zu sondern und einen jeden an seinen Ort zu senden.

Die große Reform vollzog sich bei den Indern im Buddhismus. Schon im Kreise der Brahmanen war die Reflexion erwacht; die Selbstvernichtung des vedischen religiösen Denkens wird in das zehnte bis achte Jahrhundert gesetzt. Das einmal erwachte Nachdenken kam nun nicht mehr zur Ruhe; aber die reformatorische Tat und Neuschöpfung gehört dem großen Gotama Buddha, dessen Tätigkeit, er war um 550 geboren, etwa in die Jahre 520 bis 480 fiel. Es war im nördlichen Indien, an der Südseite des Himalaya, wo die Reform sich vollzog, die vorbereitende Denkarbeit der Brahmanen im westlichen Gangesgebiet, das entscheidende Wirken des Buddha im östlichen.

Die Brahmanen waren die Priester der vedischen Inder, eine zahlreiche und wichtige Kaste, Opferer und magischer Kräfte kundig, die Verwalter aller jenseitigen Seligkeit: denn sie waren die Wissenden. Dies transzendente Wissen aber wandelte sich in ein Denken über den Menschen und über die Welt, darin er lebt, über die Pole des Ich und des All, die Einzelseele (Atman), die eins ist mit der Weltseele (Brahman), dem Grunde alles Seins. Da ist von Göttern keine Rede, aber auch die theoretische Spekulation steht nur in zweiter Linie, maßgebend sind die praktischen Gedanken vom Leiden alles Daseins im ewigen Kreislauf der Wiedergeburten, von sittlicher Vergeltung, vom Reinwerden des Geistes und einer Erlösung. Vertieft in dies Denken, ließen Brahmanen davon ab, nach Söhnen zu begehren, nach Habe oder weltlichem Heil zu begehren, und zogen als Bettler umher, es entstand ein überspanntes Asketentum, in Mönchsorden organisiert. Aus der Unersprießlichkeit eines Daseins, dem man nicht gelernt hatte, durch Arbeiten und Kämpfen um kampfeswerte Ziele einen Halt zu geben, ist man, getrieben von Überdruß an diesem Leben und von der Angst vor dem schreckenvollen Jenseits, hinausgeflohen, um der Welt entsagend Frieden und Zuversicht zu finden. Mehr noch die Reichen und Vornehmen als die Armen und Geringen, mehr noch Jünglinge, lebensmüde ehe sie gelebt, als Greise, die vom Leben nichts mehr zu hoffen haben, Frauen und Jungfrauen, verlassen ihre Häuser und legen das Mönchs- und Nonnengewand an.

So verließ auch Gôtama sein reiches Haus, verließ Weib und Kind, ging in den Wald und kasteite seinen Leib, bis er inne ward, daß Kasteiungen nicht zur Erleuchtung führen. Danach, in einsamer Nacht unter einem Baume sitzend, der seitdem der Baum der Erkenntnis heißt, ging er durch immer reinere Zustände der Selbstentäußerung seines Bewußtseins hindurch, bis das Gefühl allwissender Erleuchtung über ihn kam; er erkannte das „Leiden" und erlebte seine „Erlösung", die Erlösung durch Erkenntnis, nicht aber Erkenntnis der letzten Dinge, nicht unnütze Metaphysik, sondern Erkenntnis des Notwendigen. Danach ging er hin und verkündete die Lehre vom Leiden und von der Erlösung. Alle Körperlichkeit ist hinderlich, ist böse, ist Tod (Mara). Was immer der Mensch erfährt ist Leiden, Geburt, Alter, Krankheit, Tod, mit Unliebem vereint sein, von Liebem getrennt sein, nicht erlangen, was man begehrt. Das Leiden entsteht aus dem Daseinsdurst, der nach dem Naturgesetz des ewigen Werdens, Vergehens und Neuentstehens (des ewigen Weltfeuers und des ewigen Flusses der Dinge) jedes Ich von Ewigkeiten her und in Ewigkeiten hin durch immer neuen Tod und neue Wiedergeburt immer neue Gestalten annehmen läßt. Die Aufhebung des „Durstes" erfolgt durch gänzliche Vernichtung alles Begehrens. Wer seinen Geist vom Reiche des Werdens völlig gelöst hat, der hat die Erlösung gewonnen, die Flammen sind in ihm erloschen; das ist seine letzte Geburt, der Eingang in den „Ort des Verlöschens", das Nirvana. Es ist nicht das Nichts (das wäre ein metaphysischer und deshalb verbotener Gedanke), es ist das Freisein des Geistes von allem Haften am Vergänglichen. Wie der Buddhist in Siegesfreudigkeit dem Nirvana zustrebt, so findet er in ihm Stille, Ruhe, Frieden und Seligkeit; im Wald oder in einem der Gemeinde geschenkten Parke lebt er, im irdischen Paradiese, ein seliges Leben. Der „Vollendete", der „höchste Buddha" fand seine Erlösung in jener Nacht unter dem Baum der Erkenntnis, und er hat seine Seligkeit hienieden noch vierundvierzig Jahre genossen, als Lehrer und Vorbild für die wachsenden Jüngerscharen. Er trachtete nicht zu leben, er trachtete nicht zu sterben, zu seiner Zeit ist er hingegangen, wiederum in das Nirvana. — Einem jeden steht der Weg zur Aufhebung des Leidens offen, der heilige achtteilige Pfad, der da heißt: rechtes Glauben, rechtes Entschließen, rechtes Wort, rechte Tat, rechtes Leben, rechtes Streben, rechtes Gedenken, rechtes Sichversenken. So kann er ein „Erwachter und Erleuchteter" werden (Buddha). Wer aber im Leben nicht dazu schritt, oder nicht dazu gelangte, das Nirvana zu gewinnen, dem bleibt der Trost (erst hier tritt die Spekulation

in die Rechnung ein), daß ihm in der unabsehbaren Kette der künftigen Wiedergeburten noch einmal die Gelegenheit zur Erlösung sich bieten werde. Auf dem Wege
der Seelenwanderung wird er noch in mancher Gestalt neu erstehen — wie die Tat
war, so wird der Lohn sein — als dies oder jenes Tier, als Mensch, vielleicht auch
als gepeinigter Höllenbewohner, als Gespenst oder als irgend ein Gott; denn die
Götter sind nicht abgeschafft, aber in Wesen und Wert herabgesetzt, nicht mehr unsterblich, und vor dem Buddha müssen sie sich neigen. Buddha diskreditierte den
brahmanischen Opferkult, und die buddhistische Predigt liebte es, Religion und Ritus
immer ethisierend, das wahre Opfer zu lehren, das unblutige, den Verzicht auf Freuden
und Leiden der Vergänglichkeit. Selbst übte der Buddhismus keinen Gottesdienst;
die halbmonatlichen Versammlungen der Mönche können als Kultus nicht gelten,
höchstens die Verehrung der Gebeine des Buddha.

Wie der Stifter ein Asket war (bei aller Abwendung von den Kasteiungen der
brahmanischen Asketen), so ist die höchste Heiligkeit an Askese gebunden, wenigstens
an das „Hinausgehen", nämlich aus Hab und Gut, Familie und Freundschaft in den
Wald. Ein Leben von täglich erbettelter Speise, gelbes Kleid und Bettelnapf die
ganze Ausrüstung des Mönchs (Bhikkhu, das ist Bettler). Auch das Sichversenken hat
asketisches Gepräge; es fehlt auch nicht ganz an Exzessen der Möncherei, den aus
dem Primitivismus herübergeflüchteten „höheren Kräften", nämlich Halluzinationen,
Suggestionen, Hypnotismus usf. bis zum Schweben. Wo aber die „Heiligen" Bettel-
mönche sind, da müssen auch Laien sein, um den täglichen Reisbrei zu geben, die
Klöster zu bauen und für Nachwuchs auch der Gemeinde zu sorgen, sie heißen Verehrer. In regelmäßigem Verkehr mit den Heiligen haben auch sie sich mit den
Ideen der Reinheit und der Erlösung erfüllt und viel von dem stillen und heiteren
Geiste, dem inneren Frieden gewonnen, dessen Erringen der tiefste Beweggrund Gotama
Buddhas gewesen war. Es liegt eine Ethisierung der Religion durch Wissenschaft
vor; denn die unbedingte Anerkennung des Weltgesetzes der Kausalität muß doch
wohl wissenschaftlich genannt werden. Von der buddhistischen Ethik haben wir hier
nicht zu reden; immerhin sei auf ihre fünf Gebote verwiesen (kein lebendes Wesen
töten, nicht an fremdem Eigentum sich vergreifen, nicht die Gattin eines anderen
berühren, nicht die Unwahrheit reden, nicht berauschende Getränke trinken) und
etwa auf die von den Bhikkhu aufgeworfene und bejahte Frage, ob denn ein König
nicht regieren könne ohne Blutvergießen.[1])

Die Thraker bewegten sich in primitiven Jenseitsvorstellungen, die aber der
Eigenart nicht entbehren. Unter den Thrakernamen einbegriffen wurden die an der
unteren Donau wohnenden Geten. Herodot bekam Kunde über sie von den helles-
pontischen und pontischen Griechen, Joniern; was wir da lesen, ist auch „Natur gesehen durch ein Temperament". Verwandtes fand sich bei den südlichen Thrakern.

Die Geten verehrten einen Gott Zalmoxis; er haust in einer unterirdischen
Halle oder Höhle, wo er als Herr der Toten im Kreise der verstorbenen Geten ein
ewiges Gelage abhält. Einen Geten töten hieß „ihn zu Zalmoxis senden"; periodisch
opferten sie, fragt mich nicht wie, einen durchs Los bestimmten Genossen als Boten
an den Gott, ihm ihre Anliegen zu überbringen. Sterben hieß ihnen „übersiedeln",
und zwar an einen besseren Ort, wo alles Guten die Fülle ist; so konnte es geschehen,

---

[1]) Inder: Nach Herm. Oldenberg, Religion des Veda 1894 und dess. Buddha ⁴1903.

daß einige Griechen an dem Herrn des seligen Gelages die Züge ihres Kronos wiederfanden. Sie glaubten demnach an eine Fortdauer nach dem Tode; insofern also glaubten sie nicht zu sterben, sondern, wenn einer starb, so sagten sie, er ist zu Zalmoxis eingegangen. Herodot verstand, sie glaubten an Unsterblichkeit.

Von Stämmen der südlichen Thraker heißt es, daß sie die Verstorbenen unter Scherzen und in Freudigkeit begrüben, weil sie nun so vielem Leid entronnen in reiner Glückseligkeit sich befänden; um das neugeborene Kind aber setzten sie sich im Kreise und beklagten es, was es im Leben nun alles zu erleiden haben werde — der pessimistische Rückschlag der jenseitigen Glückseligkeit. Von andern wird berichtet, daß sie beim Tode eines Stammesgenossen ihm opferten (schlachteten) und den Leichenschmaus in der Form eines Freudenmahles feierten; denn der Verstorbene werde wiederkehren. Die Wiederkehr muß als Rückkehr ins Leben, aber in einer anderen Gestalt, gedacht gewesen sein; denn jene pontischen Griechen glaubten darin die pythagoreische Seelenwanderung wiedererkennen zu müssen. Es fällt auf, daß in der Überlieferung (außer in ganz später und handgreiflich getrübter) nirgends eine Seele unterschieden wird, sondern immer nur von den Personen schlechthin die Rede ist, daß „sie" nicht sterben, zu Zalmoxis gehen, wiederkehren. Wir wissen, das Erscheinen des Verstorbenen, sei es seines Eidolon oder seiner Psyche, in der eigenen oder in anderer Gestalt, einer Pflanze, eines Tieres, eines Menschen, ist Urglaube.[1])

Auch bei den Griechen müssen wir die Urvorstellungen voraussetzen, wie man sie überall so oder so gewendet antrifft; finden wir sie doch in den geschichtlich helleren Zeiten wieder auftauchend, bald im Volksglauben, bald in künstliche Gedankengewebe eingeschlagen. Die Seele des Verstorbenen entschwebt als Hauch in die Luft. Sie wird ein Stern, oder sie wohnt auf einem Stern; die Seelen wohnen auf dem Mond. Die Seele schwebt um das Grab, um die Mordstelle. Im Tod löst sich vom Toten seine Gestalt (sein Eidolon). Das Totenreich ist unten, wo die Toten ruhen, die bereits die Mehreren sind. Das Gelage der Toten wird auch bei den Griechen so alt gewesen sein wie das Gelage der Lebenden; die Vorstellung ist unabhängig von der Art der Nahrung und des Getränkes, ob Wasser, Met, Bier oder Wein, es folgt dem Toten. Als was einer stirbt, das bleibt er; wer im Leben ein Starker und Herrischer war, der bleibt es auch dort, er wohnt und zecht mit den Göttern, im Licht. — Die ägäische Kultur hat in langsamer Entwicklung im zweiten vorchristlichen Jahrtausend die „kretisch-mykenische" Blüte gezeitigt. Die den Toten gewidmete Sorgfalt, die Fülle der Beigaben, die Erhabenheit der fürstlichen Grabbauten, alles bezeugt, daß auch jene Geschlechter die primitive Unfähigkeit teilten, sich in die Tatsache des Todes zu schicken; ihre Vorstellungen aber vom Leben nach dem Tode verschweigen die Denkmäler. — Nachlebsel der Uranschauungen möchte man noch eher bei Hesiod suchen als bei Homer; in der Tat scheinen solche in den „Geschlechtern" oder „Weltaltern" zu stecken, freilich schon umgestimmt durch jüngere Denkweise. Gegeben war dem Dichter der Totenkult und damit die Vorstellung vom Fortleben, sei es unterirdisch, oberirdisch oder überirdisch gedacht. Unterirdisch hausen die Abgeschiedenen

---

[1]) **Thraker:** Herodot IV 93—95. V 5; die anderen Quellen bei Rhode, Psyche 1894, 319 ff., 325, 1. Ich glaubte die thrakischen Jenseitsvorstellungen in ihrer Selbständigkeit geben zu sollen, gelöst aus dem Zusammenhang, in welchen Rhode sie gestellt hat. Wegen Herodots ἀϑανατίζοντες vergleiche Bernhardy zu Suidas v. Ζάλμοξις.

des silbernen Geschlechts; ihres sterblichen Ursprungs ungeachtet leben sie wie Götter, als Selige. Die andere Vorstellung, von gelegentlicher Rückkehr der Toten an die Oberwelt, ursprünglich um Vernachlässigung oder Kränkung zu rächen, haben sittlich fortgeschrittenere Zeiten gemildert, sie haben aus egoistischen Rachegeistern ins Allgemeine wirkende Rächer des Unrechts und Hüter des Rechts gemacht; so läßt Hesiod die Abgeschiedenen des goldenen Geschlechts auf der Oberwelt verkehren, als unsichtbare Hüter der Menschen und zugleich als Segenspender. — Nachlebsel finden sich auch bei Homer. Gleich die Grundvorstellung der Psyche, die Hauchseele. Im Tode ausgestoßen und heimlos geworden, flattert sie hinaus in die Luft. Hatte aber der Bestattungsritus die Vorstellung einer Unterwelt erzeugt, so mußte die Seele dem Körper in die Tiefe folgen; solange der Körper aber nicht nach dem Ritus bestattet ist, flattert die Seele ruhelos auf der Oberwelt. Wenn aber Homer das Totenreich lieber in den fernen Westen verlegt, wo die Sonne in Nacht versinkt, jenseits des Okeanos, so bleibt auch dies in alten Geleisen. Ebenso das Eidolon. Noch andere, grausigere Uranschauungen ragen in das homerische Gedicht herab: die Menschenopfer bei der Leichenfeier des Patroklos, der Bluttrunk der Seelen in der Hadesfahrt des Odysseus; die Rache, welche die Erinyen unter der Erde an den Meineidigen nehmen, indem sie die im Eide ausgesprochenen Selbstverwünschungen wahr machen. Die auch ursprüngliche Vorstellung eines Fortlebens im Kreise der seligen Götter malte der griechische Mythus nur in der Form der Entrückung Lebender; sie wurde bevorzugten Menschen, Verwandten der Götter zuteil, dem Ganymed, dem Tithonos und anderen. Näher geht uns die Entrückung nach dem fernen Lande der „Hinkunft" an, dem Elysium, wie Homer es nennt. Er setzt dorthin, neben anderen Ungenannten, den Rhadamanthys, den Menelaos, Hesiod aber eine Anzahl der Helden des thebanischen und trojanischen Kriegs (die Gefallenen gingen in den Hades hinab); jene entrückte Zeus aus dem Kreis der Menschen an die Grenzen der Erde, da wohnen sie sorglos auf den „Inseln der Seligen", am Okeanosstrom, als selige Heroen; dreimal im Jahre trägt ihnen der Acker. Die Ausmalung des Wunschlandes fällt zusammen mit der des goldenen Zeitalters unter Kronos' mildem Zepter.

Daß in der Stille eine sittliche Entwicklung bei den Griechen schon früh im Gange war, lehrten uns bereits einzelne Symptome. Die wurzelverwandte Reform der Jenseitsgedanken (beides beruht in demselben eindringenderen Denken) setzt bei Homer kräftig ein. Er kennt kein Einwirken der Seele auf das Reich des Sichtbaren, daher auch keinen Totenkult. Er läßt die Eidola in das ferne westliche Schattenreich entweichen, von wo keine Wiederkehr ist; die Überlebenden brauchen keine Angst vor Revenants zu haben, brauchen sie daher auch nicht mit Speis-, Trank- oder sonstigen Opfern zu versöhnen. Darum darf Homer ein Befreier heißen. Wohl gibt es auch für Homer, und gerade für ihn, ein Nachleben im Diesseits, aber kein gespenstisches, sondern ein lichtfrohes, im Liede. Die Abgeschiedenen sind aus ängstigenden Gespenstern durch die Kunst zu erhebenden Idealen geworden. In der homerischen Reform trat das neue Ferment zuerst bedeutend auf den Plan. Seit dann die jonische Regsamkeit Hebel um Hebel ansetzte, um Erkenntnis der sichtbaren Welt zu gewinnen, war für die alte Seelen- und Göttermythologie kein Platz mehr. Die Aufklärung zerschlug und zerrieb die Überlieferung. Sokrates, auf der Suche nach einer rationalen Ethik, öffnete den Weg für Platon. Platon begann als Dichter; aber der Dunst seiner tragischen und dithyrambischen Jugenddichtung zerging ihm vor dem Blick der

Sokratesaugen (*ὥσπερ εἰώθει ταυρηδὸν ὑποβλέψαι πρὸς τὸν ἄνθρωπον* Phäd. 117 b). Beim Tode des Meisters verlobte er sich, in dessen Stelle tretend, der Arbeit am Menschen (Apol. 39 cd, Preuß. Jahrb. 1889, 707). Er gründete die Akademie als eine Hochschule, welche durch wissenschaftliche Erziehung, nämlich durch Erziehung im wissenschaftlichen Denken, Staatsbürger bilden sollte, vor allem aber Staatslenker, die des Namens würdig wären. Diese praktische Aufgabe blieb dem Sokratiker vorzüglich wichtig. Und er schuf die Wissenschaft, indem er sie in der Logik gründete. Die Körperwelt ist wandelbar, die Sinneswahrnehmung ist unzuverlässig: wo gibt es Wahrheit, darin die Seele Ruhe fände und das Leben Heil? Prot. 356 d. e. Phädo 84 a. Seinen Ankergrund findet das Denken nur in sich selbst, findet der denkende Mensch allein in seinem eigenen Bewußtsein, niemand anderem darf er unkritisch glauben Phädr. 244—257. Phädo 83 a. Im eigenen Bewußtsein findet er die Begriffe, an denen die Dinge teilhaben. Aus dem letzten Grundbegriff (der Idee des Guten, dem platonischen Symbol des Weltgesetzes, wie immer wir sie uns interpretieren mögen, als die Zweckmäßigkeit oder die Gesetzmäßigkeit selbst oder wie sonst) entfaltet sich die Wissenschaft in Ethik und Physik. In der Idee ist „Wahrheit", in ihrer Anschauung, in der Wissenschaft, ist „Seligkeit". Das ist die Grundüberlegung der platonischen Logik, die vor allem eine Erkenntnistheorie und Wissenschaftslehre war. Daher müßte man zunächst eine Kritik der Seele erwarten; in der Tat scheint Plato gelegentlich anzudeuten, daß, was wir Seele und Geist nennen, in den seelischen und geistigen Funktionen bestehe; im Gastmahl hat Plato die persönliche Unsterblichkeit scharf geleugnet (208 b). — Wir übergehen die Weiterentwicklung der Wissenschaft im Altertum. In der Zeit des Hellenismus rangen Stoizismus und Epikureismus um die Herrschaft; beide waren auf das Diesseits gerichtet, jener allegorisierte alles Mythische, dieser sah eine Hauptaufgabe in der Befreiung des Menschen von der Jenseitsangst. — Die Wissenschaft stand neben dem Leben. Und dies scheint immer noch homerisch gesinnt. Die attischen Grabreliefs des fünften und vierten Jahrhunderts, in ihrer stillen Weise voller Gefühl, ja rührend innig, vergegenwärtigen nicht den Tod, sondern verewigen das Leben, nicht ohne die menschlich natürliche Wehmut. In andrer Art, aber ebenso unmittelbar, bringen uns die Redner ihr Athen und ihre Athener nahe. Nun, der thukydideische Perikles, in seinem Epitaphios auf die im Kriege Gefallenen, hat für die Tapferen kein Wort von jenseitigem Lohn, für die Hinterbliebenen kein Wort von Wiedersehen. Erwähnt ein Redner einmal den Hades, so tut er es mit dem Vorbehalt „wenn es im Hades dergleichen gibt". Ähnlich die Grabschriften; in der Mehrzahl gehören sie zu den bei Einigen so verschrieenen „ohne Hoffnung", sagen wir ohne Wahn und ohne Anmaßung. Es fehlt nicht laute Klage. Vielen genügte ja wohl die urwüchsige sardanapalische Lebensweisheit „Iß, trink, genieße das Weib, denn morgen bist du tot"; moderner, zivilisierter klingt die Sache in dem Wahlspruch, den der pompejanische Kaufmann in sein Atrium setzte „Verdienst und Vergnügen" (Overbeck, Pompeji⁴ 1885, 435 übersetzt: „Gewinn ist meine Freude". Zu Lucrum Gaudium vgl. pecuniae et corporis gaudia, Sall.). Anderen Grabschriften fehlt nicht der tröstliche Ausblick auf ein gutes Andenken und, echt platonisch, auf ein Fortleben in Kindern und Kindeskindern — Plato selbst würde hinzusetzen „und in Nachwirken".

Aristophanes spottete der frommtuenden Mysten, die doch selbst „den Jakchos des (ungläubigen) Diagoras sangen" (Frösche 320). Und die Aufgeklärten von Prota-

goras bis Lucian wurden nicht müde, die Hadesphantastik zu verhöhnen. Also gab
es doch Jenseitsglauben und gab es Mysten. Allerdings, trotz Homer und der Wissenschaft sind die Urgedanken am Leben geblieben, zuerst nur in einer populären Unterströmung, die aber bald wieder zutage trat, anfangs nur hier und da, in kleinen
Sprudeln; dann aber, vermählt mit dem Hauptstamme der Wissenschaft selbst, gewann
sie Stärke und eine Art Tiefe, um schließlich in der Kaiserzeit das Feld zu behaupten.
Einen mächtigen Helfer fand die Reaktion in der griechischen Phantasie. Wir
müssen aber der Wahrheit die Ehre geben und gestehen, daß der Urglaube nicht
bloß trotz Homer, sondern durch Homer selbst sich erhalten hat, durch Homers eigene
Phantasie. Wohl hat er die Toten aus dem Bereich der Lebenden gebannt, aber nicht
in den ewigen Strom des Werdens und Vergehens, sondern in ein Reich zwar des
Nichtgreifbaren, insofern Wesenlosen, aber doch wieder Sichtbaren. Die negative
Vorstellung ist durch poetische Anschauung doch wieder positiv geworden im westlichen Reich des Hades; so wurde es möglich, daß der Märchenheld Odysseus lebend
bis an den Eingang des Nachtreiches gelangte und mit den durch Bluttrank zum
Bewußtsein Zurückgekehrten Zwiesprache pflegte. — Zäh haften Gebräuche. Was der
Urglaube an sepulkralen und sonst superstitiösen Gebräuchen gezeitigt hatte, das
erhielt sich trotz Homer, vor allem der Ahnenkult an den Gräbern der alten Fürsten-
und Adelsgeschlechter. Indem aber einerseits die Helden der Sage als Heroen verehrt, andererseits immer neue fiktive Ahnen (Eponymen, Archegeten) geschaffen wurden,
so kam ein neuer Heroenkultus in Blüte, stets gefördert durch das delphische Orakel.
Der sich zusehends erweiternde Kreis nahm Ökisten neugegründeter Städte in sich
auf, Gesetzgeber, Dichter, Athleten, fürs Vaterland gefallene Krieger; schließlich
hatte die liberale Austeilung des Heroencharakters seine Entwertung zur Folge, echte
Heroen mußte man schon, um sie auszuzeichnen, als Götter begrüßen, wenn jeder
beliebige Verstorbene, wie es schließlich herauskam, Heros heißen durfte. Die Heroen
wurden im Tode noch wirkend gedacht, ihre Geister gingen um, rächten erfahrene
Kränkung, Versäumnis ihres Kults, stifteten Schaden; umgekehrt, wenn versöhnt,
konnten sie Segen bringen, Hilfe in Krankheit, Krieg und aller Not, galten wohl als
Schutzpatrone einer Stadt. Diese Ortsheiligen standen dem Volk im ganzen näher
als das homerische Götterpatriarchat auf dem fernen Olymp. — Entsprechend finden
wir im geschichtlichen Griechenland den Totenkult in allgemeiner Übung, mindestens
als anständige Sitte. Wie er auf der Voraussetzung beruht, daß die Seelen weiterleben, so ruft er diesen Glauben selbst immer neu hervor. Neben der alten Gespensterfurcht bestand auch eine freundlichere Auffassung, die in sittlich gereifteren Zeiten
und Verhältnissen, z. B. in Athen, mehr in den Vordergrund trat, die Auffassung des
Verstorbenen als eines wohlwollenden Schutzgeistes und des Totenkultus als eines
traulichen Verkehrs. Die Sitte des Totenkults bezeugen zahlreiche Grabmäler, durch
die bloße Tatsache ihrer Errichtung, wobei von dem besonderen Sinne ihrer Bildwerke
abzusehen ist; ebenso die weißgrundigen attischen Lekythen, sie überdies durch ihre
graphischen Darstellungen der Besuche und Darbringungen am Grabe. — Superstitiös
waren auch die Gebräuche der Mantik, der Kathartik, der Mystik, die alle zum
Seelenglauben Bezug haben. Der Seher sagte auch dies, welcher Gott, welcher
Dämon, welche Seele gekränkt sei und Sühnung heische. Die rituale Reinigung
erlöste den Mörder von dem Rachegeist, der ihn verfolgte. Die Mysterien von Eleusis,
erwachsen im Kult von Göttern der Erde, welche die Keimstätte der Saat und die

Ruhestätte der Toten in sich beschließt, im Dienst der Olympierin Demeter und der zwischen Olymp und Hades wechselnden Kore, diese Mysterien versprachen den Reichtum, wie ihn die Gottheiten des Ackerbaues ihren Dienern in das Haus senden, darüber hinaus aber, was zur Hauptsache wurde, ein seliges Los im Jenseits; nur die Geweihten dürfen hoffen, im Hades wahrhaft zu leben, für die Ungeweihten steht dort die Sache übel. Wieweit die eleusinische Verkündigung Glauben fand, ist schwer auszumachen. Tatsächlich wurden die Mysterien zu einem athenischen Staatskult erhoben, mit viel Gepränge gefeiert, und eine wachsende Zahl ließ sich weihen, nicht bloß Athener, denn die Weihen standen jedem Menschen offen, den nicht rituale Unreinheit überhaupt von allem Kult ausschloß.

Soweit war wohl von einem Fortleben die Rede, aber die den Göttern eignende Unsterblichkeit im strengen Sinne des Wortes hatte damit noch keine Geltung für die menschliche Seele. Vorbedingung hierzu war eine schärfere Scheidung zwischen Leib und Seele und die Überzeugung von einem selbständigen Dasein der letzteren. Ein solches schien erwiesen nicht bloß durch Erscheinungen im Traum oder durch die Ohnmacht, sondern vorzüglich durch die Ekstase, wie sie in den nachhomerischen Jahrhunderten, zumeist auf dem fetten Boden des Dionysosdienstes, ausgiebig geübt wurde. Hieran schließt sich die besondere Vorstellung, daß die Seele zeitweise den Körper verlassen, in jede Ferne, auch in das Jenseits, schweifen und Nachricht von dort bringen könne. Die sonach eines selbständigen Daseins fähige Seele, ohnehin den Göttern verwandt, schien nun auch an deren Unsterblichkeit teilzunehmen. War bei der Urvorstellung vom Gelage Verstorbener mit Göttern zwischen Körper und Seele überhaupt noch nicht unterschieden worden, und schloß der Entrückungsglaube eine Trennung der Seele vom Körper aus, so wurde das Merkmal der Unsterblichkeit nun gerade erst bei der Trennung der Seele vom Leib bedeutend. Wenn so die Seele göttlicher Art und unsterblich war, so folgte leicht auch das andere, daß sie, als unabhängig vom körperlichen Sein, auch vor der Geburt schon war, daß sie mithin ewig sei wie auch die Gottheit. Solches Denken arbeitete mit den Elementen des Urglaubens, aber was es daraus gestaltete, ging weit darüber hinaus, war nur möglich auf Grund einer wir müssen sagen wilden Ehe des Entgegengesetzten, nämlich des phantastischen Mythus und der wissenschaftlichen Logik. Kaum war die Logik zu Eigenleben erwacht, da überschatteten sie die Flügel des wiedererstarkten Mythus, und sie brachte sonderbare Kinder zur Welt, einige mit Tauben-, andere mit Fledermausflügeln, alle mit verträumten Augen. Die Verkünder der Lehre nannte das Altertum Theologen; nun, diese Theologie wurde wissenschaftlich. Und die Wissenschaft hüllte sich in den Talar des Priesters. Doch bleibt in jedem Einzelfalle zu prüfen, wie weit das Mythische eigentlich, wie weit es uneigentlich gemeint war, ob nicht eine der mannigfach abgestuften Möglichkeiten von Halbbewußtheit vorliegt.

Ihre Wiege und bleibende Heimat besaß diese Seelenlehre in der orphischen Mystik, wie sie im sechsten vorchristlichen Jahrhundert hervortrat. Man kann nicht gerade sagen, daß sie zu einem gleichmäßig entfalteten hochragenden Baume heranwuchs, eher läßt sie sich einem kriechenden Unkraut vergleichen, welches einen schönen Rasen durchwächst, hierhin und dorthin einen Trieb entsendend und dabei in allerlei bunten Farben schillernd. Aus den wilden Orgien Thraziens leitet man ihren Ursprung her, mehr bürgerlich gesittet erscheint sie bei den Griechen. Früh hat sie bei den Westgriechen sich mit dem Pythagoreismus verbunden, das Orphischpythagoreische bildet eine kaum zu sichtende Masse. In Athen fand die Orphik eine feste Stätte, doch wirkte sie durch alle Länder griechischer Kultur, überall in das geistige Leben sich eindrängend und von ihm Vorteil ziehend. So erhob sich über dem groben Ritualismus orphischer Geschäftskatharten eine sublime Erlösungslehre von solcher Werbkraft, daß sie im zweiten Jahrhundert der Kaiserzeit im Kampf der Religionen um den Thron der Weltreligion mit ringen durfte und weit darüber hinaus tiefgreifenden Einfluß behielt.

Orphiker haben eigene „Offenbarungen" gedichtet, vorzüglich eine Niederfahrt des Orpheus in die Unterwelt; aber wir kennen sie hauptsächlich nur aus ihren Verwendungen in der theologischen und theologisierenden Literatur (die Moralisten erkannten früh die Brauchbarkeit des orphischen Tones für eindringliche Predigt), sowie aus der wissenschaftlichen und der satirischen Polemik. Es wäre ein aussichtsloses Beginnen, den Gesamtkomplex der orphisch-pythagoreischen Psychologie harmonistisch in ein wohlkonstruiertes System glätten zu wollen; es muß genügen, die innerlich ja von einem Grundgedanken getragenen, aber aus heterogenen Elementen erwachsenen und dazu ungleich und selbst widersprechend ausgewachsenen Vorstellungen in eine leidliche Übersicht zu bringen, wobei nicht alle Einzelheiten erwähnt werden können. Beweggrund zum Ganzen ist das ewige praktische Bedürfnis des Menschen, einen befriedigenden Ausgleich zu finden zwischen dem sittlichen Elend des in das Leben gestellten Menschen und seiner Anlage auf ein reines Dasein. Deshalb ist das Triebrad der ganzen Veranstaltung die kathartische Methode, die rituale, hier durch die orphischen Weihen vermittelte Reinigung; wenn die also „Reinen" stillschweigend als die Gerechten gesetzt wurden, etwa wie bei Theognis der Geburtsadel als Seelenadel, so schoben die orphisierenden Dichter und Philosophen den Reinen die Gerechten unter. Der Grundgedanke der jenseitigen Buße ist, daß die Unreinen in ihrer Unreinigkeit liegen („im Kotfluß"); als steigernde Strafmittel dienen Feuer, Pech und Schwefel und raffiniert ausgedachte Foltern. Wie aber Orpheus dem dionysischen Kreis angehört, so ist auch das Elysium der Reinen und Heiligen ein bacchisches, ewige Trunkenheit. Die Menschenseele aber ist ein Teil der Weltseele; aus ihrer ätherischen Heimat in der Stunde der Geburt in den Erdenleib getreten wie in ein Gefängnis, oder in ein Grab, wird sie im Tode daraus befreit und kommt zu den Inseln der Seligen oder je nachdem in den Tartarus. Das gilt aber nur für die Guten und die ganz Schlechten. Die Mittelwertigen müssen zu wiederholter gründlicher Reinigung den „Kreis der Geburt" (der Palingenesie) durchlaufen, das will sagen, während 10000 Jahren zehnmal je ein Erdenleben und eine Bußzeit im Hades, zusammen von je 1000 Jahren, durchmachen. Nach Ablauf jedes Jahrtausends trinken sie aus dem Lethequell Vergessenheit des Vergangenen, um dann ein neues Leben zu wählen. Von den Mittelwertigen, die im unterirdischen Reinigungsort büßen, wird noch eine Sonderklasse abgezweigt. Die Besseren (relativ Besten), nämlich Vaterlandsverteidiger, Priester und Sänger, Philosophen, königliche Wohltäter der Menschen, sie dürfen in einem eigenen Himmelsraum, der auch Elysium genannt wird, seliger Ruhe pflegen, ohne deshalb der Wiedergeburten enthoben zu sein. Die mythischen Straf- und Ruheorte werden dann noch in die Sphären der Kosmologie eingeordnet: das Leibesleben verläuft auf der Erde; die Seele entweicht in die Luft, deren unterer Teil, die schwere trübe Atmosphäre, nun als Hades und Purgatorium dient; davon wird eine obere Region als die Hadeswiesen gesondert; höher folgt die Sphäre des Mondes, der jetzt Elysium wird;

die höchste und äußerste Sphäre, der feuriglichte Äther, ist erst der Himmel der
Gottheit, dorthin kommen die ganz Geläuterten, zurück also in ihre Heimat, die sie
vor einer Jahrmyriade verließen.

Einen Auszug aus der pythagoreisch-orphisch beeinflußten Literatur, in dem besonders die Seligkeitsschilderungen berücksichtigt werden sollen, die der vorläufigen
wie der ewigen Seligkeit, beginnen wir mit Pindar (Ol. II; Threnoi). Die Seele
stammt von den Göttern; der Leib verfällt dem Tod, lebend bleibt nur die Seele.
Unter der Erde büßt sie alle Schuld mit unanschaubarer Qual im finsteren Tartarus.
Die Gerechten aber, die gern ihre Eide hielten, leben mit den Unterweltsgöttern
mühelos, leidlos: die Sonne leuchtet ihnen während unserer Nacht, in Auen mit roten
Rosen gelegen ist ihr Garten voll schattender Weihrauchbäume und goldener Früchte;
sie ergötzen sich mit ritterlicher und musischer Kurzweil, jegliche Frucht gedeiht
dort, und das Räucherwerk ihrer Altäre verbreitet Duft über den lieblichen Ort. —
Wenn Persephone die Buße für die „alte Schuld“ annimmt, so dürfen die Seelen im
neunten Jahre das Tageslicht wiedersehen; aus ihnen werden starke und weise Könige,
der Nachwelt heißen sie heilige Heroen; die aber in dreimaligem Leben oben und
unten die Seele sich schuldlos bewahrten, gehen den „Weg des Zeus“ zum Schlosse
des Kronos auf der Insel der Seligen, welche die Lüfte vom Okeanos umspielen;
Goldblumen leuchten an herrlichen Bäumen und aus dem Wasser, mit Kränzen davon
umwinden sich die Seligen; dort ist Rhadamanthys Beisitzer des Kronos. Peleus und
Kadmos weilen dort, den Achill brachte seine Mutter dahin. — Der dichtende
Philosoph Empedokles bezeugt die ätherische Heimat der ewig lebenden Seelen; er
nennt sie Dämonen. Für Frevel, wie Mord und Meineid, müssen sie drei Myriaden
Horen fern von den Seligen umherschweifen, um im Laufe der Zeit in den Gestalten
aller möglichen sterblichen Geschöpfe geboren zu werden. Er schildert dann mit
Bitterkeit, wie Äther, Meer, Erde, Sonnenlicht und wieder Äther mit der armen
Seele Fangball spielen, einer sie dem andern zuwerfend, weil keiner sie mag (Fragm.
115 bei Diels Vorsokratiker S. 217). — Den Äther, welcher der Sitz der Götter, ja
die Gottheit selbst ist, nennt auch der philosophierende Dichter Euripides als den
Ort, dahin die Seelen der Verstorbenen gehen. Diese Anschauung hat im Athen der
perikleischen Zeit schon so sehr Fuß gefaßt, daß in der offiziellen Grabschrift auf die
bei Potidäa Gefallenen gesagt werden konnte: der Äther hat die Seelen aufgenommen,
die Leiber die Erde (CJA. I n. 442). — Der Komiker Aristophanes, in den Fröschen
(137—163 = 181—459), mischt Orphisches und Eleusinisches. Dionysos selbst tritt
die Hadesfahrt an; er kommt an einen abgrundtiefen See, über den ihn der greise
Fährmann setzt; nachdem eine Region der Schlangen und andrer Ungeheuer passiert
ist, kommt er an den orphischen Kotfluß, darin die Büßer liegen, die Frevler gegen
Eltern und die Meineidigen, endlich in die Gegend der Seligen. Er hört Flötenmusik,
unter hellem Tageslicht sieht er in Myrtenhainen selige Scharen sich bewegen, das
sind die Geweihten, sie wohnen nächst Plutons Palast. Der Chorgesang der Mysten
ist eleusinisch gefärbt, sie singen der „Soteira“, der Demeter und dem Jakchos. Die
Lust der Seligen ergeht sich in Tanz, der selbst die Alten mit fortreißt; doch spürt
man auch Bratenduft.

Wir wenden uns sofort zu Platon. Dem griechischen Dichter lag das an-
schauende Denken im Blute. Seine aus dem Bewußtsein des Menschen entwickelte
messerscharfe Logik wurde so nicht bloß Psychologie, sondern Psychomythologie; und

in der Sprache der pythagorcisch-orphischen Mystik fand die sittliche Gesinnung der sokratisch-platonischen Philosophie den für Jahrtausende packendsten Ausdruck. Aber aus den pompösen Falten des Epoptengewandes schaut überall — gewiß nicht der theatralische Talar eines „Priesters der Wissenschaft", sondern der schlichte Rock des denkenden Menschen, oder in anderem Bilde zu sprechen, durch das farbenschimmernde Gewölk der Mythen bricht überall die Sonne der Logik und leuchtet zugleich das angezündete Licht der Arbeit in der Akademie.

Der Keimpunkt von Platons Logik, das Gewinnen der Begriffe im eigenen Bewußtsein, ist auch der Keimpunkt seiner Psychomythologie. Was kein Lehrer zuvor in die Seele hineingebracht hat, das wird durch methodisches Fragen in ihr geweckt, wie aus einem Schlummer, Lernen ist „Wiedererinnerung" dessen, was die göttlich unsterbliche Seele in ihrer himmlischen Präexistenz, in zahlreichen Metempsychosen auf der Erde, und in den Zwischenzeiten im Hades „erfahren" hat (Meno Kap. 14f. 20f.). Der Gegensatz von Sinneswahrnehmung und Ideendenken erhält sein Gleichnis im Gegensatz von Körperwelt und Jenseitswelt. Das Reich „dessen, das man nicht sieht" (τὸ ἀειδές) findet Plato etymologisierend im „Hades" vorgedeutet (Gorg. 493b. Phäd. 79a—81a). Also, die Sinneswahrnehmung gibt nur trübe Vorstellungen, im Ideendenken ist Wahrheit, die nackte Seele sieht die nackte Wahrheit. Als Kronos noch die Welt regierte, da wurde vor dem Tode jedes Menschen das Gericht über ihn gehalten, von Lebenden über den Lebenden; als dann aber Zeus zur Regierung kam, verordnete er, daß hinfort das Gericht erst nach dem Tode stattfinden und daß auch der Richter ein Toter sein solle, damit nackte Seelen die nackten Seelen richteten; so erst würden sie gerecht richten, weil unbeirrt durch Körper, Kleider, Stand des zu Richtenden, aber auch unbeirrt durch die eigenen, immer trüben Sinnesorgane, Auge, Ohr usf., die wie Schleier vor der Seele sind (Gorg. 523).

Das Ideendenken (die „Schau" der Idee Phäd. 84a, b, Symp. 210e) wird projiziert in den Himmel und zugleich in die Präexistenz und die Postexistenz; einmal geschieht das bloß metaphorisch, ein andermal mythologisch: die vom Körper befreite Seele wird in den Himmel zurückgekehrt die Ideen wieder rein schauen wie einst vor der ersten Geburt. Da nun ferner auch die Ethik in der Logik ihren Grund hat, so ergibt sich die Kongruenz von Wissenschaftlichkeit und Sittlichkeit, analog dem mystischen Gleichsetzen der Begriffe Geweiht und Gerecht: der wissenschaftlich Denkende ist der „zur Seligkeit bestimmte Gerechte", der Unwissenschaftliche aber der „zu den jenseitigen Strafen verdammte Ungerechte". — Die Seele schwebte oben unter dem Himmel, sie (nun wieder das um die Erforschung der Dinge bemühte Denken) durchgeht den ganzen Himmel, ordnet (wissenschaftlich) den Kosmos, bis sie (jetzt die zur Sinnenwelt hingezogene) entfiedert hinabstürzt und sich an einen Körper klammert, in dem sie Wohnung nimmt. Wenn unter dem Himmel die heraklitische Welt des Werdens ist, so muß ein etwaiges „Höheres", wie es Plato im eleatischen Sein fand und als die Idee bestimmte, so muß es im „überhimmlischen Raume" zu Hause sein. Um sich an dessen Schau zu ersättigen, fahren die schwebenden Seelen im Gefolge der Götter (die als Herren der unterhimmlischen Dinge auch unter dem Himmel wohnen) hinauf zum Scheitel der Himmelswölbung; die Götter treten durch das Opaion hinaus zur Schau in das „Gefilde der Wahrheit", die Seelen aber, behindert durch ihr schwieriges Gespann Mut und Begierde, Lenker ist die Vernunft, vermögen bestenfalls den Kopf des Lenkers durch die Öffnung in den überhimmlischen Raum zu bringen, andere können nur gerade ab und zu einen Blick hinauswerfen, die übrigen müssen verzichten (auf das Ideendenken, und sich mit bloßen Vorstellungen begnügen). Welche Seele das wahre Sein erschaut, bleibt in der Höhe schweben, die anderen stürzen entfiedert herab und verbinden sich mit Leibern; die am meisten schaute wird ein Philosoph, die nächste ein König oder Krieger, die folgende ein Politiker oder Geschäftsmann, die vierte ein Gymnast oder Arzt, erst an fünfter Stelle — man beachte das — kommt der Seher und der Myste, dann noch der Poet und der Mimet, der Handwerker und der Landmann, der Sophist und der Demagog, an neunter und letzter Stelle der Tyrann. In ihre Heimat in der Höhe gelangt die Seele erst nach einer Jahrmyriade zurück. Früher gewinnt ihre Flügel nur die Seele des aufrichtigen Philosophen und des akademischen (nämlich des philosophisch denkenden) Lehrers wieder; wenn sie binnen dreitausend Jahren dreimal das Leben in Philosophie erwählt haben, so kehren sie zuletzt wieder beflügelt zur Schau der überhimmlischen leuchtenden Schönheit zurück. Von denen, die sich nicht zum Ideendenken erhoben haben, kommen die einen in die unterirdischen Straforter, die andern jedoch in einen himmlischen Läuterungsort, beide auf tausend Jahre, dann wählen sie sich beide ein zweites Leben (Phädr. Kap. 23—28).

Das Lohnende des Ideendenkens gegenüber der bloßen Vorstellung verkündet auch der Phädo, er in besonders breiter Mythologie (διασκοπεῖν τε καὶ μυθολογεῖν 61e). Dies ist das Studium der Philosophie, Lösung der Seele vom Körper 67d. 80e; im Tod wird es vollkommen erreicht Kap. 8—13. Wie danach die Palingenesie verwertet wird Kap. 15—17, und die Präexistenz Kap. 18—22, das dürfen wir hier übergehen, wichtig aber ist uns die Eschatologie Kap. 57—63. In das Schema eines sphärisch-geozentrischen Weltsystems wird eine phantastische, vielmehr metaphorische Psychokosmographie hineingezeichnet 108d—111c. Wir Menschen glauben auf der Erdoberfläche zu wohnen, da wir doch auf dem Boden großer Eintiefungen uns befinden (gleichsam riesiger Erdbrüche; sie sind die Vorläufer der nicht minder metaphorischen „Höhle" Rep. 514. Die drei Sphären der mythischen Kosmographie im Phädrus, Erde, Himmel, Überhimmel, sind hier im Phädo um eine Stufe heruntergeschoben: Erdmuldensystem, Erdoberfläche, Himmel). In den Erdmulden sammeln sich die Wasser zu Meeren und Flüssen, alles Land aber ist zerfallen und zerfressen. Unser Luftmeer, durch das wir Sonne, Mond und Sterne nur trüb sehen (so etwa — der sinnreiche Dichter unterbaut das Gleichnis mit einem neuen Bild — als wohnten wir auf dem Meeresboden und sähen die Himmelslichter nur durch das Meerwasser), unser Luftmeer ist für die „wahren" Bewohner der „wahren" Erde (der Erdoberfläche) ihr Meer; deren Atmosphäre aber ist der reine Äther unter dem „wahren" Himmel, in welchem sie die Himmelslichter sehen wie sie wirklich sind. Dort auf der wahren Erde sind alle Farben viel reiner und leuchtender als hier unten, das Weiß weißer als Gips oder Schnee, und es gibt dort mehrere und schönere Farben als wir hier je gesehen haben. Entsprechend wunderbar ist dort der Pflanzenwuchs, ebenfalls Gebirg und Gestein, die dortigen Steine sind glätter, durchsichtiger und schönfarbiger als unsere teuren Edelsteine Sarder, Jaspis, Smaragd, die nur Bruchstückchen jener sind; denn dort ist das Gebirg nicht zerfallen und vom Wasser zerfressen wie bei uns. Gold und Silber liegt dort gediegen zutage und schmückt die Erde, die eine Schau ist für selige Beschauer. Sie leben in gesundestem Klima ohne Krankheit, langlebiger als wir, und der Abstand ihrer Sinnesschärfe von der unsrigen ist wie der zwischen Erde

und Äther. In ihren Hainen und Tempeln wohnen wirklich Götter, die Menschen
verkehren wirklich mit den Göttern (vgl. 69c. 81a) und ihre übrige Seligkeit ist dementsprechend. — Mit jenem Erdmuldensystem wird auch die Unterweltstopographie
in Zusammenhang gebracht, der die Erdkugel durchbohrende Tartarus und die Unter-
weltsflüsse. Die meisten Seelen Verstorbener kommen an den acherusischen See, um
dort eine bestimmte aber verschieden bemessene Zeit zu bleiben; da gibt es Wiedersehen und Austausch der Erlebnisse. Danach werden sie hinausgesandt zur Wiedergeburt. — Aus der Gerichtsschilderung 113d ff. heben wir nur die Verheißung für die
Besten hervor: die ausgezeichnet heilig gelebt haben, werden aus der „Erdmulde"
befreit wie aus einem Gefängnis, sie kommen nach oben in die reinen Wohnungen
auf der „wahren" Erde; die aber durch Philosophie (Wissenschaft) gründlich Geläuterten leben (im Ideendenken) „körperlos" in alle Zukunft und kommen in noch
schönere Wohnungen, deren Schönheit zu schildern nicht leicht ist. Hierauf gründet
sich die im Phädo so oft ausgesprochene „Hoffnung", die heiß erstrebte reine Vernunft
im „Jenseits" rein zu gewinnen 63f. 67f. 70a. 114e (die Hoffnung auch z. B. bei
Pindar, Plat. Rep. 331a).

Jede neue Jenseitsschilderung bringt neue Variationen des Themas. Im Staat
weiß unser göttlicher Lügenprophet (Ist kein Lucian da, daß er ihn stäupe?), er weiß
nach dem Bericht eines Augenzeugen und Boten aus dem Jenseits, des vom Tode
auferstandenen Pamphyliers Er, des Armenios Sohn, nicht bloß von dem einen Tartarus-
schlund, sondern von zwei Erd- und zwei Himmelsschlünden zu erzählen, zwischen
deren Mündungen die Totenrichter sitzen; die Gerechten gehen zur Rechten und
fahren in den einen Himmelskamin hinauf, die Ungerechten zur Linken in den einen
Erdschlund hinunter; nach tausendjähriger Reise, auf der die einen Gesichte von un-
säglicher Schönheit, die andern viel Ungemach gesehen und erlebt haben (jede Guttat
wird zehnfach belohnt, jede Schuld zehnfach gebüßt, in jedem Jahrhundert einmal;
besonders gutes oder schlimmes Verhalten gegen Götter und Eltern, sowie Selbstmord,
werden extra berechnet), kommen sie jeder aus dem entsprechenden Zwillingsschlund
wieder heraus (nur wenn ein unheilbarer Sünder heraus will, da brüllt der Höllen-
rachen, und er wird unter Martern zurückgeschleudert), rasten sieben Tage auf der
Wiese, erleben manches Wiedersehen und erzählen sich von ihren Erlebnissen, um
dann zu neuer Wanderung aufzubrechen, diesmal zur Spindel der Ananke und den
Parzen; dort wählen sie sich das Los für das nächste Leben, wobei denn der Philosoph
wieder am besten fährt (Rep. 614).

Endlich der Timäus läßt, allem früheren zuwider, die Seelen nicht von Ewigkeit
her, sondern geschaffen und (dies als Voraussetzung der Anamnese) vom Schöpfer
selbst unterrichtet sein. Statt jener „Befiederung" tritt ein neues Bild ein: er schuf
die Seelen in der Zahl der Sterne, teilte jede Seele einem Stern zu und wies ihr von
dort aus die Natur des Alls. — In der ersten Geburt kamen alle als Männer zur
Welt. Wer nun seine bestimmte Zeit gerecht gelebt hat, kehrt auf seinen Stern
zurück und führt dort ein seliges Leben; andernfalls wird er bei der Wiedergeburt
ein Weib; bessert er sich dann noch nicht, so wird er ein Tier, und so fort, bis
er der Sinnlichkeit Herr geworden, die ursprüngliche Reinheit wiedergewinnt
(41d ff.).

Die platonische Logik ist den Epigonen nicht so eingegangen wie die aus
populären und mystischen Vorstellungen entwickelten Phantasiebilder Platos. So ist

es gekommen, daß der Gipfel der Reform in seiner Wirkung umschlug in einen wahren Atlas der Reaktion.

Aus dem pseudoplatonischen, aber das Platonische benutzenden Dialog Axiochos sei nur die wieder zwiefache Seligkeit hierhergesetzt. Die eine unten im Hades: reiche Ernten von allerlei Frucht, Quellen reinen Wassers, Wiesen und bunte Blumen, Akademien und Theater, Chortänze und Konzerte, Symposien und automatisch bediente Schmäuse, dazu Schmerzlosigkeit, temperiertes Klima, sanfte Sonnenstrahlen; die Geweihten haben den Vorsitz (371). Die andere Seligkeit im Himmel: aus dem Gefängnis des Leibes befreit, gewinnt die göttlich unsterbliche Seele ein mühe-, leid- und alterloses Leben in stillem Frieden und Heiterkeit, in wissenschaftlicher Betrachtung der Natur im Angesicht der Wahrheit (370) — das Ideal eines Gelehrtenlebens.

Wir müssen uns Beschränkung auferlegen und vieles übergehen. Der platonisierende Stoiker Posidonius, Ciceros Lehrer, bedeutet einen Knotenpunkt im Weiterwachsen der pythagoreisch-orphischen Phantasien, ein Staubecken, von dem viele Kanäle ausgehen und die Kaiserzeit im Sinne jener Spekulationen befruchten sollten. Zwei Griechen der Kaiserzeit lassen wir zu kurzem Worte kommen (sie hätten weit mehr zu sagen), den ehrlichen Plutarch und den schlimmen Lucian.

Plutarch, in seiner Divina commedia (de sera numinis vindicta cap. 22) zeichnet, auch er nach der Schilderung eines Wiedergekehrten, in den unermeßlichen Weltraum Treiben und Leiden der abgeschiedenen Seelen. Unter den Sonderräumen tritt der Ort hervor, wo Dionysos zu den Göttern heraufgekommen sei und wo er später die Semele heraufgeführt habe. Der allgemeine Charakter des Ortes entspricht der herkömmlichen Typik des Seligenlandes, aber in dionysischer, vielleicht orphischer Abtönung: das nach unten sich erweiternde Chasma (sein Schema mit der Scheitelöffnung erinnert an den Himmel in Platons Phädrus, wiederum an den römischen Mundus und das Pantheon) ähnelt den „bacchischen Grotten"; mit grünen Pflanzen und Blumen geschmückt, voll berauschenden Duftes ist es belebt von freundlich miteinander verkehrenden Seelen; rings herrscht bacchische Lust, Spiel und Lachen.

Aus den „Wahren Geschichten" Lucians exzerpieren wir unter Weglassung der hineingewürzten Satiren eine Reise zu den Inseln der Seligen und der Verdammten, in solcher Form eine Parodie der Jenseitsphantasien, wie sie damals im Schwange waren; das Gemälde von der Insel der Seligen ist wieder ausgemalt nach Art der saturnischen Zeit, aber karikiert im Stil der Wunderländer in den griechischen Romanen. Düfte verbreiten sich von der Insel wie vom glücklichen Arabien, Düfte von Rosen, Narzissen, Hyazinthen, Lilien und Veilchen, Myrrhen, Lorbeer und Weinblüte. Sie hat ruhig strömende klare Flüsse, blumige Wiesen, Wälder, man hört Singvögel, und im leisen Winde tönen melodisch die Zweige. Auf der Insel herrscht Rhadamanthys. Die Stadt der Seligen ist golden, ihr Boden Elfenbein, die Mauer smaragden, die sieben Tore aus je einem Stück Zimmetholz, die Tempel Beryll, die für Hekatomben ausreichenden Altäre sind Amethystmonolithen. Die Stadt umfließt ein hundert Ellen breiter Strom von schönster Myrrhe, die Badehäuser sind Glas, das Brennholz Zimmet, das Badewasser erwärmter Tau. Die Seligen selbst sind körperlos, haben aber Bewegung und Stimme. Die Weinstöcke bringen alle Monate Früchte, die Obstbäume noch öfter, in einem Monat zweimal; die Ähren tragen pilzförmige Brote, an vielen Stellen quillt Wasser, Honig, Myrrhen aus dem Boden, Milchflüsse gibt es sieben, Weinflüsse acht. Das Gelage der Seligen ist vor der Stadt im elysischen Gefild, eine schöne Wiese an schattendem Waldesrand, das Lager von Blumen. Aufwärter sind die Winde. Weinschenke sind überflüssig, denn rings stehen gläserne Bäume, die tragen statt der Früchte Trinkbecher jeder Art und Größe; wer zum Gelage kommt, pflückt ein oder zwei Becher und stellt sie neben sich, sie füllen sich von selbst. Auch Kränze und Salben braucht's nicht; die Singvögel fliegen mit Gesang über das Gelage hin und lassen Blumen aus ihren Schnäbeln herabschneien. Wolken ziehen Myrrhen aus den Quellen; über dem Gelage stehend und von den Winden leise gestrichen lassen sie wie feinen Tau träufeln. Zum Mahl werden die Gedichte Homers gesungen, die Chöre sind Knaben und Mädchen unter Leitung weiland berühmter Musiker, wie Arion und Anakreon; es folgt ein zweiter Chor von Schwänen, Schwalben und Nachtigallen, zuletzt flötet der ganze Wald seine Melodien, die Winde singen vor. Zum Frohsinn aber tragen am meisten zwei Quellen bei, aus denen zum Beginn des Gelages alle trinken, die Quelle des Lachens und die Quelle der Lust.

Zum Beschluß kehren wir noch einmal zu den Grabschriften zurück, die schließlich doch manche der Wünsche aussprechen von der Art der Hoffnungen, die uns soviel beschäftigt haben. Der Gedanke der Sorge um die Zurückgebliebenen erscheint, ein junger Arzt erbittet vom verstorbenen Meister fernere Unterweisung. Die Hoffnung auf ein Wiedersehen, als Volksglaube von Plato bezeugt, Phäd. 68 a, kommt vor. Auf das Gericht wird öfter angespielt, natürlich ist nur von Lohn für Frömmigkeit, Keuschheit und Tugend die Rede und von Seligkeit im Elysium, mit den Frommen im Elysium, mit den Heroen. Der Glaube an Unsterblichkeit spricht: du bist nicht gestorben, sondern an einen besseren Ort übergesiedelt; auf den elysischen Gefilden (so wird einem siebenjährig gestorbenen Mädchen nachgerufen) springst du fröhlich herum zwischen Blumen, da ist weder Frost noch Hitze, weder Hunger noch Durst, nicht einmal Sehnsucht nach dem Leben, so lebst du glücklich im reinen Licht wahrhaft nahe dem Olymp. Die Seelen treten ein in den Reigen der Sterne, gehen in den Himmel, in den Äther, werden mit den Göttern sein. Die Erde möge zu Seiten des Ruhenden Blumen wachsen lassen wie die Blumen Arabiens und Indiens. Totenführer, Bote der Persephone, ist Hermes, aber auch sie selbst ist Führerin zu Rhadamanthys; ein Gott ist es, der einen in den Reigen der Sterne einführt; einen jeden führt sein Gott, auch im Tod, wenigstens die Eleusinierin Hierophantis führt Demeter. Wasser der Erquickung, frisches Wasser für die drüben Durstenden, ist ein häufiges Gebet; gebe dies, heißt es, Aïdoneus, Osiris, Isis.[1])

---

[1]) **Griechen:** E. Rhode, Psyche, Seelenkult und Unsterblichkeitsglaube der Griechen 1894; ³1904 (mit reicher Literatur und eingehendem Register); ders., Griech. Roman ²1900, 279, 3 Höllenfahrten. Ferner A. Dieterich, Nekyia, Beiträge zur Petrusapokalypse 1893. E. Maaß, Orpheus 1895, 247 Aus den Apokalypsen. E. Norden, Vergils Äneis Buch VI 1903 Einleitung: Die Eschatologie des sechsten Buches und ihre Quellen (Posidonius). Zu nennen bleibt noch C. M. Kaufmann, Jenseitshoffnungen der Griechen und Römer nach den Sepulkralinschriften 1897; Forschungen zur monumentalen Theologie I Sepulkrale Jenseitsdenkmäler der Antike 1900. — **Attische Grabreliefs:** Nachweise bei v. Sybel, Weltgesch. d. Kunst im Altert. ²1903, 172. 213. 245. Lekythen: eb. 179. 215. 253. — **Platons Mythik:** Kant, Krit. d. reinen Vernunft 1781, 313 f. Herm. Cohen, Zeitschr. f. Völkerpsychol. u. Sprachwiss. IV 1866, 403. Paul Natorp, Platos Ideenlehre 1903, 35 f. und oft. Der Tenor der platonischen Dialoge ist im ganzen pure prosaische Logik oder so durchsichtige Metapher, wie die Mäeutik, die Erotik und Erosmythologie. Die Möglichkeit einer gewissen Halbbewußtheit auf Platons Seite lasse ich offen; stutzig machen aber doch Äußerungen wie Phädr. 275 b ῥᾳδίως σὺ Αἰγυπτίους καὶ ὁποδαποὺς ἂν ἐθέλῃς λόγους ποιεῖς, oder

Die Römer. Die römische religio, wie sie im Totenkultus spricht, ist niemals aus dem Stande des Urglaubens herausgetreten. Das konnte aber nicht verhindern, daß die Gebildeten, unter Führung der Griechen, von solchem Urglauben sich innerlich frei machten, wie ein Lukrez. Freilich sind sie danach durch die Spekulation derselben Griechen auch wieder verführt worden.

Die technische Bezeichnung für Totenopfer, parentatio, beweist den Ausgang des Brauches vom Ahnenkult. Inferi parentes, di parentes, sind eigentlich die Geister der verstorbenen Erzeuger, im weiteren Sinne die der Voreltern, der Ahnen, endlich aller Verwandten. Sie werden über dem Hause waltend gedacht im Guten wie im Bösen, Vatermörder und andere Frevler gegen die Familie sind ihnen verfallen. Auf die privaten und staatlichen Totenfeste gehen wir nicht ein, nur des Kultusgebrauchs der Lemurien sei gedacht: um Mitternacht hatte der Hausvater unter gewissen Zeremonien schwarze Bohnen neunmal auszuwerfen, als Opfergabe für die irrenden Seelen (Lemures), um sie fernzuhalten. Auch Larvae, die in der Literatur als unterirdische Quälgeister und oberirdische Spukgeister gehen, waren ursprünglich wohl nur solche Seelen; nicht anders die wütenden Furiae.

In der Unterwelt gibt es Götter, Di inferi, wie Veiovis (ein unterirdischer Juppiter), daneben Orcus, auch Göttinnen treten auf. Bei den Di manes kann man schwanken, ob da mehr an jene unterirdischen Götter gedacht sei oder an die Totengeister. Die Pflichten der Hinterbliebenen gegen die Abgeschiedenen werden unter den Jura deorum manium begriffen; die Gräber stehen als Eigentum der Unterirdischen unter dem Schutz der Di manes. Mit der Kaiserzeit traten die Di manes an die Stelle der Di parentes; sie wurden auch spezialisiert auf die Abgeschiedenen bestimmter Familien (z. B. infernos Silanorum manes invocare Tac. ann. XII 14). In den Grabschriften der Kaiserzeit werden die Gräber typisch den Dis manibus geweiht, davon getrennt wird das Grabmal dem darunter Bestatteten gewidmet. Seltener ist die unmittelbare Beziehung der Di manes auf die Verstorbenen.

Hier ein paar Proben römischer Spekulation, deren Abhängigkeit von der orphisch-pythagoreisch-platonisch-stoischen auf der Hand liegt. Varro glaubte in den Di manes die Lares familiares wiederzuerkennen (ursprünglich Flur-, dann auch Haus-

---

Dinge wie die Einführung des ganzen Dialogs Phädo als ein διασκοπεῖν τε καὶ μυθολογεῖν (ein διαλέγεσθαι im platonischen Sinn, aber mit mythischem Einschluß: in logischer und zugleich in mythisierender Behandlung über die „Reise ins Jenseits" diskutieren; die Gegenüberstellung der zwei Termini gibt dem zweiten eine Prägnanz, welcher Heindorfs confabulari nicht gerecht wird), oder wie die allegorische Deutung des Ἅιδης auf das ἀειδές und ἀόρατον (jedenfalls stempelt das wie beiläufig zwischengeworfene Wort τὸ ἀειδὲς δή λέγων Gorg. 493b den Hadesmythus zu einem Bild des Ideendenkens). Dann die immer neu geprägten und miteinander unvereinbaren Bilder zur Veranschaulichung des Unzureichenden der Sinneswahrnehmung und des Befriedigenden des Ideendenkens: die Sinne, Augen und Ohren, als Schleier vor der Seele, im Gegensatz zum Klarsehen der „nackten" Seele (Gorg.); deren Einkerkerung im Erdenleib im Gegensatz zum Schauen in die Gefilde der Wahrheit (Phädr.); das trübe Sehen aus der Tiefe der Erdmulden im Gegensatz zum Schauen der Himmelslichter (wie sie „wirklich" sind) auf der „wahren" Erde (Phädo); die „Höhle" im Staat. Für meine Stellungnahme zum Problem der platonischen Mythen fiel ins Gewicht, daß ich ihnen als Mytholog gegenüber trat und daß ich mir meinen grundlegenden Begriff von Platos Gedankenwelt nicht wie die meisten am Phädo holte, sondern am Gastmahl, das in seiner unzweideutigen Sprache die unsterbliche Seele rund leugnet (v. Sybel, Platons Symposion ein Programm der Akademie 1888. Über das Dichterische in Plato vgl. noch m. Gedanken eines Vaters zur Gymnasialsache 1903, 63 und die Zeitschrift Das humanistische Gymnasium 1904, 133f.).

geister), die er zugleich den „Genien" und den „Heroen" gleichsetzte; als Wohnung wies
er ihnen die sublunare Luft an, unterhalb der nur den reinsten Seelen vorbehaltenen
flammenden Sonnen- und Äthersphäre. Eine weitergehende, bei Apuleius vorliegende
Systematisierung setzt den Namen Lemuren für die aus dem Körper geschiedenen
Seelen. Wer nun mit der Gottheit versöhnt als Hausgeist über den Nachkommen
waltet, heißt Lar familiaris; die aber zu ihrer Buße als heimlose Seelen schweifen
müssen, den Schlechten zum Schaden, den Guten leere Schreckbilder, das sind Larven;
Lemuren unbestimmter Qualität heißen Di manes. — Von Posidonius erscheint auch
Vergils Unterweltsdichtung im sechsten Buch der Äneis abhängig. Außerhalb des
Acheron bleiben die Unbegrabenen; im Vorhades weilen alle Klassen vor ihrer Zeit
Gestorbener, die dort den Rest der ihnen zukommenden Zeit aushalten müssen. Im
inneren Hades werden drei Örter unterschieden. Der Tartarus mit den mythischen
und typischen Büßern, dort für die Ewigkeit gefesselt. Das Elysium, liebliche Haine
in heiterem Licht mit eigener Sonne und eigenen Sternen, die Seligen beschäftigt mit
palästrischen Spielen, andere mit Reigentänzen und Gesang, Orpheus spielt dazu;
Helden stehen müßig, wie ihre Waffen, Wagen und Lanzen, die Rosse grasen; aber
unter duftendem Lorbeerhain durch das Gehölz gleitet hinaufwärts der Eridanus, sieht
man Schmausende, eine weiße Binde um die Stirn geknüpft, Päane singend; das sind
die fürs Vaterland fielen, keusche Priester, fromme Sänger (darunter Musäus), große
Erfinder einschließlich der Entdecker auf geistigem Gebiete, endlich königliche Wohltäter der Menschen. Im Lethetal aber versammeln sich die Vergessenheit trinken, um
im Kreis der Geburten in neue Leiber einzugehen; dieser Abschnitt schließt mit einer
Heldenschau, welche ebenso wie Dido im Vorhades oder die Troerschar im Elysium
den besonderen Absichten des augusteischen Dichters dient. — Von Vergil wieder
geht ein Hauptkanal der Jenseitspoesie weiter, zunächst, immer tiefer ebbend, durch
die letzten römischen Dichter, bis er nach langer Zeit in Dante noch einmal zu mächtiger Hochflut anschwillt.

Der Grundton der römischer Grabschriften ist auf Ruhe in Frieden gestimmt,
aber auch Elysium, Himmel und Göttergemeinschaft wird erhofft.[1])

Die Juden. Auch die Urvorstellungen des hebräischen Volks sind nicht direkt
überliefert, sie müssen erschlossen werden; ihre Unausrottbarkeit erlaubt den
Versuch.

Wie überall, so ist auch hier auf der ersten Stufe von Kultur Ahnenkultus
vorauszusetzen. Die Pflicht des Ahnenkultus den Söhnen einzuprägen, scheint die
ursprüngliche Absicht des Gebotes „Ehre Vater und Mutter" gewesen zu sein. Auf
dem Ahnenkult ruht die Kraft der Drohung, die Sünden des Vaters an den Kindern
zu rächen; denn die Vernichtung der Söhne entzieht dem Vater den Kult, das will
sagen, seinen Unterhalt drüben. Daher auch die ängstliche Sorge, Söhne zu hinter-
lassen, und die Pflicht des Bruders, dem kinderlos Verstorbenen Söhne zu erwecken,
die ihm den Kultus ausrichten.

---

[1]) Römer: Roschers Lexikon: Steuding, Artikel Inferi, Manes. Rapp, Art. Furiae. Birt,
Art. Genius. Ihm, Art. Junones. Wissowa, Art. Lares (besonders S. 1888 f), Larvae, Lemures; ders.,
Religion und Kultus der Römer 1902 S. 187 Unterwelt und Totengötter. Jus manium: Marquardt-
Wissowa, Römische Staatsverwaltung III 1885 S. 307 ff. Zu Orcus vgl. R. Peter bei Roscher, Art.
Orcus, und Rud. Hirzel, Der Eid 1902 S. 153. — Norden, Vergilius Äneis Buch VI 1903. Zu den
Grabschriften: Cholodniak, Carmina sepulcralia latina 1897.

Die Seele ist Luft, Wind, dem aus Erde geformten Menschen blies Jahwe den Lebensodem in die Nase. Wiederum ist die Seele im Blut, das Blut ist das Leben, die Seele; sie entflieht im entfließenden Blut. Die Verstorbenen wurden begraben, in der Tracht des Lebens, im Hause, im Garten, in Höhlen, auf Höhen, unter heiligen Bäumen. In der Familiengruft wohnen die „zu ihren Vätern Versammelten" im Kreise der vorangegangenen Familienglieder. Darüber hinausgehend bildete sich die Vorstellung eines allgemeinen Totenreiches, eine Zusammenfassung nicht der Gräber, sondern der Toten; die Scheol dachte man im tiefsten Grunde der Erde, sonnenlos, aus ihr gibt es keine Rückkehr. Die Toten führen ein Schattenleben, ein schattenhaftes Weiterleben ihres einstigen Lebens; sie erscheinen im Traum; der Wissende vermag die Geister zu beschwören, wie die kundige Frau zu Endor; sie erscheinen in der Gestalt, die sie im Leben trugen, Samuel als alter Mann im Mantel; sie sprechen, aber ihre Stimme ist klanglos. Die Verstorbenen nehmen teil am Ergehen der Lebenden, sie haben Macht zu nützen und zu schaden. Sie haben die Bedürfnisse der Lebenden; sie zu befriedigen ist die Aufgabe des Totenkultus, nämlich: die Leiche begraben oder wenigstens bedecken, geflossenes Blut bedecken, am Grabe dem Toten einen Trunk bieten, und ihm Brot brechen, Speisen auf das Grab setzen, an seinem Mahle teilnehmen, seine Habe ihm wenigstens zum Teil verbrennen oder sonst mitgeben, den Verstorbenen anrufen, ihm fasten, für ihn Haar und Bart scheren, sich den Körper blutig ritzen, sich das Haupt schlagen, sich Asche oder Erde aufs Haupt streuen, sein Gewand zerreißen und den Sak anlegen (der eine primitivere Tracht gewesen sein muß). Wir kennen diese Gebräuche nur als Trauersitten, verständlicher aber sind sie als Bestandteile des einstigen Totenkultus. — Weiter gingen die Gedanken nicht, von einer Seligkeit ist nicht die Rede, außer durch Entrückung Lebender, wie des Henoch, des Elias, von dem, als dem selig Fortlebenden, dann auch angenommen werden konnte, daß er wiederkommen würde; auch das späte Buch Esra IV läßt den fingierten Verfasser zuletzt zu seinesgleichen (in locum similium eius) entrückt werden. — Dem Entrückungsmythus parallel geht der mythische Baum des Lebens; er hat die Zauberkraft, daß der Genuß seiner Früchte unsterblich macht und ewiges Leben verleiht.

Wir haben hier nicht zu fragen, wie früh die jahwistische Reform einsetzte und von wo sie ihren Ausgang nahm; jedenfalls waren es die Propheten, welche den fruchtbaren Keim successiv zur Entwicklung brachten. Die prophetische Reform vollzog sich seit der Periode, in der auch die hebräische Literatur anhob, der Königszeit. Durch Jahrhunderte zog sich der Kampf gegen den heidnischen Kult, wohl auch gesteigert bis zur grundsätzlichen Bekämpfung des Kultus überhaupt: nicht soll man mit Opfern Gott bestechen, sondern in gerechtem Wandel seinen Geboten gehorchen. Dies war wenigstens die Idee, so formalistisch die Gerechtigkeit bisweilen auch verstanden wurde. Strenge Durchführung des Jahwismus hätte zur Abstellung nicht bloß des Ahnenkultes, sondern auch seiner zu Trauergebräuchen abgeschwächten Riten führen müssen; tatsächlich wird Deut. 26, 14 nicht bloß der Brauch des Totenopfers, sondern auch ein Verbot desselben erwähnt, untersagt wurden auch die Selbstverletzung, die Haarschur als Trauerzeichen, sowie Totenbeschwörung und Totenbefragung (14, 1. 2. 18, 11. 12). Im übrigen begnügte sich der Jahwismus die Teilnehmer an den Trauergebräuchen (die im Grunde genommen einen heidnischen Kult ausübten) für unrein, d. h. für zeitweilig unfähig zu erklären, am Jahwedienst teilzunehmen; unbedingt galt der Grundsatz für Hohepriester und Nasiräer, sie durften überhaupt nicht

trauern, auch nicht um Vater und Mutter. Was nun das Gebot der Kindespflicht
betrifft, so haben Goethe und Wellhausen, nicht ohne Widerspruch, aber auch nicht
ohne Zustimmung zu finden, in den „zweiten Tafeln“ Exod. 34 den ursprünglichen
Dekalog erkannt. Darin fehlt das Gebot Vater und Mutter zu ehren; in dem vermuteten alten Sinn, als Verpflichtung zum Ahnenkult, konnte es in der jahwistischen
Gesetzgebung keine Stelle finden; denn wenn der Jahwekult wie den Baalsdienst so
auch den Ahnenkult lang genug neben sich dulden mußte, so konnte er ihn doch
nicht zur Pflicht machen. Der Dekalog Exod. 20 ist prophetisch, das will sagen, er
ist auf dem Wege, die Religion zu ethisieren; er beschränkt die Sakralgesetzgebung
auf die ersten Gebote, er dehnt die Sabbatruhe auf die Sklaven aus, und er reiht das
Gebot die Eltern zu ehren ein, nun aber nicht als Gebot des Ahnenkultus, sondern
der Sittlichkeit. Der jahwistische Israelitismus, ganz erfüllt vom Ernst der Aufgabe
des Lebens, hat grundsätzlich keinen Raum für Jenseitsphantasien, für Auferstehung,
für Seligkeit in Paradiesen. Diese Seite des echten Jahwismus vertreten in
hellenistisch-römischer Zeit noch Jesus Sirach, Buch Tobit, die Sadduzäer und der
fromme Simeon Luk. 2, 29.

So ganz folgerichtig ist der Jahwismus freilich kaum je durchgeführt worden; die
Urvorstellungen erhielten sich wie überall als Unterströmung, die nur auf günstige
Zeit warteten, um wieder hervorzutreten und neue Kraft zu gewinnen. Die günstige
Zeit schafften nicht zum wenigsten die Welteroberer mit dem unleugbaren Unheil, das
sie über die Menschen brachten, mit der Trostlosigkeit und Weltmüdigkeit, in die sie
viele Menschen tatsächlich stürzten. Bei allem Glauben doch zu kleingläubig, um sich
in dieser Not zurechtzufinden, gerieten die Menschen auf den Ausweg, die allem
Anschein nach hienieden versagte Gerechtigkeit und Glückseligkeit im Jenseits zu
suchen. Das gerade unter dem Druck gereifte sittliche Denken diente dazu, den sich
wieder hervorwagenden und sich vielleicht auch von draußen her anbietenden Urvorstellungen neue Kraft einzuflößen. Handhaben bot der Jahwismus selbst in der
von ihm geduldeten Vorstellung vom Schattenleben in der Scheol. Und wer etwa
darauf verfiele, aus gewissen Ähnlichkeiten zwischen der hebräischen Scheol und dem
homerischen Hades auf gleichartigen Ursprung und gleichgerichtete Meinung zu
schließen, daß nämlich die Scheolidee nicht primitiv, sondern reformatorisch und eine
gewollte Abschwächung des Ahnenreiches und Ahnenkultus sei, der müßte doch zugeben, gerade wie man es gegenüber dem homerischen Hades tun muß, daß damit der
Phantasie immer noch zu viel Spielraum und der phantastischen Geisterwelt ein Asyl,
nach Umständen eine Hintertür offen blieb. Solche Vorstellungen sind natürlich ein
schwankendes Spiel der Dichterlaune, widerspruchsvoll. Wenn der König von Babel
gestürzt wird, gerät die Scheol in Aufregung, die Schatten begrüßen ihn bei seiner
Ankunft Jes. 14, 9; die Schatten selbst werden in Beben versetzt Hiob 26, 5. Dagegen
eb. 14, 21 ist der Tote ohne Gefühl: kommen seine Kinder zu Ehren, er weiß es nicht,
sinken sie herab in die Unterwelt, er gewahrt sie nicht; nur über sich selbst fühlt
seine Seele Schmerz. Die auslösende Kraft, die den Phantasien die Tür wieder öffnete,
fand sich in der messianischen Hoffnung. In allen Unterdrückungen erhielten sich
die Israeliten die Hoffnung auf Herstellung des Reichs, als einer Herrschaft Jahwes in
Frieden und Wohlstand; auf die Wandlungen der Reichsidee ist hier nicht einzugehen,
nur auf die von ihr ausgelösten Gedanken, ewiges Leben, Auferstehung, Vergeltung,
mag dabei nun mehr an Teilnahme am theokratischen Zukunftsstaat gedacht sein oder

mehr an Belohnung individueller „Gerechtigkeit". Die Exile haben diese Gedanken herausgebracht. Das Reich wird diesseitig sein und sein Leben ewig. Wenn das „Ich" in den Psalmen die Gemeinde ist, so wird von ihr gesagt, daß sie kein Ende haben wird 16, 10. 49, 15. Wenn die Teilnehmer am Reich nach Jes. 65, Zach. 8, 4 ein fabelhaft hohes Alter erreichen, so werden sie nach Jes. 25, 8 überhaupt nicht sterben: vernichten wird Jahwe den Tod für immer (Ewiges Leben lag den alten Völkern im Sinn. Adam hätte ewig leben können Gen. 2, 17; andererseits vermöchte er ewig zu leben, äße er vom Baume des Lebens 3, 22.) Die aber beim Anbruch des Reichs bereits gestorben waren, sie können nur teilnehmen, wenn sie zuvor vom Tode auferstehen, um dann auch ihrerseits an dem immer diesseitig gedachten Reiche teilzunehmen. Stehen denn aber Tote auf? der Israelitismus hatte es verneint; jetzt wurde doch öfter die Frage aufgeworfen. Bin ich ein Gott, der töten und lebendig machen kann? Kön. II 5, 7. Wenn der Mensch stirbt, lebt er dann wieder auf? Hiob 14, 14 (vielleicht nur Verneinung in Frageform). Manches Wort ist nur bildlicher Ausdruck, wie die Vision Ezech. 36, eine Art Totenbeschwörung in Masse, Bild für die Idee der „Auferstehung des Volkes". Auch Jes. 26, 14 ist vielleicht nur Bild, jedenfalls nur Wunsch, zur Mehrung des geschwächten Volks „möchten meine Leichen auferstehn". Zu beachten ist Makkab. II 7 wegen der dort als Trost im Martyrium erhofften fleischlichen Auferstehung. — Mit den Hoffnungen für die Gerechten verbanden sich Drohungen gegen die Unterdrücker und die Untreuen, mit einem Wort die Gottlosen. Nach der eigentlich israelitischen Vorstellung sollte die Vergeltung sie im Leben treffen; seit man hieran zweifelte, mußte auch den Gottlosen die Auferstehung angesagt werden, aber zum Gericht. Solange Jerusalem als Mittelpunkt des Reiches galt, mußte auch der Ort der Verdammnis dort gesucht werden. Dazu erschien das Tal Hinnom geeignet, in dem einst dem Moloch lebende Menschen verbrannt wurden; der Mensch in Feuerflammen wurde zum Typus der Verdammnis. Oder man verlegte die Verdammnis in die Scheol und malte diese entsprechend aus, als finstern Ort des ewigen Feuers. Beides, Gehenna und Scheol, flossen schließlich zusammen.

Aus der apokalyptischen Literatur sei das Buch Daniel zuerst genannt: zur Erfüllungszeit, die eine große Bedrängnis einleitet, werden die im Buche Aufgeschriebenen gerettet werden; viele von denen, die in der Erde schlafen, werden erwachen, die einen zum ewigen Leben, die anderen zur ewigen Abscheu; die Weisen aber werden leuchten wie der Glanz der Himmelsveste und die, welche viele zur Gerechtigkeit geführt haben, wie die Sterne auf immer und ewig (12, 1—3). Das Gemälde von den letzten Dingen wurde immer reicher ausgeführt, in der erhaltenen Literatur am breitesten im Buch Henoch, das etwa zwei Menschenalter vor Christi Geburt entstand. Ein paar Stellen gehen uns näher an. Der vierteilige Hades im Westen enthält einen Raum für die Gerechten, mit einer hellen Wasserquelle in der Mitte 22, 2.9. Im äußersten Westen ein Berg, der Thron Gottes wenn Gott herabkommt, ist rings bedeckt mit wohlriechenden Bäumen, darunter befindet sich der Baum des Lebens, unverwelklich, er verbreitet mehr Duft als alle Wohlgerüche; am jüngsten Tage wird er an den heiligen Ort bei dem Hause Gottes verpflanzt werden, seine Frucht wird den Auserwählten zum Leben dienen; sie werden ein längeres Leben führen als das ihrer Väter war, weder Trübsal noch Mühe wird sie berühren (Kap. 24—25). In der Mitte der Erde sah Henoch einen gesegneten Ort, ganz voll von Bäumen, und eine verfluchte Schlucht dazwischen, diese für die Verfluchten, die Gott lästern; da werden sie zu einem Schauspiel für die Gerechten (an dem gesegneten Ort) in alle Ewigkeit (Kap. 26). Dann kommt Henoch, im Osten, zum Paradies (nicht pardez, sondern ganat), dem Garten der Gerechtigkeit, mit vielen herrlichen Bäumen, darunter ist der Baum der Weisheit (Kap. 32). Danach, in der „ersten Bilderrede", schildert Henoch die Wohnungen der Gerechten bei den Engeln und ihre Lagerstätten bei den Heiligen; sie legen Fürsprache ein und bitten für die Menschenkinder; alle Gerechten und Auserwählten glänzen vor dem Herrn der Geister wie Feuerschein (Kap. 39). — Hingewiesen sei noch auf die Psalmen Salomos und auf das vierte Buch Esra, das bereits in die christliche Ära fällt und gegen den Christus als Weltrichter polemisiert: wie die Schöpfung, so auch das Ende durch Jahwe und sonst niemand (5, 56—6,6).

In diese Reihe gehören, im Gegensatz zu den Sadduzäern, die Pharisäer.

Die Seelenlehre der hellenisierenden Spekulation, in der „Weisheit Salomos", bei Philo von Alexandria, bei Josephus, berühren wir nur im Vorübergehen: die Seele ist präexistent und unsterblich, ein Teil der Gottheit; herabgestiegen in den Kerker des Leibes, freut sie sich, durch den Tod befreit, zu Gott zurückzukehren; also Unsterblichkeit, nicht Auferstehung. Josephus' Bericht über die Psychologie der Essener ist umstritten, unbestritten aber scheint seine Angabe, nach der Meinung der Essener fänden die guten Seelen ihren Ort über dem Ozean, unbelästigt von Regen, Schnee oder Hitze, aber von der milden Seeluft erquickt, die bösen Seelen dagegen den ihrigen in einem finstern und eisigen Winkel, der voll sei von Qualen, die niemals aussetzen. Der wohltemperierte westliche Ort der guten Seelen dürfte allerdings, wie Josephus andeutet, ein Widerschein der griechischen Inseln der Seligen sein. Die jüdische Synagoge, nach den großen Römerschlägen sich aufs neue sammelnd, stieß die Apokalyptik, wie die Literatur in griechischer Sprache, von sich (Gunkel). So war die Apokalyptik in der israelitischen Religion und Literatur nur eine Episode.[1])

Die Christen. Wir müssen sie den Völkern anreihen, obgleich sie kein Volk waren im Sinne einer Nation, sondern das Volk des „Gottesreichs".

Die Religion des ausgehenden Altertums, zu der hellenistischen Weltkultur und für das römische Weltreich die kongeniale Weltreligion, war ein letzter Höhepunkt der sittlichen Reform, zugleich aber der endgültige Verzicht auf die logische Wissenschaft und der entscheidende Sieg der den Urglauben erhaltenden und in Scheinwissenschaft ausbauenden Reaktion.

Der Christusglaube, durch die Kreuzigung ins Wanken geraten, hatte sich gehalten an der Hilfsidee der Auferstehung, die nun für viele sein Grundstein wurde; und durch die andere sukkurrierende Idee der Entrückung in Form der Himmelfahrt. Nun ist er im „Himmel" bei Gott — das primitive Weltbild, über der Erdscheibe

---

[1]) Juden: Zur Ableitung des vierten (bzw. fünften) Gebots vom Ahnenkult vgl. m. Platons Symposion ein Programm der Akademie 1888 Seite 74; ferner Schwally, Das Leben nach dem Tode nach den Vorstellungen des alten Israel und des Judentums einschließlich des Volksglaubens im Zeitalter Christi 1892, 29. Dass die oben gegebene Skizze wesentlich auf Schwally beruht, braucht nicht erst gesagt zu werden. Siehe dazu A. Dieterich, Nekyia 1893, 214 Jüdische Apokalyptik. Rhode, Psyche 667, 1. Zum Totenkult siehe noch Benzinger, Hebräische Archäologie 1894 Seite 166. Die Hand aufs Haupt legen Sam. II 13, 19 könnte doch wohl ein Rest des κόπτεσθαι sein; τύπτεσθαι kultlich z. B. Herodot II 61, wo auch das kultliche Ritzen des Körpers sich findet: die in Ägypten ansässigen Karer τα μέτωπα κόπτονται μαχαίρῃσιν. — Baum des Lebens: Budde, Biblische Urgeschichte S. 75. 85.

wölbt sich die Halbkugel des Himmels. Damit aber das Gottesreich auf Erden endlich wirklich werden könne, mußte die alte Hoffnung wieder in ihr Recht treten;
wieder wurde auf sein Kommen gewartet, nun also auf seine Wiederkunft.

Diese Hoffnung konnte sich nicht erfüllen. Was wird nun aus dem Reich und
aus den Christen? Sie sterben und gehen in den „Himmel" zu dem dort neben Gott
thronenden Christus; so bildet sich dort oben wohl ein Christusreich, aber nicht von
Lebenden, sondern von Verstorbenen, die nun da als Selige „leben" in Ewigkeit.
Damit bleibt ein nie ganz ausgeglichener Widerstreit der Parallelvorstellungen des
Reiches auf der Erde und des Reiches im Himmel. Und es bleibt die Frage, ob die
nach dem Vorbilde und durch die Macht des Christus auferstehenden Leiber der
Entschlafenen ihren in den Himmel vorangegangenen Seelen nachfolgen oder ob letztere
zu ihren Leibern auf die Erde zurückkehren. Es braucht nicht erst gesagt zu werden,
daß das Gegenbild zu den Seligen nicht fehlt, die Unseligen, denen ewige Verdammnis
bestimmt ist. Mit der Unterscheidung Seliger und Unseliger war auch die Vorstellung
eines Gerichts gegeben; es wird sich nur fragen, wer Richter sein soll, und wann das
Gericht stattfinden soll, ob schon jetzt über jeden einzelnen unmittelbar nach seinem
Tod, oder erst bei der Parusie und der sie begleitenden Auferstehung als ein allgemeines Gericht; in letzterem Falle würde sowohl über die bis dahin Verstorbenen ab-
zuurteilen sein, als auch über die dann noch Lebenden.

Das etwa ist im Schema der Gedankengang der christlichen Jenseitsvorstellungen,
so weit er uns hier angeht. Es bleibt nun übrig, in das Schema einzutragen, was die
altchristliche Literatur, vorzüglich die neutestamentliche, zur Zeichnung des Ortes und
Zustandes der Verstorbenen an belebenden Einzelzügen bietet; der ganze Inhalt der
apokalyptischen Schilderungen soll hier nicht wiedergegeben werden. Vorauszuschicken
wäre noch, daß die Komplikation der christlichen Gedanken es außerordentlich er-
schwert, klar umrissene Begriffe von ihnen zu gewinnen. Da insbesondere die Grundidee
ebenso diesseitig gerichtet ist, wie eigentlich auch das Endziel, während nur die allerdings als höchst real empfundene Zwischenzeit auf das Jenseits abgelenkt ist, so
schwankt die Vorstellung beständig zwischen hüben und drüben. Auch besteht zwischen
den verschiedenen Schriften nichts weniger als Übereinstimmung; die folgende Zusammenstellung soll nur eine knappe, auch in den Belegen nicht erschöpfende Übersicht der wichtigsten Vorstellungsbilder geben, hier so wenig wie oben bei der Orphik
ein harmonisiertes Gesamtbild.

Der gekreuzigte und begrabene Christus, so wird gesagt, ist vom Tode auferstanden und wiederholt einer wachsenden Zahl von Jüngern erschienen; dann wurde
er zum „Himmel" hinaufgenommen, eine Wolke nahm ihn vor ihren Augen hinweg
(ApGesch. 1,9). Er hat nun teil an der Herrlichkeit des Vaters (den Thron Gottes
schildert Off. Joh. 4,2 ff., als wie von Jaspis und Sarder, rings ein Regenbogen wie
Smaragd, vom Throne gehen Blitze, Stimmen, Donner aus usf.); ihm ist alle Gewalt
gegeben im Himmel und auf Erden (Mt. 18, 18); er ist um so mächtiger geworden
als die Engel, um wieviel sein Name höher ist (Hebr. 1,4); alle Engel, Gewalten und
Mächte sind ihm unterworfen (I. Petr. 3,22); er sitzt zur Rechten Gottes (Stephanus
sieht ihn so stehen ApGesch. 7, 55), zur Rechten der Majestät in den Höhen Hebr.
1, 3. Die Engel sind um den Thron Gottes geschart, die Engel des Lichts II Kor.
11, 14, mehr denn zwölf Legionen, Myriaden Myriaden Mt. 26, 53. Off. Joh. 5, 11; die Engel
(der Kinder) in den Himmeln schauen immerdar das Angesicht des Vaters Mt. 18, 10.

Der Erzengel Gabriel steht zur Seite Gottes Luk. 1, 19. 26, vgl. den Erzengel Michael im Streit mit dem Teufel um den Leib Mosis, Jud. 9.

Wer als Gerechter oder als Christ stirbt, geht sofort in die Seligkeit ein; hiervon ist aber in den neutestamentlichen Schriften wenig die Rede. Ich habe Verlangen abzuscheiden und mit Christus zu sein, heißt es Phil. 1, 23. Auch die Patriarchen und Propheten werden als in der Seligkeit befindlich vorausgesetzt; den armen Lazarus tragen Engel vom Sterbelager weg in „Abrahams Schoß", der Reiche kommt ebenso unmittelbar in den Hades Luk. 19, 22 f. Heute noch wirst du mit mir im Paradiese sein, spricht Jesus am Kreuz zum Schächer Luk. 23, 43, und Joh. 5, 24 sagt gleich ausdrücklich, der Gläubige gehe aus dem Tod unmittelbar in das ewige Leben über.

Bei ihren Lebzeiten sehen sich die Christen wieder auf die Hoffnung angewiesen; auf diese konzentriert sich das Interesse (wenn schon die Hoffnung dem Paulus, wie Jesus, erst in zweiter Linie stand, hinter der „Liebe" I Kor. 13, 13). In ihrer Hoffnung unterscheiden sich die Christen von den Heiden (wir müssen sagen von denjenigen Heiden), die „keine Hoffnung haben" I Thes. 4, 13. Eph. 2, 12, sowie von den Sadduzäern. — Die Christen erwarten das Kommen des Messias, seine Parusie und Epiphanie, nun als ein Wiederkommen des Christus Jesus, des Gottessohnes, aus dem Himmel I Thess. 1, 10. I Kor. 1, 7. — Der „Tag des Herrn" ist aber noch nicht da, zuvor hat der „Sohn der Verdammnis", der Teufel, seinen Tag; einstweilen hintangehalten, wird die Apokalypse des Satans zu ihrer Zeit erfolgen II Thess. 2, 1—12. Die Evangelien nennen als Vorzeichen der Parusie Auftreten falscher Propheten, Verfolgung der Christen, Belagerung Jerusalems und heidnische Greuel im Tempel, sodann Verfinsterung von Sonne und Mond, Herabfallen der Sterne, Erschütterung der Himmelsmächte Mark. 13, 4—25 und Parallelen. Es ist das Ende dieser Welt Matth. 13, 39. 49; Himmel und Erde werden verbrannt II Petr. 3, 7. Andererseits wird eingeschärft, die Parusie werde plötzlich eintreten; niemand weiß die Stunde vorher, weder die Engel, noch der Sohn, nur der Vater Mark. 13, 32; der Tag des Herrn werde kommen wie ein Dieb in der Nacht, wie der Blitz. Immer wieder meint man den Tag nahe Röm. 13, 12. Off. Joh. 1, 1, das lebende Geschlecht wird ihn sehen Mark. 9, 1. 13. 20.

Alsdann wird der Menschensohn kommen in der Herrlichkeit seines Vaters mit den heiligen Engeln in Wolken Mark. 8, 38. 13, 26. 14, 62; nach der Off. Joh. 1, 13—16 ist er gekleidet in einen Talar, unter der Brust gegürtet mit goldnem Gürtel, Haupt und Haar weiß wie schneeweiße Wolle, die Augen wie Feuerflammen, seine Stimme wie der Ton vieler Wasser, aus seinem Munde geht ein scharfes zweischneidiges Schwert, und sein Anblick ist wie die Sonne leuchtet in ihrer Kraft. — Dann wird er die Engel aussenden (mit lautem Trompetenruf Matth. 24, 31) und die Auserwählten versammeln aus den vier Winden vom Ende der Erde bis zum Ende des Himmels Mark. 13, 27. Er wird über Tote und Lebende herrschen Röm. 14, 9. — Da werden zuerst die Toten auferstehen, die noch nicht Entschlafenen aber werden zugleich mit jenen Auferstandenen lebend entrückt, in Wolken, zu dem Herrn, in die Luft I Kor. 15, 51 f. I Thess. 4, 16 f. Für Paulus ist die Auferstehung der Angelpunkt seiner „Hoffnung", die Auferweckung des Christus ist ihm die Bürgschaft für die Auferstehung der Christen I Kor. 6, 14. II Kor. 1, 9. Christus ist der Erstling der Entschlafenen und Auferstandenen I Kor. 15, 20. ApGesch. 26, 23. — Wie aber wird es mit dem Körper gehen, sowohl der Toten wie der Lebenden? Jene werden auferstehen in Unvergänglichkeit, diese werden verwandelt werden, der sterbliche Leib wird „Unsterblichkeit anziehen" I Kor. 15, 35—58, die Leiber werden verklärt werden gleich dem Leibe des verklärten Christus Phil. 3, 21. Bei den Synoptikern kommt die Auferstehung eigentlich nur gelegentlich der Verhandlung mit den sie leugnenden Sadduzäern vor, wo dann festgestellt wird, daß die Auferstandenen wie Engel sind und nicht heiraten Mark. 12, 25. Sonst gedenkt noch Luk. 14, 14 der Auferstehung der Gerechten, ApGesch. 24, 13 der Gerechten und Ungerechten. Vgl. auch nachher Off. Joh. Spätere lassen das Evangelium auch den Toten verkündet werden I Petr. 4, 6.

Als Ort der Seligen gilt der Himmel, an wenigen Stellen steht dafür das Paradies. Paulus erzählt von einer Vision, in der er lebend entrückt worden sei — ob im Leibe oder außer dem Leibe, das wisse er nicht zu sagen — entrückt bis in den dritten Himmel, in das Paradies, wo er unsagbare Worte hörte, die einem Menschen nicht erlaubt ist auszusprechen II Kor. 12, 2—4. In der Off. Joh. 2, 7 (vgl. 22, 2) will Christus dem „Sieger" zu essen geben vom Baum des Lebens, der im Paradiese Gottes steht. Und Luk. 23, 43 sagt Jesus am Kreuz zum Schächer: Heute noch wirst du mit mir im Paradiese sein. — Die Christen kommen zu Gott I Kor. 8, 6, sie werden die Wahrheit von Angesicht sehen 13, 10—12, werden Gott sehen wie er ist I Joh. 3, 2; Herrlichkeit wird ihnen Röm. 8, 18; sie werden der göttlichen Natur teilhaftig II Petr. 1, 4. Gott nimmt sie als seine Kinder an, auf Grund dieser Adoption erben sie das Reich, die Welt Gal. 3, 29. 4, 5—7. Röm. 8, 14—17; sie werden als Könige herrschen Röm. 5, 17. Sie gehen in das Reich Gottes ein Mark. 9, 57, sie ernten das ewige Leben Gal. 5, 8. Mark. 9, 43. 10, 17. — Das Jerusalem, das oben ist, Gal. 4, 26, „unsere ewige Wohnung", die wahre Heimat II Kor. 4, 16—5, 9, das himmlische Vaterland Hebr. 11, 16 (wir sind hienieden nur Beisassen I Petr. 1, 1), Zion, Berg und Stadt des lebendigen Gottes, Jerusalem das himmlische, da sind die Myriaden Engel, da ist die Festversammlung und Gemeinde der Erstgeborenen, die in den Himmeln aufgeschrieben sind. Die neue heilige Stadt Jerusalem aus dem Himmel, von Gott bereitet wie eine Braut, die für ihren Mann geschmückt ist; ihre Mauern und Tore werden beschrieben, die Mauern von Jaspis, die Stadt von reinem Gold ähnlich reinem Glas; in der Stadt ist kein Tempel, denn Gott und das Lamm sind ihr Tempel; anstatt Sonne und Mond leuchtet ihr die Herrlichkeit Gottes, und ihre Leuchte ist das Lamm. Hebr. 12, 22 f. Off. Joh. 3, 12 und Kap. 21. Den Ort der Seligen beschreibt die Petrusapokalypse von Achmim wie folgt (Jesus zeigt ihn dem Petrus von fern): ein sehr großer Raum außerhalb der Welt überaus leuchtend von Licht, die Luft dort von Sonnenstrahlen beleuchtet, das Land selbst blühend von unverwelklichen Blumen und voll von Wohlgerüchen und von blütenreichen, unvergänglichen und gesegnete Frucht tragenden Gewächsen; der Duft kam bis zu uns herüber 15. 16. — So häufen sich die Phantasiebilder, auch sie schwebend zwischen Mythus und Metapher? Bedeutsam ist die Vorstellung vom himmlischen Mahl; da werden die Christen zu Tische liegen mit Abraham, Isaak und Jakob im Reich der Himmel Matth. 8, 11. Luk. 13, 28 f. Dahin gehört auch das Gleichnis vom Hochzeitsmahl, das ein König seinem Sohne ausrichtete Matth. 22, 2—10. Luk. 14, 15—24; die Braut des Sohnes ist das neue Jerusalem, selig, die zum Mahle geladen werden Off. Joh. 19, 7—9, 21, 9. Ich vermache euch, sagt Jesus, wie mir mein Vater vermacht hat das Reich, daß ihr essen und trinken mögt an meinem Tisch in meinem Reich Luk. 22,

29 f. Dem Sieger werde ich das mystische Manna geben Off. Joh. 2, 17. Wie die Sieger im Wettlauf, so erhalten auch die Christen den Kranz, aber einen unvergänglichen I Kor. 9, 25, den Kranz der Gerechtigkeit II Tim. 4, 8, den unverwelklichen Kranz der Herrlichkeit I Petr. 5, 4, den Kranz des Lebens Off. Joh. 2. 10. Jak. 1, 12. — Die Seligen tragen weiße Kleider und Palmzweige in den Händen Off. Joh. 6, 9—11. 7, 3—10. Ausführlicher die Petrusapokalypse: ihre Herrlichkeit und Schönheit ist unausdenkbar; leuchtend ihre Gestalt und ihr Gewand, ihre Leiber weißer wie der weißeste Schnee und röter wie die röteste Rose, das Weiß und das Rot aber miteinander gemischt; ihr Haar gelockt und lieblich, es schmückt ihnen Antlitz und Schultern wie ein Kranz aus Nardendolden und bunten Blumen oder wie der Regenbogen in der Luft 7—10.

Wie der Mensch durch den Christus eine neue Schöpfung werden soll II Kor. 5, 17, so wird auch die Parusie eine Erneuerung der Schöpfung bringen, eine Wiedergeburt (Palingenesie Matth. 19, 28). Auf den Menschen bezieht die Palingenesie Tit. 3, 5, auf die ganze Welt Off. Joh. 21, 1. II Petr. 3, 7. 12 f.

Erben der Verheißung sind die „Gerechten", die die „Liebe" haben, vor allem aber die Glaubenden, die ihr ganzes Vertrauen auf den Christus werfen Gal. 3, 7. Mark. 8, 35 ff. Den Täufer schließt Matth. 11, 11 vom Himmelreich aus; doch Luk. 13, 28 nimmt die Patriarchen Abraham, Isaak und Jakob und alle Propheten auf, ja „Abrahams Schoß" ist ihm geradezu ein Ausdruck für den Ort der Seligen 16, 22. — Die Christen sind berufen durch Gott und zu ihrer Rettung vorher bestimmt I Kor. 1, 2 (die „Heiligen" sind eben die Christen). Röm. 8, 28. 9, 23 f. Gott hat sie auserwählt (vor Gründung der Welt) II Thess. 2, 13 f. (Eph. 1, 9). Sie sind aufgeschrieben im Buche des Lebens Phil. 4, 3, Off. Joh. 3,5. Auch das Sitzen zur Seite des Christus ist bestimmt Matth. 20, 21—23; insbesondere ist es den zwölf Jüngern (welchen zwölf?) bestimmt, neben dem Menschensohn zu thronen Matth. 19, 28. Luk. 22, 30. Ebenso aber ist es Gott, welcher den Verlorenen, die der Wahrheit nicht glauben, den Irrtum schickt, damit sie gerichtet werden II Thess. 2, 1—12.

Die Unterscheidung zwischen Gerechten und Ungerechten, fast mehr noch die zwischen Christen und Feinden des Christus, oder zwischen „echten" und „falschen" Christen (bereits der Jesus der Evangelien verflucht die Ungläubigen, und bereits Paulus verflucht, die anders lehren als er Gal. 1, 9), führte zur Vorstellung von einem Gericht, das mit der Parusie verbunden erscheint, vom kommenden Zorn I Thess. 1, 10, dem Tag der Inspektion (ἐπισκοπῆς I Petr. 2, 12). — Der Richter ist zunächst Gott, er richtet gerecht Röm. 14, 10 f. II Thess. 1, 5. Hebr. 10, 31. Doch findet sich in der Regel der Menschensohn als Richter genannt II Kor. 5, 10. Luk. 21, 36; einen jeden wird er nach seinem Tun, aber auch nach seinen Gedanken vergelten I Korr. 4, 5; oder Gott richtet durch ihn Röm. 2, 16; Gott hat ihn zum Richter bestellt über Lebende und Tote ApGesch. 10, 42. 17, 31. Er sondert das Unkraut vom Weizen, Schnitter werden die Engel sein Matth. 13, 30. 39, er stellt die „Schafe" zur Rechten, die „Böcke" zur Linken eb. 25, 31—46. — Auch die Christen selbst erscheinen als Richter: die „Heiligen" werden die Welt richten, ja die Engel I Kor. 6, 2 f. Das Sitzen der zwölf beim Thron des Christus wird erweitert dahin, daß sie richten sollen über die zwölf Stämme Israels Matth. 19, 18. Das Herrenwort „Was ihr binden (lösen) werdet auf Erden, wird gebunden (gelöst) sein im Himmel" Matth. 18, 18 war nicht eschatologisch gemeint; aber es wurde umgeprägt zu dem Wort an

Petrus: „Ich werde dir die Schlüssel des Himmelreichs geben, und was du binden (lösen) wirst auf der Erde, wird gebunden (gelöst) sein in den Himmeln" Matth. 16, 19. — Paulus nahm an, daß alle vor den Richterstuhl treten müßten II Kor. 5, 10, aber das Johannisevangelium läßt nur die Ungläubigen gerichtet werden, die Gläubigen gehen ohne Gericht unmittelbar ins ewige Leben ein 5, 24. Das Gericht gilt eben wesentlich als Ausdruck der Verdammung, ergeht daher über die Feinde der Christen, die Ungläubigen II Thess. 1, 6—9.

Im Feuer kommt der Herr, das Feuer wird eines jeden Werk prüfen, danach wird er seinen Lohn empfangen I Kor. 3, 13 f. II Thess. 1, 8. Das unauslöschliche ewige Feuer ist der Strafort der Verdammten I Kor. 7, 9. Mark. 9, 43. Matth. 18, 8; darin wird das „Unkraut" verbrannt Matth. 13, 30; die Gehenna (des Feuers) Mark. 9, 45. Matth. 10, 28 (18, 9). Der Name Hades kommt ein paarmal vor, im Sinne von Hölle. Der Reiche leidet im Hades Folterqualen und brennenden Durst; es ist eine unüberbrückbare Kluft zwischen ihm und Abrahams Schoß, in dem der arme Lazarus ruht, obwohl man hinüber und herüber sich sehen und sprechen kann Luk. 16, 19—31. In die Tiefe des Hades wird das ungläubige Kapernaum hinab-gestoßen werden Matth. 11, 26. Andererseits werden die Verworfenen in die „äußerste Finsternis" hinausgestoßen, da wird „Heulen und Zähneklappern" sein Matth. 8, 12. 22, 13. — Den Gegengott, den Satan, wird Gott zermalmen Röm. 16, 20. Das Ende aber wird sein, wenn der Christus das Reich dem Gott und Vater übergibt, wenn er alle Herrschaft, Gewalt und Macht abschafft; denn er muß herrschen, bis er alle Feinde unter seine Füße legt. Als letzter wird der Tod abgeschafft I Kor. 15, 24—26. Der Herr des Todes aber ist kein andrer als der Teufel; der Herr vernichtet ihn Hebr. 2, 14. Die gefallenen Engel hat Gott zum Gericht des großen Tags bewahrt mit ewigen Fesseln unter der Finsternis. Jud. 6. II Petr. 2, 4.

Umständlicher entwickelt die Offenbarung Johannis das Ende. Erst kommt eine Zwischenzeit von tausend Jahren. Der Drache, die alte Schlange, das ist der Teufel, der Satan wird von einem Engel, der den Schlüssel zum Abgrund und eine große Kette vom Himmel herabbringt, auf tausend Jahre gefesselt, in den unergründ-lichen Abgrund geworfen, darin verschlossen und versiegelt, damit er während dieser Zeit die Völker nicht in die Irre führe. Indessen werden die Seelen der Märtyrer und der treugebliebenen Christen auf Throne gesetzt, und sie herrschen mit dem Christus die tausend Jahre. Das ist die erste Auferstehung, selig und heilig, wer daran teil hat. Nach Ablauf der tausend Jahre wird der Satan auf eine kurze Zeit losgelassen, und er führt die ungezählten Scharen von „Gog und Magog" wider das Lager der „Heiligen" und die „geliebte Stadt"; aber Feuer kommt vom Himmel und verzehrt sie, der Teufel aber wird in den Feuer- und Schwefelsee geworfen, wie die andern Feinde des Christentums und die falschen Propheten, und sie werden gefoltert Tag und Nacht in alle Ewigkeit. Die übrigen Toten aber (nämlich außer den Seelen die mit Christus die tausend Jahre herrschten), welche die Zeit her schliefen, werden aufstehn und vor dem Thron Gottes stehn, von überall her versammelt und auf Grund der Bücher gerichtet nach ihren Werken. Der Tod und der Hades werden in den Feuersee geworfen. Das ist der zweite Tod, der Feuersee, und wer nicht im Buch des Lebens steht, wird in den Feuersee geworfen. Off. Joh. Kap. 21.

Auf die Spezialisierung der Höllenstrafen in den späteren Apokalypsen gehen wir nicht ein, wollen aber noch ein paar Proben aus den Märtyrervisionen geben. In einem dieser Traumgesichte steigt Perpetua die Himmelsleiter hinan, Satyros ging ihr voran. Oben sah sie einen sehr großen Garten, und mitten darin einen übergroßen weißharigen Mann sitzen, in Hirtengestalt, der die Schafe melkte (der Christus); es umstanden ihn aber viele Tausende in weißen Kleidern. Er hob den Kopf, hieß Perpetua willkommen und gab ihr von dem „frischgemolkenen Käse" wie einen Mundvoll, sie nahm's, die Hände gefaltet, und aß, und alle sprachen Amen (IV). — Der selige Satyros erzählt sein Gesicht. Schon aus den Körpern gegangen wurden wir (die Seelen) von vier Engeln getragen (gegen Morgen, und zwar ohne von ihren Händen berührt zu werden) wie eine schräge Rampe hinan. Aus der ersten Welt hinausgegangen, sahen wir ein sehr glänzendes Licht. Da kamen wir in einen großen Raum, er war wie ein Garten mit Rosenbäumen und Blumen aller Art, die Bäume so hoch wie Zypressen, unaufhörlich fielen (sangen?) ihre Blätter. Doch fanden wir viele Vorausgegangene. Dann führten die Engel uns zum Herrn. Der Raum hatte Wände wie von Licht aufgebaut, vor der Tür zogen uns die Engel weiße Kleider an. Eingetreten, hörten wir im Chor gesprochen unaufhörlich die Worte „Heilig, Heilig, Heilig". In der Mitte saß ein Mann mit schneeweißem Haar und jugendlichem Gesicht, die Füße sahen wir nicht; je vier Älteste standen ihm zu den Seiten, hinter ihnen noch viel mehr. Vor dem Throne hoben uns die Engel auf, und wir küßten ihn, und er fuhr uns mit der Hand über die Augen. Weiterhin treten sie in den Garten, finden viele Brüder — — uns alle sättigte ein unbeschreiblicher Duft (Passio Perpetuae XI—XIII Robinson).

Zum Ende des Kapitels nehmen wir das eingangs Gesagte wieder auf, daß es für den Zweck dieses Buches notwendig erschien, die christlichen Jenseitsvorstellungen in ihren geschichtlichen Zusammenhang gestellt vorzuführen, also in den Rahmen der entsprechenden Vorstellungen des gesamten Altertums. Aber wir durften nicht daran denken, das schwierige und oft schlüpfrige Gebiet der mythenvergleichenden und religionsgeschichtlichen Forschung zu betreten, oder zu den schwebenden Streitfragen auch nur andeutend uns zu äußern. Es wird noch viel Wasser den Euphrat und den Nil, den Kephissos und den Tiber hinablaufen, bis daran gedacht werden kann, statt eines bloßen Schemas der antiken Jenseitsvorstellungen ihre lebendige Geschichte zu geben. Wohl möglich jedoch und ein dankenswertes, in Teilen auch schon vorbereitetes Unternehmen wäre es, wenn ein so nüchterner wie durchdringender Kopf eine kritische Darstellung der christlichen Jenseitsvorstellungen geben und einen mythologischen Kommentar dazu schreiben wollte.

Eingang zum Hypogäum der Lucina. Im Mittelgrund Lichtschachte, weiter zurück heidnisches Mausoleum an der Via Appia.

Die Katakomben.[1]

Der Name Katakombe, entstanden aus der Sonderbezeichnung einer römischen Begräbnisstätte, wurde schon verhältnismäßig früh, wenn auch nur vereinzelt, auf andere gleichartige ausgedehnt; der generelle Gebrauch des Wortes für alle unterirdischen Grabanlagen der Christen ist nicht bloß nachantik, sondern modern. Die antike Bezeichnung der christlichen Begräbnisstätten war Cömeterium, latinisiert aus dem griechischen Koimeterion; dies wurde in der spätgriechischen itazistischen Aussprache Kimitérion, spätlateinisch Cimiterium, italienisch Cimitero (die Form Cömiterium bei Andrea Fulvio dürfte humanistische Rückbildung sein).

Koimeterion (κοιμητήριον), Schlafkammer, Gaststube, bezeichnet im christlichen

[1] Literatur: Nik. Müller, Koimeterien (in Herzog-Haucks Realencykl. für prot. Theol. X 1901, 794. Außerdem Fr. X. Kraus, Realencykl. der christl. Altertümer II 1886, 98. V. Schultze, Die Katakomben 1882; ders., Archäologie 1895, 134. 163. Kaufmann, Handbuch 1905, 74. 111. 205. 285. Armellini, Antichi cimiteri cristiani di Roma e d'Italia 1893 (war gedacht als Programmschrift für ein grösseres Werk L'Italia sotterranea cristiana). Marucchi, Éléments II, Itinéraire (Guide) des catacombes 1903. — Th. Mommsen, Die Katakomben Roms 1871 (Reden und Aufsätze 1905, 294).

Gebrauch durchaus die Stätte für die Todesruhe (den Glauben an die künftige Auferstehung des Leibes als lebendig vorausgesetzt, darf man dabei nicht an ewige Ruhe
denken, sondern nur an die Ruhe bis zur Auferstehung), und zwar im Einzel- und im
Familiengrab; so im griechischen Osten (in Phrygien wurde hierfür auch Heroon
gebraucht). Allmählich aber, mit der Entwicklung von Gemeindefriedhöfen, hat das
Wort Koimeterion seine Bedeutung erweitert und meint nun die Begräbnisstätte der
religiösen Genossenschaft, den Friedhof; so in Rom durchweg. Da aber unter
Cömeterien sowohl ober- wie unterirdische Friedhöfe verstanden werden, so empfiehlt
es sich für letztere den Namen Katakomben, lediglich als einen konventionellen, beizu-
behalten. Der genaue Ausdruck für die unterirdische Begräbnisstätte wäre Hypogäum
(ὑπόγαιον), das ist die etwaige unterirdische Gruft einer Grabanlage im Gegensatz zu
deren oberirdischem Gelände (der area); antik aber wird Hypogäum nur von der
Grabkammer gebraucht, nicht vom Gemeindefriedhof unter der Erde. Im späteren
Gebrauch, da die Katakomben nur mehr dem Märtyrerkult dienten, wird Cimiterium
von Ecclesia und Basilica nicht mehr scharf unterschieden.[1]

Der Bestand.

Eine Übersicht der erhaltenen Katakomben macht füglich den Anfang; unser
Zweck aber verlangt nicht eine erschöpfende Aufzählung in gleichmäßiger Betonung
alles Einzelnen, sondern eine orientierende, das will sagen, das Wichtigere hervor-
hebende, das Übrige mehr nur streifende Vorführung. Wir sind in der Lage, auf
umfassende Katakombenverzeichnisse verweisen zu können.[2]

Die römischen Katakomben behaupten einen Vorrang, weil sie, die umfang-
reichsten und inhaltreichsten von allen, alle Phasen der Katakombengeschichte ohne
Lücke vertreten. Ihre Bedeutung entspricht der Bedeutung Roms als der Welthaupt-
stadt. Hätte Antonius gesiegt und Alexandria zur Hauptstadt gemacht, so wären
Petrus und Paulus dorthin gegangen, und die Päpste säßen in Alexandrien, es gäbe
keine Roma aeterna. Die politische Vorzugsstellung Roms verlieh auch seiner Christengemeinde vom ersten Augenblick an ein tatsächliches politisches Übergewicht über die
Schwestergemeinden; zugleich bedingte sie, wie den Umfang der Stadt, so auch die
Ausdehnung ihrer Nekropolen, der heidnischen und der christlichen. Diese umlagern
die Stadt in einem breiten Gürtel, der außerhalb der Vierzehnregionenstadt (und der
aurelianischen Mauer), innerhalb im allgemeinen des dritten Meilensteines liegt. Die
Katakomben bilden nicht ein zusammenhängendes, die ganze Stadt umspannendes Netz,
sondern ein mehr oder minder dichtes Aggregat in sich abgeschlossener, untereinander
nicht verbundener Einheiten.

Vom neunten Jahrhundert ab gerieten die römischen Katakomben in Verlassen-
heit und Vergessenheit. Nur eine Katakombe blieb zugänglich, die unter San

---

[1] Koimeterion: de Rossi, Roma sott. I 85. III 427. Röm. Quart. 1891, 5. Müller, Artikel
Koimeterien 794.

[2] Katakombenverzeichnisse: Kraus, Realencykl. II 110. Müller, Koimeterien 803.
Kaufmann, Handbuch 74. Müller ordnet geographisch, von Ost nach West gehend, die römischen
Katakomben verzeichnet er von denen an der Via Appia beginnend; Kaufmann gibt die Cömeterien
im Rahmen einer alle Denkmälerklassen umfassenden alphabetischen Topographie der altchristlichen
Denkmäler.

Sebastiano an der Via Appia, vor dem Anstieg der Straße zu dem von seiner Höhe aus die Campagna weithin beherrschenden Grabmal der Meteller (Capo di Bove). Das Cömeterium führte die Bezeichnung Sebastiani in (ad) catacumbas. Dies ist ein Flurname, dunkel wie einer, natürlich viel älter als die christlichen Anlagen; daher hat die Etymologie des Namens für die Katakombenforschung keine Bedeutung. Weil aber dies Cömeterium das einzige noch zugängliche war, so begreift sich, daß sein Beiname zum Gattungsnamen wurde, der noch im selben Jahrhundert in Neapel auftaucht.[1]

Pilger und Neugierige haben durch das ganze Mittelalter hindurch vereinzelt ihren Weg in die Katakomben gefunden und sich an den Wänden verewigt, wie Kritzeleien aus dem elften, zwölften, vierzehnten Jahrhundert bezeugen. Im fünfzehnten nahm der Besuch zu, Minoriten treten in Gruppen auf, 1475 ebenso die Mitglieder der Humanistenakademie des Pomponius Laetus. Sie unternahmen weite Wanderungen durch die Katakomben der appischen, der labikanischen und der salarischen Straße; in ihren Graffiti nennen sie sich „einmütige Liebhaber und Erforscher des Altertums" und bezeichnen ihre Stellung in der Akademie mit antiken Titeln, Pomponius heißt Pontifex maximus, Pantagathus nennt sich sacerdos Academiae romanae. Im Anfang des sechzehnten Jahrhunderts scheint nur die Krypte unter San Pancrazio besucht worden zu sein, gegen die Mitte des Jahrhunderts war auch sie vergessen.

Dafür warf sich die Forschung auf die Katakomben, wenn auch zunächst nur auf Grund des literarischen Materials; Onofrio Panvinio war der erste, der über das altchristliche Begräbniswesen schrieb. Die Katakomben selbst mußten zuvor wiederentdeckt sein, ehe sie wissenschaftlich bearbeitet werden konnten. Schon um 1550 ist man auf sie gestoßen (wahrscheinlich war es das Coem. Praetextati); nachhaltig wirkte aber erst die zufällige Entdeckung des Coem. Jordanorum an der Via Salaria; dessen Gemälde ließ Ciacconio kopieren, andere Zeichnungen fertigte de Winghe. Zur Publikation kamen weder diese Zeichnungen, noch die Erklärung der Bildwerke von Jean l'Heureux; die grundlegende Roma sotterranea hat ein Jüngerer geschaffen, Antonio Bosio, nachdem er dreißig Jahre lang die Katakomben durchforscht und die Überlieferungen durchgearbeitet hatte. Nur der zweite Teil seines Werkes ist erschienen, auch er erst nach seinem Tode, ergänzt und herausgegeben von Severano. Das waren die Anfänge. Zunächst aber folgte ein für den Denkmälerbestand verhängnisvoller Zeitraum systematischer Ausbeutung der Katakomben, der planmäßigen Erhebung von Gebeinen vermeintlicher Märtyrer für Kultuszwecke, woran sich nur eine zwar umfangreiche, aber für die Wissenschaft unfruchtbare polemische und apologetische Literatur anknüpfte. Zu nennen ist nur Boldetti Osservazioni sopra i cimiteri de santi martiri ed antichi Christiani di Roma 1720.[2]

---

[1] Sebastiani in catacumbas: Chronograph von 354, Depositio martyrum XIII Kal. Febr. — Neapel: Joh. Diaconus, Chron. episc. s. Neap. eccl. bei Muratori, Rer. ital. script. I. Ducange, Gloss. med. lat. v. catacumba.

[2] Panvinius, De ritu sepeliendi mortuos apud veteres christianos et de eorundem coemeteriis 1568. — Fund 1550: Hülsen, Röm. Quartalschrift 1891, 188. — Fund 1578: Sauerland, Röm. Quart. 1888, 209; dazu de Rossi und de Waal eb. 212. — Jean l'Heureux (Macarius) Hagioglypta sive picturae et sculpturae sacrae etc., herausgeg. von Garrucci 1856. — Bosio, Roma sotterranea, opera postuma etc. 1632. Lateinisch durch Aringhi (Roma subterranea novissima

Im neunzehnten Jahrhundert brachte die „Beschreibung der Stadt Rom" von Platner, Bunsen, Gerhard und Röstell im ersten Band aus der Feder des letztgenannten eine Beschreibung der Katakomben (1830). Aus eben dem Kreise ging 1829 das Institut für archäologische Korrespondenz hervor, das jetzige kaiserlich deutsche Archäologische Institut, dessen Kräfte und Mittel durch die dringenden Arbeiten auf dem klassischen Gebiete zu sehr in Anspruch genommen wurden, um, wie es sonst gern geschehen wäre, in gleichem Maße für die christlichen Denkmäler verwendet werden zu können. So blieb die Arbeit an den Katakomben den einheimischen Gelehrten vorbehalten. 1841 wurde Marchi Konservator der Katakomben. Er begann ein großes Werk über sie, hat auch einen Band herausgegeben; aber er fühlte sich der Aufgabe nicht gewachsen und übertrug sie dem jungen Giovanni Battista de Rossi, der von Anfang an sein Begleiter auf den Wanderungen in den unterirdischen Gängen war und dabei selbständige wissenschaftliche Pläne im Sinne trug. De Rossi ist der Schöpfer der heutigen altchristlichen Archäologie geworden, dadurch, daß er eine wissenschaftliche Topographie der Katakomben geschaffen hat, durch methodische Kritik der literarischen Tradition und ihre Verknüpfung mit den Monumenten. Er hat schöne Resultate erzielt, durch Identifikation der vorfindlichen Grüfte mit den literarisch bezeugten, in welchen vom vierten bis ins neunte Jahrhundert Totenkultus in Übung gewesen war. Das sind die von ihm sogenannten historischen Krypten. In ihnen fand er die bestätigenden Inschriften, teils die Originalgrabschriften, teils Zeugen des späteren Grabkultus. De Rossi hat sein Lebenlang in enger Verbindung mit dem deutschen archäologischen Institut und mit der deutschen und außerdeutschen historischen und epigraphischen Wissenschaft gestanden; er war auf diesen Gebieten einer der Großen des neunzehnten Jahrhunderts. Zugleich aber war er römisch-kirchlich gesinnt und dogmatisch gebunden; es war ihm die höchste Genugtuung seines Lebens, die von ihm wiedergefundene Gruft der römischen Bischöfe des dritten Jahrhunderts dem regierenden Pontifex zu zeigen, dem skeptischen Pio nono, dessen Erröten vor den bescheidenen Ruhestätten seiner Amtsvorgänger zu deuten uns überlassen bleibt. De Rossis Entdeckungen erfolgten seit etwa 1849, sein monumentales Katakombenwerk erschien seit 1864. Von ihm ist die römische Schule christlicher Archäologen ausgegangen, Stevenson, Armellini usf. Er war auch die Seele der seit 1851 gebildeten päpstlichen Commissione di archeologia sacra; nach seinem Tode übernahm Crostarosa das Sekretariat. Der Kommission wurde die Leitung der Ausgrabungen in den Katakomben und die Bildung zweier Museen christlicher Altertümer übertragen, des vatikanischen und des lateranischen. Es besteht auch eine päpstliche Akademie für Archäologie, welche ihre Verhandlungen herausgibt; daneben gründete de Rossi eine Gesellschaft für christliche Archäologie. Einen ferneren Mittelpunkt schuf ihr de Waal am deutschen Campo Santo bei Sankt Peter zu Rom (dem Hospiz und Friedhof für katholische Deutsche, als Schola Francorum von Karl dem Großen 797 gestiftet); 1876 wurde ein neues Priesterkolleg organisiert, eine Bibliothek und ein archäologisches Museum traten hinzu. Auch hat die „Görresgesellschaft zur Pflege der Wissenschaft im katholischen Deutschland" an ihrem historischen Institut zu Rom

---

1651). Die Stiche neu herausgegeben von Bottari (Sculture e pitture sacre estratte dai cimiteri di Roma 1737).

Über Bosios Zeichner vgl. Wilpert Die Katakombengemälde und ihre alten Kopien 1861 und Röm. Quart. 1891, 284.

(Direktor Ehses) eine unter Wilperts Leitung stehende Sektion für christliche Archäologie und Kunstgeschichte eingerichtet. De Waal und Ehses geben die „Römische Quartalschrift für christliche Altertumskunde und für Kirchengeschichte" heraus. Wie aber bereits im achtzehnten Jahrhundert die Societas Matthaeorum es unternahm, den seit dem neunten Jahrhundert in den Katakomben aufgegebenen Märtyrerkultus nach und nach wieder ins Leben zu rufen, so ging nun auch aus den genannten römischen Kreisen, 1871 in freier Form, 1879 organisiert, eine das religiöse mit dem antiquarischen Interesse verbindende Genossenschaft hervor, das Collegium cultorum martyrum, welches sich nicht wie die Mattei auf Absingen von Vespern an den Gräbern beschränkt, sondern die Grüfte zum sakralen Gebrauch restauriert und den Kult selbst wieder einrichtet. Endlich sind noch die von Rom ausgehenden Kongresse zu erwähnen, der „christlich-archäologische Kongreß" (der erste war zu Spalato-Salona) und der „eucharistische Kongreß" im Dienste des zentralen Ritus der katholischen Kirche.[1]

Die Aufgabe der Katakombentopographie besteht in der Bestimmung der Cömeterien und, soweit angängig, der Einzelgrüfte und Einzelgräber. Der Ermittelung ihrer alten Bezeichnungen werden in erster Linie die alten Cömeterienlisten zugrunde gelegt, wie sie seit der Organisierung des Märtyrerkultus im vierten Jahrhundert für Verwaltungszwecke angelegt und nachgehends in die Stadtbeschreibung eingefügt wurden. Die Stadtbeschreibung folgt der konstantinischen Einteilung in vierzehn Regionen. In den zwei Regionarien aus den fünfziger Jahren des genannten Jahrhunderts, der Notitia und dem Curiosum urbis Romae haben christliche Kultstätten noch keine Berücksichtigung gefunden. Ein erstes Verzeichnis von 16 Cömeterien, nach Kardinal Rampolla aus der Zeit des Bischofs Liberius (352—355) hat, wie Baumstark urteilt, Andrea Fulvio aus handschriftlicher Überlieferung schöpfend zu seinem Kapitel über die Cömeterien benutzt und ist daraus wieder zu gewinnen. Die Liste bestimmt die Lage der Cömeterien nach darüber- oder dabeistehenden Cömeterialbasiliken und ordnet sie nach den von den Stadttoren ausstrahlenden Landstraßen; sie beginnt an der Straße nach Ostia mit dem Coemeterium Comodillae bei Sankt Paul und umkreist die Stadt linksherum bis zur Via Portuensis. Dieselbe Anordnung scheint auch im Verzeichnis der Florentiner Handschrift Laur. 1554 wenigstens

---

[1] Marchi, Monumenti delle arti cristiane primitive nella metropoli del cristiancsimo, I Architettura della Roma sotterranea cristiana 1844. — De Rossi, Roma sotterranea I 1864. II 1867. III 1877 (behandelt die Kallistkatakombe und die der Generosa). Band IV (Coem. Domitillae) ist in Vorbereitung. Nach de Rossi: Fr. X. Kraus, Roma sotterranea 1873. ²1879 u. a. Über de Rossi vgl. Paul Maria Baumgarten, G. B. de Rossi Festschrift 1892. Marucchi, G. B. de Rossi 1903. Theodor Mommsen, Reden und Aufsätze 1905, 462. Wilpert, Malereien 1903, 121. — Pontificia commissione di sacra archeologia nelle catacombe romane, Berichte im Bull. crist. seit 1876; vgl. Crostarosa, Bull. crist. 1900, 324. — Accademia pontificia d'archeologia, gibt Atti heraus. — Società delle conferenze di archeologia cristiana, seit 1875, vgl. Bull. crist. 1895, 118. — Campo santo: de Waal, Der Camposanto der Deutschen zu Rom von der Gründung durch Karl den Großen bis zur Mitte des 15. Jahrhunderts 1897. Das Jubiläum: Röm. Quartalschr. 1897, 213. — Görresgesellschaft: Röm. Quart. 1901, 99. — Märtyrerverehrung: Marucchi, Röm. Quart. 1899 I precursori dei Cultores martyrum; ders., Éléments II ²159, 2. — Kongresse zu Spalato 1894 (Bull. crist. 1895, 106. Röm. Quart. 1896, 223. W. Neumann, Bull. arch. stor. Dalm. 1896, 115), Rom 1900 (Bull. crist. 1900, 161. Röm. Quart. 1900, 217). Eucharistischer Kongreß zu Orvieto 1896: Röm. Quart. 1896, 395. — Louis Perret, Catacombes de Rome, 6 Bände, Paris 1851 bis 1855, ist weniger zuverlässig als Théophile Rollers gleichnamiges Werk, Paris 1879. 1881.

nachzuklingen. Der entgegengesetzten Richtung, rechtsherum, folgt das nach de Rossi aus dem sechsten Jahrhundert stammende Verzeichnis einer vatikanischen und einer chigischen Handschrift.[1])

Dazu kommt die aus den Wallfahrten erwachsene Literatur. An der Spitze stehen, noch nicht eigentlich Literatur, aber doch Aufzeichnung, die Etiketten der zur Zeit Gregors des Großen (um 600) von Abt Johannes der lombardischen Königin Theodolinde heimgebrachten und zu Monza bewahrten Fläschchen, die er mit Öl aus den an den Märtyrer- und Heiligengräbern brennenden Lampen gefüllt hatte; dazu ein Blatt mit dem Verzeichnis der Öle. Es sind nur Heiligennamen, aber in der topographischen Gruppierung, wie sich die Gräber dem Pilger boten. Sodann die Pilgerbücher, Verzeichnisse der von den Pilgern besuchten und zu besuchenden Stätten, also Führer zu den heiligen Stätten. Den Gang der Pilger zu den verschiedenen Gräbern (beginnend an der Flaminischen Straße, als ob für die nordischen Pilger berechnet) verfolgt am genauesten das dem siebenten Jahrhundert verdankte Itinerar einer früher Salzburger, jetzt Wiener Handschrift; sie begeht nicht die Landstraßen radial, nämlich immer wieder zum Zentrum zurückkehrend, sondern sie sucht die an den Straßen, die sie auch nennt, zerstreut liegenden Stätten jedesmal auf dem kürzesten Verbindungswege auf. Diese genaue Periegese ist der Katakombentopographie zugrunde zu legen.[2])

---

[1]) Topographie der Katakomben, literarische Tradition: de Rossi, Roma sott. I 111 (die von ihm abgedruckten Texte wiederholt bei Armellini, Cimiteri 1903, 99). Schultze, Katakomben 26. Kaufmann, Handbuch 52. Marucchi, Éléments I ²p. XIII. — Notitia und Curiosum: Otto Richter, Topographie der Stadt Rom ²1901, 7. — Andrea Fulvio De urbis antiquitatibus libri quinque 1527, libro quarto. Rampolla del Tindaro, Secondo congresso d'archeologia cristiana 1900. Baumstark, Röm. Quart. 1901, 1. — Cod. Laur. 1554: Stevenson, N. Bull. 1897, 255. — Cod. Vat. 3851: de Rossi, Roma sott. I 130. Cod. Chig. A. V. 141: Bull. crist. 1878, 44. Beide auch N. Bull. 1897, 260, 1. Zur Veranschaulichung der Art unserer Quellen geben wir hier und weiterhin Proben, hier zunächst die Cömeterienliste bei Fulvio; in kritischer Beziehung begnügt sich der Abdruck mit Baumstarks Herstellung der ursprünglichen Folge der Straßen, bzw. mit deren Andeutung durch vorgesetzte Ordnungszahlen:

1. Coemiterium Comodillae via Ostiensi iuxta basilicam s. Pauli.
2. Coemiterium Domitillae via Ardeatina iuxta s. Petronillam.
3. Eadem via coemiterium Balbinae ⟨tilge Priscillae⟩
4. et [ergänze coemiterium] Basilei.
5. Coemiterium Praetextati via Appia apud s. Januarium.
6. Eadem quoque via coemiterium Calixti [ad s. Sixtum].
7. [Eadem via coemiterium ad catacumbas] ad aedem ⟨nunc⟩ s. Sebastiani. ⟨Coemiterium Cyriacae via Tiburtina ad s. Laurentium extra muros⟩.
9. [Coemiterium Jordanorum via Salaria nova].
10. [Coemiterium] Priscillae ⟨item⟩ via Salaria [nova] apud s. Silvestrum.
11. Eadem via [coemiterium] Thrasonis
12. et [coemiterium] Basillae [via Salaria vetere]. ⟨Item Aproniani⟩.
13. [Coemiterium] ad clivum cucumeris.
14. Coemiterium Calepodii via Aurelia apud s. Callistum.
15. Coemiterium ad insalatas via Portuensi iuxta s. Felicem.
8. Coemiterium inter duos lauros via Labicana.
16. Item ⟨iuxta s. Bibianam⟩ [eadem via coemiterium] ad ursum pileatum.

[2]) Olea: Marini, Papiri diplomatici 1805, 377. de Rossi, Roma sott. I 133. — Cod. Salisburg. n. 140, jetzt Vindob. 795: de Rossi, Roma sott. I 138.

Der Umstand, daß die Andacht der Pilger nicht den ganzen Cömeterien, sondern nur gewissen Einzelgräbern galt, bewirkte, daß die Namen der Cömeterien in den Itinerarien früh ausfielen und bloß die nach Straßen geordneten und nach Basiliken bestimmten Märtyrer- und Heiligengräber übrig blieben. Aus einem solchen Buche, auch noch des siebenten Jahrhunderts, sind mehrere Handschriften, in Würzburg und Wien, geflossen. Ein gleichartiges Verzeichnis aus demselben Jahrhundert teilte im Zeitalter der Kreuzzüge Wilhelm von Malmesbury mit. Um die Zeit Karls des Großen entstand auf Grund älterer Quellen die Topographie einer Handschrift des Klosters Einsiedeln. [1]

Neben den topographischen Quellen gibt es noch andere kalendarisch oder chronologisch geordnete Verzeichnisse von Märtyrern und solche von römischen

---

Fol. 184 Notitia ecclesiarum Urbis Romae. Primum in urbe Roma beatorum martyrum corpora Johannis et Pauli tamen quiescunt in basilica magna et valde formosa (auf dem Caelius).

Deinde intrabis per urbem ad aquilonem, donec pervenies ad portam Flamineam ubi scs Valentinus martyr quiescit via Flaminea in basilica magna quam Honorius reparavit, et alii martyres in aquilone plaga sub terra.

Deinde vadis ad orientem ad ecclesiam Johannis martyris via Salinaria etc.

Fol. 185 med. Postea pervenies via Appia ad s. Sebastianum martyrem, cuius corpus iacet in inferiore loco, et ibi sunt sepulcra apostolorum Petri et Pauli, in quibus XL annorum requiescebant. Et in occidentali parte ecclesiae per gradus descendis ubi s. Cyrinus papa et martyr pausat.

Et eadem via ad aquilonem ad ss. martyres Tiburtium et Valerianum et Maximum. Ibi (intrabis in speluncam magnam et ibi *von zweiter Hand*) invenies s. Urbannum episcopum et confessorem, et in altero loco Felicissimum et Agapitum martyres et diaconus Syxti, et in tertio loco Cyrinum martyrem, et in quarto Januarium martyrem. Et in tertia ecclesia sursum s. Synon martyr quiescit.

Eadem via ad s. Caeciliam, ibi innumerabilis multitudo martyrum. Primus Syxtus papa et martyr, Dionysius papa et martyr, Julianus papa et martyr, Flavianus martyr, s. Caecilia virgo et martyr, LXXX martyres ibi requiescunt deorsum. Geferinus papa et confessor sursum quiescit. Eusebius papa et martyr longe in antro requiescit. Cornelius papa et martyr longe in antro altero requiescit.

Postea pervenies ad s. virginem Soterem et martyrem (Eadem via venis ad ecclesiam parvam ubi decollatus est s. Xystus cum diaconibus suis, *am Rande*) cuius corpus iacet ad aquilonem.

Et dimittis viam Appiam et pervenies ad s. Marcum papam et martyrem, postea ad s. Damasum papam et martyrem via Ardeatina. Et ibi in altera ecclesia invenies duos diaconos et martyres Marcum et Marcellianum fratres germanos cuius corpus quiescit sursum sub magno altare.

Deinde descendis per gradus ad ss. martyres Nereum et Achilleum.

Et sic vadis ad occidentem et invenies s. Felicem episcopum et martyrem, et descendis per gradus ad corpus eius.

Et sic vadis ad s. Paulum via Ostiensi.

Et in australi parte cerne ecclesiam s. Theclae supra montem positam in qua corpus eius quiescit in spelunca in aquilone parte.

In occidentali parte Tiberis ecclesia est etc.

[1] Cod. Wirceburgensis: Eckart, Commentarii de rebus Franciae Orientalis I 831. — Cod. Salisburgensis n. 209, jetzt Vindob. 1008: de Rossi, Roma sott. I 141 De locis sanctis martyrum quae sunt foris civitatis Romae. — Guilelmus Malmesburiensis, Gesta regum Anglorum, ed. Hardy 1840 II 539. — Einsiedlensis: de Rossi, Inscr. christ. II. Jordan, Topogr. II 329. 646. Lanciani, Mon. ant. dei Lincei I 1891, 439. — Das Cömeterienverzeichnis der Mirabilia urbis Romae des 12. Jhs. ist zu sehr entstellt; vgl. Richter, Topogr.[2] 14. Jordan Top. II 605. de Rossi, Roma sott. I 157.

Bischöfen mit regelmäßiger Angabe ihres Depositionstages. Nach altchristlicher Anschauung bezeichnet der Tod eines Christen seinen Eingang in das wahre Leben, mithin gilt der Sterbetag (als welcher, scheint es, der Tag der Beisetzung, depositio, angenommen wurde) als der wahre Geburtstag: er wurde aufgezeichnet und an ihm das Jahrgedächtnis gefeiert. Die Aufzeichnung des Todestages und seine Eintragung in den Festkalender diente eben der Sicherung des Gedächtnisses. Es handelt sich hierbei nicht um die Masse der Verstorbenen, sondern gemäß dem auch im so demokratischen Christentum sich behauptenden antiken Aristokratismus (Aristokratismus und Demokratismus sind gleich antik) um hervorragende Persönlichkeiten, wie Bischöfe, Märtyrer und Heilige, eben um solche Personen, deren Grabstätten de Rossi suchte. Die Aufzeichnungen der Depositionen haben für die Cömeterialtopographie Wert, wenn sie, wie es üblich war, mit dem Tag zugleich auch die Stätte der Beisetzung angaben. Die erste Stelle gebührt dem „Chronograph von 354"; er enthält für die Katakombenforschung wichtige Verzeichnisse: eine Depositionsliste der römischen Bischöfe, beginnend mit Lucius († 256) und fortgehend bis vor Liberius, zu dessen Zeit das Werk entstand; sodann ein Depositionsverzeichnis von Märtyrern; und eine Liste der römischen Bischöfe bis Liberius. — Das Verzeichnis der römischen Bischöfe ist successiv fortgeführt (auch inhaltlich erweitert) worden, zuletzt von Anastasius Bibliothecarius bis ins neunte Jahrhundert. Das ist das sog. Papstbuch (der Liber pontificalis). Die Verzeichnisse der Bischöfe sind noch dadurch wertvoll, daß sie neben deren etwaigen anderen Taten auch ihre Bauarbeiten in den Cömeterien erwähnen, sowie ihre eigene Ruhestätte.[1])

---

[1]) Chronograph: Mommsen, Sächs. Akad. Abh. I 1850, 547. Mon. Germ. hist., Script. antiquiss. IX. CJL I 322. — L. Duchesne, Le Liber pontificalis, texte, introduction et commentaire (Biblioth. des écoles franç. d'Athènes et de Rome) I 1886 Seite 1 Catalogue libérien, 10 Depositio episcoporum, 11 Depositio martyrum, 47 Liber pontif., première edition, 115 seconde édition. Aus letzterer entnehmen wir Proben.

Zepherinus (202) — sepultus est in cymiterio suo iuxta cymiterium Calisti via Appia.

Callistus (218) sepultus est in cymiterio Calepodi via Aurelia miliario III — fecit alium cymiterium via Appia, ubi multi sacerdotes et martyres requiescunt, qui appellatur usque in hodiernum diem cymiterium Calisti.

Pontianus (230) — quem beatus Fabianus — sepelivit in cymiterio Calisti via Appia.

Anteros (235) — gestas martyrum diligenter a notariis exquisivit et· in ecclesia recondit — sepultus est in cymiterio Calisti.

Fabianus (236) — regiones dividit diaconibus et fecit VII subdiaconos qui septem notariis imminerent, ut gestas martyrum in integro fideliter colligerent, et multas fabricas per cymiteria fieri praecepit — sepultus est in cymiterio Calisti —.

Cornelius (251) — Hic temporibus suis, rogatus a quodam matrona Lucina, corpora apostolorum beati Petri et Pauli de Catacumbas levavit noctu: primum quidem corpus beati Pauli accepto beata Lucina posuit in praedio suo, via Ostiense, iuxta locum ubi decollatus est; beati Petri accepit corpus beatus Cornelius episcopus et posuit iuxta locum ubi crucifixus est, inter corpora sanctorum episcoporum — in Vaticanum —. Cuius corpus noctu collegit beata Lucina cum clericis et sepelivit in crypta iuxta cymiterium Calisti via Appia in praedio suo —.

Lucius (252) — sepultus est in cymiterio Calisti —. Ebenso Stephanus (253).

Xystus (II. 257) — comprehensus a Valeriano et ductus ut sacrificaret demoniis. Qui contempsit praecepta Valeriani;˙capite truncatus est, et cum eo alii sex diaconi, Felicissimus et Agapitus, Januarius, Magnus, Vincentius et Stephanus. — Et post passionem beati Xysti, post tertia die, passus est beatus Laurentius eius archidiaconus —. Qui vero sepultus est in cymiterio Calisti via Appia; nam VI diacones supradicti sepulti sunt in cymiterio Praetextati·via Appia;

Noch ein Märtyrerverzeichnis von Bedeutung ist das Martyrologium Hieronymianum, unter Benutzung älterer Vorlagen im fünften Jahrhundert entstanden.[1])

Endlich kommen die Ritualbücher in Betracht, soweit sie zu den vorgeschriebenen Riten die Stationen angeben, an denen sie zu vollziehen sind. Topographische Angaben über Cömeterialkulte finden sich im Sacramentarium Leonianum (dem Papst Leo I. 440 zugeschrieben, aber wohl jünger), nicht aber im Sacramentarium Gelasianum. Beim Orationale des Sacramentarium Gregorianum (Gregor I 590) hat der Herausgeber Thomasius jedesmal die Station hinzugefügt, zum Teil auch die ursprüngliche Kultstätte, wie sie vor Übertragung der Gebeine aus den vorstädtischen

---

supradictus autem beatus Laurentius in cymiterio Cyriaces, in agro Verano, in crypta, cum aliis multis martyribus —.

Dionysios (259) — presbiteris ecclesias dedit et cymiteria et parrocias diocesis constituit — sepultus est in cymiterio Calisti —.

Felix (269) — constituit supra memorias martyrum missas celebrare (vgl. Duchesnes Kommentar, hier wie überall) — fecit basilicam in via Aurelia ubi et sepultus est (vielmehr im Coem. Callisti).

Eutycianus (275) — sepultus est in cymiterio Callisti —.

Gaius (283) — fugiens persecutionem Diocletiani in criptis habitando martyrio coronatur — sepultus est in cymiterio Calisti —.

Marcellinus (296) — Marcellus presbiter collegit noctu corpora cum presbyteris et diaconibus cum hymnis et sepelivit in via Salaria in cymiterio Priscillae in cubiculum qui patet usque in hodiernum diem, quod ipse praeceperat paenitens dum traheretur ad occisionem, in crypta iuxta corpus sancti Criscentionis —.

Marcellus (308) — fecit cymiterium Novellae via Salaria et XXV titulos in urbe Roma constituit quasi dioecesis — propter baptismum et paenitentiam — et propter sepulturas martyrum —. Cuius corpus collegit beata Lucina et sepelivit in cymiterio Priscillae via Salaria —.

Eusebius (309) — sepultus est in cymiterio Calisti via Appia —. Ebenso Miltiades (311—313) als letzter.

Silvester (314) — constituit ut si quis desideraret in ecclesia militare aut proficere, ut esset — custus martyrum annos X —. Eodem tempore Augustus Constantinus fecit basilicam beato Petro apostolo in templum Apollinis, cuius loculum cum corpus sancti Petri ita recondit eqs —. Eodem tempore fecit basilicam beato Paulo apostolo ex suggestione Silvestri episcopi — Eodem tempore fecit basilicam sanctae martyris Agnae — Eodem tempore fecit basilicam beato Laurentio martyri via Tiburtina in agrum Veranum supra arenario cryptae — Eisdem temporibus fecit Aug. Const. basilicam beatis martyribus Marcellino presbytero et Petro exorcistae in territurio inter duos lauros — via Lavicana —. Hic Silvester — sepultus est in cymiterio Priscillae via Salaria, ab urbe Roma miliario III —.

Marcus (336) — fecit duas basilicas, unam via Ardeatina ubi requiescit —. Qui etiam sepultus est in cymiterio Balbinae via Ardeatina, quem ipse insistens fecit —.

Julius (337) — fecit — et cymiteria III, unum via Flamminea, alium via Aurelia et alium via Portuense — sepultus est via Aurelia in cymiterio Calepodi, miliario III —.

Liberius (352) — fecit in exilio annos III — rediens autem Liberius de exilio habitavit in cymiterio sanctae Agnae apud germanam Constanti Augusti — ornavit de platonis marmoreis sepulchrum sanctae Agnae martyris — sepultus est via Salaria in cymiterio Priscillae —.

Damasus (366) — fecit basilicas duas — alia(m) via Ardeatina ubi requiescit; et in Catacumbas, ubi iacuerunt corpora sanctorum apostolorum Petri et Pauli, in quo loco (?) platomam ipsam, ubi iacuerunt corpora sancta, versibus exornavit. Hic multa corpora sanctorum requisivit et invenit, quorum etiam (gesta?) versibus declaravit — sepultus est via Ardeatina in basilica sua — iuxta matrem suam et germanam suam —.

Das Verzeichnis geht bis Hadrian (772—995).

[1]) Martyrologium Hieronymianum edd. de Rossi et Duchesne (in den Acta sanctorum. Nov. II) 1893.

Katakomben in die Stadtkirchen bestand (Statio olim, z. B. via Latina in Calisti scil. coemiterio); aber die Quellen, aus welchen Thomasius seine Angaben schöpfte, sind noch nicht ermittelt. Das Capitulare evangeliorum, in der vorliegenden Fassung für Karl den Großen geschrieben, verzeichnet die bei der Messe zu singenden Evangelienlektionen für jeden Tag und jedes Fest, unter Angabe der Märtyrer und Heiligen des Tages, nebst der Station; dabei wird das betreffende Cömeterium nicht genannt, oft aber die Straße, woran die Kultstätte lag.[1]

Mit Hilfe der vortehend skizzierten literarischen Überlieferung hat de Rossi Cömeterien und Grüfte festgestellt; seine Hauptentdeckung betraf das Cömeterium Callisti an der Via Appia mit der Gruft römischer Bischöfe des dritten Jahrhunderts und anderen Gräbern von hervorragenden Märtyrern, Heiligen und Bischöfen. Die einzelnen Gräber selbst ließen sich oft mittels vorfindlicher Reste der Originalgrabschriften verifizieren; dazu traten ergänzend oder bestätigend die von Bischof Damasus (366) in die historischen Krypten gestifteten metrischen Elogien, auf Marmortafeln in eigenartigen Schriftzügen gemeißelt nach der Vorschrift des Furius Dionysios Philokalos.[2]

Da die ursprüngliche Anordnung der Cömeterienliste des vierten Jahrhunderts noch nicht authentisch vorliegt, so folgt unser Katakombenverzeichnis einstweilen den Itinerarien, die mit der Via Flaminia beginnen, die Stadt rechts herum umkreisen und mit Sankt Peter schließen.[3]

Via Flaminia (vor Porta del popolo).

Coemeterium (Sabinillae?) ad sanctum Valentinum. Rechts der Straße auf den Monti Parioli (Parco Margherita). Valentin soll nach seinen Akten von Sabinilla auf ihrem Grundstück begraben worden sein.[4]

Via Salaria vetus (vor Porta Salaria; von der Mündung der Via Po in den Corso di Porta Pinciana nordwestlich nach Ponte Molle strebend. Die Bezeichnung Salaria vetus nur in altchristlichen Quellen).

Hypogaeum des h. Pamphilus. De Rossi glaubte es in einer Katakombe unter der Osteria delle tre madonne gefunden zu haben.[5]

Coemeterium Basillae ad s. Hermetem. Links der Straße auf den Monti Parioli in einer Vigna des Collegium Germanicum. Beglaubigt durch Inschriften mit den Namen der Basilla und des Hermes. Malereien des 3. und 4. Jahrhunderts. Auch die Gruft der H. Protus und Hyancinthus ist durch Inschriften beglaubigt.

Coemeterium ad septem columbas (palumbas) ad caput s. Johannis in clivum cucumeris (letzteres ist die Senkung der Straße zum Tiber, bei Aqua acetosa).

Via Salaria (in den christlichen Quellen Salaria nova; vor Porta Salara).

---

[1] Sacramentarien: de Rossi, Roma sott. I 126. — Capitulare: eb. 127.

[2] Damasus: de Rossi, Roma sott. I 118. Damasi epigrammata rec. Ihm 1895. Beim Epigramm auf Bischof Eusebius steht die Beischrift: Furius Dionysius Filocalus scripsit, Damasi papae cultor atque amator. Er war Schreiber und Zeichner, nicht Steinmetz.

[3] Eine Karte bei Crostarosa, Bull. crist. 1900, 321 Taf. 11; vgl. dazu die Pläne von Alt- und Neurom bei Otto Richter, Topographie der Stadt Rom 1901. — Die Spezialliteratur zu den einzelnen Katakomben bei Kraus, Realencykl. II 110; Müller, Koimeterien 808; Armellini und Marucchi.

[4] Coem. Valentini: Marucchi, Bull. comunale, Roma 1888, 240. 429; ders., Cimitero e basilica di San Valentino 1890.

[5] Via Salaria: Bull. crist. 1894, 7 Taf. 1. 2.

Coemeterium Maximi ad s. Felicitatem. Letzteres inschriftlich, erstere Bezeichnung durch das Martyrolog. Hieronymianum bezeugt. Links der Straße.[1]

Coemeterium Thrasonis ad s. Saturninum. Rechts. Vielleicht das Hypogaeum in Villa Odescalchi.

Coemeterium Jordanorum ad s. Alexandrum. Vermutet im Hypoygäum unter Vigna Massimo.

Coemeterium Priscillae ad s. Silvestrum. Links; unter den Hügeln vor dem Anio in Villa Ada. Beglaubigt durch Inschriften (Felix, Philippus) und Graffiti (Priscilla). Darin die Cappella greca, so genannt wegen zweier griechischen Inschriften; die Gruft der Acilier; ein Baptisterium u. a. Angeschlossen war das Coemeterium Novellae, rechts der Straße.[2]

Via Nomentana (vor Porta Pia).

Coemeterium Nicomedis. Rechts der Straße, unter Villa Patrizi.

Coemeterium Agnetis. Links.[3]

Coemeterium maius ad Capream (Martyrolog. Hieronym.), Coem. fontis s. Petri (Mirab.); de Rossi identifiziert es mit dem Coem. Ostrianum (der Acta Liberii: non longe a coem. Novellae cim. Ostr. ubi Petrus apostolus baptizavit; vgl. Acta Mauri et Papiae: in via Nomentana ad Nymphas ubi Petrus baptizaverat). In den Vignae Leopardi und Crostarosa. Die Crypta Emerantianae ist durch eine Inschrift beglaubigt. Die Katakombe ist architektonisch interessant; dazu gehören auch ihre aus dem Tuff geschnittenen Sessel.[4]

Via Tiburtina (vor Porta San Lorenzo).

Coemeterium Cyriacae ad s. Laurentium in agro Verano. Rechts der Straße. Großenteils zerstört durch die neueren Friedhofanlagen. Eingang im Friedhof bei den Grabstätten Odescalchi und de Romanis. Beglaubigt durch die Lage an der Basilica di San Lorenzo.

Cömeterium des h. Hippolytus. Links der Straße, in Vigna Caetani. Beglaubigt durch Inschriften. Hier fand man 1551 die Statue des Bischof Hippolytus; daher wird gefragt, ob dieser identisch war mit dem Märtyrer.

Via Labicana (vor Porta Maggiore).

Cömeterium des h. Castulus. In seinem Gelände gabelt sich die Bahn für Neapel und für Civitavecchia.

Coemeterium ad duos lauros, ad ss. Petrum et Marcellinum ad s. Helenam, in comitatu (Chronogr.), sub Augusta scil. Helena, ad s. Tiburtium (Acta Petri et

[1] Via Salaria nova: Bull. crist. 1894. Taf. 1. 2.

[2] C. Priscillae. Lanciani, Bull. com. Roma 1891, 323.
Capella greca. Wilpert, fractio panis 1895.
Acilier. Hülsen, Röm. Mitt. 1892, 314. v. Rhoden in Pauly-Wissowas Realencykl. I 257 n. 40.
Baptisterium. Marucchi, Bull. crist. 1901, 71 u. 277. Röm. Quart. 1902, 256. 1903, 355. Zettinger, eb. 343. de Waal, eb. 1901, 388. de Waal. eb. 1903, 358.

[3] C. Agnetis. Armellini, Cimitero di s. Agnese 1880. Leclercq bei Cabrol, Dictionnaire I 1904, 918.

[4] Coem. maius. Bosio III cap. 50 (unter dem Namen Coem. der h. Agnes). Marchi, Mon., bezieht sich wesentlich auf diese Katakombe.
Armellini, Scoperta della cripta di s. Emerenziana 1877. Marucchi sucht das Baptisterium Petri vielmehr im Coem. Priscillae (s. dort).

Marcellini. Im Gelände einer Villa der Cäsaren, darin auch das Mausoleum der Helena errichtet wurde (Tor Pignattara); nahe beim Begräbnisplatz der Equites singulares (Henzen, Iscrizioni recentemente scoperte degli Equites singulares 1885). Inschriftlich bezeugt. Reich an Gemälden.

Coemeterium in der Vigna del Grande (jetzt Marchi und Cellere), anscheinend ohne Verbindung mit dem Cöm. Petri et Marcellini; als christlich nicht sicher bezeugt.

Via Latina (vor Porta San Giovanni).

Coemeterium Gordiani et Epimachi ad s. Gordianum. Vielleicht die Katakombe am Fienile Cartoni, rechts der Straße.

Coemeterium Aproniani ad s. Eugeniam.

Coemeterium et basilica Tertulliani.[1])

Via Appia (vor Porta San Sebastiano).

Coemeterium Lucinae. Rechts an der Straße. Ursprünglich selbständig, später dem Coem. Callisti angeschlossen; es enthält die inschriftlich bezeugte Gruft des Bischof Cornelius (251/52), in welcher de Rossi seine Grabungen begann.[2])

Coemeterium Callisti (Calixti) ad. s. Sixtum (Xistum). Rechts der Straße, zwischen Appia und Ardeatina. Callistus war Diakon des Bischof Zephyrinus (208 bis 218) und wurde von diesem mit der Verwaltung des schon zuvor bestehenden Cömeteriums betraut; als dessen Nachfolger vergrößerte er es. Seit Bosio betrachtete man alle Cömeterien der Appia und Ardeatina als Glieder der Kallistkatakombe. Deren historisch-topographische Kritik und die Feststellung ihrer historischen Krypten war de Rossis bahnbrechende Tat. Durch Inschriften bezeugt ist die sog. Papstgruft. Kallist, den Bischof Zephyrinus über das Cömeterium gesetzt hatte, wurde Zephyrins Nachfolger, ihm folgte Urbanus 223—230. Diese drei sind anderswo bestattet worden, Zephyrin nahebei, Kallist an der Via Aurelia, Urbanus im Coem. Praetextati; die in der Bischofsgruft gefundene Urbanusinschrift weist Wilpert einem anderen Träger des Namens zu. Sicher dort bestattet wurden Pontianus 235, Anteros 236, Fabianus 250, nicht Cornelius, wohl aber Lucius und seine Nachfolger bis Eutychianus (283). Reste der griechischen Grabschriften sind erhalten, abgesehen von der zweifelhaften Urbanusinschrift die des Anteros, Fabianus, Lucius und Eutychianus. Die Gruft der h. Cäcilia, wie de Rossi sie bestimmte, ist unbezeugt. Nach de Rossi wäre sie unter M. Aurel hingerichtet und dort bestattet worden, nach Erbes unter Septimius Severus, nach Wilpert erst unter Alexander Severus. Daß die fragliche Kammer unbezeugt ist, darauf hat Lipsius hingewiesen; es haben sich nur zwei spätere Grabschriften von Caeciliani gefunden. Der Cäcilienkult entwickelte sich, soweit ersichtlich, erst im 5. Jahrhundert, die Akten werden dem Ausgang des Jahrhunderts zugeschrieben. Duchesne aber verweist auf die Angabe des Liber pontificalis, derzufolge der Körper der Heiligen aus dem Coem. Prätextati in die Stadt übertragen worden sei, also gar nicht in der Kallistkatakombe geruht habe. Bezeugt ist die Sondergruft des Bischofs Eusebius (309—311), nicht die des Gaius (283—284) und des Miltiades (311—314). Die nördlich anschließenden Hypogäen bezeichnete de Rossi als Arenarium Hippolyti, Regio Liberiana,

---

[1]) Alle drei nicht bestimmt und nicht erforscht. Armellini, Cimiteri cristiani della via Latina 1874. Zum Coem. Aproniani vgl. Leclercq bei Cabrol Dictionnaire I 1906, 2636.

[2]) Via Appia: Canina, Annali d. Instit. 1853, 132. Mon. V Taf. 57. 58 (Karte).

C. Lucinae. de Rossi, Roma sott. I 274—351. Taff.

coemeterium Soteridis; die Richtigkeit dieser unzureichend begründeten Benennungen ist bestritten, Wilpert erkennt in der sogenannten Soteriskatakombe nur Erweiterungen der Eusebius- und Gaiusregion des Coemeterium Callisti und verlegt die Soteriskatakombe weiter nördlich (in das Gebiet des Trappistenklosters), das Hippolytusarenar noch entfernter an den Rand der Appia (die Bezeichnung Regio Liberiana sollte nur ausdrücken, daß dies Hypogäum nach Ausweis der Grabschriften dem späteren vierten Jahrhundert angehöre; Liberius regierte 352—355).[1]

Coemeterium Praetextati ad s. Januarium. Gegenüber der Kallistkatakombe, links der Straße, zwischen Via Appia und Marrana della Caffarella in der Gegend des Triopium des Herodes Atticus, Besitzung de Romanis. Enthält die Gruft des h. Januarius und die der h. Felicissimus und Agapitus (Agapetos), beide inschriftlich bezeugt.[2]

An der Via Appia, bei der Prätextatkatakombe, liegt die Gruft des Sabaziospriesters Vincentius und seiner Gattin Vibia mit Gemälden in der Art der Katakombenmalereien.[3]

Coemeterium ad (in) catacumbas ad s. Sebastianum (Basilica Apostolorum). Rechts der Straße, vor dem Anstieg zur Rotunde der Meteller (Capo di bove). Derselbe Flurname erscheint auch zur Ortsbestimmung des in der Nähe liegenden Circus Maxentii gebraucht (circus in catacumbas, Chronogr. 354). Durch Inschriften und Berichte bezeugt. Hier wurde der h. Quirinus, Bischof von Siscia Pannoniae, beigesetzt. Vorübergehend sollen die Leiber der Apostel Petrus und Paulus hier hingebracht worden sein, man vermutet im Jahre 258, nach einigen sogar zweimal, das erstemal kurz nach ihrem Martyrium, Lanciani setzt die Übertragung in die Zeit Heliogabals (218—222). Ihre Ruhestätte, mit Marmor ausgekleidet, daher Platonia genannt, sucht man in einer Kammer neben der Apsis von San Sebastiano, de Waal in der Kirche selbst; in jener Kammer sieht er die Quirinusgruft, wegen der ihm dort gewidmeten Inschrift.[4]

Via Ardeatina (die alte ging von der Porta Naevia der servischen und der Porta Ardeatina der aurelischen Mauer aus, die heutige — ein antiker Verbindungsweg von der Appia zur alten Ardeatina — zweigt vor Porta San Sebastiano bei dem Kirchlein Domine quo vadis von der Appia rechts ab).

Coemeterium Balbinae ad s. Marcum. In der Gabel der zwei Straßen. Inschriftlich bezeugt.[5]

---

[1] C. Callisti: de Rossi, Roma sott. I 225. II. Nortet, Catacombes d. s. Calixte 1887. Schultze, Katakomben 334. Wilpert, Röm. Quart. 1901, 32 und zur Topographie der Appia und Ardeatina; 50 zur Entwicklungsgeschichte der Kallistkatakombe. Cäcilia: Lipsius, Chronologie der römischen Bischöfe 181. Duchesne, Lib. pont. II 56. Erbes in Briegers Zeitschr. für Kirchengeschichte IX 1887, 1. Kirsch, H. Cäcilia 1901.

[2] C. Praetextati. Felicissimus und Agapitus: de Rossi, Bull. crist. 1872, Tf. 4. Armellini, Scoperta d'un graffito storico 1874. Kanzler, Bull. crist. 1895, 172 Tf. 9—10.

[3] Sepulcrum Vibiae: Garrucci, Storia VI 172 Taf. 493. Maaß, Orpheus 1895, 209. Wilpert, Malereien 144. 392 Taf. 132. 133, 1.

[4] C. Sebastiani: Armellini, Descrizione delle cat. di s. Sebastiano 1895. Platonia: Marchi, Mon. 199. Armellini 745. Nur eine Translation: zuletzt Duchesne, Lib. pont. I pag. CIV. Lanciani, Pagan and christian Rome 131. 345. de Waal, Die Apostelgruft ad catacumbas Röm. Quart. 1894. Dagegen Marucchi, Bull. crist. 1895, 168; dafür Grizar, eb. 170.

[5] Via Ardeatina: Hülsen, Röm. Mitteilungen 1894, 320. Richter, Topographie der Stadt Rom ²71. Wilpert, Röm. Quart. 1894, 39 (Karte Seite 36). C. Balbinae: Wilpert, Röm. Quart. 1901, 32.

Crypta Damasi. Bischof Damasus ließ sich neben seiner Mutter Laurentia und seiner Schwester Eirene beisetzen. Die Krypta ist noch nicht gefunden.[1]

Coemeterium Basilei ad s. Marcum (et s. Marcellianum). Wilpert vermutet es in einer 1902 entdeckten Krypta zwischen dem Trappistenkloster und der Via Ardeatina; sie ist noch im vierten Jahrhundert zu einem kreuzförmigen Kultusraum ausgebaut worden und enthält in der Aspis die Spuren eines Steintisches, im linken Kreuzarm einen Doppelsarg mit einem dahinter ausgebrochenen kleineren dritten Grab, ferner an Malereien in der Grabnische eine kleinere Frauenfigur zwischen zwei Heiligen, im Arcosolbogen ein Christusmedaillon zwischen zwei Heiligen auf je einer Himmelsleiter. Durch Inschriften nicht beglaubigt.[2]

Coemeterium Domitillae, Nerei et Achillei ad s. Petronillam. Jenseits der Via delle sette chiese in der Tenuta di Tor Marancia (einst Praedia Amarantiana, nach Inschriften zeitweilig in Besitz einer Flavia Domitilla). Die Katakombe ist reich an Gemälden zum Teil früher Zeit; wir heben das Cubiculum Ampliati hervor. Die Basilica Nerei et Achillei et Petronillae fand de Rossi; ihre Identität ist durch Inschriften bezeugt. Eine beim Casale di Tor Marancia 1884 gefundene Treppe führt zu einer 1897 ausgegrabenen Krypta mit einem Gemälde von sechs Märtyrern; Marucchi glaubte hier die Gruft der H. Marcus und Marcellianus gefunden zu haben.[3]

Via Ostiensis (vor Porta San Paolo).

Coemeterium Comodillae iuxta basilicam s. Pauli ad ss. Felicem et Adauctum. Links der Via Ostiensis an der von Osten einmündenden Via delle sette chiese in der Vigna Villani (Serafini). Vom damasianischen Epigramm auf Felix und Adauctus ist ein Bruchstück gefunden. Von der hier bestatteten s. Emerita sah Boldetti ein Gemälde mit Namensbeischrift.[4]

Das Coemeterium Lucinae war oberirdisch; der Apostel Paulus wurde seinen Akten zufolge hier bestattet. Über seinem Grabe erhob sich später die Basilica s. Pauli.

Coemeterium Timothei in horto Theonae. Nach seinen Akten wurde er von Theona in ihrem Garten beim Grabe des Apostels Paulus begraben. Hinter der Apsis von S. Paul führt eine Treppe zu einer historischen Krypta ohne Kennzeichen; vielleicht ist es die des Timotheus.

Coemeterium Theclae. Am Ponticello di San Paolo bei der Osteria del ponticello in Vigna Serafini. Krypta mit übergebauter Basilika. Die Identität ist durch Inschriften nicht bezeugt.

Coemeterium bei Tre fontane (ad Aquas salvias), von Bosio als C. Zenonis an-

---

[1] Damasus: Wilpert, Röm. Quart. 1903, 72. 368.

[2] C. Basilei (Marcus und Marcellianus): Wilpert, Röm. Quart. 1902, 364; ders., Malereien 483 Taf. 214—216.

[3] C. Domitillae: (de Rossi) Roma sott. IV (ist in Vorbereitung). Tor Marancia: Biondi, Museo Chiaramonti III 77. Wilpert, Röm. Quart. 1901, 45. Pfuhl, Röm. Mitteilungen 1904, 1, 2. Cubiculum Ampliati: Leclercq bei Cabrol Dictionnaire I 1904, 1712.
Basilica: de Rossi, Bull. crist. 1874, 1 Taf. 4. 5; 1875.
Treppe: de Rossi, Bull. crist. 1884, 138. Krypta: Marucchi, Bull. crist. 1899, 8; 1900, 165; ders. Catacombes 128. Dazu Wilpert, Malereien 486, 1.

[4] Via Ostiensis: Stevenson, Bull. crist. 1897, 283. Borsari, Notizie scavi 1898, 452.
C. Comodillae: Bull. crist. 1904. Emerita: Boldetti, Osservazioni 542. Röm. Quart. 1904.

gesetzt, weil hier S. Zeno mit seinen Genossen getötet worden sein soll. Die Überlieferung sagt nichts von einem C. Zenonis.

Via Portuensis (vor Porta Portese, Trastevere). Alle Cömeterien dieser Straße liegen, des Flusses wegen, rechts.

Coemeterium Pontiani ad ursum pileatum. Im Monteverde. Durch Malereien mit Beischriften und durch Graffiti sind die Krypten der H. Milix und Pumenius, Abdon und Sennen bezeugt, auch ein Baptisterium.[1]

Coemiterium ad insalatos (insalatas Fulvio, insalsatos Notitia, mphalatos Laur.) ad s. Felicem. Noch nicht gefunden.[2]

Via Aurelia (vor Porta San Pancrazio).

Coemeterium (Octavillae) ad s. Pancratium. In der Villa Pamfili. Octavilla soll den Leichnam in ihrem Grundstück begraben haben.

Cömeterium der Lucina und der Heiligen Processus und Martinianus. Es wird in einer noch nicht ausgegrabenen Katakombe unter den Villen Pellegrini und Pamfili vermutet.

Begräbnisstätte der duo Felices. Noch nicht gefunden.

Coemeterium Calepodii ad s. Callistum. Darin war Bischof Kallistus begraben.[3]

Via Cornelia.

Coemeterium Vaticanum. An der Südseite der Straße lag der Circus Gai et Neronis. Petrus soll an der Nordseite der Straße beigesetzt worden sein; bei ihm fanden die Bischöfe bis Victor (202—218) ihre Ruhestätte. Über dem Petersgrab errichtete Konstantin die Petersbasilika. Reste eines oberirdischen Cömeteriums haben sich gefunden, aber keine unterirdischen Krypten und Galerien.

Die suburbicarischen Cömeterien schließen sich den stadtrömischen an; es sind die Katakomben im weiteren Umkreis bis höchstens zum 30. Meilenstein. Sie liegen an den Heerstraßen und bei den Orten des Rayons. Indem wir auf die neueren Katakombenverzeichnisse verweisen, heben wir nur einige namhaftere Stätten hervor.

Coemeterium Alexandri via Nomentana miliario VII.

Coemeterium Symphorosae via Tiburtina mil. IX.

Coemeterium Zotici via Labicana mil. X.

Coemeterium della Nunziatella (so modern genannt nach dem Kirchlein dieses Namens). Beim Forte Ardeatino. Via Ardeatina mil. IV.

Coemeterium Cyriaci via Ostiensi mil. VII. Dort ist eine Tenuta di San Ciriaco.

Coemeterium Generosae via Portuensi mil. VI, ad sextum Filippi (bei der Villa La Magliana). Hier lag auch der Hain der Arvalbrüder. Das Cömeterium entwickelte sich an den Gräbern der H. Simplicius, Faustinus, Viatrix (Beatrix). In den Trümmern der damasianischen Basilika fand sich ein Epistylfragment mit In-

---

[1] Coem. Pontiani, Abdon und Sennen: Cabrol, Dictionnaire I 1903, 42.

[2] C. ad insalatos: infulatos vermutet Tomasetti, Bull. crist. 1899, 77 mit Beziehung auf die infula (Tiara) der Perser Abdon und Sennen in einem Gemälde.

[3] C. Calepodii: de Rossi, Roma sott. I 165.

schrift: „Simplicio Fau]stino Viatrici". Die Benennung C. Generosae nur am Trans-
lationssarkophag von 683: positi sunt in cimiterium Generoses super Filippi.[1])

Italien außer Rom und seinem engeren und weiteren Umkreis. Das übrige
Mittel- und Oberitalien nebst den nördlich anstoßenden Ländern bietet wenig. Von
unteritalienischen Cömeterien sind nur die von Neapel bedeutend, vorzüglich die
von San Gennaro, S. Gaudioso und S. Severo. Sie fordern eine Publikation mit Auf-
gebot aller Mittel der archäologischen Technik. Reich an christlichen Begräbnisanlagen
ist Sizilien, besonders die Ostküste; vorzüglich wichtig sind die Katakomben von
Syrakus, die in der Vigna Cassia, die von San Giovanni u. a. Neuerdings haben sich
Paolo Orsi und Joseph Führer um die Erforschung der Denkmäler verdient gemacht.
Letzterer, der seine erste Reise als Stipendiat des deutschen archäologischen Instituts
machte, bereitete eine umfassende Publikation der Sicilia sotteranea vor, deren
Vollendung durch seinen frühen Tod unterbrochen wurde. Die Katakomben auf
Malta, welche viel Verwandtschaft mit den sizilischen zeigen, untersuchten von
deutschen Gelehrten Albert Mayr und Georg Stuhlfauth.

In Nordafrika (Algier und Tunis) forschen die Franzosen; bis jetzt sind nur
wenige Hypogäen bekannt geworden.[2])

In Griechenland hat sich bisher nur auf Euboea eine Katakombe finden lassen,
von den Cykladen kommt hauptsächlich Melos in Betracht. Kleinasien, in der
Geschichte der Ausbreitung des Christentums so intensiv hervortretend, hat noch
keine Katakomben dargeboten; wohl aber die Cyrenaica und Ägypten. Ebenfalls
Syrien mit Einschluß von Palästina; insbesondere ist Jerusalem zu nennen. Auch in
Mesopotamien fehlen sie nicht ganz.

Wohl hat sich das Christentum von Ost nach West verbreitet, soweit die Mittel-
meerländer in Frage kommen; und der Archäologe möchte gern diese ostwestliche

---

[1]) Suburbicarische Cömeterien: Stevenson bei Kraus Realencykl. II 114. Müller, Koimeterien 811. Armellini, Cimiteri 541. Marucchi, Catacombes 545.

C. Alexandri: Leclercq bei Cabrol, Dictionnaire I 1904, 1091.

C. Symphorosae: Stevenson, Scoperta della basilica di Sinforosa 1878. Studi e docum.
di storia e diritto I 1880, 105.

C. Zotici: Stevenson, Cimitero di Zotico 1876.

Nunziatella: Wilpert, Malereien 403.

C. Generosae: de Rossi, Roma sott. III 647. — Arvalen: Henzen, Acta fratrum Arvalium
1874. Wissowa in Pauly-Wissowa Realencykl. II 1463.

[2]) Mittel- und Oberitalien: Kraus, Realencykl. II 130. Armellini, Cimiteri 619. Müller,
Koimeterien 812. Kaufmann, Handbuch 90. Albano: Leclercq bei Cabrol, Dictionnaire I
1904, 1053.

Unteritalien: Bellermann, Über die ältesten christl. Begräbnisstätten und besonders die
Katakomben zu Neapel mit ihren Wandgemälden 1839. V. Schultze, Die Katakomben von San
Gennaro dei proveri zu Neapel 1877. Bull. crist. 1899, 106. 1900, 177. Kraus II 130. Müller 802.
807. 858. Armellini 697.

Sizilien: Kraus II 134 n. 30—38. Müller 802. 805. 852. Armellini 720. Orsi in den
Notizie degli scavi 1893. 1895—1898. Röm. Quart. 1895. 1897. 1900, 187. 1904, 235. Führer,
Forschungen zur Sicilia sotteranea in Abh. der Bayer. Akad. XX 1897 I 673; eb. XXII 1902 I 109.
Röm. Mitteilungen 1902, 110.

Malta: Mayr, Röm. Quart. 1901, 216. 352. Stuhlfauth, Röm. Mitt. 1898, 275 Taf. 9—10.
Müller 806. 856. Armellini 738. Caruana, Ancient pagan tombs and christian cemeteries in the
island of Malta 1898 m. Taff. Sardinien: Müller 807. Armellini 740. 758.

Nordafrika: Müller 805h. 851. Kaufmann, Handbuch 77 § 36.

Entwicklung an der Hand der Denkmäler verfolgen. Da aber unter den außerrömischen Cömeterien nur die Neapeler auf Entstehung in der Frühzeit Anspruch machen, und da doch schon in der apostolischen Zeit das Christentum in der Reichshauptstadt Fuß gefaßt hat, so stehen beim Studium der Katakomben die römischen ihrer vielseitigen Bedeutung entsprechend mit Recht in erster Linie.[1])

---

[1]) Griechenland: Lampakis, Mém. sur les antiquitées chrétiennes de la Grèce, Athènes 1902. In Athen besteht eine Gesellschaft für christliche Archäologie, Χριστιανικὴ ἀρχαιολογικὴ ἑταιρία, welche Berichte herausgegeben hat (Δελτίον περιέχον τὰς ἐργασίας τῆς ἑταιρίας), Athen 1892; vgl. Ath. Mitteilungen 1892, 280.

Euböa (Chalkis): Strzygowski, Röm. Quart. 1890, 2. Müller 813c. Kaufmann, Handbuch 88.

Kykladen (Melos): Roß, Reisen auf d. griech. Inseln III 1845, 145. Bayet, Bull. corr. hell. 1878, 347. Schultze, Katakomben 275. Kraus II 136. Müller 805i. 857. Kaufmann 89.

Kleinasien: Müller 804d. 844. Kaufmann 98.

Kyrene: Pacho, Relation d'un voyage dans la Marmarique, la Cyrénaique etc. 1827, 207. Smith and Porcher, History of recent discoveries at Cyrene 1864. Royal Soc. Lit. Transact. II. series, IX 1870, 135. Schultze, Katak. 286. Kraus II 136. Müller 805g. 850. Kaufmann 86.

Ägypten (Alexandria): Schultze 280. Kraus II 136. Müller 805. 848. Kaufmann 75. Leclercq bei Cabrol, Dictionnaire I 1904, 1125.

Syrien und Mesopotamien: Kraus II 136. Müller 804. 841. Kaufmann 105.

Bau der Katakomben.

Fossor.

Coem. Callisti.

Die Grundlagen für das technische Verständnis der Katakomben hat Giovanni Battista de Rossis Bruder Michele Stefano gelegt. Er war, wie sein Bruder, philologisch gebildeter Jurist, zugleich aber für Mathematik und Naturwissenschaft beanlagt und interessiert, daher doppelt befähigt, die wissenschaftliche Erforschung der Katakomben zu fördern. So hat er die geologischen Verhältnisse festgestellt, die für die Anlage der Katakomben maßgebend wurden, dann ihre Disposition und rechtlichen Grundlagen, endlich den Bau.[1]

Die Campagna di Roma, das Vorland der Stadt, besteht aus Ablagerungen submariner Vulkane, die in einer Vorzeit tätig waren, da allein der Apennin sich aus dem Meere erhob. Die Eruptivmassen, Schlacke, Asche und Sand, haben, im Wasser schwimmend gleichmäßig sich ausbreitend, Tufflager verschiedener Dichtigkeit gebildet. Einiges blieb lockerer Sand (arena), ein natürlicher Schlackensand, wegen seiner Schärfe der beste Sand zur Mörtelbereitung (genannt Puzzolana, nach der in Puteoli verschifften gleichartigen arena Puteolana, herrührend aus den Eruptionen des Vesuv); der Sand wurde in Gruben gewonnen, vielfach auch unterirdisch in unregelmäßig verlaufenden Stollen (Arenarien). Anderes ist harter Fels geworden, den die Römer zu ihrem Quaderbau verwendeten (lapis ruber, saxum quadratum; tufa litoide). Zwischen beiden Gattungen in der Mitte steht die dritte Art, der körnige Tuff (tufa granulare), weder loser Sand noch harter Fels, sondern mürbes Gebirg, weich genug, um sich leicht bearbeiten zu lassen, fest genug, um zu halten. In diesem körnigen Tuff legten die Christen ihre Katakomben an, unter möglichster Vermeidung der zwei anderen Gebirgsarten, des Sandes und des

---

[1] M. Stef. de Rossi: über ihn G. B. de Rossi, Roma sott. I 351; danach folgt seine Analisi geologica ed architettonica, mit besonderer Paginierung; dazu Taf. 32—40.

Geologischer Schnitt des Hypogäum der Lucina.
II—VI Vulkanischer Tuff mit den Katakomben.

Felsens; sie bevorzugten den körnigen Tuff zunächst wegen seiner Zweckdienlichkeit, zugleich aber schonten sie das für die Lebenden Nutzbare, ähnlich wie beispielsweise die Ägypter ihre Toten aus dem fruchtbaren Acker- und Gartenland des Niltals an den unfruchtbaren Wüstenrand brachten.

Nur vereinzelt sind Christen in Sandgruben beigesetzt worden, mehr in der Not des Augenblicks; die literarische Überlieferung erwähnt solche Beisetzung in Sand-gruben (in arenario, in cryptis arenariis, ad arenas, iuxta arenarium), daher in früheren Stadien der Forschung die irrige Meinung entstehen konnte, daß die Katakomben über-haupt gar nicht ursprünglich christliche Anlagen gewesen seien, sondern sekundäre Verwendungen heidnischer Sandgruben. Wohl aber ist vorgekommen, daß man bei Anlage und Erweiterung von Katakomben in die Netze von Arenarien geriet und sich so gezwungen sah, sie in das System der Katakombe einzubeziehen. Der unregel-mäßige Verlauf ihrer Stollen konnte freilich nicht auf den Fuß des rechtwinklig geradlinigen Galeriennetzes der Katakomben gebracht werden; aber die allzu breiten Gänge mit ihren bröckligen Wänden konnten durch vorgesetzte Futtermauern auf das Normalmaß verengt und zugleich befestigt, in dem Mauerwerk Plätze für Gräber aus-gespart werden. So geschah es unter anderem in den Cömeterien des Hermes und der Priscilla.

Unter der dreißig bis vierzig Meter starken Tuffschicht liegt der Ton und Mergelsand des alten Meeresbodens; bis in dies Tonlager betten sich die tiefeingerissenen Flußläufe.[1])

Die Katakomben sind die einzigen Denkmäler frühchristlicher Kunst; es ist dies ein Verhältnis, das sich in den alten Kulturgebieten ständig wiederholt, daß nämlich die Monumente der Gräberkunst, wo nicht die einzigen, so doch die zahl-reicheren und besser erhaltenen sind. Es beruht dies auf zwei Gründen; einmal darauf, daß die Menschen wohl überall durch ihre Jenseitsgedanken dazu geführt wurden, früher auf monumentale Gräber zu denken, als auf solche Häuser für ihre eigene Lebens-zeit und für die Götter; sodann darauf, daß die Gräber unter der schützenden Erd-decke sich auch besser erhalten als die Hochbauten über der Erde. Beides gilt ebenso für die aus dem Tuff gehöhlten Katakomben, die von Haus aus monumentaleren Charakter besaßen als die auch gefährdeteren frühchristlichen Wohnhäuser und Ver-sammlungsräume, von denen nicht die Spur übrig geblieben ist. Freilich müssen wir sofort hinzufügen, daß die etwaige Auffindung christlicher Räume aus den ersten Jahrhunderten über christliche Kunst uns schwerlich viel lehren würde; solche Räume waren in künstlerischer Beziehung kaum verschieden von den gleichzeitigen heidnischen.

Wie das ganze Christentum nur allmählich das geworden ist, als was wir es kennen, so ist auch die christliche Kunst ein Gewordenes, und sie ist dem Werden der christlichen Gedankenwelt erst gefolgt. Jesus hatte keinen Gedanken für Kunst, weder im Guten noch im Bösen, sie lag außerhalb seines Arbeitsfeldes. Hätte er länger gelebt, so würde sie vielleicht auch in sein Gesichtsfeld getreten sein, am ehesten wohl in Gestalt der Künstler. Der ganz allein auf die Seele zielende Sokrates wußte mit einem jeden fruchtbar zu reden, auch mit einem Zeuxis; nun denke man sich einmal Jesus in der Gesellschaft von Malern oder Baumeistern, man erinnere sich dabei, daß

---

[1]) Campagna di Roma: O. Richter, Topographie der Stadt Rom [2]24.

ihm, wie übrigens uns allen, das Schöne zugleich Sinnbild war, daß also sein im
Grunde fröhliches Herz doch Blick dafür hatte. Wie er persönlich sich dann über
Kunstschaffen und Kunst geäußert haben könnte, die Frage wird man als eine müßige
nicht aufwerfen; aber man darf aussprechen, daß die über ihn selbst schließlich hinaus-
führende Konsequenz seiner Gedanken wohl auf eine Verneinung jeder religiösen
Kunst hinauslaufen dürfte, nicht aber notwendig auf eine Verneinung der Kunst
überhaupt.

Erst eine ganze Weile nach Jesus' Tod entstand eine christliche Kunst; daß sie
dann doch eine religiöse Kunst wurde, will erklärt sein. Man kann es mit einem
Worte aussprechen, es liegt in ihrem christlichen Charakter selbst. Die Religion des
Jesus hatte sich um den Kardinalpunkt seines Todes umgedreht und sich umgesetzt
in eine Christusreligion; aus dem Träger und der persönlichen Darstellung der religiösen
Reform wurde er, oder vielmehr seine Potenzierung ins Himmlische, Gegenstand einer
neuen Religion, eines Christuskultus. Möglich war diese Umsetzung nur in der
hellenistischen Atmosphäre, in welcher die damalige Welt lebte, auch die jüdische; zur
vollen Entwicklung aber kam die neue Kultusreligion erst mit der Verpflanzung der
Reform in die heidnische Welt selbst. Hiermit wurde das Christentum nun auch in
eine kunstgewohnte und kunstbedürftige Welt verpflanzt, die mit ihrer antiken
Religiosität auch ihr antikes Kunstgefühl in die neue Lebensweise mit hinübernahm.
Ihren besonderen Inhalt endlich empfing die neue und letzte Phase der antiken
religiösen Kunst aus der vom Christentum genommenen Wendung zum Jenseitigen und
durch das Jenseits wieder zurück zum Diesseits: die Seligkeit des Verstorbenen im
himmlischen Paradies und in der künftigen neuen Welt, die Seligkeit, die er durch
den Christus gewann und die in der bleibenden Vereinigung mit ihm bestand; die
Auferstehung bildet in diesem Vorstellungskreis ein Moment von nicht immer gleich
starker Bedeutung.

Die christliche Kunst war also Grabkunst. Daher mußte, damit sie in Erscheinung treten konnte, noch eine Ursache wirksam werden, die trivial erscheinen
mag, aber in unserem Falle wichtig war: es mußten Tote zu begraben sein, nicht bloß
dann und wann, sondern täglich, regelmäßig, so daß ein fester Bestattungsbrauch und
eine typische Grabkunst sich ausbilden konnte. Das trat nun aber erst ein, als die
Christen der ersten Generation im ganzen abstarben; nehmen wir Jesus' Jünger als ihm
annähernd gleichalterig an, so mußten sie insgemein etwa mit Neros Zeit und bald
danach den Platz räumen. Die Leute der zweiten Generation, die Epigonen um die
Zeit der flavischen Kaiser, wurden ihre Totengräber, wurden ebendamit die ersten Be-
gründer der christlichen Kunst. Die Weiterbildung und breite Entfaltung der christlichen Kunst, nämlich der Sepulkralkunst in den Katakomben, erfolgte im zweiten und
dritten Jahrhundert. Im vierten setzte die Kultusreligion mit altneuem Hebel tiefer
ein, indem sie neben dem Christuskult die Verehrung der Märtyrer organisierte; in
diesem Bemühen war Bischof Damasus (366—384) epochemachend. Die regelmäßigen
Beisetzungen aber gingen in der zweiten Hälfte des Jahrhunderts, nur unter Damasus
in den Jahren 370—373 vorübergehend wieder gesteigert, zugunsten der oberirdischen
Friedhöfe zurück, um 409 mit der Einnahme Roms durch die Westgoten unter Alarich
ganz aufzuhören. Ende des fünften Jahrhunderts, in Theodorichs Zeit, begann die
Beerdigung innerhalb der Stadtmauer (in den Castra praetoria), im siebenten fing man
an, die Gebeine der Märtyrer aus den Katakomben zu erheben und in die Stadtkirchen

zu übertragen. So ging der Kultus in den Katakomben mehr und mehr zurück, um im neunten Jahrhundert zu erlöschen.[1])

Die Christen haben ihre Verstorbenen unverbrannt beigesetzt, wie die Syrer einschließlich der Juden, und wie die Ägypter. Wir wissen, das war der ältere Ritus gegenüber der jüngeren Leichenverbrennung. Letzterer Brauch trat als ein Kulturfortschritt auf und hat sich weithin verbreitet. Es ist nicht richtig zu sagen, das Begraben sei spezifisch semitisch gewesen, das Verbrennen unsemitisch; die Ausgrabungen zu Fara, Surgul und El Hibba haben hochalte babylonische Verbrennungsstätten kennen gelehrt, und selbst bei den Juden kam das Verbrennen vor, wenn auch nur als Ausnahme. Bei den Griechen hatte es sich in den Zeiten der homerischen Dichtung schon durchgesetzt, bei Etruskern und Römern geschah es erst später; die Särge der Scipionen legen für die Fortdauer des Beisetzens der unverbrannten Leiche Zeugnis ab, einzelne römische Familien haben sich bis in die letzten Zeiten der Republik dagegen gewehrt. In der Kaiserzeit aber, im zweiten Jahrhundert, sehen wir die ganze antike Welt zum Begraben zurückkehren, damals wurde der Sarkophag ein Massenprodukt der hellenistisch-römischen Kunst.

Die Jünger haben den gekreuzigten Jesus nach der jüdischen Sitte begraben, es heißt in einem Felsengrab; daß sie ihn unverbrannt beigesetzt haben, müssen wir annehmen, auch ganz unabhängig von der Überlieferung. Und so, unverbrannt, wurden alle verstorbenen Judenchristen begraben, danach auch die Heidenchristen, ohne Zweifel immer wieder in Befolgung der aus dem Judentum überkommenen Sitte. So hat das Christentum den Ritus des Begrabens unter Griechen und Römern vielleicht ein wenig früher wieder eingeführt, als die religiöse Reaktion heidnischerseits es zuwege brachte. Mag der Prioritätsstreit zugunsten der Christen entschieden werden: wenn die Christen ihre Toten begruben und damit zuversichtliche Jenseitshoffnungen verbanden, so standen sie damit im Strome des antiken Empfindens gerade auch ihrer Zeit. Und so oft heidnische Griechen Christen wurden und zum Begraben zurückkehrten, sofern nämlich sie es nicht schon vorher getan hatten, so beschleunigten sie nur den kultur- und kultusgeschichtlichen Prozeß, der auch innerhalb des Heidentums sich ohnehin vollzog.[2])

Die Herstellung der unterirdischen Cömeterien lag in den Händen der Gräber, Fossoren (Fossores, κοπιᾶται). Über die Arbeitsweise hat M. St. de Rossi Untersuchungen angestellt; sie läßt sich von den Denkmälern sozusagen ablesen, besonders wo Arbeiten unvollendet liegen blieben. Auf dem Reißbrett ausgearbeitete Pläne und raffinierte technische Hilfsmittel darf man bei ihnen nicht voraussetzen. Sie orientierten sich an den Schachten zum Herausschaffen des Schuttes und zum Einführen von Luft und Licht (Luminarien); vor Kollisionen mit bereits vorhandenen Kammern und Gängen wurden sie durch den andern Klang des Gebirgs bei Annäherung an solche gewarnt. Das Profil eines Stollens umrissen sie mit tiefen Einschnitten und holten dann die innere Masse heraus. War ein Gang ausgehöhlt, so teilten sie die Wandflächen durch ein Netz senk- und wagerechter Linien und zeichneten da hinein die Umrisse der Wandgräber. Dergleichen Liniennetze und Umschneidungen sind an mehreren

---

[1]) Die Katakomben von 409 bis zum neunten Jahrhundert: de Rossi, Roma sott. I 215 ff.

[2]) Fara: Orientgesellsch. Mitteilungen 1903 n. 17; vgl. eb. 1905 n. 27, 29 (ähnlicher Fund in Assur). Surgul und El Hibba: Koldewey, Zeitschr. f. Assyriol. 1887, 403. Maspero, Histoire I 685. Semiten und Juden: Studniczka, Archäol. Jahrbuch 1894, 238.

Stellen stehen geblieben, wo die Arbeit unvollendet abgebrochen wurde. In den Katakombenmalereien erscheinen die Fossoren öfter, auch an der Arbeit, mit Lämpchen und Spitzhacke; berühmt ist das Grab des Fossor Diogenes mit Bild und Epitaph (im Coem. Petri et Marcellini via Labicana). Die Fossoren sind von Haus aus als kleinere, später wohl, mit dem Wachsen der Katakomben, größer werdende Unternehmer oder vielleicht auch unternehmende Genossenschaften zu denken; im vierten Jahrhundert erscheinen sie unter die Kleriker eingereiht.[1])

Die Grüfte.

Die Katakomben nahmen ihren Ausgang vom Kammergrab. Das Kammergrab gehört zu den ältesten Typen der monumentalen Grabanlagen, ist aber seiner Natur nach ein Erzeugnis bereits höherer Kultur; folglich war und blieb die Gruft ein Vorrecht der Aristokratie, die aristokratische Grabform.

Der Mensch der Urzeit ließ die Leiche liegen und wechselte selbst den Ort. Oder wenn er sich schon fester angesiedelt hatte, so trug er sie in eine nahe Schlucht, oder wenn Gelegenheit war, wie in Ägypten, zum Wüstenrand, in allen Fällen wurde die Leiche eine Beute der Raubtiere. Hierbei galt es lediglich, die Leiche zu beseitigen. Waren aber erst, durch die Einbildungskraft, Vorstellungen von einem Fortleben in Gang gebracht, so trat die Bestattung ein, und mit ihr der Totenkult, in der Absicht, dem Verstorbenen im Jenseits Annehmlichkeiten zu verschaffen. War der Totenkult aber einmal fester Brauch geworden, so folgte ein weiteres: seine Vorteile, so imaginär sie für den Toten waren, sie leuchteten dem Lebenden ein, und er, der Lebende, sorgte nun beizeiten dafür, daß auch ihm sein Todesleben angenehm werde. So baute er sich selbst ein möglichst festes Grab, traf alle Vorkehrungen für reichliche Mitgabe und für pünktlich wiederkehrenden Grabeskult. Mit ihm aber gingen die Seinen, die Grabkammer ward Familiengruft.

Es bildeten sich verschiedene Typen des Kammergrabes aus. Gebirgsländer mit anstehenden Felswänden sind die Heimat des Höhlengrabes. Natürliche Höhlen wurden von den Menschen der Frühzeit in Benutzung genommen, zur Wohnung für die Lebenden, dann aber auch als bleibende Wohnung der Toten. Eine solche Höhle bei Hebron, sagt die Bibel (Mos. I 23. 25, 9 P), wählte sich Abraham zur Ruhestätte und zum Erbbegräbnis für die Seinen, das heißt, ein solches Höhlengrab stand im Ruhme eines vaterländischen Heroengrabes, welches den Nachkommen Anrecht auf das Land gab. In viel früherer Zeit haben die Ägypter das Grottengrab bereits künstlerisch ausgebildet, als ein Wohnhaus mit pfeilergetragener Vorhalle, alles aus dem gewachsenen Felsen gehauen; berühmt sind die Grottengräber zum Beispiel von Beni Hassan, in einer Felswand über dem Nil, wo das Gebirg nahe an den Fluß herantritt (es ist nur zu bemerken, daß hier Kombination des Grottentyp mit dem der unterirdischen Gruft vorliegt; denn der Tote wurde nicht in der Grotte selbst beigesetzt, die diente dem Totenkult, sondern in altägyptischer Weise in besonderer, tief unter dem Fußboden liegender Gruft). Berühmt sind auch die weit in den Berg

---

[1]) Fossores: G. B. de Rossi, Roma sott. III 533. M. St. de Rossi, eb. III 699. Kraus, Realencykl. I 537. Schultze, Katakomben 29. Müller, Koimeterien 823. 826. Wilpert, Malereien 520.

hineingetriebenen Stollen, die zu den Grabkammern der Pharaonen von Theben führen, die Syringen. In den kleinasiatischen Gebirgsländern finden wir die Grottengräber in Lykien, Phrygien, Paphlagonien; ihre architektonische Ausbildung ist nach Ort und Zeit verschieden gestaltet, bald mehr im Sinne von Zimmerwerk oder von Tischlerei in Verbindung mit Matten oder Teppichen, auch im Charakter des Säulenbaues. Im fernen Persien haben sich die Könige seit Darius in solche Felsgrüfte betten lassen; immer wurde die Fassade reich ausgemeißelt. Im Griechenland der Heldenzeit kommen die Felskammern vor, zahlreich bei Mykenä, bei Nauplia, auch in Attika fehlen sie nicht (Spata). In der klassischen Zeit traten sie zurück. Nach Maßgabe des Geländes hat man auch in Etrurien Felsgräber als Grottengräber hergestellt (Sovana u. a.). Wiederum finden sie sich im Osten, in der glänzenden Ausführung der hellenistisch-römischen Zeit, am reichsten, im üppigsten Barockstil, an den Felswänden Arabiens, bei Petra; modifiziert, aus dem Felsen herausgelöst und ganz freigelegt, so daß sie wie freistehende Hochbauten erscheinen, bei Jerusalem (die fälschlich sogenannten Propheten- und Königsgräber).[1]

Im ebenen Gelände entwickelten sich andere sepulkrale Typen, die oberirdische und die unterirdische Kammer; auch hier fehlt es nicht an Variationen und Kombinationen. Die oberirdische Grabkammer mag mit ihrer Wurzel bis in die früheste Urzeit zurückreichen, da man die Leiche am Orte des Todes liegen ließ. Damit verband sich weiterhin der Brauch der Bedeckung mit Erde; nach der Bedeutung des Mannes trugen mehrere Erde hinzu, und so häufte wachsend sich ein Erdhügel an, ein Tumulus. Verband sich hiermit die Idee des Wohnhauses für den Toten, so baute man erst eine Steinkammer um die niedergelegte Leiche und schüttete danach den Erdhügel darüber. Diese Entwicklung des Tumulus läßt sich in Phrygien verfolgen. Im Grundsatz verwandt, bei manchen Besonderheiten, sind die Riesenstuben und Heidengräber an unserer Nordküste, auf Rügen, in Dänemark und Schweden; sie reichen zurück bis in unsere Steinzeit. Die höchste Entwicklung megalither Tumulusgräber stellen in Griechenland die Tholoi der Heroenzeit dar (aus der Bronzezeit im zweiten Jahrtausend vor Christi Geburt): die hohen Kuppelgewölbe mit anschließender Kammer, halb in den Berg gegraben (das Hineingehen in den Berg nähert die Tholos dem Höhlengrab, das Tieferlegen des Fußbodens in der Halle nähert sie der oft halb in den Boden gegrabenen Hütte der Primitiven) und mit Erde überschüttet, so daß sie dem Gewölbescheitel folgend eine Art Tumulus bildet. Schliemann und seine Nachfolger haben sie ausgegraben, die Kuppelgräber zu Mykenä, Amyklä, Acharnä, Orchomenos und ihresgleichen.[2]

Aus dem Vergraben der Leiche entwickelte sich andererseits das unterirdische Kammergrab; wieder erfolgte die Entwicklung durch Aufpfropfen der Wohnidee auf das Grab. Die Ägypter haben, in ihrem „alten Reich", den Typus zuerst mit Kunst gestaltet. Die ägyptischen Aristokraten legten die Gruft tief im Schoß der Erde an

---

[1] Grotten zu Beni Hassan: v. Sybel, Weltg. [2]1903, 29. Syringen: eb. 40. Lykien: eb. 90. Phrygien: eb. 88 (Körte Gordion 1904) 420. Paphlagonien: eb. 88 (Vollmöller, Kammergräber 1901, 11. Leonhard Paphl. Denkm. 1903). Persien: eb. 144. Mykenä, Nauplia, Spata: eb. 44. Etrurien: eb. 517 (Martha l'art étrusque). Petra: Studniczka, Tropaeum Trajani 67. Jerusalem: v. Sybel, Weltg. 393.

[2] Phrygische Tumuli: Körte, Gordion 1904. Riesenstuben: v. Sybel, Weltgeschichte [2]53. 56. Tholoi: eb. 48.

und stellten da hinein den Sarg. Über dem Schacht aber, an der Oberfläche, warfen sie einen haushohen, mächtig gestreckten Grabhügel auf, von einem Steinmantel umschlossen; durch diesen Grabhügel (modern Mastaba) ließen sie den Schacht hinaufgehen und in der oberen Abdeckung münden, innerhalb des Hügels aber sparten sie einen Raum aus zur Kapelle für den Totenkult. Aus dem länglichen Hügel entwickelten die Pharaonen einen berggleichen Tumulus, stilgerecht dem Steinbau, in dem sie ihn ausführten, auf rechteckigem Grundriß, als Pyramide; für den Totendienst setzten sie einen eigenen Tempel davor. Anderwärts begnügte man sich mit der Grabkammer, der Kultus vollzog sich im Freien, vor dem Eingang. Später finden wir in Phönizien geräumige Grabkammern unter der Erde; über ihnen erheben sich ägyptisierend Pyramiden oder assyrisierend Kuppeln, das sind die „Spindelgräber" zu Amrith. Die Königsgruft von Sidon besteht aus einem Komplex von Kammern, darin die Fürsten in kostbaren griechischen Steinsärgen beigesetzt wurden, dem sog. Alexandersarg und seinen Genossen im Museum zu Konstantinopel. Die Griechen selbst haben in ihrer klassischen Zeit auch auf das Kammergrab verzichtet; sie begnügten sich, oberirdische Grabmäler aufzustellen, um das Andenken der Verstorbenen zu erhalten und zu ehren. In Etrurien aber hat das Kammergrab auch als unterirdische Gruft sich eine Reihe Jahrhunderte hindurch in Geltung gehalten. Im hellenistischen Ägypten finden wir es bei Alexandria (Sidi Gaber), die Römer in der Spätzeit der Republik und in der Kaiserzeit zogen das oberirdische Kammergrab vor; wir erinnern an das Grab der Scipionen an der Via Appia.[1]

Dergleichen Grabkammern waren die Keimpunkte der christlichen Katakomben, und auch später, nachdem diese sich zu umfangreichen Wegnetzen entwickelt hatten, blieben die Cubicula immer die Haupträume, ausgezeichnet durch ihre verhältnismäßig künstlerische Ausstattung, wie auch durch ihre wenigstens häufig erkennbare Bestimmung, hervortretenden Persönlichkeiten zur Ruhestätte zu dienen. Überwiegend in solchen Kammern waren die Orte, wo sich mit der Zeit der Kultus entwickelte, der insbesondere den Märtyrern dargebracht wurde. Wenn die Katakomben mit Einschluß der Cubicula nach Maßgabe der Zusammensetzung der Gemeinde anfangs mehr Personen geringeren Standes zum Begräbnis dienten, so hat der ursprüngliche aristokratische Charakter des Gruftbegräbnisses doch seine Geltung zu behaupten gewußt. Abgesehen davon, daß in der Gemeinde selbst die statutarische Brüderlichkeit den Unterschied der Stände nicht aufhob, so wurde in der antikerweise sich bald entwickelnden Hierarchie noch ein kirchlicher Vorzugsstand neu geschaffen, dazu in den Märtyrern, den christlichen Heroen, und in weiteren Kreisen den kirchlich anerkannten Heiligen, eine spezifisch jenseitige, also sepulkrale Aristokratie, in deren Verehrung die ganze suburbane Cömeterialpraxis zuletzt aufging.

Anlagen in Form von Grotten oder Stollen kommen bei den Katakomben seltener vor; bei der Wahl zwischen der Grotten- und der Gruftform sprach natürlich die Art des Geländes das entscheidende Wort. Zum Grottenbau eignet sich zerschnittenes Terrain mit steilen Hängen. Beispiele bieten die Katakomben von San Gennaro zu Neapel; sie haben den Anfang ihrer Anlage mit Grotten gemacht, auf die ursprünglich vielleicht die ganze Absicht allein ging. Die erste Katakombe beginnt mit einer

---

[1] Gruft. Mastaba: v. Sybel, Weltgeschichte ²22. Pyramide: eb. 23. Amrith: eb. 132. Sidon: eb. 214. 241. 258. 303. Etrurien (Chiusi, Corneto): eb. 140. 159. 372. Alexandria: H. Thiersch, Zwei antike Grabanlagen 1904. Scipionen: Mommsen CJL. I 11.

Halle (dem jetzigen Vestibül), der zwei Nebenräume anliegen, die zweite höher am
Berg gelegene, mit zwei hintereinander angeordneten Kammern, mithin einer Doppelkammer; aus dem vorderen Raum führen in der ganzen Breite der geöffneten Rückwand ein paar Stufen in den zweiten Raum hinauf; in den Stufen stehen zwei Pfeiler
zum Stützen der Decke. Ein Beispiel auch aus der Frühzeit der Katakomben, und
zwar eines entschieden aristokratischen Grottengrabes, bietet für Rom das Coemeterium
Domitillae; hier aber liegt wohl eine Grotte vor, doch ist sie mehr in Gestalt eines
Stollens ausgeführt. Er ist zwei Meter breit, doppelt so breit als wir die Gänge der
römischen Katakomben finden werden, und geht 20 m tief in den Berg, beiderseits
mit einigen großen Nischen zum Einstellen von Sarkophagen ausgestattet. Der Eingangswand ist ein Vestibulum vorgebaut mit Nebenräumen, der Raum links enthält
einen Brunnen und Wassertrog, der rechts eine umlaufende Bank.[1]

Die unterirdische Gruft ist der bei den römischen Katakomben weitaus vor-
herrschende, wir müssen sagen, fast ausschließlich angewendete Typus. Hier kann
man nicht aus dem Freien auf gleichem Boden in die Gruft eintreten, es bedarf eines
Schachtes oder einer Treppe, um von der Oberfläche in die Tiefe zu gelangen; Schachte
führten die Ägypter hinab, Treppen die Phönizier, die Etrusker, die römischen Christen.
Beispiel einer solchen Gruft aus früher Zeit ist die mit der Inschrift Ampliati im
Coem. Domitillae; in dem Inhaber, dem Namen nach einem Sklaven, vermutete de
Rossi den Ampliatus, welchen Paulus Röm. 16, 8 grüßen läßt, doch scheint die
Inschrift erst der Zeit Trajans anzugehören. Das Cubiculum war Familiengruft, wie
die unterhalb der ersteren Inschrift von dem Freigelassenen Aurelius Ampliatus seiner
Frau Aurelia Bonifatia im dritten Jahrhundert gesetzte Grabschrift ergibt. Die Gruft
war ursprünglich für Sarkophage bestimmt, später wurden Wandgräber darin angebracht.
Sie ist eine der Einzelgrüfte, aus deren Erweiterungen und endlichem Zusammenschluß
das Cömeterium der Domitilla erwuchs.[2]

Die vorstehend aufgeführten Cubicula waren ursprünglich wohl alle Familien-
grüfte von der Art, wie sie als Keimzellen und Ausgangspunkte für die Bildung der
Katakomben dienten. Aber auch später, in den schon bestehenden unterirdischen
Cömeterien, blieb das Cubiculum ein Vorzugsraum. So wurde Januarius, einer der
Söhne der an der Via Salaria nova bestatteten Felicitas, im Coem. Praetextati beige-
setzt; die Gruft ist durch Graffiti und eine damasianische Inschrift beglaubigt. Das
Martyrium der Familie fand unter Marc Aurel statt, und die ganz ausgemauerte
Crypta Januari (auch Crypta quadrata genannt) zeigt den Stil der Antoninenzeit,
nämlich der Backsteinbauten nahe der Appia, beiderseits über der Caffarella, des
Tempio del dio redicolo und von San Urbano hüben und der Grabbauten an der Via
Latina drüben; es hat nämlich an der Front gelbe Wände, rote Pilaster und Terra-
cottagesims. Das Innere ist quadratisch, mit vier Kappen überwölbt, in jeder Wand
wurde eine Nische ausgespart und rundbogig übermauert; von den drei Sarkophagen
sind Bruchstücke geblieben.[3]

---

[1] Neapel: Schultze, Katakomben von S. Gennaro Taf. 1.
    Domitilla: Bull. crist. 1865, 35 Plan. Kraus, Roma sott. 78 Fig. 8 Ansicht der Vorbauten.
(de Rossi) Roma sott. IV wird Genaueres bringen.
[2] Ampliatus: Bull. crist. 1880, 171. 1881, 57. Armellini 456. Marucchi 118. Leclerq
bei Cabrol, Dict. d'arch. chrét. fasc. 6 1904 Art. Ampliatus.
[3] Crypta Januarii: Bull. crist. 1863, 1. 1866, 16. Armellini 402. Marucchi 202.

Architektonische Ausbildung der Kammer ist selten. Abgesehen von Nachbildung des Kreuzgewölbes im Schnitt der Decke sind nur die Säulen zu nennen, die in einigen späteren Kammern aus dem gewachsenen Fels geschnitten wurden; in den Einzelkammern pflegen sie in den Ecken zu stehen oder auch ein bedeutenderes Nischengrab zu flankieren.[1])

Noch seien zwei Kammern des Coem. Callisti genannt. Aus dem dritten Jahrhundert eine mit lauter schlichten Wandgräbern, darin aber ruhen die römischen Bischöfe dieser Zeit (es ist die sog. Papstgruft). Aus dem Anfang des vierten das Cubiculum Oceani, dessen Bezeichnung der Deckenmalerei entnommen, dessen Inhaber aber unbekannt ist; er muß vornehm oder reich gewesen sein, denn die Kammer hat in seiner ersten Anlage nur ein Wandgrab im Fond erhalten (die sonst vorhandenen sind sekundär). Unsere Farbtafel II.[2])

Eine Sonderart von Kammern ist in den römischen Katakomben durch ein paar Beispiele vertreten, im frühesten Teil des Coem. Domitillae und im Coem. Agnetis. Durch einen kleinen, höher in der Wand gelegenen, verschließbaren Eingang kommt man in einen backofenartigen Raum mit einem Wandnischengrab und einer Steinbank davor. De Rossi dachte bei Besprechung des ersteren Beispiels, es sei hier das Grab des Jesus nachgebildet, wie die Evangelien es voraussetzen. Markus spricht von einer aus dem anstehenden Fels gehauenen Gruft, dessen auf gleichem Boden zu betretender Eingang mittels einer vorgesetzten hohen Steintafel verschlossen werden konnte. Bei Matthäus kommen einige nähere Bestimmungen hinzu: das Grab ist neu, Joseph von Arimathia hat es für sich selbst aus dem Felsen brechen lassen. Lukas betont die Neuheit und Unbenutztheit des Grabes. Johannes sagt, es habe in einem Garten bei der Kreuzigungsstätte gelegen; im folgenden scheint er vorauszusetzen, daß man nur gebückt hineinkommen konnte. Also ein künstlich hergestelltes Grottengrab, im Typus des oben erwähnten Grabes Abrahams zu Hebron, eventuell im hellenistisch-römischen Stil der ersten Kaiserzeit ausgebildet; der Körper wurde einfach auf den Boden oder auf eine Felsbank niedergelegt, weder ein Sarg noch irgend ein besonderer Leichenbehälter, sei es in der Wand oder im Fußboden, verträgt sich mit der zugrunde liegenden Vorstellung von der Auferstehung. Nun lag ja für Christen die Idee nahe genug, sich ihr Grab ähnlich bauen zu lassen, wie sie sich das Grab des Christus dachten, des Erstlings der Auferstehung, auf die auch sie hofften; möglich, daß auch die Erbauer der zwei in Rede stehenden römischen Grüfte unter dem Einflusse ähnlicher Gedanken standen. Nur darf man die Unterschiede zwischen dem Grab Christi und den zwei römischen Grüften nicht übersehen: dort wurde der Leichnam auf den Boden niedergelegt, während er hier ein Wandgrab vorfindet. Noch weniger geht es an, den gewöhnlichen Typus der Katakombenkammern durch die zwei Exemplare der besprochenen Sonderart von dem Grab Christi abzuleiten. Da wachsen die Differenzen weit über die Analogien hinaus.[3])

---

[1]) Säulen: Marchi, Architettura Taf. 19. 22. 27. 23. de Rossi, Roma sott. III Taf. 9.

[2]) Bischofsgruft: de Rossi, Roma sott. II Taf. 1—3. Armellini 366. Marucchi 138. Wir bringen Abbildungen gelegentlich des Märtyrerkultus. Cub. Oceani: de Rossi, Roma sott. II Tf. 27. 28.

[3]) Christusgrab: Mk. 15, 46. Mt. 27, 60. Lk. 23, 53. Joh. 19, 41. Domitilla: de Rossi, Bull. crist. 1865, 38. Agnes: Armellini, Cimitero di S. Agnese 87 Taf. 1.

Besondere Aufmerksamkeit erheischen die Doppelkammern, davon wir bereits oben in Neapel Beispiele trafen. Zwei Kammern liegen verbunden hintereinander; die Verbindung besteht meist in einem türartigen Durchgang, bisweilen aber auch in einer breiteren Wandöffnung. Sonst werden die Cubicula gern auch so angeordnet, daß sich zwei gegenüber liegen, zu beiden Seiten des Ganges; wenn dann jedes wieder verdoppelt wird, so kommen im ganzen vier Räume in einer Fluecht zu liegen. Als Beispiel der gewöhnlichen Doppelkammer seien aus dem zweiten Jahrhundert die Cubicula XY im Coem. Lucinae genannt; zahlreiche Kammern in verschiedenen Gruppierungsweisen findet man auf de Rossis Plan von San Callisto.[1]

Wir müssen sofort fragen, ob schon der vorchristliche Grabbau Doppelkammern kannte. Die Frage ist zu bejahen, Beispiele finden sich in allen Gebieten mit Kammerbestattung; bisweilen treten noch seitliche Anschlüsse hinzu, so daß ganze Kammergruppen entstehen. Man hat sich zu denken, daß eine überfüllte Familiengruft mittels hinten und seitlich angeschlossener Kammern erweitert wurde; in anderen Fällen hat auch schon die erste Anlage für weitergehende Raumbedürfnisse Vorsorge getroffen.

Ein Kammersystem von besonderem Interesse aus dem zweiten Jahrhundert hat Wilpert neu veröffentlicht, die Cappella greca im Coem. Priscillae; sie hat den Namen von zwei in ihr gefundenen griechischen Inschriften. Kommt man die Treppe herunter, so betritt man zuerst einen querliegenden Saal, von Wilpert als Atrium bezeichnet; er mißt 13 zu $3^3/_4$ m und ist von fünf antiken Kreuzgewölben gedeckt. Die Wandkompartimente öffnen sich teils in Nischen mit eingemauerten Leichenbehältern, teils in kleine Kammern; eine (F) hat drei Sargnischen, A ist unsere Cappella greca, zwei Kammern hintereinander, in ganzer Breite gegeneinander geöffnet, nur durch einen Gurtbogen auf Wandpfeilern geschieden, beide Kammern zusammen ein gegliederter, doch einheitlicher Raum. In den drei Wänden der hinteren Abteilung sind Nischen angebracht, die wie kleine Apsiden bilden und von Wilpert so aufgefaßt werden. Jedenfalls aber haben wir es da mit Nischengräbern zu tun, sei es, daß, wie de Rossi sagt, Sarkophage in den Nischen aufgestellt waren oder daß, wie Wilpert vorzieht, Troggräber im Boden der Nischen sich befanden; in der Fondnische glaubt er ein Kindergrab konstatieren zu müssen. Die Wände der vorderen Abteilung blieben ohne Gräber, dafür sind solche in und an die Erde gelegt, zwei in den Fußböden längs der rechten Wand der Gruft, zwei Doppelgräber längs der linken; da liegen je zwei Leichen übereinander, die obere auf der Deckplatte des unteren Behälters, wie denn alle Behälter mit Marmortafeln abgedeckt sind. Die geschlossenen Doppelsärge bilden eine Art Wandbank, die auch vor der mittleren Apsis hergeführt ist. Verwandte Denkmäler, aber aus dem dritten Jahrhundert, bietet das Coem. Ostrianum (bei Marchi Coem. Agnetis). Das bedeutendste ist eine Fluecht von fünf Kammern, die zu beiden Seiten des Ganges so verteilt sind, daß auf der einen zwei, auf der anderen drei Cubicula liegen. Jede dieser zwei Gruppen von Kämmerchen ist wieder durch Öffnungen der Trennungswände in einen einheitlichen Gruftraum verwandelt; nur Wandpfeiler blieben stehen, in welche Nischen eingehauen sind, wohl für Lampen; an anderen Stellen hat man die Wandpfeiler zu Dreiviertelsäulen gestaltet, wie dergleichen Grabarchitektur in den späteren Katakomben vereinzelt auch sonst vorkommt.

---

[1] XY: de Rossi, Roma sott. I Taf. 14 und 9. Plan: eb. II Taf. 59, kleiner wiederholt bei Kraus, Roma sott.

Gräber liegen in allen Wänden, außerdem läuft in der innersten Kammer der drei-
teiligen Gruft wieder eine Wandbank herum, darin Kinder bestattet waren. In der
Mitte der Rückwand aber steht in der Bank ein aus dem Tuff geschnittener Sessel.
Ähnliche Bänke und Sessel kommen in dieser Katakombe mehr vor, gleich in der
Nähe in der Crypta Emerentianae ein Tuffsessel an der linken Seitenwand vor dem
Grab der Heiligen, falls er nicht, was doch am nächsten liegt, zu dem Wandgrab
gehört, an dem er steht. In einer anderen Kammer stehen zwei „Sessel" vor den
Wandgräbern beiderseits der Tür, „Bänke" an den Seitenwänden.[1])

Die Tatsachen festgetellt, fragen wir wieder nach heidnischen Analogien, nach
Analogien also für Bänke und Sessel in Grabkammern und für ihre sepulkrale
Verwendung.

Die Leichen wurden in den Grabkammern niedergelegt, zunächst zur ewigen
Ruhe; in diese Vorstellung aber drängte sich die andere von bacchischer Seligkeit
auch im Jenseits, es entstand ein Gelage der Toten. Die Leichen also wurden nieder-
gelegt, auf den Boden, doch auf irgend einer Unterlage; hernach kam es auch vor,
daß man sie auf ihr Ruhebett aufgebahrt hinausfuhr und daß man das Bett mit der
Leiche so in die Gruft setzte. Solche Klinen haben sich gefunden, ein Bronzebett im
Grab Regulini-Galassi bei Caere, ein Holzbett mit Bronzefüßen in Civitella d'Arna bei
Perusia. Wir müssen aber fragen, ob nicht bisweilen der Tote in sitzender Haltung
auf dem Sessel, der dem Lebenden gedient hatte, in der Gruft deponiert wurde.
Ähnlich heißt es von Karl dem Großen, er sei thronend bestattet worden; und noch
heute werden in Griechenland die Bischöfe sitzend auf ihrer Kathedra, die dann als
Sella gestatoria dient, zum Grabe getragen. Vorkommende Sessel denken sich einige
Gelehrte als Ehrensitze für die Seelen der bestatteten Personen hingestellt; und man
wird dies als zutreffend ansehen dürfen, wo der Sessel auf das Grab gestellt ist (in
Tanagra scheint es Brauch gewesen zu sein). Aber die Sessel innerhalb der Grüfte
können auch anders gedeutet werden, und die gleich zu erwähnenden etruskischen
Sessel mit Aschenurnen fordern den Gedanken, daß einst Leichen sitzend bestattet
worden seien, geradezu heraus. Für solche und ähnliche Bräuche fehlt es auch nicht
an Zeugnissen. In Rom wurde bei feierlichen Begräbnissen die effigies des Toten
auf dem Sarge stehend mitgeführt; sollte dem nicht ein vorzeitlich barbarischer
Brauch zugrunde gelegen haben, demzufolge die Leiche selbst aufrecht zu Grabe
gebracht wurde?

War die Leichenverbrennung eingebürgert, so konnte der Verstorbene selbst
nicht mehr auf den Sessel gesetzt werden, sondern nur die Aschenurne; und
man gestaltete das Ossuar zu einer Art Bild des Verstorbenen, der nun doch auf
dem Sessel zu sitzen schien. In etruskischen Grabkammern fanden sich bronzene
Aschengefäße mit angesetzten Gliedern, dem Kopf und manchmal auch den Armen,
so auf Sessel gestellt (Aus diesen anthropoiden Ossuaren ist nach Milanis Hypothese

---

[1]) Cappella greca: Wilpert, Fractio panis 1895. Dazu Liell, Fractio panis oder coena coelestis?
1903, 18 ff.
Ostrianum, fünf Kammern: Marchi, Mon. Taf. 35. Marucchi 337 Plan.
Emerentiana: Marucchi 338 Abb.
Sessel an Tür: Kraus, Roma sott. 37 Fig. 6.

die römische Büste entstanden, deren Charakteristisches, im Unterschied von der griechiechen Herme, in dem Aufbringen des Kopfes auf einem Vasenfuß besteht).[1]

Wenn auch ursprünglich das im Leben benutzte Ruhebett dem Verstorbenen ins Grab folgte, so traten nachgehends doch, wie für die übrige Ausstattung, eigens für das Grab fabrizierte Surrogate an die Stelle. Ganz entgegengesetzt ging eine andere Tendenz, nämlich auf monumentale Ausführung: Holz und Metall wurden vertreten durch Stein. Aus Steintafeln zusammengesetzte Betten fanden sich in .Vetulonia. Von marmornen Betten haben sich Kopfbretter erhalten, eines ist im neuen kapitolinischen Museum, ein anderes im etruskischen Zentralmuseum in Florenz. Beide Kopfbretter sollten in architektonischem Rahmen Figuren zeigen, die aber am römischen Exemplar nicht ausgeführt sind; am Florentiner Kopfbrett sieht man in der Mitte Silvan zwischen jonischen Säulen unter Giebel, links einen Satyr, rechts einen Pan, je zwischen korinthischen Säulen, die auf dreiteiligem Kämpfer (Gebälkausschnitt) einen Flachbogen tragen. Schreiber hat den römischen Marmor als Bettlehne erkannt, Petersen zweifelt nur, ob diese Marmorbetten für Lebende bestimmt seien, etwa Sommers zu benutzen, oder für das Grab. Letzteres ist wahrscheinlicher. Gehören die Marmorbetten erst der Kaiserzeit an, so kam es schon viel früher vor, daß Klinen und Sessel direkt aus dem Tuff geschnitten wurden, die Klinen oder Bänke, um unverbrannte Leichen darauf zu legen, die Sessel zum Aufstellen der Aschenurnen. Beispiele finden sich in Etrurien, zu Cerveteri und sonst.[2]

Nun aber bleibt die Frage nach Bänken und Sesseln als Leichen- und Aschenbehältern; auch dies hat es in heidnischen Grüften gegeben. Grabkammern bei Eretria aus dem vierten Jahrhundert bieten Belege. In einer solchen Kammer steht vor der Mitte der Rückwand ein Marmorthron, und zu beiden Seiten stehen Ruhebetten von Marmor. Alle sind ausgehöhlt und bargen die Reste verbrannter Leichen nebst Beigaben; die Deckel waren bei den Klinen in Form und Farbe von Matrazen und Decken, beim Thron in solcher des Sitzkissens. Ähnliche Aschenbehälter fanden französische Forscher in Makedonien. Schließlich wollen in diesem Zusammenhang auch die in Grabkammern aufgestellten Sarkophage in Klinenform erwähnt sein. Etruskische Exemplare früherer und späterer Zeit verbinden hiermit eine künstlerische Reminiszenz an das Bestatten des Toten auf seinem Ruhebett, weiterhin auch eine Vergegenwärtigung des Gelages der Seligen: die lebensfrohen Etrusker ließen sich als Deckelfiguren des Sarkophags plastisch abbilden, wie gelagert auf der Kline, die Trinkschale in der Hand, in naturgetreuer und farbiger Darstellung (die jüngeren Exemplare halten an dem Klinentypus des Behälters nicht mehr streng fest). Der Gelagtypus

---

[1] Caere: Museo Gregor. I Taf. 15, 8. 9.
Perusia: Notizie d. scavi 1887, 86. Vgl. Martha, l'art étrusque 200. Vgl. auch die Dipylonvase mit der Ekphora. Mon. d. Inst. IX 39. — Sitzend bestattete Leichen: hierzu vgl. u. a. Brandenburg, Bayr. Ak. Abt. XXIII III 688 betreffend phrygische Grabsessel. — Seelensitze: Vollmöller, Griech. Kammergräber mit Totenbetten 1901 S. 48. 57.
Kopfvasen auf Sesseln: Milani, Museo ital. di antich. class. I. Martha 201.
[2] Vetulonia: Petersen, Röm. Mitteilungen 1891, 232.
Kapitol: Schreiber, Brunnenreliefs Grimani 1888, 13.
Florenz: Wissowa, Röm. Mitt. 1886, 161 Taf. 8. Vgl. Petersen, eb. 1892, 44—46. Cerveteri, tomba delle sedie: Mon. d. inst. II 19. Martha, l'art étrusque 200 Fig. 156.

ging bei den Etruskern von den Sarkophagen auch auf die kleinen steinernen Aschenkisten über, taucht auch an römischen Sarkophagen wieder auf. — Auch kommt das
etruskische Steinbild einer auf einem Stuhl sitzenden Frau vor; der massive Stuhl
enthielt ihre Asche. Spätlinge des ganzen Typus sind die Steinbilder der gelagerten
Männer und der sitzenden Frau in der Volumniergruft zu Perugia (neuere Ausläufer
sind Grabmonumente wie die der Medizeer zu Florenz). Seitdem die Männer gelernt
hatten, Schmaus und Trunk auf dem Ruhebett gelagert zu üben, während die Frauen
bei der älteren Sitte blieben und saßen, scheint der Sessel im Grabe den Frauen
vorbehalten; auch die Throne in der Gruft bei Eretria gehören ihren Inschriften zufolge
Frauen.[1])

Es macht bei dem ganzen Brauch offenbar keinen wesentlichen Unterschied, ob
Klinen und Sessel aus dem Hausgebrauch dem Verstorbenen zur Ruhestätte ins Grab
mitgegeben werden oder ob sie in Stein nachgebildet oder endlich aus dem gewachsenen
Gestein geschnitten sind. All das ergibt nur verschiedene Ausführungsarten desselben
Typus, ebenso wie die Schwankungen, im Auf- und Einlegen der Leiche, im Beisetzen
der unverbrannten Leiche oder der Asche nur Spielarten einer und derselben Sitte
sind. Es käme auch gar nicht darauf an, daß genau die von den Christen angewendete
Spielart (wie das bankbildende Troggrab) im Bereich des heidnischen Gräberkultus
sich nachweisen ließe, sondern darauf, daß die christliche Weise sich überhaupt im
antiken Geleise bewegt. Und das ist der Fall.

Die Bänke in den Katakomben sind Leichenbehälter; daneben konnten sie als
Ruhesitze für die Besucher der Gruft dienen, vorzüglich für die Hinterbliebenen, wie
noch heute an vielen Gräbern Ruhebänke aufgestellt werden, für die Angehörigen,
wenn sie an den Gräbern ihrer Lieben verweilen. Dafür dienten auch die Sessel,
schwerlich für die Seelen, sicher nicht für die Leichen; denn Sessel wie beim Grab der
Emerentiana und wie in der Fünfkammerflucht sind zu schmal, um ganze Leichen bergen
zu können, für Aschenbehälter oder Urnenträger aber hatten die Christen keine Verwendung. Dennoch haben sie, freilich nur vereinzelt, Sessel angeordnet, die uns nun wie
eine wenn auch unbewußte Reminiszenz an den Urbrauch anmuten, den Toten aufrecht
hinzusetzen mit dem Anstand, den er hatte, als er's Licht noch sah.

Damit wäre der sepulkrale Tatbestand erklärt, aus Gesichtspunkten der Sepul-
kralarchäologie; der archäologische Tatbestand stellt uns soweit vor keine weitere
Frage. Eine solche ist aber gestellt worden aus Gesichtspunkten sagen wir der
Sakralaltertümer. Marchi hat die Hypothese aufgestellt, jene Zwillings- und Drillings-
kammern seien Versammlungsräume gewesen, teils für Katechese und Beichte, teils für
Kultus, mithin hätten wir hier Katakombenkirchen für den regelmäßigen Gemeindegottesdienst anzuerkennen. Hauptgrundlage der Hypothese ist die erwähnte Fünfkammerflucht im Coem. maius (n. a. Ostrianum oder Agnetis). Das innerste Cubiculum
der Dreikammergruft erklärt Marchi für das Presbyterium; der aus dem Tuff ge-

---

[1]) Eretria: Kuruniotis, Ephimeris archaeolog. 1899, 221 Taf. 11. 12. Vollmöller, Athen.
Mitteilungen 1901, 332 Taf. 13—17.

Sarkophage: Vollmöller, Griech. Kammergräber 1901. Altmann, Architektur und Orna-
mentik der antiken Sarkophage 1902, 31. Ältere: Murray, Terracotta sarc. Taf. 9—11. Mon. d.
Inst. VI Taf. 54. Lincei Mon. VII Taf. 13. Jüngere Deckelfiguren aus Chiusi: Mon. d. Inst.
VI Taf. 60; XI Taf. 1. Aut. Denkm. I Taf 20. — Thronende Frau: Martha, l'art étrusque 337
Fig. 332. Volumnia: Conestabile, Sepolcro dei Volumni. Martha 352.

schnittene Sessel sei der Bischofsstuhl, die umlaufende Bank habe den assistierenden
Klerikern gedient, ein tragbarer Altar sei in der Mitte des Hufeisens aufgestellt
worden. Die zwei vorderen Cubicula, das Schiff der Kirche, durch das eine Wand-
säulenpaar vom Presbyterium gesondert, wies er den Männern zu, die gegenüberliegende
Zweikammergruft den Frauen; er zog sogar zwei benachbarte, sich wieder gegenüberliegende Kammern am selben Gang heran und sah in ihnen eine Art Vestibül der
Kirche. Eine zweite „Katakombenkirche", an der Salita del Cocomero, erschien wichtig
wegen ihres halbkreisförmigen Abschlusses als der Apsis.[1])

Die Hypothese hat viel Anklang gefunden und galt eine Zeitlang als gesichertes
Wissen. Und man glaubte in den Katakombenkirchen des dritten Jahrhunderts die
unmittelbaren Vorgänger und Keime der Basiliken des vierten gefunden zu haben.
Franz Xaver Kraus sagte in seiner Realencyklopädie I 1882, 116, es sei „als festgestellt anzusehen, daß in den Krypten der Katakomben im ersten und zweiten Jahrhundert nur ausnahmsweise Synaxen stattfanden, häufiger aber im dritten Jahrhundert
in der Zeit der Verfolgungen; im vierten Jahrhundert hat die Feier der heiligen
Geheimnisse in sepulcris nur den Charakter der missa privata." Sein Endurteil formuliert er in der Geschichte der christlichen Kunst I 1896, 260f.: „Gewiß begegnen
uns in diesen Kulträumen der Katakomben Elemente, welche auch in der späteren
Basilika wiederkehren; so die Stellung des Altars in einem Ausbau (Exedra), welcher
in dem zweiten der uns hier beschäftigenden Fälle halbkreisförmig ist; weiter die Ab-
trennung des Klerus vom Volk und allem Anschein nach auch die Trennung der
Geschlechter. Aber all dies reicht nicht hin, um einen direkten Zusammenhang mit
der Basilika herzustellen." Kraus lehnt also den Ursprung der Basilika aus der
Katakombenkirche ab und lehnt auch regelmäßigen Gemeindegottesdienst in ihr ab,
schon deshalb, weil die Räume hierzu viel zu beschränkt waren (eine Kammer ist
insgemein zwei Meter lang und breit); wohl aber nimmt er als zweifellos an, daß der
eucharistische Ritus von Zeit zu Zeit über den Gebeinen hervorragender Märtyrer hier
gefeiert wurde; es seien Kapellen, geschaffen für den Märtyrerkult durch Verbindung
mehrerer Gemächer; Bischofstuhl und Klerikerbank scheint er anzuerkennen. Nikolaus
Müller, ähnlich Kraus, lehnt den Kirchencharakter und jeden Gebrauch der Kammern
für die Gemeinde ab und glaubt nur die private Totenfeier dort abgehalten; hierfür
seien die steinernen Sessel und Bänke bestimmt gewesen, im übrigen war das nötige
Mobiliar von Holz und beweglich (Koimeterien 836. 877 Be). Waren heidnische
Grüfte als Triklinien der Toten eingerichtet, so wären die christlichen Grabkammern
Speisezimmer der Lebenden geworden für die Leichenschmäuse zu Ehren der Ver-
storbenen und zur mystischen Vereinigung mit ihnen und dem Christus im Ritus der
Eucharistie — all dies bliebe im Rahmen der Antike.

Was nun Marchis Hypothese betrifft, so kann es ja bestechen, wenn der Sessel
im Fond an der Stelle steht, wo wir später in den Basiliken den Bischofsstuhl in der
Tat finden; aber dies trifft nur für die eine Fünfkammerflucht zu, in der Crypta
Emerentianae steht der Sessel bei einem Wandgrab der Längswand; und in einer
anderen Kammer fanden wir zwei Tuffsessel und zwar beiderseits der Eingangstür.
An der Tür und den Längswänden aber läuft die Bank in der sogenannten Miltiades-
gruft (Coem. Callisti, Area IIa[3]), die von de Rossi nun nicht als Katakombenkirche

---

[1]) Marchi, Architettura 130 Taf. 17. 25; 182 Taf. 35. 36.

angesprochen wird. Bestechen könnte auch den einen oder anderen, daß Marchi eine
tragbare Mensa annimmt; es muß aber bemerkt werden, daß die Hypothese in Widerspruch steht mit der anderen, derzufolge in den Katakomben die Eucharistie auf der
Deckplatte der Wandtroggräber gefeiert worden sei. Marchi war genötigt, statt dessen
den Tragaltar anzunehmen, weil nämlich der Tuffsessel gerade vor dem zentralen
Wandgrab steht, mithin die rituale Benutzung seiner Deckplatte unmöglich macht.
Wir sahen, daß in den „Katakombenkirchen" kein Element vorliegt, das nicht in dem
Charakter des Raumes als einer Gruft seine Erklärung fände. Wir brauchen darum
eine rituale Benutzung nicht ganz auszuschließen; sie kann aber nur eine sekundäre
gewesen sein, hat daher weder auf die bauliche Gestaltung noch auf ihre erste
künstlerische Ausstattung Einfluß üben können. Um so weniger haben wir Ursache,
hier auf die sakralgeschichtliche Frage nach den in den Krypten vollzogenen Riten
einzugehen (vgl. hierzu Müller, Koimeterien 831 ff.).

Ein so wichtiger Bestandteil die Kammern auch waren, so beruht doch auf ihnen
weder die Eigenart noch die breite Entfaltung der Katakomben; vielmehr beruht dies
beides auf den Galerien, gelegentlich Krypten genannt, nach klassischem Gebrauch
(z. B. in Pompeji, im Gebäude der Eumachia, ist ein geschlossener Gang inschriftlich
so bezeichnet). Es sind dies mehr oder minder lange unterirdische Gänge, die zu den
Gräbern führen; durch diese Galerien wurden die Toten zu ihren Ruhestätten gebracht, durch sie gelangten die hinterbliebenen Angehörigen, Freunde und Verehrer
zu den Gräbern ihrer Entschlafenen. Außerdem aber dienten die Gänge, um mehr
Plätze für Leichen zu schaffen; in den hohen Wandflächen konnten mehrere Gräber
übereinander angebracht werden, und mit der Länge des Ganges wuchs der belegbare
Raum.

Den Galerien genau entsprechende Analogien aus der vorchristlichen Baukunst
gibt es nicht. Dürfen wir hier einmal von einer originalen Schöpfung der christlichen
Kunst reden? Fragt man bloß nach der technischen Form des unterirdischen Ganges,
so hat es dergleichen schon längst gegeben, z. B. die Wasserleitung des Königs Hiskia
zu Jerusalem; oder die andere Wasserzuführung, welche die Stadt Samos versorgte,
der Techniker Eupalinos legte sie an, im sechsten Jahrhundert vor Christus; ein
Tunnel führt sie durch den Bergzug im Rücken der Stadt. Unterirdische Gänge aber
von sepulkralem Charakter, die zu Grabkammern führen, gab es bereits in viel früherer
Zeit; solche führten beim ägyptischen Theben in das Innere des in Pyramidenform
gipfelnden Bergs zu den Gräbern der Pharaonen, welche die Griechen Syringen nannten.
Das sind bloß Vorläufer der christlichen Galerien gewesen, nicht ihre unmittelbaren
Vorbilder; und es fehlen ihnen die Gräber in den Wänden, die Gänge selbst waren
auch viel stattlicher gestaltet, als die so schlichten Galerien der Katakomben. Diese
mit Wandgräbern besetzten unterirdischen Gänge sind etwas Neues gewesen, etwas
spezifisch Christliches. Der technische Ausdruck für einen unterirdischen Gang war
griechisch χρυπτή (ὁδός), latinisiert crypta, unser Gruft, lateinisch cuniculus. Crypta
ist jeder unterirdische (oder oberirdische ähnlich geschlossene) Raum, ursprünglich wohl
ein gangartiger, ein Tunnel (z. B. durch die Umwallung des Stadiums zu Olympia,
durch den Posilipp bei Neapel), dann aber auch ein Keller, ein gewölbter Raum unter
den Sitzen des Circus, eine Kloake; ferner eine Gruft, endlich ein unterirdisches
Kultlokal, wie sie im Mithrasdienst üblich waren. Im christlichen Sprachgebrauch
wurde Crypta nicht bloß, wie Marchi meinte, für größere Grabkammern gebraucht,

sondern auch, nach Michele de Rossis Nachweis, für Gänge und synonym für Katakombe.[1])

Wir wollen nun sehen, wie aus Kammern und Gängen das System der Katakomben erwuchs. Wir werfen zuerst einen Blick in die Katakomben von Neapel,
deren Vorhallen wir bereits kennen. In Fortführung des mit ihnen Begonnenen trieb
man einen fünf Meter breiten Gang in den Berg; in der ersten Katakombe ist er
90 Meter lang, ein schmälerer Nebengang läuft parallel. Quer liegen viele Cubicula
an, die zum Teil sich wieder gangartig erstrecken; die am weitesten seitlich sich entwickeln, fallen auf durch ihre netzartige Ausbreitung, sowie durch ihre Schmalheit
(die schmalsten sind nur etwa einen Meter breit) und ihre dichte Besetzung mit Wandgräbern.[2])

Nun Rom. Zum Verständnis des Systems der römischen Katakomben hat
Stefano Michele de Rossi wichtige Grundlagen gelegt. Die Anordnung der Katakomben ist mitbedingt durch die Verhältnisse des Grundbesitzes. Wurde eine Begräbnisstätte innerhalb eines weitausgedehnten Grundeigentums angelegt, wie ein
solches beispielsweise die Praedia Amarantiana gewesen zu sein scheinen, so konnte sich
auch das Cömeterium ungehemmt ausbreiten. Anders bei parzelliertem Boden; da war
der Eigentümer nach allen Seiten beengt. Hatten die Gänge des unterirdischen
Cömeteriums die Grenzen des Grundstückes erreicht, so ließ sich weiterer Raum
dadurch gewinnen, daß man in größere Tiefe hinabstieg und ein zweites, nach Bedarf
auch ein drittes Geschoß anlegte. Daneben blieb noch der Weg offen, das Niveau
der Kammern und Gänge um ein paar Meter tiefer zu legen, wodurch dann mehr
Wandfläche zum Einlegen von Gräbern geschaffen wurde. Solche Nacharbeiten lassen
sich an den Monumenten erkennen; Michele Stefano de Rossi hat mit unermüdlichem
Spürsinn die Kriterien festgestellt und erprobt. Es ist lehrreich, an der Hand seiner
Analyse die Entstehung und spätere Entwicklung eines Katakombenkomplexes zu verfolgen; seine Arbeit bezog sich vor allem auf die Erstlingsentdeckungen seines Bruders,
das Coem. Lucinae mit der historischen Krypte des Bischofs Cornelius und das
größere Coem. Callisti, mit welchem jenes schließlich verschmolzen wurde.[3])

Den Keimpunkt, oder die Wiege des Coem. Lucinae bildet eine ursprünglich
vielleicht heidnische Grabanlage rechts an der Via Appia. Das Monument, heute eine
von zwei Zypressen beschattete Ruine, steht in der Reihe der die Appia weithinaus

   [1]) Hiskia: Kön. II 18, 17. 20, 20. Sirach 48, 17 (Kautzsch, Apokryphen 1900, 464). —
Eupalinos: Fabricius, Ath. Mitt. 1884, 163. — Syringen: Prisse d'Avennes, Hist. de l'art
égyptien I Taf. 8. — Crypta: M. de Rossi, Roma sott. I, Analisi 23; noch schärfer, gegen Marchi,
G. B. de Rossi, eb. III 424. Müller, Koimeterien 863. Mau bei Pauly-Wissowa, Realencykl. IV
1732. Inschrift in Priscilla: crypta undecima, pila secunda, Röm. Quart. 1904, 46.

   [2]) Neapel: Schultze, San Gennaro Taf. 8. 9 Pläne.

   [3]) Coem. Lucinae: Michele Stefano de Rossi, Analisi (am Ende von G. B. de Rossi, Roma
sott. I) Seite 53 ff. Taf. 32—40. Taf. 32, 3 zeigt den Plan der Lucinakatakombe in der ersten
Bauperiode, Taf. 32, 2 den Längsschnitt des Gangs B mit den Kammern C und E, Taf. 34 einen
geologischen Schnitt, Taf. 35—40 den Gesamtplan von Callist und Lucina, das Hauptgeschoß beider
Katakomben in Kreuzschraffierung, das Obergeschoß von Callist rot. Band II Taf. 51 gibt in
Fig. 2 noch einen geologischen Schnitt, Band III Taf. 42—45 gibt denselben vermehrt, elf Grund-
stücke verschieden koloriert, die Wege des Hauptgeschosses (secondo piano) weiß, die des Ober-
geschosses (primo piano) schraffiert. — Zu den von M. St. de Rossi Analisi 54 ff. behandelten
Formae monumentorum in Florenz und Urbino hat Hülsen eine dritte in Perugia gefügt, Röm.
Mitteilungen 1890, 46 Taf. 3.

säumenden Mausoleen der Kaiserzeit. Unser Monument stand in geräumiger Area, einst vielleicht von den üblichen Nebengebäuden begleitet, dem Triclinium funebre und der Custodia monumenti. Die Area monumenti maß 100 Fuß an der Straße (in fronte), vermutlich 50 in die Tiefe (in agro); dahinter noch ein angeschlossenes Grundstück (area adiecta) 180 Fuß tief. Das ganze Grundstück maß also 100 zu 230 Fuß. Das angeschlossene Grundstück wurde vom Eigentümer oder der Eigentümerin für Begräbnisse von Christen hergegeben oder von ihnen selbst dazu verwendet. Ziemlich in der Mitte der Area wurde eine Treppe Z in die Tiefe geführt, die nach einer Wendung in einen wiederholt umbrechenden Gang mündet; an ihm liegt erst die Doppelkammer XY und weiter ein anderes Cubiculum duplex LL, welches nachgehends zum Begräbnis des Bischof Cornelius hergerichtet wurde. Eine zweite Treppe a führt zu einem tiefergelegenen Geschoß hinab, das regelmäßig rostförmig geplant war. Seine zwei Längsgalerien gehen genau an den Grenzen der Area hin; von beiden Geschossen östlich vorstoßende Nebengänge laufen bald im Tuff tot, in Entfernung von einigen fünfzig Fuß von der Via Appia; daraus eben ist zu schließen, daß hier die Grenze der dem christlichen Cömeterium eingeräumten Area adiecta ihrem weiteren Vordringen Halt gebot. In einer späteren Bauperiode griff man zu dem Auskunftsmittel, die Fußböden um $2^{1}/_{2}$ Meter tiefer zu legen; so geschah es z. B. mit dem Gange B und der Kammer C, die damit eine ungewöhnliche Höhe erhielten; die nun hoch über dem neuen Fußboden schwebende alte Tür der Kammer wurde vermauert. Auf dem neuen Niveau setzte man dann die Ausgrabung fort und höhlte die Kammer E aus, von gewöhnlicher Höhe; der Umstand, daß sie auf dem tieferen Niveau liegt, verrät ihren späteren

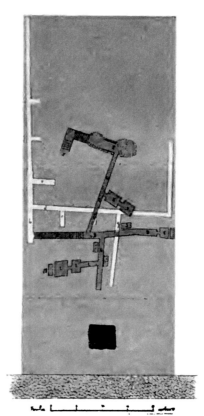

Hypogäum der Lucina.
Vorn die Via Appia, daran heidnisches Mausoleum; dahinter die Katakombe: aZL erster Stock, bd zweiter Stock.

Ursprung. Die Kammer E überschreitet zugleich, und so tun es andre Anlagen, die Grenze des Grundstücks, die mithin ihre Bedeutung verloren hatte. Endlich entsandte das nahe Coemeterium Callisti die Ausläufer seines obersten Geschosses bis über das erste Geschoß von Lucina und verband mit letzterem sein eigenes zweites und Hauptgeschoß.

Scharfsinnig haben die Brüder de Rossi die Entwicklungsgeschichte der Kallistkatakombe ermittelt und anschaulich sie dargelegt; neuerdings wurde von Wilpert einiges berichtigt.[1])

---

[1]) Coem. Callisti: de Rossi, Roma sott. II mit M. St. de Rossis Analisi geologica ed architettonica im Anhang. Dazu Taf. 53. 59. Die Bauperioden der Area I auf Taf. 53 Fig. 3—6. 2; die drei Areen in Fig. 1; vgl. aber Wilpert, Röm. Quart. 1901, 50 Neue Studien zur Kallistkatakombe.

Das Cömeterium setzt sich in seiner größten Entfaltung aus einer Anzahl von Grundstücken zusammen, die an zwei sich kreuzenden Verbindungsstraßen zwischen Appia und Ardeatina lagen. Das Cömeterium der ersten Area, von wo die Entwicklung ihren Ausgang nahm, entstand bereits im zweiten Jahrhundert; auch hier handelt es sich um ein oblonges Grundstück, das aber mit einer Langseite an der Straße liegt. Von der südlichen Schmalseite her wurden zwei Treppen A und B in

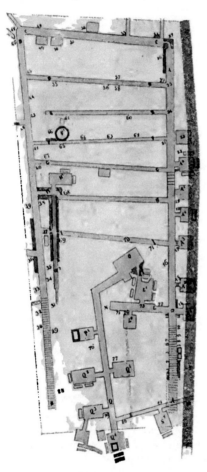

die Tiefe geführt. Die ganze Südhälfte des Areals blieb für Kammern vorbehalten, zunächst entstand das Cubiculum L^2; die Nordhälfte nimmt wieder ein rostförmiges Wegenetz ein. Wilpert zu folgen wurde noch im zweiten Jahrhundert gegenüber L^2 die Doppelkammer L^1O ausgebrochen, letztere wegen des nahen ersten Querweges J aus der Hauptachse verschoben; diese zwei Kammern wurden nun wichtige historische Krypten. O gilt als Gruft der heiligen Cäcilia, L^1 ist die berühmte Gruft römischer Bischöfe des dritten Jahrhunderts. An der Außenseite des östlichen Hauptwegs AA hatte man inzwischen, von Süden nach Norden fortschreitend, eine Reihe kleinerer Kammern A^1 bis A^6 successiv ausgehöhlt, die unter dem konventionellen Namen Sakramentskapellen gehen.

Zur Erweiterung des Friedhofs wurde sodann, im dritten Jahrhundert, jenseits der Straße, durch den Gang S mit der ersten Area verbunden, eine zweite aufgeschlossen. Ihr sehr breiter Hauptgang a, ein Querweg, biegt sich um in der Richtung nach dem Coem. Lucinae. An diesem Hauptgang zeichnet sich in zentraler Lage eine Kammer a^3 durch ihre Größe und durch eine an drei Seiten umlaufende marmorbelegte Bank aus; in der sekundär vergrößerten Fondnische stand der größte aller existierenden altchristlichen Sarkophage, der giebelförmige Deckel fand sich an Ort und Stelle. Aus topographischen Gründen glaubte de Rossi hier die

Coem. Callisti, erste Area.
Vierter Zustand. L^1 Bischofsgruft.
$A^{1—6}$ Sakramentskapellen.

Gruft des Bischofs Miltiades († 314) erkennen zu sollen.

Die zweite Area erhielt in nordwestlicher Richtung eine unmittelbare Fortsetzung in Area III; an ihrem Hauptgang o liegt die inschriftlich bezeugte Gruft des 311 gestorbenen Bischofs Eusebius (o^{10}). Dann überschritt man den an der Nordseite herlaufenden ostwestlichen Verbindungsweg zwischen Appia und Ardeatina, um weitere Grundstücke und unter ihnen Raum für neue Wegnetze zu erschließen, de Rossis Arenarium Hippolyti, Regio Liberiana und Coem. Soteridis, die aber eben nur Erweiterungen der Kallistkatakombe sind, übrigens von dem zwei- bis dreifachen Flächengehalt als die ersten drei Areen.

Es sei noch bemerkt, daß das erste Geschoß etwa 7,50 Meter tief liegt, das zweite 12 bis 13, das dritte 16 Meter. Wie nun in der Kallistkatakombe über dem

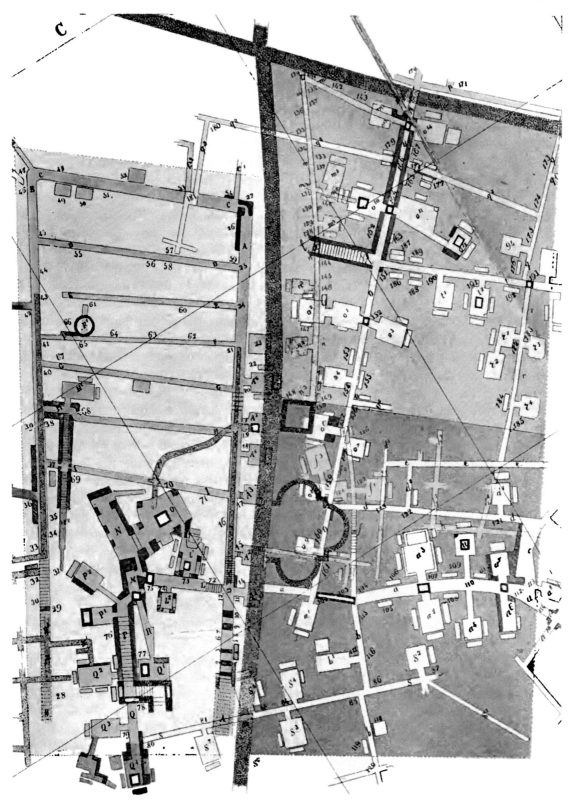

Coem. Callisti, Area I: L¹ Bischofsgruft, O Caecilia (?). A¹⁻⁶ Sakramentskapellen. — Area II: a³ Miltiades (?).
d¹ Oceanusgruft. — Area III: o Eusebius.

ursprünglichen Hauptgeschoß später noch ein Obergeschoß eingeschoben wurde, so hat man gelegentlich noch Zwischengeschosse eingeschaltet, so daß dann wohl vier bis fünf Geschosse gezählt werden.

In ähnlicher Weise, wenn auch nicht zu so großer Ausdehnung, haben sich auch die übrigen römischen Katakomben entwickelt, in die Tiefe und in die Breite. So legte sich der Gürtel des unterirdischen Roms um die Mauern der oberirdischen Stadt, in der Hauptsache zwischen dem ersten und dritten Meilenstein. Die Weiträumigkeit der Stadt macht es wahrscheinlich, was sich mehr und mehr zu bestätigen scheint, daß die meisten Katakomben mit ihren Anfängen bis in die frühchristliche Zeit zurückreichen.

Den alten Ritus des Begrabens, sagten wir, haben die Christen wieder aufgenommen, gemäß dem Zug der Zeit, der auch die heidnischen Griechen und Römer zum Beisetzen der unverbrannten Körper zurückführte. Doch liegt in der Anordnung ihrer Ruhestätten etwas Eigenes; in dem einheitlichen System der Katakombe ist etwas Neues, spezifisch Christliches, damit aber doch nicht aus dem Rahmen des Antiken Heraustretendes anzuerkennen. In baulicher Beziehung liegt der Unterschied in dem belegbaren Raume. Während in einer Kammer, wenn es hoch kam, kaum zehn Leichen Platz fanden, gewöhnlich aber weniger, in einer Kammergruppe entsprechend mehr, so gab es in einer Katakombe eine Mehrheit von Kammern und Kammergruppen, dazu aber kamen die Gänge, deren Wandflächen noch völliger ausgenutzt wurden als die der Kammern. Michele Stefano de Rossi hat für das Coem. Lucinae, allerdings in dessen letztem Ausbau, eine Belegung mit 2000 Leichen berechnet.

Vorchristliches in genau gleicher Art gibt es nicht. Vorkommende heidnische Massengräber sind doch verschieden; von vornherein ist hier abzusehen von den Polyandrien auf den Schlachtfeldern, wie dem bei Marathon oder dem bei Chaeronea. Auch von den Schachtgräbern auf dem Esquilin, den puticuli für die Proletarier; die von Horaz betonte Gemeinsamkeit (hoc miserae plebi stabat commune sepulcrum Sat. 1, 10) ist gerade nicht christlich. Ähnlich gab es bei den Juden Begräbnisstätten, die der Gemeinde zustanden, für die geringen Leute, für die Verbrecher und für die Fremden. Jojakim ließ den Uria hinrichten und auf den Leichenacker der geringen Leute werfen (Jer. 26, 23), also um den vornehmen Mann zu erniedrigen. Dagegen scheint Jes. 53, 9 ein Platz für Hingerichtete vorausgesetzt: „man gab (dem Knecht Jahwes) bei den Gottlosen sein Grab und bei den Übeltätern, als er dahinstarb“. Matth. 26, 7 aber hören wir von einer Begräbnisstätte für Fremde. All das enthält Elemente, die im christlichen Gemeindefriedhof wesentlich sind, dies Ganze aber ist etwas Neues.

Die heidnischen Grüfte könnte man nach ihrer ursprünglichen Abzweckung eher Einzelgräber nennen; denn wenn auch die Angehörigen des Eigentümers in der Gruft Aufnahme fanden, so geschah es eben deshalb, weil sie ihm gehörten und er sie auch im Tode um sich haben wollte. Tatsächlich aber wurden sie Familiengräber, die unter Umständen viele Generationen derselben Familie aufnahmen. Anfangs mehr auf dem Familienbesitz angelegt, bei städtischer Siedelung in oder am Hause, wurden sie bald vor die Stadttore verwiesen, wo sie sich entweder an den Rändern der von der Stadt ausstrahlenden Heerstraßen reihten, zu Athen vorzüglich vor dem Dipylon, zu Pompeji vor dem Herkulanertor, zu Rom an der Appia, oder in besonderen, mehr oder weniger entlegenen Nekropolen gruppierten, wie z. B. in Ägypten, Lykien, Etrurien.

Nun aber ist wichtig festzuhalten, nur das einzelne Monument hatte sakralen Charakter, nicht die Nekropole; sie war immer nur ein Aggregat von Familiengrabstätten, war nicht ein geschlossener und einheitlich verwalteter Gemeindefriedhof. Dies letztere blieb den Cömeterien der Christen vorbehalten: von Einzelkammern, von Familiengrüften haben sie ihren Ausgang genommen, aber sie haben sich zu Gemeindefriedhöfen entwickelt.

Der antike Familienvater erbaute die Gruft für sich und die Seinen, und zwar für die Nachkommen in unbegrenzter Abfolge (monumentum fecit sibi et suis posterisque eorum, sagen die Grabschriften); mancher nahm seine Freigelassenen in die Gruft auf (et libertis libertabusque suis); ein anderer stellte seine Gruft auch den Freunden zur Verfügung (et amicis caris meis). Dann aber vereinzelt auch einmal den Armen; ein Freigelassener des Hadrian widmete seine Gruft sich und seinen Freigelassenen, und der Barmherzigkeit (misericordiae), das heißt den Armen und Fremden. Im vermutlichen Bereich der Praedia Amarantiana haben sowohl heidnische wie christliche Verstorbene von den Eigentümern Raum zu Ruhestätten erhalten; dort gefundene heidnische Grabschriften danken dafür der Flavia Domitilla (ex indulgentia Flaviae Domitillae; Flaviae Domitillae, divi Vespasiani neptis, beneficio). Es ist nicht erkennbar, in welche Kategorie die Verstorbenen gehörten, ob der Freigelassenen oder der kleinen Leute. Über die Beisetzungshallen für Aschenurnen, die sog. Columbarien, wissen wir, daß einige von den Grundeigentümern für ihre Freigelassenen errichtet waren, andere von den korporativ zusammengeschlossenen Freigelassenen selbst aus eigenen Mitteln. Solcher Begräbnisvereine gab es viele.

Neben den kollegialisch geordneten Staatspriestertümern (collegia sacerdotum) gab es staatlich eingesetzte Kultgenossenschaften (sodalitates sacrae), nicht von Priestern, sondern von Verehrern oder Gläubigen einer Gottheit (cultores Jovis, Dianae etc.). Einst waren sie Geschlechterkulte, später wurden sie Genossenschaften beruflich oder örtlich Verbundener, die in Nachwirkung der einstigen Geschlechtsverwandtschaft unter den Mitgliedern der Kultgenossenschaft stets als in einer Art Verwandtschaft stehend gedacht wurden. Drittens gab es private Kollegien oder Vereine, die alle auch einen Schutzgott verehrten und in der Regel zugleich Begräbnisvereine waren. Dies hängt damit zusammen, daß die meisten sich aus den ärmeren Klassen rekrutierten (daher collegia tenuiorum). Die statutarische Bestimmung des Collegium salutare Dianae et Antinoi zu Lanuvium, wonach der monatliche Beitrag zur Vereinskasse für das Begräbnis verstorbener Mitglieder verwendet werden soll, erweist diese Collegia tenuiorum als Sterbekassen (Collegia funeraticia). Einige dieser Begräbnisvereine, wie der eben genannte, entledigten sich ihrer Aufgabe, indem sie beim Tode eines Mitgliedes eine bestimmte Summe (funeraticium) für die Begräbniskosten zahlten, andere, die im Besitz eines eigenen Monuments oder eigenen Begräbnisplatzes waren, besorgten die Bestattung selbst. Vereine mit gemeinsamem Monument (Ossuarium) waren an Feuerbestattung gebunden, während solche mit Begräbnisplatz auch Beerdigung zuließen. Bei den meisten Sterbekassen aber war die Aufgabe der Überlebenden mit dem Begräbnis noch nicht erfüllt, sondern sie pflegten wie jede Familie den Totenkult, man ehrte die heimgegangenen Mitglieder durch jährliche Totenfeste. Reichere Mitglieder vermachten dem Kollegium Legate, um sich regelmäßige Ehrungen zu sichern, Ehrungen teils in Gestalt von Gräberschmuck, teils von Gedächtnisschmäusen.

Auch die Vereine von Berufsgenossen sind hier zu nennen; nach antiker Weise hatten sie religiösen Charakter, wählten sich einen Schutzgott, zu dessen Verehrung gemeinsame Opferfeste veranstaltet, selbst eigne Tempel erbaut wurden. Auch diese Vereine bildeten gewissermaßen eine Familie im großen (vgl. die Ausdrücke pater, mater, frater, fratres et sorores, und die Satzung a nostro collegio dolus malus abesto); und sie waren in der Regel nebenbei Sterbekassen.

Unter den ordentlichen Ausgaben der Kollegien figurieren neben den Kosten des Vereinshauses und des Kultus besonders die zwei Posten für das Grabmonument oder den Begräbnisplatz (in Gegenrechnung kam der Erlös aus dem Verkauf von Plätzen an Nichtmitglieder) und für das Begräbnis sowie den Totenkult; er bestand in Opfern und Schmäusen, Bekränzen der Gräber, Unterhaltung einer brennenden Lampe auf dem Grabe oder im Monument, war aber öfter durch besondere Stiftung seitens des Verstorbenen gedeckt.

Das christliche Begräbniswesen nun wird sich so entwickelt haben, daß die Bestattungen anfangs in der jeweils landesüblichen Weise vollzogen wurden. Von früh an sind christliche Einzel- und Familiengräber entstanden; dergleichen finden sich zerstreut hier und da, auch in Rom. Inschriften geben Kunde, wie einzelne sich auf ihrem Grundbesitz Gräber errichteten, in ihren Gärten (in hortulis nostris secessimus), wie sie dem eigenen Grund und Boden ihre Körper anvertrauten (propriae terrae, de Rossi, Roma sott. I 109). Wiederum bezeugen Inschriften den Übergang der alten Weise zu Familiengräbern erweiterter Einzelgräber in das Christentum. M. Antonius Restitutus ließ eine Gruft herstellen für sich und, so fügt er hinzu, für die Seinen, die auf den Herrn vertrauen (fecit hypogeum sibi et suis fidentibus in domino). Der Charakter der sogenannten Familiengräber, im Grunde Einzelgrüfte zu sein, findet im vorliegenden Falle so harten Ausdruck, daß der Stifter des Hypogäums diejenigen von der Benutzung ausschließt, welche bei ihrer alten Religion bleiben würden.

Gleichfalls landesüblich war die Bestattungsweise, wie sie die Evangelien für den gekreuzigten Jesus voraussetzen. Und auch dies erscheint als typisch, noch über die Anfangszeit hinaus, daß ein Anhänger sich den Leichnam des Hingerichteten herausgeben läßt, um ihn in seinem Grund und Boden beizusetzen, sei es, daß dieser ihm schon zuvor gehörte oder erst zu dem Zwecke von ihm erworben wurde (Mk. 15, 42—47). Die Überlieferung läßt erkennen, welche Bedeutung für die Ausbreitung des Christentums einzelne ihm gewonnene reichere Häuser hatten, indem sie als Keimzellen für die Bildung neuer Gemeinden dienten; ebenso aber gaben Begräbnisstätten oder sonstige Grundstücke solcher Familien Ausgangspunkte für die Bildung christlicher Friedhöfe. In beiden Beziehungen treten Frauen besonders hervor; in den Paulusbriefen und der Apostelgeschichte stellen sie ihre Häuser und ihre persönliche Wirkungskraft der Mission zur Verfügung, in den Märtyrerakten begraben sie die Gerichteten in ihrem Garten oder sonst in ihrem Grundbesitz; verschiedene römische Katakomben führen ihren Ursprung auf solche Frauen zurück, welche in ihrem Eigentum für christliche Begräbnisse Raum hergaben. Wie bald nun und auf welche Weise die inzwischen geschaffenen Katakomben aus dem Privat- in den Gemeindebesitz übergingen, darüber sind wir nicht genügend unterrichtet. Erst um 200 finden wir ein Cömeterium im Besitz der römischen Gemeinde; es heißt, daß Bischof Zephyrinus den Kallistus über den Klerus und über „das Cömeterium" gesetzt habe, also doch wohl über eben dasjenige, welches seitdem, und vorzüglich wohl seit dem Bistum des

Kallist, unter dessen Namen geht. Unter Bischof Dionysius ging die Verwaltung der Cömeterien in die Hände der Presbyter über.[1])

Nun ist die Frage aufgeworfen worden, unter welcher Form, genau zu sprechen, unter welcher Maske die Gemeinde politisch existiert habe, da das Christentum als nach seinem Atheismus zu der religiös aufgefaßten Staatsverfassung in Widerspruch stehend eine nicht zugelassene und bei straffer Handhabung der Verwaltung unvermeidlich Maßregeln herausfordernde Religion war. De Rossi hat die Hypothese aufgestellt, die Christengemeinden hätten sich der Form von Begräbnisvereinen bedient, um unter diesem Namen Gemeindehäuser und Grundstücke für Beerdigungszwecke besitzen zu können. Die Hypothese hat besonders in Fr. X. Kraus einen warmen Fürsprecher gefunden, weite Kreise haben ihr Beifall gezollt. Indessen hat es nicht an Widerspruch gefehlt; schon früh trat V. Schultze gegen sie auf, und Sohms Kirchenrecht hat sie aufgegeben. Jedenfalls haben sich zwingende Beweise für sie nicht aufbringen lassen.

Wenn demnach die Hypothese vielleicht nicht standhält, wonach die römische Gemeinde unter dem Decknamen eines Begräbnisvereins eine Art Legalität gefunden habe, so erfüllte die Gemeinde doch tatsächlich den Zweck solcher Sterbekassen und teilte mit ihnen den Charakter einer Familie aus Konvention. Es ist derselbe Geist der Brüderlichkeit, wie wir ihn in den Kollegien und insbesondere den Begräbnisvereinen sich herausbilden sahen, der auch in der Genossenschaft der Christusverehrer waltete, nur daß er hier grundsätzlicher gefaßt war, weiter und tiefer wirkte. Es ist insoweit nicht unzutreffend von V. Schultze gesagt worden, die Entwicklung des Familiengrabes zum Gemeindefriedhof, wie sie christlicherseits sich vollzog, bedeute eine Abwendung von dem antiken Egoismus und Aristokratismus und sei als die große Tat des neuen Geistes zu beurteilen, welchen das Evangelium in der Welt gewirkt habe. Man wird aber nicht übersehen dürfen, worauf wir bereits hinzuweisen Anlaß hatten, daß der Gedanke des Demokratismus nichts absolut Neues war, sondern wie im Israelitismus so im Griechentum längst sich zu entfalten begonnen hatte. Andererseits war das Christentum wohl grundsätzlich demokratisch, insoweit es seine Mitglieder vor der Moral, vor dem Ritus und im Grabe gleichstellte. Tatsächlich aber hat auch das Christentum dem Aristokratismus nicht sein Ende bereitet, was ja auch nicht seine Aufgabe sein konnte, wie es unter dieser Sonne niemals Ziel sein kann; sondern das Christentum hat auch wieder nur neue Aristokratien an die Stelle der alten gesetzt, in den Klerikern und Mönchen eine Aristokratie unter den Lebenden, in den Märtyrern und anderen Heiligen eine zweite unter den Toten. Beides ist der Art nach nicht blos antik, sondern auch heidnisch. Auch sollte man nicht so absprechend von heidnischem Egoismus im Gegensatz zu christlichem Altruismus reden. Letzterer tritt in spezifische Erscheinung in der auf das diesseitige Leben zielenden christlichen Ethik, wo er allerdings bis zur Überspannung gesteigert ist, wie ja auch ihre Geschlechtsmoral überspannt wurde bis zur Empfehlung der Enthaltung in der Ehe und der Ehelosigkeit selbst. Aber gerade im Jenseitsglauben und im Begräbniswesen tritt auf seiten der Christen kein höherer Grad von Altruismus hervor, als bei den Heiden. Familiensinn und Brüderlichkeit sind überhaupt nichts spezifisch Altruistisches; sondern

---

[1]) Zephyrinus: Philosophum. IX 11. De Rossi, Roma sott. I 197. II 370. Dionysius: Notiz im Lib. pontif. Vgl. Müller, Koimeterien 824.

die sich balancierenden Grundkräfte Egoismus und Altruismus wirken da harmonisch ineinander.

Eins aber darf nicht mit Stillschweigen übergangen werden, die Bedeutung der Katakomben für die christliche Propaganda. Wir wissen, welchen Wert der antike Mensch auf ein angemessenes Begräbnis und auf dauernden Totenkultus von Haus aus und in der Kaiserzeit wieder zunehmend legte. Nun ist hierin das Christentum so völlig antik, daß es gerade diese Sorgfalt in Behandlung der Toten übte und das in Hinblick und Hoffnung auf ein seliges, ewiges Leben. Daher begreift man die Aussage des Kaisers Julian über die Gründe der raschen Ausbreitung des Christentums, daß neben der Mildtätigkeit vorzüglich seine Sorgfalt für die Toten es war, welche ihm rasch Anhänger gewann. Vollends wirksam wurde dies, nachdem die Gemeinde die Friedhöfe übernommen hatte und die Gesamtheit für das Grab jedes einzelnen bürgte, wie der Christus bürgte für die Seligkeit ihrer aller. Für viele muß die Bedeutung und der Wert des Christentums ganz auf diesem Gebiete gelegen haben; die Entwicklung, welche das Christentum genommen hatte, führte dazu, und die Monumente scheinen die Tatsache zu bestätigen.

Bestand nun die Gemeinde tatsächlich, einerlei unter welchem Namen, als eine geschlossene Körperschaft mit dem Charakter einer großen Familie, so ergab sich als unmittelbare Folge die Abgeschlossenheit der Gemeinde (nicht ohne weiteres auch der einzelnen Mitglieder) gegen alle Nichtmitglieder, eine Exklusivität, die sich bis auf den Gemeindefriedhof erstreckte und zwar mindestens mit derselben Schärfe, wie sie für jede andere antike Familiengruft zu Recht bestand. Sobald die „neue Welt" sich zu einer politisch organisierten Konfession und Kirche verdichtet und verengt hatte, unterlag sie der Konsequenz dieses geschichtlichen Prozesses, sie mußte die Grundsätze des politischen Lebens selbst in Gebrauch nehmen, welche ihr eigenster Grundsatz grenzenloser Menschlichkeit doch aufgehoben hatte.[1])

Die Gräber.

Nach den Kammern und Gängen betrachten wir die Gräber. Es handelt sich um die Bestattung unverbrannter Leichen. Kulturgeschichtlich hat man zu unterscheiden zwischen der Beerdigung an sich und der vorgängigen Bergung in einem Sarg. Die Beerdigung erfolgt auf ebenem Boden in einem mehr oder minder flachen Schachtgrab (Senkgrab), über dem nachher die herausgehobene Erde zu einem Hügel aufgeschüttet wird. In felsigem Boden wird ein entsprechender Hohlraum ausgehauen,

---

[1]) Collegia: Theod. Mommsen, De collegiis et sodaliciis Romanorum 1843. Marquardt, Röm. Staatsverwaltung[2] II 110. III 135. Schieß, Die röm. collegia funeraticia nach ihren Inschriften 1888. Liebenam, Zur Geschichte und Organisation des röm. Vereinswesens 1890. Waltzing, Étude historique sur les corporations professionelles chez les Romains (in den Mém. cour. de l'acad. roy. de Belge) 4 vols. 1895 ff. (darin I 17 die vollständige Literatur). Kornemann bei Pauly-Wissowa IV 380. — De Rossi, Roma sott. III 512. Kraus, Realencykl. II 106. Waltzing I 150. 314. 319. V. Schultze, De Christianorum veterum rebus sepulcralibus 1879. Müller, Koimeterien 838. R. Sohm, Kirchenrecht I 8. 104. — Vgl. Heinricis Hypothese von der Anlehnung der frühchristlichen Gemeindebildung an die Formen der religiösen Genossenschaften der Griechen, Zeitschr. f. wiss. Theol. 1870, zuletzt Theol. Stud. und Krit. 1881, 505. — Vgl. auch Rhode, Psyche 628, 1.

der einem Trog ähnlich sieht und Troggrab genannt wird; man pflegte ihn mit einer aus dem anstehenden Gestein gewonnenen Steinplatte oder kostbarer mit einer Marmortafel zu bedecken und zu verschließen. Soll aber die Leiche in einem besonderen Behälter geborgen werden, so verwendet man entweder ein dafür geeignetes Gerät, eine Kiste oder Truhe, eine Wanne, einen Trog (zur Bergung der Asche verbrannter Leichen ein tönernes oder metallenes Gefäß), oder man fertigt eigens für den Zweck einen Sarg (eine Art Troggrab) von Holz oder Metall. Alle Typen können in Stein nachgebildet werden; es kann Sand- oder Kalkstein oder Tuff sein, in den klassischen Ländern und wo die klassische Kunst zu Hilfe gerufen wurde, wie in Sidon, nahm man gern Marmor, in Ägypten und in der spätantiken Kunst auch Hartsteine, Granit, Porphyr und dergleichen.

In der altchristlichen Kunst, zunächst in den Katakomben, begegnen verschiedene Formen von Leichenbehältern, reichere und schlichtere. Die kostbarste und vornehmste Art war der Sarkophag, die vollkommenste Anordnung aber bestand in der Aufstellung des Sarkophags in einer Wandnische der Gruft; der Typus wurde in den hellenistisch-römischen Mausoleen gern angewendet, neuerlich ist eine derartig behandelte Gruft von Alexandria veröffentlicht worden. Auch in den römischen Katakomben findet sich die Anordnung, so in dem frühchristlichen Ambulacrum des Coem. Domitillae und im ältesten Teil des Coem. Priscillae; Bruchstücke der Sarkophage haben sich in den dortigen Nischen vorgefunden. Die in anderen Katakomben vorkommenden Sarkophagreste sind aus späterer Zeit. Die Idee einer mit Sarkophagen in Nischen besetzten Gruft veranschaulicht gut eine Katakombe von Kyrene; hier sind die architektonischen Formen reicher ausgebildet, die Nischen schließen mit Halbkuppeln.[1]

Ein zweiter Typus ist das Arkosol (arcosolium Bogengrab, von arcus Bogen und solium Thron, Wanne). Das Arkosol ist ein in die Wand gelegtes Senkgrab; damit seine Öffnung zugänglich sei, muß darüber eine Nische offen bleiben, die in der Regel mit einem Rundbogen schließt, öfter aber auch wagerecht bei senkrechten Leibungen (in Sizilien kommt auch eine trapezförmig gezeichnete Nischenform vor). Die Öffnung des Trogs pflegt mit einer Marmorplatte abgedeckt zu sein. Wollte man ein Doppel- oder Drillingsgrab haben, so war nur nötig, der Nische mehr Tiefe zu geben, um in deren Boden die gewünschte Anzahl Tröge aushöhlen zu können. Ein Doppelgrab heißt mit hybrid gebildetem Wort bisomus (von σῶμα), ein Drillingsgrab trisomus locus usf.[2]

Es gibt Übergangsformen zwischen der Nische mit eingestelltem Sarkophag und dem Nischenwandgrab (Arkosol). Eine im Bau vorgesehene Nische wird wohl im unteren Teil vermauert; dadurch entsteht hinter der Abmauerung ein Trog, der nur der Abdeckung mit Marmorplatte bedarf, um ein Arkosol vorzustellen. Dies Vorkommen regt die Frage an, ob etwa der Typus des Arkosols überhaupt entstanden sei aus demjenigen der Nische mit eingestelltem Sarkophag. Die zwei Elemente, die da nur gesellt erscheinen, wären im Arkosol verschmolzen und einheitlich aus dem gewachsenen Felsen gewonnen. So würde das Arkosol eine aus dem reicheren Typus

---

[1] Alexandria: v. Bissing, Kom el Chougafa Taf. 2.
Ambulacrum: de Rossi, Bull. crist. 1865, 32.
[2] Arkosolien und Bisomen z. B. bei de Rossi, Roma sott. II Taf. 51 Fig. 5—7. III Taf. 15 und in den Handbüchern. Schultze, Katakomben 76.

des Sarkophags in Nische vereinfachte Form darstellen. Nun aber wird es nötig, dem
Ursprung des Arkosols weiter nachzuforschen. Da wird man die Hypothese wagen
dürfen, daß es nicht spezifisch christlich sei, sondern gemein antik. Tatsächlich gibt
es heidnische Beispiele, noch nicht viele; diese aber kommen an so verschiedenen
Punkten vor und in so verschiedenen Zeiten, daß man berechtigt scheint, nach Mittel-
gliedern zu fragen. Aus älterer Zeit sind die Gräber der persischen Könige aus der
zweiten Dynastie anzuführen, des Darius und seiner Nachfolger. Während Cyrus sich
ein freistehendes Mausoleum hatte errichten lassen, in Form eines steinernen
Giebelhauses auf umlaufenden Stufen, in der Mitte eines mit Säulengang umgebenen
Haines — der Sarg stand in der Kammer des Giebelhauses, zog Darius die Form des
Höhlen- oder Felsengrabes vor (Felsgräber von Naksch-i-Rustem). Die Fassade wurde

Zwei Spielarten des Wandnischengrabs (sepolcro a mensa): 1. in rundbogiger Nische (Arkosol), 2. in oblonger Nische.

in Relief architektonisch und figürlich verziert, eine Tür zwischen den Halbsäulen
führt in den orientalisch querliegenden Felsensaal. In dessen Rückwand öffnen sich
nebeneinander drei große Arkosolien, jedes ein arcosolium trisomum; als Hauptgrab
darf man vielleicht das vorderste des der Tür gegenüberliegenden Arkosols bezeichnen.
Hier ist die Idee des Arkosols in früher Zeit bereits großartig verwirklicht. Man
erinnere sich aber, daß die Perserkönige zu ihren baulichen Unternehmungen immer
griechische Künstler zu Rate gezogen haben, vermutlich jonische, und zwar muß es
schon Cyrus getan haben; die Profile am Giebelhaus sowie die Arbeit an den Säulen
des Peristyls beweisen es. Senkgräber im Boden von Wandfachgräbern, mit einer
Steinplatte gedeckt, gibt es in Etrurien, in Cerveteri. Sodann haben sich gelegentlich
der archäologischen Erforschung der Insel Thera bei der antiken Stadt lehrreiche
Felsgräber gefunden (zu Exomyli), darunter solche in Form von Nischen in architektonischem Rahmen; in zweien standen Sarkophage, in einer dritten war in einer
stehen gelassenen Stufe ein länglich ovaler (anthropoider) Trog ausgehauen. Dies
ergibt den Typus des Arkosols. Der architektonische Rahmen besteht in einem Rundbogen innerhalb zweier Parastaden unter Gebälk und Giebel; die Anordnung des
Rahmens mit eingeschlossenem Rundbogen kam in der attischen Grabkunst des zweiten

Jahrhunderts vor Christus auf. Der Bearbeiter der antiken Gräber von Thera, Dragendorff, hat aus dem Studium jener Felsnischen denselben Schluß gezogen, zu dem uns gewisse Erscheinungen in den Katakomben geführt hatten, das Arkosol sei durch ein Zusammenwachsen von Nische und Sarkophag entstanden. „Alle Elemente," sagt Dragendorff, „aus denen sich die Arkosoliengräber zusammensetzen, sind schon in späthellenistischer Zeit auf griechischem Boden vorhanden." Auf griechischem Boden, diese Worte richten sich gegen eine andere Hypothese, derzufolge das Arkosol in Italien entstanden und erst im Laufe der Kaiserzeit nach dem griechischen Osten übertragen worden sei. Alfred Körte hat in Phrygien zahlreiche Felsgräber studiert; darunter sind auch Arkosolien. Er setzt sie in die Zeit Hadrians und der Antonine, unbedeutend später als die ältesten christlichen Arkosolien etwa der Katakomben von Neapel. Die Chronologie aller dieser italischen und kleinasiatischen Denkmäler ist noch nicht exakt genug festgestellt, um so genau rechnende Schlüsse ziehen zu dürfen; wir müssen soweit uns begnügen, die ungefähre Gleichzeitigkeit der italischen und phrygischen Denkmäler festzustellen. Die persischen Königsgräber von Naksch-i-Rustem beweisen, daß der Typus des Arkosols in weit ältere Zeit zurückreicht.

Das Arkosol ist gelegentlich mit den Wandnischen im Ossuarium verglichen worden (columbarium bezeichnet antik das Taubennest, übertragen die Nische in der Urnenhalle; sekundär bezeichnet das Wort auch den ganzen Taubenschlag, nicht aber die Urnenhalle, die antik ossuarium heißt; der Gebrauch von columbarium für Urnenhalle ist modern). Diese Nischen pflegen unter kleinen Halbkuppeln zu stehen; die Aschenurnen wurden in der Nische aufgestellt oder in deren Boden versenkt. In letzterem Falle stellt die Columbarnische eine Art Arkosol dar, aber in wesentlich kleinerer Abmessung, weil sie nicht zur Aufnahme eines ganzen Körpers, sondern bloß der Asche eines verbrannten dient. Es geht nicht an, den Bautypus des Arkosols von der Columbarnische abzuleiten.[1]

De Rossi nahm an, daß auf der den Trog des Arkosols deckenden Marmorplatte der eucharistische Ritus vollzogen worden sei, wie sonst auf der Platte des Altartisches (mensa); daher nannte er das Wandtroggrab Tischgrab (sepolcro a mensa, Roma sott. II Taf. 51 Fig. 5 con nicchia rettangolare, Fig. 6 con nicchia arcuata = arcosolium). Die Annahme, daß die Arkosolplatte auf dem Grabtrog bei der Feier des Abendmahls in den Katakomben die Stelle des Altars vertreten habe, ist als irrtümlich bezeichnet worden. Wir dürfen den Streit hier beiseite schieben. Denn keinesfalls ist der, wie wir sahen, bereits in vorchristlicher Zeit auftretende Typus des Nischentroggrabes für solche liturgische Zwecke erfunden worden. Liturgische Benutzung der Art wäre nur eine sekundäre gewesen; daher hat die Frage, ob sie stattgefunden hat, kein baugeschichtliches Interesse, sie gehört in das Kapitel der Sakralantiquitäten. Nur soviel sei hier gesagt, daß jeder Nachweis von Totenkultus am

---

[1] Zu Arkosol und Sarkophag in Nische vgl. A. Schmid bei Kraus, Realencykl. I 90.
Darius: Flandin et Coste, Perse ancienne Taf. 110. Perrot et Chipiez, hist. de l'art V 626 Fig. 389 f. Persische Kunst: Ferd. Justi, Gesch. Persiens 1896. v. Sybel, Weltgesch. der Kunst ²1903, 123 Cyrus. 142 Darius. 157 Skulptur. Cerveteri: Martha, l'art étrusque 195. Thera: Dragendorff in Hiller von Gärtringens Thera II 1903, 278. Phrygien: Körte, Athen. Mitteilungen 1898, 167. — Ossuarium: Samter bei Pauly-Wissowa, Realencykl. IV unter dem Worte Columbarium. Vorläufer der augusteischen Columbarien: Dragendorff 279. Martha l'art étrusque 184·

christlichen Grabe, auch in der Form der römischen Messe, den unaustilgbar antiken Charakter des Christentums immer neu bestätigen würde.

Das Arkosol ist der vornehmere Typus des christlichen Grabes, der häufigere und geringere ist das Fachgrab (gewöhnlich Loculus genannt; locus ist der Platz im Theater, der Sitzplatz, im Columbarium der Platz für eine Aschenurne, in den Katakomben der Platz für eine Leiche). Das Fachgrab ist ein in die Wand einge-schnittenes Gefach, gerade groß genug für eine Leiche; sie wird flach in die Wand gelegt, parallel zur Wandfläche, wie auch im Arkosol die Leiche parallel zur Wand-fläche liegt. Für Kinder wurde das Grab entsprechend kleiner bemessen. Auch bei den Fachgräbern kommen Doppelplätze vor. Nach der Beisetzung der Leiche wurde die offene Vorderseite des Faches mit einer länglichen Marmortafel geschlossen, die zugleich als Schrifttafel diente für das Epitaph (titulus); seltener sind Tafeln aus gebranntem Ton. Jetzt sind die meisten Verschlußtafeln herausgebrochen, die leeren Gräber starren in der Wand.[1])

Woher stammt der Typus des christlichen Fachgrabes? Verwandt ist das Schiebgrab, daß in Syrien und Palästina üblich war; auch das bereits oben heran-gezogene Kammergrab zu Sidi Gabr bei Alexandria hat Schiebgräber. In Rom kommt der Typus vereinzelt vor; Marchi hat im Coem. Cyriacae Schiebgräber gefunden, auch in den Katakomben von Kyrene und Alexandria wurden sie beobachtet. So haben denn viele Gelehrte das christliche Fachgrab vom syrischen, speziell auch jüdischen Schiebgrab ableiten wollen. In der Tat besteht Ähnlichkeit zwischen beiden Typen, insofern beiderseits der Leichenbehälter aus dem Fels herausgehauen und vorn mit einer vertikalen Steintafel geschlossen wird. Aber es ist doch auch ein wesentlicher Unterschied vorhanden. Das Schiebgrab steht im rechten Winkel zur Wandfläche, geht in die Tiefe; der Körper wurde da hinein geschoben, den Kopf voran, die Füße gegen den Eingang. Dagegen das Fachgrab, und mit ihm der darin beigesetzte Körper, liegt parallel zur Wandfläche. Das ist immerhin ein erheblicher Unterschied zwischen Schiebgrab und Fachgrab. Jenes nutzt den Raum mehr aus, dieses ist leichter herzustellen, weil es weniger tief in den Felsen geht.

Es gibt aber noch andere Analogien, vielmehr, es gibt noch anderwärts ganz eigentliche Fachgräber, und zwar in Italien selbst. Einmal zu Licodia in Sizilien, altsizilische Gräber aus der ersten Zeit der griechischen Kolonisation, noch aus dem siebenten Jahrhundert vor Christus. Die ganze Anlage ist den Katakomben recht ähnlich, ein unterirdischer Gang mit anliegenden Fachgräbern; in diesen sind auch Kopfkissen aus dem gewachsenen Fels geschnitten. Sodann in den Grabkammern Etruriens, wir nennen die Tomba dei rilievi zu Cervetri (Caere); auch hier sind Kopf-kissen stehen gelassen und, wie die ganze Kammer, kunstvoll durchgebildet. Es besteht nun allerdings auch ein Unterschied zwischen dem sizilischen und etruskischen Fach-grab einerseits und dem christlichen Loculus andererseits. In Sizilien und Etrurien blieben die Fachgräber offen; nach jeder Beisetzung wurde die ganze Gruft geschlossen, der Totenkult vollzog sich vor ihrem Eingang. Der christliche Loculus aber wurde vorn durch eine Steintafel geschlossen, wegen des fortdauernden Verkehrs im Cöme-terium, geschlossen wie die syrischen und jüdischen Schiebgräber. Aber auch in

---

[1]) Fachgrab: Abbildungen auf vielen Tafeln in de Rossis Roma sott. Vgl. Kraus, Real-encykl. I Art. Loculus. V. Schultze, Katakomben 76.

Etrurien (zu Falleri, Veji, Bieda) finden sich Fachgräber mit Verschlußtafeln, und zwar heidnische, im Freien in Felswänden ausgebrochen. Das Anbringen. und das Weglassen von Verschlüssen hing überall von den besonderen Verhältnissen ab; die Fachgräber im Freien mußten geschlossen werden, weil die Körper sonst den Raubvögeln preisgegeben gewesen wären. Auf solche Unterschiede kommt nicht viel an. Ebensowenig auf die altsizilisch-etruskischen Kopfkissen, deren Fehlen in den christlichen Fachgräbern sich genügend aus der extremen Schlichtheit dieser Grabstätten erklärt; übrigens kommen sie in Malta vor.[1]

De Rossi hat eine eigentümliche Ableitung des Fachgrabes versucht, nämlich vom Sarkophag. Auf den Gedanken brachten ihn gewisse loculi des frühen Ambulacrum im Coem. Domitillae; deren vertikale Verschlußtafeln sind mit Stuck verziert, in Nachahmung von Sarkophagen und zwar ihrer skulpierten Vorderseiten. Er nennt sie loculi-sarcofagi. Aber der Fachgrabtypus ist ganz unabhängig vom Sarkophag entstanden, beide Typen sind radikal verschieden; das Fachgrab hat seine Öffnung an der Vorderseite, der Sarkophag dagegen, als ein Trog, in der Oberfläche. Jene Stuckverzierung ist rein dekorativ hinzugebracht; der Besitzer des schlichten loculus wollte sich wenigstens den Schein der reicheren Grabform, des Sarkophags, gönnen und ließ solchen Schein an seiner Grabtafel in Stuck hervorbringen. Auch sonst kommt es vor, daß die Verschlußplatte des schlichten Fachgrabes an den stolzen Sarkophag und seine Erscheinungsweise erinnert. Das Epitaph der Urbica im Hypogaeum Lucinae trägt die Inschrift, den bloßen Namen der Bestatteten, im oberen Teil eines großen Kreises, in dessen unteren Raum ein halbmondförmiger Amazonenschild gezeichnet ist. Der Kreis klingt an den Rundschild an, den an der Vorderseite heidnischer Sarkophage öfter zwei Putten halten; wiederum waren zu sinnvollem Schmuck solcher Sarkophage Amazonenkämpfe und infolge davon auch Amazonenschilde beliebt. Der Marmorarius oder Skriptor mag die Schilde aus ihm geläufiger Sarkophagarbeit auf den Titulus der Urbica herübergebracht haben, jedenfalls grub er sie mit Wissen und Willen des Bestellers ein, sei es rein dekorativ oder in beabsichtigter Erinnerung an den Sarkophagtyp, nicht ohne die christlichen Sinnbilder Anker, Baum und Taube hinzuzufügen (vielleicht aber schließt ein Exeget aus dem Amazonenschild, Urbica sei eine gottgeweihte Jungfrau gewesen).[2]

Wir haben die Formen der Katakomben und der Gräber darin betrachtet und ihr genetisches Verständnis vorzubereiten gesucht; damit lernten wir ihre Art kennen, wie sie in einer Entwicklungszeit von über dreihundert Jahren sich herausgebildet hat. Nun aber trat im letzten dieser drei Jahrhunderte ein Moment in den Vordergrund, welches auf die Gestaltung der Katakomben noch kurz vor Ablauf ihres eigentlichen Lebens tiefgreifenden Einfluß ausüben sollte. Es war der Märtyrerkult, der, schon vorbereitet, im vierten Jahrhundert zur vollen Entfaltung kam. Der erste, der

[1] Schiebgräber in Syrien und Palästina: Tobler, Topographie von Jerusalem 1854 II 227. de Saulcy, Voyage en Terre sainte I 111. II 108. 229. Swoboda, Röm. Quart. 1890, 321. — Coem. Cyriacae: de Waal, Röm. Quart. 1899, 15. — Zur Ableitung des christlichen Loculus vom syrischen Schiebgrab: de Rossi, Roma sott. I 90. Schultze, Katakomben 19. 38. Kraus, Gesch. d. christl. Kunst I 43. — Licodia: Orsi, Röm. Mitteilungen 1898, 309 Fig. 2. — Caere: Martha, l'art étrusque 184 Taf. 2. — Falleri etc.: Martha 185. — Malta: Müller, Koimeterien 857.
[2] Loculi-sarcofagi: de Rossi, Bull crist. 1865, 38. — Urbica: de Rossi, Roma sott. I Taf. 18, 2.

sein Zeugnis für die Sache mit seinem Blute besiegelt hatte, war Jesus gewesen; über dem Grabe, welches als das des Christus galt, erbaute Kaiser Konstantin eine Kirche, eine große Rotunde. Ebenso erhoben sich über den Gräbern vor den Toren Roms, wo römische Märtyrer verehrt wurden, Petrus und Paulus standen in höchster Ehre, Grab- und Triumphalbasiliken, in deren wie der anderen konstantinischen Kirchen Errichtung die altchristliche Hochbaukunst erst eigentlich geboren ward. Weil der in den Basiliken geschaffene Typus auch für die Stadtkirchen maßgebend wurde, so sind wir zu dem Satze gezwungen, daß die gesamte altchristliche Kunst Grab- und Jenseitskunst gewesen ist. Aber vom altchristlichen Hochbau wird besonders zu reden sein; hier gilt es nur kurz zu skizzieren, inwiefern der Märtyrerkult auf die römischen Katakomben in baulicher Beziehung eingewirkt hat.

Die Grabkirche zu Jerusalem und die römischen Basiliken waren, wie der antike Sakralbau durchweg, dem Personenkultus gewidmet, dem Kultus des Protomartyrs und höchsten Heros der Christen, von dessen Prädikat sie ihren Namen ableiteten, mithin ihres Heros eponymos, und seiner Nachfolger im tragischen Tod. Sie alle, die für ihren Glauben gestorben sind (vielmehr für ihren Unglauben; denn sicher die Märtyrer wurden nicht für das Positive ihres Glaubens zur Verantwortung gezogen — der Polytheismus war tolerant, sondern für das Negative, für ihren der religiös begründeten Staatsverfassung widerstreitenden Atheismus und, um ganz präzis zu reden, nur für ihre Verweigerung des Kultus), sie alle wollen als antike Heroen anerkannt sein und wurden in der Tat so angesehen. Das Wort Heros kommt in Grabschriften nur gelegentlich vor, zum Teil auch nur in derselben abgeschwächten Bedeutung, wie in einer Klasse heidnischer Epitaphien; die Abschwächung war die Folge privater Heroisierung gewöhnlicher Verstorbener. Der Märtyrerkult war antiker Heroenkult christlicher Konfession; da traten dieselben eigentümlichen Erscheinungen auf, die am heidnischen Heroenkult bemerkt werden, Steigerungen des gewöhnlichen Totenkults; im ganzen genommen ists der große Wert, der auf den Besitz der Gebeine gelegt wird, weil man sich in den Gebeinen der Person des Heros und seiner Hilfe zu versichern glaubte. Schon im heidnischen Altertum kamen nicht selten Übertragungen von Reliquien vor, translationes ossium; man scheute weder Gewalt noch List, um in den Besitz begehrter Reste zu gelangen. In den Kämpfen zwischen den griechischen Stadtstaaten kam es öfter vor, daß das delphische Orakel einer ratsuchenden Partei dergleichen empfahl; auf Grund solcher Orakel verschafften sich die Athener durch Kimon von der Insel Skyros die Gebeine des Theseus, die Spartaner aus Tegea durch Lichas die Gebeine des Orestes. Eine Art Polis war auch jede Christengemeinde, und so geschah es, daß Raub von Märtyrergebeinen vorkam. So wird von einem Raub oder Raubversuch an den Körpern des Petrus und des Paulus erzählt, „Orientalen" werden dessen beschuldigt; in diesen sieht de Waal römische Judenchristen, indem er den Vorfall in die Zeit gleich nach den Martyrien der Apostel setzt. Die übrigens problematische Geschichte hängt mit der vorübergehenden Bergung der Apostelkörper in der Sebastianuskatakombe zusammen. Vom Körper des Märtyrer Silanus heißt es, die Novatianer hätten ihn geraubt (hunc Novati[ani] furati sunt, sagt die Depositio martyrum). Von den späteren Übertragungen der Gebeine aus den Cömeterien in die Stadtkirchen ist hier weniger zu reden, weil es da zunächst ihre Rettung aus Kriegsgefahr galt; immerhin ist diese Sorge um die körperlichen Reste echt antik. Ganz im Geiste antiker Kultusgebräuche aber, bei aller Eigenartigkeit des neuen Ritus, ist die Übertragung von

Märtyrergebeinen in die Kirchen der ganzen römisch-christlichen Welt, um über ihnen die Messe zu lesen.[1])

Nachdem unter Konstantin dem Kultus des Protomartyr Christus und der im Range ihm nächstgeordneten Märtyrer entsprechende Bauten genügt hatten, griff Bischof Damasus (366) entscheidend ein, um auch den Märtyrern zweiten Ranges angemessene Kultusstätten zu bereiten.

Sein eigenstes waren die Epigramme, die er in lateinischer Sprache dichtete, in engem Anschluß an Vergils Ausdrucksweise; die Epigramme auf Märtyrer ließ er auf Marmortafeln eingraben und an den Gräbern selbst anbringen. In den Kriegsstürmen des sechsten Jahrhunderts, als die Ostgoten unter Vitiges 537 Rom belagerten, arg mitgenommen wurden die Märtyrerkapellen von Bischof Vigilius (537—555) hergestellt; die Herstellung betraf auch damasianische Epigramme. Letztere fanden Aufnahme in Sammlungen christlicher Inschriften, die um das siebente Jahrhundert entstanden; im zweiten Bande seines Inschriftenwerkes hat de Rossi diese Sammlungen behandelt. Seit dem 15. Jahrhundert kamen einzelne der lange verschollenen Originalinschriften wieder zum Vorschein, de Rossi aber hat von vielen wenigstens Bruchstücke aufgefunden, die ihm als wertvolle Bestätigungen seiner topographischen Forschungen und als Wegweiser zu neuen Ergebnissen dienten. Aus den Handschriften der mittelalterlichen Inschriftensammlungen, unter Verwertung der erhaltenen Bruchstücke hat zuletzt Max Ihm alle erreichbaren damasianischen Epigramme, mit Einschluß der nicht auf Märtyrergräber bezüglichen, herausgegeben. Die Originale der damasianischen Inschriften aus der Zeit seines Bistums sind in eigenartigen Schriftzügen ausgeführt, die man filocalianische (daneben auch damasianische) nennt, filocalianisch deshalb, weil sie Furius Dionysius Filocalus vorgezeichnet hat, der griechische Zeichner des Kalenders im „Chronographen von 354" Auf der Marmortafel am Grab des Bischof Eusebius (309—310), die wir abbilden, hat er sich genannt, in kleiner Schrift, die links und rechts des Epigramms säulenförmig angeordnet ist. Er nennt sich Verehrer des Papa Damasus; papa war ehrende Bezeichnung der Bischöfe. Einzelne der damasianischen Inschriften sind ganz kurz gefaßte Widmungen: Beatissimo martyri Januario Damasus episcop(us) fecit (Ihm n. 22). Die meisten aber sind mehrzeilige Elogien, in Hexametern abgefaßt, wie das auf Eusebius; in diesem Falle aber ist noch eine zweizeilige Widmung in Prosa oberhalb und unterhalb des Elogiums verteilt: Damasus episcopus fecit | Eusebio episcopo et martyri (Ihm n. 18). Die in den ersten Zeilen des Elogiums berührten innerkirchlichen Streitigkeiten sind literarisch ebensowenig überliefert wie das in den Schlußzeilen erwähnte Exil des Eusebius.[2])

---

[1]) Heros in christlichen Tituli: Le Blant 415 a. Röm. Quart. 1891, 347. Marucchi, eb. 1890, 149. Märtyrerkult als Heroenkult: V. Schultze, Archäologie 136, 2. — Heroisieren Verstorbener: Deneken in Roschers Lex. I 2550. Rhode, Psyche 234. 647. — Translatio heidnisch: Lobeck, Aglaophanus 280. Deneken 2490. Rhode 151. — Orientalen: de Waal, Röm. Quart. Suppl. III 1894 25.

[2]) Damasus: de Rossi, Roma sott. I 118. III 241. Maximilianus Ihm, Damasi epigrammata, accedunt Pseudodamasiana aliaque ad Damasiana illustranda idonea (Anthologiae latinae suppl. I) 1895. Bücheler, Anthologia latina II 1895 Index s. v. Damasus. Marucchi, Éléments I² 226. — Vigilius: de Rossi I 217. Bücheler carm. 917. — Filocalus: Strzygowski, Die Kalenderbilder des Chronogr. vom Jahre 354 (Archäol. Jahrb., Ergänzungsh. I) 1888. — Elogium auf Eusebius:

Gruft römischer Bischöfe des dritten Jahrhunderts.

Einbauten des fünften Jahrhunderts.

Bischof Damasus hat über den Katakomben mit Pietät gewaltet. Jene glänzenden Cömeterial-basiliken über den Grüften der hohen Himmelsaristokratie hatten nicht gebaut werden können, ohne die vielen im Baugelände liegenden anderen Gräber massenhaft zu zerstören; Damasus dagegen begnügte sich mit einer diskreten Ausbildung der Grüfte, und mit peinlicher Gewissenhaftigkeit vermied er jede Störung des Bestandes. Seine Bemühungen erstreckten sich über alle römischen Cömeterien. Manche Märtyrergräber waren bereits verschollen, er hat sie wieder aufgesucht. Und er hat den Anfang gemacht mit den von seinen Nachfolgern fortgesetzten baulichen Herrichtungen der Märtyrerkapellen und ihrer Zugänge. Die vielfach den Einsturz drohenden Wände mußten durch Futtermauern und eingespannte Gurtbögen gesichert, neue Luft- und Lichtschachte

Heraclius vetuit labsos peccata dolere,
Eusebius miseros docuit sua crimina flere:
scinditur in partes populus gliscente furore,
seditio, caedes, bellum, discordia, lites,
extemplo pariter pulsi feritate tyranni,
integra cum rector seruaret foedera pacis,
pertulit exilium domino sub iudice laetus.
litore Trinacrio mundum uitamq(ue) reliquit.

Zu V. 3 vgl. Verg. Aen. II 39 scinditur incertum studia in contraria volgus; XII 9 gliscit uiolentia Turnus; zu V. 7 eb. II 638 exiliumque pati und Hor. Ars poet. 78 sub iudice lis est; zu V. 8 Verg. Aen. I 196 litore Trinacrio, V 517 uitamque reliquit (s. Ihms Kommentar).

Gruft römischer Bischöfe in Kallist.
Die späteren Einbauten hergestellt.

durch die Decke gebrochen werden, verfallene Treppen waren herzustellen, auch wohl neue einzubauen, um die Zirkulation der Andächtigen zu regeln. Die Märtyrergrüfte selbst wurden zu Kapellen eingerichtet, ein Steintisch für die Eucharistie hineingestellt, davor eine Marmorschranke, auch wohl Säulen. Reste solcher Ausstattungen haben sich mehrfach gefunden, und man sucht aus den Resten das ursprüngliche Ganze wieder zu gewinnen. Beispielsweise ruhten die heiligen Felicissimus und Agapitus in einer und derselben Gruft des Coem. Praetextati, in zwei Fachgräbern übereinander; Porphyrsäulen umrahmten das untere Grab und das Elogium des Damasus; eine durchbrochene Marmorschranke, wie sie in der Kaiserzeit üblich waren, stand davor. Hier ist noch einmal die Gruft der Bischöfe des dritten Jahrhunderts zu nennen, als ein Hauptbeispiel der Katakombenkapellen, mit reicher Ausstattung in Marmor, die wohl nachdamasianisch ist. Eine damasianische Inschrift schließt das Arkosol der Fondwand, eine Bodenplatte mit vier Standspuren trug einen Marmortisch, Reste von durchbrochenen Schranken liegen umher, auch ein dekorativer Doppelkopf fand sich, die einstige Krönung eines Brüstungspfeilers. Zwei kannelierte Säulen auf Postamenten, deren eins noch vor der rechten Längswand steht, gliederten den Raum. Der Dichter Prudentius beschreibt die Gruft des heiligen

9*

Hippolytus; er spricht von parischem Marmor und spiegelnd polierten Silber-
platten.[1])

Die Hebung des Märtyrerkultes wirkte, allerdings nur vorübergehend, auf die
Benutzung der Katakomben. Bereits hatten sich oberirdische Friedhöfe zu entwickeln
begonnen. Nun hat de Rossi eine Statistik aufzustellen unternommen über das Verhältnis zwischen den unter- und den oberirdischen Bestattungen; er hat gefunden, daß
die im vierten Jahrhundert zugunsten der oberirdischen Begräbnisse schnell ab-
nehmenden unterirdischen in den Jahren des Damasus, genauer von 370 bis etwa 373,
wieder eine Steigerung erfuhren. Danach geht die Ziffer der unterirdischen Bestattungen wieder zurück, um gegen 410 ganz zu verschwinden. Dabei hatte die
unterirdische Bestattung eine neue Richtung eingeschlagen; es leitete das Verlangen,
in möglichster Nähe eines verehrten Märtyrers zu ruhen (intra limina sanctorum, retro
sanctos). Eine eigentümliche Materialisierung des zugrunde liegenden Verlangens, mit
Gott und den Seligen im Tode vereinigt zu werden, war es, daß man Wert darauf
legte, auch körperlich in Gesellschaft der Heiligen zu ruhen, in ihrer Gesellschaft einst
aufzuerstehen und so mit ihnen verklärten Leibes an dem ewigen Leben teilzunehmen.
Es waltete dabei nicht bloß die angenehme Vorstellung, die Gesellschaft der Heiligen
zu genießen, sondern zugleich eine starke Hoffnung auf ihren bisweilen geradezu
magisch wirkend gedachten Beistand. Wenn es auch schwer halten dürfte, genau
Analoges im heidnischen Altertum nachzuweisen, in dem Sinne, daß ein Grab in der
Nähe eines Heroengrabes wertvoll erschienen wäre, so ist die uns auffallende Erscheinung doch ganz im antiken Geiste empfunden, allerdings als eine weitere Ent-
wicklungsstufe des in gleicher Richtung früher Vorgekommenen.

Die Nachfrage nach Gräbern bei den Heiligen war stärker als das Angebot
(quod multi cupiunt et rari accipiunt), und es war nicht möglich, solchem Verlangen
zu genügen ohne Eingriffe in den cömeterialen Bestand. Damasus verzichtete deshalb
auf seine Bestattung in der Bischofsgruft, weil er Scheu trug die dort Ruhenden zu
stören. Vereinzelte Stimmen warnten auch vor der abergläubischen Hoffnung auf
einen Vorteil für das Heil der Seele, der von der Bestattung des Körpers in der
Nähe eines Märtyrergrabes zu erwarten wäre. Die allgemeine Meinung, die auch die
kirchliche war, aber ist bis heute dieselbe geblieben.[2])

Die Grabschriften.

Zur Ausstattung der Gräber und Grüfte gehören in erster Linie die Grabschriften und die Malereien. Zuerst besprechen wir die Grabschriften, so verlangt
es ein planvolles Vorgehen. Denn die Inschriften sprechen, sie geben unmittelbar
Aufschluß über die Verstorbenen, über ihre Person und über ihre und der Hinterbliebenen Gedanken angesichts des Todes. Die Malereien sprechen ja auch, sie sind
sinnvoll gewählt; aber sie sprechen nicht in Worten, sondern eben in Bildern, welche

---

[1]) Felicissimus: Bull. crist. 1895 Taf. 9—10.
Bischofsgruft: de Rossi, Roma sott. II Taf. 1a, unsere Abbildungen vorstehend.
Hippolytus: Prudentius Peristeph. XI.
[2]) Begräbnis ad sanctos: Fr. X. Kraus, Realencykl. I 19. H. Leclercq bei Cabrol, Dictionnaire
d'archéol. chrét. I 1903, 479.

Zwei Grabschriften: 1. frühchristlich, 2. aus dem vierten Jahrhundert. 3. Damasianisches Elogium auf Eusebius (die erhaltenen Bruchstücke des Originals schwarz).

mißverstanden werden können. Daher suchen wir festen Fuß zu fassen, indem wir uns zuerst an die Inschriften wenden.

Die Sammlung christlicher Inschriften, welche de Rossi im Museum des Lateran vereinigt hat, besteht hauptsächlich aus Grabschriften, die meist den Katakomben entstammen. Er hat sie in eine Reihe numerierter Wandfelder verteilt und zwar nach einer Art sachlicher Anordnung. Drei Felder enthalten kirchliche Kultusdenkmäler (eins davon die damasianischen Elogien), vier andere umfassen datierte Inschriften, die zehn folgenden führen Denkmäler kirchlicher Stände und christlicher Dogmen vor Augen; die sieben letzten gruppieren die Inschriften nach der Provenienz, das ist nach den Katakomben, zu denen sie gehören. Die oben geforderte Sammlung der christlichen Inschriften, vor allem der römischen Grabschriften, müßte versuchen, die Anordnung nach der Provenienz zum obersten Einteilungsgrund zu machen. Freilich bereiten die Verwüstungen, die in alten und neuen Zeiten über die Katakomben dahingegangen sind, solchem Unternehmen zum Teil unüberwindliche Hindernisse, aber soweit die Aufgabe noch lösbar ist, sollte sie je eher je besser gelöst werden. Nun ermöglichen die Forschungen der Brüder de Rossi und ihrer Nachfolger, die Baugeschichte jeder Katakombe vom Denkmal abzulesen; so ist es auch möglich (und vielfach schon begonnen), die zugehörigen Grabschriften gleichlaufend zu ordnen, um daran die Entwicklung des christlichen Vorstellungslebens auf dem sepulkralen Gebiete unmittelbar verfolgen zu können. Analoge Wünsche werden uns die Malereien nahelegen.[1]

Der Totenkult macht nötig, an den Gräbern unterscheidende Zeichen anzubringen, je zahlreicher sich die Gräber in den Grüften drängen, desto mehr. Man wußte sich auch mit bescheideneren Kennzeichen zu helfen, allerlei in den nassen Mörtel eingedrückten kleinen Gegenständen oder eingeritzten Zeichen. Das Beste aber war die Grabschrift. Als Schrifttafel diente den Christen wie den Heiden meist die Marmorplatte; anfangs kamen auch solche aus gebranntem Ton vor, mit aufgepinselten Inschriften (Coem. Domitillae und Priscillae), doch die Marmortafeln mit eingehauenen Inschriften sind bei weitem die Regel. Bei den Fachgräbern diente die Verschlußplatte sofort auch zur Aufnahme des Epitaphs. Die Sprache der Grabschriften, wie überhaupt die der Kirche, war früher und langehin die griechische (das Christentum ist griechische Religion), erst allmählich trat die lateinische ihr zur Seite, um im Abendland schließlich die Alleinherrschaft zu gewinnen.

Die früheren Tituli gehören den zwei ersten Jahrhunderten, falls aus dem ersten überhaupt welche erhalten sind, zahlreicher werden sie erst im dritten Jahrhundert. Knapp und schlicht abgefaßt, ohne Ruhmredigkeit, geben die früheren nur den Namen und zwar den Rufnamen (Onesimos, Celsus); dazu etwa den Zivilstand, als Gattin, Gatte, Sohn, Tochter, Bruder, Schwester (Meinem Sohne Marcus, Meine Schwester Silvina) mit einem freundlichen Prädikat (Obrimos der seligen Nestoriane, seiner lieben Lebensgefährtin zum Gedächtnis, Onesimos und Semne als Eltern ihrem lieben Kind Epiktetos). Nennung der drei Namen nach der vollen römischen Nomenklatur wird erst allmählich häufiger. Beruf oder Stand wird für gewöhnlich nicht an-

---

[1] Inschriften: Literatur oben, am Schluß des Kapitels von den Quellen, Seite 37. Vgl. V. Schultze, Katakomben 233; Handbuch 151, 5. Kaufmann, Handbuch 189 Epigraphische Denkmäler, 205 Sepulkralinschriften (im engeren Sinn). Marucchi, Éléments I 141 l'épigraphie chrétienne.

gegeben; seit Konstantin erscheinen die viri clarissimi und feminae clarissimae
(Personen von senatorischem Stande). Viele Inschriften beziehen sich auf Ziehkinder,
auf Sklaven und Freigelassene. In der Spätzeit werden kirchliche Ämter zahlreicher
erwähnt, der Episkopos und der Presbyter (oder Pastor), der Diakonos (Minister),
der Lector, der Exorcistes.

Die Lebensdauer wird oft angegeben, und zwar manchmal auffallend genau,
nicht bloß Jahre und Monate, sondern Tage und Stunden; in anderen Fällen dafür
um so ungenauer, mit „mehr oder weniger", in griechischer wie in lateinischer Sprache
(Onesimos seinem lieben Kind Titus Flavius Onesiphoros, es lebte sechs Jahre.
Marcellus, der auch Exuperius heißt, lebte 5 Jahre, 1 Monat, 7 Tage). Besonders
wichtig, wenn auch erst später auftretend, war die Angabe des Sterbetages und neben
ihm (oder statt seiner, falls beide nicht zusammenfielen) die des Tages der Bestattung
(κατάθεσις, depositio), angegeben mit Monat und Tag nach dem antiken Kalender.
Endlich wurde auch das Jahr bezeichnet, nach den Konsuln, doch war dies nicht so
wesentlich wie die Angabe des Kalendertages; denn nach letzterem richtete sich der
Totenkult. Das Grab selbst wird selten genannt, allenfalls in der Form Ruhestätte
(κοίμησις, dormitio), Platz (τόπος, locus) des und des. In der ausführlicheren späteren
Redeweise heißt es: Hier ruht der und der.[1]

Manche Grabschriften rühmen, wie gottesfürchtig, wie heilig der Verstorbene
war (θεοσεβής, ἅγιος). Wenn seine Menschenfreundlichkeit, seine Liebe (humanitas,
caritas) gepriesen wird, wenn er allen Freund, keinem Feind war, wenn er die Armen
liebte, wenn er der Witwe ein Gatte, der Waise ein Vater war, so mutet uns das
spezifisch christlich an, weil die Menschlichkeit Wurzel, Ziel und einziges Kennzeichen
des echten Christentums ist. Nicht als hätte es die Idee der Humanität den Menschen
zuerst gebracht, noch als hätte es vermocht, die schöne Idee auch wirklich durchzusetzen, vielmehr hat die politische Tendenz der Kirche die Entfaltung der Humanität
immer gehemmt, trotzdem hat das Christentum viel zu ihrer Verbreitung beigetragen.
Dieser Grundsatz der christlichen Ethik also klingt in den dem Verstorbenen beige-
legten Prädikaten an; der Hauptgegenstand alles Sinnens und Trachtens der Christen
aber war nur die Seligkeit im Jenseits, das sprechen die Grabschriften in verschiedenen
Formeln übereinstimmend aus.

Was wird nun über den Verstorbenen im Jenseits ausgesagt? Vorauszuschicken
ist dies. Meist wird von der Person schlechthin geredet, ohne Unterscheidung von
Seele oder Geist und Körper; doch kommt letzteres vor: dein Geist (πνεῦμα, spiritus)

---

[1] Grabschriften aus dem Coem. Priscillae: Ὀνήσιμος. Πέτρος. Εὐέλπιστος. Πέτρος.
Stefanus. Zosime. Felicitas. — Ἀγάπη θυγατρί. Marco filio. Silvina soror. — Ὄβριμος Νεστοριάνῃ
μακαρίᾳ γλυκυτάτῃ συμβίῳ μνήμης χάριν. Ὀνήσιμος καὶ Σέμνη γονεῖς Ἐπικτήτῳ τέκνῳ γλυκυτάτῳ
ἐποίησαν. Aeliae nutrici benemerenti. Aeliabus Serenae et Noricae filiabus pientissimis P. Aelius
Noricus pater posuit. Aureliae Secundae coniugi incomparabili. Ὀνήσιμος Τίτῳ Φλαβίῳ
Ὀνησιφόρῳ τέκνῳ γλυκυτάτῳ ζῇ ἔτη ς. Marcellus qui et Exuperius egit an(nos) V, m(enses) I, d(ies)
VII. — Dep(ositio) Caeciliae XIIII K(al) Jun. — . . . . Maximo et Pat]erno co,nsulibus
233 nach Chr. Hic Bonifatia dormit cum Honorato marito suo. Marcianus hic dormit in pace.
Felicissima hic posita est. — Ἀγαπητὸς ἐν εἰρήνῃ. Celestina pax. Zosime pax tecum. — Ziehkinder: Leclercq bei Cabrol, Dictionnaire II 1904, 1295. — Androhung von Strafen für Grab-
verletzungen: Leclercq eb. I 1904, 1575. — Abbildungen christlicher Tituli bei de Rossi, Roma
sott. I Taf. 17 ff. und anderwärts.

ruht in Gott, im Himmel, im Frieden. Die Formel „in Frieden" (ἐν εἰϱήνῃ, in pace)
ist jüdisch und christlich; jüdisch meint sie die Grabesruhe nach den Stürmen des
Lebens, denselben Gedanken, den auch heidnische Epitymbien in mancherlei Wendungen
aussprechen. Für den Christen aber bedeutete der „Frieden" das jenseitige Ruhen
im Himmel, in Gott, gelegentlich heißt es auch „im Schoße Abrahams". Schließlich
aber ward die Formel geradezu gebraucht zur Kennzeichnung des christlichen Standes;
statt „er ist als Christ geboren", „hat als Christ gelebt", heißt es dann „geboren im
Frieden", „gelebt im Frieden" (natus in pace, vixit in pace), nach Umständen auch
im geschärften Sinne „in der Großkirche" unter Ausschluß der „Häresien". Das
Gewöhnliche aber ist der jenseitige Sinn, im Frieden des Himmels. Der schillernde
Gebrauch der Formel beruht auf dem Schwanken der christlichen Vorstellung zwischen
Diesseits und Jenseits: das Gottesreich war ursprünglich, wenn schon als vom Himmel
kommend, so doch als diesseitig verwirklicht gedacht, aber durch die auf allem Mensch-
lichen liegende Tragik war es jenseitig geworden; doch bewahrten sich die Christen
im Hintergrund immer die Identität beider Reiche, die sie vermittelten durch den
Hilfsgedanken der endlichen Welterneuerung und Weltverklärung.

Der Verstorbene, so heißt es weiter, möge leben in Gott, du mögest leben in
Ewigkeit (vivat in deo, vives in aeternum); oder zuversichtlicher: du wirst leben, du
lebst (vivis in deo). Sterben heißt hier zu Gott gehen: er ist hingegangen zu Gott
(ivit ad deum), er war begierig, Gott zu schauen und hat ihn geschaut (deum videre
cupiens vidit); er ist aufgenommen in das Licht des Herrn (susceptus in luce domini).
Das schildert schon die Herrlichkeit des Paradieses, wo alles Licht und Glanz ist, wo
der Verstorbene vor dem leuchtenden Angesicht des Herrn steht. Da möge Gott ihn
erquicken (deus refrigeret spiritum tuum). Zugleich tritt er in die Gemeinschaft der
Geister der Heiligen, der heiligen Geister, sie nehmen ihn, seinen Geist, auf (te sus-
cipiant omnium ispirita sanctorum, accepta est ad spirita sancta, refrigera cum spirita
sancta). Von einem Kinde heißt es, daß es bei seinem zarten Alter ohne Sünde zum
Sitze der Heiligen eingehend in Frieden ruht (Eusebius infans per aetatem sine peccato
accedens ad sanctorum locum in pace quiescit). Die große, freilich nicht allgemein im
Vordergrund stehende Hoffnung aber ist die zukünftige Auferstehung, in dieser Hoffnung ruhen die Entschlafenen (in spe resurrectionis).[1]

Worauf beruhen nun diese Hoffnungen? Auf Gott; wer auf Gott vertraut, wird
ewig leben (qui in deo confidit, semper vivet). Und auf dem Christus; der Verstorbene
wird auferstehen in Christus (resurrecturus in Christo). So heißt es auch: durch
Christus' Tod erkauft, erlöst (Christi morte redemptus). Endlich aber ruht die Hoffnung
auch auf den Heiligen und ihrer Fürsprache: durch Christus' Tod erlöst ruht er im
Frieden und erwartet den Tag des künftigen Gerichts froh bei der Fürsprache der

---

[1] Das ad sanctos wollen viele nur von der Bestattung bei einem Märtyrergrab verstehen,
wie sie im Kapitel vom Bau der Katakomben begegnete; so Kraus, Realencykl. I 19, vgl. Röm.
Quart. 1902, 50. 171; eb. 1894, 135. Dagegen siehe Leclerq bei Cabrol, Dictionnaire d'archéol.
chrét. I 503—506. — Hier sei kurz hingewiesen auf die Inschriften, welche vom Kauf des Grabes
reden, und auf solche, die um Schonung des Grabes bitten, z. B. Peto a bobis, fratres boni,
per unum deum, ne quis VII (hunc?) titelom molestet post mortem meam. Siehe Müller,
Koimeterien 826. 829. — Vgl. auch Cabrol, Dictionnaire I 1903 244 III Acclamations sous forme
d'inscriptions.

Heiligen (diem futuri iudicii intercedentibus sanctis laetus expectat). In der Regel wird die Intercession der Heiligen angerufen, man darf aber nicht übersehen, daß ursprünglich und eigentlich jeder Christ durch die Taufe ein Heiliger ist (ἅγιος, sánctus ist ursprünglich synomym mit Christ). Daher auch jeder Getaufte eben damit am Reich teil hat und im Todesfall in den Himmel eingeht. Und so war es nur folgerichtig, daß jeder verstorbene Christ um seine Fürbitte angegangen werden konnte, um Fürbitte dann auch für die Hinterbliebenen. So wird ein Verstorbener angerufen: Bitte für deine Schwester, andere: Bitte für uns (Petas pro sorore tua, Pete pro nobis). Und schließlich bitten die Verstorbenen auch um das Gebet der Hinterbliebenen für sich. Fürsprache, wie Bitte, ist allgemein menschlich. In der Odyssee 3,55 betet Mentor-Athene zu Poseidon, erst für Nestor und die Seinen, dann für Telemach und sich selbst. Der Jahwist erzählt Exod. 8, 4, Pharao habe Mose und Aaron rufen lassen und gebeten: Legt bei Jahwe Fürbitte ein, daß er mich und mein Volk von den Fröschen befreie; so will ich das Volk ziehen lassen, damit sie Jahwe Opfer bringen. Und so geschah es, auf Moses Fürbitte ließ Jahwe die Frösche sterben. Hierhin gehören auch die jüdischen Fürsprechengel, wie Hiob 33, 23, Henoch 40, 6; an letzterer Stelle heißt es, in der Vision von den vier Engeln vor dem Angesicht des Herrn der Geister: „Die dritte Stimme (Gabriels) hörte ich bitten und beten für die Bewohner des Festlandes und Fürbitte einlegen im Namen des Herrn der Geister." Bei Besprechung der Oranten und der Gerichtsbilder kommen wir auf die Fürbitte zurück.

Die christlichen Grabschriften, das leidet keinen Zweifel, lassen die heidnischen an Allgemeinheit und Zuversicht der Hoffnung weit hinter sich. Wir haben in einem früheren Kapitel gesehen, daß verschiedene Strömungen durch das Altertum gingen, die eine aus der Urzeit herrührende und an den Urvorstellungen haftende, zeitweise zurückgedrängte, aber nie ganz verdrängte jenseitsgläubige, die andere vorwärtstreibende, vom Jenseits zum Ideal hinüberstrebende, die durch die klassischen Jahrhunderte leuchtete, doch in der nachklassischen Zeit dem neuerstarkten Urglauben unterlag. Zwischen den hoffenden heidnischen und den hoffenden christlichen Grabschriften ist der Art nach soweit kein Unterschied; und wenn ein Unterschied besteht, im Grade der Zuversicht, so bestätigt sich darin wieder der Satz, daß das Christentum vollendete, was im Heidentum begonnen war, daß das Christentum die geschichtliche Vollendung des Heidentums war. Das Streben des Altertums zur Einheitsreligion hat im Christentum sein Ziel erreicht, und die antike Religion hat in der Rückkehr zum Jenseitsglauben und in dessen höchster Vervollkommung, die er im Christentum erfuhr, ihren Kreislauf vollendet.

Zu den Inschriften treten noch Sinnbilder. Von Haus aus nicht ein Sinnbild, sondern bloß eine Abkürzung von Schrift (compendium scripturae) ist das Monogramm; für uns kommt das Christusmonogramm in Frage, die zwei griechischen Buchstaben X und P, die Anfangsbuchstaben des Wortes Christus, ineinandergezeichnet. So findet es sich im Kontext von Inschriften, die noch vorkonstantisch sein können, z. B. in den Formeln „in Christus", Christusdiener (δόξα σοι ἐν Χριστῷ, δοῦλος Χριστοῦ, Christi servus, also ἐν ☧, δοῦλος ☧, ☧ servo Luciliano, das heißt, dem Christusdiener Lucilianus). Auch die Formel in ☧ deo wird entsprechend aufgelöst, wonach sie „in Christo deo" lautet und als Zeugnis für den Glauben an die Gottheit des Christus gilt. Außerhalb von Schrifttext, isoliert und

als Symbol, verwendete das Christusmonogramm zuerst Konstantin; auf seinem Zuge
gegen Maxentius 312 setzte er es auf die Schilder der Soldaten, in abergläubischer
Absicht. Danach wurde es auch von den Christen als Symbol gebraucht und häufig
den Grabschriften hinzugefügt. Daher die chronologische Regel, daß alle Epitaphien
mit dem symbolischen Monogramm später sind als 312.

Eigentliche Sinnbilder erscheinen im zweiten Jahrhundert. Das Kreuz, nach
welchem man geneigt ist zuerst zu fragen, hat sich nur langsam als Symbol durchgesetzt. Es tritt zuerst im zweiten Jahrhundert auf, im Coem. Lucinae, im Epitaph
der Rufina und, man möchte sagen, schüchtern, in zwei Deckenmalereien; deren radiale
Linien sind so gezogen, daß sie ein gleicharmiges Kreuz bilden (Farbtaf. III). Ein auf-
gerichtetes Kreuz kommt in der altchristlichen Malerei nur selten vor, so in der Lünette
eines Arkosols des vierten Jahrhunderts: zwei Tauben stehen in einer Art Paradiesgarten,
welcher durch ein System stilisierter Rosenzweige angedeutet ist; in deren Symmetrieaxe
erhebt sich das Laubkreuz. Wir müssen also sagen, dem Mittelstück seiner Paradies-
malerei hat der Maler die Gestalt eines Kreuzes gegeben. Bei dergleichen Andeutungen
hat man von einem versteckten Kreuz gesprochen (crux dissimulata); nun muß
man nicht denken, daß die Christen etwa unter dem Druck der Verfolgungen
nicht gewagt hätten, das Kreuz offen darzustellen. Abgesehen davon, daß die frühere
Vorstellung von einer andauernden Verfolgungszeit sich als unhaltbar gezeigt hat,
was hätte die Christen hindern sollen, in ihren unterirdischen Cömeterien, die den
Augen der heidnischen Welt entzogen waren, neben anderen Symbolen, die sie unbe-
denklich anbrachten, auch das Kreuz zu malen? Das Kreuz zu malen lag ihnen von
Haus aus eben so fern, wie alle Szenen der Passion; denn gerade in der Grabmalerei
kam es ihnen darauf an, nicht das Leiden, sondern den Sieg über das Leiden und den
Triumph über den Tod vor Augen zu stellen. Der Künstler hat das Kreuz nicht
unter Laub versteckt, sondern umgekehrt, er hat den Laubstab, um ihm mehr Bedeutung zu geben, zu einem Kreuz herausgebildet. Das Kreuz hat sich erst allmählich
zum herrschenden Symbol entwickelt, immerhin kommt es bei Grabschriften schon
ziemlich früh vor.[1])

Häufiger sind andere Sinnbilder. Der Anker ist das Bild des Vertrauens, der
Zuversicht, christlich der zuversichtlichen Hoffnung auf die ewige Seligkeit durch den
Christus (Hebr. 6, 19). Der Palmzweig bedeutet den Sieg über den Tod. Der
Baum ist der Paradiesbaum, Sinnbild des Paradieses. Andere Symbole sind nicht so
eindeutig. Taube, Schaf und Fisch sind Bilder des Christen, und zwar des durch
Christus seligen. So auch die an Früchten pickende Taube; aber die Taube mit dem
Zweig im Schnabel erinnert an die Taube des Noah, das Schaf ist im Lauf der Zeit
auch zum Bilde des Christus geworden, und der Fisch kommt in den Mahlbildern so
häufig als die christliche mystische Speise vor, daß es nahe liegt, bei seinem Vorkommen an den Epitaphien die Frage zu stellen, ob er auch hier so gemeint sei.
Der Hirt ist der christliche Gute Hirt, das ist Christus selbst, der die Verstorbenen
in die Seligkeit einführt. Endlich, um nicht alles aufzuzählen, die betende Figur
(Orans) ist wieder ein Bild des seligen Christen in Anbetung vor der Herrlichkeit

---

[1]) Christusmonogramm: Kraus, Realencykl. II 224 Art. Kreuz, 412 Art. Monogramm
Christi, 432 Münzen; ders. Geschichte I 130. 490. Marucchi, Röm. Quart. 1896, 88. Über A Ω
vgl. Cabrol, Dictionnaire I 1903, 1.

des Herrn. Alle diese Bildtypen werden uns bei Besprechung der Malereien wieder begegnen; das hier zu ihrer Erklärung kurz Gesagte wird dort seine Begründung finden.[1])

---

[1]) **Kreuz:** Kraus, Realencykl. II 224; Gesch. 1 130. Wilpert, Bull. christ. 1902, 3; Malereien 495. Rufina: de Rossi, R. sott. I Taf. 18, 1. Decken: Wilpert, Taf. 25. 38. Arkosol: de Rossi, Roma sott. III 79 Taf. 11, 12. Über früheren Kultus des Kreuzes vgl. die Monumente und Hypothesen bei A. Evans, Annual of Brit. school Athens IX 1902/03, 88 zu Fig. 62.

Anker: de Rossi, Roma sott. I Taf. 18, 2. 3. Kirsch bei Cabrol, Dictionnaire I 1905, 1999.

Palme: de Rossi III Taf. 28, 2. 25.

Baum: eb. I Taf. 18, 2.

Taube: eb.; Zweig bringend eb. II Taf. 45, 8. Noah eb. II Taf. 47, 42.

Schaf: eb. I Taf. 20, 1.

Fisch: eb. II Taf. 41, 12.

Hirt: eb. I Taf. 21, 1.

Orans: eb. II Taf. 39. Röm. Quart. 1891, 348 Taf. 12; 1892, 366 Taf. 12; 1893, 287 Taf. 19; 1894, 131.

Wassergefäß: de Rossi III Taf. 24, 13.

Die Malereien der Katakomben.

Porträtkopf.
London.

Der Hauptschmuck der Katakomben besteht (abzusehen von den in der Frühzeit hier und da auftretenden Stuckdekorationen) in den Malereien, mit denen teils die Grüfte als solche, teils einzelne Gräber ausgestattet sind. Bevor wir sie selbst betrachten (es kommen hier wesentlich nur die römischen in Frage), muß ein Wort über ihre Veröffentlichungen gesagt werden.

Die Publikationen.

Die älteren Publikationen können nur mit Vorbehalt verwertet werden, mit dem doppelten Vorbehalt, mit welchem der Archäologe alle älteren Reproduktionen antiker Bildwerke zu benutzen gewohnt ist. Einmal war die Archäologie in ihren ersten Jahrhunderten noch zu ungeübt und unerfahren, um alles richtig verstehen zu können, vollends die Zeichner haben vieles mißverstanden, um so mehr als die Denkmäler durch mancherlei schädigende Einwirkungen alle mehr oder weniger gelitten haben. Dazu kam das andere, die mangelhafte Kenntnis der Stile und die fehlende Übung in der Wiedergabe des stilistisch Charakteristischen. Den alten Kopisten war für die Eigenart antiker Zeichnung und Farbengebung das Auge zu wenig geöffnet, sie gaben alles im Stile ihrer eigenen Zeit wieder, des sechzehnten, siebzehnten, achtzehnten Jahrhunderts. Wie die alten Kupfer nach antiken Skulpturen alle im Stil der Zeit der Stecher ausgeführt sind, so daß die Antike nur in getrübtem Bilde vor unser Auge tritt, so geben auch die alten Kopien der Katakombenmalereien die Originale verfälscht wieder. Im Laufe des neunzehnten Jahrhunderts führte planmäßige Ausbildung der archäologischen Methode dahin, die stilistische Eigenart der verschiedenen Kunstperioden, Kunstprovinzen und Künstler schärfer zu unterscheiden und auch die Kopisten zu stilgetreuer Wiedergabe der Antike zu erziehen. Im Gebiete der altchristlichen Archäologie bezeichnen die Tafeln von de Rossis Roma sotteranea immerhin einen Fortschritt, wenn sie auch noch zu wünschen übrig lassen. Vollkommene Stiltreue, und zugleich exakte Wiedergabe des Gegenständlichen erzielte erst die mechanische Reproduktion mittels der Photographie. Joseph Wilpert, wohl vorbereitet durch kritische Studien über die alten Kopisten, hat sich das große Verdienst erworben, die zugänglichen Malereien der römischen Katakomben zum erstenmal exakt und stilgetreu veröffentlicht zu haben. Er hat an fünfzehn Jahre in den Katakomben gearbeitet, ehe er mit seinem Werke hervortrat. Er hat die oft von Schimmel oder Sinter überzogenen Malereien gereinigt, nicht ohne Anwendung verdünnter Säuren (hoffentlich ohne den Farben zu schaden); er hat die Malereien bei künstlichem Licht photographiert und die gewonnenen Aufnahmen durch den Aquarellisten Tabanelli unter seiner Aufsicht vor den Originalen in deren Farben bemalen lassen. Diese in Farbe gesetzten Photographien ließ er photomechanisch, teils schwarz, teils in Dreifarbendruck, vervielfältigen. Hierdurch hat Wilpert an Treue der Wiedergabe alles erreicht, was mit den heutigen technischen Hilfsmitteln zu erreichen möglich ist. Einige in neuerer Zeit beschädigte Malereien hat er ergänzt wiedergegeben, teils nach älteren Kopien, teils aus eigener Erinnerung; überall aber hat er den Umfang und die Quelle seiner Ergänzungen angegeben, so daß niemand irregeführt werden kann. Bei den Vorarbeiten in den Katakomben hat er Vollständigkeit in der Aufnahme des zugänglichen Bestandes erstrebt, aber von seinem Tafelband, zu einiger Unbequemlichkeit der Benutzer, um an den hohen Kosten zu sparen, diejenigen fast alle ausgeschlossen, die er in früheren Monographien bereits veröffentlicht hatte. Überhaupt wäre die monumentale Publikation ohne die Unterstützung des deutschen Kaisers, des Fürstbischofs Kopp, und des Vorstandes der Görresgesellschaft, in dem nun erreichten Umfange nicht möglich gewesen.

Für die Reihenfolge der Tafeln hat Wilpert die chronologische Anordnung der topographischen vorgezogen, weil bei ihr die allmähliche Entwicklung der altchristlichen Kunst am klarsten zutage trete. Die meisten Archäologen würden doch wohl die topographische Anordnung lieber gesehen haben. Ein Denkmälerkorpus soll den monumentalen Befund vorlegen, ganz objektiv. Nun akzeptieren wir — bis auf bessere Belehrung — Wilperts Datierungen als die besten bis heute erreichten; ganz frei von subjektivem Dafürhalten aber sind diese chronologischen Ansetzungen keinenfalls. Am liebsten fände man die Malereien im Rahmen eines Corpus coemeteriorum, eine jede an ihrer Stelle. Wenn aber an ein so umfassendes Werk nicht gedacht werden konnte, so hätten die Malereien doch topographisch geordnet, hätten mindestens Planskizzen und Querschnitte der etwas dürftigen topographischen Übersicht in der „ersten Beilage" zugegeben werden können. Die Entwicklung der Katakombenmalerei geht parallel der baulichen Entwicklung der Katakomben selbst; die Baugeschichte einer Katakombe liefert wichtige Kriterien zur Datierung ihrer Malereien, Wilpert hat von ihnen ausgiebigen Gebrauch gemacht. Es wäre nun sehr belehrend gewesen, wenn er sich hierüber nicht bloß in ein paar Andeutungen ausgesprochen, sondern die Geschichte jeder Katakombe im Zusammenhang der künstlerischen mit der baulichen Entwicklung dargelegt hätte. Auch die Auswahl und Anordnung der Gemälde, hiermit aber zugleich ihre ganze Meinung und Absicht, würde in der nach Katakomben gegliederten

Betrachtung verständlicher sein als bei dem Zusammenwerfen aller Malereien in eine
einzige chronologische Reihe.

Der Textband endlich ist nicht, wie man es bei archäologischen Publikationen
erwartet, ein Kommentar zu den Tafeln, sondern geht ganz selbständige Wege, so
sehr, daß nicht einmal ein Verzeichnis der Tafeln mit Nachweis der die Bilder be-
handelnden Textstellen dem Erläuterung suchenden Leser entgegenkommt (Es fehlt
auch eine vergleichende Übersicht seiner Tafeln und derjenigen der früheren Publikationen.) Statt dessen hat sich der Textband das über die nächste Aufgabe einer
Publikation hinausgehende, an sich gewiß dankenswerte Ziel gesetzt, den Bilderschatz
der römischen Katakomben nicht bloß in kritischer Weise, sondern auch erschöpfend
zu verarbeiten. Ein erstes Buch, allgemeine Untersuchungen, legt die Grundlagen in
einer Reihe wertvoller Kapitel, über die Technik der Malereien, über Entlehnungen
aus der heidnischen Kunst, über die Tracht der dargestellten Personen und ihre Verwertung für Chronologie und Exegese, usf. Das zweite Buch, „Inhalt der Malereien“,
leidet an dem Fehler, den Stoff nicht aus dem wirklichen Grundgedanken der
Cömeterialmalerei, sondern unter dem Zwange dogmatischer Vorurteile als eine Art
Dogmatik in Bildern zu verstehen. Das Buch legt die falsche Meinung zugrunde,
Christus sei der Hauptgegenstand der Malereien; wie das Johannesevangelium als
seinen Zweck die Verbreitung des Glaubens an die Gottheit Christi angebe (dabei
wird Gottheit für Gottessohnschaft untergeschoben; es heißt aber Joh. 20, 31 „Diese
Wunder sind geschrieben, damit ihr glaubet, Jesus sei der Christus, der Sohn Gottes“),
wie der älteste uns bekannte kirchliche Hymnus die Verherrlichung der Gottheit
Christi zum Gegenstand habe, wie die Gottheit Christi stets das Grunddogma gebildet
habe, dem sich alle übrigen Glaubenswahrheiten unterordnen müßten, so sei auch für
die cömeteriale Malerei Christus der Hauptgegenstand ihrer Schöpfungen; des weiteren
heißt es, ihre Hauptaufgabe habe die Malerei zunächst in der Hervorhebung der
Menschwerdung des Sohnes Gottes gesetzt usf (Seite 185 ff.). Darum stellt Wilpert
die christologischen Bilder an die Spitze (er beginnt deren Besprechung sogar mit dem
Jesuskind auf dem Schoß der Mutter, also dem Madonnentypus). Nun ist uns das
numerische Übergewicht der Christusdarstellungen, wenn man die Bilder des guten
Hirten mitzählt, wohl bekannt; dennoch bleibt der Satz bestehen, daß nicht der
Christus Hauptgegenstand der Katakombenmalerei war. Vielmehr sind es in dieser
sepulkralen Kunst die Verstorbenen; sie sind, Wilpert selbst sagt es gelegentlich, der
„Mittelpunkt, um den sich alles wendet“ S. 459. Der Christus wird unbeschadet seiner
zentralen Bedeutung im christlichen Glauben doch nur als Mittel zum Zweck dargestellt. Die Malereien sprechen das zuversichtliche Vertrauen aus, daß die Verstorbenen in die ewige Seligkeit eingegangen sind durch die Hilfe des Christus. Von
hier aus finden alle Bilder ihre einheitliche Erklärung. Endlich ist zu bedauern, daß
auf einem Gebiete, bei dessen Bearbeitung behutsames Vorgehen dringend nötig ist,
Wilpert Vermutungen und Wahrscheinlichkeiten allzurasch als gesicherte Erkenntnisse
in Rechnung setzt, sowie daß auch er sich von der Tendenz noch nicht genügend
freihält, beweisen zu wollen, daß die Lehren und Einrichtungen der römischen Kirche
schon in den ersten Jahrhunderten „im wesentlichen“ die gleichen gewesen wären wie
in den späteren Zeiten (z. B. Seite 213 über die Stellung der Maria).

Wir durften die Mängel des Werkes nicht verschweigen; trotzdem erkennen
wir gern an, daß Wilpert in wissenschaftlicher Erfassung des Gegenstandes nicht

bloß über Garrucci, sondern in mancher Beziehung auch über de Rossi hinausgekommen ist.[1])

Chronologisches.

Wenn wir die Denkmäler historisch verstehen und zum Aufbau der Kunstgeschichte verwerten wollen, so müssen wir danach streben, ihre Ursprungszeiten zu finden. An Kriterien zur Ermittelung der Entstehungszeiten fehlt es für die Katakombenmalereien nicht, dank vorzüglich der Bemühungen der Brüder de Rossi und Joseph Wilperts. Mit Hilfe dieser Unterscheidungsmerkmale ist es möglich, die Malereien nicht bloß im Sinne der relativen Chronologie in eine zeitliche Folge zu bringen, sondern auch diese Reihe von Stufe zu Stufe mit den Epochen der Zeitgeschichte in Beziehung zu setzen.[2])

Solche Kriterien sind erstens aus der Baugeschichte der Katakomben zu entnehmen. Ein Gemälde kann nicht älter sein als die Gruft, der Gang, das Grab, überhaupt der Bauteil, an dem es angebracht ist. Man kann aber die Entstehungsgeschichte einer Katakombe vom baulichen Befund gleichsam ablesen. Bei dergleichen Untersuchungen sind datierte Gräber von Nutzen; freilich pflegen nur von Bischöfen die Sterbejahre durch Überlieferung bekannt zu sein. Inschriftlich datierte Gräber, auch anderer Personen, gibt es erst aus dem vierten Jahrhundert. Da der Schriftcharakter der Epitaphien im Laufe der Jahrhunderte Wandlungen erfahren, auch das Formular sich geändert hat, so ist es möglich, die Inschriften nach den Eigentümlichkeiten ihrer Schrift und ihres Formulars wenigstens annähernd zu datieren.

Andere Kriterien gibt die Maltechnik an die Hand. Die Malereien sind auf weißen Putz gesetzt. Die fünf bis sechs Schichten Putz übereinander, teils Sandmörtel, teils Marmorstuck, wie sie Vitruv und Plinius fordern, finden sich höchstens in Kaiserpalästen. In den Katakomben kommt nur einmal dreischichtiger Putz vor,

---

[1]) Joseph Wilpert, Die Katakombengemälde und ihre alten Kopien 1891; Ein Cyklus christologischer Gemälde aus der Katakombe der hl. Petrus und Marcellinus 1891; Fractio panis, die älteste Darstellung des eucharistischen Opfers 1895; Die Malereien in den Sakramentskapellen in d. Katak. des hl. Kallistus 1897; Die Malereien der Katakomben Roms 1903, mit einem Tafelband.

[2]) Chronologie: Lefort, Études sur les monum. primit. de la peinture chrétienne en Italie 1885. Wilpert, Malereien 121. Wilpert beruft sich für seine chronologische Schätzung der ältesten Malereien in der Katakombe der Domitilla auf die Zustimmung August Mau's, der ihn fast in alle größeren Nekropolen begleitet habe. Bei dem Werte, welcher dem Urteil des gegenwärtig besten Kenners Pompejis beiliegt, würde es alle Archäologen zu Dank verpflichten, wenn Mau selbst nicht bloß über die genannten Malereien, sondern über die Katakombenmalerei überhaupt sich aussprechen möchte. Auf Mau's grundlegende Geschichte der dekorativen Wandmalerei zu Pompeji 1882 können wir nicht unterlassen, mit Nachdruck hinzuweisen (und den Wunsch hinzuzufügen, daß ihre Fortsetzung, eine der dringendsten Aufgaben der deutschen Archäologie, nicht länger hinausgeschoben werden möchte). Wer die Malereien der Katakomben mit den rechten Augen betrachten will, der studiere vorher und daneben die Tafeln von Mau's Geschichte, sowie diejenigen der anderen Publikationen, wie Zahn, Die schönsten Ornamente aus Pompeji, Presuhns Pompeji usf.; er achte dabei einerseits auf das System der Decken- und Wanddekoration, andererseits auf die Einzelheiten, die Ranken, Blumen und Früchte, die Seedrachen, die Panther und Böcke, die Rinder und Schafe, die Enten, Tauben und Pfauen, die Eroten und Psychen usf.

nämlich auf Mauerwerk, in der Januariusgruft im Coem. Praetextati; auf dem gewachsenen bröcklichen Tuff ist er, wie übrigens meist auch in den pompejianischen Häusern, nur zweischichtig. Besseren Stuck weisen nur einzelne frühe Kammern auf, wie die sog. Galerie der Flavier und die Ampliatusgruft in Domitilla, die Aciliergruft in Priscilla. Im späteren dritten Jahrhundert beginnt die Arbeit nachlässig zu werden, man begnügte sich meist mit nur einer Schicht. Übrigens konzentrierte sich alle Sorgfalt auf den Malgrund, die übrigen unbemalten Wandflächen blieben oft sogar roh. Die Malereien selbst wurden auf den noch frischen Bewurf, al fresco, aufgetragen. Die Farbenskala war eher arm, selten kamen die teureren Farben zur Verwendung. In der Spätzeit verschlechterte sich die Qualität der Farben wie des Stuckes. Die Schlichtheit dieser ganzen Katakombenkunst brachte es mit sich, daß die Malereien unmittelbar auf den weißen Grund gesetzt wurden, nur ausnahmsweise auf roten oder auch gelben Grund (Rotgrund: Wilpert Taf. 15 f. u. ö.); im vierten Jahrhundert kam es vor, daß der Grund nachträglich mit Farbe gestrichen wurde. Dem Malen ging die Einteilung der Fläche und die Vorzeichnung voraus, die Einteilung z. B. einer Decke durch konzentrische Kreise und Radien, mittels Schnur und Stift; sodann die Vorzeichnung der Figuren, ebenfalls mit eingeritzten Linien, später auch wohl mit dem Pinsel. Seit dem dritten Jahrhundert riß auch in diesen Dingen Nachlässigkeit ein, die Einteilung der Fläche geschah aus freier Hand nach dem Augenmaß, Fehler in der Vorzeichnung wurden nicht mehr verbessert.[1]

Besonders wichtig für die Zeitbestimmung ist das Stilistische. Die künstlerische Entwicklung bewegt sich nicht weniger auf absteigender Linie als die technische; die ältesten Malereien sind die besten, darunter ist manches, was noch den künstlerischen Geist der pompejianischen Wandmalereien atmet, so der Putto, Wilpert Taf. 5, die Vögel Taf. 12; die Blumenvase zwischen zwei Tauben auf unserem Titelbild repräsentiert die mittlere Periode der römischen Katakombenmalerei um 200. In den früheren Malereien ist noch ziemlich korrekte Zeichnung und richtige Farbengebung, die Figuren leidlich proportioniert und passend bewegt. Der Verfall tritt deutlich seit dem späteren dritten Jahrhundert in Erscheinung. Verzeichnungen häufen sich, es fehlt nicht an falschem Kolorit, der künstlerische Sinn versagt. Um den Abstand zwischen Früherem und Späterem sich anschaulich zu machen, braucht man nur Wilperts Tafeln in ihrer Folge zu durchblättern oder Darstellungen eines und desselben Gegenstandes aus früherer mit solchen aus späterer Zeit zu vergleichen, etwa eine Mutter mit Kind im Priscilla aus dem zweiten Jahrhundert, mit einer in Domitilla aus dem vierten (jene bei Wilpert Taf. 22, diese Taf. 141) oder eine Anbetende in Lucina mit denen der Vigna Massimo (jene bei de Rossi, Roma sott. I Taf. 11, diese bei Wilpert Taf. 174 ff.).

Wir möchten noch zwei bezeichnende Momente hervorheben, die auch miteinander in einem gewissen Zusammenhang stehen, die symmetrische und die frontale Darstellung. Die Beziehung zwischen beiden besteht darin, daß die Mittelfigur einer symmetrischen Gruppe naturgemäß in Frontstellung, andererseits eine in Vorderansicht gegebene Figur leicht auch symmetrisch gezeichnet wird. Symmetrische Gruppen

---

[1] Technik: Vitruv de architectura VII 3, 5—8. Plinius, nat. hist. XXXVI 176. Donner v. Richter bei W. Helbig, Wandgemälde — Campaniens 1868. Wilpert, Malereien 3. Swoboda, Röm. Quart. 1889, 145 nimmt Malerei al secco an.

waren in Flächenzeichnung und Relief von Haus aus seltener; im Profil gezeichnet traten die Figuren sich gegenüber, die zwei Parteien sowohl im Kampf- wie im Adorationsbild meist von ungleichem Gewicht, ein Sieger gegenüber einem Unterliegenden, der Gott gegenüber seinen Verehrern. Die symmetrische Gruppe hat man aus technischen Ursachen ableiten wollen, aus einem Umlegen der Schablone bei Herstellung gemusterter Gewebe; man kann auch an tektonischen Ursprung denken, an den Zwang, den ein symmetrisch geformter Rahmen auf die Komposition ausübt. Z. B. die symmetrische Gruppe einer Säule zwischen zwei aufgerichteten Tieren am mykenischen Löwentor könnte man in ihrer besonderen Ausprägung durch das Entlastungsdreieck bedingt denken, in welches das Relief komponiert ist; unter analogem Zwang des Giebeldreiecks haben sich die (als Reliefs zu betrachtenden) Giebelgruppen wie von Ägina oder von Olympia gestaltet. Aber die im Parthenon erreichte Kunstblüte hat die Starrheit der Symmetrie gelöst und durch das Gleichgewicht der Massen ersetzt. Da ist es nun merkwürdig zu sehen, wie in ihrer letzten Periode die alte Kunst in die symmetrische Kompositionsweise zurückfällt, wenn auch, wie natürlich, nicht in allen Szenen: wir nennen Daniel zwischen zwei Löwen, dies abweichend von der Erzählung mit ihren sieben Löwen; der Gute Hirt zwischen zwei, vier, sechs Schafen; die typische Orans ebenso zwischen zwei Schafen. Auch das Adorationsbild wird gelegentlich gegen alles Herkommen, nicht im Sinne der Legende, symmetrisch komponiert; in der Anbetung der Magier wird das Christkind auf dem Schoß der Mutter öfter in die Mitte gesetzt, zwischen die symmetrisch von beiden Seiten nahenden Magier. Endlich der sich schließlich zum Haupttypus der altchristlichen Malerei herausbildende erhöhte Christus im Kreis der Apostel; nur in einem frühen Neapeler Gemälde ist die Gruppe noch unsymmetrisch komponiert, nachher, und in Rom immer, symmetrisch: Christus thront in der Mitte des Halbkreises der Apostel. Nach dem Vorgang früherer Kritiker sieht Wilpert in der symmetrischen Komposition einen künstlerischen Wert, er hebt rühmend hervor, die Maler hätten die Gesetze der Symmetrie nie verletzt (S. 59). Vielmehr ist ihre Neigung zu symmetrischer Gruppierung nur Verkümmerung.

Die Frontstellung der Figuren charakterisiert die altchristliche Kunst noch auffallender. Voran sind die typisch in Vorderansicht dargestellten Betenden zu nennen, teils solche in biblischen Szenen, wie Daniel in der Löwengrube, Noah in der Arche, teils isolierte, die sog. Oranten; sie werden zugleich symmetrisch gezeichnet, beide Hände offen gehoben. Dann die Christusdarstellungen außerhalb der Heilungsgeschichten, sowohl die indirekten im Typus des Guten Hirten als auch die direkten, nämlich des erhöhten Christus, mag er stehen oder thronen. Er kommt allerdings auch in Seitenansicht vor, das ist aber örtlich bedingt; die Malerei befindet sich an der Laibung eines Nischengrabes, so daß der Christus doch aus der Nische herausschaut. Endlich die Heiligenbilder aus der Spätzeit; diese kirchlich sanktionierten Heiligen stehen in Front gereiht, durch keine Handlung belebt oder verbunden. Zu diesem Ende in Armut ist die Antike gekommen. Die Flächenzeichnung war einst ausgegangen von der Seitenansicht, höchstens die Brust wurde von vorn gegeben, beides zur Vermeidung der schwierigen Verkürzungen. Die Darstellung in Seitenansicht erlaubte auch, die Figuren ohne weiteres in Bewegung zu setzen, auch gegeneinander, sei es zu freundlichem oder feindlichem Begegnen. Erst ziemlich spät begann man, erst die Köpfe, dann auch ganze Gestalten in Vorderansicht zu drehen; die Blütezeit

des fünften und vierten Jahrhunderts erlangte die volle Freiheit, die Gestalt in jeder
beliebigen Ansicht, Drehung und Wendung zu zeichnen. Aber es kam die Zeit der
Erschlaffung, nicht plötzlich, nicht auf einmal, sondern hier und da kündigte sie sich
an, mit am frühesten im attischen Grabrelief. In denen der Blütezeit war eine Fülle
ansprechender Familiengruppen entstanden, Mann und Frau sich gegenüber, Hand in
Hand gelegt, Mutter und Kind traulich vereint, Vater und Sohn, Bruder und Schwester,
die Figuren immer zueinander gewandt und durch eine kleine Bewegung verbunden;
allmählich wurde das Relief voller, runder herausgearbeitet, so daß die Figuren zuletzt
wie Statuen in Kapellen standen, aber immer noch zu wirklichen Gruppen vereint.
Dann also kam die Erschöpfung, nicht mehr wie früher komponierte man jedes Grabrelief neu, sondern man begnügte sich, im herkömmlichen Rahmen Statuen in Vorderansicht zu kopieren, zu mehreren in Front gereiht. Diese hellenistischen Grabreliefs
sind, ein wenig auch in der Idee, Vorläufer der schablonenhaft gereihten Heiligen in
Frontstellung (Wilpert Taf. 256. 258). Mit Schemen endigt die Antike, sie hat ihre
Bahn ganz durchlaufen.[1])

Die Tracht der in den Katakomben gemalten Figuren läßt wechselnde Moden
erkennen; wenn deren Zeiten bekannt sind, so kann danach in gewissen Grenzen auch
die Entstehungszeit der Bilder bestimmt werden. Unter günstigen Umständen vermag
die Tracht auch zu genauerer Erklärung der Bilder zu verhelfen. Es ist ein besonderes
Verdienst Wilperts, diesen Gegenstand, der längst nach kritischer Untersuchung rief,
ernstlich in die Hand genommen zu haben, fußend auf dem, was die Altertumswissenschaft bis dahin zur Kenntnis der antiken Tracht erforscht hatte; denn ganz ins Reine
gebracht ist die Sache noch nicht.[2])

Die Männerkleidung. Bereits in der mykenischen Zeit wurde eine Art Schurz
getragen, dazu kam nach Gelegenheit ein Mantel. Nachdem später völligere Bekleidung Sitte geworden war, blieb doch Schambinde und Lendentuch als Unterzeug
im Gebrauch; in den Katakombenmalereien kommt es ein paarmal bei im übrigen
entkleideten Personen vor, bei dem Täufer, da er im Wasser stehend tauft, und bei
Daniel in der Löwengrube. Hauptbekleidungsstück war der in der nachmykenischen
Zeit aus dem Orient zu den Ioniern und den übrigen Griechen gelangte Leibrock
(Chiton, Tunika). Die schlichteste Form hatte keine Ärmel, der klassische Typus
hatte Halbärmel, der orientalische aber lange, anschließende Ärmel (Chiton cheiridotos,
tunica manicata). In der altchristlichen Kunst kommen alle diese Typen vor, den
langärmeligen, den die heidnisch-griechische Kunst allen Barbaren gab, sehen wir an
den Magiern, den drei babylonischen Jünglingen, dem Orpheus; schon in der vor-
kaiserlichen Zeit hatten ihn auch einzelne Griechen und Römer getragen, aber erst im
dritten Jahrhundert der christlichen Ära bürgerte er sich bei den klassischen Völkern
ein und findet sich nun in unseren Malereien auch bei Okzidentalen (Fossoren und

---

[1]) Hellenistische Grabreliefs: v. Sybel, Weltgesch. d. Kunst[2] 371 Abb. Heilige in
Front: Wilpert, Malereien. Taf. 256 ff. 262.

[2]) Antike Tracht: Hermann Blümner, Lehrbuch der griech. Privataltertümer 1882, 172.
Iwan Müller, Griech. Privataltertümer 1887, 395. Marquardt-Mau, Privataltertümer der Römer
1886, 550. 542. Voigt, Röm. Privataltertümer[2] 1893. Über die Anfänge vgl. jetzt Walter A. Müller,
Nacktheit und Entblößung in der altorientalischen und älteren griechischen Kunst 1906. Tracht
der Christen: Kraus, Realencykl. II 175 (Krieg). Wilpert, die Gewandung der Christen in den
ersten Jahrhunderten 1898; Malereien 63.

Oranten). Die Griechen hatten den Chiton einst in der Form des Talars übernommen, aber bald ihn gekürzt und aufgeschürzt, nur Musiker, Rossclenker, Priester und Theaterkönige behielten das lange Kleid bei; sonst waren es einzelne Narren, die sich damit auffällig machten, oder auch kluge Leute, etwa wie Floquet mit seinem großen Hut. Erst im vierten Jahrhundert der Kaiserzeit brachte der wachsende orientalische Einfluß den Talar wieder zu Ehren, so daß ihn in der Katakombenmalerei einmal sogar der Gute Hirte trägt.

Um „angezogen" zu sein, mußte der Freie über dem Leibrock den Mantel tragen, auch wenn das Wetter ein Schutzgewand nicht erforderte, gerade wie in neueren Zeiten der Herr den „Überrock". Der Mantel (Himation, Pallium, Toga) war bei allen Völkern ein oblonges Stück Zeug, wie es vom Webstuhl kam, der schottische Plaid ist nichts anderes. Griechen und Römer trugen ihn in gleicher Art (nur bekam die Toga der Römer zu irgend einer Zeit runden Zuschnitt) um Rücken und rechte Seite, um die Schulter oder unter der Achsel her, das Ende über die linke Schulter geworfen oder über den linken Unterarm gelegt (vgl. die Statuen bei Sybel, Weltgesch. d. Kunst² 342. 373, Marquardt-Mau 558 Fig. 2). Erst seit dem Ausgang der Republik hat sich die Toga zu ihrer bekannten Eigenart entwickelt, nämlich zu einem im Sinne der Weltbeherrscher würdevoll imponierenden, in Wahrheit barock aufgebauschten Staatskleid. Als Tracht des täglichen Lebens aber war die Toga, vollends die der Kaiserzeit, so unmöglich, daß schon vor und unter Augustus ein Widerstreben gegen sie hervortrat; man beschränkte sie auf die offiziellen Gelegenheiten, dergleichen für manche sich erst auf der Bahre fand. Der umständlichen Toga zog man bequemere Formen des Oberkleides vor. Eine Menge Bürger, denen das pompöse Tuchgebäude zu teuer sein mußte, blieb bei der schlichten Toga ihrer Väter (toga brevis, exigua). Überdies flossen in der Reichshauptstadt alle denkbaren Typen aus Ost, West und Nord zusammen, so daß man die Auswahl hatte; in der Tat nahm selbst die elegante Mode dies und jenes fremde Stück auf, daneben auch Trachten der niederen Klassen.[1]

Da war die Dalmatika, eine Art Tunika, mit kurzen aber weiten Ärmeln; ungegürtet getragen fiel sie bis über die Knie. Commodus führte sie in Rom ein, als Obergewand; im vierten Jahrhundert wurden die Ärmel noch weiter, die Ausstattung reicher. Die übrigen in Betracht kommenden Obergewänder waren Mäntel. Hier ist das Pallium der Griechen zu nennen, das schon längst einzelne Römer gelegentlich getragen hatten; übrigens ist es in den Bildern von der alten Toga kaum zu unter-

---

[1] Toga: Noch Voigt, Röm. Privataltertümer² 1893, 330 schreibt ihr den runden Schnitt ganz allgemein zu; aber schon aus webtechnischen Gründen muß sie ursprünglich viereckig gewesen sein; es fragt sich nur, wann und zu welchem Zweck der runde, genauer halbkreisförmige Schnitt aufkam. Posidonius ist der erste, der ihn zur sonst üblichen viereckigen Mantelform in Gegensatz stellt. Dionys von Halikarnass spricht vom Purpurmantel der römischen Könige und Triumphatoren (sie entliehen das Gewand vom kapitolinischen Juppiter), der den halbkreisförmigen Schnitt besaß, und fügt die Bemerkung hinzu, daß dergleichen Mäntel von den Römern Togen, von den Hellenen Tebennen genannt würden. Damit scheint gesagt, daß Dionys die Togen wenigstens seiner Zeit als halbkreisförmig kannte. Aber soll diese Aussage für die Königszeit beweisend sein? Und der Gott trug doch umgekehrt das Gewand des Menschen; da der Gott jährlich neue Gewänder erhielt, so gingen sie mit der Mode. Quintilian, der zwischen der alten bauschlosen Toga und ihren späteren Entwicklungsstufen bis zur stark gebauschten Toga genau unterscheidet, empfiehlt den runden Schnitt (rotundam — velim); dieser scheint also nicht selbstverständlich, nicht allgemein gewesen zu sein. Isidor endlich spricht überhaupt nur von der stark gebauschten Toga.

10*

scheiden. Die Chlamys, ein um die linke Schulter gelegter, auf der rechten Schulter geheftcter Mantel, einst von Makedonien und Thessalien her zu den Athenern ge- kommen, als Reitertracht, aber auch Gott Hermes erhielt sie; ihr entspricht der römische Soldatenmantel, das Sagum und das Paludamentum. In einem trajanischen Relief trägt diese Art Mantel ein Liktor, also ein Bürgerlicher, später erscheint sie als byzantinische Hoftracht. Die Paenula (Phainoles, Phenoles), eine Decke mit Ausschnitt in der Mitte zum Durchstecken des Kopfes, so daß der übrige Stoff nach allen Seiten herabfiel; ursprünglich eine Tracht der arbeitenden Klassen bei schlechtem Wetter, wie man auch heute Fuhrleute eine Pferdedecke in gleicher Weise für den gleichen Zweck sich zurichten sieht. Und wie heutzutage elegante Jäger und Touristen Lodenmäntel dieses Typus tragen, so wurde er in der Kaiserzeit von den höheren Ständen aufgenommen, als Regen- und Reisemantel, auch vorn aufgeschnitten ganz wie die erwähnten Lodenmäntel. Endlich die Lacerna. Sie wurde um die Schultern genommen und auf der Brust geschlossen.

In der Katakombenmalerei kommt die Toga nur ein einziges Mal vor, und das erst im vierten Jahrhundert; dafür erscheint das Pallium als der eigentliche Anzug, zum Zeichen, daß die an die offizielle Toga gebundene Welt im allgemeinen nicht in den Katakomben ihre Ruhestätte suchte. Das Christentum kam nach Rom als eine Religion Fremder, und das Evangelium fand vor allem bei den niederen Ständen Auf- nahme. Nach und nach sehen wir dann die vorgenannten anderen Typen des Ober- kleides auch in der Katakombenmalerei erscheinen, am häufigsten Dalmatika und Paenula, beide in ihren Spielarten nach den Launen der Mode; die Chlamys begegnet nur vereinzelt, die Lacerna erst zu Ende des Altertums, um 600.

Religion und Kultus sind konservativ; wenn sie auch Neues aufnehmen, so halten sie doch das Alte fest. Als Toga und Pallium im Leben ausgespielt hatten, blieb in der Kirche doch das Pallium angesehen. Auch die religiöse Kunst ist konservativ: die einmal geschaffenen Typen blieben erhalten. Und ähnlich wie anfangs die Christen im Leben alle Heilige und im Tode alle Selige hießen, dann aber ein engerer Kreis von der Kirchenbehörde sanktionierter Heiliger und Seliger ausgesondert wurde, so sehen wir in den Malereien der Katakomben den Kreis der Palliumträger mit der Zeit enger gezogen und zuletzt, am Ende einer mehrstufigen Entwicklung, auf Ideal- gestalten wie Moses, wie den Christus, seine Apostel und andere sanktionierte Heilige beschränkt.[1])

Endlich aber, so ist jetzt die Auffassung der wissenschaftlichen Katholiken ein- schließlich Wilperts, gingen aus den Typen der antiken Gewandung diejenigen der mittelalterlichen kirchlichen Kleidung hervor. Das Pallium, das ist Wilperts Meinung, war ursprünglich der umgelegte Mantel; dann mittels Faltung (Kontabulation) streifen- artig geworden, wurde es zuletzt durch einen wirklichen bloßen Streifen ersetzt, der

---

[1]) Heilige: Wenn z. B. in Kraus, Realencykl. I 654, gesagt wird, schon der Apostel Paulus unterscheide zwischen gewöhnlichen Christen und Heiligen, so trifft dies nicht zu. Kor. I 1, 2 stellt er nicht die „berufenen Heiligen" als einen engeren Kreis im Gegensatz zu dem weiteren Kreis „aller derer, die den Namen des Herrn anrufen", sondern den Christen der ephesischen Gemeinde erteilt er allgemein und ohne Ausnahmen zu machen das Prädikat „berufene Heilige"; sodann fügt er ihnen die Christen in weiterem geographischen Umkreise hinzu („samt allen, die den Namen unseres Herrn anrufen an jedem Orte"). Auch aus den andern, in der R.-E. angeführten Stellen lassen sich keine Vorzugsheiligen gewinnen.

ringförmig auf beide Schultern gelegt mit den Enden vorn und hinten herabhing; daraus entstand schließlich das heutige Pallium, das Zeichen der bischöflichen Gewalt. Auch Dalmatika, Paenula und Lacerna behaupteten sich im kirchlichen Gebrauch; sie wurden liturgische Gewänder, die Dalmatika in ihrer letzten und längsten Form, die Paenula ward zum Meßgewand (Planeta und Casula genannt), die Lacerna zu Cappa und Pluviale. Die Tunika wurde zur Alba.[1])

Wilpert Seite 73 sagt, das Pallium sei gleich bei seinem ersten Erscheinen in der christlichen Kunst ein Kleid der Auszeichnung und Würde, das dem einfachen Gläubigen nur gegeben werde, wenn man ihn in der Seligkeit als Orans vorführe, und auch diese Beispiele seien als Ausnahmen zu betrachten; seit dem dritten Jahrhundert bilde es, zusammen mit der Tunika und den Sandalen, die den „heiligen Gestalten" eigentümliche Tracht. Der Satz bedarf der Berichtigung, mindestens der Einschränkung. Das Pallium konnte von Haus aus nur in dem Sinne eine auszeichnende Bedeutung haben und eine gewisse höhere Würde verleihen, als es eine Tracht der Freien war, den Unfreien verboten. Man begreift, daß die Beamten der christlichen Gemeinden darauf hielten, immer „angezogen" zu erscheinen. Aber mehr lag nicht darin. Was in der Katakombenmalerei Erklärung verlangt, ist nicht so sehr das Auftreten des Palliums, als das der bloßen Tunika, gegürtet oder ungegürtet. Wenn man in einem frühen Gemälde zwei Selige so gekleidet beim Mahle sitzen sieht, so läge es nahe, dabei an die zum Gebrauch beim Gelage eingeführte bequeme vestis cenatoria (synthesis) zu denken; aber diese Erklärung versagt bei Oranten wie bei Noah. Sollte ein moderner Beschauer auf das Totenhemd verfallen, so müßte er erinnert werden, daß die Alten, auch die Christen, „angezogen" bestattet wurden. Dies gilt freilich nur für diejenigen, welche einen vollständigen Anzug besaßen, oder denen er zustand, den Freien. Könnte der Typus ursprünglich für verstorbene christliche Sklaven geschaffen sein? Oder ist irgendwo gesagt, daß die Seligen im Himmel oder im Paradies nur die Tunika trugen?

Die Frauentracht. Das Kleid (Chiton, Tunika, mit Ärmeln Stola) erscheint in der Katakombenmalerei anfangs ohne Ärmel, dann mit Halbärmeln, oder, und dies schon früh und bald überwiegend, mit langen, engen Ärmeln. Bei Oranten ist die Tunika meist ungegürtet. Seit dem dritten Jahrhundert tragen die Frauen vorzugsweise die Dalmatika, die bis an die Knöchel herabreicht; im vierten wird das Gewand langfallend gemalt, und die Ärmel nehmen an Breite noch zu. Die Dalmatika wirkte auf die Tunika zurück, deren Ärmel auch breiter wurden. Der Mantel (Himation, Palla) wurde von den Frauen ähnlich wie von den Männern getragen, um die rechte Seite, die Enden über die linke Schulter gelegt. Etwaige Verhüllung des Haupthaars wird nach alter klassischer Weise entweder durch Heraufziehen des Mantels über den Hinterkopf und Scheitel bewirkt oder durch einen Schleier; einen solchen trägt in altklassischer Kunst z. B. die Hegeso auf ihrem Grabstein vor dem Dipylon zu Athen (Sybel, Weltgesch. d. Kunst [2]245), in den Katakombenmalereien die Madonna in Priscilla, eine Orans und die Veneranda, letztere mit Spitzenhaube

---

[1]) **Kirchliche Kleidung:** Ohne hier auf das Thema eingehen zu dürfen, verweisen wir, als auf andere Versuche, beispielshalber außer auf Kraus, Realencykl. unter Kleidung, auf Marquardt-Mau 564 oben, und Petersen, Röm. Mitteilungen 1897, 325, wo Wüscher-Becchi und Grisar genannt werden.

unter dem Schleier (Wilpert Taf. 22. 88. 213; über Spitzen in der Spätantike vgl. Al. Riegl in Br. Buchers Gesch. d. techn. Künste III 1893, 385).

Gewandverzierungen. Die Tunika, beider Geschlechter, konnte mit allerlei Verzierungen versehen sein, die auf- oder eingesetzt waren. Hauptmotiv waren zwei vertikale Purpurstreifen, schmal oder breit. In der Katakombenmalerei kommen nur schmalgestreifte Tuniken vor (tunicae angusticlaviae), nicht so sehr als das Standes-abzeichen der römischen Ritter, sondern im ursprünglichen, nur dekorativen Gebrauch; auch an Noah, Daniel, Moses und dem Guten Hirten sehen wir die Streifen. Seit dem vierten Jahrhundert werden sie bei Christus und den Aposteln breiter; daneben erscheinen kürzere, aber in vermehrter Zahl (lora). Seit dem dritten Jahrhundert kamen Borten am Hals, unterem Saum und Ärmeln hinzu, sowie eingesetzte runde Purpurflecke (segmenta; in der Archäologie wurden sie eine Zeitlang irrig calliculae genannt, das sind aber Schuhe, nach einigen caligulae, nach anderen galliculae). Das Pallium erhielt seit dem dritten Jahrhundert viereckige Segmente, kurze Streifen, gleichschenkelige Kreuze und Henkelkreuze, häufig griechische Buchstaben oder buchstabenähnliche Ornamente. Die Chlamys bekommt im fünften Jahrhundert den großen viereckigen Einsatz (tabula ταβλίον). Im vierten Jahrhundert treten Schmucksachen an den Frauen auf, Hals-ketten und Ohrringe; auch die breiten Streifen der Frauendalmatika werden mit Stickereien bedeckt (Wilpert Taf. 174).

Fußbekleidung fehlt nur bei ganz oder annähernd unbekleideten Gestalten, außerdem bei bekleideten in frühen Malereien, die nicht alle Einzelheiten angeben. Wie zur Toga der Schuh, so gehörte zum Pallium die Sandale, sie bildet daher die Hauptfußtracht in der Katakombenmalerei. Die Frauen aber tragen Schuhe. Eine Art ausgeschnittenen Halbschuh, den compagus, tragen, frühestens um 600 gemalt, die Bischöfe am Grabe des h. Cornelius und ein Heiliger in Ponzian (Wilpert Taf. 256. 258).

Bei den Männern ist die Barttracht zu beachten. Von Alexander dem Großen bis Trajan herrschte die Sitte des Rasierens vor. Da die Anfänge der altchristlichen Kunst bis in die Zeit der flavischen Kaiser zurückreicht, so entsprach es dem damals zwar nicht ausschließlich aber vorwiegend geübten Brauch, wenn in den Katakomben die Männer typisch bartlos gemalt wurden. Man hat nach besonderen Gründen dieser Bartlosigkeit gesucht. Sie eigne den Seligen im Himmel, weil da die Trauer keinen Platz habe, der Bart aber deute Trauer an. Eher könnte sie als Zeichen von Jugend aufgefaßt werden: wie die Götter im Himmel sich ewiger Jugend erfreuen, wie Herakles bei seinem Eintritt in den Himmel mit der Jugend selbst, mit Hebe, sich vermählte, so könnte die Jugendlichkeit der Gestalten auf ihre Seligkeit deuten; Wilpert denkt bei dem bartlosen Christus an die „ewige Jugend des Gottmenschen". Nachdem nun in der Zeit, da man sich rasierte, der Typus einmal geschaffen war, bedurfte es keiner besonderen kirchlichen Autorität, um ihm längere Geltung zu ver-schaffen, vollends wenn ein Nebengedanke im Spiele war von der Art der eben er-wähnten. Ganz ausschließlich aber hat sich die Bartlosigkeit nicht behauptet. Hadrian machte den Bart wieder hof- und gesellschaftsfähig, und seit seiner Zeit treten ver-einzelt auch in den Katakomben wieder Bärtige auf, mit dem vierten Jahrhundert werden sie häufiger; von einer problematischen Figur abgesehen, sind es von Anfang an würdigere Personen, die im Bartschmuck erscheinen, Moses, Abraham, Christus, einzelne Apostel. Darf man annehmen, daß auch hier die Mode den Typus begründete, so würde der Bart während des zweiten und dritten Jahrhunderts seine alte Autorität so weit wieder gewonnen haben, daß sie sich auch in der Zeit des wiedereingeführten Rasiermessers behauptete; denn nach einigen vereinzelten Vorläufern erhob Konstantin das glatte Kinn neuerdings zur Regel, nur Julian macht eine bedeutsame Ausnahme (wenn die kapitolinische Büste mit der Inschrift Janus impeator wirklich den Kaiser meinen sollte, so hätte der Bildhauer, der ihn zu gestalten hatte, einen bärtigen Kopf des fünften Jahrhunderts zugrunde gelegt).[1])

An den Frauenköpfen ist die Haartracht nicht immer deutlich charakterisiert; unverkennbar aber zeigen die Malereien im dritten Jahrhundert eine damals neue Frisur, das gescheitelte Haar hinter den Ohren in einem tiefhängenden Bogen rückwärts und das Ende geflochten auf den Scheitel geführt (vgl. unsere Abbildung S. 140 und Wilpert Taf. 61 und weiterhin). Gewelltes Haar ähnlich der Gemahlin des Septimius Severus trägt Dionysas in der Malerei unserer Farbtafel IV (Wilpert Taf. 110 f.)[2])

Der Nimbus, ein den Kopf umgebender Lichtschein in eine Kreislinie eingeschlossen, ursprünglich den Lichtgöttern eignend, danach freigebiger ausgeteilt (die Etrusker gaben ihn gelegentlich sogar ihrem, in dem gemeinten Falle recht teufelhaft gezeichneten Tod), drang auch in die Katakombenmalerei langsam ein, zuerst an heidnischen Köpfen; im vierten Jahrhundert wurde er Attribut des Christus, erst gegen 500 bekamen die „Heiligen" den Heiligenschein, infolgedessen der Nimbus des Christus zum Kreuznimbus differenziert wurde.[3])

System und Idee der Deckenmalerei.

Einheitliche Ausmalung des ganzen Raumes findet sich nur in Kammern. Da ist alsdann zu unterscheiden zwischen den Decken und den Wänden; selbstverständlich wurden die Decken immer zuerst gemalt, danach die Wände. In vielen Fällen beschränkt sich die Dekoration der Kammer auf die Deckenmalerei; nicht immer wurden die Wände im ganzen bemalt, meist nur einzelne Wandgräber mit ihrer nächsten Umgebung. Das ist dann Grabmalerei im engeren Sinn, solche die sich auf das einzelne Grab beschränkt.

Soweit nicht Gräbertechnik und Totenkultus eigene Anordnungen nötig machen, wird die Gruft gern als Haus des Toten behandelt, die Ausschmückung der Grabkammern, der christlichen wie der heidnischen, schloß sich mit Vorliebe derjenigen des Hauses an.

Zuerst also die Decken. Da sind verschiedene Typen zu unterscheiden. Voran stellen wir die gewölbte Decke mit Stuckverzierung; hier kommt nur das Kreuzgewölbe in Betracht. Entsprechend dessen Gliederung ist auch die Verzierung ein-

---

[1]) Julian: Helbig, Führer durch die röm. Museen [2]I 316 n. 82. Bernoulli, Röm. Ikonographie II III 247.

[2]) Frisur: Bernoulli, Röm. Ikonogr. II III 1894. 138 Taf. 43 (Otacilia?), Taf. 47 (Etruscilla?), Münztafel IV n. 3. 6. 7. 13.

[3]) Nimbus: Stephani, Nimbus und Strahlenkranz (Acad. Petersb. mém. IX) 1859. Dieterich, Nekyia 1893, 40 ff. Etruskischer Todesdämon: Mon. d. instit. IX 1870 Taf. 14 b. Vgl. Kraus, Gesch. d. chr. Kunst I 220.

geteilt: im Zentrum und Zenith des Ganzen zeichnet sich das flache Scheitelfeld aus,
daran schließen sich nach den Wänden hin die vier Gewölbkappen; zwischen diesen
Kappen, mit den diagonalen Gewölbgraten zusammenfallend, erstrecken sich nach den
Ecken hin vier Zwickelfelder. Die Grenzen der Felder sind durch Stuckleisten oder
durch ornamentale Linien und Bänder bezeichnet; figürliche Darstellungen füllen die
Felder selbst. Ein gutes Beispiel ist die Decke eines heidnischen Kammergrabes an
der Via Latina, ausgeführt im späteren zweiten Jahrhundert in einer Kombination
von Stuck und Malerei. Im Scheitelfeld sieht man einen auf einem Adler Sitzenden,
es ist Juppiter, oder der Verstorbene im Typus des Gottes, der sonst freilich den
Kaisern vorbehalten blieb; es scheint damit die Himmelfahrt des Verstorbenen irgendwie angedeutet. Die vier Kappenfelder bringen heroische Szenen: der Tür gegenüber
das Urteil des Paris, dann rechtsherum die Werbung des Admet um Alkestis, Priamos
die Leiche Hektors auslösend, Herakles im Kreis von Göttern musizierend, doch wohl
im Olymp — mindestens dies Bild deutet auf Seligkeit, sinnvoll scheinen alle vier
gewählt. Die Grate schmücken jagende Kentauren, die Zwischenräume kleine Landschaften, ferner Stilleben mit pickenden Vögeln, schwebende und tanzende Gestalten,
allerlei Fabeltiere; vor den Gratanfängen stehen die vier Jahreszeiten als Mädchen-
figuren in hohem Relief. — Anders die Malerei an der flachen Decke eines pompejanischen Zimmers. Dieser Plafond ist leicht aufgebaut, ein Netz von graziös hin-
geworfenen Linien in zentrierter Anordnung. Es ist die Fortsetzung der leichten
Strukturen, wie sie im obersten Teil der Wände gemalt wurden; das wächst an die
Decke hinauf und fügt sich zu einer Art luftiger Laube, gebildet aus Linien und
leichtesten Zweigen oder Girlanden, belebt von verschiedenen Fabelwesen, schwebenden Amoretten und flatternden oder an Früchten pickenden Vögelchen. — In einem
Hause auf dem Caelius wurde eine Decke gefunden, die Bellori veröffentlicht hat und
Wilpert wiederholt. Das lineare System wird hauptsächlich durch Blätterschnüre gebildet. Im runden Scheitelfeld halten zwei Putten einen Handspiegel, in den Kappen-
bildern sind andere Putten in vier verschiedenen Szenen mit Girlanden beschäftigt:
sie pflücken Blumen in einen Korb, sie tragen gefüllte Körbe fort, winden Girlanden
und verkaufen sie. In den vier Ecken stehen nimbierte Köpfe, wohl Jahreszeiten, in
Blattkelchen, aus denen auch die systembildenden Blattschnüre hervorgehen.[1]

In den Katakomben sind die Decken im allgemeinen flach, oder auch haben sie
die Form sehr verflachter Tonnengewölbe. Formte man sie im Typus des Kreuzgewölbes, so vermied man auch hier starke Wölbungen und scharfe Grate, letztere
glich man nach dem Mittelfeld zu ab, um ihm breiteren Raum zu schaffen; nur im
vierten Jahrhundert hat man einige Male die Grate in voller Schärfe stehen lassen
(unsere Abbildung Seite 154). Die christlichen Decken sind alle gemalt; daher, und
weil die Flachdecke vorherrscht, war es natürlich, das vorgeschilderte Laubenmotiv
zugrunde zu legen. Weil aber die Plafonds tatsächlich nicht Balkendecken sind,
sondern aus dem Fels gebildet und zwar oft genug in Gewölbform, so mußte auch
das andere Motiv der Stuckdecke zur Geltung kommen, dies um so mehr, als im oberirdischen heidnischen Grabbau die Wölbdecke dominierte. Aber es war immer nur

---

[1] Via Latina: Petersen, Annali dell' instituto 1861, 190 zu Mon. VI 49. Seemann,
Kunsthistorische Bilderbogen, Farbtafel 7. Ronczewski, Gewölbschmuck im röm. Altertum 1903,
29 Taf. 17. 18. — Pompeji: Presuhn, Pompejanische Wanddekorationen 1877, 37 Taf. 13. —
Caelius: Bellori, Picturae antiquae 64. Wilpert, Mal. 57 Fig. 2.

der Typus der Stuckdecke, nicht wirklich in Stuck ausgeführt, sondern in Malerei imitiert, vielmehr bloß als Motiv verwertet; die in der Stuckverzierung beliebten starken Rahmen verflachen in der Malerei zu trennenden und rahmenden Bändern. Sehr bald sind dann beide Motive, des stuckierten Gewölbes und der Laube, auch miteinander verwebt worden.[1]

Wir betrachten zuerst zwei Plafonds der Katakomben von San Giovanni dei poveri zu Neapel, beide aus der Frühzeit, dem Anfang des zweiten Jahrhunderts.

Das System der Decke in der ersten Katakombe ist ein gemischtes: ein Netz von konzentrischen Kreisen und Radien, die Linien aber nicht gebildet aus dünnen Stäben und feinen Girlanden, sondern aus Bändern, die sich mannigfach verschlingen; zwischen eingestreut und eingespannt sind leichte Zweige. In die Eckfelder hat man Fruchtvasen gestellt von Vögelchen umflattert, in andere Felder allerlei Getier, Vierfüßler, Seewesen und Vögel; im innersten Ring (im Scheitelfeld) zwei fliegende Vögelchen, die tragen eine Girlande mit den Schnäbeln. Da ist alles und alles antik und vom Heidnischen in nichts verschieden, die Vögelchen, die Seetiere, die bacchischen Böcke und Panther; es ist nichts spezifisch Christliches zu finden; so daß man schon vermutet hat, ein ursprünglich heidnisches Kammergrab sei nachträglich in christlichen Besitz übergegangen.

Nun die Decken in den römischen Katakomben. Wir nehmen die selteneren Reminiszenzen an Stuckdecken vorweg; sie sind kenntlich an den die Bildfelder einrahmenden breiten Bändern. Es fällt hier eine Vorliebe für achteckige Scheitelfelder auf; die acht Nebenfelder erscheinen teils differenziert in Kappen und Zwickel, teils aber gleichartig gebildet, in Trapezform oder als Lünetten; als ob der Typus in achtseitigen Räumen mit Kloster- oder Kuppelgewölben entstanden und von dort auf die Katakombendecken übertragen sei. In einer Decke umringen das Zentralfeld zehn Nebenfelder, fünf figuriert, fünf mit Pfauen aus Ranken. Es muß übrigens bemerkt werden, daß diese Decken mit breiten Bildrahmen von den leichter gezeichneten sich nicht ganz scharf scheiden lassen.[2] — Der Plafond dagegen aus der zweiten Neapeler Katakombe kombiniert in anderer Weise architektonische Elemente mit dem Laubenmotiv, da gibt's Ranken und Blumengewinde mit belebenden Vögeln, hier und da verteilten Fruchtschalen oder hängenden Trauben, ferner Seetieren, den bacchischen Panthern, Böcken, Masken und apollinischen Greifen; in den Ecken des Scheitelfeldes schweben girlandentragende Amorettenpaare im Wechsel mit ebenso angeordneten Psychen — kaum daß ich Bacchus den herrlichen habe, kommt auch schon Amor, der lächelnde Knabe —, im Zenith aber schwebt Nike, Viktoria, mit dem Palmzweig, hier der Sieg über den Tod; in die Kappenfelder endlich sind Stilleben eingeordnet, über jedem aber ein spezifisch christliches Figurenbild, diese mithin analog den heroischen Szenen in den Kappenfeldern des Mausoleums an der Via Latina. Übrigens findet sich auch dort eine Viktoria mit Palmzeig und zwar auch an hervorragender Stelle, wenn nicht im Scheitelbild, so doch an der Fondwand, auf welche der Blick des Eintretenden zuerst fällt.[3]

[1] Grate stehen gelassen Wilpert Taf. 168. 171. 210. Zu der Banddekoration vgl. z. B. Ronczewski, Gewölbeschmuck Taf. 24.

[2] Wilpert Taf. 55 (dazu Garr. Storia II Taf. 25, unsere Abbildung S. 155) 131. 151. 171. 196.

[3] Neapel: V. Schultze, Katakomben von San Gennaro Taf. 4. 5.

Decke im Coemeterium maius.   Guter Hirt, Orans, Jonas, Moses, Adam und Eva.

Die anderen, aus leichteren Linien nebst eingewobenen Zweigen und Blätterschnüren, laubenartig konstruierten Decken bilden das Scheitelfeld bald viereckig,
bald rund oder auch einmal oktogon. Sinnvoll, in unverkennbarer Absicht, zeichnen
die Linien im Scheitelfeld ein paarmal ein gleichschenkliges Kreuz, auf dessen Mitte
das Zenithbild gelegt ist, Christus als Hirt; wie bemerkt, wohl das früheste Vorkommen des Kreuzes in der christlichen Kunst (unsere Farbtafel III).[1]) Die Kappenfelder, trapez- oder halbkreisförmig, dienen zur Aufnahme figürlicher Szenen. Die
Zwickel, als schmälere und höhere Felder, eignen sich mehr für Einzelfiguren, wie
Eroten, Pfauen, Oranten; enger mit dem Ornament verbunden erscheinen diese Figuren
gern auf ornamentalen Blumen oder symmetrischen Rankengruppen stehend. Oft

---

[1]) Wilpert Taf. 25. 38.

Decke in Domitilla. Orpheus, Daniel, Lazarus, David, Moses.

bleibt noch ein Eckstück unter jeder Zwickelfigur übrig, das mit einem Vögelchen gefüllt ist, später einem Schaf oder anderem Tier.

Als Embleme zeigen die frühesten Decken, Wilpert Taf. 2. 3. 4, Eroten und Vögelchen, Blumen und Fruchtvasen; 9 tritt Christus als Hirt in die zentrale Stelle, der Pfau in Nebenräume, 24. 25 (unsere Farbtafel III) erscheinen Gestalten von Seligen, 55 und 56 figürliche Szenen. Taf. 61 bringt das Normalsystem: zentral der Hirt, in den vier Kappenfeldern Jonasszenen, in den Zwickeln Oranten, zwei männliche diagonal sich gegenüber und weibliche auf den zwei andern Graten. Mehr ausnahmsweise treten 72 die Oranten in die Kappen, Tauben rücken dafür wieder in die Zwickel vor. Taf. 75 nimmt der thronende Christus die Zenithstelle ein, in den Nebenfeldern kehren die Seligen wieder, acht wie auf Taf. 24, die Hälfte in Tunika, die Hälfte im Mantel, erstere nun aber zwischen je zwei Schafen. Kleinere Decken begnügen sich mit einem abgekürzten System, in zunehmend flüchtiger bis zu roher Ausführung.[1]

[1] Wilpert Taf. 35. 37. 56. 67. 128. 221.

Mehrere Decken nehmen eine Sonderstellung ein, wir werden sie geeigneten Ortes besprechen (die Reben der Flaviergalerie und der Cappella greca, die Wölbdecke der Cappella quadrata, die Decke des Cubiculum Oceani). Im ganzen sind vierzig Decken in Wilperts Malereien wiedergegeben, außerdem sehe man seine Monographien „Fractio panis" und „Cyklus christologischer Gemälde" nach.

Die Decke, welche sich über dem Raume spannt oder wölbt, ist der Himmel. Diese naheliegende Idee hatten schon die alten Ägypter ihren Plafondmalereien zugrunde gelegt; sie belebten das blaue Feld mit Sternen oder schwebenden Vögeln. In der klassischen dekorativen Malerei wurde die Decke licht gehalten, wir sahen ihr Liniensystem leicht aufgebaut, von Zweigen, Blätterschnüren, Kränzen durchflochten, eine Art Laube, Vögel flattern, Eroten und Psychen schweben darin. Wenn in deren Stellen dann die christlichen Gestalten treten, die Seligen, und in den höchsten Kreis der erhöhte Christus, so schaut, wer in der Kammer steht, unmittelbar in den Himmel der Christen hinein.[1])

System der Wandverzierung. Ausblicke.

Sodann die Wände. Architektonische Gestaltung der christlichen Grabkammern kam erst unter Diocletian auf; es handelt sich hauptsächlich um Dreiviertelsäulen als Stützen von Gewölben und Bögen, man schnitt sie aus dem gewachsenen Tuff, verputzte und tünchte sie. Solche Säulen kamen als scheinbare Träger der Wölbdecke in die vier Ecken des Raumes zu stehen; in Doppelkammern, den sogenannten Katakombenkirchen, tragen zwei sich gegenüberstehende Dreiviertelsäulen den trennenden Gurtbogen. Auch die vorderen Kanten der Arkosoliennische wurden bisweilen als Dreiviertelsäulen ausgearbeitet, wo sie dann wieder als Stützen des Bogens erscheinen.[2])

Soweit die Kammern sonst als solche Verzierung erhielten, war diese gemalt, im Sinne der in der Kaiserzeit üblichen Wanddekoration. Die Wandverzierung der Innenräume war von Haus aus textil; im Keime, dem Zelt oder der geflochtenen Hütte, war der textile Charakter schon in der Struktur gegeben, und auch die gemauerte Wand behängte man mit Teppichen (eigentlichen Tapeten, noch nicht mit papiernen Surrogaten). Trat dafür Wandbemalung oder Reliefschmuck ein, so blieb man formal beim textilen Motiv, in welchem ja auch Figürliches mit eingeschlossen war; dahin gehört die altägyptische und babylonische Wandverzierung, wie auch die der kretisch-mykenischen Kultur in Griechenland. Auf dieser Basis entwickelte sich sodann die klassisch-griechische Wandmalerei, gipfelnd in Polygnot. Wie aber Agatharch das Haus des Alkibiades ausgemalt hat, ob noch im Teppichstil oder bereits im architektonischen, das wissen wir nicht; letzteres hätte gerade dem Agatharch nahe

---

[1]) Ägypter: Prisse, Histoire de l'art égypt. I Taf. 35. Borchardt, Ägypt. Zeitschrift 1897, 54.

[2]) Doppelkammer im Coem. maius (sog. Ostrianum): Marchi Taf. 35. Kraus, Gesch. I 260 Fig. 205. Marucchi, Guide 276.

Regio XII: de Rossi, R. S. III 232 m. Bild; 258; 269 (Datierung aus Inschriften); Plan Taf. 42/45.

Grab des Fossor Diogenes Wilpert Taf. 180.

Böttchergruft: eb. Taf. 202. Orpheusarcosol Taf. 229.

liegen müssen, den wir als den ersten Theatermaler kennen: er hatte dem Äschylus die Szene gemalt. Das war also der Hintergrund für das Spiel, Architektur, nach Umständen weniger oder mehr Landschaft. Wenn Agatharch, erfüllt von dieser neuen, reichen Aufgabe, seine Skenographie der Innendekoration zugrunde legte, so hat diese schon im fünften Jahrhundert architektonischen Charakter erhalten bei fortdauernder Ausführung in Flächenmalerei. Eine neue Befruchtung aber erfuhr der architektonische Stil im vierten Jahrhundert von seiten des Palastbaues selbst. Schon in der kretisch-mykenischen Zeit, derselben, die im künstlerischen Bilde der „Heroenzeit" verklärt ward, spielte die Säule eine wichtige Rolle, in den Hallen, um den Hof wie im Innern des Megaron. Dann, in der frühklassischen Zeit, zeigen attische Vasenbilder und bemalte Terrakottatafeln die Vorhallen und Säulenhöfe der Aristokratenhäuser; das Peristyl eines solchen gibt die Szenerie ab für Platons Dialog Protagoras. Ein neuer Ton aber wurde im Palastbau jetzt angeschlagen durch Verbindung materieller Pracht mit griechischem Geist, griechischer Form, auf der Schwelle von Griechenland und Asien; König Maussolos von Halikarnass schmückte seinen Palast, der nach uraltem Her-kommen als Ziegelrohbau aufgeführt war, auf das kostbarste; die Wandflächen wurden mit spiegelndem Marmorstuck verkleidet, alle Zierglieder, also wohl Säulen, Pilaster, Gebälk, aus prokonnesischem Marmor hergestellt. Architektonisch gegliedert waren wohl auch die Wandflächen; ob der Stuck durchweg ein und dieselbe Marmorart nachahmte, etwa auch den prokonnesischen, oder ein Getäfel aus verschiedenfarbigen Marmorplatten, das muß dahingestellt bleiben. Kein Zweifel aber, daß dies neue System, immer reicher sich entwickelnd, auch den Stuck nach Laune durch echten Marmor ersetzend, dasjenige der Diadochen und der späteren Fürsten wurde. Und so stehen wir vor der hellenistisch-römischen Wandverzierung.[1]

Die Tapezierkunst hat gerade in der frühhellenistischen Zeit ihre genialsten Schöpfungen hervorgebracht in den Prachtzelten Alexanders und des Ptolemäos Philadelphos; das hätte sie aber nicht vermocht, wenn sie nicht in den Palästen und Tempeln beschäftigt und geübt worden wäre. Und wir dürfen voraussetzen, daß der textile Stil auch aus der Wandmalerei nie ganz verschwand; in der Tat finden sich einzelne pompejanische Wände sogar mit richtigen Tapetenmustern bemalt. Doch der architektonische Stil herrschte weitaus, in der Hauptsache ausschließlich. Ein wichtiges Denkmal aus der Diadochenzeit ist die oben Seite 105 erwähnte Gruft zu Sidi-Gaber bei Alexandria, bestehend aus Saal und Kammer. Hier finden sich bereits die Elemente der typischen Wandteilung, Sockel, Mittelwand, Oberwand. Im Sockel tritt schon das abhebende Schwarz auf; daneben aber erscheinen geäderte Marmor-tafeln in Malerei nachgeahmt, also das Motiv aus dem halikarnasischen Palast. Die Mittelwand ist kräftig rot, die Oberwand dagegen lichtblau getönt wie der Himmel; die Kammer ist geradezu wie eine Art Laube oder Veranda behandelt, zwischen Eck-pfeilern, und wie von einem Epistyl hängend schweben gebänderte Girlanden in der blauen Luft. Neben die Malerei aber stellen sich plastisch gebildete Architektur-formen: der Sturz des breiten Durchgangs vom Vorsaal zur Kammer ruht auf dorischen Dreiviertelsäulen, und die Mittelwand ist durch eine profilierte plastische Leiste abge-

---

[1] Agatharch: Studniczka, Tropaeum Trajani 67. — Maussolos: Vitruv II 8, 10. Plinius gibt statt dessen Marmortäfelung an; man sollte allerdings meinen, daß diese der Stuckimitation vorangegangen wäre.

schlossen. Das Verfahren der plastischen Darstellung von Architekturformen in Stuck als Surrogat für Marmor, und zwar für die ganze Wanddekoration, hat sich im Laufe des dritten Jahrhunderts die allgemeine Gunst erobert, Proben erhielten sich in Pergamon und Pompeji (Maus „erster Stil").[1]

Das erste Jahrhundert vor Christus aber kehrte zur Flächenmalerei zurück, blieb jedoch bei den architektonischen Motiven (zweiter bis vierter Stil). Als ob man nicht im engen, dunklen Zimmer sich befinde, sondern in einem weiten, lichten Hof; wenn es auch nur eine Art Anpassung des Hoftyps auf das Zimmer war. Die Wand erhielt unten einen Sockel und in Zweidrittelhöhe ein Gesims (an Stelle des alten Wandbortes); auf dem Gesims ließ man Vögel sich niederlassen, dekorative Geräte oder Figuren wie von freier Luft sich abheben, oder es ragen Baulichkeiten hinter dem Gesims in die Luft, alles nur leicht hingemalt. Pilaster oder Halbsäulen zerlegten die Wandfläche in Felder, umlaufende Hallen wurden dem Auge vorgetäuscht, man steht wie inmitten eines Peristyls. Hauptprinzip dieser Architekturmalerei war scheinbare Erweiterung des Raumes und Auflösung, Belebung der Flächen. Man ordnete Durchblicke an wie ins Freie draußen, als ob man durch Fenster in freie Natur hinausblicke, in lichte Auen oder schattige Haine mit Bächen und Brücken, besetzt mit ländlichen Heiligtümern. Da ist auch Staffage, Enten im Bach, Hirsche im Wald oder grasende Kühe, weidende Schafe; auch Menschen treten auf, Hirten und Jäger, oder bedeutsamere Personen, Heroen und Götter, beliebte Szenen aus der Helden- und Göttersage werden vorgeführt. Das ist der Ort, der Ursprung und der Sinn der berühmten pompejanischen Wandgemälde. Wie sehr man im Altertum Ausblicke aus dem Zimmer ins Freie zu schätzen wußte, lehrt außer einigen glücklichen Fensteranlagen in erhaltenen Häusern eine Stelle des Vitruv, wo er den „Kyzikenischen Saal" beschreibt; er faßte zwei Triklinien und gab Ausblick nach drei Seiten, durch die Flügeltür in der Front und durch zweiflügelige Fenster links und rechts, so daß man, sagt Vitruv, von den Lagern aus durch die Fensteröffnungen ins Grüne blickte. Die vorgeschilderten Scheinfenster freilich konnten die Idee weder ganz rein herausbringen noch auf die Dauer rein festhalten; die architektonisch gedachten Fensterumrahmungen flauten zu rahmenden Ornamenten ab. Die Maler der Füllungen lernten früh mit Reminiszenzen an bekannte Gemälde arbeiten; mit dem Erinnerungsbild an Tafelgemälde mischte sich dann leicht das an Tischlerrahmen ein, und so entstanden allerlei Zwitter zwischen Fensteridee und Tafelbildidee. Schließlich blieb dekorative Wirkung der Endzweck.[2]

---

[1] Prachtzelte: v. Sybel, Weltgesch. d. Kunst 1903, 320. Studniczka, Tropaeum Trajani 1904, 62, 137. Sidi-Gaber: H. Thiersch, zwei antike Grabanlagen bei Alexandria 1904. Pompeji: Mau, Gesch. d. dekorat. Wandmalerei zu Pompeji 1882; ders. Pompeji 1900, 446.

[2] Durchblicke: v. Sybel, Weltgesch. d. Kunst 1888, 364; dass. 1903, 397 Taf. 3, Petersen, Röm. Mitt. 1894, 217, 2; 1903, 87; 1904, 157, Robert, Votivgemälde eines Apobaten 1895, 6 gegen Mau, Geschichte 169; Röm. Mitt. 1902, 178. 222, Helbig, Führer durch die Sammlungen Roms II 1899, 222. Das Schattieren der in der Wirklichkeit belichteten Fensterbänke und Laibungen hat nur malerischen Zweck, es soll den Rahmen von der lichtern Fernsicht lösen. Daß die vortretenden Säulen auf Sockeln stehen, daß die Hallen unten weniger scheinbare Tiefe haben als oben, daß die vorkommenden Wandöffnungen unterwärts geschlossen werden, dient alles der Illusion; auch bei den Theaterkulissen ist die untere Partie der schwache Punkt. Das Hineinmalen von Kassetten unter dem Prostasisgebälk soll der Prostasis Tiefe geben; sie setzen ganz natürlich unter dem Gebälk ein, ungeachtet des Widerspruchs zum Fenster. Diese Spiele der Phantasie muß man nicht pressen; es genügt, daß sie wirken. — Oecus cyzicenus: Vitruv VI 6.

Leider besitzen wir nicht viele Innendekorationen heidnischer Mausoleen der Kaiserzeit; das wenige Erhaltene, wie die Gräber an der Via Latina, oder auch die Columbarien, zeigt, daß die Dekoration mit derjenigen der Häuser übereinstimmte, soweit eben nicht die Erfordernisse der jeweiligen Grabanlage Abweichungen nötig machten. Dasselbe gilt für die Katakomben. Öfter bemerkt man einen Sockel, dessen Dekor Inkrustierung mit umrahmten Marmortafeln nachahmt; nicht ganz so oft findet sich architektonische Gliederung der Mittelwand meist im typischen Dreifelderschema mit Zwischenfeldern in schmalem Hochformat, öfter wiederum die stilgemäße Anordnung der Oberwand. In der Capella greca ist die nicht hohe, gerade Wand in der Weise der Sockel mit marmorierten Tafeln in Rahmen bemalt, die unmittelbar darüber aufsetzenden Bögen tragen reiche Ranken, das übrige hat figürliche Darstellungen. Am vollständigsten und durchgebildetsten erscheint die architektonische Wandverzierung im Cubiculum Ampliati: über einem leergelassenen unteren Sockel die Zone der eingerahmten Tafeln, darüber die Hauptzone, drei Tierstücke in Rahmen, getrennt durch die charakteristische Säulenarchitektur in schmalem Hochformat; auf den Gebälken ruht ein durchlaufender Kassettenstreif. In der „Bäckergruft" ist am Sockel künstliches opus sectile nachgeahmt. Meist begnügt man sich mit Andeutung der Disposition in linearem Schema. In Kammern, deren Wände mit Fachgräbern besetzt sind, ist der schmale Wandstreifen zwischen den Gräbern einer Wand und der nächsten Kammerecke ein paarmal mit einem hohen Kandelaber verziert, dergleichen auch in der pompejanischen Wanddekoration zur Verzierung der schmalen Zwischenfelder eine Rolle spielen; sonst stehen nur die Oberwände über den je obersten Fachgräbern und die Eingangswände für die typische Verzierung offen.[1])

Jene fensterartig ausgebildeten Durchblicke täuschten dem Auge Ausblicke aus dem Zimmer ins Freie vor. Auch nachdem die ursprünglich architektonisch gemeinten Fensterumrahmungen zu rahmenden Ornamenten eingetrocknet waren, und wenn die ganze, nun abgeblaßte Fensteridee der Nachahmung eines in die Wand eingesetzten Tafelbildes gewichen war, blieb es inhaltlich und dem Gehalte nach für den immer sentimentalen Beschauer ein Ausblick, sei es auf heitere, ländliche Natur oder auf dramatische Szenen des tragischen Stils. Das ist ja der Zweck alles bedeutenden Wandschmuckes, über seine dekorative Absicht hinaus mittels der ästhetischen Wirkung das Gemüt zu interessieren, ihm eben Ausblicke zu geben. So sind denn auch die figürlichen Gemälde in den Katakomben zu verstehen, als bedeutende Ausblicke in das Reich der christlichen Hoffnung, vielmehr der christlichen Gewißheit, durch den Christus selig, des himmlischen Paradieses teilhaftig zu werden.

Das Paradies. Adam und Eva.

Neben den Wanddekorationen des eigentlich architektonischen Stils gab es noch andere, die dem Auge freiere Natur vortäuschten; die ganze Wandfläche stellt einen Park vor, allerdings in dem gebundenen, selbst auch architektonischen Stil der klassischen

---

[1]) Capella greca: Wilpert, Fractio Taf. 2. 3; ders. Malereien Taf. 13. Cub. Ampliati: Wilpert, Taf. 30, 31, 1. Bäckergruft Taf. 194 f. Lineares Schema Taf. 10, 44, 54, 74. Eingangswände: de Rossi, Roma sott. I Taf. 9 (Wilpert Taf. 24), 14. Wilpert Taf. 59, 69, 93, 98, 101. Kandelaber Taf. 97. 101. 102. 1.

Gartenkunst, wie er von den Ägyptern und Babyloniern bis zu Louis XIV. und darüber hinaus geherrscht hat.

.   Von altersher war es Brauch der orientalischen Könige und Großkönige gewesen, Parks zu halten, bewässerte und schattige Haine, zum angenehmen Aufenthalt in der heißen Jahreszeit, dabei ausgedehnt und wildreich, so daß sie auch zum Abhalten der Königsjagden dienten. Auf bescheidenerem Fuße dürfen wir sie schon bei den Herren der altchaldäischen Städte voraussetzen, auf größerem bei einem Könige wie Hammurabi, der ganz Babylonien in seiner Hand vereinigte (um 2250). Das altbabylonische Epos von Izdubar (Gilgames) schildert den Palast des elamitischen Tyrannen Chumbaba in der Stadt Erech als in einem von einer Mauer umschlossenen „Walde" gelegen voll lieblicher, schattiger, hochgewachsener Bäume, namentlich Zypressen und Zedern. Bezeugt sind die Parks für Assyrien und zwar für dessen Frühzeit, welche erst durch die neuesten Ausgrabungen sich aufzuhellen beginnt. Aus der großen Inschrift Tiglatpiteser I. (noch vor 1100) geht hervor, daß das Anpflanzen von Parks (biru) altherkömmliche Königssitte war; denn so spricht der König: „Zedern, Buchsbäume (?) und . . . bäume aus den Ländern, die ich unterworfen hatte, diese Bäume, die keiner von den früheren Königen, meinen Vätern, gepflanzt hatte, nahm ich und pflanzte ich in den Parks meines Landes ein . . ." Das Herübernehmen und Akklimatisieren fremdländischer Pflanzen, welches zuerst im sechzehnten Jahrhundert vor Chr. in den Berichten der ägyptischen Königin Hatschepsowet erscheint und welches so bezeichnend ist für die Bedeutung der königlichen Gärten, begegnet in Vorderasien in Tiglatpilesers Inschrift zum erstenmal. Derselbe König hat allerlei jagdbare Tiere nach seiner Hauptstadt bringen und dort züchten lassen. Sanherib berichtet über Arbeiten in seinem Palastgarten, über dessen Bewässerung und über Anpflanzung fremder Gewächse; auch Asarhaddon spricht von seinem großen Schloßpark. Für die jünger assyrischen Großkönige sind die Parks monumental bezeugt durch die Wandreliefs ihrer Paläste, insbesondere des Assurbanipal; da sehen wir in Bildern sowohl die Jagden auf Löwen und auf Rehe (das weite und offene Gelände könnte darauf hindeuten, daß letztere Jagden außerhalb des Parkes zu denken seien; eher aber sind die Wildparks als freie Natur zu denken, wie ähnlich heutzutage) wie auch das Siegermahl unter der Rebenlaube in einem Hain von Palmen und Zedern. Die Gärten der babylonisch-assyrischen Könige übernahmen ihre Erben, die Meder und Perser (bei diesen finden wir sie in den Händen der Könige, der Prinzen und der Satrapen), und von den Persern wieder Alexander der Große und seine Nachfolger. Von den hellenistischen Königen aber kamen sie an die letzten Herren der alten Welt, die Römer, welche die transeuphratischen Gebiete freilich den Parthern lassen mußten.[1])

Nach dem Bilde der Königsgärten ist nun auch der Garten in Eden gedichtet. Der jahwistische Schriftsteller, welcher gegen 800 vor Chr. die Urgeschichte im Sinne

---

[1]) Hesych v. παράδεισος. — ἠ τόπος εὔνδρος, ἐν ᾧ περίπατος. καὶ ἠ βασιλέως κατάλυσις. — Parks des Chumbaba, des Tiglatpileser, Sanherib und Assarhaddon: Friedrich Delitzsch, Wo lag das Paradies? Seite 96 f. Die angeführte Stelle aus der Prismainschrift Tiglatpileser I nach Jensen. Assyrische Reliefs (teils nach Stickereien oder Wirkereien) bei Layard, Mon. of Niniveh I Taf. 10. 31. 49 (Löwenjagden), 11. 32. 48, 6 (Stierjagden), II Taf. 32 (Gazellen- und Hasenjagd im Hain), I Taf. 12 (König trinkt bei der Strecke nach Stierjagd), 5 (König sitzt und trinkt). Proben nach Photographie bei v. Sybel, Weltgesch. d. Kunst² 1903, 86 (Jagdhunde im Park geführt), 94 (Sardanapals Gelage im Park).

des Israelitismus gestaltete, stellt die Erschaffung des Menschen gleich hinter die der Erde und des Himmels. „Am Tage, da Jahwe Erde und Himmel machte — von Sträuchern des Feldes gab es noch nichts auf Erden, und von dem Kraut des Feldes war noch nichts gesprossen, weil Jahwe nicht auf die Erde hatte regnen lassen und kein Mensch da war, den Erdboden zu bebauen: nur ein Nebel stieg von der Erde auf und durchfeuchtete die ganze Fläche des Erdbodens — da bildete Jahwe den Menschen aus Erde vom Erdboden und blies den Lebensodem in seine Nase, und so ward der Mensch zum lebenden Wesen" (Genesis 2, 4 b bis 7). „Und Jahwe," so geht die Erzählung weiter, „pflanzte einen Garten in Eden (gen Eden) fern im Osten und setzte darein den Menschen, den er gebildet hatte. Und Jahwe ließ aus dem Erdboden hervorsprossen allerlei Bäume, schön zum Ansehen und gut zum Essen, und mitten im Garten den Baum der Erkenntnis des Guten und Bösen" (2, 8—9). Von den Früchten dieses Baumes soll der Mensch nicht essen. Dann folgt die Erschaffung der Tiere, dem Menschen zur Gesellschaft; Jahwe bringt sie zum Menschen (also in den Garten), daß er ihnen Namen gebe. „Aber der Mensch fand keine Gesellschaft, die zu ihm paßte" (20 b), da schuf ihm Gott das Weib, und es folgt der Sündenfall und die Vertreibung aus dem Garten.

Jüngere Redaktionen der Geschichte haben allerlei eingefügt, so zur Beschreibung des Gartens den Strom, der ihn bewässert und der sich weiterhin in vier Flüsse teilt als welche außer den uns unbekannten Pison und Gihon der Tigris und der Euphrat genannt werden (Hiddekel und Phrath 10—14). So sind denn die wesentlichen Elemente eines Paradeisos vorhanden, der Baumgarten (für die Bewässerung wird Sorge getragen), die Tiere und der im Garten lebende Mensch; nur ein Wohnhaus ist nicht genannt, weil der neugeschaffene Mensch noch keins hatte. Aber es fehlt nicht die wesentliche Annehmlichkeit, die der Park, abgesehen von den Baumfrüchten, bietet, die Erquickung; es wird zwar nicht vom Menschen gesagt, aber in naiv anthropomorpher und anthropopathischer Gottesvorstellung von Gott selbst, daß er in der Abendkühle im Garten lustwandelte (3, 8).[1]

Für die Parks und Tiergärten der Orientalen gebrauchten die Griechen das Lehnwort parádeisos. Das Originalwort kommt in persischen Inschriften nicht vor, nur im Awesta in der Form pa'ridaeza. Für das Lehnwort ist Xenophon der früheste Zeuge, er scheint es vom Zug der Zehntausend heimgebracht und in die griechische Literatur eingeführt zu haben. Dann griffen die Komiker es auf; den alten Erklärern zu glauben, wäre das Wort von einem stumpfsinnigen Menschen gebraucht worden, der auf sich herumtreten läßt (etwa wie der Weg? die Griechen scheinen den Paradeisos zum Teil wesentlich als Ort zum Lustwandeln aufgefaßt zu haben). In der hellenistischen Zeit fand das persische Wort im Hebräischen Aufnahme, in der Form pardēs.[2]

---

[1] Nach Karl Budde, Die biblische Urgeschichte 1883. Was die Lage des Paradieses nach der Vorstellung des Jahwisten betrifft, so läßt sich Eden nicht authentisch identifizieren. Die Urschrift gibt als nähere Bestimmung nur die Worte „fern im Osten"; da der Verfasser in Palästina schrieb, so ist möglich und wahrscheinlich, daß ihm als das Ostland Babylonien vorschwebte. Dies scheint die Auffassung dessen gewesen zu sein, der die Flüsse hinzufügte. Weitergehende Versuche bei Friedr. Delitzsch, Wo lag das Paradies? 1881, besonders S. 64 ff.

[2] παράδεισος, so lehrt mich Ferd. Justi, dem ich auch den Hinweis auf Brissonius und Notizen zu Damaskus und Triparadeisos im folgenden Verzeichnis der Paradiese verdanke, müßte pers.

Eine Reihe orientalischer Parks kennen wir aus der alten Literatur; es waren teils Lustgärten, teils Tierparks, oder sie vereinigten beides im selben Gehege, und dies ist das Urbild der Vorstellungen vom biblischen Paradies. Wir geben einen Überblick und beginnen mit Indien. In der Zeit des Gotama Buddha, um 500 vor Chr., gehörte es wie heute zum Komfort, um das Haus einen schattigen Garten zu haben und vor der Stadt einen Park, wo Kühle und Ruhe den Kommenden empfängt. Solche vorstädtische Parks, entfernt vom Geräusche des Verkehrs, aber leicht erreichbar für alles Volk, schenkten reiche Verehrer des Buddha der Gemeinde zum Aufenthalt für die Mönche, so das Veluvana (Bambuswald) und den noch berühmteren Park des Prinzen Jeta, das Jetavana; so schenkten ihre Mangowälder der Arzt Jîvaka und die Kurtisane Ambapâli. Das alles geschah in der Heimat des Buddhismus, im Gangesland; auf Ceylon wiederholte sich derselbe Vorgang. In der Geschichte des Buddha kommt auch der Wildpark Isipatana bei Benares vor. Griechische Schriftsteller berichten aus späterer Zeit, daß der indische König im Wildgeheg auf dem Anstand schießt, von einer Kanzel, im freien Feld vom Rücken eines Elephanten herab. Wiederum im Norden, in Bazeira (Bazista), einem Bezirk der Sogdiana, fand Alexander Haine und Wälder, von Mauern umschlossen, mit reichlichen Quellen und viel Edelwild, auch da waren Kanzeln vorgesehen; abgesehen von dem Löwen, den Alexander selbst erlegte, wurden 4000 Stück Wild erlegt zu einem im Park selbst abgehaltenen Schmaus für das ganze Heer. Auf seinem Zug gegen die Cadusier, am kaspischen Meer, rastete Artaxerxes Mnemon in einem Königsquartier, bei welchem, inmitten einer baumlosen, kahlen Ebene, die wunderbarsten Paradiese angelegt waren, mit Prachtexemplaren von Fichten und Zypressen. Medien war reich an Parks: der große im Tal Bagistana (Baghastana, Götterort), unter der mit Skulpturen und

---

para daiza, medisch paradaeza sein, es kommt aber nur (medisch, im Awesta), pairidaeza vor und zwar nicht in der Bedeutung Garten, sondern Umwallung (temporäre Umhäufungen von Lehm um einen Platz für eine Reinigungszeremonie, Vendidad 3, 18); para involvirt den Begriff „von weg, fern", was nicht paßt, pairi ist gleich περί, klang den Griechen aber näher ihrem παρά, vielleicht aber wirkte ihr anderes Lehnwort παρασάγγης ein, in welchem übrigens παρα auch ungenau für altpers. fra steht. Im Sanskrit ist das Wort nicht vorhanden, wohl aber das einfache daihî (spr. dēhî) Aufwurf, Wall, Damm und das nachvedische deha, Körper (die materielle, lehmige, irdene Verhüllung der Seele). Die Wurzel ist indogerm. dheigh, dazu gehört griech. τοῖχος, niederdeutsch dîk, hochdeutsch teich (nicht das Wasser im Teich, sondern der Behälter), lat. Wurzel fig in figulus und dgl., weil der Grundbegriff das Formen etc. mit Lehm ist. Im A. T. scheint der Begriff Paradeisos durch das ebräische ginät, Garten, ausgedrückt zu sein: Esther 7, 7, was Genesis 2, 8 gan, gan bĕ-'Eden, Garten in Eden, lautet. Pardēs findet sich Pred. Sal. 2, 5. Hohelied 4, 13. Nehem. 2, 8; häufig im Talmud, in den Targums etc. Das Komikerzitat steht bei Photius (ed. Porson.) v. παράδεισος, vgl. Kock, Comic. att. fragm. III 1888, 590 n. 1102. Photius teilt das persische Urwort mit, das er φαρδαιϑι schreibt; zu der vorgeschlagenen Änderung in φαρδαισί liegt kein Grund vor, die Aspirate (neugriechisch gleich englisch th zu sprechen) ist gewählt, um das weiche z wiederzugeben. Die anlautende Aspirate beruht auf der arabischen Aussprache, woraus folgt, daß diese ganze Notiz mittelalterlich ist. Jensen teilt mir noch mit, daß in einem Kontrakt aus der Zeit des Kyros (Straßmaier, Cyrus Nr. 212) ein u-rasch (ras?) eines ?—di(e)-su genannt wird. Da ein urasch ein Bewässern sein könnte, für die in Keilschrift erhaltene, aber noch ungedeutete Silbe die Lesung par möglich sei (neben anderem auch möglichen), so könnte hier ein pardēsu = Park vorliegen, sicher sei es aber natürlich nicht. Zutreffendenfalles würde dies das früheste urkundliche Vorkommen des persischen Wortes im Sinne von Park sein. Friedrich Delitzsch, Wo lag das Paradies? 1881, Seite 95—97, hält für möglich, daß das persische Wort selbst schon Lehnwort sei; freilich sei ein babyl. pardasu bis jetzt nicht belegt.

Inschriften des Darius geschmückten Felswand, galt als Schöpfung der „Semiramis"; ebenso der bei Chauon, rings um eine isoliert ragende Felsklippe mit einem, die ganze Umgegend beherrschenden Lustschlosse; natürlich hatte die Residenz Egbatana ein Paradies, dessen Wild Astyages (in Xenophons Roman) dem jungen Cyrus zur Verfügung stellt, der aber findet die Jagd auf freies Wild in offenem Feld viel schöner. Aus Persien hören wir nur von dem schattigen Hain zu Pasargadae, in dessen Baumlaub versteckt das Grab des Cyrus lag; die Schloßgärten von Persepolis und Pasargadae werden nicht erwähnt, denn Hauptresidenz der Perserkönige war Susa. Das Buch Esther erzählt von einem Fest, das König Ahasverus den Großen des Reiches gab, hundertachtzig Tage lang, und von einem anschließenden Gelage, das er allem Volk von Susa im Gehege des Gartens am Palast gab; wiederum von einem Gelage bei der Königin Esther, wo es geschah, daß der König über Haman ergrimmt aufstand und in den Garten ging. Xenophon sagt, der Perserkönig sorge dafür, daß in allen seinen Residenzen und wohin er komme, Gärten vorhanden seien, die sogenannten Paradiese, die voll seien von allem Guten und Schönen, was die Erde hervorbringen wolle, Bäume und andere Pflanzen; darin pflege der König zu weilen, soweit nicht die kalte Jahreszeit es unmöglich mache. Es ist zu bemerken, daß der Kiosk insgemein so sehr im Park verschwand, daß das Wort Paradeisos öfter geradezu für Residenz gesetzt wurde. Den Kiosk selbst denkt man sich weniger gern im Typus der säulenlosen, massigen Ziegelkörper der babylonischen und assyrischen Paläste, als in der Gestalt des hittitischen Hilani (zwischen zwei Eckpavillons eine gesäulte Vorhalle vor einem querliegenden, wiederum durch Säulen abgeteilten Saal). Das Hilani haben die assyrischen Könige übernommen und als Kiosk in den Garten ihrer Ziegelpaläste gesetzt. So mögen auch die Perserkönige den Typus des Hilani ihren Absteigequartieren wie den Lust- und Jagdschlössern zugrunde gelegt haben; wird doch selbst der schwer erklärbare persische Palast, wie er in Persepolis und Susa erhalten ist, wenigstens zu einem Teil verständlicher, wenn man ihn als eine Entfaltung der Hilaniidee auffaßt. Auch die Paläste von Firuz-Abad und von Ktesiphon beruhen, wie man bemerkt hat, auf der Hilaniidee, nur ist sie da der urbabylonischen Wölbkunst (natürlich in deren spätantiker Ausbildung) unterworfen worden; also eine Verschmelzung der zwei im Prinzip so entgegengesetzten Systeme, des Holz- und des Ziegelbaues. Die Fassade von Sarvistan modifiziert den Hilanityp noch außerdem, indem sie die Eckpavillons in der Front öffnet, wie das auch der Palast Bachno zu Schiraz tut.

Daß in Babylonien alle Königsburgen, vor allem die von Babylon selbst von alters her mit Schloßgärten und Tierparks versehen waren, vermuteten wir oben; daß nur spätere und späteste Quellen davon reden, verschlägt nichts. Eine Sonderstellung nehmen die „hängenden Gärten" ein, nicht aber der „Semiramis", sondern des Nebukadnezar, der sie als Schloßgarten für eine Nebenfrau, eine Perserin, schuf, um ihr das heimatliche Gebirgsland zu ersetzen; die Terrassen erhoben sich bis zu den Zinnen der hohen Stadtmauer, mächtige Humuslager genügten für die größten Bäume, die Hohlräume darunter enthielten fürstlich ausgestattete Salons, die sich nach den vorliegenden Terrassen öffneten, außerdem Pumpwerke. Von Alexander heißt es, daß er in die babylonischen Paradiese griechische Gewächse pflanzen ließ, mit Vorliebe schattige Laubhölzer; alle gediehen, nur der Efeu ging trotz Harpalos' Bemühungen ein. Hier darf auch der Paradeisos des Jojakim Erwähnung finden, in dem die keusche

Susanna des Nachmittags zu lustwandeln pflegte; echt ist jedenfalls der Typus
des Privatgartens eines reichen Mannes, denn Jojakim wird als der Mittelpunkt
der babylonischen Judenschaft hingestellt, in dessen Garten morgens die Juden sich
einzufinden pflegten.

Bei Seleukeia am Tigris traf Kaiser Julian ein königliches Wildgehege mit
Löwen, Ebern, Bären an; die Tore wurden erbrochen und alles Wild zur Strecke gebracht. Von den königlichen Gärten in Assyrien und den dortigen Akklimatations-
versuchen bereits im zweiten Jahrtausend vor Chr. war oben die Rede. Der Ort
Paradeisos im Quellgebiet des Orontes, also im Hochtal zwischen Libanon und
Antilibanos gelegen, vielleicht identisch mit Triparadeisos (Riblah), wo die Diadochen
321 vor Chr. die zweite Verteilung der Satrapien vornahmen, wird seinen Namen entweder dem landschaftlichen Charakter seiner Lage verdanken oder einem dort künstlich geschaffenen, nach Umständen aus der Natur herausgebildeten Paradeisos. Auf
einen analog benannten Ort im Gebiet des Königs von Damaskus scheint sich Bet-
Eden beim Propheten Amos zu beziehen, wo er Jahwe drohen läßt: „ich werde den
Riegel von Damaskus zerbrechen und die Bewohner ausrotten aus Bik at-Awen und
den Zepterträger aus Bet-Eden". In Sidon hatten die Perserkönige einen Paradeisos
als Absteigequartier; mit dem Abholzen seiner Bäume begann 351 vor Chr. der Abfall
der Phönizier von Artaxerxes. Hier sei denn auch der königlichen Gärten von
Jerusalem gedacht, des Gartens der Davidsburg und des Garten Ussa beim
Tempel, in jenem wurden die Könige von David bis Ahaz bestattet, in diesem die
folgenden. Endlich Kleinasien. In Phrygien, zu Kelainai, hatte der jüngere Cyrus
einen Palast, der über die Quelle des Mäander gebaut war; vom Palast bis zu der
weiter unterhalb liegenden Stadt erstreckte sich beiderseits des Flusses der große
wildreiche Park; darin jagte Cyrus zu Pferd, um sich und die Pferde zu üben, in
demselben Park hielt er die Musterung der 10000 (genauer 13000) Griechen. In
Daskylion an der Propontis war die Residenz der Satrapen Kleinphrygiens, mit
wertvollen Jagden, teils in eingehegten Paradiesen, teils im offenen Feld. Von den
Lydern heißt es in einer antiken Sittenschilderung, daß sie aus Üppigkeit sich
Paradiese mit dichtem Schatten hielten, um darin zu leben, ohne den Sonnenstrahlen
ausgesetzt zu sein. In Sardes zeigte jener selbe Cyrus dem Lysander das dortige
Paradies, in dem er eigenhändig zu arbeiten pflegte; der Spartaner bewunderte den
schönen Wuchs der Bäume, ihre regelmäßige Pflanzung in gleichen Abständen und
gerade gezogenen Reihen, alles genau winkelrecht, dazu die mancherlei angenehmen
Blütendüfte in den Wandelgängen, noch mehr freilich den Geist der Anlage und die
daran gewandte Arbeit. Regelmäßige Anlage und architektonischer Charakter, wie sie
aus dieser Beschreibung sprechen, beherrschten die antike und alle folgende Gartenkunst bis zum letzten Gipfel des Stils in Le Nôtre.[1]

---

[1] Indien: Oldenberg, Buddha [4]1903, 144. 162f. 166f. 405, 1. 411. 435. 438. Strabo XV 710.
Sogdiana: Curtius VIII 1, 11—19. Diodor XVII prol. 26 Basista; vgl. Tomaschek bei Pauly-
Wissowa III 178 Bazista. Cadusier: Plut. Artoxerxes 25. Medier: Bagistana: Diodor II 13, 1
Bogistanon oros. Weißbach bei Pauly-Wissowa II 2769 Bagistana. Chauon: Diodor II 13, 3.
Weißbach a. O. III 2203. Egbatana: Xen. Cyrupaed. I 3, 14. 4, 7ff. 4, 11. Cyrusgrab: Strabo
XV 730. Susa: Esther Kap. 1 und 7 (Kautzsch; Sept. Swete 1, 5 ἐν αὐλῇ οἴκου τοῦ βασιλέως
7,7 εἰς τὸν κῆπον). Perserkönige: Xen. Oec. IV 13ff. Hilani: Puchstein, Archäol. Jahrbuch
1892, 1. Koldewey, Ausgrab. in Sendschirli II 1898, 183. v. Sybel, Weltgesch. 1903, 146. Firuz-

Um andere berühmte Gärten, wie die der Kleopatra, zu übergehen, so wurden in der Kaiserzeit naturgemäß die kaiserlichen Gärten, deren es in Rom mehrere und ausgedehnte gab, zum idealen Schauplatz höchster Lebensfreude.[1])

Wir kennen den Charakter der Parks aus den Wandgemälden im Gartensaal einer kaiserlichen Villa zu Primaporta (vor Porta del popolo). Da sehen wir mannigfache Bäume und Sträucher, üppig blühend und in Früchten prangend, daran Vögel picken, zu einem herrlichen Park zusammengestellt; die Darstellung ist nicht botanisch exakt, immerhin fehlt es nicht an Elementen, um danach einige der Gattungen zu bestimmen, die dem Maler als Modelle gedient haben, darunter Pinie und Palme, Zitrone und Granate. Offenbar sind es ausgesuchte Pflanzen, aus allen Ländern zusammengebracht und akklimatisiert, wie das schon zu der alten Pharaonen Zeit königliche Sitte gewesen war. Der gemalte Park ist vorn eingefriedigt mit einer Marmorschranke; davor läuft auf einem grünen Rasenstreif noch ein niedriges Gitter aus schräg gekreuzten Holzleisten; dergleichen Holzgitterwerk war in den antiken Ziergärten so beliebt wie in den modernen. Ähnliche Parks wurden auch in bürgerlichen Häusern gern an die Wände gemalt, besonders an die der Peristyle und Gärten, um den meist beschränkten Hausgärtchen mehr Perspektive zu geben. An einer solchen Gartenwand sieht man die Bäume des gemalten Parks, darunter eine breitschattende Pinie hinter marmorner Brüstung ragen; im Vordergrund ist eine reiche Ausstattung in Marmor angeordnet, eine Schale mit sprudelndem Wasser zwischen zwei Brunnenfiguren, Nymphen, die sprudelnde Schalen vor sich halten, dahinter auf hohem Sockel der Wassergott, ein gelagerter Silen; eine Taube nippt von dem Wasser in der Schale, vorn steht ein Pfau mit dem vielaugigen Gefieder. In einem anderen pompejanischen

---

Abad und Ktesiphon: Borrmann, Baukunst des Altertums 1904 Abb. 244. 242. Sarvistan: eb. Abb. 245. Schiraz: Perrot et Chipiez, Hist. de l'art dans l'antiq. V 657. Babylon, Tiergarten mit Löwen, Bären, Panthern: Philostrat Vita Apoll. Tyan. I 38. Hängende Gärten: Diodor II 10, 1. Strabo XVI 738, dessen Angaben über die Struktur von denen Diodors abweichen; dieser gibt Flachdecken an, Strabo Gewölbe, die mächtigen Pfeiler seien hohl und mit Humus gefüllt gewesen für tiefwurzelnde Bäume, eine Art Riesenkübel, die fast wahrscheinlicher klingen als Diodors Annahme einer in gleicher Stärke durchgehenden Humusdecke; die Bäume mußten dann in regelmäßigen Reihen stehen. Curtius V 1, 32. Josephus, Antiq. Jud. X 226. Plut. de fort. Alex. II 342b. Dio Chrysost. περὶ πλούτου z. E. (irrig: in Susa). Suidas v. Ναβουχοδονόσορ. Alexanders Akklimatationsversuche: Theophrast bei Plutarch quaest. conviv. III 648c. Susanna: Swete, Old Testament in Greek III 576, deutsch von Rothstein bei Kautzsch, Apokryphen 1900 S. 176. 184. Seleukeia: Ammian. Marcell. XXIIII 5, 2. Paradeisos: Ptol. V 15, 20 (V 14, 16 bei Müller-Fischer I ıı 1901, 977). Strabo XVI 756. Plin. V 82. Triparadeisos Diodor XIX 12. Damaskus: Amos 1, 5 (Bet-Eden, Kautzsch: Lusthaus). Vgl. Keil-Delitzsch, Bibl. Kommentar über d. A. T. III ıv 1866, 175. Nowack, Handkomm. zum A. T. III ıv 1897, 123. Marti, Kurzer Handkomm. XIII Dodekapropheton 1904, 159 ff. Sidon: Diodor XVI 41. Jerusalem, Davidsburg: Kön. I 2, 10 usf. bis II 16, 20. Ussa: für Hiskia vorauszusetzen (Kön. II 20, 21), überliefert für Manasse 21, 18 usf. Kelainai, Xen. Anab. I 21, 7—9. Pauly-Wissowa I 2664. Cabrol, Dict. I 2502. Daskylion: Xen. Hell. IV 1, 15. Ruge bei Pauly-Wissowa IV, 2220. Lyder: Klearch περὶ βίων IV bei Ath. XII 515e. Sardes: Xen. Oec. IV 20—21. Älian, nat. anim. I 59. Cic. de senect. 17, 59 interpretiert die regelmäßige Anlage als versetzte Reihen (derectos in quincuncem ordines). — Erste Behandlung orientalischer Paradeisoi bei Brissonius, de regio Persarum principatu I 78. 79. Vgl. noch Stephanus (Hase-Dindorf), Thesaurus ling. graec. s. v. παράδεισος.

[1]) Die bedeutendsten der von reichen Privaten wie Lucullus oder Sallust angelegten Gärten gingen bald in kaiserlichen Besitz über. Vgl. O. Richter, Topographie von Rom, Register unter Horti.

Haus, an der Nolaner Straße, lehnt sich an eine Wand des Peristyls ein Triclinium
unter einer einst rebenberankten Pergula; die Wände umher lassen einen, jenem
kaiserlichen verwandten Park sehen, dessen Bäume Tauben beleben; vorn zieht sich
das Holzgitter her. Noch bleibt zu erinnern, daß die antiken Speisesäle gern sich
nach Peristyl und Garten öffneten, so daß die Vögel hereinkamen, Sperlinge, Tauben
und Pfauen, wo solche gehalten wurden; auf dem Mosaik des Sosos von Pergamon,
berühmt unter dem Namen des „ungefegten Saales", war dergleichen stilvoll und
sinnig dargestellt, auch sehen wir im Speisesaal des pompejanischen Vettierhauses
unter anderen Motiven der Wandmalerei auch Pfauen angebracht.[1]

In den christlichen Grabkammern finden sich keine ausgeführten Parkwände,
wohl aber Andeutungen von solchen. So im Cubiculum Oceani (unsere Farbtafel II). Eine vornehme Gruft mit ursprünglich nur einem Arkosol (in der Rückwand). Am Wandsockel ist ringsherum einer jener Gitterzäune gemalt, mit einladend
halbgeöffneter Gittertür auf jeder Seite. Mit diesem bezeichnenden Bruchteil des
Parkmotivs kombiniert die Oberwand den Architekturstil, doch in sehr abgeschwächter
Wiedergabe (breite und schmale Felder im Wechsel); in die Hauptfelder sind über
dem Arkosol der gute Hirt, an den Längswänden, je in der Mitte, Selige, beiderseits
schwebende Amoretten gesetzt, in die schmäleren Zwischenfelder hängende Fruchtschalen und Blumen. Wie das Liniensystem der Oberwand mit den hineingehängten
Schalen und Blumen, so nähert sich auch die Decke der Art einer Laube; zwischen
den Stäben spielen Tauben in Zweigen, auf jeder Seite schreitet ein Pfau nach dem
Fond hin, wo ein Okeanoskopf an fließendes Wasser erinnert.[2]

Auch an Fach- und Nischengräbern kommt das Gitter am Sockel vor, meist
sind Blumen oder Blätterbüschel in seine Öffnungen gemalt, als ob rankende Pflanzen
dahinter zu denken seien; oberhalb aber sieht man Landschaften mit bedeutsamer
Staffage oder auch Selige unter aufgehängten Girlanden.[3]

Die malerisch ausgeführten Paradiese, die wir in den Kammern vermißten, finden
sich aber doch an Einzelgräbern. Hauptbeispiel ist das Gemälde der Cinque Santi.
Über eine Brüstung hinweg, die hier nur durch die beiderseits verlängerte Fußlinie
der Grabnische angedeutet ist, blicken wir in einen Park; dessen Bäume sind schwer
von Blüten und Früchten, Vögel schwirren durch die Zweige; ganz vorn (beiderseits
des Arkosols) zwei prächtige Pfauen. Vor der Brüstung (am Sockel) drei wasser-
sprudelnde Vasen, auf deren Rand Tauben sitzen und trinken. Mitten hinein in dies
Paradies (über der Nische auf besonderer Fußlinie) sind fünf Verstorbene gemalt, die
in den Fachgräbern der Wand Beigesetzten: drei Frauen, Dionysas, Eliodora und
Zoë, zwei Männer, Nemesius und Procopius; von einer sechsten ist nur der Name
beigeschrieben, Arcadia (unsere Farbtafel IV).[4]

---

[1]) Primaporta: Ant. Denkm. d. Instituts I Taf. 11. 24. Möller, Röm. Mitt. 1890, 78. —
Pompeji: Presuhn, Pompeji 1877, 40 Taf. 22; vgl. auch eb. Taf. 24 = eb. 1878 Abt. 2 Taf. 2.
Mau, Röm. Mitt. 1894, 51 Bild und Taf. 4, Haus 15o. — Sosos: Brunn, Gesch. d. griech.
Künstler II 311. v. Sybel, Weltgesch. d. Kunst 1903, 367. — Vettier: Mau, Röm. Mitteilungen
1901, 110.

[2]) Cub. Oceani: de Rossi, Roma sott. II Taf. 27. 28. Wilpert 32 Taf. 134.

[3]) de Rossi, Roma sott. III Taf. 9 Crypta delle pecorelle. Wilpert Taf. 121. 143, 1. 218, 2.
Vgl. noch 201, 1. 3. de Rossi, Bull. crist. 1876, 145 Taf. 3. 9 sieht in den Gittern an Arkosolien
Nachahmungen der Gitter um oberirdische Gräber.

[4]) de Rossi, Roma sott. III Taf. 1—3. Wilpert, Mal. 462 Taf. 110f.

Adam und Eva.
Neapel.

Die Bäume deuten das Paradies an. Wo immer wir in den Katakomben Bäume gemalt sehen, haben wir in erster Linie an das Paradies zu denken. Wir werden weiterhin Baumpaare oder auch einzelne Bäume in solchem Sinn angebracht finden: ein Verstorbener zwischen zwei Bäumen als Seliger im Paradiese; Christus der gute Hirt ähnlich als Herr des Paradieses. Auf Verschlußplatten von Fachgräbern ist neben anderen Emblemen auch wohl einmal ein Baum eingemeißelt; er besagt, der Verstorbene sei eingegangen ins Paradies.[1]

Aber es gibt noch ein besonderes Vorkommen des einzelnen Baumes und zwar in Verbindung mit einem Figurenpaar, Adam und Eva. Das älteste Exemplar des Typus, aus frühchristlicher Zeit, befindet sich in Neapel, als eines der Kappenbilder im zweiten der früher besprochenen Plafonds. In Bewegung und Leben ein noch klassisch gezeichnetes Bild; der Adam ist wie ein lysippischer Athlet, die Eva ein Nachklang der knidischen Aphrodite des Praxiteles, die Arme aber sind die der kapitolinischen Venus. Das Bild pflegt auf den Sündenfall gedeutet zu werden. Der Apfel ist vorhanden, in der Hand der Eva, aber weder pflückt sie ihn, noch reicht sie ihn dem Adam, vielmehr hält sie ihn fast mehr als Attribut, so wie Aphrodite den Apfel wohl als Attribut hält. Oder Eva hält ihn verlockend hin; Adam streckt abgewandt die Hand nach ihm aus, vielleicht noch unentschlossen. Mit diesem mehr vorbereitenden Moment ist nun aber die nächste Folge des Sündenfalls gleich verbunden, diejenige, welche noch im Paradiese erfolgte, vor der Austreibung: bereits tragen Adam und Eva Laubgürtel um die Lenden. Das Bild macht der Erklärung Schwierigkeiten, weil es bei aller formalen Schönheit nicht scharf gedacht ist. Man wird anerkennen müssen, daß die biblische Erzählung vom Sündenfall dem Maler vorschwebte, wenn schon im Neapeler Exemplar die Schlange fehlt. In den römischen Exemplaren pflegt sie gegenwärtig zu sein, in den früheren vom Boden sich aufrichtend, in den späteren um den Baum gewunden. Dürfen wir eine Entwicklungsgeschichte voraussetzen, der zufolge erst Adam und Eva im Paradies dargestellt, später die Momente des Sündenfalls hinzugefügt worden wären, und zwar zuerst der Laubgürtel, danach die Schlange? Vgl. die Gruppe in der Deckenmalerei oben Seite 154.

Die altchristliche Literatur hat den Sündenfall in den christlichen Gedankenkreis einbezogen. Paulinisch ist der Gegensatz Adam — Christus: jener hat durch die Sünde den Tod in die Welt gebracht, Christus bringt das Leben, das ewige. Den Ursprung des Todes darzustellen, das könnte einem Gruftmaler allerdings nahe liegen; aber damit fiele er aus seinem sonst so glaubensfrohen Ideenkreis heraus. Setzen wir den Fall, daß das Bild ursprünglich den Sündenfall darstellen wollte, so begreift sich, daß ein Maler aus der Urgeschichte gerade ihren kritischen und im Grunde fruchtbarsten Moment heraushob. Aber in den Katakomben wirkte das Bild anders,

[1] Verschlußplatten: de Rossi, Roma sott. I Taf. 18. 21. II Taf. 39/40.

da erkannte man das Paradies, und die Stammeltern als dessen natürliche Staffage;
der christliche Besucher aber dachte an das himmlische Paradies. Diese Auffassung
scheint durch ein paar Verwendungen bestätigt zu werden. Im ältesten römischen
Exemplar ist mitten in den „Sündenfall" der unter der Laube ruhende Jonas hinein-
geschoben, zwischen den Baum und Adam, hinein ins Paradies; daß der ruhende Jonas
in den Katakomben zu einem Seligkeitstypus wurde, werden wir später sehen. Ein
andermal finden wir drei Paradiesestypen nebeneinandergestellt, Taube, Baum von der
Schlange umwunden, Schaf; Taube und Schaf werden sich uns als Typen der Seligen
ergeben, der abgekürzte „Sündenfall" ist hier deutlich Bild des himmlischen Paradieses.
Wilpert läßt dieser Auffassung wenigstens ein kleines Spältchen offen; der eine oder
andere Besteller oder Beschauer möge in dem verlorenen Paradiese zugleich auch das
im Tode wiederzugewinnende erkannt haben, wie dies der Dichter Prudentius in seinem
Hymnus zur Leichenfeier tue. Konnten denn aber, wird man einwerfen, die zwei
Paradiese, das biblische in Eden und das christliche im Himmel, so ganz zusammen-
geworfen werden, hat man sie denn nicht scharf auseinandergehalten? Die Antwort
ist leicht zu geben: das himmlische Paradies ist doch nichts als die Übertragung des
irdischen in den Himmel.[1])

Übernommene Embleme.

Mit der ganzen Dekorationskunst fanden auch manche Embleme in die Katakombenmalerei Eingang, die als Ornamente harmlos hingenommen mit der Zeit entweder ausgeschieden wurden oder sich einem Assimilierungsprozeß unterwerfen mußten,
um für die Christen brauchbar zu werden. Daß sie als bloße Ornamente arglos übernommen wurden, ist die herkömmliche Rede und ist so weit richtig. Es mag auch
sein, daß sie schon in der heidnisch-antiken Dekoration bloß als Ornamente galten; doch
war dies nicht allgemein der Fall. Es gab ohne Zweifel Besteller und Besucher, denen
all diese Embleme nur Dekoration waren, nur im engsten Sinne ästhetischen Wert
hatten; es gab aber daneben andere, die in den schönen Figuren einen guten Sinn
fanden, denen sie über die dekorative Wirkung hinaus etwas sagten. Und das waren
alle diejenigen, denen die alte Religion, die alte Mythologie, die alte Poesie noch
nicht ganz literarisches Herbarium geworden war, sondern denen das alles noch eine
praktische Bedeutung hatte. Der Polytheist sah in jeder Sache und jeder Sphäre ihre
Gottheit, einem jeden Gott erwuchsen Attribute: Geräte, Pflanzen, Tiere, Fabelwesen.

---

[1]) Neapel: V. Schultze, Katakomben von San Gennaro Tafel 6, 1. Rom: Wilpert, Mal. 324.
Schlange am Boden Taf. 70, 2. 93. 101. Schlange um Baum Taf. 166, 2. 169, 1. 171. 186, 2.
197, 2. 211, 3. 227. 240, 1. Der abgekürzte Typus am Grab der Calendina: Wilpert, Mal. 461
Taf. 183, 2; nur zufällig berühren die Füße des doch abgewandten Schafes den Schwanz der
Schlange; das Wort des Psalms 91, 13 „über Löwen und Ottern wirst du schreiten" müßte im
Bilde anders ausgedrückt sein. — Paulus: Röm. 5, 12ff. 1. Kor. 15, 22. — Vgl. Breymann,
Adam und Eva 1893. de Waal, Röm. Quartalschrift 1893, 326. Leclercq bei Cabrol, Dictionn. I
509 Adam et Ève, 2691 Arbres. — Der Typus der den Baum umwindenden Schlange hat Vor-
läufer in der heidnischen Antike in den Drachen, deren einer die Äpfel der Hesperiden bewacht
(Roscher, Lexikon I ıı 2599 m. Abb.), ein anderer das goldene Vließ (eb. II ı 82 m. Abb.
Seite 80 und 83), vgl. Piper, Mythologie und Symbolik der christl. Kunst I 1847, 66. Leclercq
a. O. 2701. 2705.

Erot mit Pedum und Taenie.
Coem. Domitillae.

Wo immer solche Dinge gemalt erschienen, welche als Attribute eines Gottes liefen, etwa als apollinische oder als bacchische, da mußten sie den antiken Beschauer an den Gott erinnern und an seine Sphäre; darauf gründete sich die Bedeutsamkeit einer Zimmerdekoration.

Wenn nun die Bewohner der Häuser christlich wurden, und wenn sie als Christen fortfuhren die Grüfte ähnlich den Häusern auszumalen, so blieb die sachliche Bedeutsamkeit der Embleme bestehen; der Gott verblaßte zum Begriff, aber die Sache, die Sphäre, die er regiert hatte, blieb, blieb in ihrer Bedeutung, mochte sie auch in christlichem Geiste umgedacht werden. Daß man fortfuhr die Embleme sinnbildlich zu verstehen, wird durch ihre fortschreitende Ausscheidung und die Assimilierung des beibehaltenen Restes bewiesen. Solange nun die alten Embleme an den Wänden verblieben oder in neuen Malereien wiederholt wurden, redeten sie ihre Sprache, jedem nicht ganz Achtlosen vernehmlich, ganz gewiß dem Christen, der mit der Taufe keineswegs aufhörte ein antiker Mensch zu sein; war doch die neue Methode selig zu werden, gerade ganz antik.[1]

Wir wollen nicht von dem Laub- und Blumenschmuck reden, den Zweigen, Kränzen und Blätterschnüren (das sind auf Fäden gereihte Blätter, etwa Rosenblätter), die im System der Wand- und Deckenverzierung als deren organische Bestandteile ihre anmutende Rolle spielen. Wir dürfen immerhin nicht vergessen, daß die Deckenmalereien in dem laubenähnlichen Schema den Himmel vorstellen, das himmlische Paradies. Und es gibt Nischen- und Fachgräber, deren ganze Verzierung in aufgehängten Blätterschnüren besteht; an einem Grabe finden wir die Seligen über (das ist hinter) dem Parkgitter stehen, aber nicht in einem Park, sondern unter solchen Girlanden, die nun also zu einem Bilde des christlichen Paradieses geworden sind (Wilpert, Taf. 218, 2).[2]

Als eigentliche Embleme nennen wir zuerst die kleinen, beckenförmigen Schalen, und die tiefen Vasen ähnlich den Kelch- oder Glockenkrateren; wie in der pompejanischen Wandmalerei erscheinen sie irgendwie aufgestellt oder aufgehängt, mit Blumen oder Früchten gefüllt; häufig sind sie phantastisch verarbeitet, als Herz- oder Kopfstück eines Pflanzenornaments. Mehr vereinzelt erscheint das in der Spätantike, insbesondere in der altchristlichen Skulptur und Mosaikmalerei so beliebte Motiv der

---

[1] Dekoratives: Wilpert, Malereien 22 Die rein dekorativen, aus der heidnischen Kunst entlehnten Elemente.

[2] Die an den Gräbern gemalten Kränze und Blattschnüre werden auch mit dem heidnischen, in den christlichen Gebrauch übergegangenen Darbringen von lebenden Blumen und Kränzen in Zusammenhang gebracht: Kraus, Realencykl. I 169. Müller, Koimeterien 833.

aus Vasen sich entwickelnden, mit Vögeln belebten Ranken; die Rebe tritt da in den Vordergrund. Blumen und Früchte, Fruchtschalen und Blumenkörbe, denn auch diese kommen vor, waren in den Häusern ein angemessener Schmuck der Triklinien; als übliche Bestandteile der Malerei mit herübergenommen, konnten sie die Paradiesbilder weiter ausmalen, im besonderen aber in Gedankenrichtungen deuten, die uns bei Besprechung der Ernte- und der Mahlbilder näher treten werden. Allerlei anderes Gerät, mit Tänien geschmückt und an Schnüren aufgehängt, ein Trinkhorn (Rhyton), findet leicht seine Erklärung in der Gelagidee, wiederum ein Spiegel, ein Ölfläschchen (Alabastron) als Toilettengerät der Verstorbenen.[1]

Von Seetieren treten Delphine wiederholt auf, ein paarmal um den Dreizack ihres göttlichen Meisters gewunden. Delphin und Dreizack waren Attribute des Poseidon, wie Adler und Zepter solche des Zeus; Zeichnen der Attribute statt des Gottes aber war antiker Brauch. Ein in den Katakomben beliebtes Kompositionsschema stellt zwei gleiche Tiere symmetrisch zusammen, mit einem Cippus als Symmetrieachse; das findet sich so mit Delphinen ausgeführt. Fabelwesen der See, wie Seedrache, Seestier, kommen einige Male vor, wie sie auch in der pompejanischen Wandmalerei gern angebracht wurden; die Rolle, welche das Meer in den Ländern griechischer Kultur spielt, erklärt die Beliebtheit des Ketos in der Dekorationsmalerei. Doch darf nicht verschwiegen werden, daß auch in heidnischer Grabkunst das Seetier verwendet wurde, ob bloß dekorativ? Konnte dabei der Gedanke an den etwas problematischen Zug Achills zu den Inseln der Seligen vorschweben? Speziell der Seedrache hat in den Darstellungen der Jonasgeschichte Verwendung gefunden; davon später.[2]

Um die Enten vorläufig zurückzustellen, haben wir ein Gewimmel von Vögeln zu verzeichnen, die nur zum Teil bestimmbar sind; man will Kohlmeise, Wachtel, Wiedehopf erkennen; einmal kommt der Papagei vor. Dergleichen Vögelchen, durch die Ranken fliegend, auf Zweigen sitzend oder ein Zweiglein tragend, an Früchten pickend, um Vasen gruppiert, waren die nächstliegende Belebung der immer ins Freie zielenden Dekoration, wie der Zimmer so der Grüfte; sehr regelmäßig flattern sie in den Ecken unserer Plafonds. Bei diesen Vögelchen vollzieht sich nun auch jene Auslese; die anderen verschwinden, es bleibt die immer schon vorhanden gewesene Taube als spezifisch christlicher Vogel: flatternd (die Eckvögelchen in den späteren Decken werden als Tauben gemeint sein); auf einem Zweig; oder sie trägt einen Zweig, an den auch wohl eine Tänie geknüpft ist, das antike Weihesymbol; sie geht auf einem rahmenden Stab; sie sitzt auf einer eingespannten Blätterschnur; zwei Tauben stehen beiderseits einer Schale oder eines Kraters (unsere Farbtafel I), eines Fachgrabes, eines Arkosols. Neben der Taube erhält auch der Pfau Bürgerrecht in der christlichen Kunst: frontal gestellt mit entfaltetem Rad steht er auf einer Blume, auf einer Vase, auf einer Kugel, zwischen zwei Vasen; oder er

---

[1] Schale: Wilpert Taf. 25; in Pflanzenornament 35, 2. 67. 73.
Vase 39, 2. 77, 2. 97, 2 u. ö., in Pflanzenornament 24. 35, 2. 38. 54, 2 u. ö.
Ranken aus Vase 162. 235. Rhyton 4. Spiegel, Alabastron 52, 2.

[2] Delphin: Wilpert Taf. 49. 128, 2, um Dreizack 39, 1. 106; symmetrisch 165. Ketos 11, 1. 37. 85, 2. Die Gruppe des Skopas stellte nicht einen Zug dar, sondern den entrückten Achill dem Poseidon als einen ποντάρχης beigesellt.

schreitet vorüber; oder eine Vase steht zwischen zwei symmetrisch herantretenden Pfauen.[1]

Die Vögel in den Zweigen und wie sie sonst in die Malerei eingestreut wurden, blieben auch an den christlichen Decken und Wänden zunächst Staffage der Laube und des Parks, die zu Bildern des himmlischen Paradieses geworden waren. Aber die Tauben und Pfauen, als die Auserwählten unter den Vögeln, nötigen zu der Frage, ob sie nicht eine besondere religiöse Bedeutung bekamen oder vielleicht schon mitgebracht haben.

Es war uralte Vorstellung, die Seele als Vogel zu denken, gelegentlich auch speziell als Taube. Im letzten Atemzug, so dachte man, entfliegt die Seele dem Munde des Sterbenden: altägyptisches Bild für die entfliegende Seele war der über der Leiche schwebende Vogel mit Menschenkopf. Bei den Griechen wurde er zur Sirene, als einem Bilde des entraffenden Todes. Aber der ursprüngliche Gedanke hat in der Stille weitergelebt und tritt gelegentlich zutage; die spätantike Literatur weiß von Fällen zu berichten, da Verstorbene in Tauben verwandelt wurden. Ähnliches kommt auch in christlichen Legenden vor. So darf immerhin die Frage aufgeworfen werden, ob die Taube in der Katakombenmalerei wieder zum Bilde der Seele geworden sei, nämlich der des Verstorbenen im himmlischen Paradies. Soviel aber muß vorweg zugegeben werden, daß die Bezeichnung Verstorbener als „Tauben ohne Galle", wie sie in Anlehnung an Matth. 10, 16 „ohne Falsch wie die Tauben" in Grabschriften des dritten und vierten Jahrhunderts vorkommt, nicht auf die Seele im Himmel geht, sondern auf den Charakter des Verstorbenen, wie er im Leben sich gezeigt hatte.[2]

Der indische Pfau erscheint in den Mittelmeerländern zuerst am Hof des Königs Salomo, oder wenigstens im Buche der Könige (denn vielleicht gehört die Stelle I 10, 22 dem deuteronomistischen Redaktor, der nicht verfehlt hat, das neueste Wunder dem salomonischen Wunderhofe zuzulegen). Im perikleischen Athen fand er Eingang und eine gewisse Verbreitung; wann er Lieblingsvogel der Hera geworden ist, in Samos und Argos, das wissen wir nicht, auch nicht, wann er zu den Römern kam und der Juno zugeeignet wurde; Ennius nennt ihn zuerst, Varro kennt die Pfauenzucht, in der Kaiserzeit wimmelte Rom von den zwar unangenehmen, aber prächtigen Tieren. Wie nun der Adler des Juppiter die Apotheose des verstorbenen Kaisers vollbringt, indem er die Seele aus dem Scheiterhaufen zum Himmel hinaufträgt, so deutet der Pfau auf die Apotheose der Kaiserin; auf Münzen erscheint er, sie zum Himmel tragend, oder auch als ihr, der neuen Juno, Symbol. In solchem Sinne mag es gewesen sein, daß um das Mausoleum des Hadrian, auf der Einfriedigung, unter anderem Pfauen standen.

---

[1] Papagei: Wilpert Taf. 12, 3. Vogel in Ranken 1. 35. 162; Zweig tragend 77, 1. 85, 1. 103, 5; vor einer Vase 3; Eckvogel 9. 17. 24. 35, 2. — Taube flattert 47, 1. 109, 1; Ecktaube 71. 130. 171; Taube auf Zweig 26. 39, 1. 42; trägt Zweig mit Tänie 89, 2, sonst 219. 223; geht auf Stab 52, 1. 2. 91, 1. 166; auf Blätterschnur 113, 1; Schale (Vase) zwischen Tauben 86. 87. 31, 2. 49. 50; Clipeus 200, 1. — Pfau frontal auf Blume 9. 12, 1. 38. 196; auf Vase 37; auf Kugel 71. 131. 151; zwischen Vasen 202; schreitend 12, 4. 30. 91, 1; Vase zwischen Pfauen 31, 2. 109, 1. — Wir führen nur einige Belege an, sie lassen sich leicht vermehren. — Der Phönix kommt in der Katakombenmalerei nicht vor.

[2] Sirene: Weicker, Der Seelenvogel 1902. Verstorbene in Tauben verwandelt: Antonin. Lib. 1. Grabschriften: V. Schultze, Katakomben 130. Kraus, Geschichte I 99.

Das Sinnbild der Entrückung in den Himmel, in Gleichsetzung mit Juppiter und Juno, wurde auch auf andere Sterbliche übertragen; so haben die freigelassenen Griechen, Pomponius Eudämon und Pomponia Elpis, an dem für ihre Söhne und sich selbst errichteten Grabmal über ihren Büsten den Adler und den Pfau anbringen lassen. Aus diesem Gedankenkreise heraus versteht man, daß das Tier, nachdem es mit der Parkmalerei in die Katakomben gekommen war, auch für die Christen bedeutsam wurde, zunächst wohl eben als Sinnbild der Aufnahme in den Himmel.

Daß der Pfau aber ein christliches Sinnbild der Unverweslichkeit oder der Unvergänglichkeit oder der Auferstehung oder der Unsterblichkeit gewesen sei, wie unter Berufung auf Augustinus bald so, bald so gesagt wird, ist unbezeugt. Hortensius brachte den ersten Pfauenbraten auf den Tisch, bei seinem Antrittsdiner als Augur; ein teurer Braten, so teuer, daß er auf keinem besseren Tisch fehlen durfte, aber zäh, so zäh, daß die Gäste nach Tisch einander ins Ohr sagten, Pfauenfleisch sei sogar zum Faulen zu zäh. Der heilige Augustinus, das heißt, als er noch in Karthago das unheilige Leben führte, hatte eines Tages einen Pfau auf dem Tisch. Er beschloß, der Sache auf den Grund zu gehen und ließ ein Stück Brustfleisch zurücklegen; nach so langer Zeit, daß jedes andere Fleisch inzwischen verdorben wäre, roch es noch nicht einmal; nach weiteren dreißig Tagen, nach einem ganzen Jahr dieselbe Sache, nur war das Stück etwas eingetrocknet. Man sieht, die Pfauenesser vom Augur Hortensius bis zum unheiligen Augustinus dachten an keine Symbolik des Pfauenfleisches; aber auch dem geheiligten Augustinus lag der Gedanke fern. Er überlegt, wie es möglich sei, daß die armen Sünder im höllischen Feuer ewig brennen ohne zu verbrennen, und findet es ganz verständlich, es gäbe Analogien: der Salamander lebe im Feuer; der Ätna brenne immer zu und verbrenne doch nicht; die Seele empfinde Schmerz, sterbe aber nicht; der Schöpfer habe dem Fleisch des toten Pfauen verliehen, daß es nicht faule, Verfasser habe es bei einem Versuch bestätigt gefunden, usf.[1])

Seite 166 sahen wir die wassergefüllten und wassersprudelnden marmornen Vasen, an denen Tauben trinken, aus den heidnischen Parklandschaften in die christlichen Paradiese übergehen, eines der ansprechendsten Motive antiker Kunst und zugleich gehaltvoll. Man muß sich der südlichen Sonne erinnern und der Wohltat frischen Wassers. Pindar beginnt eine olympische Ode mit dem Satz, das Allerbeste ist das Wasser; erst an zweiter Stelle folgt ihm das Gold, und an dritter ein olympischer Sieg (bald nachher sank er ernstlich im Preise). Darum wurde den antiken Plätzen und Straßen, Häusern und Gärten eine Fülle laufenden Wassers zugeführt und in allen denkbaren Formen gefaßt; die Garten- und Hausvögel, Tauben vor allen, nippten daran und badeten darin. Die Kunst hat das Motiv aufgenommen. Berühmt ist das Taubenmosaik des Sosos von Pergamon, geschaffen als Bestandteil seines Mosaikpaviments, das den Fußboden eines Trikliniums darstellte, wie er nach großem Gelage aussieht;

---

[1]) Pfau: Viktor Hehn, Kulturpflanzen und Haustiere[3] 1877. 307. Roscher, Lexikon der Mythologie I 2133. Preller-Robert, Griechische Mythologie I 163. Preller-Jordan, Römische Mythologie II 444. — Älteste Darstellung eines Pfau in einer Terracotta zu Dresden: Archäol. Anzeiger 1889, 158. Bild.

Moles Hadriani: Mirabilia urbis Romae pag. 29 (Parthey). Grisar, Röm. Quart. 1895, 252. — Pomponius Eudämon: vgl. Leclercq bei Cabrol Dict. I 2627. — Augustinus, de civitate dei XXI cap. 4. — Pfau, christlich: Schultze, Katakomben 102. — Kraus, Geschichte I 111.

Pfauenbraten: Marquardt-Mau, Privatleben der Römer II 431.

von den trinkenden und sich putzenden Tauben besitzen wir mehrere antike Nach-
bildungen oder Reminiszenzen.[1])

Das war nun auch von jeher ein wichtiges Element in den Jenseitsvorstellungen,
das erfrischende Wasser; so schon in den altägyptischen Totenbüchern. In griechischen
Grabschriften wird der Wunsch ausgesprochen, Hades möge dem Verstorbenen (oder
der dürstenden Seele) kühles Wasser zu trinken geben (aus dem Quell der Mnemosyne,
erklärt Erwin Rhode, damit sie, die Begnadeten, die Erinnerung an ihr einstiges
Leben und die Beziehung zu den Hinterbliebenen sich bewahren). Spätere griechische
Osirisverehrer sprechen ähnliche Wünsche aus: daß Osiris dem Verstorbenen das kühle
Wasser reiche, daß Isis ihm das heilige Wasser des Osiris gewähre. Die Vorstellung
solcher Erquickung ist in den christlichen Ideenkreis übergegangen. Dies Erfrischen
(griechisch ἀναψύχειν, lateinisch refrigerare, eigentlich abkühlen) ist ein stehender
Terminus in den Grabschriften, z. B. in der (im Osiriskult ähnlich vorkommenden)
Formel: „Gott erquicke deinen Geist", Deus refrigeret spiritum tuum; es meint die
Erquickung im Paradiese. Bildlich dargestellt wird es durch den Typus der am Wasser
nippenden Tauben.[2])

In diesem Zusammenhang müssen wir auf das Cubiculum Oceani zurückkommen
und auf seine Deckenverzierung. Wir sahen da beiderseits einen Pfau nach dem
Fond hinschreiten; dort ist ein Okeanoskopf gemalt, mit Krebsscheren im Haar, ganz
übereinstimmend kommt er in pompejanischen Wandmalereien vor. Da der Kopf über
der Rückwand so angebracht ist, daß der erste Blick des Eintretenden auf ihn fällt,
also an ausgezeichneter Stelle, so muß der Schöpfer dieser Gruft irgend einen Gedanken
mit dem Urvater aller Gewässer verbunden haben; die Malerei kann nicht bloß
dekorativ gemeint sein, auch wohl nicht als Anspielung auf den Namen oder das
Gewerbe des hier zu Bestattenden, etwa eines Schiffers oder eines Fischers, was ja auch
anders ausgedrückt sein müßte. Die Kammer wird in die ersten Jahrzehnte des vierten
Jahrhunderts gesetzt; damals war die griechische Mythologie noch allen geläufig. Der
Kopf bedeutet fließendes Wasser; und wenn die Pfauen zu ihm hingehen, so hieß das
für antike Beschauer dasselbe, wie die um eine wassergefüllte Vase gruppierten
Pfauen oder wie die vom sprudelnden Wasser nippenden Tauben. Okeanoskopf und
Pfauen sind in das Laubengerüst des Plafonds gemalt, stehen also im Himmel; auch
hier handelt es sich um die Erquickung im himmlischen Paradies, um das Paradies
als den Ort des Refrigeriums.

Hier dürfen wir noch die Hirsche anschließen, welche von einem Felsen herab-
strömendes Wasser trinken. Der Felsenquell ist aus dem Bild „Quellwunder des
Moses" entlehnt, der Gedanke aber durch Psalm 42, 2. 3 angeregt: „Wie eine Hirschkuh,
die nach Wasserbächen lechzt, so lechzt meine Seele nach dir, Gott." Das Bild ist

---

[1]) Wasser: Overbeck-Mau, Pompeji 1884 und Mau, Pompeji 1900 im Register unter Wasser-
leitung, Thermen, Brunnen, Brunnenfiguren; über letztere E. Curtius, Archäolog. Zeitung 1879, 19. —
O. Richter, Topographie Roms² 316. — Sosos: s. oben Seite 166, 1. Ferner E. Sellers The elder
Pliny's chapters on the history of art 1896, 223 zu Plin. N. H. XXXVI 184.

[2]) Erquickung: Näheres bei Rhode, Psyche 1894, 678. Dieterich, Nekyia 95. Kraus,
Realencyklopädie der christl. Altertümer II u. d. W. Refrigerium. Wilpert, Malereien 424. ἀναψύχειν =
refrigerare wird auch in weiterem Sinn für erquicken gebraucht, wie 2. Tim. 1, 16; dann kann es
unter Umständen auch eine Erquickung mit Speise bedeuten, sowie durch Ausruhen.

nun übertragen auf die Seele, welche nicht bloß nach der himmlischen Erquickung lechzt, sondern bereits ihrer teilhaftig geworden ist.

Wir schließen: Taube, Pfau, Hirsch sind Synonyme. Meinen sie die Seele?[1])

Nun treten wir in die Sphäre des ländlich Idyllischen, das bereits in der pompejanischen und stadtrömischen Hausdekoration gut vertreten ist; Ziegen, Schafe, Rinder erscheinen da vielfach als Embleme, einzeln und in Gruppen. In den Katakomben scheidet das Rind vorweg aus. Der Ziegenbock fehlt nicht, doch häufiger ist, besonders als Eckstück der Plafonds, ein bartloses Tier, zierlich in Gliedern, gern im Sprung aufgefaßt; es wird Gemse, Steinbock, Antilope oder Gazelle genannt, nicht überall ist seine Verschiedenheit vom Ziegenbock ganz sicher. Zum typischen Tier in der christlichen Kunst in diesem Kreise aber bildete sich das Schaf heraus. Es steht und geht, öfter grasend, wird als Füllstück im System der Decken verwendet, auch in Form der symmetrischen Gruppe, wo dann der Melkeimer oder ein Cippus zwischen zwei ihm zugewandten Tieren steht. Der Melkeimer kommt in späteren Malereien auch isoliert vor, bisweilen ornamental auf eine Blume gestellt.[2])

Hier ist der Ort, die kleinen Landschaften zusammenfassend zu überschauen, die ganz im Stil der „pompejanischen" Wandmalerei als anziehende Mittelstücke vereinzelt in Wandfelder oder in Arkosollünetten, meist in die Kappen- oder Zwickelfelder der Plafonds eingesetzt, stimmungsvolle Ausblicke gewähren. Mehrere sind aus der heidnischen Kunst einfach herübergenommen, vielmehr in deren Sinn neu komponiert (dergleichen saß den Malern im Pinsel): eine Landschaft mit ländlichen Heiligtümern und figürlicher Staffage, eine andere mit Schilfhütten, allerlei Leuten und einem Hund, eine dritte mit dem an einen Baumstumpf gelehnten Priap, andere mit Enten, im Grünen oder im Wasser. Eine mittlere Stellung nehmen religiös indifferente Tierstücke im Cubiculum Ampliati ein, Schafe in Gruppen, selbst Herden, auch ein Bock findet sich darunter; das Mittelstück der einen Wand aber ist bereichert mit einem Hirten, der, in freundliche Beziehung zu seinen Schafen gebracht, zwar nicht den ausgeprägten Typus des „guten Hirten" darstellt, wohl aber seine Stimmung ausspricht und auf jeden Leser des Johannesevangeliums die Eindrücke eines guten Hirten machen mußte. Neben anderen Tierstücken mit Schafen gibt es auch solche mit „Gazellen". Typisch kehrt ein Motiv wieder, das, auch aus der heidnischen Malerei übernommen, durch die Niedrigkeit des Bildfeldes in Querformat bedingt ist, das Motiv mit Baumstumpf, der bisweilen noch einen grünen Ast trägt; es lag uns schon in dem Bildchen mit dem Priap vor. Ohne Staffage dient es gelegentlich als Füllwerk, mit Tierstaffage findet es sich öfter, und zwar der Stumpf zwischen zwei symmetrisch angeordneten Tieren, Tauben oder Schafen; einmal sind statt dessen Fische ins Grüne gelegt. Statt des Stumpfes tritt wohl auch der Cippus in die Symmetrieaxe, mit Delphinen, Tauben oder Schafen. Der Melkeimer gesellt

---

[1]) Cub. Oceani: de Rossi, Roma sott. II Taf. 27. 28. Wilpert Mal. 32 Taf. 134. Oben Seite 526 und unsere Farbtafel II.

Okeanos: Weizsäcker· in Roschers Lexikon III 820. Presuhn, Pompeji 1877, 40 Taf. 21. 3. Hirsche: Wilpert 479 Taf. 150, 3 (kurz vor 340).

[2]) Bock: Wilpert Mal. Taf. 3.

Gemse: Taf. 49. 72. 73. 104. 113, 1. 136, 1.

Schaf: 97, 1. 102, 1. 151. 165; symmetrisch 83. 165.

Melkeimer: 183, 2. 265f.; auf Blume 265. 267.

sich auch in solchen Bildchen zu dem Schaf, wie der Dreizack zum Delphin, oder der Eimer steht auf dem dann besonders kurzen Baumstumpf zwischen den zwei Schafen, oder beim Schaf unter einem Baum.

Seinen christlichen Sinn verdankt das Schaf der Idee und dem Typus des guten Hirten. Wenn es nun dort den Christen bedeutet, so wird das auch der Fall sein, wo es außerhalb des Hirtenbildes vorkommt, und nicht bloß in den Gemälden, die ihm das Hirtenattribut des Melkeimers beigesellen; ganz gewiß, wenn es in den Systemen erscheint, welche das himmlische Paradies andeuten, sei es an Wandgräbern oder an Decken (vom „Lamm Gottes" ist hier noch nicht zu reden). Sehen wir dann aber in gleichartigen Kompositionen, sogar in Gegenstücken, hier Schafe, dort Tauben, so scheinen auch letztere unter die gleiche Deutung zu fallen, und mit ihnen die Pfauen und Hirsche. Es muß nur immer festgehalten werden, daß dies alles sich allmählich entwickelt hat, daher nicht alles gleich fertig da war, noch überall alles übereins zu sein braucht; die trinkende Taube mag zuerst die Erquickung mehr veranschaulicht als bedeutet haben, ehe sie zu einem Sinnbild des seligen Christen wurde.

Diese Tierbilder sind bezeichnend; in engem Rahmen lassen sie erkennen, wie vielseitig das Christentum war, wie alle Elemente des Altertums in ihm sich zusammenfanden. Die genannten Tierbilder, alle aus der heidnischen dekorativen Kunst übernommen, schöpften ihre Bedeutsamkeit aus verschiedenen Quellen, das Schaf (in ihrer Weise auch die Taube) aus den Evangelien, der Hirsch aus den Psalmen, nur der Pfau entbehrte jeder biblischen Basis (die Bücher der Könige kommen hier nicht in Betracht). Uns mutet das vornehme Tier wie ein Sinnbild desjenigen Christentums an, welches, durch Gemeindebildung und Propaganda politisch geworden und von Paulus selbst auf die Reichshauptstadt als das zentrale Ziel hingewiesen, in den oberen Kreisen der griechisch-römischen Welt Boden suchte und fand.[1]

Die Menschengestalt bleibt noch übrig. Sie tritt in vielen Putten entgegen, die meist geflügelte Eroten sind. Die hellenistisch-römische Kunst war unerschöpflich auf diesem Gebiete. In reichem Wechsel ließ sie die Knäbchen in Kinderart alle Betätigungen der Erwachsenen mit spielendem Ernst nachmachen. Den lieblichsten Blumenstrauß solcher köstlicher Szenen brachte uns das Haus der Vettier zu Pompeji; im Speisesaal gemalt bereiten und verkaufen die Amoretten alles den Gästen Nötige, Gewand und Schmuck, Salböl und Kränze. Die Katakomben geben nur eine kleine Auswahl von ihrem Gebaren. In bacchischem Treiben bewegen sie sich in Weinlauben, oder schwebend schwingen sie den Thyrsos, wiederum führen sie den ländlichen Krummstab (unser Textbild); oder sie tragen Tänien, Blumengewinde, Blätterschnüre, dies auch zu zweien. Der dekorativen Skulptur sind die zwei Putten entlehnt, die zwischen sich das Täfelchen mit der Grabschrift halten. Oder eine Blume entwickelt

---

[1] Landschaften: Belege aus der heidnischen Wanddekoration, der römischen und der pompejanischen, brauchen wir nicht beizubringen, man findet sie in allen einschlagenden Publikationen. — Heiligtümer: Wilpert Mal. Taf. 6, 1. Hütten 6, 2. 10. Priap 7, 3. Enten im Grünen 17, schwimmend 36, 3. 136, 1. Cub. Ampliati 30, 2. 31, 1. Andere Tierstücke: Herde mit Hirt? Taf. 10. Schafe 36, 4. 206, 2, mit Heiligtum 55: Gazellen 161. Schafe 149, 1. 2. — Baumstumpf ohne Staffage 56, mit Tauben 24. 114. 150, 1, Schafen 24. 150, 2; drei Schafe 206, 1; Fische 114. — Cippus mit Delphinen 165, Tauben 171. 211, 2, Schafen 151. — Melkeimer und Schaf 7, 2, auf Stumpf 24, unter Baum 96. — Sonst kommt noch Stute und Fohlen vor 136, 2, ein Pferd 161. — Symbolik des Schafs: Leclercq bei Cabrol, Dictionn. I 877.

sich zwischen zwei am Boden hockenden Putten. Andere stehen auf Blumen, in den Zwickeln einer Decke, wechselnd mit Psychen. Eroten und Psychen werden wir noch bei den „Ernteszenen" geschäftig sehen. All das harmlose Wesen erscheint in der Frühzeit naturgemäß am unbefangensten auf dem Plan, taucht aber auch später und bis in die letzte Zeit immer wieder auf.

Eroten und Psychen mögen wesentlich dekorativ verwendet sein, obwohl sie den Gebildeten und Sinnenden unter den Hellenen und Hellenisten mehr sagten. Eros, der Wunsch, der heiße Drang nach allem Schönen und Hohen, und Psyche, die Seele, die zwei hatten durch Plato ihre bleibende Bedeutung erhalten, die dann fortwirkte durch die Jahrhunderte bis in das innerste Mark des Altchristentums.[1]

Dann wäre noch als übernommen aus der heidnischen Kunst der Sonnengott zu nennen, der zweimal in Jonasszenen vorkommt, einmal als Lockenkopf in Strahlenkranz, das anderemal (fraglich) in ganzer Gestalt auf einem Zweigespann; und beim Tobias Tigris im üblichen Schema des gelagerten Flußgottes. Endlich noch eine Figur in langem Kleid mit Stab und Eimer wie dahineilend oder schwebend (die Füße sind zerstört), sowie mehrere nackte männliche Figuren, lysippischem Stil sich anlehnend: einer an einen athlethischen Sieger mit Palmzweig erinnernd; ein zweiter hält einen Stab in der Linken, den Mantel über den Arm geworfen; ein dritter mit Schale und Tänie, dieser im Scheitelfeld eines Plafonds, irgendwie wird er glückliche, selige Zeit bedeuten. Zwei männliche Kanephoren, als Gegenstücke komponiert, jeder auf einer Art Kandelaberbasis stehend, nackt, mit lang den Rücken hinabfallender Chlamys, sind gewiß dekorative Figuren; doch ist es ebenso sicher nicht bedeutungslos, daß sie volle Fruchtkörbe auf den inneren Händen emporhalten.

Von Tierköpfen gibt es in dekorativer Verwendung nur den Widderkopf, der aus einem Blattkelch hervorkommt, paarweis in symmetrischer Gegenüberstellung. Ebenso pflegen dekorative menschliche Köpfe aus Blattkelchen hervorzuwachsen in bekannter hellenistischer Weise; es gibt auch Köpfe bloß mit dem Hals, ohne allen unteren Abschluß, wie aus dem Rumpf gerissen. Die menschlichen Köpfe sind öfter nimbiert. Ein paarmal steht der aus dem Blattkelch wachsende Kopf in einem Reif oder Blumenring über der Tür. Einmal findet sich, einer schweren Blumengirlande vorgeheftet, eine tragische Maske.[2]

Eine Bemerkung wollen wir nicht unterdrücken. Die Empfindung, aus welcher jene ganze Richtung der Innendekoration entsprang, auf Raumerweiterung, auf täuschende Blicke wenigstens aus der engen Stube in die freie Natur, die Empfindung war sentimental. In der Stadt war sie entstanden; die gesteigerte Kultur solcher Städte wie Athen oder Syrakus hatte sie gezeitigt; im Hellenismus und seinem intensiven Welt-

---

[1] Eroten im Vettierhaus: Mau, Röm. Mitt. 1901, 111. Christlich, in Reben: Wilpert Mal. Taf. 1. 148, mit Thryrsos und Schale 25, Pedum 2. 3. 4. 5, Taenie 134, 2. 149, 3. 188, Girlande 235. 211, 1, Täfelchen 218, 1, Blume 158, 2. Eroten und Psychen in Decke 217. — Eros und Psyche: Preller-Robert, Griech. Mythologie I 505. Petersen, Röm. Mitteil. 1901, 69. — Vgl. Leclercq bei Cabrol, Dict. I 1606.

[2] Sonnengott: Wilpert Taf. 56. 160, 1. Tigris 212. Figur mit Eimer 10. Nackter Athlet? 145, 2. 146, 1; mit Mantel 158, 1; mit Schale 217. Kanephoren: Wilpert 527 Taf. 244, 1. 3. — Widderkopf 55. 100. Köpfe aus Kelchen 8, 1. 3. 149, 3. 161. Nur Kopf und Hals 25. 38. Nimbus 8, 1. 3. 25. 161. Kopf über Tier 13. 156; Blumenring auch 149, 3. 156. Maske: de Rossi, Roma sott. III Taf. 6, 1.

leben erwuchsen jene Großstädte in sehr modernem Sinn, Antiochia, Alexandria, Rom. Im Rückschlag gegen deren Unnatur und Raffinement arbeitete die Sehnsucht nach Ursprünglichkeit, nach Einfalt und Unschuld. Die sentimentale Stimmung, die sich in den ländlichen Idyllen des Theokrit aussprach wie in der nun auch zur Stadt gegangenen Hirtendichtung des Hohenliedes, hat jene gemalten Durchblicke in die Natur eingegeben, jene idyllischen Szenen, wie die analogen Stimmungen des achtzehnten Jahrhunderts Watteaus Schäferstücke, Geßners Idyllen, Haydns Pastoralsymphonie.[1])

Die Sentimentalität der hellenistisch-römischen Zeit, gerade der höheren und gebildeten Klassen, begründet auch einen Teil ihrer Empfänglichkeit für die christliche Verkündigung. Es lag darin das Sehnen nach der vergangenen goldenen Zeit, dem heidnischen Analogon des jüdisch-christlichen verlorenen Paradieses. Sentimental waren die ganzen messianischen Hoffnungen, sentimental war auch das Christentum, seitdem es sich wieder auf Hoffnung gestellt hatte. Die Religion der Erfüllung war naiv gewesen; aber die Religion der Wiederkunft und der Jenseitigkeit war sentimental. Aus dem Kreise solcher Stimmungen heraus versteht man, wie der reiche Freigelassene Ampliatus seine Gruft mit den pastoralen Szenen schmücken lassen konnte, deren wir gedachten.

Erntebilder.

Aus der Klasse der übernommenen Embleme hebt sich eine Gruppe meist auch sehr anmutig entworfener Malereien heraus; wegen ihrer besonderen Bedeutung erfordert sie gesonderte Behandlung. Es sind teils Ernteszenen in ausführlicher Schilderung, teils Personifikationen der Jahreszeiten; die Attribute derselben haben Bezug auf die Erträge der betreffenden Jahreszeit.

Hauptdenkmal ist die recht frühe Crypta quadrata (Januarii). Die viereckige Kammer hatte man ausgemauert, in jeder Wand aber eine rundbogige Nische ausgespart; oberhalb der Nischen neigen sich die Wände in der Art eines vierseitigen Klostergewölbes zusammen, zwischen ihnen bleibt ein Lichtschacht offen. Die vier Bogen der Nischen sind mit Ernteszenen bemalt, entsprechend den vier Jahreszeiten. Der Frühling bringt Blumen. Vier Mädchen arbeiten an Blumengewinden; sie sitzen um das Gerüst, an dem die Blumenschnüre hängen, und entnehmen das Material einem davorstehenden Korb; von jeder Seite kommt ein Arbeiter im Kittel eilig heran und bringt auf einem geschulterten Brett zwei Körbe voll Blumen; an den Enden des Frieses werden sie von je einem Mädchen in gegürtetem Kleid gepflückt, es sind Rosen. Den Sommer bezeichnet die Weizenernte. Ein Putto schneidet mit der Sichel, ein zweiter rafft mit dem Rechen die Ähren zusammen, links bindet ein dritter die Garbe, rechts trägt der vierte eine gebundene Garbe fort, neben ihm drischt der fünfte. Dem Herbst eignet die Weinlese. Zwei Putten, an die Enden verteilt, brechen Trauben, zwei tun sie in einen Korb, der fünfte bringt den vollen Korb zur Kelter in der Mitte, darin treten der sechste und siebente die Trauben aus, der Saft fließt vorn

---

[1]) Die von Mahaffy, Progress of hellenism 1905, 122 geschilderte Landflucht beweist nichts gegen die oben besprochene Landsucht; jene ist Ursache, diese Folge, oder Kehrseite, derselben Erscheinung.

in zwei untergestellte Gefäße ab. Im Winter werden die Oliven gebrochen. Die Putten tragen winterlich warme Kleidung, Ärmeltunika, Schulterkragen mit Kapuze, Gamaschen und Schuhe. Einer steht auf der Leiter und pflückt die Oliven, rechts schlägt sie ein zweiter mit der Stange vom Baum, in der Mitte liest der dritte die heruntergefallenen auf, der vierte schüttet die Ernte in einen Korb, links hat der fünfte den vollen Korb auf die Schulter genommen. Die Jahreszeiten sind so verteilt, daß der Frühling über der Tür zu stehen kommt und die übrigen Szenen für den in der Kammer Stehenden rechtsherum folgen, also an der linken Wand der Sommer, dann der Herbst und an der rechten Wand der Winter; mit deutlicher Absicht ist die Anordnung so getroffen, daß die Weinlese dem Eingang gegenüber an die Fondwand kam und in deren Mitte der Rebensaft aus der Kelter fließt.

Wie aber die Wände sich laubenartig zusammenwölben, so ist auch die Ausmalung laubenähnlich. In den Ecken erheben sich auf Ständern Muschelschalen, hochgefüllt mit Rosen; Zweige und Ranken ziehen sich höher hinauf, um dann nach beiden Seiten in vier von Stäben geschiedene Zonen auseinanderzugehen. Zu den Ranken zwischen den das Laubengerüst bildenden Stäben wählte der Maler sinnvoll wieder die bezeichnenden Pflanzen der Jahreszeiten; es folgen sich von unten nach oben Rosenzweige, Ähren, Weinranken mit Trauben, und Ölzweige mit Oliven. In dem Geranke der drei warmen Jahreszeiten sind Vögelchen verteilt in mancherlei zierlicher Bewegung, hin und wieder auch Nester mit Jungen, denen die Alten Futter bringen; dem Frühling fehlt auch nicht der Schmetterling, dem Sommer die Zikade.[1]

Vollständige Zyklen der Ernteszenen gibt es noch einige, doch in kürzerer Fassung. Verhältnismäßig ausführlich, mit je drei Putten, wurden die Szenen in einer späten Decke des Coem. Marci et Marcelliani gemalt; vom Frühling und Sommer sind bloß ein paar Blumen und Ähren erhalten, ganz nur die Weinlese und die Olivenernte. Sonst wird jede Ernte durch nur einen Putto zur Darstellung gebracht. In der „Bäckergruft" pflückt einer Rosen in den Korb, der zweite schneidet Ähren, der dritte trägt ein Füllhorn mit Früchten und eine Traube, der letzte ist fast ganz zerstört; sie folgen sich so von rechts nach links, zwischen sie in die Mitte ist der gute Hirte gestellt. Um den zentralen Hirten ordnen sie sich auch an einer Decke in Ponzian: so trägt der Frühling (wir dürfen diese Putten einfach als Jahreszeiten bezeichnen) Blumenschnüre an einem Stock und in der Hand, der Sommer schneidet Ähren, der Herbst keltert, der Winter steigt auf der Leiter in den Ölbaum hinauf; in den Zwischenfeldern standen blumenumrankte Putten, wahrscheinlich wieder mit Attributen der Jahreszeiten, der einzig erhaltene trägt eine Garbe.[2]

Dekorative Verwendung der für die Jahreszeiten charakteristischen Pflanzen, dergleichen wir an den Wölbflächen der Crypta quadrata sahen, kommt zweimal an gewöhnlichen Decken in diesen angepaßter Form vor; da wird aus Rosen, Ähren, Reben und Olivenzweigen ein reich sich entwickelnder Kranz um den zentralen Guten Hirten gebildet oder ein ganzes Deckensystem.[3]

---

[1] Wilpert, Mal. 34 Taf. 32—34.
[2] Marcus: Wilpert, Mal. 37, 8 Taf. 245. 1. Bäckergruft: Wilpert 36, 5. Garrucci, Storia II Taf. 21, 1. Ponzian: Wilpert, 36, 6. Jahreszeiten als Putten: Marx, Röm. Mitt. 1892, 27. Petersen, eb. 250. G. Thiele, Antike Himmelsbilder 1898, 134.
[3] Wilpert 36, 4 Taf. 161; S. 37, 7 Taf. 162, 1.

Die ursprünglich vier, jetzt nur noch zwei gelagerten Figuren an der Decke des „Cubiculum Terrae", die eine mit nacktem Oberkörper, den Mantel um die Unterfigur, die andere in ärmellosem Chiton und Mantel, jene die Rechte auf den Boden gestützt, diese sie an den Kopf hebend, beide bekränzt und mit einer Fruchtschale auf der Linken, galten früher als weiblich und als Bilder der fruchttragenden Erde; eher könnte man an Nymphen oder Horen denken, in letzterem Falle würden sie den Bildern der Jahreszeiten zuzurechnen sein. Sollten sie deren Kennzeichen ganz abgestreift haben, so blieben immer noch Typen seliger Zeit übrig. Wilpert freilich erklärt die erstgenannte Figur für männlich; die Körperformen würden nicht dagegen sprechen, aber vielleicht nicht entscheidend, am wenigsten hinsichtlich der ursprünglichen Bedeutung dieser entlehnten Figuren.[1])

Von den mannigfaltigen Typen der Jahreszeiten, über welche die heidnische Kunst verfügte, haben die Katakombenmaler gelegentlich noch die Büste verwendet. Solche waren an der vorderen Decke der Cappella greca als Eckstücke eingesetzt, aus dem Blätterkelch herauswachsend und von einem Blumenring umgeben; erhalten ist nur der Sommer mit Ähren im Haar. Die Köpfe zwischen den Kreuzbalken an einer Decke in Lucina werden Horenköpfen wenigstens nachgebildet sein.[2])

Die Ernteszenen sind ursprünglich eine jede für sich entstanden, erst sekundär in einen Zyklus gebracht worden; so finden sie sich auch einzeln, nicht als Bruchstücke eines eigentlich umfassenderen Ganzen, sondern in ihrer selbständigen Bedeutung. In dieser Art kommen Frühlings- und Herbstbilder vor.

Eine Kammer in Domitilla enthält drei Arkosolien; über jedem ist Eros und Psyche gemalt, Eros bald mit, bald ohne Flügel, Psyche hier gegürtet, dort nicht; sie pflücken Rosen und sammeln sie in Körbe. Jede Gruppe umgibt ein Rahmen aus leichten Stäben, darüber und zur Seite hängen Rosengirlanden, einzelne Rosen sind dazwischen gestreut. Das Ganze ist offenbar als Paradiesbild gemeint (unsere Farbtafel I).[3])

Weinstöcke mit ausgebreiteten Reben und traubenschwere Weinlauben, von Vögeln durchschwirrt, kommen mehrfach vor. Gleich in der frühen Flaviergalerie; aus Akanthusblättern hervorwachsend, breiten sich die Reben über den Decken aus, dahinein waren Eroten bei der Weinlese gemalt, sie sind zerstört. Wenn dann an einem späteren Arkosolbogen in Domitilla wiederum eine Weinlaube mit Vögeln und weinlesenden Putten gemalt ist und an der Lünette darunter der erhöhte Christus zwischen den Aposteln, so erklären sich auch diese Lauben als Paradiesbilder.[4])

Nun noch einige Bemerkungen zur Erklärung der Jahreszeiten in der Katakombenmalerei. Wilpert deutet sie als Sinnbild der Auferstehung; er zitiert neutestamentliche und patristische Stellen, in denen vom Samenkorn die Rede ist, daß es sterben

---

[1]) Cub. Terrae: Wilpert, Mal. 22 Taf. 85, 1. 182.
　　Horen: Petersen, Annali 1861, 215. Rapp in Roschers Lexikon I 2737. Michaelis, Röm. Mitteil. 1893, 182, 23.
　　[2]) Büsten: Wilpert, Mal. 23 Taf. 8, 2. 13; ähnlich Taf. 100. Thiele, Himmelsbilder 133. Lucina: Wilpert 23 Taf. 25.
　　[3]) Domitilla: Wilpert 38 Taf. 52. 53. Im Cub. I des Coem. maius aus dem vierten Jahrhundert sind im Fries der Türwand zwei einander zugekehrte nimbierte Putten gemalt, deren jeder einen Korb voll Blumen auf einem geschulterten Brett trägt; hinter ihm steht ein zweiter Korb am Boden: Garrucci, Storia II 60, 1.
　　[4]) Flaviergalerie: Wilpert Taf. 1. Arkosolbogen eb. Taf. 148.

müsse, damit Früchte daraus hervorgehen. Joh. 12, 24 f. spricht Jesus allerdings in diesem Sinne vom Weizenkorn und zwar mit Beziehung auf seinen bevorstehenden Tod, aber es ist nicht seine Auferstehung als die aus ihm zu erwartende Frucht gedacht. Erst Paulus hat das Gleichnis auf die Auferstehung bezogen. Das geht aber alles die Jahreszeiten nichts an. In deren Wechsel sehen erst so späte Schriftsteller wie Minucius Felix, Tertullian, Cyrill von Jerusalem ein Zeugnis für die Auferstehung der Toten; sie gehören dem ausgehenden dritten und dem vierten Jahrhundert an, die Jahreszeiten aber haben sich viel früher in der Katakombenmalerei eingebürgert. Halten wir uns einfach an die Bilder. Vor Augen gestellt sind Ernteszenen und Sinnbilder der Haupterntearten des Jahres; von diesem Punkte muß die Erklärung ausgehen. Das Bild der Ernte muß etwas bedeuten. Nun, die Metapher ist uns vertraut; die Erntezeit ist die Zeit der Reife, der Erfüllung froher Hoffnungen. In bekannten evangelischen Worten ist es die Erfüllung der Erwartungen, die wir als messianische bezeichnen: die Zeit der Reife, der Ernte ist da; es bedarf Schnitter zur Ernte, Arbeiter in den Weinberg. Kurz, die Ernte ist ein messianischer Typus, ein Bild für die Idee, die messianische Zeit ist angebrochen.

Doch bleibt ein Bedenken. Die messianische Zeit, als deren Anbruch man Jesus' Auftreten verstanden hatte, war diesseitig und gegenwärtig. Was soll ihre Darstellung an einem christlichen Grabe, dessen Gedankenkreis ganz auf das Jenseits und die Zukunft gerichtet ist? Nun, das Christentum ließ keine Idee fallen, die es einmal gefaßt hatte. Allerdings, der kurze Traum einer nun wirklich gewordenen messianischen Zeit war mit der Kreuzigung zunichte geworden; aber die Idee blieb, nur mußte sie sich den veränderten Umständen anpassen, sie ward übertragen auf das Jenseits, auf das himmlische Paradies. Auch hier konnte jeder Beschauer seine Gedanken spielen lassen nach seinem Gefallen; die Erntebilder konnten ihm zusammenfließen mit den anderen Paradiesesbildern, und es mochte der Umlauf der Horen, gleich dem Umlauf der Jahre bei Homer, ihm von der nahenden Vollendung sprechen. So fließende Gedankenspiele scheinen sich der logischen Erfassung zu entziehen; aber hier befinden wir uns im Reiche der Phantasie. So konnte ein Christ seine Gruft ganz wohl mit Ernteszenen, Horen und deren Attributen ausmalen lassen, indem er mit dem anmutigen Schmuck alle seine Jenseitshoffnungen verknüpfte. Nicht sein Verstand sollte befriedigt werden, sondern sein Gemüt.[1])

---

[1]) Wilpert, Malereien 321. Joh. 12, 24 ἐὰν μὴ ὁ κόκκος τοῦ σίτου πεσὼν εἰς τὴν γῆν ἀποθάνῃ, αὐτὸς μόνος μένει, ἐὰν δὲ ἀποθάνῃ, πολὺν καρπὸν φέρει. Paulus, Kor. I 15, 36—38.

Das Mahl der Seligen.

Grabstele Peruzzi, Florenz.
Oben Gelage, unten Schmausende
sitzend.

Nach den übernommenen Emblemen, deren viele wir übrigens spezifisch christlichen Charakter annehmen sahen, hätten wir nun die neugeschaffenen zu betrachten, und zwar was an menschlichen Figuren und Gruppen die in den Dienst des Christentums getretene Kunst hervorgebracht hat. An dieser Stelle erscheint es ratsam, in Erinnerung zu bringen, was wir in der Einleitung über die geschichtliche Stellung der altchristlichen Kunst sagten, sie sei nicht im Gegensatz zur Antike entstanden, sei aber auch nicht als deren Tochter anzusehen, sondern, so sagten wir, die altchristliche Kunst ist selbst Antike, Antike christlicher Konfession im Unterschiede von der Antike heidnischer Konfession. Im Künstlerischen blieb die Kunst immer dieselbe Antike, nach Maßgabe der ihr in der Kaiserzeit noch innewohnenden Kräfte gleich bereit, alle an sie herantretenden Aufgaben zu lösen, mochte es sich um den Kult des Juppiter, des Mithras oder des Christus handeln, um die künstlerische Ausstattung einer heidnischen oder einer christlichen Gruft.

Wenn es nun wahr ist, daß in der Gräberkunst die Verstorbenen den Angelpunkt bilden, um den sich alles dreht, so werden wir zuerst nach Darstellungen der Verstorbenen fragen und nach der besonderen Art und Weise ihrer Darstellung. Da ist sofort zu sagen, daß die Malereien im ganzen, insbesondere aber gerade die früheren, den Eindruck machen, als hätten die Christen eine gewisse Scheu gehabt, ihre Verstorbenen in Person darzustellen; es gibt nur wenige Bilder, die man als Porträts anzuerkennen hätte, und das sind vor allem solche, denen der Name beigeschrieben ist. Man frägt nach den Gründen der Erscheinung. Um sie erklärlich zu finden, könnte man an diese und jene im Altertum auftretende Empfindung denken; der ausreichende Grund aber wird die aus den folgenden Betrachtungen sich ergebende Tatsache sein, daß das ganze Sinnen und Trachten der Katakombenkunst nicht auf Verewigung des Diesseits ging, sondern auf Vergegenwärtigung des Jenseits.

Antike Mahlschemata.

Unter den Darstellungen der Verstorbenen nehmen die Mahlbilder einen bevorzugten Platz ein; nicht, daß sie an Zahl überwiegen, aber tatsächlich pflegen sie in der Gruft an bevorzugter Stelle zu stehen, der Tür gegenüber, so daß der erste Blick des Eintretenden darauf fallen muß, an der Rückwand der Kammer über dem Hauptgrab.

Bevor wir die Gemälde selbst betrachten, wird es nützlich sein, einiges vorauszuschicken über die wechselnde Art, wie man sich im Altertum zum Mahle niederließ, und über verschiedene Arten von Mahlzeiten, wie sie im Leben und in der Vorstellung sich herausbildeten. Wenn wir etwas weit ausholen, so geschieht es — es sei hier noch einmal wiederholt, um die christliche Antike so recht mitten in den Entwicklungsstrom des Gesamtaltertums zu stellen, dessen organisches Glied sie ist.

Die Art, wie man sich zur Mahlzeit niederläßt, hat ihre kulturgeschichtliche Bedeutung. Es lassen sich wechselnde Gebräuche erkennen, in ihnen verraten sich Entwicklungsstufen der Kultur. Es gibt zwei Hauptarten, hocken und sich lagern; beide sind primitiv. Jede aber hat sich auf eine höhere Stufe zu erheben gewußt, durch das einfache Mittel, den Sitz mittels eines untergeschobenen Gestelles zu heben: der Hocker schuf sich den Stuhl und wurde zum Sitzer; der Gelagerte schuf sich das Bett, die Kline.

Ursprünglich also hockte man um das am Boden entzündete Herdfeuer und um den gemeinsamen Napf; es war schon ein Fortschritt, als man dazu überging, erst eine Streu, dann eine Matte unterzulegen. Der Brauch des Hockens beherrschte die Urzeit und hat sich gehalten bei den Völkern auf niederer Kulturstufe, bei den Ostasiaten sogar in ihrer Hochkultur. In der Kultur zurückgeworfene Völker, wie die Griechen nach den Überflutungen durch Slawen, Kreuzfahrer und Türken, müssen wieder hocken; die Herstellung Griechenlands gibt seinen Bewohnern, den Bauern erst in unseren Tagen, den gehobenen Herd und die Möbel zurück. Für das Hocken fehlt es nicht an Belegen aus dem Altertum. Zwar daß die Leichen mit heraufgezogenen Knien, wie sie in Gräbern der Frühzeit gefunden werden, die „Hocker", in dieser ihrer Haltung das Hocken der Lebenden nachahmen sollen, ist nur eine Hypothese neben anderen, die vielleicht schlüssigere Beweise ins Feld führen können. Aber allein die Tatsache der Herdplätze, wie man sie in frühzeitlichen Ansiedelungen trifft, ist Beweis genug dafür, daß man das Herdfeuer am Boden anmachte, folglich um dasselbe am Boden hockte. Beweisend sind die zahlreichen Darstellungen in ägyptischen Bildwerken; man kann da auch die Unterart des Hockens mit untergeschlagenen Füßen beobachten. Soviel scheint aus den Bildern hervorzugehen, daß nur untergeordnete Personen zur Zeit der Pharaonenkultur noch hockten.[1]

---

[1] Ägyptische Bilder: Prisse, Histoire de l'art égyptien II Taf. 6 Nudeln der Gänse, Taf. 43 Frau des Teï. Füße untergeschlagen: Schreiber, bei Prisse II Taf. 15; Perrot et Chipiez,

Zufällige Gelegenheit auf Felsblöcken oder Holzklötzen sich niederzulassen ließ die Bequemlichkeit und nach Umständen die Bedeutsamkeit eines gehobenen Sitzes früh erkennen. Die Erfindung des Stuhles war bereits vor den Zeiten gemacht, als die ältesten uns bekannten Könige von Altchaldäa und Ägypten herrschten; wir finden sie von Anfang an thronend dargestellt und zwar schon damals auf Stühlen verschiedener Konstruktion. Throne finden wir in den Palästen der kretisch-mykenischen Kultur und in allen späteren Residenzen. Und das Sitzen auf Stühlen hat sich durch alle Zeiten behauptet, auch nachdem eine noch bequemere Art sich niederzulassen gefunden war. Insbesondere bei Mahl und Trunk machte man sich's bequem. So sehen wir in den Grüften der Ägypter den Vornehmen gemalt, sitzend vor dem mit Speisen hochbeladenen Tischchen, daneben stehen volle Krüge am Boden, anderes wird in Fülle herbeigebracht. So saßen die assyrischen Könige beim Festtrunk, von Eunuchen bedient, wie Assurnazirpal in seinem Relief. So sitzen an den Grabsteinen der Nordsyrer die Verstorbenen an Tischchen. So sitzen die homerischen Helden auf Stühlen und Thronen schmausend und zechend. So in Reliefs aus Sparta die Unterirdischen, den mächtigen Doppelhenkler in der Hand, so sehen wir in den Vasenbildern des Oltos und des Sosias die Olympischen thronend beim Trunk im Hause des Vaters.[1])

Das Lagern am Boden ist so primitiv wie das Hocken, vielleicht sogar diesem gegenüber das Primäre. Man lagert sich zur Ruhe, flach ausgestreckt, dagegen mit aufgerichtetem und an eine Rückenstütze gelehntem Oberkörper, oder mit aufgestütztem linken Arm, zum Essen und Trinken (zu jeder weitergehenden Hantierung müßte man wenigstens in die Hocke übergehen). Das Gelage am Boden fand ursprünglich im Freien statt, im Grünen, und neben aller Steigerung der Zivilisation bis zum verfeinertsten Luxus hat der Mensch immer soviel Gefühl für Natur und Ursprünglichkeit sich bewahrt oder durch den Gegensatz wiedergewonnen, um das Wohltuende des Lagerns im Grünen sich zur Erholung und Erfrischung zu gönnen. Das sind immer Feierstunden für den kultursatten Menschen. Der alte Brauch erhielt sich besonders im Kultus; zu gewissen Festschmäusen lagerte man sich am Boden, und man bot solches Gelage auch den Geistern an, das ist den Toten und den Göttern.

Zum Gelage am Boden gehört eine weiche Unterlage; beim Aufenthalt in der freien Natur suchte man sich grasbewachsene Flächen, sonst schüttete man eine Streu auf, etwa von frischem Laub (στιβάς, stratio). Oder man richtete künstliche Lager her, bestehend in Vließen oder wollene Decken (στρωμναί). Die Streu konnte auch in eine Art Matratze gestopft sein. Auf einer Streu von zartem Gras, am liebsten jedoch von Klee, breitete der Perser, wenn er opferte, das gekochte und zerlegte Fleisch für den Gott aus, den er herbeirief. Auf einer Streu von Efeu lagerten sich im athenischen Kerameikos die Bürger und Fremden, wenn Herodes Atticus an den großen Dionysien ihnen einen Trunk Wein spendete. Auch scheint in den Statuten des athenischen Jobakchenvereins die Darbietung einer Streu unter den herkömmlichen

Histoire de l'art dans l'antiquité 1 Taf. 10. Mädchen eb. 794 Fig. 523. Erman, Ägypten I 1885, 264.

[1]) Altchaldäa: Heuzey-de Sarzec, Découvertes en Chaldée Taf. 16 ff. Kreta: Archäol. Anzeiger 1900, 142. Ägyptisches Relief z. B. Perrot-Chipiez, Histoire I 133 Fig. 86. Assurnazirpal: v. Sybel, Weltgeschichte ²1903, 69 Bild. Sparta: Furtwängler, Sammlung Saburoff Taf. 1. Oltos: Archäologische Vorlegeblätter Serie D Taf. 1. Sosias: Antike Denkmäler I Taf. 9.

Leistungen des erwählten Priesters aufgeführt zu sein. Ähnliches galt im Verein der Cultores Dianae et Antinoi zu Lanuvium: die „Tafelmeister" haben guten Wein, Brot, marinierte Sardinen, Streu, heißes Wasser und das Ministerium zu stellen.[1])

Eine ziemliche Anzahl antiker Bildwerke illustriert das Gelage am Boden; wir teilen hier einiges mit. Bisweilen ruhen im selben Bilde die Gäste teils unmittelbar auf dem Boden, das heißt im Rasen oder auf Streu, teils auf untergelegten Decken oder Pfühlen. Mit wenig Kunst und viel Behagen schildert eine um 600 vor Chr. bemalte kyprische Vase aus Amathus ein Gelage im Grünen. Die Szene ist in einem Hain von Palmen und Laubbäumen, Vögel beleben die Zweige, an einem Schoß hängen Kränze; drei Personen sind gelagert, eine mit vorgestreckter Trinkschale ruht im Rasen, dessen üppigen Wuchs eine aufsprießende Blume andeutet, ein Aufwärter mit einem Kranz in der Hand beugt sich zu ihm vor; zwei andere Personen lagern auf einer Matratze, es folgt noch ein Aufwärter, am anderen Ende ein Flötenbläser. Die Berliner Trinkschale vom Kap Kolias in Attika, aus der Zeit gegen die Perserkriege, zeigt auf der weißgrundierten Außenseite zwei Gelagerte, auf zusammengeklappte Kissen gestützt; ein unmittelbar auf dem Boden ruhender Mann trinkt, ein auf einer Matratze sich's bequem machender Jüngling singt und schnalzt dazu mit den Fingern. Ob da mit Vorbedacht ein Unterschied gemacht ist? Es scheint im Londoner Vasenbild mit dem Symposion des Herakles und Dionysos der Fall zu sein: ersterer ist auf dem bloßen Boden gelagert, der vornehmere Dionysos hat eine Decke untergelegt.[2])

Auch sonst, wo der Gelagerte unmittelbar auf die Bodenlinie gesetzt ist, wird man Rasen oder Streu vorauszusetzen haben. Unter den Schildereien am Architrav vom altdorischen Tempel zu Assos ist ein Gelage am Boden; die Männer stützen den Ellbogen auf Kissen, von denen eins zusammengeklappt ist, in den Händen halten sie Trinkgefäße verschiedener Form, es fehlt nicht der Mischkessel und der Knabe als Mundschenk. Die naive Kunst der archaischen Zeit hat das Motiv sogar vom Land auf das Wasser übertragen: ein Elfenbeinrelief aus Chiusi zeigt einen auf dem Meeresgrund gelagerten fischschwänzigen Triton, der den Ellbogen auf ein Kissen stützt; in jeder Hand hält er einen Fisch. Wir führen das Bildwerk an, obschon es sich nicht gerade um ein Zechgelage handelt; dasselbe ist der Fall bei der Schale des Phintias: der Riese Alkyoneus ruhte behaglich am Boden, gegen ein Rückenkissen gelehnt, da kommt Herakles über ihn und schlägt ihn tot. Ein etruskisches Grabgemälde von

---

[1]) Perser: Herodot 1, 132. Oldenberg, Religion des Veda 1894, 341 f.
    Herodes: Philostratos, Vit. soph. II 2, 59.
    Jobakchen: Wide, Ath. Mitt. 1894, 272.
    Lanuvium: CIL XIV n. 2112, 15 strationem, caldam cum ministerio. Vgl. E. Maaß, Orpheus 1895 26, 3. 36. 53. Die Ausdrücke στρώννυσθαι στρωμνήν (z. B. Archäol. Anzeiger 1894, 79) und sternere lectum bedeuteten ursprünglich doch, eine Streu oder Decke oder ein Pfühl zum Lager auf dem Boden ausbreiten, und sie konnten in dieser Bedeutung auch nach Erfindung der Bettstellen immer wieder gebraucht werden. Ob das Lectisternium als Opfertyp im Götter- oder im Totenkult entstand, ist eine zweite Frage; dazu W. Altmann, Architektur und Ornamentik der antiken Sarkophage 39. H. Thiersch, Zwei antike Grabanlagen 1904, 11.

[2]) Amathus: A. Smith bei A. S. Murray, Excavations in Cyprus 1900, 105 Fig. 152, 2. Berlin: Mon. dell' Istituto X Taf. 37. London E 66, Catalogue III 89.

Chiusi schildert ein Gelage in seinem Beginne, dem letzten Gast nimmt ein Sklave die Sandalen ab.[1]

Das Lagern auf Pfühlen oder Matratzen, die am Boden liegen, findet sich oft genug. In der Tomba della pesca e della caccia zu Corneto ist im Giebelfeld ein Ehepaar auf einer mächtigen Matratze ruhend gemalt, zwei Frauen hocken dabei auf Kissen; die Szene ist im Grünen, der Mischkrug und die Weinkrüge stehen im hohen Gras. An einer Augenschale ist Herakles auf einer Decke am Boden gelagert, unter einem Ölbaum bei einem Weinstock, Athena steht vor ihm. An der Bonner Kalpis des Euthymides sitzen zwei Epheben auf Pfühlen, der rechts bläst die Doppelflöte, der links akkompagniert mit Krotalen. So malte Euphronios die zechenden Hetären auf Matratzen am Boden gelagert. Das Hochzeitsgelage des Peirithoos findet an der einige Jahre nach Vollendung des Zeustempels zu Olympia gemalten Wiener Kentaurenvase im Palasthof statt; an der Säulenhalle entlang ist eine durchlaufende Matratze ausgebreitet, in angemessenen Abständen liegen sechs Stützkissen darauf, eins wird eben im Kampf heruntergeschoben. Entsprechend ist denn auch dieselbe Szene im Westgiebel des Zeustempels zu verstehen, die Pfühle in den Giebelecken sind die Matratzen eines Gelags am Boden.[2]

Wenn am Gelage im Grünen eine Mehrzahl von Personen beteiligt ist, so ergibt sich von selbst eine Anordnung im Kreis oder Halbkreis, wobei dann das Geschirr innerhalb des Kreises Aufstellung findet; an einigen Vasen hat der Maler es in einem besonderen Streifen innerhalb des Lagerkreises angeordnet. So an der rotfigurigen Vase mit Herakles, wie er dem Dionysos und seinen Satyrn ins Gelage fällt, und an der Schale im Stil des Brygos mit dem Symposion der zweimal drei Männer.[3]

Soweit waren es ältergriechische Bildwerke, die wir vorführten; es folgen noch einige aus der hellenistisch-römischen Zeit. Das Deckenbild einer etruskischen gravierten Toilettenciste in Petersburg schildert vier junge Mädchen, die im Grünen, inmitten sprossender Blumen, gelagert sind, teils auf Kissen gestützt; sie haben ihre Spieltiere bei sich, Gänse, eine tränkt die ihrige. Ein Mosaik von Sussa (Hadrumetum) spiegelt das ländliche Leben am Nil wieder; unter anderm sieht man nahe dem Ufer ein Gelage zweier Männer; dem einen gibt oder nimmt eine Frau den Becher, zur Seite mischt ein Sklave den Wein.[4]

---

[1] Assos: Brunn-Bruckmann, Skulptur n. 411.
Triton: Mon. VI 46, 4; Brunn, Annali 1860, 478. Phintias: Furtwängler-Reichhold, Griech. Vasen I Taf. 32; ferneres II S. 66 und Taf. 63. 71.
Chiusi: Mon. V 17; Braun, Annali 1850, 280. Am Boden sitzend wird Polyphem von Odysseus trunken gemacht und geblendet: Gaz. arch. 1887 Taf. 1.
[2] Corneto: Mon. XII Taf. 14; Sittl, Annali 1885, 132. Augenschale: Gerhard, Auserl. Vasenbilder Taf. 132, 4. Euthymides: Kekulé, Archäol. Zeitung 1873, 95 Taf. 9. Euphronios: Archäol. Vorlegeblätter Serie V Taf. 2. Wiener Kentaurenvase: Curtius, Archäol. Zeit. 1883, 351 Taf. 18. Westgiebel: Olympia-Ergebnisse III 135 nebst Atlas Taf. 33, 2. Tatsächlich befinden sich die Kissen auf demselben Niveau mit den Füßen der Kämpfenden, also auf dem Fußboden; wie und wozu käme auch die Alte auf die Kline, auf der sie vorher nicht war? Der Eindruck im Kissen muß jedenfalls von etwas anderem herrühren als dem Pfostenkopf einer Kline.
[3] Herakles: Gerhard, Auserl. Vas. I Taf. 59. Symposion: Mon. III Taf. 12. Hartwig, Meisterschalen 1893, 329.
[4] Petersburg: Mon. VIII Taf. 58.
Sussa: Schulten, Archäol. Anzeiger 1900, 68 Fig. 3.

Wichtig sind die Darstellungen religiöser Gelage. In Pompeji, im Hause der
Vettier, ist neben anderen Szenen, die von Eroten und Psychen agiert werden, auch
eine Feier der Vestalien gemalt. Ein Gelage im Grünen: vier Teilnehmer ruhen im
Gras und auf Kissen gelehnt, im Inneren ihres Kreises steht das Trinkgeschirr, links
reiht sich eine Psyche an, auf einem Steinwürfel sitzend, eine weitere bringt als Aufwärterin eine Schüssel; die zwei rechts entsprechenden Nebenfiguren sind sehr verblaßt; im Hintergrund das Tier der Vesta, der Esel, zweimal. Einige Weihreliefs aber
führen Gelage religiöser Vereine unmittelbar vor Augen. Eins gilt dem Apoll; der
Gott sitzt mit seiner Kithara auf Bergeshöhe hinter dem Felsaltar und hält seine
Schale hin; den Abhang herauf kommt der Zug seiner Verehrer, nicht ohne die Kanne;
weiter unten ein Reigentanz und das festliche Gelage im Grünen, Männer und Frauen
mit Phialen, vorn steht der Krater, zur Seite sitzt der Flötenbläser. Sodann zwei
Reliefs aus der Synagoge des Zeus Hypsistos. In einem oberen Felde pflegen da
Götter dargestellt zu sein, im einen Falle mit Baum, Altar und Adoranten. Unterhalb
ist das Gelage abgebildet, an dem einmal sechs, einmal zehn Personen teilnehmen, den
Ellbogen auf ein Kissen gestützt; in einer unteren Zone sind Flötenbläser und
Tänzer, Kratere und Schenke hinzugefügt, etwa auch mit Fleischstückchen bespickte
Bratspieße. Bei diesen letzten Reliefs kann allerdings ein Zweifel Raum haben, ob
das Gelage am Boden oder auf einer langen Kline gedacht sei. Wie die vorliegenden
Exemplare gearbeitet sind, scheinen in der Tat Gelage am Boden gemeint; der bis zu
den Rändern des Steins durchgehende Streifen unter den Gelagerten kann keinen
„Diwan" vorstellen. Höchstens könnte gefragt werden, ob die etwas eigentümliche
zweistreifige Komposition vielleicht von einem einzonigen Typus abgeleitet sei, nämlich
dem unten zu erwähnenden mit langer Kline und dem nötigen Apparat nebst junger
Bedienung vor ihr; es wäre freilich etwas ganz verschiedenes daraus geworden.[1]

Jenseitige Gäste in diesseitigen Gelagen erscheinen zu den Theoxenien, den Gelagen, wie sie Göttern geboten wurden, und zwar auch in der Form von Gelagen ·am
Boden. Dergleichen scheinen die Odessiten ihrem Gott, einer Art Pluton, angeboten
zu haben; denn Münzen von Odessos zeigen seit etwa 300 vor Chr. den bärtigen Gott
gelagert, auf ein Armkissen gestützt, im linken Arm das Füllhorn, in der Rechten
(wenigstens auf späteren Exemplaren) die Phiale; wie ein Beizeichen aussehend, aber
zum Typus gehörig steht im Feld über der rechten Hand eine gestürzte Amphora,
aus welcher Wein tropft, später in einem Strahl herausschießt, eintretendenfalles in
die vorgestreckte Phiale. Im ältesten Exemplar lagert der Gott auf einer Matratze,
daran die Inschrift der Odessiten angebracht ist, sonst lagert er unmittelbar auf dem
Boden. Auf Münzen von Tomis, in der Kaiserzeit geprägt, sind es die Dioskuren,
die zur Entgegennahme der Opfer gerufen auf der Erde sich niedergelassen haben, die
Phiale in Händen; in einer der verschiedenen Prägungen ruhen sie auf einem
Pfühl.[2]

Weiter fragen wir nach Darstellungen jenseitiger Personen in jenseitigen Gelagen
am Boden. Die Bilder des ruhenden und dabei zechenden Herakles scheinen zwischen

---

[1] Vettier: Mau, Röm. Mitteilungen 1896, 80 Bild. Apoll: Cesnola, Cyprus 149 Bild.
Schreiber, Kulturhist. Bild Taf. 16, 7. Zeus Hypsistos: a) Perdrizet, Bull corresp. hell. 1899,
592 Taf. 4. b) eb. 593. Lüders, Dionysische Künstler 1873, 9 Taf. 2.

[2] Pick, Archäol. Jahrbuch 1898, 157. 152 zu Taf. 10, 15—17. 13—14.

diesseitiger und jenseitiger Auffassung zu schwanken: vorwiegend dürfte er, wenigstens in den ernsten Bildern, in seiner Seligkeit gedacht sein. Er pflegt auf der über eine Felspartie gebreiteten Löwenhaut zu ruhen. In einem Kreise Seliger beiderlei Geschlechts, die im Grünen gelagert zechen — bei den Hauptpersonen stehen runde Präsentierbretter mit Speisen — treffen wir auch Herakles im oberen Fries der Pränestiner Ciste Napoleons III. Unter den Wandmalereien im augusteischen Columbarium der Villa Pamfili zu Rom befindet sich ein Gelage im Grünen; acht Personen, teils mit Phialen versehen, lagern in seliger Stimmung im Halbkreis; in dessen Mitte steht eine Schüssel, weiter vorn Krug und Becher. Da ein religiöses Fest hier ebensowenig indiziert ist wie ein Totenmahl (Leichenschmaus oder Anniversar), so bleibt kaum eine andre Wahl als ein Seligenmahl.[1]

Das auf ein untergeschobenes Gestell gehobene Lager (Kline, Lectus) hat Zeit gebraucht, um sich durchzusetzen, zuerst zur Nachtruhe. Bei den Ägyptern scheinen Bettgestelle nicht vor dem „neuen Reich" im zweiten Jahrtausend vor Chr. aufgekommen zu sein. Erhöhte Lager, aus Stein aufgebaut, finden sich in den kretischen Palästen der Heroenzeit; in den homerischen Epen schlafen die Fürsten durchweg auf Bettstellen, eine andere Frage ist, wie früh die Kline zu Mahl und Trunk gebraucht wurde. Monumental erscheint das Gelage auf dem Ruhebett zuerst im siebenten Jahrhundert und zwar in einem der jüngeren assyrischen Reliefs. König Assurbanipal, der Sardanapal der Griechen, feiert ein Siegesfest in seinem Park auf der Kline gelagert, den Ellbogen auf Lehne und Kissen gestützt, die Königin thront ihm zu Füßen; beide führen Trinkschalen zum Munde, vor ihnen steht ein Tischchen mit Speisen, zur Seite ein Weihrauchgefäß, Eunuchen fächeln Kühlung, Harfen und Zymbeln begleiten das Mahl. Mit diesem für uns ältesten Denkmal ist übrigens assyrischer Ursprung des Gelags auf dem Ruhebett noch nicht bündig bewiesen; die nächstältesten Monumente, nicht assyrisch, dem sechsten Jahrhundert angehörig, folgen in so nahem Abstand, daß die Ursprungsfrage noch offen gehalten werden muß, nicht bloß zwischen Assyrien und Hellas, es kann auch ein Zwischenland in Betracht kommen. Es sind archaische Reliefs, die Stele Peruzzi in Florenz, welche in ihren zwei Bildfeldern die zwei Mahlschemata nebeneinander zeigt, unten das Sitzen auf Stühlen, oben das Lagern auf der Kline (Abbildung zu Anfang dieses Kapitels), und das aus Tegea stammende älteste Exemplar der so reich vertretenen Gattung der „Heroenmahle". Der Typus dieser Reliefs stimmt im wesentlichen mit dem des assyrischen Siegesmahls überein: der Mann gelagert auf der Kline, die Phiale in der Hand, die Frau ihm zu Füßen thronend (später wohl auch auf dem Fußende der Kline sitzend); vorn steht der Tisch mit den Speisen, ein Knabe als Mundschenk schöpft aus dem Mischkessel; statt des assyrischen Hofstaates treten Adoranten heran, öfter bringen sie Opfer. Denn diese „Heroenmahle" sind Weihbilder; der Gelagerte, dem die Verehrung gilt, ist ein Seliger, sei es nun ein Gott oder ein Heros oder ein heroisierter Verstorbener; dies eben bleibt fraglich.

---

[1] Herakles: Jahn-Michaelis, Griech. Bilderchroniken 1873, 39. Löwy, Röm. Mitt. 1897, 56 Taf. 3. Ciste: Mon. d. instit. V Taf. 51. Pamfili: Jahn, Bayer. Akad. Abh. VIII 1858 Taf. 6, 17. Eine ähnliche Anordnung läßt die übrigens nur mit Vorbehalt zu benutzende Abbildung eines Gelages erkennen, bei Beger, Meleagrides, Colon. Brand. 1696, 22: die Gäste scheinen sich hier wie dort um eine natürliche Erdschwellung gelagert zu haben, auf der in die Mitte gestellten Platte liegt ein Schweinskopf, von rechts bringt ein Aufwärter eine andere Schüssel.

Das „Heroenmahl" ist in der Idee verwandt dem Ritus der Götterbewirtungen (Xenien oder Theoxenien), bei welchem Kline, Tisch und Krater dem herbeigerufenen Gott gerüstet, er selbst aber in einem Bilde auf das Ruhebett gesetzt wurde. Wir fanden den Ritus oben in der primitiveren Form des Gelages am Boden, wenn auch nur in späteren Zeugnissen; nachdem die Kline einmal in Gebrauch gekommen war, wurde sie für diese Kultusform vorherrschend. Von den Griechen übernahmen die Römer den Ritus unter dem Namen Lectisternien oder Pulvinarien.[1])

Es ist nicht nötig, die ganze literarische und monumentale Überlieferung über klassische Gelage auf Ruhebetten hier beizubringen; ein paar Beispiele mögen genügen. In griechischen Vasenbildern, besonders älteren Stiles, finden wir vor anderen Dionysos und Herakles auf der Kline gelagert zechend; im fünften Jahrhundert wurde das Gelage, bei welchem Odysseus die Freier der Penelope niedermacht, als auf Ruhebetten begangen geschildert. In ihren Grüften ließen sich die Etrusker beim Gelage malen, etwa unter grüner Laube von Reben oder Efeu, da ruht die Gattin auf der Kline des Gatten; dazu gibt's Flötenbläser und Tänzer, alles unter Bäumen und blühenden Stauden. Und ihren Särgen gaben sie wohl das Ansehen von Ruhebetten, auf denen sie selbst in plastischem Bilde ruhen, die Trinkschale in der Hand.[2])

Zu einem geselligen Mahl mit folgendem Trunk (Deipnon und Symposion, lateinisch Convivium und Commissatio) wurden ursprünglich drei Ruhebetten im Hufeisen aufgestellt, vor jeder Kline der zugehörige Tisch; die vierte Seite blieb frei für die Bedienung und etwaige Vorführungen zur Unterhaltung. Solch ein Dreiklinengelage aus der Zeit der Perserkriege schildert der Vasenmaler Duris an einer Trinkschale. Zu größeren Gelagen wurden entsprechend mehr Klinen aufgestellt; bei dem Gelage, welches Attaginos in Theben dem Mardonios mit fünfzig Persern und ebensoviel Thebanern gab, kam ein Perser und ein Thebaner auf je eine Kline zu liegen; beim gemeinsamen Hochzeitsmahl Alexanders und seiner Hetairoi wurden im Speiseraum des Riesenzeltes hundert Klinen aufgestellt, im Prachtzelt des Ptolemäos Philadelphos sogar 130 im Kreise herum. Uns gehen hier mehr die Gelage in kleinerem Kreise an, für welche die Anordnung in Hufeisenform typisch blieb, das Dreiklinengelage (Triklinon, Triklinion). Es sind nun eine Reihe von Neuerungen zu verzeichnen,

---

[1]) Ägyptische Betten: Perrot et Chipiez, Histoire I 842. Kretisch: Annual British school Athens IX 10 E 1 zum Südosthaus in Knossos, Plan Fig. 1. Assurbanipal: v. Sybel, Weltgesch. d. Kunst ²94 Bild. Peruzzi: eb. 129 Bild. Tegea: Ath. Mitt. 1879 Taf. 7. Heroenmahle: Deneken in Roschers Lexikon I 2571 ff. Pick, Archäolog. Jahrbuch 1898, 148 ff. C. M. Kaufmann, Jenseitsdenkm. 1900, 13. Theoxenien: Deneken, De Theoxeniis 1881. Furtwängler in Roschers Lexikon I 1166 ff. Pick, Jahrbuch 1898, 149. Schoemann-Lipsius, Griech. Altertümer II 1902, 478. Römer: Marquardt-Wissowa, Röm. Staatsverwaltung III 1885, 45. Wissowa, Religion und Kultus der Römer 1902, 355.

[2]) Dionysos: Gerhard, Auserles. Vasenbilder Taf. 142. Herakles: Furtwängler-Reichhold, Griech. Vasen Taf. 4. Freiermord: Mon. X Taf. 53. Benndorf, Gjölbaschi-Trysa 96 Taf. 7. 8. Etruskische Grabmalereien: Tomba del triclinio, Mon. I Taf. 23; Querciola, eb. I Taf. 33; Casuccini, eb. V Taf. 33; del vecchio, eb. IX Taf. 14, 1 u. a. Deckelfiguren: ein älteres Exemplar aus Caere, Mon. d. inst. VI Taf. 59, jüngere aus Chiusi, Mon. XI Taf. 1; Antike Denkm. I Taf. 20. Die Figuren ruhen auf Pfühlen oder Matratzen, aber der Sargkasten ist in den jüngeren Exemplaren nicht als Bettgestell oder Kline behandelt, sondern mit einem architektonischen Fries verziert, der sonst auch Altären und altarförmigen Särgen gegeben wurde; es liegt hier also eine Kontamination zweier Typen vor. Andere Särge (Mon. VI Taf. 60), ebenso die Aschenkisten mit auf Matratzen ruhenden Deckelfiguren, bedecken die Flächen des Kastens mit figürlichen Reliefs.

deren Ursprungszeiten aber nicht genau feststehen. Während in der klassischen Zeit der Griechen zwei Personen für jede Kline die normale Zahl geworden war, die nur im Notfall überschritten wurde (wie gegen Ende des platonischen Symposions der trunken ins Gelage fallende Alkibiades zwischen Sokrates und Agathon eingeschoben wird), war man in der römischen Kaiserzeit dahin gelangt, jeder Kline soviel Breite zu geben, daß drei Personen bequem Platz fanden, im Triclinium also neun die Regel ward. Ein solches Triclinium nun wurde als geschlossenes Hufeisen konstruiert, die Oberflächen nach außen geneigt; es war eine rechtwinklig hufeisenförmige Pritsche, die man mit Polstern, Decken und der nötigen Anzahl Stützkissen belegte. Zu ständigem Gebrauch, besonders im Freien, wurden die Triklinien wohl auch aufgemauert; dergleichen kommen in Pompeji vor, sowohl in den Hausgärten, hier unter Lauben, als auch bei den Gräbern, dort für Leichenschmäuse und Anniversarien.[1]

In der Kaiserzeit finden wir vereinfachte Formen: das rechtwinklige Hufeisen des Tricliniums ist abgerundet zum Halbkreis (semirotundum), und die Stützkissen der Gäste sind verschmolzen in eine zum Halbkreis gekrümmte durchlaufende mächtige Polsterrolle. Nach der damals gebräuchlichen Halbkreisform des Buchstabens Sigma nannte man die gekrümmte Polsterrolle, und nach ihr das ganze Semirotundum, auch Sigma. Bei Benutzung der halbkreisförmigen Pritsche wurde die Sigmarolle auf den inneren Rand des Semirotundum gelegt, in den offenbleibenden inneren Halbkreis kam das Gestell zur Aufnahme der Speisenplatte zu stehen. Fand das Gelage aber im Freien am Boden statt, so brauchte man nur die halbkreisförmig gekrümmte Polsterrolle auf den Rasen zu legen, weiter war nichts nötig, die Gäste lagerten sich auf den Rasen, den Ellbogen auf die Sigmarolle gestützt; Brotkorb, Schüssel und Mischkrug fanden ebenfalls im Rasen Platz, im inneren Halbrund.[2]

Auf die Kline konnte man sich nach Umständen auch setzen, so gut wie man sich gelegentlich auf den Bettrand oder die Chaiselongue setzt, ohne die Beine heraufzunehmen. Man ist aber weitergegangen und hat die Kline eigens zum Sitzen hergerichtet, als eine Art Kanapee mit zwei Seitenlehnen, zunächst noch ohne Rückenlehne, späterhin mit einer solchen (um einen antiken Namen verlegen, nennen wir es Kanapee, conopium Hor. epod. 9, 16, obwohl hier kein Stechmückennetz angebracht war). Antike

---

[1] Duris: Archäolog. Vorlegebl. VI. Taf. 19. Attaginos: Herodot IX 15 f. Alexander: Athenäus XII 538 c. Philadelphos: eb. V 196 a. Triclinium: Marquardt-Mau, Privatleben der Römer I 302. Pompeji: Mau, Pompeji 1900, 246. 417, vgl. das Triclinium funebre unter Laube bei Benndorf, Heroon zu Gjölbaschi-Trysa 1889 zu Taf. 1—5.

[2] Sigma am Boden: ein Beispiel bei Caylus, Recueil d'antiq. II Taf. 115, 3 und bei Niccolini, Case di Pompei, Descr. gen. Taf. 3 = Schreiber Kulturhist. Bild Taf. 77, 5. Die Gäste liegen um den Halbkreis der Sigmarolle, vorn steht eine Schüssel mit einem Schweinskopf, von links kommt ein Aufwärter mit einer anderen Platte. — Seit Forcellini geht die Rede, das Wort Stibadium bezeichne in der römischen Zeit das halbkreisförmige Ruhebett (Marquardt-Mau, Privatleben 307. Wide, Ath. Mitt. 1894, 272). Ohne Zweifel ist das Wort an mehreren Stellen in diesem Sinne gebraucht, ganz natürlich, weil damals die Klinen in der Regel eben halbrund waren; das Wort an sich aber bedeutet ganz allgemein „Ruhelager", und wenn Sidonius Apollinaris epist. II 2, 11 eine cenatiuncula beschreibt, darin ein stibadium et nitens abacus sich befand, so war dem, wie Forcellini selbst betont, stets quadraten Abacus entsprechend dies Stibadium ein rechtwinklig hufeisenförmiges Triclinium. — Lampridius, Heliogabal 25, gibt an, Elagabal (Kaiser 218—222) sei der erste gewesen, welcher das Sigma auf die Erde gelegt habe, nicht auf Gestelle (primus denique invenit simma in terra sternere, non in lectulis). Marquardt-Mau, Röm. Privataltertümer I 309.

Abbildungen kommen in Sarkophag- und Grabreliefs vor. Wiederum findet sich ein
richtiges Kanapee oder Sofa mit Rücklehne, ein Sofa von besonders großen Dimensionen,
auf welchem vier Personen gelagert sind, davor steht das Dreibein mit der Platte.
Es gab auch verlängerte Klinen ohne Lehne für eine Mehrzahl von Personen; ein
spätathenisches Relief zeigt Herakles in dieser Weise mit den Musen vereint; ein
zwischen Herakles und den Musen gelagerter Mann wird bald als Apollon, bald als
Verstorbener und Seliger erklärt.[1])

Einführung der Vibia in die Gefilde der Seligen und Mahl der Seligen.
Heidnische Gruft beim Coem. Praetextati.

Die christlichen Mahle.

In Mahl und Trunk hat der natürliche Mensch von jeher den Gipfel seines
Daseins gefunden; wohl lernte der geistlich und sittlich sich ausbildende Mensch
feinere Freuden schätzen, doch behauptete das Mahl seine Bedeutung. In Verbindung
mit der Ruhe nach getaner Arbeit bringen Speise und Trank die verbrauchte Lebenskraft wieder ein, in der Sättigung fühlt sich der Mensch im Genusse von Lebenshöhe
und Lebensfreudigkeit. So ist schon das tägliche Mahl eine Art Siegesfest, wenn
nicht über den Tod selbst, so doch über die totkündende Entkräftung, ein Sieges-
und Freudenmahl. Freilich verliert es von dieser gehobenen Stimmung viel in der

---

[1]) Kanapee: am Deckel auf dem kapitolinischen Endymionsarkophag. Robert, Sark. III₁
n. 61. Baumeister, Denkmäler I 480 Fig. 523. Herm. Thiersch, Antike Grabanlagen in Alexandria
1904, 10. Kanapee mit Gelagerten: Petersen bei Michaelis, Röm. Mitt. 1893, 183 n. 25.
Hiller v. Gärtringen, Ath. Mitt. 1900, 5 Taf. 1, 2. Hettner, Führer, Trier 1903 n. 5 Abb.
Herakles: v. Sybel, Katalog d. Skulpt. zu Athen n. 548. Furtwängler in Roschers Lexikon
I 2184.

Enge und Not des Daseins; dafür traten immer besondere Anlässe ins Mittel, um das gebundene Hochgefühl wieder zu entbinden. Obenan stand der Sieg in Zweikampf und Schlacht. Jenes Mahl des Sardanapal war ein Siegesmahl, die Köpfe der enthaupteten Feinde sieht man an die Zweige der Bäume gehängt, unter deren Schatten der König seine Feier hält. Ähnlich schildern griechische Vasenbilder den Achill beim Triumphgelage über der Leiche des erschlagenen Hektor. So gab der siegreiche Feldherr seinen Truppen einen Festschmaus im erbeuteten Wildpark. Auch friedliche Siege wurden mit Festmälern gefeiert. Agathon beging den Sieg seiner Tragödie mit Gastereien. Die mancherlei Anlässe, die man in wichtigen Augenblicken des Lebens fand, werden wir hier nicht aufzählen, nur erinnern an die Hochzeitsschmäuse, und wiederum an die festlichen Mahlzeiten und Gelage der Vereine und Genossenschaften, an denen die antike Gesellschaft so reich war. Es war mehr als bloße Laune, wenn Platon denjenigen seiner Dialoge, welcher nicht bloß durch seinen glänzenden dramatischen Aufbau sich von den anderen auszeichnet, sondern der in besonderem Sinn als eine Programmschrift seiner Akademie aufgefaßt sein will, die Szenerie eines Gastmahls und Gelages gegeben hat; das so vielseitig bedeutsame Motiv charakterisiert den Dialog als die Weiheschrift der ersten Hochschulgenossenschaft, der die Aufgabe gesetzt war, die erneuernden Gedanken des Meisters fortzuentwickeln und durch wissenschaftliche Erziehung der Jugend für das Leben fruchtbar zu machen.

Die das ganze Leben durchwirkende Religiosität des Polytheismus weihte, wo sie nicht völlig tot war, auch jedes Mahl durch die ideelle Teilnahme einer Gottheit. Es gab keine Form menschlichen Daseins, die nicht ihren Gott gehabt hätte; mochte der Staat, die Genossenschaft oder die Familie das Fest feiern, so lud sie ihren Gott dazu; einerlei, welcher Idee das Fest diente, die Idee wurde verehrt in einem Gott, der nicht zu vergessen war. Er erhielt außer Anruf und Verehrung einen Teil an den Speisen im Opfer, am Getränk in der Spende, nicht zu reden von den besonderen Gelagen, die man anbot in Theoxenien und Lektisternien.

Es bleiben die Toten übrig. Nach der Beisetzung, wohl auch wiederkehrend, hielt man am Grab Gelage. Die Toten waren der Speise und des Trankes bedürftig; man brachte ihnen beides. Wo man unter der Erde Grüfte aushob, da legte man wohl die Leichen zum ewigen Triklinium im Kreise, auf den Boden oder auf Ruhebetten, in Wandbetten, das Trinkgeschirr zur Hand, ein grausiges Gelage. In den Kreisen derer aber, die ein Jenseits sich ausmalten, in elysischen seligen Gefilden, da sprach man auch vom Gelage der Heiligen und von ewiger Trunkenheit.[1]

Aus dem israelitischen Vorstellungskreis, dem Mutterboden der Religion des Jesus und des palästinensischen Christentums, wird es genügen, ein paar der wichtigsten Punkte herauszuheben. Einmal das rituelle Mahl, das Passah; ursprünglich ein fröhliches Frühlings- und Dankfest der Schafhirten, welche die Erstlinge ihrer Herden opferten, zum Mahl für den Gott und für sich, wurde es umgedeutet zu einem Loskauf der dem Jahwe ebenso geschuldeten menschlichen Erstgeburten. Ferner als die Hauptsache die Idee der messianischen Zukunftszeit. Da werden die Durstigen getränkt und die Hungrigen satt werden, da gibt es Getreide ohne Geld und ohne Bezahlung Wein und Milch; hört auf mich, spricht Jahwe, so sollt ihr Gutes zu essen haben, und

---

[1] Leichengelage: z. B. Petersen, Röm. Mitt. 1896, 188. Orsi, eb. 1898, 309 Fig. 2. Triclinium der etruskischen Sarkophage mit gelagerten Deckelfiguren: Martha, l'art étrusque 1889, 198.

eure Seele soll sich erlaben an Fett (Deuterojesaias 55, 1. 2). Und Jahwe der Heer-
scharen wird für alle Völker auf diesem Berge bereiten ein Mahl von Fettspeisen,
ein Mahl von Hefenweinen, ein Mahl von Fettspeisen, die mit Mark bereitet, von
Hefenweinen, die gereinigt sind; vernichten wird er auf diesem Berg die Hülle, die
alle Völker verhüllt, und die Decke, die über alle Nationen gedeckt ist; vernichten wird
er den Tod für immer, und der Herr Jahwe wird die Thränen von allen Angesichtern
abwischen und die Schmach seines Volkes überall auf Erden verschwinden lassen
(Pseudojesaias 26, 6—8). Wir haben die Stelle vollständiger hier ausgeschrieben als
es für den Gegenstand, die Mahlidee, nötig zu sein scheinen könnte; aber die ganze
Stelle ist für die weitere Entwicklung bedeutsam. In demselben Sinne erinnern wir
noch an die Idee des Bundes zwischen Jahwe und seinem Volk; Moses opfert junge
Stiere als Heilsopfer, mit der Hälfte des Blutes besprengt er den Altar, mit der
anderen Hälfte das Volk und spricht: Das ist nun das Blut des Bundes, den Jahwe
mit euch geschlossen hat auf Grund aller jener Gebote (Exodus 24, 4—8 Kautzsch,
τὸ αἷμα τῆς διαϑήκης Sept.). Dazu aber dies: Jahwe will mit Israel und Juda einen
neuen Bund schließen, nicht wie der Bund war, den er mit ihren Vätern schloss, da
er sie aus Ägypten führte, sondern dies ist der Spruch Jahwes: Ich lege mein Gesetz
in ihr Inneres und schreibe es ihnen ins Herz; fürderhin sollen sie nicht mehr einer
den anderen belehren Erkenne Jahwe! Denn sie werden mich allesamt erkennen vom
Kleinsten bis zum Größten; denn ich will ihnen ihre Verschuldung vergeben und
ihrer Sünde nicht mehr gedenken (Jerem. 31, 31—34). Über das Gelage im Jenseits
als jüdische Vorstellung vgl. Dav. Kaufmann, Monatsschrift d. Judent. XL 1893, 383.

Waren ohnehin schon mancherlei Fäden aus der Mahlidee herausgesponnen
worden, so erscheint sie bei den Christen vollends merkwürdig kompliziert; da schillert
sie, wie das ganze Christentum, in allen Farben. Das liegt in dessen Natur als der
letzten Form der antiken Religion; um jedem etwas und allen alles zu sein, mußte
es neu sein ohne irgend etwas aufzugeben.

Der Keim der christlichen Mahlidee liegt im messianischen Zukunftsmahl; er hat
sich indessen nicht in gerader Linie entfalten dürfen, weil die Kreuzigung ihm den
Weg verwirrte. Etwa wie der weiße Lichtstrahl, durch ein Prisma gebrochen, in die
vielen Farben des Regenbogens sich zerlegt, so wurde die einfache Vorstellung des
messianischen Mahles, nach ihrer Brechung durch die harte Tatsache der Kreuzigung,
in viele Erscheinungsformen auseinandergelegt.

Noch eine Bemerkung müssen wir vorausschicken. Einige evangelische Erzählungen wollte Baur als bewußte Dichtungen verstanden wissen, David Friedrich Strauß
aber erkannte in den meisten einen literarischen Niederschlag urchristlicher Mythen,
hervorgegangen aus der Meinung, die Lebensmomente des Christus seien Erfüllungen
der messianischen Weissagungen, das heißt, derjenigen prophetischen Stellen, die man
unter Christen auf den Messias bezog. Wissenschaftliche Systeme pflegen als solche
Überspannungen von richtigen Grundsätzen zu sein, kurzsichtige Verallgemeinerungen
gut gesehener Einzelheiten, sie haben bestenfalls den Wert anregender Hypothesen;
dagegen der Einzelbeobachtung, aus welcher das System entsprang, seinem Motiv, darf
man bis auf bessere Belehrung ein günstiges Vorurteil entgegenbringen. So mag auch
von Strauß der Grundgedanke, die mythische Erklärung der Wunder, überspannt
worden sein, richtig und gesund ist er darum doch. Es ist die einzig wissenschaftliche
Auffassung aller Wunder, alles außerhalb möglicher Erfahrung Liegenden in den Er-

zählungen. Außer dem prinzipiell durchaus zulässigen Vorbehalt etwaiger bewußter Dichtungen nach Baurs Meinung aber muß noch, in eben dieses schöpferischen Forschers Sinn, der andere Vorbehalt der „Tendenz" gemacht werden: schon während der Lebenszeit des Jesus und von den ersten Tagen des werdenden Christentums durch alle Zeiten bis heute sind die Meinungen der Christen fließend gewesen (alle Stauversuche haben nur bewirkt, den ruhig, aber unaufhaltsam fließenden Strom der geistigen Entwicklung durch mehr oder minder jähe Katarakte zu unterbrechen); nun, alle literarische Fixierung der selbst so nebelhaft schwankenden mündlichen Überlieferung, niedergeschrieben frühestens ein Menschenalter nach Jesus, durch eine Generation, die ihn nicht erlebt hatte, sie stand in jedem ihrer Momente unter dem Einfluß der zur Zeit, am Ort, und in dem Subjekt des Schriftstellers eben wirksamen Auffassung. Da es gerade für die Frühzeit an kontrollierender, gleichzeitiger Berichterstattung sachkundiger und unbefangener Dritter so gut wie gänzlich gebricht, so läßt sich die Evangelienliteratur nicht völlig exakt analysieren, obwohl es sicher ist, daß die Momente des angedeuteten Prozesses in der Überlieferung vorliegen. Endlich ist noch daran zu erinnern, daß dieselbe Idee bald in einem schlichten Wort ausgesprochen wird, bald in einem Gleichnis, bald in einer Erzählung oder einem Mythus.[1])

Wir gehen aus von dem messianischen Mahl. Wenn auch seit dem Täufer das Grundthema der Ankündigung nur auf ein nahes Bevorstehen des Gottesreiches lautete, so war doch, nachdem einmal in Jesus der Messias gesehen wurde, ebendamit auch das Gottesreich als gegenwärtig anerkannt; dies vorausgesetzt, mußte schon die tägliche Abendmahlzeit des Christus und seiner Anhänger etwas vom Charakter des messianischen Mahles an sich haben, etwas von einem Sieges- und Freudenfest. Es ist auch kein Zufall, daß Jesus in den Evangelien so gern beim Mahle vorgeführt wird; dabei machen sich wichtige Züge des messianischen Mahles bemerkbar. Das Gottesreich ist Freude: im Gegensatz zu dem fastenden Bußprediger sehen wir Jesus essen und trinken. Das Gottesreich ist die Ausgleichung, es sättigt die Hungrigen, heilt die Kranken, entsühnt die Schuldbedrückten: Jesus, der Arzt, sucht nicht die Gesunden auf, sondern die Kranken, er ißt mit den Sündern. So in einem Herrenwort Mt. 11, 16—19; wiederum im Gleichnis vom König, der seinem Sohne ein Hochzeitsmahl ausrichtet, Mt. 22, 1—10 (die vorauszusetzende Urform ging auf das diesseitige Gottesreich; die vorliegende Redaktion aber ist nach V. 6. 7 jünger als die Kreuzigung und als die Zerstörung Jerusalems). Dieselbe Idee begegnet in Erzählungsform im Mahl beim Zöllner Levi Mk. 2, 13—17, Lk. 5, 29—32 (im eigenen Haus findet es statt Mt. 9, 10—13). Ferner im Mahl bei Simon, wo die Sünderin Jesus salbt; den ursprünglichen Gedanken hat Lk. 7, 36—50 am reinsten (wenn auch in dem breiten Stil des Auctor ad Theophilum ausgeführt; bei Mk. 14, 8 a klingt der Gedanke eben noch an; Vers 7 „allezeit habt ihr die Armen bei euch, mich habt ihr nicht allezeit" ist hoch und frei gedacht, nähert sich aber schon der sekundären Beziehung auf Jesus' Tod und Begräbnis in 8 b (Joh. 11, 2 vollends ersetzt die Sünderin durch Maria, die Schwester der Martha und des Lazarus). Auch der mythische Ausdruck fehlt nicht,

---

[1]) David Friedrich Strauß, Das Leben Jesu, kritisch bearbeitet 1835. ⁴1840; Das Leben Jesu für das deutsche Volk bearbeitet 1864. ¹⁴1904. Hier soll nicht in die Erörterung der oben berührten kritischen Fragen eingetreten werden; es kann sich nur darum handeln, einleitend das Nötigste zum Verständnis der Mahlbilder zu geben.

er liegt vor in der Speisung der Tausende (fünftausend Mk. 6, 31—44, viertausend in der Doublette 8, 1—10, beide Stellen mit ihren Parallelen. Das Ritual stimmt zu genau mit dem liturgischen des Abendmahles, um nicht von ihm beeinflußt zu sein); man beachte das förmliche Gelag am Boden, wie es auch beim Zukunftsmahl des Pseudojesaias 26, 6 gedacht ist. Im Johannisevangelium finden wir außer der Speisung der Tausende Kap. 6 noch die selbständige Mythisierung des messianischen Mahles im Hochzeitsmahl zu Kana, welches, die wunderbare Speisung ergänzend, für gleich wunderbaren Trank sorgt 2, 1—11. Das Motiv des Hochzeitsmahles begegnete uns bereits in der Parabel von der königlichen Hochzeit; aber während in der Speisung der Tausende wohl das sachlich Wunderbare des Vorgangs angelegentlich betont wurde, unterstreicht das Hochzeitsmahl zu Kana den Thaumaturgen.

Aus der Zahl der gewöhnlichen Mahle hebt sich das letzte Mahl heraus, das die Synoptiker als Passahmahl bezeichnen. Wenn der Christus mit den Seinen gemeinsam ein Mahl begeht, so wird es ein Genossenschaftsmahl, dann auch in der besonderen Nuance des paulinischen Erinnerungs- und Gemeinschaftsmahles Kor. I 10, 16. Da aber Jesus, dies muß doch wohl angenommen werden, den tragischen Ausgang seines Unternehmens voraussah, so konnte er einerseits Abschiedsworte sprechen, andererseits und gleichzeitig den in seinen Willen aufgenommenen Tod aus seinem Hauptzweck erklären und für ihn fruchtbar zu machen suchen; solche in der Situation begründete Worte mochten durch ein paar Drucker im Sinne des späteren Gemeindeglaubens dann leicht die vorliegenden Fassungen erhalten (Mk. 14, 12—25. Mt. 26, 17—29. Luk. 22, 7—18; dazu Kor. I 11, 23—26. Joh. 6. Das angewandte Ritual ist wieder das liturgische. Das alte Bild des Bundesblutes wird hier übertragen auf das in der Kreuzigung vergossene und im ritualen Wein versinnbildlichte Blut des Christus. Von da war es nicht mehr weit zum Opfertod des Christus).

Auch in die Legenden von Erscheinungen des Auferstandenen fand die Mahlidee Eingang. Mt. 28, 16—20 erscheint er den Elf in Galiläa auf dem typischen Berg (auf dem Mt. auch die Bergpredigt lokalisiert und den Joh. 6, 3. 15 in Beziehung zur Speisung der fünftausend setzt. Pseudojesaias dachte sich das Zukunftsmahl auf dem Berge Zion). Im Nachtrag des Markus heißt es kurz, der Auferstandene erschien in veränderter Gestalt zweien Jüngern, da sie aufs Land gingen, und sie berichteten es den übrigen (16, 12—13); später erschien er den Elfen selbst, da sie zu Tische lagen (14). Lk. 24 erzählt dasselbe ausführlich. Es ist der Gang der zwei Jünger nach Emmaus, wo sie ihn dann am Abendmahlsritus erkennen (13—35); und den Elf erscheint er, doch nicht da sie zu Tische lagen, wohl aber verlangt er, der in Fleisch und Bein vor ihnen steht, zu essen, und sie geben ihm ein Stück Bratfisch, das er vor ihren Augen verzehrt (36—43). Im ursprünglichen Schlußkapitel 20 des Johannesevangeliums erscheint der Auferstandene zweimal unter verschiedenen Umständen; die Mahlidee verwertet erst der Anhang Kap. 21 zu einer dritten Erscheinung. Auf der Grundlage des Mythus von Petrus' Fischzug baut sich die neue Legende vom Fischzug der sieben Jünger auf, die aber auch von Petrus ausgeht und auf ihn sich zuspitzt; ans Land zurückkommend sahen sie am Ufer ein Kohlenfeuer mit Fisch und Brot; Jesus lädt sie ein zuzugreifen und teilt ihnen Brot und Fisch aus, in deutlichem Anklang an die Speisung der Tausende und die Abendmahlsliturgie.

Nun die ritualen Mahle der christlichen Gemeinden. Anschließend an Kor. I 11, 20—34 sind zwei Arten zu unterscheiden. Einmal dasjenige, welches wir als das messianische Mahl in der Gemeindeübung bezeichnen mögen. Die Apostelgeschichte schildert das Leben in der jungen Gemeinde: sie hingen fest an der Lehre der Apostel und der Gemeinschaft, an dem Brotbrechen und den Gebeten 2, 42; dies wird dann noch präzisiert: indem sie Tag für Tag einmütig ausharrten im Heiligtum (in einer der Hallen des Tempels) und zu Hause das Brot brachen, genossen sie ihre Nahrung in Jubel und in Einfalt des Herzens 46. Hier ist mehrerlei zu beachten: der Jubel, mit dem sie das Brot brachen, also die freudige Stimmung, wie sie zum messianischen Mahl gehörte; sodann das Brotbrechen selbst, der uns schon bekannte Ritus; endlich aber, daß sie das Brot nicht in der Gemeindeversammlung, sondern zu Hause brachen (κατ' οἴκον), womit denn wenigstens der Verfasser der Apostelgeschichte das tägliche häusliche Abendessen als die damals übliche Form des Ritus hinstellt. Das Brotbrechen mit Danksagung kommt auch sonst in der Apostelgeschichte typisch vor.

Anders das Mahl in der Gemeindeversammlung (Liebesmahl, Agape). Ein solches fand Paulus bei den Korinthern vor. Wohl nahm auch dort ein jeder sein gewohntes Mahl ein, aber er brachte es in die Gemeindeversammlung mit, wo dann, wie Paulus rügt, der eine Hunger litt, der andre trunken war, und die Armen beschämt wurden (Klagen verwandter Art noch Jud. 12. Petr. II 2, 14 var. lect.). Solchem Mißbrauch gegenüber erinnert Paulus an das letzte Mahl, wie es ihm überliefert worden war; ohne selbst Teilnehmer gewesen zu sein, bezeichnet er es bestimmt als Stiftung eines Ritus.

Das typische Brotbrechen ist ein Ritus. Wir wollen aber nicht unterlassen, ausdrücklich zu erinnern, daß es ursprünglich nicht Ritus war, sondern täglicher Gebrauch, überall da geübt, wo etwa ein Hausvater, oder wer an dessen Stelle trat, das Brot an die Teilnehmer des Mahles austeilte. Davon, daß Essen und Trinken nach altem Brauch von einem Dankgebet eingeleitet wurde, kommt der neben dem „Brotbrechen" für den Ritus gebräuchliche Name „Danksagung, Eucharistie".

Es bleibt noch übrig, von einer letzten Gattung christlicher Mahle zu reden, den jenseitigen. Auch das messianische Mahl, ursprünglich eminent diesseitig, wurde mit den anderen Reichsvorstellungen durch die Kreuzigung jenseitig. Zuerst freilich, unmittelbar nach dem Tode des Christus, war es nicht als ein Mahl der Verstorbenen im Himmel gemeint; sondern die neuerdings erwartete Parusie galt als unmittelbar bevorstehend, die Generation der Jünger sollte die Errichtung des Reiches noch erleben, nur die bereits Verstorbenen sollten, um daran teilnehmen zu können, aus ihren Gräbern körperlich wieder auferstehen, wie als ihr Erstling der Christus selbst zu bleibendem Leben wieder auferstanden sei. Daher die Worte beim letzten Mahl: „Nicht mehr werde ich vom Erzeugnis des Weinstocks trinken, bis zu jenem Tage, da ich es neu trinken werde im Reiche Gottes" Mk. 14, 25. Lk. 22, 18 — „mit euch" setzt Mt. 26, 29 hinzu; das gibt Lukas ausführlicher 28—30 „ihr seid es, die ausgehalten haben mit mir in meinen Versuchungen; und ich verordne euch, wie mir mein Vater das Reich verordnet hat, daß ihr essen und trinken sollt an meinem Tisch in meinem Reich." Analysiert man diese Reden, so finden sich darin die zwei Elemente, das tragische („meine Versuchungen", „nicht mehr trinken") und das messianische („ich werde es neu trinken im Reiche Gottes, ihr sollt an meinem Tisch essen und trinken in meinem Reich"). Angesichts dessen drängt sich die Frage auf, ob denn die in den letzteren Worten enthaltene Ankündigung, für die Jünger eine Verheißung, das künftige Essen und Trinken, von Haus aus nur im Zusammenhang der Passion gesprochen worden sein sollten; ob nicht längst bevor das tragische Ende irgend einen Schatten vorauswerfen konnte, Jesus ähnliches gesagt haben werde. Im Zusammenhang seiner ganzen Ankündigung des nun kommenden Reichs hieß es dann nichts anderes, als daß die Jünger mit ihm das messianische Mahl genießen sollten. Erst nachdem die Ankündigung des Zukunftsmahles in den Rahmen der Passion aufgenommen war, mischte sich das tragische Motiv ein und gab ihr die veränderte Färbung, das Mahl wurde hinausgeschoben in die Zeit der neuen Parusie nach der Kreuzigung und Auferstehung des Christus. Diese als endgültig gedachte Parusie aber war diesseitig gedacht, sofern nicht in der Idee der „neuen Welt" der ganze Gegensatz von Diesseits und Jenseits aufgehoben wurde und verschwand.

Hier erinnern wir uns des „Hochzeitsmahles" in seinem verschiedenen Vorkommen; eigentlich eben dasselbe messianische Mahl ist auch das Hochzeitsmahl von der Kreuzigung berührt und in die Zukunft gerückt worden. Eschatologisch ist das Hochzeitsmahl des Lammes, Off. 19, 9 „Selig die zum Hochzeitsmahl des Lammes Berufenen". Auch von der Zerstörung Jerusalems ist das Hochzeitsmahl berührt worden (Mt. 22, 1—10); diese jüngere Redaktion wird nun kaum noch auf die baldige Wiederkunft des Christus gerechnet haben; sie war damals schon in so weite Ferne gerückt, daß die andere Idee des Mahles im Himmel, die heidnische Idee des Mahles der Seligen, natürlich in christlicher Ausprägung, in die Lücke treten mußte. Auch das ursprünglich messianische Wort „Selig wer Brot (a. L. Frühmahl) ißt im Reich Gottes" Lk. 14, 15 und die daraus entwickelte Verheißung an die Jünger, daß sie im Reiche des Herrn an seinem Tisch essen und trinken sollten (eb. 22, 30) wird schon früh so verstanden worden sein. Jenseitig ist auch gemeint, was in der Offenb. Joh. 2, 7 dem Engel der ephesischen Gemeinde gesagt wird „Dem der siegt, ihm werde ich geben zu essen vom Baume des Lebens, welcher ist im Paradiese Gottes"; das ist dieselbe Verjenseitigung des biblischen Paradieses wie im Wort an den Schächer „Heute wirst du mit mir im Paradiese sein". Ist dort nicht eigentlich von einem Gelage die Rede, so gibt es doch noch andere Zeugnisse dafür, daß die Vorstellung vom Mahl der Seligen von den Christen aufgenommen wurde. Wilpert führt ein paar Visionen von Märtyrern an, in denen das Seligenmahl seine Rolle spielt. Unter Marc Aurel wurden Karpos und Papylos auf dem Scheiterhaufen verbrannt; dabei hatte Papylos eine Vision, er sah die Herrlichkeit des Herrn, und sprach dies aus. Eine Christin, Agathonike, stand dabei; von der Überspannung der Märtyrer angesteckt, hatte sie dieselbe Vision; sie meinte sich vom Himmel gerufen, und mit den Worten „Das Frühmahl (es war vorher nicht erwähnt worden, aber in der „Herrlichkeit des Herrn" war es ihr mit enthalten) ist auch für mich bereitet, ich muß teilnehmen und essen von dem ruhmvollen Mahle" sprang sie freiwillig an den Marterpfahl. Unter Valerian erlitt Agapius den Bekenntnistod, nach ihm Marianus und Jacobus; dieser hatte kurz vor seinem Martyrium eine Vision: „Jetzt, sagte er, eile auch ich zu des Agapius und der übrigen Märtyrer Mahl. Denn in dieser Nacht sah ich Agapius . . . ein herrliches und freudenvolles Mahl begehen. Als ich und Marianus im Geiste der Liebe dorthin, wie zu einem Liebesmahle, hingerissen wurde, begegnete uns einer von den beiden Knaben, die mit ihrer Mutter vor drei Tagen das Martyrium erduldet hatten; derselbe trug einen Kranz um den Hals und hielt einen frischen Palmenzweig in der rechten Hand. Was eilt ihr so? fragte er; freuet

euch und frohlocket; denn morgen werdet auch ihr mit uns speisen." Die Vorstel-
lung ging dann auch in die liturgischen Sterbegebete über; in ihnen kehrt in
verschiedenen Wendungen die Bitte wieder, Gott wolle die Verstorbenen zum seligen
Gelage seines Reiches gelangen lassen; sie sind eingeladen zum Hochzeitsmahl, zum
Gelage; Gott Vater möge die Körper und Geister seiner Sklaven (der Christen nach
ihrem Tode) zu jenen himmlischen Gütern gelangen lassen, zum Gelage, das kein
Ende hat; er möge sie ruhen lassen in den lichten Wohnungen und in jenen deliziösen
Gelagen.

Wilpert sieht im himmlischen Mahl nur ein Sinnbild der himmlischen Seligkeit,
nicht einen ihrer wesentlichen Bestandteile. Allerdings der moderne Mensch, auch
der religiöse, wenn anders er durch die Schule der Logik in Mathematik und Naturwissenschaft wie in kritischer Historie ging, vermag eine Vorstellung wie die vom
Seligenmahl nicht realistisch zu verstehen; dasselbe gilt ebenso für den antiken Gebildeten, der sich die sublimierte Seelenvorstellung der heidnisch-christlichen Spekulation angeeignet hatte, gilt daher für die Theologenkirche, in deren Augen Über-
schwenglichkeiten wie die der Agathonike leicht der montanistischen Häresie verdächtig sind. Jene kirchlichen Sterbegebete nennen das jenseitige Mahl geradezu ein
geistiges (fac illos discumbere ad mensam tuam spiritualem). Dabei wäre immerhin
berichtigend zu bemerken, daß die Spiritualität das Mahl noch nicht zu einem bloßen
Sinnbild macht, sondern bloß die Art des Mahles modifizierend es näher bestimmt als
eines von Seelen, und die Speise als Seelenspeise. Wir wollen nicht fragen, wozu
denn in demselben Sterbegebet neben den Seelen auch die Körper der Verstorbenen
zum Mahle gewünscht werden, wenn es gar kein Mahl für sie gibt; denn so fragen
hieße selbst das Unnützeste treiben und spekulieren. Aber wenn das Seligenmahl nur
Symbol sein soll, als was sollen dann die anderen völlig gleichartigen Vorstellungen
gelten? die leuchtenden Gewänder, das himmlische Paradies, die Blumen und ihr Duft,
der Lichtpalast, schließlich die Herrlichkeit des Herrn selbst und das Schauen des
Herrn. Sind das nicht alles ebenso sinnliche Bilder wie das Seligenmahl? Nimmt
man sie nun wie das letztere als bloße Symbole, was bleibt dann von der ganzen
Seligkeit noch übrig, die doch die Märtyrer nicht allein um den teuren Preis ihres
Lebens, sondern auch bei den unsäglichsten Schmerzen lächelnd erkauften? Das Prinzip
dieser Art Symbolik einmal aufgestellt, führt noch viel weiter. Wenn alles, was den
Himmel begehrenswert macht, nur Symbol ist, so kann der Gegensatz, das höllische
Feuer, auch nicht mehr realistisch verstanden werden, usf. Agathonike sicher würde
all dergleichen Verflüchtigungen ihrer Phantasievorstellungen weit von sich weisen,
war sie doch, wie alle Märtyrer, sogar davon überzeugt, im Feuer des Scheiterhaufens
mit dem Satan körperlich zu ringen; wird Wilpert ihr auch dies Bewußtsein abstreiten
wollen? Man darf nie die Kluft übersehen, welche immer zwischen dem Volksglauben
und der theologischen Spekulation besteht. Wir meinen, der ganze Komplex der
transzendenten Vorstellungen konnte nur bei einem Rückfall der Menschheit in die
primitiv naive Gemütsverfassung entstehen, oder bei einem Beharren eines großen
Teiles in derselben, nämlich in einem solchen Geisteszustand, der die kritische Frage
gar nicht aufkommen läßt. Und in solcher Verfassung befanden sich die Kreise, aus
denen die christlichen Jenseitsbilder hervorgingen.[1])

[1]) Agathonike: Harnack, Texte u. Untersuchungen III 1888 435 Acta Carpi, Papyli et
Agathonices (Text mit Kommentar und Einleitung); ders., Altchristl. Lit. II ı 1897 362. Barden-

Selige. — Seligenmahl; vorn die Brotkörbe aus der Speisung der Tausende. Coem. Callisti, Gruft A³. — Selige.

Die in den Katakomben vorfindlichen Mahlbilder verteilt Wilpert, ihre Erklärung vorwegnehmend, in drei verschiedene Kapitel seiner systematischen Darstellung des Inhalts der Malereien. Wir unsererseits vermögen nicht mit eben solcher Zuversicht vorzugehen, wir ziehen vor, die sämtlichen Mahlbilder, nach Typen gruppiert, zusammenzunehmen und abzuwarten, was ihre Interpretation ergibt; dabei sind wir, hier wie in aller Forschung, auf die Möglichkeit gefaßt, daß beim augenblicklichen Stande der Wissenschaft eine sichere Entscheidung, sei es für alle oder für einige Bilder, noch nicht möglich ist. Wir meinen, es spreche hier ein Unterschied im Prinzip mit. Der katholischen Wissenschaft ist es natürlich, dogmatisch vorzutragen, während die dem protestantischen Geiste artverwandte voraussetzungslose Forschung lieber Probleme diskutiert. Allerdings gibt es Ausnahmen hüben und drüben; es gibt protestantische Gelehrte und wirkliche Forscher, die dogmatisch vortragen, als wären sie die heilige Kirche selbst, und es gibt katholische Gelehrte, die sich so entschieden auf den Weg des wissenschaftlichen Lebens begeben haben, daß es ihnen Bedürfnis geworden ist, ihre Leser zum Selbstdenken anzuregen. Eben diese Aufgabe aber muß sich vollends ein Buch stellen, das wie das unsere nur der Einführung dienen will.[1]

Wer die Mahlbilder in den Katakomben betrachtet, dem wird sich eine Wahrnehmung sofort aufdrängen: sie erscheinen nicht bloß an bevorzugten Stellen der Grüfte, wo das

hewer, Patrologie 1901, 201. — Jacobus: Passio S. S. Mariani, Jacobi etc. ed Franchi, in Studi e testi n. 3 1900. Harnack, Altchr. Lit. II II 1904, 470. — Wilpert, Malereien 470, wo weitere Belege zum christlichen Seligenmahl sich finden.

[1] Wilpert, Malereien S. 282, 15. Kap., Darstellungen der Eucharistie; 470 § 118 Das himmlische Mahl; 506, 23. Kap., Totenmahle. Vgl. K. M. Kaufmann, Forschungen I 1900, 107 Mahl der Vibia, 194 Darstellungen des himmlischen Gastmahls; anderes bei Leclercq in Cabrol, Dictionnaire I 1903, 836 ff.

Bild dem Verstorbenen ganz unmittelbar und in irgend einer Art Bedeutsamkeit
gelten muß, sondern obendrein im Zusammenhang mit jenen dekorativen, in verschiedener Weise das himmlische Paradies andeutenden Malereien von Weinlauben,
laubenähnlichen Plafonds, Blumenranken und -gewinden, Rosen und Vögelchen.
Damit sind wir der Hypothese schon halb gewonnen, daß die Mahlbilder Seligenmahle darstellen. So eminent antike Vorstellungen wie das „Gelage der Heiligen"
brauchen in der Frühzeit des hellenistischen Christentums ohnehin nicht zu be-
fremden.

Das älteste Mahl der Art besitzt die sog. Galerie der Flavier; sie wird noch
in das erste Jahrhundert gesetzt. Die Deckenmalerei der Galerie bereitet auf das
Gemälde vor und bezeichnet die ideale Sphäre, in die es gehört, das himmlische
Paradies: zuerst die aus Akanthusblättern herauswachsenden und sich weit ver-
zweigenden Reben, mit Vögeln und weinlesenden Eroten darin; sodann ein zentrierter
Plafond mit Krummstab und Tänie führenden Putten im Scheitel und in den
Zwickeln; die Kappenfelder enthielten anscheinend idyllische Bildchen. Im Fond des
Raumes ist das Mahl als Hauptbild gemalt, der Eintretende und Vorschreitende hat
es immerfort vor Augen, seine zentrale Stellung verbürgt seine zentrale Bedeutung.
Leider sehr beschädigt stellt es ein Mahl zweier Personen dar, bartloser Männer im
Chiton; sie sitzen auf jener Art Kanapee, wie sie in der Kaiserzeit Mode war und
mit dem Dreibeintischchen davor gerade auf Grabsteinen sich öfter findet. Der besser
erhaltene der beiden wendet sich im Gespräch zu seinem Genossen. Vor ihnen steht
ein Dreibein mit den Speisen, einem Fisch und drei Brötchen. Von rechts tritt ein
Aufwärter heran, im ärmellosen ungegürteten Chiton, er bringt das Getränk zum
Mahle, in der Linken trägt er die Kanne, in der Rechten den Becher.[1]

Unser Mahl kann weder die Speisung der Tausende, noch Jesus' letztes Mahl
oder sonst eines der in den Evangelien erzählten Mahle sein, noch auch das liturgische
Abendmahl. Das allgemeine Schema ist das des häuslichen Mahles, das nun aber in
die paradiesische Umgebung über dem Grabe verpflanzt in der Tat ein Seligenmahl
zu meinen scheint. Christliche Besonderheit in dem gemein-antiken Mahlschema ist
nur die Auswahl der Speisen, welche als eine und dieselbe in allen Mahlbildern der
Katakomben wiederkehrt. Es ist Brot und Fisch. Warum gerade diese? Das
Brot galt im ganzen Altertum als das wesentliche Nahrungsmittel, alles übrige galt
nur als Zukost. Auch im Herrengebet wird nur das Brot genannt: unser täglich
Brot gib uns heute. Unter den mancherlei Arten der Zukost nun, Obst und Gemüse,
Fisch und Fleisch, nimmt bei Anwohnern fischreicher Gewässer notwendig der Fisch
die Hauptstelle ein; das galt für die Anwohner des galiläischen Sees wie für die
hellenisch redenden des Mittelmeers, für welche die Evangelien geschrieben sind. Daher kommt es, daß in der Speisung der Tausende, das ist dem messianischen Mahl in
der Gestalt eines christlichen Mythus, eben jene übliche Volksnahrung das Material
abgibt, mit dem der Messias das Volk wunderbar sättigt. Nun aber ist das Seligenmahl im himmlischen Paradies lediglich eine Verschiebung des Vollendungsmahles ins
Jenseits, es ist eine Verjenseitigung des Vollendungsmahles; daher versteht man, daß

---

[1] Flaviergalerie: de Rossi, Bull. crist. 1865, 42. Garucci, Storia II Taf. 19. Deckenmalereien: Wilpert, Malereien Taf. 1. 2. Mahl: eb. 518 zu Taf. 7, 4, an letzter Stelle aller
Mahlbilder besprochen und als Totenmahl (Leichenschmaus) erklärt. — Kanapee: oben S. 189.

es etwas von der Typik des Speisungsmythus angenommen hat; die Speisen des himmlischen Mahles sind eben die des messianischen, Brot und Fisch. Somit stammen die
Elemente des Seligenmahles aus zwei verschiedenen Quellen, das allgemeine Mahlschema stammt aus der heidnischen Religion und Kunst, die typischen Speisen, Brot
und Fisch, entstammen der christlichen Ausprägung prophetischer Ideen.

Zur Form der Brote ist noch folgendes zu bemerken. Man kennt die Entwicklungsgeschichte der Brotformen. Zuerst wurde das möglichst fein geschrotete,
später gemahlene Korn mit Wasser (oder auch Milch?) angerührt und teils frisch als
Brei verzehrt, teils getrocknet in Form dünner Fladen; ein Nachlebsel dieser Urform
des Brotes läßt sich in gewissem Sinne in den gewalzten Sorten der Nudeln und
Maccaroni erblicken. Den nächsten Fortschritt brachte das Feuer. Daß Nudeln
auch im Altertum gekocht wurden, gehört nicht in die Geschichte des Backens; aber
man klatschte die frischen Fladen an einen durch rings angemachtes Feuer erhitzten Stein
und röstete sie so. Diese Stufe erhielt sich sakral, in den Matzen und Muzen. Die
Vollendung aber beruhte auf der Entdeckung der Kraft des Sauerteigs; die Gestalt
der Brote angehend, ermöglichte sie dieselben voluminöser zu formen, als Laib. Um
das Brot leichter brechen und verteilen zu können, versah man die runden Laibe mit
diagonalen Kerbeinschnitten; kleinere Brötchen erhielten zwei Kerben ins Kreuz, wie
noch heute unsere Kreuzwecken (Rosenbrötchen), größere Brote bekamen eine entsprechend größere Anzahl radialer Einschnitte. Noch bequemer zum Brechen war die
Kranzform, auch sie mit radialen Kerben. Die Brote in den christlichen Mahlbildern
sind eher klein, rund, und zeigen den Kreuzschnitt; aus dem Vorgesagten ergibt sich,
daß dieser Kreuzschnitt altheidnischer Handwerksbrauch war und praktischem Zweck
diente; von Haus aus ist dabei nicht an das Kreuz des Christus gedacht, sekundär
aber wurde diese Beziehung allerdings hineingelegt. — Eben diese Brötchen dienten
auch beim liturgischen Abendmahl. Wegen des Brötchens ist unser Mahlbild aber
noch nicht als Darstellung der Eucharistie zu verstehen; der Fisch neben dem Brot
wäre dann Tautologie, da jedes von beiden den Leib, nach Ev. Joh. Kap. 6 (eventuell
nach seinem Interpolator) das im Abendmahl gegessene Fleisch des Christus bedeuten
müßte. Andererseits weist gerade die Verbindung von Brot und Fisch auf das
Vollendungsmahl, sei es das diesseitige messianische oder, was wir hier annehmen, das
jenseitige im himmlischen Paradies.[1])

Ob es in den Katakomben noch andere Mahlbilder mit sitzenden Teilnehmern
gibt oder gegeben hat, müssen wir dahingestellt sein lassen; alle bei Wilpert ver-
öffentlichten mit einer Mehrzahl von Gästen zeigen dieselben gelagert und zwar um
die im Halbkreis gekrümmte große Polsterrolle, das Sigma. In den ältesten und
wohl auch meisten Exemplaren liegt die Rolle am Boden, in anderen scheint sie auf
halbkreisförmiger Pritsche zu liegen, wo dann die Schüsseln mit den Speisen nicht auf
dem Boden, sondern auf einem Dreibein stehen; ab und zu bleibt es auch zweifelhaft,
wie die Anordnung gemeint ist. Diese Undeutlichkeit der Darstellung hat ihren
Grund in dem handwerksmäßigen und flotten Malverfahren, in dem die Katakombenmalereien hergestellt sind. Der handwerksmäßige Betrieb brachte es mit sich, daß ein
einmal gewähltes Muster immerzu wiederholt wurde, ohne kontrollierendes Zurückgehen
auf die Wirklichkeit, immerhin nicht mittels Schablone, sondern in Freihandzeichnung,

---

[1]) Kreuzwecken: H. Blümner, Technologie I 1875, 80. Wilpert, Malereien 293, 5.

daher mit allerlei Nuancen im einzelnen; weil es aber mehrere Mahltypen nebeneinander gab, das Gelag am Boden und das auf der Pritsche, die beide gleich hand-
werksmäßig, gleich unbedacht wiederholt wurden, so flossen sie auch ineinander. Das
flotte Hinhauen der Bilder aber führte zu einer oft nur andeutenden, nicht durch-
gearbeiteten Darstellung, die gelegentlich mißverstanden worden ist.

Eben wegen der Flüchtigkeit und teilweisen Undeutlichkeit der christlichen
Mahlbilder schicken wir zwei ihnen typverwandte heidnische voraus, die erheblich klarer
ausgearbeitet sind. Sie befinden sich in der Gruft des Sabaziospriesters Vincentius
und seiner Gattin Vibia, beim Coemeterium Praetextati an der Via Appia; Wilpert
setzt sie in das vierte Jahrhundert n. Chr. Es ist darüber gestritten worden, ob die
in der Vincentiusgruft auftretenden bildlichen Typen heidnisch-griechischen Ursprungs
oder von den christlichen Anschauungen und Darstellungen beeinflußt seien. Wir
haben hier keinen Anlaß, die Frage zu erörtern, uns genügt festzustellen, daß beide
Bilderreihen, die in Rede stehenden heidnischen wie die christlichen, Hervorbringungen
derselben spätantiken Kunst und in religiöser Hinsicht Früchte vom Baum eben
desselben religiösen Synkretismus sind. Nur auf dem gemeinsamen religiösen Boden
war die Typengemeinschaft möglich. Wilpert zwar nennt die Vincentiusgruft, um sie
zu unterscheiden, synkretistisch; das Beiwort charakterisiert die Sabaziosreligion der
Griechen und Römer an sich zutreffend, nur gerade nicht in ihrer Eigenart gegenüber
der Christusreligion, die doch genau so synkretistisch war wie der Sabazioskult.
Vincentius also scheint die Grabkammer gelegentlich des Todes seiner Frau angelegt
zu haben, sicher aber als Familiengruft, in der er selbst dereinst zu ruhen gedachte.
Dementsprechend bestimmte er die Sujets für die Gemälde. Drei, die einen Zyklus
bilden, gelten der verstorbenen Gattin, eines ihm selbst. Er ließ sich in der Höhe
seines Daseins, als Mitglied des Kollegiums der sieben frommen Priester (Septem
pii sacerdotes) beim Opfermahl darstellen, im Ornat; deutlich ist an Vincentius und
zwei Amtsbrüdern die Barbarentracht zu erkennen, hohe Mütze und Chlamys. Die
sieben frommen Priester lagern am Boden, hinter dem Sigma, unter hängenden
Rosenketten; vorn im Halbkreis liegen acht Kreuzwecken um vier auch auf dem
Boden stehende Schüsseln aus getriebenem Silber; neben Fisch scheint es bei diesem
Diner auch Braten zu geben, Becher halten die Herren in der Hand.

Das andere Mahlbild der Vincentiusgruft befindet sich dem Eingang gegenüber
an der Fondwand, es ist das End- und Hauptbild des Vibiazyklus und zeigt die
Verstorbene in der Seligkeit. Im Rahmen einer mehrgliedrigen, aber einheitlichen
Szenerie sind zwei getrennte Momente nebeneinander zur Darstellung gebracht. Links
die Einführung der Vibia durch das Tor zum Seligenland, rechts, den größeren Teil
des Bildraumes einnehmend, das Gelage der Seligen und Vibia mitten unter den
Gästen. Was nun dies Seligenmahl von den christlichen vorteilhaft unterscheidet, das
ist die deutliche Angabe der Szenerie. Es ist ein Gelage im Grünen, auf einer Wiese
mit vielen blühenden Blumen (λειμών). In das Gras ist die Sigmarolle gelegt, dahinter
lagern die Seligen, in der Mitte Vibia (zwar sind nur sechs Gäste vorhanden, gemeint
aber war eigentlich das typische Gelage von sieben Personen; die Einführungsszene
beengte den Raum auf der linken Seite derart, daß das Gelage um einen Platz gekürzt werden mußte). Im Halbrund stehen zwei Schüsseln im Rasen, die eine mit
etwas wie einem hohen Kuchen, die andere mit einem Fisch. Im Vordergrund
kommt ein Aufwärter eilfertig von links her und trägt auf den vorgestreckten Händen

eine Schüssel mit Geflügel herbei; ganz rechts. steht eine schlanke Spitzamphora in einer Engytheke (incitega). In der Mitte des Vordergrundes aber knien zwei Selige im Rasen, der links auf einem, der andere auf beiden Knien; was sie treiben, ist nicht ganz klar, man hat an Blumenpflücken gedacht, an ein Kosten von Früchten (das müßten etwa Erdbeeren sein, ohne Zweifel paradiesische Früchte), oder an Knöchel-spiel, das auch angemessen wäre als Zeitvertreib im Elysium.[1])

Die nunmehr vorzuführenden christlichen Gelage am Boden finden, sofern sie Seligenmahle sind, natürlich auch alle in den blumenreichen Auen des Paradieses statt, wenn schon die flott arbeitenden Maler sich nicht dabei aufgehalten haben, die Einzel-heiten der Wiese, die Gräser und Blumen, vor Augen zu bringen.

Das älteste Beispiel bietet die dem Anfang des zweiten Jahrhunderts zu-geschriebene Cappella greca des Coem. Priscillae. Das Seligenmahl steht wieder an der Fondwand, hier also, da es eine Doppelkammer ist, an der Fondwand der zweiten, inneren Kammer, über der Koncha mit dem Hauptgrab (es ist nötig zu bemerken, daß es für die Erklärung der Malerei nichts austrägt, ob das Grab ein Boden-, Wand- oder Sarggrab war). Die Decke überziehen Weinreben, zwischen denen in den Ecken Selige stehen. Das Mahl also ist ein Gelag im Grünen. Das Sigmapolster liegt am Boden in weitoffenem Halbkreis; davor stehen ein Becher und zwei Schüsseln, die eine mit zwei Fischen, die andere mit fünf Broten. Sieben Personen sind beteiligt (die Männer, soweit kenntlich, im Chiton), sechs um den Halbkreis der Polsterrolle gelagert, so daß nur die Oberfiguren hervorschauen; unter ihnen, zur Linken der Mittelperson, befindet sich eine Frau in reichem Kopfputz, es ist wie eine Haube mit zwei lang herabfallenden Bändern. Der bärtige Siebente, auch er im Chiton, aber den Mantel um die Beine geschlagen, sitzt links, es ist nicht ganz klar, ob auf dem Ende der Rolle oder auf einem darangeschobenen Sitz; er hält mit vorgestreckten Händen einen nicht mehr recht deutlichen Gegenstand, vielleicht eine kleinere Schüssel oder ein größeres Brot. Endlich stehen zu beiden Seiten des Gelags, immer auf demselben Niveau, linker Hand vier, rechts drei volle Brotkörbe gereiht; sie haben die hohe Form des Kalathos, das ist des antiken Handarbeitskorbes.

Diese sieben Brotkörbe gehören nicht eigentlich zum Mahl; es wäre zuviel Brot, für jeden Gast ein moderner Papierkorb voll. Die gereihten Brotkörbe, das sieht jeder sofort, stammen aus der Speisung der Tausende. Hätte diese selbst dar-gestellt werden sollen (die Frage darf aufgeworfen werden, denn auch die Tausende lagerten sich im Grase und erhielten Brot und Fisch), so wären die Körbe voll Brocken nicht unpassend dazu gestellt worden. Aber die Teilnehmer unseres Gelages liegen an einem Sigma, ein Zug, der dem Speisungsmythus fremd ist. Es bleibt als einzige Möglichkeit übrig, daß die Vorstellung von der mythischen Speisung mit der anderen des himmlischen Mahles zusammengeflossen ist; wie wir sagten, daß die Idee der Erfüllung infolge der Kreuzigung in das Reich des Jenseitigen hinübersprang, womit denn für die in die Seligkeit Eingegangenen das Gastmahl des himmlischen Bräutigams zu ihrem Erfüllungsmahl wurde.

Wilpert nimmt an, der links Sitzende halte ein Brot in der Hand und

---

[1]) Vincentiusgruft: Garrucci, Storia VI 171 Taf. 493. Danach Maaß, Orpheus 1895, 209 Abb. und unsere Wiedergabe oben S. 190. Vgl. Kaufmann, Jenseitsdenkm. 1900, 207. Wilpert, Malereien 144. 392. 506. Taf. 132. 133, 1.

breche es; es sei der Bischof, der bei der eucharistischen Feier das konsekrierte Brot breche, um es den Gläubigen in der Kommunion zusammen mit dem konsekrierten Wein (der Becher steht zur Hand) zu reichen; kurz wir hätten ein liturgisches Gemälde vor uns. Die Darstellung sei jedoch nicht ausschließlich realistisch, der Künstler habe zur näheren Erklärung seines Gegenstandes das eucharistische Vorbild der Speisung der Menge benutzt, indem er neben den liturgischen Kelch die Teller mit den zwei Fischen und fünf Broten und zu äußerst die sieben vollen Körbe malte; die Gläubigen habe er durch die zur Speisung gelagerte Menge (die fünf Männer und die Frau) angedeutet. Das Ungewöhnliche, daß der Bischof das Brot sitzend breche, glaubt Wilpert mit künstlerischen Rücksichten rechtfertigen zu dürfen.

Der ganzen Deutung auf eine liturgische Handlung wird der Boden entzogen schon durch die Tatsache, daß ein Gelage im Grünen vorliegt. Und daß der Sitzende das liturgische Brotbrechen (κλάσις ἄρτου, fractio panis) vollziehe, erscheint ausgeschlossen durch das steife Vorstrecken der Arme; wer Brot brechen will, krümmt die Arme und hält das Brot nahe vor die Brust. Die vorgestreckten Arme erinnern etwas an Aufwärter wie im Seligenmahle der Vibia, nur daß solche die Hände mit der Schüssel etwas höher heben. Unser Sitzender kann indessen einen Aufwärter nicht wohl darstellen, weil es nicht angeht, sitzend und mit um die Beine geschlagenem Mantel zu servieren. An den Hörnern des Sigma sitzende Personen werden wir noch in anderen Mahlbildern finden; auch sie sind Selige. Als möglich geben wir zu, daß der christliche Beschauer durch das auf den Speisungsmythus aufgebaute Seligenmahl an den kirchlichen Typus des Vollendungsmahles, zugleich das Mittel zum Himmelsmahl, an die Eucharistie, sich erinnert fühlte.

Die Frau im Gelage erinnert notwendig an die analogen Erscheinungen in etruskischen Gruftgemälden, wo Mann und Frau die Kline teilen; das christliche Mahlbild geht gewissermaßen noch weiter, indem es die Frau in das Gelag der Männer einreiht. Das erklärt sich aus der idealen Bedeutung des Vorgangs; der Schauplatz ist im Himmel, wo man nicht freit und nicht gefreit wird.[1]

Kurz fassen können wir uns über die in den sog. Sakramentskapellen des Coem. Callisti erhaltenen vier Mahlbilder. Die Kammern stammen aus dem späteren zweiten Jahrhundert, die jüngere Serie aus dessen Ende. Es handelt sich überall um Gelage im Grünen und Seligenmahle. Zwar sieht Wilpert das Speisungswunder dargestellt als Bild der Kommunion; demgegenüber können wir uns auf früher Bemerktes beziehen: die Vorstellung vom Speisungswunder liegt wohl im Hintergrund, vielleicht klingt auch die Eucharistie mit an, aber der eigentliche Gegenstand des Bildes ist das Mahl der Seligen im Himmel.

Die Wände dieser Kammern wurden gleich bei ihrer ersten Anlage zur Aufnahme mehrerer Fachgräber übereinander bestimmt, daher mußte sich die Wandmalerei in der Hauptsache auf die friesartigen Streifen zwischen den Fachgräbern beschränken. Aus dieser gräberreichen Anlage folgt noch das Weitere, daß hier die Fondwand nicht so wie sonst als Hauptwand betont ist, wir finden das Hauptbild, das Mahl, nicht bloß an der Fondwand, sondern in einigen Kammern auch an einer

---

[1] Wilpert, Fractio panis, die älteste Darstellung des eucharistischen Opfers in der Cappella greca 1895 Taf. 3. 13; ders., Malereien 286 Taf. 15, 1. de Waal, Röm. Quartalschr. 1895, 527. Liell, Fractio panis oder cena coelistis? Kritik der fractio panis von Wilpert, Trier 1903. Leclercq bei Cabrol, Dictionn. I 1903, 707 Fig. 172.

Nebenwand, doch immer an zentraler Stelle. Es ist nämlich zu bemerken, daß, soweit die Malereien sich erhielten, sie im ganzen die gleiche Auswahl von Typen zeigen, nur sind diese in den verschiedenen Kammern verschieden verteilt, wie es scheint nach Laune des Malers.

Im einzelnen bleibt wenig hinzuzufügen. Das Mahl in der Gruft A² ist besonders flüchtig gemalt, auch in engerem Rahmen knapper gehalten. Die Figuren sind nur im Gesamtschema angegeben, ohne Differenzierung von Körper und Bekleidung; daher das Mißverständnis, die Gäste seien nackte Fischer, und es sei das Mahl der sieben Jünger am See Tiberias dargestellt (nach Joh. 21). Die Siebenzahl der Gäste ist doch nur die typische. Auch das Fehlen der Brotkörbe hat nichts zu bedeuten; könnte es in irgend einer Richtung beweisen, so spräche es für das simple Seligenmahl. — Das Mahl in A³ steht an zentraler Stelle der Fondwand, umgeben von Seligen. Die sieben Gäste tragen den kurzärmeligen Leibrock; der mittelste langt über die Rolle hinweg nach der himmlischen Speise; zwei Schüsseln stehen im Halbrund, jede mit Fisch. Acht Brotkörbe sind aufgestellt, links und rechts je vier, aber mehr zusammen und vor das Gelage gerückt (vgl. unsere Abbildung auf Seite 198). — Sodann die zwei Bilder aus der jüngeren Serie. Das Mahl in A⁵ läßt die Kleidung der sieben Gäste kaum erkennen; der Körbe sind es sieben. Das in A⁶ ist besser ausgeführt; die sieben Gäste sind bekleidet, mehrere tragen deutlich den Mantel. Zwei Schüsseln scheinen Fische, eine dritte mittlere Brot enthalten zu haben. Hier waren es zwölf Körbe.[1]

Die meisten Mahlbilder finden sich im Coemeterium Petri et Marcellini; aus dem dritten und vierten Jahrhundert stammend zeigen sie manches Eigentümliche. Die Brotkörbe aus dem Speisungswunder fehlen, weshalb auch Wilpert diese Bilder, von gewissen Ausnahmen abgesehen, als Darstellungen des himmlischen Mahles anerkennt. Die Art des Gelages schwankt, und es bleibt mehrfach unklar, ob das Sigma auf dem Boden oder auf hemicyklischer Pritsche liegt; es kommt vor, daß die Darstellung widerspruchsvoll ist, wie in dem ältesten dieser Bilder, der sog. Hochzeit zu Kana. Da liegt die grün gestreifte Rolle deutlich an der Erde; trotzdem steht die Schüssel nicht auf dem Boden, sondern auf einem Dreibein, wie im Seligenmahl der Flaviergalerie mit den zwei auf dem Kanapee sitzenden Männern. Typologisch betrachtet stellt sich das Bild als ein Seligenmahl dar, mit sieben Gästen und dem vorn links stehenden Pagen in langem Haar und umgegürteter Tunika, eine Schüssel auf den Händen. Den Boden aber bedeckt diesmal grünes Laub; da die Blätter nicht aufrecht, sondern wagrecht gemalt sind, so erkennt Wilpert, anscheinend richtig, gestreutes Laub; das wäre also ein rechtes Stibadium, wie es Herodes Atticus den Athenern bot, und das ebenso wie dieses im Freien gestreut sein könnte; ob aber auch im Paradiese? Dem Gelage nun hat der Maler einen zweiten Typus hinzugefügt, vorn rechts, das Weinwunder (das hier noch nicht zu besprechen ist). Die Frage ist nun, ob unser Maler die zwei Typen zusammengeschoben hat, wie die Maler der Sakramentskapellen das Seligenmahl und die Brotkörbe aus dem Speisungswunder, lediglich geleitet durch die zwischen beiden Typen bestehenden gedanklichen Beziehungen; oder ob er durch die

---

[1] Kallist A²: Wilpert, Malereien 290 Taf. 27. 2. — A³: eb. 289 Taf. 41, 3. — A⁵: eb. 292 Taf. 41, 4. — A⁶: eb. 291 Taf. 15, 2.

Kombination der zwei Typen wirklich die johanneische Hochzeit zu Kana hat zur Darstellung bringen wollen.[1])

Vorweg genommen sei die Dekorationsmalerei in der Kammer der Quintia, des späteren dritten Jahrhunderts. Beiderseits des obersten Fachgrabes in der Hinterwand steht je eine Orante; über ihren Köpfen liest man Buchstaben, links . . IN, rechts TIA, zusammen gelesen gibt das C]INTIA (soviel wie Quintia). Oberhalb des Grabes aber, an der bedeutenden Stelle, sieht man eine Frau am Boden gelagert, den Ellbogen anscheinend auf ein Kissen gestützt, die Rechte hebt einen Becher. Die Buchstaben KEN beim Becher haben jetzt keine sichtbare Fortsetzung; es war wohl auch der Name der Verstorbenen auf griechisch wiederholt KENτια (für KOINTIA). Beiderseits der Tür steht je ein Tafeldiener, von denen der rechts eine Kanne, der andere einen Becher hält. Die gelagerte Quintia ist ihrer Seligkeit ebenso froh wie die zweimalige adorierende. Auch die zwei Aufwärter, nicht unpassend neben der Tür gemalt, weisen auf das himmlische Gelage; doch wie sie gemalt sind, in Vorderansicht und, wenigstens der mit dem Becher, die Linke spreizend, nehmen sie Züge der Oranten an: es sieht fast so aus, als hätte der Maler zuerst links von der Tür nur einen Oranten gemalt und wäre erst während der Arbeit auf das Pagenmotiv gekommen.[2])

Dem dritten Jahrhundert gehören noch zwei Bilder an. Das eine, aus Kammer VI, zeigt ein Ehepaar beim Gelage. Das Dreibein steht vor dem Sigmapolster; es bleibt unklar, ob die Rolle auf dem Boden liegend gedacht ist wie in der „Hochzeit zu Kana" oder auf einer Pritsche. Ein Aufwärter, die Serviette (mappa) über die Linke gehängt, reicht dem Manne einen Becher (bei Wilpert nicht als Becher zu erkennen); bei der Dame steht eine Dienerin, die Mappa über die Schulter geworfen. Sie legt die Hand an das Polster; die Hebung der Hand hierbei spräche für ein erhöhtes Lager, es wäre denn, daß das Mädchen die Hand nicht wirklich an das Polster legte, sondern nur frei vorstreckte. Das Bild ist in mancher Beziehung ein Vorläufer der späteren Seligenmahle dieser Katakombe; aber es hat links neben sich ein Nachbarbild, wohlverstanden in besonderem Rahmen und auf etwas verschiedenem Niveau. In dessen erhaltenen Figuren erkennt Wilpert die Dame der Mahlszene wieder, mit ihrem Mädchen, das diesmal einen Sack über die Schulter geworfen habe, für die Gemüse, welche die Herrin eben einzukaufen im Begriffe stehe; deshalb müsse auch das Mahlbild daneben eine Szene aus dem Leben wiedergeben, nämlich einen Leichenschmaus, zu dem jene Gemüse dienen sollten. Leider ist vom „Waarenkorb" nur ein kleiner Rest erhalten, der eigentlich nicht nach Korbgeflecht aussieht, und von der postulierten Verkäuferin gar nichts mehr, so daß ein sicheres Urteil nicht gefällt werden kann. Eine Szene aus dem Gewerbeleben mag vorliegen; das würde aber nicht ausreichen, um ein Seligenmahl im Nachbarbild auszuschließen.[3])

Das Mahlbild in Gruft VII ist sehr verblichen. Man erkennt sechs Gäste hinter dem Sigmapolster gelagert. Sich umwendend, streckt der erste die Rechte nach dem Becher, welchen der (bis auf eine Spur seiner Hand mit dem Becher verschwundene)

---

[1]) Kana: Wilpert, Malereien 302 Taf. 57. — Page (delicatus): Marquardt-Mau, Röm. Privataltertümer I 158. Wilpert, Malereien 302. 507.

[2]) Wilpert, Malereien 477 Taf. 107, 1. 3.

[3]) Kammer VI: Wilpert, Malereien 506 Taf. 62, 2. In der Herstellung auf Seite 508 hätte die gesonderte Umrahmung der, wie im Text Seite 507 richtig angegeben ist, auf verschiedenem Niveau stehenden Nachbarbilder wiedergegeben und im Bilde links wie sonst die Grenze der Ergänzung eingetragen werden sollen.

Aufwärter ihm reicht; der dritte und sechste scheinen die Becher zum Munde zu
führen, der fünfte streckt die gespreizte Hand aus (es ist die Gebärde des Orans,
wirkt aber in diesem Zusammenhang und mit der Kopfwendung ganz anders). Im
Halbrund des Sigma stehen ausnahmsweise drei Tischchen. Das wäre soweit ein Seligenmahl wie irgend eins. Unmittelbar daneben aber, ohne irgend eine Trennungslinie,
ist eine Felswand gemalt mit einem daran hauenden Fossor; es folgt noch kaum der
Schatten eines anscheinend gebückten, wie vermutet wird, die Felstrümmer auflesenden
Mannes. Wilpert glaubt mit dieser Fossorengruppe den Ort des Gelages angedeutet,
es finde in der Gruft statt „oder vielmehr" über der Katakombe, nämlich in einer
oberirdischen Cella; auch dieses Gelage sei ein „Totenmahl". Solche Mahle, abgehalten
von den Hinterbliebenen zu Ehren des Verstorbenen, teils als Leichenschmäuse bei
der Beerdigung, teils wiederkehrend am Todestag, waren antiker Brauch, heidnischer
und christlicher; die Frage ist nur, ob irgendwas in dem vorliegenden Gemälde uns
zwingt, es so zu verstehen. Wenn der Leichenschmaus über der Erde abgehalten
wurde, dann kann das Festlokal nicht durch eine Gruppe unter der Erde arbeitender
Fossoren angedeutet sein. Es bleibt also beim Seligenmahl.[1]

Die übrigen Mahlbilder des Cömeteriums gehören dem vierten Jahrhundert an.
Eines, das letzte dieser problematischen, befindet sich schlecht erhalten über dem
Arkosol neben Kammer X; schon diese Anordnung läßt ein Seligenmahl vermuten.
Abweichend von allen übrigen christlichen Mahlbildern scheint hier ein länglicher
Tisch aufgestellt; zwei Böcke tragen eine geometrisch in Aufsicht gezeichnete und wie
mit Intarsien verzierte Platte. Dahinter sitzen oder liegen drei Personen; der Bärtige
rechts spricht zu einer dort herankommenden Person. „Der an der linken Ecke sitzende
Gast hält in der Rechten ein Glas und bietet es einem mit Schuhen und der Discincta
bekleideten Manne an, der die Rechte nach dem Becher ausstreckt und sich dabei
mit der Linken auf einen Stab stützt. Der Stab legt nahe, daß der Künstler in diesem
Manne einen Armen, der um Almosen bittet und von den Mahlgenossen mit Wein
erfrischt wird, vorführen wollte. Dadurch ist zugleich auch gesagt, daß die Szene
ein Totenmahl vergegenwärtigt; denn ein Armer ist mit dem paradiesischen Mahl
unvereinbar." So Wilpert. Den armen Lazarus will er natürlich nicht vom paradiesischen Mahl ausschließen; denn sobald der im Paradiese war, hörte er auf, arm zu
sein. Nach dem üblichen Kompositionsschema der Mahlbilder würde man an dieser
Stelle eher den Aufwärter erwarten. Die Frage wäre also, ob der Stab in der Hand
des Mannes auf einen Bettler zu schließen zwingt; oder ob es ein Pilger zum Himmel
sein könne bei seinem Eintritt (dessen Wanderstab wäre schließlich kaum naiver als
die Leiter, auf der in anderen Bildern Selige in den Himmel steigen, obschon das
Steigen der altchristlichen Kosmographie allerdings angemessener ist als das Wandern);
oder endlich, ob ein Stab in der Hand eines Tafeldieners, etwa des Trikliniarchen, so
ganz undenkbar wäre. Nun, in dem Hause am Südrand des Palatin, etwa aus der Zeit
der Antonine, sind die Wände des Trikliniums mit Säulenarchitekturen bemalt; vor
den Säulen bewegen sich als passende Staffage lebensgroße Dienergestalten in ungegürteten Tuniken, der Tür zunächst und ihr zueilend der Trikliniarch, mit der Rechten
die Gäste zum Eintreten einladend, einen Stab in der Linken.[2]

---

[1] Kammer VII: Wilpert, Malereien 515 Taf. 65, 3.

[2] Wilpert, Malereien 516 Taf. 167. — Palatin: Petersen, Röm. Mitt. 1892, 194; Hülsen eb.
1893, 289 ff. mit Abb. Marchetti, Notizie scavi 1892, 44.

Endlich die vier anerkannten „himmlischen Mahle". Immerhin anknüpfend an die Traditionen unseres Cömeteriums sind sie doch durch besondere Kennzeichen so miteinander verbunden, daß mit Recht auf ihre Herstellung durch ein und dieselbe Künstlerfamilie des vierten Jahrhunderts geschlossen wird. Gemeinsam sind den vier Bildern Beischriften zum Gelage, Zurufe an zwei Personifikationen, Eirene und Agape, Zurufe, wie sie sonst an Aufwärter gerichtet wurden, nämlich, heißes Wasser zu bringen, und, den Wein mit Wasser zu mischen. Ungemischt trank man den Wein nur in bestimmten Fällen, für gewöhnlich mischte man ihn mit Wasser, auch bei eigentlichen Trinkgelagen. Das Wasser nahm man nach Belieben kalt oder heiß; aber nicht bloß warm, das hätte ein schales Getränk gegeben, sondern kochendheiß (calidam). Daher die Zurufe an die Aufwärter. In der pompejanischen Darstellung einer Kneipe heißt es „Gib etwas kaltes (Wasser)" Da fr(ig)idam pusillum, und in unseren Bildern „Gib heißes" Porge caldam, Da caldam, daneben der andere Ruf „Mische mir" Misce mi. Diese Zurufe nun werden hier nicht an die sonst üblichen Aufwärter gerichtet, sondern an jene Personifikationen des christlichen Friedens und der christlichen Liebe, Eirene und Agape. Das himmlische Gelage ist christlich ein Bild der Seligkeit; deren Genuß, verbildlicht im Becher, als Gabe des „Friedens" anzusehen, war ein natürlicher Gedanke in den Kreisen, welche die Ruhe im Frieden, den Frieden in Gott, im Christus, den Verstorbenen zu wünschen pflegten. Den Sinn der Agape präzis zu formulieren, ist bei der Mehrdeutigkeit des Wortes für uns schwieriger; man darf sogar fragen, ob der Maler selbst ihren Begriff so scharf gedacht habe, wie den der Eirene. Grabschriften des vierten Jahrhunderts enthalten das Wort in ihren Wunschformeln; dabei dachte de Rossi an die Liebe der Hinterbliebenen, Wilpert denkt an die Agape als Liebesmahl und überträgt die Bezeichnung direkt auf das himmlische Mahl. Was auch die richtige Erklärung sei, das christliche Gefühl empfindet mit dem Maler und findet die Agape neben der Eirene ganz am Platze. An der Siebenzahl der Gäste wird nicht mehr streng festgehalten, wohl aber an der symmetrischen Anordnung des Gelages; es zeigt wechselnd drei, fünf und auch sieben Gelagerte. Die vier Mahlbilder stehen jedes an der Rückwand eines Nischengrabes, unmittelbar über dem Grabtrog.[1]

Das erste befindet sich neben der Kammer XI. Drei Männer lagern hinter dem Sigma. Links steht „Irene da calda", rechts „Agape misce mi". Vorn an den Hörnern des Sigma sitzen zwei Frauen (es bleibt unklar worauf) einander zugewandt. Im Halbkreis steht die schlanke Amphora, der Dreifuß mit der Fischplatte, und ein Knabe, der einen Becher hebt.

Das zweite Exemplar steht in der Lünette des Arkosols an der Fondwand der „Kammer des Triklinarchen". Es sind fünf gelagerte Gäste, der mittelste trinkt, dann folgt auf jeder Seite von ihm ein Knabe und ein über die Rolle sich vorbeugender Mann. Links lesen wir „Agape misce nobis", rechts „Irene porge calda". Am

[1] De Rossi, Bull. crist. 1882 mit Tafeln. Wilpert, Malereien 470 Das himmlische Mahl. Eirene und Agape: eb. 471 f. Calda: Marquardt-Mau, Röm. Privataltertümer II 332 f. Mau in Pauly-Wissowas Realencykl. III 1346; der Selbstkocher eb. II 2594 unter Authepsa. Athenaeus III p. 124 f. und folg. Da fridam: C. J. L. IV n. 1291. Ferner Hülsen, Röm. Mitt. 1890, 287. 293. Gatti, Bull. archeol. comunale, Roma 1891, 164. Verteilt man caldam passive iis qui ad tetrastylum epulati fuerint, so klingt das wie ein milder Ausdruck für eine auf die epulatio folgende commissatio.

linken Horn des Sigma steht eine Frau mit Becher, am rechten eine mit Kanne,
beide einander zugewandt. Die Fischplatte ist nur zum Teil erhalten, der Dreifuß
darunter zerstört.

Das dritte Seligenmahl, im Arkosol der „Kammer·der Gaudentia“ hat ebenfalls
fünf gelagerte Gäste, darunter eine Frau. Die Zurufe lauten „Agape da calda“ und
„Irene misce“. Im Halbkreis steht der Dreifuß mit der Fischplatte, ein Aufwärter
mit Schüssel und wieder eine Frau mit Becher.

Das vierte Mahl, im Arkosol gegenüber der letztgenannten Kammer, hat drei
gelagerte Gäste, eine Frau zwischen zwei Männern; der Mann links hält in der einen
Hand den Becher und hebt die Rechte. Vorn standen wieder die zwei Frauen, die
links ist fast ganz zerstört, die rechts hält einen Becher hoch, wie in bacchischer Be-
geisterung; beide tragen die Haarkrone der Frauen im sog. Totenmahl der Kammer VI.

Dazu kommt noch ein fünftes, leider nur in geringen Resten erhaltenes Seligenmahl, auch an der Rückwand einer Grabnische. Es enthielt sieben gelagerte Gäste;
dafür fehlten die stehenden oder sitzenden Figuren vorn an den Hörnern des Sigma,
nur der becherhebende Knabe des ersten Bildes scheint hier an gleicher Stelle, rechts
vom Dreibein, wiederholt zu sein.

Problematisch sind die Frauen an den Hörnern der Sigmarollen. Sind sie die
Personifikationen Irene und Agape? Das wäre sehr antik, es wären Göttinnen; wir
besitzen die schöne Statue der Eirene, wie Kephisodot sie zu Athen einst schuf. Und
Agape würde zu den vielen Göttinnen der Art nur noch eine mehr sein. Aber
dürfen wir ohne zwingenden Grund den Christen solche Schöpfungen zuschreiben?
Die bildliche Darstellung geht doch über die Personifikation im bloßen Worte erheblich hinaus. Gerade das erste Bild scheint die Frauen lediglich als Gäste zu geben;
auf besonderen Sesseln sitzen sie (als Irene und Agape wären sie so, im Himmel
thronend, wirklich Göttinnen) an den Enden des Sigma, wie z. B. auf den griechischen
Heroenmahlreliefs am Fußende des Ruhebettes die Gattin des Heros sitzt; zum Bedienen aber ist ein Knabe da. Nachher allerdings scheinen die Zurufe des ersten
Bildes auf die zwei Frauen bezogen worden zu sein; denn im zweiten stehen sie, und
der einen ist eine Weinkanne in die Hand gegeben, das Attribut, welches in der
antiken Kunst sonst den einschenkenden Knaben und Mädchen eignet.[1]

Die Gruft mit dem zweiten Bild wird „Kammer des Trikliniarchen“ genannt,
nach einer Malerei an ihrer linken Wand. Dort sitzt, dem Seligenmahl an der Fondwand zugewendet, ein Unbärtiger in ungegürteter Tunika und streckt die rechte
Hand nach einer Art Napf aus, der auf anscheinend zweibeinigem Tischchen steht und
gebrockte Speise enthält oder allenfalls ein Kreuzbrötchen. Daß der Mann ein Vor-
schneider sei (scissor), ist durch nichts angedeutet; ein solcher würde seines Amtes
doch wohl stehend walten. Aber auch den Tafelmeister (tricliniarcha) müssen wir
uns nach seiner Darstellung im palatinischen Hause anders denken. Uns fällt auf,
daß der Sitz und der Sitzende, mit zurückgezogenem linken Fuß und vorgestreckter

---

[1] Erstes Bild: Wilpert 473, 1 Taf. 157, 1. Zweites: eb. 473, 2 Taf. 133, 2. Drittes:
eb. 474, 3 Taf. 184. Viertes: eb. 475, 4 Taf. 157, 2. Fünftes: eb. 303 Fig. 25 (Wilperts Ergänzung), Taf. 133, 3 (das Original im heutigen Zustand). Ein Aufwärter mit Schüssel noch Taf.
95, 1 aus dem früheren vierten Jahrhundert. Eine Aufwärterin oder Kneipwirtin bei Presuhn,
Pompeji 1878 Abt. V Taf. 6 ganz rechts. — Eirene des Kephisodot: v. Sybel, Weltgesch. d. Kunst[2]
235 Abb. — Heroenmahle: eb. 247, 3.

Rechten, im Schema übereinstimmt mit der sitzenden Frau links im ersten Bild. Nun liegt folgendes vor: die zwei sitzenden Frauen des ersten Bildes ließ der Maler des zweiten aufstehen und gab der einen den Becher des dort aufwartenden Knaben, der anderen die dazugehörige Kanne in die Hand; das Schema der im ersten Bilde links sitzenden aber benutzte er zu einer Neuschöpfung, eines, sagen wir homerisch an eigenem Tischchen bedienten Unbärtigen, in dem wir doch auch einen Seligen beneiden möchten. Die Einzelfigur einer Seligen in Gelage sahen wir noch eben vorher; und sitzend zeigte das himmlische Mahl der Flaviergalerie seine zwei Gäste. Nur das Tischchen und der Napf behalten in ihren Formen etwas Unbefriedigendes; das bleibt aber bei jeder Erklärung der Szene.[1]

Endlich zwei Mahlbilder des Coemeterium Maius (früher S. Agnetis oder Ostrianum genannt) aus dem vierten Jahrhundert. Das eine Seligenmahl, am Bogen eines Arkosols der Gruft I, hat unter aufgehängten Blätterschnüren die typischen sieben, teils weiblichen Gäste, von denen einige nach den Speisen greifen, andere den Becher zum Munde führen. Die Speisen bestehen in drei Fischschüsseln, zwischen denen zwei Brötchen liegen; der Publikation zu glauben läge das alles auf der Polsterrolle. Der Gast in der Mitte hat einen Nimbus, wie auch die zwei Putten an der Eingangswand nimbiert sind. Das andere Mahl ebenda, an der Rückwand des Arkosols in Kammer III, nimmt den linken Flügel der dreigeteilten Lünette ein; im Mittelfeld steht die Verstorbene als Orans, ihr Name wird Victoria gelesen; im rechten Flügel kommen die fünf klugen Jungfrauen im Zuge heran, mit brennenden Fackeln und kleinen Gefäßen, die sie mit der linken Hand an Bügelhenkeln tragen, den Ölgefäßen. Am Mahle nehmen nach den älteren Publikationen fünf Gäste teil; Bosio sah Männer und Frauen in gemischter Reihe wie üblich, Garrucci nur Frauen und sah in ihnen die fünf klugen Jungfrauen beim Gastmahl des himmlischen Bräutigams. Wilpert erkennt nur vier Gäste an, die auch ihm weiblichen Geschlechts und zwar Jungfrauen sind, die klugen Jungfrauen beim himmlischen Hochzeitsmahl; der fünfte Platz sei für die Verstorbene offen gehalten. Daß rechts von dem zentral angeordneten dritten Gast Raum genug für zwei weitere sei, gibt Wilpert (in seiner früheren Besprechung der Malerei) selbst zu; seine Wiedergabe aber ist zu klein und zu undeutlich, um irgend etwas erkennen zu lassen. Wir müssen daher die Frage nach der Zahl der Gäste ebenso offen halten, wie die nach ihrem Geschlechte. Soviel können wir mit Bestimmtheit sagen: einerseits das rechte Flügelbild mit den klugen Jungfrauen, denen die Teilnahme am Hochzeitsmahl des himmlischen Bräutigams gewiß ist, andererseits die Darstellung des himmlischen Mahles selbst im linken Flügel der Lünette charakterisieren die Verstorbene als Selige im Himmel.[2]

---

[1] Der sog. Trikliniarch: Wilpert, Malereien 474 Taf. 159, 2. — Palatin: oben S. 206.
[2] Coem. maius, Gruft I: Bosio, Roma sott. 447. Garrucci Storia II Taf. 60. Wilpert, Malereien 304. — Gruft III: Bosio, Roma sott. 459. Garrucci, Storia II Taf. 64, 2. Wilpert, Gottgeweihte Jungfrauen 1892, 66 Taf. 2, 5; Malereien 427, leider ohne Reproduktion des Gemäldes; eine solche in etwas größerem Maßstab wäre erwünscht gewesen.

Daniel in der Löwengrube.   Guter Hirt.   Jünglinge im Ofen.

Arkosolbogen im Coem. maius.

Die Erlösung.

„Der Ruhm des, der bewegt das große Ganze,
„Durchdringt das All, und diesem Teil gewährt
„Er minder, jenem mehr von seinem Glanze.
„Im Himmel, den sein hellstes Licht verklärt,
„War ich und sah —"

Unsere göttliche Komödie — sie hat es nur mit dem Paradies zu tun — muß bedachtsam vorschreiten. Bereits haben wir die Auserwählten beim Hochzeitsmahl des himmlischen Bräutigams gesehen; nun aber müssen wir Halt machen und zurückblicken auf eine Reihe Bilder, die noch nicht den Genuß der Seligkeit selbst darstellen, sondern nur erst die Gewißheit ihrer Erlangung aussprechen, die Mittel dazu vor Augen bringen, und den Vermittler.

Erlösungstypen.

Das Vertrauen der Christen, ihre Zuversicht auf die Gewißheit ihrer Hoffnung, aus dem leiblichen Tod (an das höllische Feuer braucht dabei nicht gedacht zu sein) erlöst zu werden in das ewige Leben (de morte ad vitam, Cypr. ed. Hartel III 147, vgl. Wilpert, Malereien 367, 1), hat in der Katakombenmalerei entschiedenen Ausdruck gefunden. Die religiöse Überlieferung, die ihnen heilig war, erzählte so manche Rettung durch die Hand Gottes, des Herrn. Solche Rettungen malten sie an ihre Gräber als Prototype der eigenen Erlösung vom Tode.

Alttestamentliche Typen. Diese stammen aus der israelitischen Überlieferung, wie sie in den biblischen Schriften vorlag. Die Auswahl entspricht dem wundersüchtigen Geschmack der Zeit, diese Rettungen aus allerlei Todesnot, des Daniel aus der Löwengrube, der drei Jünglinge aus dem glühenden Ofen, des Noah aus der Sintflut, des Jonas aus dem Bauch des Meertiers, des Isaak vom drohenden Opfertod usf. Mehrere sind auffallend oft wiederholt, sie waren beliebter als andere, vermutlich weil sie den Gedanken, auf den es den Christen ankam, besonders deutlich ausdrückten. Sinnbildlich sind alle diese Bilder zu verstehen; das Bild erschöpft seine Aufgabe, indem es eine Idee ausspricht. Nicht als ob der Maler nicht als Künstler empfunden hätte, aber das Künstlerische kommt nur in der Form des Dekorativen zur Geltung. Erst im dritten und vierten Jahrhundert keimt ein Interesse am Gegenstand auf, leise beginnt der Maler den Ton des Erzählers anzuschlagen, das Sinnbild möchte Historienbild werden.

Daniel in der Löwengrube. Der Typus hatte sich in 39 Exemplaren erhalten, davon sind drei verschollen (Abbildungen oben S. 155 im Orpheusplafond, S. 210 in der Kopfleiste dieses Kapitels, und unten in der des Kapitels „Selige im Himmel"). Auf Anstiften seiner Gegner, so heißt es, wurde Daniel in die Löwengrube geworfen, am anderen Morgen aber fand man ihn unversehrt, „weil er auf seinen Gott vertraut hatte", Daniel Kap. 6, vgl. das Stück vom Drachen Vers 38—39 Sept. Dargestellt wird er, die Hände betend erhoben, zwischen zwei Löwen, die symmetrisch angeordnet nach ihm hinschreiten oder sitzen, in der Regel mit drohend geöffnetem Rachen; auch berühren sie ihn mit gehobener Tatze. Daniel erscheint anfangs in der Tunika, seit dem dritten Jahrhundert nackt, vereinzelt auch mit einem Lendentuch (Wilpert Taf. 166, 2. 169, 1). Die christlichen Künstler suchten die Nacktheit nicht, wie es die heidnischen aus künstlerischem Interesse getan hatten; aber sie nahmen sie antik arglos, wo sie gegeben war, wie bei Adam und Eva, Jonas, Daniel. Gegeben war dessen Nacktheit zwar nicht im Buch Daniel, auch nicht im ursprünglichen bildlichen Typus, sondern in der Auffassung der späteren Maler; für die Löwengrube schob sich ihrer Phantasie die ihnen geläufigere Vorstellung von der Arena mit den Tierkämpfen unter und die der Verurteilungen „zu den Raubtieren", „zu den Löwen" (ad bestias, ad leones); diese Art Tierkämpfe aber wurde in mehr oder minderer Nacktheit ausgeführt. Was aber bedeutete das Bild den Christen? Natürlich einen Schmuck des Grabes und der Gruft; darüber hinaus aber nicht ein historisches Bild, der Endzweck war nicht, einen Vorfall aus der jüdischen Geschichte zu erzählen. Das Interesse der Christen an der jüdischen Geschichte ging gerade nur so weit, als ihr Christentum daran interessiert war; die biblischen Geschichten waren ihnen Prototype der christlichen Geschichten und der christlichen Erfahrungen. Der Gott Daniels „kann erretten und befreien, tut Zeichen und Wunder am Himmel und auf Erden, er, der Daniel aus der Gewalt der Löwen errettet hat" (Vers 28), er errettet auch den Christen aus dem Rachen des Todes. Einmal ragt Daniel mit halbem Leibe aus dem Boden hervor, wie aus einer Grube, etwa dem Grabe? so daß also im Daniel der aus dem Grabe, das ist dem Tod, ins Leben gerettete Christ selbst dargestellt wäre (vgl. die Abbildung in der Kopfleiste über unserem Kapitel „Selige im Himmel"). Sekundär finden wir bei den Kirchenschriftstellern Daniel noch für einen besonderen Fall prototypisch verwendet, als Trost im Martyrium; dahin konnte auch der von den Malern in die Arena verpflanzte Daniel gedeutet werden.

Daß gerade das Buch Daniel für die altchristliche Malerei wichtig wurde, darf nicht Wunder nehmen nach der großen Bedeutung, die dem Buche für das nachpersische, hellenistische Judentum zukommt, aus welchem wiederum das Christentum hervorgehen sollte. Zu dieser Volkstümlichkeit des Buches unter den Christianern, die auf seiner ganzen ihnen zusagenden Geistesart beruhte, kam noch die Analogie zwischen den Verfolgungen der Christen mit denen der Juden unter Antiochus Epiphanes. Als eine Trost- und Mahnschrift an die Juden war damals das Buch Daniel entstanden; sie sollten nur in Gottvertrauen aushalten, so würden sie errettet werden wie einst Daniel in der Löwengrube errettet worden sei. Den analogen Trost also konnten auch die Christen in Verfolgungen aus der Danieldichtung schöpfen; aber das ist, wie gesagt, nur eine sekundäre Bedeutung des Typus, die Anwendung auf einen besonderen Fall, die primäre und allgemeine ist die der gewissen Erlösung aller Christen aus dem leiblichen Tod in das ewige Leben.[1]

Aus dem Buch Daniel sind auch die drei Jünglinge im glühenden Ofen genommen; von 17 bekannten Exemplaren des Typus sind 14 erhalten (Abbildung in der Kopfleiste dieses Kapitels). Weil die Jünglinge das vom König Nebukadnezar aufgerichtete goldene Bild (doch wohl ein Götterbild) nicht verehren wollten, wurden sie gefesselt in den glühenden Ofen geworfen, der so heiß war, daß die Henker durch die Glut getötet wurden; aber die drei Jünglinge bewegten sich unversehrt im Feuer, so daß Nebukadnezar sie herausrief und hoch ehrte (Daniel Kap. 3). In der Malerei erscheinen die Jünglinge, Israeliten am persischen Hof in persischer Tracht, in der typischen Barbarentracht der griechischen Kunst, die wir am Sabaziospriester Vincentius sahen; hier erscheint sie vollständiger, zu phrygischer Mütze, Ärmelkleid und umgeknüpftem Mantel kommen noch die engen Hosen. Mit betend ausgebreiteten Händen stehen sie in einem flammenden Ofen (der in unserer Abbildung wie öfter rund ist), Feuer schlägt auch aus den Schürlöchern. In späteren Bildern lassen die Maler den Ofen manchmal weg, das Feuer scheint auf dem Boden zu brennen (Wilpert Taf. 114 u. a.). In einem Exemplar aus dem späteren dritten Jahrhundert fliegt den Jünglingen von oben her eine Taube mit Ölzweig im Schnabel zu, die ist aus dem Noahtypus herübergenommen, die Taube des Friedens (Taf. 78, 1); in einem anderen aus dem vierten Jahrhundert erscheint die Hand Gottes schützend über ihnen (Taf. 172, 2). Jene Friedenstaube bestätigt, was ohnehin klar ist, daß das Bild der Jünglinge im flammenden Ofen ein eben solches Prototyp für die Rettung der Christen aus dem Tod in das ewige Leben ist wie Daniel in der Löwengrube. Wo die Flammen nicht in einem Ofen, sondern auf dem Boden brennen, denkt man an eine beabsichtigte Annäherung an das Martyrium des Feuertodes. Die römischen Kommentatoren dieser Bilder lieben es, Äußerungen der Kirchenschriftsteller über die Härte der Martyrien zu wiederholen; sie bedenken nicht, daß die römische Kirche das Beschwerderecht verwirkt hat, seitdem sie zur Macht gelangt, im Interesse ihrer Macht, den Scheiterhaufen gegen die Reformatoren ihrer Zeit ihrerseits anwenden ließ. — Auf zwei Bildern erscheint zwischen den Jünglingen der Engel, den Nebukadnezar bei ihnen im Feuer sah (Vers 25; Wilpert n. 5, de Rossi, Roma sott. Taf. 15, 1 und Wilpert n. 15 Taf. 231, 1). Der zweite Engel hat den Nimbus. Wenn es richtig ist, daß in der

---

[1] Daniel: Wilpert, Malereien 41. 148. 332. 335 mit Verzeichnis der Exemplare. Ob die Maler Dan. 6 oder die jüngere Version (vom Bel und vom Drachen, Swete III 586, Rothstein bei Kautzsch, Apokryphen 172. 192) im Sinne hatten, verraten die Gemälde nicht. Vgl. auch Leclercq bei Cabrol, Dict. I 1903, 457 im Artikel Ad bestias.

christlichen Kunst des vierten Jahrhunderts nur der Christus den Nimbus erhält, so wäre hier für den Engel der christliche Erlöser selbst eingesetzt, was die Deutung der Bilder als Symbole der Erlösung aus dem Tode nur bestätigen könnte.[1])

Aus der Erzählung von den drei Jünglingen hob man im vierten Jahrhundert noch eine andere Szene zu bildlicher Gestaltung heraus, nämlich wie sie das von König Nebukadnezar errichtete goldne Bild anzubeten sich weigern. Man kennt nur zwei Exemplare des Typus, das eine, in Priscilla, ist in schlechtem Erhaltungszustand, das andere, in Kallist, liegt nur in der für das Einzelne unzuverlässigen Kopie bei Bosio vor. Das erste zeigt das goldne Bild in Gestalt einer bärtigen Porträtbüste auf Hermenschaft zwischen dem auf einem Stuhl sitzenden König und den drei Jünglingen, die sich entschieden abwenden, als wollten sie forteilen, und dabei abwehrende Gebärden machen; die Kopie des andern Exemplars gibt den König stehend (Abbildung unten unter „Syntax"). Wenn der König in beiden Exemplaren wirklich in römischer Kaisertracht gemalt war, so mag in der Komposition wie in der ganzen Konzeption bei den drei Israeliten mehr an die Christen gedacht sein, wie sie den Kaiserkult weigerten. Es scheint, als ob Anspielungen auf die christlichen Martyrien weniger durch ihr Vorkommen selbst, als durch den im vierten Jahrhundert zur Blüte gekommenen Märtyrerkult veranlaßt seien.[2])

Aus der altisraelitischen Literatur genommen ist Noah in der Arche. Der Typus erscheint unter den frühesten, neben Daniel in der Flaviergalerie, und gehört zu den häufiger vorkommenden; von 32 bekannten Exemplaren sind 28 erhalten. Gen. 6—8 erzählt die Geschichte von der Sintflut; den „Kasten" des Jahwisten malt der Priesterkodex aus als einen Riesenbau von 300 Ellen Länge, dessen viele Zellen in drei Stockwerken an den Tempel erinnern. Die Maler zeichnen die Arche ($\varkappa\iota\beta\omega\tau\acute{o}\varsigma$ Sept.) als einen gewöhnlichen Kasten, der Deckel ist, wenn angegeben, aufgeschlagen. Die Arche schwimmt im Wasser; bisweilen scheint sie auf Land zu stehen, ist aber nicht etwa als gelandet gedacht. Noah, bartlos, in der Tunika mit zwei Vertikalstreifen (tunica angusticlavia), steht mit betend ausgebreiteten Händen im Kasten, so daß er mit halbem Leibe daraus hervorragt. Die ganze Erscheinung der Figur ist nicht die eines biblischen Patriarchen, wie er in einem Historiengemälde zu erwarten wäre, sondern eines Christen der frühen Kaiserzeit, hier dargestellt im Schema der Seligen im Himmel; immer dieselbe Symbolik, auch Noah Prototyp des seligen Christen, Noah in der Arche Sinnbild der Erlösung aus dem Tod ins ewige Leben. Wenn die Arche eines späten Exemplars (Wilpert n. 31), wie die allein vorliegende Kopie sie gibt, als eine Art Sarkophag mit Löwenköpfen gezeichnet war, so sprach es den Gedanken nur noch unmittelbarer aus; allgemein darf man indessen nicht sagen, die Arche sei der Sarg. — Zum Typus gehört die heranfliegende Taube mit dem Ölzweig im Schnabel. In der Erzählung war sie das Zeichen der Rettung für Noah, im Bilde ist sie das besondere Symbol der Erlösung aus dem Tod in den ewigen Frieden. In dieser ihrer selbständigen Bedeutung konnte die Kunst sie auch sonst verwenden, wir fanden sie bereits einem Bilde der drei Jünglinge im flammenden Ofen hinzugefügt. Auch bei diesem Typus bemerken wir

---

[1]) Drei Jünglinge im flammenden Ofen: Wilpert, Malereien 42. 332. 356 mit Verzeichnis der Exemplare.

[2]) Drei Jünglinge vor Nebukadnezar: Wilpert, Malereien 332. 357. 361 Taf. 123.

Noah in der Arche.

Coem. Domitillae.

in späteren Bildern, seit dem dritten Jahrhundert, ein Erwachen der Neigung zum Erzählen; da sehen wir Noah sich der Taube zuwenden und ihr die Hände entgegenstrecken (Wilpert Taf. 73. 196). Diesen zweiten Noahtyp hat die Stadt Apamea in Phrygien seit der Zeit des Kaisers Septimius Severus auf ihre Münzen gesetzt: Noah und seine Frau stehen im Kasten, an deren Vorderseite Noahs Name steht ($N\omega\varepsilon$); auf dem Deckelrand sitzt der Rabe, die Taube mit dem Ölzweig fliegt herzu. Der Anlaß, die Noahgeschichte in der phrygischen Stadt zu übernehmen (und später, die Landung der Arche daselbst zu lokalisieren), wird in ihrem Beinamen Kibotos, Kasten, gefunden; vermittelt ist sie vielleicht durch dort ansässige Juden.

Man wird aber bemerken, daß der Typus nicht einfach aus den Katakomben auf die Münze übertragen wurde; das Münzbild geht im Erzählen weiter, fügt die Frau und den Raben hinzu. Es bleiben die Fragen zu beantworten, wie wir uns die Entwicklungs- und Verbreitungsgeschichte des Typus zu denken haben und von wo er seinen Ursprung genommen hat.[1])

Unter den Kindheitslegenden von Heroen und Göttern gibt es einen Typ, der Analogien hat zur Arche: junge Mütter sind es, die mit ihrem Kinde von ihrem entrüsteten Vater in einem Kasten aufs Meer hinausgestoßen, immer aber ans Land getrieben und gerettet werden; so Semele mit dem Bacchuskind, so Danae mit dem kleinen Perseus. Rotfigurige Vasen schildern die Aussetzung der Danae, bereits steht sie mit dem Knäbchen auf dem Arm im Kasten, der Tischler ist noch an der Arbeit, mit dem Drillbohrer. Oder die Mutter wird allein in den Kasten gesetzt, wie Auge, die Mutter des Telephos. Auf einer Münze von Elaea, geprägt unter Marc Aurel, sehen wir die Rettung der Auge: der Kasten ist gelandet, in einem Fischernetz hatte er sich gefangen; der schwere Deckel wird geöffnet, und Auge, die Schöne, zeigt sich; sie faßt die Hand des ersten Fischers, um herauszusteigen. So landen aber auch die Geschwister Tenos und Hemithea auf Tenedos, und so landet Thoas, der Vater der Hypsipyle, auf Oinoe. Die Kasten der Danae und der Auge sind als Tischlerarbeit gezeichnet, jede Wand ein System von Rahmen und Füllung; bei Noah aber tritt bisweilen noch präziser hervor, was gemeint ist, nämlich das Kastenmöbel, wie es im antiken Hause gebräuchlich war, als Gewandtruhe und als Geldkiste ($\varkappa\iota\beta\omega\tau\acute{o}\varsigma$, arca;

---

[1]) Noah: Wilpert, Malereien 41. 262. 333. 344 m. Verz. de Waal, Röm. Quart. 1896, 338. Unsere Abbildung gibt das Exemplar mit maniert gezeichnetem Deckel nach Garrucci; im Original, Wilpert Taf. 56, schwimmt die Arche in durchsichtigem Wasser, die rechte Hand des Noah ist geöffnet wie die linke. — Apamea: Head, Hist. num. 558. Hirschfeld bei Pauly-Wissowa I 2665. Leclercq bei Cabrol, Dictionn. I 1906, 2509 Fig 825—827. Vgl. ebenda 2710 Art. Arche.

die Maler nahmen den Schrifttext beim Worte). Geldkisten sind in mehreren Atrien Pompejis gefunden worden; stark gearbeitet und mit Metall beschlagen, auch fest mit dem Fußboden verbunden dienten sie wie diebssichere Schränke.[1])

Daniel und die drei Jünglinge stehen, wie Noah, mit betend ausgebreiteten Händen; die Israeliten stehen allezeit vor dem Angesicht ihres Gottes, auf den sie vertrauen (Dan. 3, 28). Das Gebetsschema ist hier ein Ausdruck eben dieses Vertrauens, durch das sie siegreich aus der Not hervorgehen; es ist nichts weiter, nicht der Ausdruck eines Bittgebets. Die Texte lassen weder Noah im Kasten noch Daniel in der Löwengrube beten, auch in der zwischen Dan. 3, 23 und 24 vermuteten Lücke braucht kein Gebet gestanden zu haben. Die Texte berichten nichts dergleichen, daß die Genannten sich in tiefer Not gefühlt und zu ihrem Gott geschrien hätten; erst die große Interpolation der genannten Stelle bringt ein Gebet und einen Gesang. Aber was ist der Inhalt? Das „Gebet Asarjas" ist ein Bußpsalm Israels im Exil, den man in die Erzählung eingelegt hat, ohne daß er irgend eine Beziehung zur Situation hätte; der Gesang aber ist ein Lobgesang und endigt mit Dank. Mit den christlichen Märtyrern steht es ähnlich. Ihre Seele war so ganz ausgefüllt vom, man darf wohl sagen, bergeversetzenden Vertrauen, daß kein Raum mehr darin blieb für Wünsche oder Bitten; sie hatten nur die Seligkeit vor Augen, viele visionär, gar nicht als Wunsch, sondern als Gewißheit; in der Marter leuchtenden Angesichts breiteten sie ihre Arme aus, sie zu umfassen. Das ist freilich auch gebetet, und wie, aber nicht in der Form des Bittgebets, sondern eben in der des Umfassens und Ergreifens. Auch sie drängte es zu Dankgebet und Lobgesang. Ist doch Jubel und Dank die christliche Grundstimmung, äußere Not reicht nicht an die Seele des Christen, am wenigsten des Märtyrers. So ist Dank und Jubel auch die christliche Friedhofsstimmung, sie klingt in tausend Tönen aus allen Malereien der Katakomben.

Daniel im ursprünglichen Typus, bekleidet, und Noah durchaus, sind in derselben Tracht und Haltung gemalt wie bald auch die Verstorbenen gemalt wurden im Paradiese stehend, wir lassen einstweilen dahingestellt, ob individuell oder generell. Maler, Besteller, Beschauer, alle sahen im Prototyp immer sich selbst. Das ist wieder ein antiker Zug, durch viele Belege zu erhärten. Wir wollen nicht dabei verweilen, daß Damen im Typus der Venus, der Ceres oder Proserpina (so wird vermutet) dargestellt wurden, Antinous als Bacchus, der Kaiser als Juppiter, die Kaiserin als Juno. Näher liegen die Sarkophagreliefs der Kaiserzeit, teils Bilder des unerbittlichen Todesgeschicks, teils eines bacchisch seligen Daseins; da kommt es denn vor, daß in tragischen Szenen dem Heros, etwa Meleager, die Porträtzüge des Verstorbenen gegeben sind, der Verstorbene ist im Typus des tragischen Heros idealisiert.[2])

Andre biblische Prototype sind zu sehr in Anspruch genommen, um die Hände betend ausbreiten zu können. Auch dann ist die Sinnbildlichkeit unverkennbar, vollends, wenn das Gebetsschema sich ausnahmsweise doch durchgesetzt hat, bisweilen im Widerspruch zur Geschichte.

---

[1]) Kastensagen: Marx, Athen. Mitteilungen 1885, 25 (zur Münze von Elaea, abgeb. eb. Seite 21). Zu Auge vgl. noch Wernicke bei Pauly-Wissowa II 2305f. Danae: Escher bei Pauly-Wissowa IV 2086; die Vase bei Gerhard, 14. Berliner Winkelm.-Progr. 1854 m. Taf. arca: Overbeck-Mau, Pompeji, Register unter Geldkisten. Mau, Pompeji 238 Abb.

[2]) Venus: Dümmler bei Pauly-Wissowa I 2786. — Proserpina: v. Sybel, Weltgesch. d. Kunst [2]275, 2. — Antinous: Wernicke bei Pauly-Wissowa I 2441.

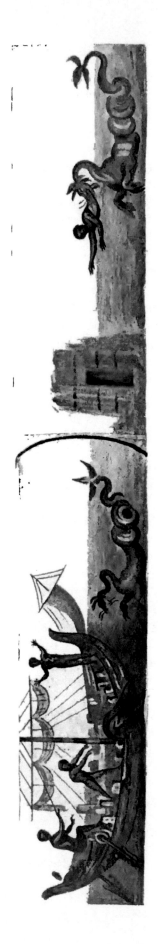

Die Dichtung vom Propheten Jonas hat mehrere
Typen geliefert, zum Ausdruck der beiden Ideen, der
Rettung aus dem Tod ins Leben, und der Seligkeit.

Die Rettung aus dem Rachen des Todes. Der
Rachen des Todes, ein uraltes und weitverbreitetes Bild,
wurde bis in die christliche Literatur hinein festgehalten;
es klingt in mehreren griechischen Sagen an, wenn auch
in deren poetischer Ausgestaltung das Untier nur tod-
bringend, nicht Personifikation oder Sinnbild des Todes
ist. Andromeda, einem Seetier (κῆτος) zum Opfer an-
boten, wurde von Perseus befreit. Der mächtige Rachen
ragt in das Bild einer altkorinthischen Vase, Perseus
wirft Steine nach ihm; aus der Zeit der freien Kunst gibt
es herrlich gezeichnete Darstellungen. Es kommt aber
auch die Befreiung buchstäblich aus dem Rachen des Tiers
vor, also ein Verschlingen und Wiederausspeien. Hesione,
im Parallelmythus zur Andromeda, wurde von Herakles
befreit; das herandringende Ketos aber verschluckte den
Helden erst und spie ihn wieder aus; dabei verlor er sein
Haar und kam als Kahlkopf zum Vorschein. Auf dies
Abenteuer wird ein Vasenbild bezogen, das einen mit ge-
zücktem Schwert in einen riesigen Rachen eindringenden
Helden darstellt; wenn Herakles gemeint ist, so liegt eine
andere Version zugrunde. Nicht literarisch, nur monumental
bezeugt ist ein ähnliches Abenteuer des Jason. Der
kolchische Drache hat ihn verschlungen, aber das Tier
muß den Unverwundbaren wieder ausspeien; dies stellt
eine Trinkschale der Vorblüte dar. Wie ohnmächtig ent-
gleitet Jason dem Rachen, seine Schutzgöttin Athena steht
besorgt dabei, im Hintergrund hängt das goldne Vließ am
Baum.[1]

Die Israeliten besassen einen Psalm, der Jahwe für
Rettung aus tiefster Not dankt; diese ist näher bezeichnet
als Versinken in die Tiefe des Meeres. Ob ein wirklicher
Schiffbruch gemeint war oder ob das Versinken nur ein
Bild für tiefe Not ist, bleibt dahingestellt. Der Dankpsalm wurde in das Buch Jonas aufgenommen (man
beachte, Jonas spricht einen Dankpsalm, da er noch im

---

[1] Andromeda: Roscher, Lexikon I 345. Wernicke bei
Pauly-Wissowa I 2157. — Hesione: Furtwängler in Roschers
Lexikon I 2234. Vase: Mon. V Taf. 9, 2. Sextus Empir. adv.
gramm. p. 656 B ἡ δὲ Ἡρακλέους κεφαλὴ ἐψιλόνωτο ῥυεισῶν αὐτοῦ
τῶν τριχῶν, ὅτε ὑπὸ τοῦ ἐφορμῶντος τῇ Ἡσιόνῃ κήτους κατεπόθη (den
Nachweis der Stelle verdanke ich E. Maaß). — Jason: Trinkschale: Mon. II Taf. 35. Helbig, Führer II² 328 n. 1271. Seeliger
in Roschers Lexikon II 70. 83.

Bauche des Tieres ist). Wäre der Psalm nicht ein so spätes Produkt, so könnte man auf die Vermutung kommen, die Dichtung sei aus ihm herausgesponnen, unter Verwendung des alten Propheten Jona Kön. II 14, 25 und des Bildes vom Rachen des Todes für den Schoß der Unterwelt Vers 3; von den für Gnade undankbaren Heiden Vers 9 wäre es nicht weit zu den bösen Nineviten 1, 2. Aber auch wenn der Psalm jünger als die Dichtung und in sie nur nachträglich eingeschaltet ist, muß sie doch eine ähnliche Genesis gehabt haben. Jonas also will sich dem von Jahwe erteilten Auftrag, den Nineviten zu predigen, entziehen, indem er auf ein nach Tarsis bestimmtes Schiff flieht; da nun Jahwe einen Sturm erregt, läßt Jonas in seinem Schuldbewußtsein sich als Opfer ins Meer werfen, ein Ketos verschlingt ihn, speit ihn aber nach drei Tagen wieder ans Land aus. Auf wiederholten Befehl Jahwes geht Jonas nun nach Ninive und auf seine Predigt bessern sich die Nineviten usf. Aus dieser Erzählung wählten die Maler zwei Momente (beide in unserer Abbildung), einmal wie Jonas aus dem Schiff geworfen wird, in der See wartet das im verbreiteten, gerade auch bei den Wandmalern beliebten Typus der Seedrachen gezeichnete Ketos auf seine Beute (Wilpert Taf. 47, 2; in einer genetisch jüngeren Spielart werfen ihn die Schiffer dem Tier unmittelbar in den Rachen, Taf. 45; schließlich wird das Verschlingen selbst und allein dargestellt, die Beine des Propheten hängen aus dem Rachen, Taf. 104), sodann das andere Moment, wie der Seedrache ihn wieder ausspeit, den Kopf und die wie in der ersten Szene ausgebreiteten Arme voran, Taf. 26, 2. Das sind zwei sich gegenseitig bedingende Momente, pointierend in dem zweiten, der Rettung aus dem Rachen des Ketos; also ein in sich geschlossener zweigliedriger Zyklus, er bedeutet in der Katakombenmalerei, entsprechend dem Urgedanken vom Rachen des Todes, die Erlösung aus dem Tod ins ewige Leben.

Zu der Inhaltsangabe des Buches Jona haben wir noch den Schluß nachzutragen: verdrießlich über die Begnadigung der Nineviten setzt Jonas sich abseits; um ihn zu rügen, läßt Jahwe eine ihm Schatten gebende Kürbisstaude wachsen, am anderen Morgen aber verdorren, an des Propheten neuen Verdruß knüpft er dann seine Rüge, die Pointe des Buches. Ihre humane Idee ist besser als deren etwas gekünsteltes und schief geratenes Gleichnis; indessen geht uns hier nur der Gebrauch an, den die Katakombenmaler vom Propheten gemacht haben, wie er unter der Kürbislaube sitzt. Sie malen ihn unter einer Laube, die allerdings nicht, wie der griechische Text, von einer Kolokynthen-, sondern einer Flaschenkürbisstaude gebildet wird; dies wohl aus künstlerischen Gründen, weil nämlich der Flaschenkürbis leichter verständlich gemacht werden kann als der runde. Sodann aber malen sie ihn nicht sitzend, sondern am Boden gelagert, die Füße übereinandergelegt, den Ellbogen aufgestützt, den anderen Arm im ältesten Exemplar in den Schoß, nachher über den Kopf gelegt (Taf. 26, 1. 26, 3. Unsere Abbildung oben S. 154). Es ist das Schema der Ruhe, wie es in der heidnischen Kunst Berg-, Quell- und andere Ortsgottheiten zeigen, statuarisch z. B. die sog. Ariadne im Vatikan und in Madrid; ferner Endymion, der den ewigen Schlaf schläft, in einzelnen seiner Darstellungen. Jonas unter der Laube in diesem Schema gemalt, hat einen ganz anderen Sinn, als der im Buch. Einen Anhalt gab das Textwort „und Jonas hatte an der Kürbisstaude eine große Freude" Vers 6. Nun ist es ein unter einer Laube Ruhender (daß er schlafe, läßt sich im allgemeinen nicht behaupten). In der Katakombenmalerei bedeutet das Bild natürlich die Ruhe im Frieden des Paradieses. Dies Bild, selbständig entstanden, wurde als drittes Glied dem zweigliedrigen Seczyklus hinzugefügt. Unser ältestes Beispiel des dreigliedrigen Zyklus, vollständig, wenn auch zum Teil schlecht erhalten, liegt in der Gruft A[8] Callisti vor, in den obersten Friesen der drei mit Fachgräbern besetzten Wände; links sieht man Jonas' Auswerfung, rechts wie er ans Land gespien wird, an der Mittelwand, oberhalb des zentral angeordneten Seligengelages, ruht er unter der Laube (de Rossi, Roma sott. II Taf. CD. Wilpert n. 4 Taf. 26, 2. 3). Eine Nische der Gruft IV Priscillae zeigt umgekehrt rechts das Auswerfen, links das Ausspeien, aber in der Mitte, an der Lünette, wieder das Ruhen unter der Laube (Wilpert n. 5 Taf. 44, 2. 45, 2). Die drei Szenen kommen auch in einem und demselben Wandfries aneinandergereiht vor (Gruft A[6] Callisti, Wilpert n. 6 Taf. 47, 2). Endlich aber treten sie in die Kappenfelder der Decken ein, und zwar mit dem Typus des Verschlingens statt des Auswerfens, das vierte Feld erhält irgend eine andere Füllung. Diese Anordnung haben einige Decken in Petrus und Marcellinus, aber in so mannigfachen Variationen, daß es hier als bloßer Zufall erscheint, was wir als Regel erwarten möchten, wenn die Laube einmal oberhalb der Fondwand zu stehen kommt (Taf. 130; Wilpert n. 13. 19. 25. 26).

Schließlich erfand man, vielleicht gerade zu dem Ende, um alle vier Kappenfelder mit einem viergliedrigen Zyklus zu füllen, einen vierten Typus, eine Variante des dritten, des Jonas unter der Laube. Dabei hielt man sich, in mehr erzählender Tendenz, enger an den Buchtext: Jonas wird nun auf einem Stein oder am Boden sitzend dargestellt (Taf. 61, 96 u. ö. Abbildung in der Arkosolmalerei unten im Abschnitt „Syntax"). Die eine Hand stemmt er auf den Sitz, die andere führt er an das Gesicht. Die Gebärde deutet Trauer oder sonst eine Mißstimmung an und wird bei Jonas auf seinen Kummer über das Welken der Kürbisstaude bezogen (soweit die Publikation ein Urteil erlaubt, ist die Laube nur in den zwei späteren Exemplaren Taf. 221 und 233 als entblättert charakterisiert. Die Sonne Taf. 56 links ist bei Wilpert nicht zu erkennen, die Hauptfigur ist zerstört). Man findet Anlaß zu zweifeln, ob die Maler ihre Typen immer nach deren genauen Sinn verwendet haben; so stellen sie einmal in das Schiff, aus dem Jonas ausgeworfen wird, eine Orans, das ist eine Selige, nicht etwa eine Hinterbliebene beim Begräbnis, Wilpert n. 17. — Der Typus des trauernd oder sonst verstimmt, bedenklich, nachdenklich Sitzenden hat seine Geschichte, die manche ansprechende und bedeutende Kunstschöpfungen umschließt; er hat auch seine Entwicklungsgeschichte, die aber, wie sich das bei den meisten Gebärden wiederholt, sozusagen in absteigender Linie verläuft, dies nicht im Sinne von Verkümmerung, sondern von Abschwächung, aber mit dem Ergebnis größerer Mannigfaltigkeit der Typik. Das Grundschema ist Hocken am Boden, das Gesicht in die aufgestützten Hände vergraben, den Mantel über Kopf und Gesicht gezogen. Die drei Elemente des Schemas nun wurden oft abgeschwächt, sei es ein einzelnes oder mehrere zugleich. Für das Hocken am Boden konnte Sitzen eintreten, nach Umständen mit übereinandergeschlagenen Beinen, selbst Stehen. Der eine Arm mochte sich auf den Sitz stützen oder frei herunterhängen; auch der andere Ellbogen brauchte sich nicht fest aufzustützen, die Hand legte sich nur an das Gesicht. Der Mantel fiel. Es seien hier nur wenige hervorragendere Repräsentanten der verschiedenen Schematismen namhaft gemacht: Achill grollend, Elektra am Grabe Agamemnons trauernd, Penelope des Gatten harrend, Philoktet krank und verlassen auf Lemnos, Agamemnon starr bei der Opferung der Tochter; dann Verstorbene an Grabreliefs, aus Lakonien, aus Attika (Demokleides), auf Korfu, Klagefrauen (Statuen Saburoff, Reliefs an einem attischen Grabbau und am sidonischen Sarkophag der Klagefrauen).[1])

Schließlich muß erwähnt werden, daß Jonas von allen biblischen Typen am häufigsten gewählt ist, zu 57 Malereien in 129 Bildern. Verschiedene Szenen wurden auch isoliert verwendet, besonders gern Jonas unter der Laube.

Ein Herrenwort soll des Jonas gedacht haben. Die Pharisäer hätten Jesus aufgefordert, ein Zeichen vom Himmel geschehen zu lassen. Seine Antwort wird in drei verschiedenen Fassungen berichtet. Erstens „Ein böses Geschlecht; ob ihm ein Zeichen gegeben werden wird!" Mark. 8, 12; es klingt, als sei das Kommen des Messias in seiner Herrlichkeit gemeint. Zweitens „Es wird ihnen kein Zeichen gegeben werden außer dem des Propheten Jonas" Matth. 16, 4. Aber 12, 39. 41 wird die Erklärung hinzugefügt: „Die Niniviten werden beim Gericht wider dies Geschlecht aufstehen; denn sie besserten sich auf die Predigt des Jonas, und siehe, hier ist mehr als Jonas." Drittens Vers 40 „Wie Jonas im Bauch des Ketos drei Tage und Nächte war, so wird der Sohn des Menschen drei Tage und drei Nächte im Herzen der Erde sein." So gewiß dies kein echtes Herrenwort ist, ebenso gewiß verraten die Katakombenmaler keine Kenntnis desselben. Jonas, aus dem Seetier hervorgehend, Daniel aus dem Grabe, Noah aus dem Sarge, auf die Auferstehung zu deuten, konnte naheliegend erscheinen, diese Auffassung liegt aber nicht im Geiste der Katakombenmalerei. Auf die homiletischen, mehr oder minder geistreichen, frei hin und her spielenden Deutungen der Kirchenschriftsteller darf man sich nicht stützen. Nachdem ein Paulus das ganze Sein des Christentums wenigstens theoretisch auf die eine Karte des Auferstehungsglaubens gesetzt hatte, kann es auffallen, ihn im christlichen Volksglauben so wenig lebendig zu finden; aber die Tatsache besteht, noch entschiedener als die Grabschriften bezeugen es die Malereien der Katakomben.[2])

Zu Jonas stellen wir sofort Hiob, wegen ihrer Typenverwandtschaft. Gemeint ist der leidende Hiob, der aus aller Not schließlich nicht bloß wieder in den früheren Glücksstand gesetzt wird, sondern Jahwe gab ihm alles doppelt zurück und segnete seine nachfolgende Lebenszeit noch mehr als seine frühere 42, 10. 12: so ist Hiob wieder ein Rettungstypus. Den leidenden Hiob sollte man erwarten im Typ der traurig Sitzenden dargestellt zu sehen und zwar eher in dessen ursprünglicher, stark redender Ausprägung (vgl. 2, 8 „und saß dabei mitten in der Asche", 13 „und so saßen sie bei ihm an der Erde"). Tatsächlich aber ist bei Hiob das Trauermotiv noch mehr abgeschwächt als bei Jonas; er sitzt nicht an der Erde, sondern auf einer Erhöhung, nicht den Kopf in der Hand, sondern die Hand liegt auf dem Knie, er läßt nur den Kopf etwas hängen. Man hat den Eindruck, als ob der sitzende Jonas den kräftigen Typ vorweggenommen hätte, obwohl ja für Hiob immer noch das Andererdesitzen zur Verfügung gestanden hätte. Die Bilder des sitzenden Jonas und

[1]) Traurig Sitzende: Th. Wiegand, Athen. Mitteil. 1900, 191. Br. Schröder, eb. 1904, 47 Taf. 3 (Lakonische Grabstele). Roschers Lexikon III 2334 f. (Philoktet). Robert, Sarkophag-reliefs II 191 Taf. 60, 183. Helbig, Führer in Rom ²I n. 698 (Laios) u. a.

[2]) Buch Jonas: Swete, Old testament m. greek III 112. Driver-Rothstein 343. Cornill ⁵209. — Jonasbilder: Wilpert, Malereien 50. 366 m. Verz. Vgl. Otto Mitius, Jonas auf den Denkmälern des christl. Altertums 1897. — Gelagerte: Steuding in Roschers Lexikon II 2112 Berggötter, z. B. 2125 im esquilinischen Laestrygonenbild. Stoll bei Roscher I 545 Abb. und Wagner bei Pauly-Wissowa II 810 (Ariadne). Bethe bei Pauly-Wissowa V 2557 (Endymion).

des Hiob traten erst im dritten Jahrhundert auf. Der Typ des Hiob ist so allgemein
gehalten, daß seine Meinung nicht verstanden werden könnte, wenn nicht ein Exemplar
des vierten Jahrhunderts seine Frau hinzufügte, die dem aussätzigen Gatten ein
Kranzbrot hinreicht, um sich nicht an ihm anzustecken, auf der Spitze eines Stabes,
Wilpert, Taf. 147. Nicht daß das Element ursprünglich zum Typus gehörte und in
den anderen Exemplaren aus Oberflächlichkeit weggelassen worden wäre, sondern es
scheint einer der erzählenden Züge zu sein, die seit dem dritten und hauptsächlich
im vierten Jahrhundert öfter sich einfinden.[1])

Isaak trägt die Holzscheite zum brennenden Altar; Abraham weist ihn an.

Die Errettung Isaaks vom Opfertod. Sie ist recht oft gemalt, Wilpert zählt
22 Exemplare, nicht alle sind erhalten. Die Künstler haben den Vorwurf verschieden
und immer neu angefaßt, so daß ein fester Typus sich nicht herausbilden konnte.
Der Knabe Isaak wird zuerst kniend dargestellt, Abraham hat ihn am Kopf gefaßt,
in der rechten Hand zückt er das Messer über ihm; das kommt gelegentlich mit
einem auf neuere Darstellungen vordeutenden, fast wilden Realismus heraus, der
die Opferhandlung zum Mord stempelt, Taf. 188, 1. Der brennende Altar und das
Ersatztier, der Widder, stehen dabei. Oder es ist ein früherer Augenblick, der der Vorbereitung, gewählt; Isaak trägt das Bündel Holzscheite auf dem Rücken, Abraham
weist ihn damit zu dem bereits brennenden Altar hin (unsere Abbildung bringt diese
erzählende Fassung). Einmal entsteht durch Entwicklung einer zweiten Szene eine
Art Zyklus: neben dem unter dem Messer Abrahams knienden Knaben sieht man
das Ersatzopfer nicht bloß hingestellt, sondern im Begriff, geopfert zu werden, Taf. 201.
Gelegentlich werden die Berge angedeutet, auf denen die Geschichte spielt. Im vierten

[1]) Hiob: Wilpert, Malereien 54. 381 in Verz.

Jahrhundert erscheint, statt des einhalttuenden Engels der Bibel, die Hand Gottes aus Wolken, Taf. 139, 1. 196 u. ö. Die Beziehung des Bildes auf die Erlösung aus dem Tode wird bestätigt durch das Schema der ausgebreiteten Arme, in dem Isaak gelegentlich vorkommt (Taf. 196) und durch die Taube mit Ölzweigen in den Krallen, Noahs Taube, die einmal in die Szene gesetzt wird und zwar doppelt (Taf. 201, 3).

Wie die Landleute Erstlinge der Früchte, so opferten die Hirten solche ihrer Herden, das erste Lamm, Ferkel, Kälbchen. Dann auch die eigene Erstgeburt. So auch die Hebräer. „Alle Erstgeburt gehört mir; ebenso all dein Vieh, soweit es männlich ist, der erste Wurf von Rindern und Schafen" Exod. 34, 19 f. Gereiftere Gesittung verstattete, die Erstgeburt von Menschen mit einem Tieropfer abzulösen, wie auch den ersten Wurf eines größeren Tieres mit einem kleineren: „Den ersten Wurf eines Esels sollst du mit einem Schaf auslösen — alle Erstgeburt unter deinen Söhnen sollst du auslösen" Vers 20, vgl. 22, 18 [E] und 13, 2 nebst Num. 3, 12. Lev. 12, 6 P. Zu der Institution des Auslösens bringt der Elohist einen ätiologischen Mythus, eben unsere Opferung Isaaks Gen. 22, 1—13. 19, die israelitische Gestalt des verbreiteten, mythologischen Typus; man erinnere sich nur der analogen Opferung Iphigeniens, bei der auch ein Ersatztier an die Stelle des Menschenopfers tritt. Wir fragen hier nicht, ob der ursprüngliche Sinn des Mythus dem Elohisten noch lebendig war. Den Verzicht des Gottes auf das Menschenopfer stellt er als Lohn für die Gottesfurcht und den unbedingten Gehorsam Abrahams hin Vers 12; nicht anders der den Lohn ins Unbegrenzte steigernde Redaktor Vers 14—18. Eine andere Frage ist, welches Interesse die Christen an der Geschichte von Isaaks Rettung nehmen konnten; die Ablösung des Menschenopfers konnte sie um so weniger interessieren, als das Christentum, in dem es weder Tempel noch Altäre gab, blutige Opfer überhaupt nicht kannte. Den Christen erschien an der Geschichte bedeutsam vor allem die Verheißung für den Samen Abrahams Gal. 3, 16; nicht als ob Paulus den Isaak als ein Prototyp des Christus hinstelle, sondern er versteht unter dem Samen Abrahams, dem die Verheißung gegeben wird, den Christus. Schon Paulus hebt das unbedingte Vertrauen Abrahams auf den Gott hervor; es wird ihm ein Eckstein seiner Vertrauenslehre. Der Hebräerbrief 11, 19 fügte ein neues Moment hinzu, er sagt: „Im Vertrauen brachte Abraham den Isaak dar — indem er berechnete, daß Gott Macht hat, auch von den Toten zu erwecken." Die biblische Erzählung gibt keine so berechnende Motivierung von Abrahams Gehorsam; sie schwächt die Vorstellung von seinem Vertrauen nur ab und den Wert seines Gehorsams vernichtet sie. Hier verrät sich die beherrschende Stellung, welche die Idee der Erlösung aus dem Tode allmählich für die Christen gewonnen hatte. Das war der Gesichtspunkt, der ihnen die Isaakgeschichte wert machte; deshalb malten sie seine Rettung in den Katakomben. Die Kirchenväter endlich deuten die Geschichte, ihrem Sinne ganz zuwider, auf den Opfertod des Christus; kein Wunder, daß sie schwanken, worin eigentlich Christus vorgebildet sei, ob in Isaak (insofern er das Holz trage, wie Jesus sein Kreuz nach Golgatha) oder im Widder (insofern dieser es ist, der geopfert wird, nicht der Sohn). Man sieht, das sind alles Deuteleien aus der Mühle der christlich gewordenen stoischen Allegorie.[1]

---

[1] Isaak: Wilpert, Malereien 44. 350 m. Verz., vgl. 33 über die Hand Gottes. Leclercq bei Cabrol, Dictionn. I 1903 112 Le sacrifice d'Abraham, fresques.

Andere Süjets kommen nicht so oft vor, David, mit der Schleuder in der Hand, wurfbereit, nur in einem Exemplar (Abbildung oben Seite 155). Das Attribut der Schleuder weist deutlich auf seinen Sieg über Goliath hin; also wieder eine Rettung aus Todesgefahr.[1]

Von Tobias kennt man drei Darstellungen, die früheste, aus dem dritten Jahrhundert, ist verloren. Tobias und der Engel Rafael „zogen ihre Straße und kamen abends an den Tigris und übernachteten daselbst. Der Jüngling aber stieg hinab, um zu baden. Da fuhr ein Fisch aus dem Fluß und wollte den Jüngling verschlingen. Der Engel aber sprach zu ihm: Ergreife den Fisch! Und der Jüngling ergriff den Fisch und warf ihn auf das Land", Tobit 6, 2—4. Abermals eine Rettung aus Todesgefahr. Tobias wird, den Fisch in der Hand tragend, dargestellt; zweimal ist er nackt, das zweite Mal hat er ein Lendentuch um, denn die Geschichte spielt beim Baden. Einmal trägt er die ungegürtete Ärmeltunika. Im jüngsten Bild, aus der Mitte des vierten Jahrhunderts, ist auch der Engel dabei, ein Jüngling in Rock und Mantel, ohne Flügel (so wurden die Engel ursprünglich gezeichnet); eilig bringt ihm Tobias den Fisch. Getrennt von dieser Gruppe durch eine Heilung des Gichtbrüchigen ist ein am Boden sitzender Flußgott gemalt; trotz der Entfernung von der Gruppe wird er auf den Tigris gedeutet, zugleich aber auf den Schafteich. Der Maler scheint die Bedeutung der Figur nicht mehr gekannt zu haben.[2]

Zwei weitere Rettungsbilder werden wir unter „Erlösungsmittel" besprechen, Moses' Quellwunder und den Mannaregen.

Elias wird von einem Feuerwagen mit Feuerroß zum Himmel emporgeführt; Elisa zerreißt sein Gewand und nimmt den herabgefallenen Mantel des Elias auf; mit dem zauberkräftigen Mantel schlägt er, wie er es den Meister tun sah, das Wasser des Jordan, an dem er stand; es teilt sich auch ihm, so daß er hindurchgehen kann, Kön. II 2, 11—13. Es liegt eine problematische Darstellung der Himmelfahrt des Propheten vor und eine gesicherte, beide gehören dem vierten Jahrhundert an. In beiden steht ein Mann in langem Gewand (wie es die antiken Fahrer trugen) auf einem Zweigespann. Das problematische Bild, im Scheitelfeld eines Arkosolbogens, zeigt nur diese Gruppe; der Fahrende, die Enden des Mantels flattern zurück, hat einen blauen Nimbus um den unbärtigen Kopf, Taf. 160, 2. Wilpert erkennt den Sonnengott, dessen Darstellung er zu einem benachbarten „Jonas unter der Laube" in Beziehung setzt. Der Nimbus kam allerdings in erster Linie den Lichtgöttern zu, ging aber auf andere Personen über, in der Katakombenmalerei erhielt ihn im vierten Jahrhundert vor allen der Christus. Im Typus des Sonnengottes könnte der im Feuerwagen zum Himmel fahrende Prophet recht wohl gemalt sein, auch im Nimbus. Die zwei benachbarten Bilder aber, deren jedes seinen eigenen breiten Rahmen hat, können kaum zueinander in Beziehung gesetzt werden; andererseits würde eine Himmelfahrt, als Prototyp des Eingangs der Christen in den Himmel, im Zenitbild eines Nischengrabes oder einer Decke sehr passend stehen. — Das andere, etwas

---

[1] David: Wilpert, Malereien 387 Taf. 55 (das „Tuch in der Linken, in welchem er die übrigen im Bache aufgelesenen Steine (Kön. I 17, 40) geborgen hat" ist in der Reproduktion nicht zu erkennen).

[2] Buch Tobit: M. Löhr in Kautzschs Apokryphen 135. — Tobias: Wilpert, Malereien 54. 384.

jüngere Eliasbild ist in seiner Bedeutung gesichert durch ein paar erzählende Züge, Taf. 230, 2. Elias (leider oberwärts zerstört) läßt seinen Mantel hinter sich aus der Hand fallen (so hat der Maler die Textworte interpretiert); der zurückbleibende Elisa, im bloßen Mantel, wirft dem scheidenden Meister mit der Hand den letzten Gruß zu; die rechts mit aufgestütztem Fuß in ärmellosem Leibrock stehende Figur trägt im Haar doch wohl einen Schilfkranz, wird also ein Flußgott sein, der Jordan des Textes. Wie die Flußgötter in antiken Bildern es zu tun pflegen, erhebt er seine Hand, am Vorgang Anteil nehmend. Flußgötter wurden in der Regel allerdings gelagert dargestellt, aber nicht ausnahmslos; stehende Flußgötter finden sich auf sizilischen Münzen vom fünften vorchristlichen Jahrhundert abwärts; z. B. der Flußgott Chrysas auf einer Kupfermünze von Assorus römischer Zeit, etwa des zweiten Jahrhunderts. Mindestens muß die Frage offen gehalten werden. — Eine Konsekrationsmünze auf Kaiser Konstantin zeigt seinen Kopf nimbiert, eine andere zeigt ihn als Pontifex maximus mit verhülltem Hinterhaupt (capite velato); auf der Kehrseite fährt der Kaiser auf galoppierendem Viergespann gen Himmel, indem er seine Hand einer von oben her ihm geöffnet gerichteten Hand entgegenstreckt. Wenn die Hand Gottes als die biblisch-christliche anerkannt werden muß, so ist doch der ganze Gedanke durch und durch heidnisch, nur mit der im Bilde nicht merkbaren Modifikation, daß der Christ nicht wie der heidnische Kaiser als Gott zu den Göttern, aber doch in die Gottesgemeinschaft aufgenommen wird. Nach Fr. X. Kraus wirkt das Münzbild in unserer altchristlichen Darstellung von der Himmelfahrt des Elias nach.[1]

Es folgt eine Reihe evangelischer Rettungstypen, nämlich Totenerweckungen wie des Lazarus und Heilungen wie des Gichtbrüchigen, des Blinden, der Blutflüssigen. Diese evangelischen Rettungstypen waren für die Christen inhaltlich insofern bedeutender wie die alttestamentlichen, als der Erwecker der Toten und der Heiland der Kranken darin eine Person ist mit dem Erlöser der verstorbenen Christen.

Jede Persönlichkeit, im prägnanten Sinne des Wortes, wirkt auf ihre Umgebung; eine positive Natur wirkt in gleichem Sinne, positiv, immer fördernd, aufrichtend. Eine solche positive Natur war Jesus, er war es im höchsten menschlichen Sinne. Nun sind viele Nervenaffektionen psychischer Einwirkung zugänglich und manche Heilungen, die in den Evangelien Jesus zugeschrieben werden, lassen sich als psychische Einwirkungen oder noch besser als psychische Auslösungen (sein ausstrahlendes Vertrauen löste ihr aktives Vertrauen aus) natürlich erklären, allenfalls bis zur Aufhebung von Lähmungserscheinungen. Darüber hinaus wird niemand gehen mögen; Aussatz oder Blindheit, gar angeborene, wird sich so nicht heilen lassen, nicht zu reden vom Tod, für den nun einmal kein Kraut gewachsen ist, auch kein Zauberkraut. Wenn trotzdem dergleichen von Jesus erzählt wird, und zwar mit dem Weiterwachsen der altchristlichen Überlieferung in zunehmendem Maße, so haben wir es mit jenem „unbewußten Weiterspinnen der Volksphantasie" zu tun, das unter den Begriff des Mythischen

[1] Elias: Kön. II 2, 11—13 (ἅρμα πυρὸς καὶ ἵππος πυρός Swete I 744, ἵπποι cod. A). Wilpert, Malereien 417. — Chrysas: Head, hist. num. 111. Catal. greek coins Brit. Mus., Sicily 31 Abb. Lehnerdt in Roschers Lexikon I 1491. — Konstantin nimbiert: Eckhel, Doctr. num. VIII 79. Konsekrationsmünze: H. Cohen, Méd. imp. ²VII 318 n. 760. Kraus, Geschichte I 1896, 218.

fällt (sagt man die Sache, so sollte man die wissenschaftliche Terminologie nicht scheuen); beteiligt sich aber an diesem Weiterspinnen die spekulierende Theologie, so hält es schwer, noch an Unbewußtheit des Dichtens zu glauben, allenfalls mag auch eine Halbbewußtheit statuiert werden.

Die Persönlichkeit, welche Jesus war, verstanden seine Landsleute und Zeitgenossen auf ihre Weise; er selbst, als Kind seines Volkes und seiner Zeit, konnte sich auf die Dauer nicht anders verstehen. In aufsteigender Laufbahn wurde er als Lehrer, als Prophet, als der Messias aufgefaßt, als Sohn Gottes und späterhin als Gott selbst; dies natürlich nicht von echten Israeliten, die seine Vergottung als Gotteslästerung empfanden, eher von hellenisierenden Juden oder von Proselyten, wenn nicht einfach von Heidenchristen. Zu seinen Lebzeiten handelte es sich erst noch um die früheren Entwicklungsstufen. Die messianische Auffassung schlug die prophetische. Dann aber mußte die messianische Zeit angebrochen sein in der ganzen Fülle, wie man sie in den Schriften geschildert las. „An jenem Tage werden die Tauben geschriebene [?] Worte vernehmen und die Augen der Blinden aus Dunkel und Finsternis heraus sehen können. Die Dulder werden sich aufs neue Jahwes freuen und die Ärmsten der Menschen über den Heiligen Israels jubeln", Jes. 29, 18. 19. „Dann werden sich die Augen der Blinden auftun und die Ohren der Tauben sich öffnen. Dann wird der Lahme springen wie ein Hirsch, und die Zunge des Stummen wird jauchzen", 35, 5. 6 vgl. 61, 1 (beides exilisch). Die Boten des fragenden Täufers weist Jesus selbst auf die Zeichen der messianischen Zeit hin, in jesaianischen, allerdings aus den Zeitverhältnissen und den Zeitvorstellungen heraus erweiterten Worten: „Gehet und berichtet Johannes, was ihr hört und seht: Blinde blicken auf und Lahme gehen umher, Aussätzige werden gereinigt und Taube hören, Tote werden aufgeweckt und den Armen wird frohe Botschaft gebracht", Mt. 11, 5. Luk. 7, 22. Ob Jesus diese Worte wirklich gesprochen hat und in welchem Sinne er sie sprechen konnte, im eigentlichen oder im bildlichen, mit solchen Fragen haben wir uns an dieser Stelle nicht zu beschäftigen. Soviel ist klar, daß die evangelischen Totenerweckungen und Wunderheilungen im Grunde Mythen sind, mythische Verdichtungen der Idee vom Anbruch des messianischen Reiches. Da nun aber der Anbruch der messianischen Zeit an das Auftreten des persönlichen Messias geknüpft wurde, so erschienen die messianischen Zeichen als Wundertaten wie eines Propheten, dergleichen ein Elias, ein Elisa getan hatte. Als Wundertäter schildern den Christus die vorliegenden Redaktionen der evangelischen Überlieferung. Und es bleibt in der Hauptsache bestehen, daß Markus und Johannes die Thaumaturgie breiter ausmalen als Matthäus und Lukas.[1])

Die Besprechung der evangelischen Rettungsbilder beginnen wir mit der Totenerweckung, wie ihre Reihe auch in der Katakombenmalerei mit ihr einsetzt, im zweiten Jahrhundert. Es ist die Auferweckung des Lazarus, wie sie das vierte Evangelium Kap. 11 und nur dieses erzählt. Bei der Bedeutung dieses Evangeliums für die Entwicklungsgeschichte der christlichen Vorstellungen darf man sich nicht wundern, es gleich bei der ersten Gestaltung spezifisch christlicher Typen in maßgebender Wirk-

---

[1]) Mythen: David Fr. Strauß, Leben Jesu kritisch bearbeitet I 1835, Einleitung, Der mythische Standpunkt. II 1836, 9. Kap., Wunder Jesu. Ders., das Leben Jesu f. d. deutsche Volk, § 25 Begriff des Mythus, § 71 Wunder Jesu. Vgl. Joh. Weiß, Die Schriften des N. T. I 43 f.

samkeit zu finden. Der Einzelbesprechung der evangelischen Rettungstypen schicken wir noch die für alle geltende Bemerkung voraus, daß der Christus nicht überall mit dargestellt wurde; seine Gestalt fehlt gerade in der ältesten Totenerweckung und in den meisten Exemplaren des Gichtbrüchigen, kann also nicht den Hauptakzent getragen haben. Wo er aber zur Darstellung gekommen ist, da erscheint auch er unbärtig und er als Regel „angezogen", in Rock und Mantel (Chiton und Himation, lateinisch tunica und pallium).

Die Auferweckung des Lazarus wurde gern gemalt, 50 Exemplare sind erhalten. Nach einigem Tasten hat sich im späteren zweiten Jahrhundert der Typus fixiert. Wesentlich ist die Gestalt des Lazarus; in ein Tuch gehüllt oder wie eine Mumie gewickelt steht er vor dem Grab oder in dessen Tür. Das Grab, nicht das bei Johannes vorausgesetzte palästinensische Höhlengrab, ist als Freibau dargestellt, nach Art der vor den Toren Roms an den Heerstraßen errichteten Mausoleen, wie sie in Ruinen noch vielfach erhalten sind, besonders an der appischen und der latinischen Straße. Von den mannigfachen dort verwendeten baulichen Typen ist für das Grab des Lazarus die Ädicula meist in Form eines Giebelhauses gewählt, mit einer zur Tür hinaufführenden Freitreppe (in der Deckenmalerei oben Seite 155); der Gruftbau fehlt Taf. 93. 240, 2. Der Christus fehlt im ältesten Exemplar; gelegentlich findet er sich ohne Leibrock im bloßen Mantel (Taf. 39, 1), ein andermal im Talar (190), beides teilt er

Auferweckung des Lazarus.
Coem. Callisti, Gruft A⁶.

mit anderen Figuren je derselben Gruft, es ist also Laune des Künstlers. In einem späten Exemplar steht sein Kopf im Nimbus, der einzige Fall eines nimbierten Christus in den Rettungsbildern (Taf. 250, 1). Aus den unten zu besprechenden Typen Mosesquell und Brotvermehrung ging der Zauberstab auch in die Auferweckung des Lazarus über; der Christus hält ihn nur attributiv in der Linken Taf. 46, 2, aber durch ihn wirkend in der Rechten 45, 2. — Neben Lazarus ist in Priscilla einmal, im vierten Jahrhundert, die Auferweckung der Jairustochter gemalt. Das Bild ist sehr beschädigt, man erkennt nur die Bettstelle mit etwas von einer Decke, und den untersten Teil der Christusfigur; erklärbar wird es erst durch Vergleichung einiger dasselbe Sujet darstellender Sarkophagreliefs. Wir stellen fest, daß die Erzählung der Synoptiker für die Malerei später verwertet worden ist als die johanneische. Die synoptischen Totenerweckungen (Jairustochter Mk. 5, 22. Mt. 9, 18. Luk. 8, 41, Jüngling zu Nain Lk. 7, 11) sind Zeichen der messianischen Zeit beziehungsweise Beglaubigungswunder wie die Heilungen. Dasselbe gilt modifiziert auch für die Erweckung in der johanneischen Dichtung; sie läßt den Lazarus, statt wie in der Parabel Lk. 16, 19 durch Engel in Abrahams Schoß, vielmehr durch den Christus wieder zum Leben bringen; durch die Totenerweckung wird bestätigt, daß er, der „in die Welt gekommene Sohn Gottes" „die Auferstehung und das Leben" ist, V. 27, 25. „Wer an mich glaubt, wird, wenn er auch stirbt, leben", das ist der Sinn des Lazarustypus in den Katakomben; es ist auch hier an unmittelbaren Eingang aus dem Tod ins ewige Leben gedacht, die künftige Auferstehung des Fleisches liegt auch hier höchstens im Hintergrund.[1])

Der Gichtbrüchige (eig. Gelähmte, Paralytische) Mk. 2, 1. Mt. 9, 2. Lk. 5, 18. Joh. 5. Den Doppelkern der Geschichte hat die johanneische Umdichtung festgehalten: „Stehe auf, hebe dein Bett auf und gehe; und sofort wurde der Mensch gesund, hob sein Bett auf und ging". Und wiederum (statt des synoptischen „Dir sind deine Sünden vergeben") „Du bist gesund geworden, sündige nun nicht mehr, damit dir nicht etwas Schlimmeres geschieht". An die Stelle des Hinablassens in das Haus zu Jesus tritt das Hinabsteigen in den Teich. Der bildliche Typus gibt das Wesentliche der Heilungsgeschichte: der Geheilte eilt mit dem Bett auf den Schultern davon. Meist ist nur er gegeben, der Christus tritt nur ein paarmal dazu (Taf. 68, 2. 212; wir haben kein Recht, ihn in den zerstörten Bildfeldern Taf. 27, 3. 74, 1 vorauszusetzen, noch dazu gegen alle Wahrscheinlichkeit). Einmal ist der Geheilte nackt gemalt; das mag unter Einwirkung des johanneischen Eintauchens in den Teich geschehen sein, obwohl ja gerade unser Kranker gesund wurde, ohne je in das Wasser gelangt zu sein. Es ist daher recht gekünstelt, unseren Mann als Symbol der Taufe zu deuten; nur das Untertauchen im Teich Bethesda selbst ließe sich füglich so verwerten. Den Sinn des bildlichen Typus spricht die an die Erzählung angeschlossene Rede aus: „Wer mein Wort hört und dem der mich gesandt hat vertraut, hat ewiges Leben und kommt nicht ins Gericht, sondern geht aus dem Tod in das Leben", V. 24.[2])

Der Gichtbrüchige.

Coem. Petri et Marcellini.

Die Blindenheilung. Alle vier Evangelien bringen den Mythus, Markus und Matthäus doppelt Mk. 8, 22. 10, 46. Mt. 9, 27. 20, 30. Matthäus läßt jedesmal zwei Blinde heilen. Bei Mk. 10, 46. Lk. 18, 35 geschieht die Heilung durch bloßes Wort, bei Matthäus beidemal durch Berühren mit dem Finger, bei Mk. 8, 22. Joh. 9, 1 (hier ists ein Blindgeborener) durch umständlichere magische Manipulation; dort spuckt Jesus auf die blinden Augen, hier macht er aus Erde und Speichel einen Teig, den der Blinde an einem bestimmten Teich abwaschen muß. Daß er bei Markus nach dem Bespucken (dergleichen Appetitlichkeiten gelten in der Magie viel) dem Blinden die Augen zuhält, gehört nicht zum Heilverfahren; der Verfasser glaubt das Wunder

---

[1]) Lazarus: Wilpert, Malereien 43. 310 m. Verz. — Jairustochter: Wilpert 322.

[2]) Der Gichtbrüchige: Wilpert, Malereien 42. 264. 218. Die Teilung der im ganzen 20 Exemplare in zwei Klassen, deren eine die johanneische Heilung am Schafteich als Taufsymbol, die andere das synoptische Rettungswunder darstellen solle, ist gesucht und angesichts der Gleichheit des Typus unhaltbar. Auch von dem für die zweite Klasse behaupteten Ausdruck des Glaubens an die „Gottheit" Christi kann keine Rede sein; die Erklärung ist doppelt falsch, es müßte heißen: Ausdruck des Glaubens an die Seligkeit durch den Sohn Gottes.

plausibler zu machen, indem er die Heilung sich fortschreitend entwickeln läßt: beim ersten Wegnehmen der Hände sieht der Patient die Menschen „wie wandelnde Bäume", das meint in verschwimmenden Umrissen, beim zweiten sieht er dann scharf. Es gibt nur zwei sichere Bilder der Blindenheilung, beide aus dem dritten Jahrhundert, in Domitilla (nur in der Kopie bei Bosio erhalten, unsere Abbildung) und in Petrus und Marcellinus; im ersten berührt oder bestreicht Jesus die Augen mit dem Finger, im zweiten mit der ganzen Hand. In beiden Bildern kniet der Blinde, obwohl die Texte nichts von dergleichen sagen; es mag wohl so gemalt sein, weil beides Gegenstücke sind zu Malereien mit je einer knienden Figur, das eine Mal glaubt man des Aussätzigen, das andere Mal der Blutflüssigen. Beide Blinde breiten die Hände aus, der erste weniger (das kann Gebärde der Bereitschaft und Erwartung sein), der andere mehr: da spielt sicher das typische Orantenschema der Seligen in das Prototyp.[1]

Heilung des Blinden. Heilung des Aussätzigen.
Coem. Domitillae, cubiculum III.

Soweit erklären sich die Rettungstypen leicht; es gibt aber ein paar, die, weil nicht genügend individualisiert, Zweifel übrig lassen. Der eine kommt nur ein paarmal vor: ein Mann kniet, auf nur einem Knie, vor Jesus, der mit geöffneter Hand vor ihm steht (unsere Abbildung, neben der des Blinden). Sicher scheint, daß die Bitte des Mannes von Jesus erfüllt wird; aber um welchen Kranken handelt es sich? Wilpert denkt an den Aussätzigen Mk. 1, 10. Mt. 8, 2. Lk. 5, 12; denn dieser kniet vor Jesus (so bei Markus; bei Matthäus adoriert er, bei Lukas wirft er sich auf sein Gesicht zu Boden). Aber in den Evangelien vollzieht Jesus die Heilung durch Berühren, im Bilde nur durch sein Wort. Freilich weicht ja auch die Heilung des Blinden von den Textworten ab; diese Abweichung jedoch, das Knien des Blinden, in der Tat wohl auf künstlerischen Gründen beruhend, ist unerheblich, durch die Berührung der Augen wird die Krankheit unmißverständlich gekennzeichnet. Eine entsprechend klare Kennzeichnung wird in unserem Typus vermißt. Deutlicher ist die Darstellung in der Malerei einer Gruft an der Via Latina; da berührt Jesus den Knienden an der Schulter; dies meint wohl sicher den Aussätzigen. — Der andere

[1] Blindenheilung: Wilpert, Malereien 54. 220 n. 1 und 2.

Typus zeigt einen vor Jesus Stehenden; er ist bekleidet, meist mit der ungegürteten Tunika, und breitet die Hände seitwärts aus, anfangs weniger, später mehr, so daß er nun fast genau das Orantenschema der Seligen wiedergibt (Taf. 129, 2). Einmal hält Jesus die Zaubergerte in der Linken (Taf. 68, 3), zum Zeichen, daß es sich um eine Heilung handelt; immer legt er dem Kranken die Hand auf. Wilpert erklärt ihn als den Blinden nach seiner Heilung, das Handauflegen sei als der allgemeinste Gestus für Gnadenerweisungen zu betrachten. Dagegen spricht, daß die Blindenheilung in einem verständlich entworfenen Typus bereits vorlag; man versteht nicht, wie die Maler dazu gekommen sein sollen, einen zweiten minderverständlichen bildlichen Ausdruck derselben Sache danebenzustellen. Das Handauflegen ist aber doch die Manipulation, durch welche die Heilung vollbracht wird, wie es bei der kontrakten Frau heißt: „er legte ihr die Hände auf und sofort richtete sie sich auf" Lk. 13, 13. Der Gestus schließt also die Deutung auf einen bereits Geheilten aus; daß etwa Jesus einen solchen hinterher noch durch Handauflegen gesegnet hätte, wird auch nirgends gesagt, der Geheilte hatte seinen Segen. Es käme nun darauf an, eine bessere Erklärung zu finden. Könnte es der Aussätzige sein, den Jesus allerdings durch Berühren heilt, wenn auch nicht gerade durch Handauflegen? nicht allzuschwer würde das Fehlen des Kniens, als eines nebensächlichen Momentes, in die Wagschale fallen. Bei der verhältnismäßigen Kleinheit dessen, dem die Hand aufgelegt wird, könnte man ferner an den epileptischen Knaben denken; freilich wäre die sehr charakteristische Schilderung des Vorfalls im Bilde ersetzt durch das ganz allgemeine Schema der Heilung mittels Handauflegen. Oder könnte endlich das Segnen der Kinder gemeint sein (Mk. 10, 16. Mt. 19, 15)? Die Kinder sind da Typen solcher, die in das Gottesreich kommen, das heißt in den Katakomben in den Himmel. Die in einem Exemplar vorkommende Zauberrute würde dabei freilich bedeutungslos sein (nur gedankenlos aus den Heilungen in das Bild übertragen) oder geradezu die Macht des Christus über den Tod andeuten. Wir halten die Frage der richtigen Interpretation für beide Typen vorläufig offen.[1])

Der Besessene von Gerasa, Mk. 5, 1. Mt. 8, 28. Lk. 8, 26, nicht bei Johannes. Markus und Lukas lassen nur einen Besessenen auftreten, bei Matthäus sind es zwei; ausgetrieben wird eine „Legion" Dämonen, mit Jesus' Bewilligung fahren sie in eine Herde Schweine, die sich dann ins Meer stürzt. Der Dämonische war tobsüchtig, Lukas zufolge hatte er seit langer Zeit kein Oberkleid getragen; aber nach der Heilung saß er angezogen und vernünftig bei Jesus. Es gibt nur ein Bild, des vierten Jahrhunderts. Der Maler setzt für nichtangezogen ohne weiteres nackt. Er stellt das Zusammentreffen dar und zwar nach Lukas; bei Jesus' Nahen lief der Besessene herzu und fiel vor ihm nieder (bei Markus adorierte er ihn bloß), er kniet auch im Gemälde. Jesus legt ihm die Hand auf, eine Manipulation statt der in den Evangelien gesprochenen Worte. Ein ravennatisches Mosaik, das der Gruppe die Schweine hinzufügt, bestätigt die Deutung.[2])

---

[1]) Typus eines Knienden (sog. Aussätzigen): Wilpert, Malereien 222 Taf. 72, 2; das andere Exemplar nur bei Garrucci, Storia II Taf. 29, 4 (unsere Abbildung neben dem Blinden als dem Gegenstück). Via Latina: Wilpert 539 Taf. 265. 266. — Typus des Stehenden (sog. geheilten Blinden): Wilpert, Malereien 221 n. 3—7.

[2]) Der Besessene: Wilpert, Malereien 223 Taf. 246. — Mosaik in San Apollinare nuovo: Garrucci, Storia IV 248, 2.

Heilung der Blutflüssigen.
Coem. Praetextati.

Die Heilung der Blutflüssigen Mk. 5, 25. Mt. 9, 20. Lk. 8, 43, nicht bei Johannes. Sie tritt von hinten an Jesus heran und berührt sein Gewand (so Markus), den Saum seines Gewandes (Matthäus und Lukas). Es wird nicht gesagt, daß sie dabei niederkniete, war es aber der Saum, den sie berührte, so mußte sie mindestens sich bücken. Erst nach der Heilung, da Jesus sich umwendet und frägt, wer ihn berührt habe, kniet sie nieder (dies nur bei Markus und Lukas). Das früheste Bild, aus dem zweiten Jahrhundert, zeigt Jesus mit zwei Jüngern stehend; hinter dem Rücken der Jünger auf den Knien herankommend berührt die Frau den Saum von Jesus' Gewand (unsere Abbildung und Wilpert Taf. 20). Das Knien entspricht nicht dem Text, ist aber innerlich nicht falsch, erscheint auch in der Geschichte, bei Markus und Lukas, allerdings erst an späterer Stelle. Die Darstellung aber ist so treffend, gerade das Herankommen von hinten und das verstohlene Anfassen des Kleides, daß es jede andere Deutung ausschließt; denn man hatte auch an die Kananäerin Mk. 7, 25 gedacht, die sich vor Jesus niederwirft, aber sie tut es nicht hinter seinem Rücken und berührt nicht sein Gewand. In jüngeren Exemplaren unseres Typus fehlen die zwei Jünger, Jesus ist allein mit der Frau, die den Mantel über den Kopf gezogen hat; in anderen Spielarten des Bildes hält Jesus den Zauberstab in der Hand und die seit zwölf Jahren Blutflüssige ist im Gesicht als alt gezeichnet.[1])

Erlösungsmittel.

In einigen Fällen des Gelages fanden wir eine Reihe Körbe dazu gemalt, gefüllt mit denselben Brötchen, die in den Mahlszenen bei oder auf den Schüsseln zu liegen pflegen. Wir frugen nach Herkunft und Bedeutung dieser Brotkörbe und sagten sofort, sie kämen aus dem Mythus der wunderbaren Speisung der Tausende, wie sie die Evangelien erzählen, wenn schon in der Katakombenmalerei das Gelage selbst in das Jenseits versetzt sei. Dieselben Brotkörbe nun bilden den Hauptgegenstand eines besonderen bildlichen Typus, der unter dem Namen der Brotvermehrung oder des Brotwunders geht.

Der bildliche Typus, abgesehen von dem Mahle, zeigt die Reihe der vollen Brotkörbe, meist sieben, dazwischen oder dazugestellt aber die Gestalt des Christus, der mit einem Stäbchen einen der Körbe berührt (Wilpert, Taf. 45, 1. 54, 2). Der Sinn ist, daß er eben die wunderbare Vermehrung der Brote bewirkt und zwar vermittels

---

[1]) Blutflüssige: Wilpert, Malereien 216.

des Zauberstäbchens. — Es kommen einige Varianten des Typus vor: einmal steckt in jedem Korb nur ein Brot, Wilpert, S. 295 Fig. 23, ein andermal soll Jesus zwei Stäbchen halten, in jeder Hand eins, doch scheint das zweifelhaft, Taf. 115; oder er bewirkt das Wunder mit der bloßen Hand, ohne Stäbchen, Taf. 142, 2, und was dergleichen unwesentliche Nuancen mehr sind. In die Augen springt die Abweichung vom Speisungswunder der Evangelien: dort waren die Tausende gelagert, Jesus hatte nur wenige Brote und Fische, die unter seiner Hand nach dem mythologischen Schema des Öls der Witwe und der Brote des Elisa Kön. II 4 sich wunderbar vermehrten, so wunderbar, daß nicht bloß die Menge satt wurde, sondern die aufgesammelten Brocken noch sieben, oder zwölf Körbe füllten; hier dagegen fehlt das Gelage der Tausende, die Brotvermehrung ist als selbständiges Wunder erzählt, eine wunderbare Füllung leerer Körbe, bewirkt durch einen Zauberstab. Ein solcher Parallelmythus zum Speisungswunder hätte ganz wohl sich bilden können; da die Evangelientradition aber von dergleichen nichts weiß, so scheint der Maler, der die Unerschöpflichkeit bildnerisch nicht ausdrücken konnte, ihn fingiert zu haben. Der Typus steht dem Weinzauber zu Kana näher.[1]

Neben die wunderbare Brotvermehrung stellt sich der Weinzauber, die Verwandlung des Wassers in Wein nach der Erzählung von der Hochzeit zu Kana Joh. Kap. 2. Wir gedachten der Hochzeit zu Kana oben als des frühesten Mahlbildes in Pietro e Marcellino. Die in den älteren Gelagszenen typischen sieben Gäste ruhen am Sigma. Im Vordergrund links kommt ein Aufwärter mit einer Schüssel, rechts aber steht der Christus und berührt mit dem Zauberstäbchen einen der sechs Mischkrüge, die vor ihm stehen (es sind henkellose Kratere). Typologisch, so sagten wir, ist das Bild durchaus ein Seligenmahl, nur erweitert durch Hinzufügung des Weinwunders. Das Hochzeitsmahl des himmlischen Bräutigams war, soweit die uns erhaltene Literatur zu urteilen erlaubt, der Keimpunkt, aus welchem die johanneische Hochzeit zu Kana entstand; das als künftig und jenseitig gedachte Mahl des himmlischen Bräutigams wurde mythisiert, zurückgespiegelt in die diesseitige Gegenwart des Christus, der als Thaumaturg einen übernatürlichen Wein zu dem Gelage zaubert. Nur ist er dann nicht mehr der Bräutigam, sondern er gibt gleichsam die Hochzeit, genau gesagt ist's der Wunderwein, den er gibt. Der Maler aber hat, um die Hochzeit zu gestalten, auf den Typus des jenseitigen Mahls der Seligen zurückgegriffen; und um die Hochzeit als die zu Kana zu charakterisieren, hat er den besonderen Typus des Weinzaubers hinzugefügt. — Ähnliches scheint sich bei dem Mahlbild von der Via Latina wiederholt zu haben; es gehört ins vierte Jahrhundert und steht unmittelbar über dem Grabtrog. Es sollen hier zwölf Gäste sein, der erste freilich ist in der Abbildung nur zu ahnen. Links vom Gelag steht eine Orantenfigur, rechts der Christus mit dem Stäbchen. Aber welches Wunder bewirkt er, den Brot- oder den Weinzauber? Die entscheidende Stelle der Malerei ist durch ein nachträglich eingehauenes Fachgrab leider zerstört. Wilpert entscheidet sich für die Brotvermehrung, Christus berühre mit dem Stabe einen der Brotkörbe, welche „bis auf den obersten auf der linken Seite" dem Fachgrab zum Opfer gefallen seien. Soweit die schwer zu entziffernden Abbildungen

---

[1] Wilpert, Malereien 45. 292, mit Verzeichnis von 28 Exemplaren aus dem dritten und vierten Jahrhundert; dazu das allerdings problematische Exemplar von der Via Latina, Wilpert, Seite 539.

etwas erkennen lassen, ist oberhalb des Stäbchens, aber vielleicht auch außerhalb seines Bereichs, etwas vorhanden, was allenfalls für den Oberteil eines Brotkorbes gelten kann; dagegen sieht man unterhalb des Stäbchens ziemlich deutlich (deutlicher in der Gesamtansicht des Arkosols) die Mündung eines Kraters, der sowohl denen der vorbesprochenen Hochzeit zu Kana gleich gewesen sein könnte wie auch dem beiderseits unseres Bildes von schlanken Pflanzenstengeln gleichsam als Blüten getragenen, allerdings mit Ringhenkeln versehenen (hier gedenkt man der im Elysium von Bäumen zu pflückenden Becher bei Lucian). Dann hätten wir im Gemälde von der Via Latina eine Analogie zur „Hochzeit zu Kana". Doch möchten wir nichts entscheiden. — Die zwei Wunder, Brotvermehrung und Wasserverwandlung, sind noch im dritten Jahrhundert in Pietro e Marcellino als Pendants sich gegenübergestellt worden. Höchstens hypothetisch läßt sich das Bilderpaar an der Eingangswand der Gruft 33 rekonstruieren; erhalten ist es an den Laibungen eines Arkosols: links sieht man das Brot-, rechts das Weinwunder. Beide sind rechte Gegenstücke, auch formal; der Christus mit dem Zauberstab ist in beiden Bildern derselbe, und den Brotkörben des einen entsprechen die Mischkrüge des anderen Typus.[1])

Abgekürzte Darstellungen oder Anspielungen auf Brot- und Weinzauber in ihrer Gegenüberstellung sind gewiß vorgekommen; doch hat es mit allem, was derart angeführt wird, besondere Bewandtnis. Im Coem. maius sind in die verhältnismäßig kleine Lünette, des Arkosols in Gruft I, sieben Gefäße abgestumpft-konischer Gestalt neben zwei spitzendigenden Kannen gemalt; Wilpert sieht in den Gefäßen Körbe, so daß hier sieben Körbe und zwei Kannen auf Brot- und Weinwunder anspielten. Doch sind die Gefäße so klein im Verhältnis zu den Kannen, daß man sie eher für Becher halten möchte. — In Domitilla stehen links von einer zentral angeordneten Orans sieben Körbe, denen rechts sechs Mischkrüge entsprochen haben mögen; sie sind jetzt verblichen. — In Pietro e Marcellino, im Scheitelrund eines Bogens, thront Christus zwischen einem mit Broten gefüllten Kasten und drei Mischkrügen. Der Brotkasten ist in der Malerei Unikum.[2])

Brot- und Weinzauber treten beide im früheren dritten Jahrhundert auf, also ungefähr gleichzeitig. Da erhebt sich die Frage nach dem Ursprung der zwei so übereinstimmenden Typen: welcher wurde zuerst geschaffen und diente dem anderen zum Vorbild? Da die gereihten Brotkörbe, ohne den zaubernden Christus, schon im zweiten Jahrhundert erscheinen, so liegt es nahe, die Brotvermehrung als den früher geschaffenen Typus und das Weinwunder als ihm nachgeschaffen zu denken. Indessen muß man berücksichtigen, daß der Typus des Brotwunders allzustark von den evangelischen Darstellungen des Speisungswunders abweicht, als daß man ihn rein von dort aus entstanden glauben könnte; er muß das neue Element, den zaubernden Christus, anders woher genommen haben. Der Typus des Weinwunders hingegen ist ein verhältnismäßig unmittelbarer, bildlicher Ausdruck des johanneischen Vorgangs der magischen Wasserverwandlung. Daher muß die Frage offen gehalten werden, ob nicht das Weinwunder zuerst gestaltet und ihm dann unter Benutzung der von früheren Malern geschaffenen Brotkörbe der Typus des Brotwunders nachgebildet sei.

---

[1]) Kana: Wilpert, Malereien 301 f. Taf. 57. Via Latina: eb. 538 f. Taf. 265. 267. Gruft 33: eb. 303 Taf. 105, 2. Arkosol: eb. 302 Taf. 186, 1.

[2]) Maius: Bosio, Roma sott. 447. Garrucci, Storia II Taf. 60, 2. Wilpert, Mal. 304 Fig. 26. — Domitilla: Wilpert 305 Taf. 92, 1. — Pietro e Marcellino: Wilpert 306 Taf. 166, 1.

Eine abgekürzte Darstellung anderer Form, aber verwandten Inhalts, fügen wir an. Brotkorb nämlich und Fisch, zusammengestellt auf grüner Fläche, finden sich an einem Fachgrab des Hypogaeums Lucinae zweimal, in symmetrischer Gegenüberstellung. De Rossi meinte, der Fisch schwimme in Wasser und trage den Brotkorb auf dem Rücken; der Fisch bedeute den Christus, der die geistige Speise, das Brot, trage oder bringe. Jeder Archäologe mußte sich schon immer sagen, der Fisch schwimme nicht in Wasser, sondern liege auf grünem Rasen, und den Brotkorb trage er nicht, sondern er liege neben ihm. Nun hat Wilpert eben dies als das Tatsächliche festgestellt, und seine photographische Reproduktion bestätigt es: der Fisch liegt hinter dem Brotkorb, mit diesem auf demselben Rasen. Nun bleibt noch ein dunkler Punkt. Der Korb sieht vorn aus wie durchbrochen gearbeitet, und in den Durchbrechungen steht rote Farbe. De Rossi erklärt sie für Rotwein, der in einem Glase innen im Korbe stehe; es sei also Brot und Wein gemalt, die zwei Gestalten der Eucharistie, welche der Fisch, das ist Christus, trage. Wie soll man sich das aber vorstellen? in einem mit Brötchen gefüllten Korb soll ein Glas Rotwein stehen? Das ginge nicht ohne höhere Magie. Oder soll das Glas Rotwein in einen leeren Korb gestellt und auf dessen Rand nur eine Platte mit Brötchen gesetzt sein? Solch ein Rationalismus wäre zu dumm. Man könnte noch fragen, ob der Korb, wenn er wirklich durchbrochen gearbeitet ist, etwa nur mit rotem Stoff gefüttert wäre, in der Art unserer eleganteren Papierkörbe; aber von so künstlich gearbeiteten Körben, vollends Brotkörben, gibt es im ganzen Altertum keine Spur. Wilpert jedoch will „ganz deutlich einen dicken Glasbecher erkennen". An dem Bildchen links ist in der Tat so etwas sichtbar. Diese schattenhafte Spur eines sehr großen Weinglases, das übrigens einen Stielfuß haben müßte, ist aber breiter als die durchbrochen gearbeitete Stelle, das Weinglas stände also nicht im Korb, sondern davor. Nur müßte dann aber auch von dem Stielfuß eine Spur erkennbar sein, mindestens im Grase; das scheint aber nicht der Fall zu sein. Fiele der Wein fort, so gehörte das Motiv zu den Mahlbildern, als deren Abbreviatur; andernfalls verbände es mit den Speisen der Mahle, Brot und Fisch, den in der Hochzeit zu Kana eingeführten Wein.[1]

Die Samariterin am Brunnen in ihrer Unterredung mit Jesus, Joh. 4. Diese Szene kommt nicht oft vor, aber zwei Exemplare stammen noch aus dem zweiten Jahrhundert. Der Brunnen ist dargestellt als Mündung einer Zisterne, zylinderförmig ragt sie aus dem Boden; man schöpfte daraus mittels eines Eimers, den man an einem Strick hinabließ. Also ein Ziehbrunnen. Solche Brunnenränder aus Marmor, Puteale, in deren innere Kante die laufenden Seile oft Rillen eingeschliffen haben, sind aus dem Altertum erhalten. Im ältesten Bild hält die Samariterin eine Trinkschale in den Händen, während der vor ihr stehende Christus, in Leibrock und ausnahmsweise rotem Mantel, zu ihr spricht Taf. 19; in einem späteren Exemplar hält sie den Eimer am Strick über der Brunnenmündung Taf. 54, 2. Diesmal steht sie allein, ohne den Christus, als Gegenstück zu einer anderen Einzelfigur; beide bilden Bestandteile des größeren Arrangements an der Frontwand eines Nischengrabes (in Domitilla, Gruft III). Jedes der drei Bilder wird von einem eigenen Rahmen umschlossen, ist also in sich

---

[1] De Rossi, Roma sott. I Taf. 8. Wilpert, Malereien 288 Taf. 27, 1. 28. Ein pompejanisches Stilleben mit Brot und einer Flasche Rotwein bei Presuhn, Pompeji 1882 Abt. VIII S. 6 Taf. 7. Vgl. die Überlieferung von der durchscheinenden Glasschale, die Pausias malte, Paus. II 27, 3, dazu Six im Archäol. Jahrbuch 1905, 162 mit Belegen.

Samariterin am Brunnen.
Coem. Praetextati.

abgeschlossen: im größeren Mittelbild über der Nische sehen wir das Brotwunder, im Nebenfeld links die Samariterin am Brunnen, rechts den Christus noch einmal, und zwar in einer dritten Variante des Brotzaubers, er trägt die aus den Speisungsgeschichten bekannten fünf Brote in einem Bausch seines Mantels. Das Schema der Gestalt erinnert an den Antinous im Museum des Lateran, der Blumen und Früchte im Gewandbausch trägt; ähnlich wird auch die Hore des Frühlings abgebildet. Blumen und Früchte sammelte man im Gewandbausch, daher der Typus der Hore und sekundär des Antinous. Solchen heidnischen Göttern ist dann der Christus nachgebildet, mit den Broten im Gewandbausch. Es ist der johanneische Christus, er trägt das Brot des Lebens, Joh. Kap. 6, wo sich die Rede vom Brote des Lebens an die Erzählung vom Speisungswunder anschließt. Unser Mittelbild, die Brotvermehrung, und das rechte Nebenbild, der Christus mit den fünf Broten im Bausch, führen das Brot des Lebens vor Augen, das linke Nebenbild, die Samariterin am Brunnen, das johanneische Wasser des Lebens. Nicht als ob die Samariterin das „Wasser des Lebens" aus der Zisterne schöpfte; gerade im Gegensatz zum Zisternenwasser ist das „Wasser des Lebens" vielmehr als Quellwasser gedacht und wird vom Christus geboten. Die Einzelfigur der Samariterin am Brunnen wurde vom Maler gewählt als in der Kürze deutlichste Vergegenwärtigung der ganzen Szene, in der dem Christus die Hauptrolle zufällt. Immerhin mag der Typ bisweilen mißverstanden worden sein, als ob das Brunnenwasser das Wasser des Lebens sei.[1])

Moses' Quellwunder. Als es den Israeliten in der Wüste an Trinkwasser fehlte, da schlug Moses, auf des Herrn Geheiß, mit dem Stabe, mit dem er in Ägypten bei den Plagen in den Fluß geschlagen hatte, den Fels; es kam Wasser daraus, und die Israeliten tranken Exod. 17. Der bildliche Typus, unmittelbar ansprechend als ein Bild der Errettung aus Todesnot und zugleich der Erquickung in der Seligkeit, gehört zu den am häufigsten gemalten, Wilpert zählt 68 Exemplare, sie reichen vom Anfang des zweiten bis zum Ende des vierten Jahrhunderts (das älteste Exemplar bei Wilpert Taf. 13. Vgl. unsere Abbildungen Seite 154 und 155). Moses, in der Regel bartlos, bärtig nur in einigen Exemplaren der letzten Zeit (Wilpert Taf. 122,

---

[1]) Samariterin am Brunnen: Wilpert, Malereien 224. 423. Wilpert bringt auch hier die Bilder, so wenige es sind, unter zwei verschiedene Rubra verteilt; die einen versteht er als Ausdruck des Glaubens an Jesus als den verheißenen Messias, die andern als Ausdruck des Gebets, daß Gott den Verstorbenen das Refrigerium verleihen möge. Der Glaube an Jesus als den Christus ist selbstverständliche Voraussetzung aller Katakombenbilder; wiederum alle sind nicht Ausdruck eines Gebetes, sondern der festen Zuversicht, daß die Verstorbenen des Brotes und Wassers des Lebens teilhaft geworden sind. — Frühlingshore: Rapp in Roschers Lexikon I 2736. — Antinous: Helbig, Führer in Rom² I n. 653 (Antinous als Vertumnus?). Wernicke bei Pauly-Wissowa I 2441.

1. 143, 2. 186, 2 usf.), schlägt mit dem Stab an den Felsen und es springt ein reicher Wasserstrom hervor. Der Stab ist nicht etwa der große, wie ihn die Männer zu führen pflegten, auch Moses in den Auszugsgeschichten (das griechische Skeptron), sondern es ist dasselbe kürzere Stäbchen, das wir in den Wundergeschichten öfter in der Hand des Christus sahen, der Zauberstab. Im Bilde mußte das aus dem Fels hervorbrechende Quellwasser als die Hauptsache gelten, nötig war noch die Gestalt des den Fels schlagenden Moses, andere Israeliten sind in der Regel nicht hinzugefügt. Letztere treten erst mit dem vierten Jahrhundert in das Bild ein; im ersten Beispiel wurde hierzu der Typus geändert: Moses schlägt nicht an den Fels, sondern führt einen Israeliten an der Hand zum Quell (Taf. 119, 1). In

Moses auf dem Berge Horeb.   Moses' Quellwunder.
Coem. Callisti, cripta delle pecorelle.

fünf anderen Bildern ist je ein Israelit trinkend dargestellt; er beugt sich zum Wasser vor und faßt es mit den Händen auf (Taf. 237, 2 und unsere Abbildung). Die Figur des trinkenden Israeliten ist wichtig für die Deutung des Bildes: der Quell aus dem Fels war zum Trinken bestimmt, wie in der Erzählung des Exodus, so auch in der Katakombenmalerei. Mehrmals finden wir den Quellzauber neben das Brotwunder oder auch ihm als Gegenstück gegenübergestellt (in der „Bäckergruft" Taf. 142, 2, in der Cripta delle pecorelle Taf. 237), mit anderen Worten, das Wasser des Lebens dem Brot des Lebens. In der „Samariterin am Brunnen" kam nicht das Wasser des Lebens selbst zur Darstellung, sondern die Szene, in der Jesus davon spricht; dagegen im Quellwunder wird das Quellwasser selbst gemalt.[1])

----

[1]) Moses' Quellwunder: Wilpert, Malereien 266 m. Verz. Er sieht in dem Typus meist ein Taufsymbol; die Begründung entnimmt er nicht dem Bilde selbst, sondern seiner jeweiligen Zusammenstellung mit gewissen anderen Typen. Daneben läßt er für einige Exemplare der späteren Zeit zwei andere Bedeutungen gelten: als Rettungstypus, insofern die Israeliten vor dem Verdursten gerettet wurden, und als Bilder der Erfrischung im Jenseits, des Refrigeriums, Erklärungen, die beide ungezwungen und für den ganzen Typus zutreffend sind; durch die Beziehung auf das in das ewige Leben springende „Wasser des Lebens" werden sie nicht aufgehoben, nur spezifiziert.

Der Mannaregen, Exod. 16, 13 ff. Es gibt nur ein spätes Exemplar des Typus, Wilpert Taf. 242, 2. Vier Israeliten stehen in der Wüste, zwei links, zwei rechts, und fangen das wie Schneeflocken (sie sind blau gemalt) vom Himmel fallende Manna im Gewandbausch auf. Das ist eine Abweichung vom Text, der das Manna jeden Tag mit dem Morgentau fallen und danach durch die Israeliten vom Boden auflesen läßt. Im Grunde ist auch dies ein Rettungsbild, es handelt sich um Rettung von drohendem Hungertode. Weil es nun aber eine Rettung durch wunderbar (und zwar wiederum gegen den Text vom Himmel herab) gespendete Speise ist, so glauben wir den Sinn der Christen des vierten Jahrhunderts zu treffen, wenn wir den Typus in den gegenwärtigen Zusammenhang stellen.[1])

Die Taufe. Johannes verlangte Umkehr, dann sollten die Sünden vergeben sein, sonst würde das göttliche Strafgericht die Sünder treffen, jenes Gericht, welches die Propheten den Feinden Israels anzudrohen pflegten. Als ein sinnfälliges Zeichen der Umkehr im Sinne einer Reinigung vom Unsittlichen (ob in ritualistischer Auffassung, das lassen wir dahingestellt) wählte er wie andere das Bad, er tauchte die Willigen im Flusse unter. Jesus taufte nicht; wo unter dem Zauber seiner Persönlichkeit die Herzen auftauen, was braucht es da Zeremonien, geschweige denn ritualistische? Sobald er den Seinen fehlte, sank alles von dem gehobenen Zustand auf das gewöhnliche Niveau herab; die Führer einer nun erst zu sammelnden und zu organisierenden Gemeinde glaubten eines Aufnahmeverfahrens nicht entraten zu können und nahmen die Taufe des Johannes in den sakralen Gebrauch auf, denn es sollte eine Gemeinde von Reinen, Heiligen sein (daß die Jünger selbst Getaufte gewesen seien, ist nirgends gesagt). Und sie wußten einander zu erzählen, Jesus habe sich wie die andern von Johannes im Jordan untertauchen lassen; und indem er aus dem Wasser wieder herausstieg, da habe er, Jesus, gesehen, wie der Himmel sich teilte und der Geist wie eine Taube auf ihn herabkam. Was Markus und Matthäus nur Jesus sehen lassen, das erzählt Lukas als allgemein sichtbaren Vorgang, und der vierte Evangelist, der Jesus' Taufe nicht kennt oder leugnet, läßt den Täufer förmlich bezeugen, er selbst habe den Vorgang beobachtet und Gott habe ihn über ihre Bedeutung aufgeklärt. Mk. 1, 9. Mt. 3, 13. Lk. 3, 21. Joh. 1, 32.

In der Cappella greca ist die Deckenmalerei meist mit dem Stuck herabgefallen; von dem Bild der einen Decke blieb nur etwas Weniges haften; Wilpert erkennt Wasser und vermutet, es habe zu einer Darstellung der Taufe gehört, sei es der Jordantaufe oder der kirchlichen. Es würde das älteste Taufbild sein, aber es ist nichts damit zu machen. Die frühesten Bilder, die wir haben, gelten der Jordantaufe, die späteren mehr dem kirchlichen Ritus. Im ältesten Exemplar ist das Wasser des Flusses sehr breit und das Heraussteigen des als nackter Jüngling gegebenen Jesus recht lebendig geschildert; der Täufer, in der Exomis, reicht ihm vom mählich ansteigenden Ufer aus behilflich die Hand, so etwa wie Jesus beim Gehen auf dem See dem versinkenden Petrus die Hand reichen würde nach Mt. 14, 31. Die Taube fliegt von links oben nach dem nach rechts gewendeten Jesus hin, so daß er sie nicht sieht; der Maler dachte sich mit Lukas die Erscheinung der Taube als allgemein sichtbaren Vorgang (Wilpert Taf. 29, 1 und unsere Abbildung). Während die Auffassung dieses Bildes durch die Evangelien bestimmt scheint, lehnen sich die übrigen

---

[1]) Mannaregen: Wilpert Malereien 388.

Darstellungen der Taufe wohl mehr an den kirchlichen Ritus der frühchristlichen Zeit an. Der Täufling, nackt, in den Proportionen eines Knaben, steht mit dem Taufenden in einem flachen Wasser; letzterer hat die Hand auf dem Kopf des Täuflings liegen. Der Gestus war ursprünglich zur Taufhandlung wesentlich; denn Johannes tauchte die Leute im Flusse unter, also doch mit seiner Hand, sie kamen, um sich „von ihm untertauchen zu lassen". Die Prozedur wurde mit der

Jesus' Taufe im Jordan.
Hypogaeum Lucinae, Gruft Y.

Zeit schrittweis gemildert, schließlich auf eine bloße Andeutung eingeschränkt; da mochte denn auch die Hand auf dem Kopf ihre Bedeutung ändern. Auf Jesus' Taufe werden die Bilder bezogen, in denen die Taube vorkommt und der Taufende nur Exomis oder Lendentuch trägt (Wilpert Taf. 27, 3). Im dritten Jahrhundert kam es auf, die Taube senkrecht von oben auf Jesus herabfliegen zu lassen, was dann typisch wurde. In dem ersten Exemplar dieser neuen Anordnung steht Jesus, auch hier knabenhaft gebildet, mit ausgebreiteten Händen betend. Es kann wieder durch Lukas eingegeben sein, der ihn nach der Taufe anbeten läßt, wo dann der Himmel sich öffnet und die Taube kommt; es kann aber auch hier, wie sonst so oft, bei Daniel, Noah usf., das Orantenschema der Seligen in das Prototyp eingedrungen sein; denn Jesus ist hier der Erstling der Getauften und Heiligen, derer, denen die Seligkeit gewiß ist.[1])

Den kirchlichen Taufritus meinen diejenigen Taufbilder, in denen die Taube fehlt und der Taufende „angezogen" ist, also Rock und Mantel, richtiger Leibrock und Überrock trägt (unsere nächste Abbildung). Die knabenhafte Bildung des Täuflings ist von der Darstellung des Ritus in diejenige der Jordantaufe übergegangen; Wilpert erklärt sie daraus, daß die Taufe als geistige Wiedergeburt aufgefaßt wurde, weshalb die Getauften auch infantes, Kinder, und auf Inschriften Wiedergeborene, Neugeborene, Knaben und Mädchen genannt werden (renati, neophyti, pueri, puellae).[2])

Der Fischer. Nur mit dem Lendentuch angetan sitzt er am Ufer und zieht mit der Angel einen Fisch aus dem Wasser. Der Typus des Anglers ist in der heidnischen Kunst reichlich vertreten, in der römischen und pompejanischen Wand-

---

[1]) Jesustaufe: Wilpert, Malereien 257. Scherman, Röm. Quart. 1903, 351.
[2]) Taufritus: Wilpert, Malereien 259.

Die Taufe.

Coem. Callisti, Gruft A².

dekoration und in zum Teil meister-
haften Einzelschöpfungen wie der
Bronze in Neapel. In der Katakombenmalerei kommt er nur dreimal
vor, im ersten und zweiten Jahrhundert. Einmal in der Flaviergalerie, Wilpert Taf. 7,1, dort zwischen
anderen übernommenen Typen, idyllischen Kleinbildern, weidenden
Tieren, auch einem Hirten. Wilpert
glaubt daher auch dem Angler hier
nur dekorative Bedeutung zuerkennen
zu sollen; doch möchten wir an das
früher Gesagte erinnern, daß es
immer auf den Besteller, den Maler
und den Beschauer ankam, welche
Ideen ein jeder mit einem Zierbild
verbinden wollte. Der Angler tritt
überdies aus der Reihe der gewöhnlichen Dekorationsmotive doch etwas
heraus. Den Fischfang mit der
Angel erwähnen die Evangelien

gelegentlich des Staters, den Petrus im Maule eines mit dem Hamen zu fangenden
Fisches finden sollte, Mt. 17, 27; aber es würde allerdings gesucht sein, gerade dieser
Wundergeschichte eine sepulkrale Deutung unterzulegen. Dann wäre noch an die
Berufung der ersten Jünger zu denken (daß es sich da um Netzfischer handelt,
brauchte nicht urgiert zu werden). Jesus rief sie von ihrem Kahn ab: „Folgt mir
und ich mache euch zu Menschenfischern" Mk. 1, 17. Mt. 4, 19. Lk. 5, 10, hier mit
Erweiterung des Vorfalls durch den wunderbaren Fischzug. Das vierte Evangelium
verwertet dies Material, erst im Nachtrag Kap. 21, in der Weise, daß der Auferstandene den Petrus den wunderbaren Fischzug tun läßt (womit noch die Motive
Lk. 24, 41 und 30 verknüpft sind) und ihn dann statt zum Menschenfischer zum
Hirten seiner Schafe macht. Seitdem die Taufe als Aufnahmeverfahren eingeführt
war, pflegen christliche Schriftsteller die aus dem Taufwasser in den Stand der Heiligkeit Gekommenen mit aus dem Wasser geangelten Fischen zu vergleichen und die
Taufenden mit Fischern. Deshalb sieht Wilpert im Anglerbild der Exemplare aus
dem zweiten Jahrhundert (Taf. 27, 2. 3) ein Taufsymbol, dies um so mehr, als der
eine Angler neben einem „Quellwunder" (das W. auch als Taufsymbol versteht), der
andere neben einer Taufe gemalt ist. In beiden Fällen dürfte die Nebeneinander-
ordnung ihren Grund aber lediglich darin haben, daß hier das Wasser vom Felsenquell, dort das Taufwasser dem Maler bequem lag für den Fisch, den der Angler
zieht. Wir möchten die Frage nach dem sepulkralen Sinn des Fischerbildes noch
offen halten.[1])

---

[1]) Fischer: Wilpert, Malereien 263. — Bronze in Neapel: v. Sybel, Weltgesch. d. Kunst²
352 Abbildung.

Die frühchristlichen Gemeinden hatten zwei Sakramente, das Abendmahl und die Taufe; die Taufe macht heilig, der Genuß des Abendmahls macht selig. Paulus vergleicht mit dem Untertauchen bei der Taufe das Unter der Wolke Gehen und das Durchs rote Meer Gehen der Israeliten beim Auszug aus Ägypten; wiederum mit der eucharistischen Speise und dem eucharistischen Trank vergleicht er das Manna und den Mosesquell in der Wüste. Kor. I 10 „Unsere Väter gingen unter der Wolke und zogen alle durchs rote Meer, und alle ließen sich taufen auf Moses in der Wolke und im Meereswasser. Und alle aßen dieselbe wunderbare (himmlische) Speise und alle tranken denselben wunderbaren Trank. Sie tranken nämlich aus dem sie begleitenden wunderbaren Felsen. Der Fels aber war Christus" (Bousset). Wenn Paulus damit sagen will, daß der präexistente Christus in dem wasserspendenden Fels war, und ebenso im Manna und in allen anderen Wundern der Väterzeit wirkte, daß also im Felsenquell und im Manna von den Israeliten der noch nicht Fleisch gewordene Christus so real getrunken und gegessen wurde, wie im christlichen Abendmahl der verklärte, so mußte es allen paulinisch Denkenden nahe liegen, Mosesquell und Manna wenigstens als Symbole auf das Abendmahl zu beziehen, wie in der Bibel so in den Bildern.[1]

Der johanneische Christus verspricht „lebendiges Wasser"; wer davon trinkt, den wird nicht mehr dürsten in Ewigkeit; es wird in ihm zu einer Quelle von Wasser, welches „springt in das ewige Leben", Joh. 4, 10. 14. Ähnlich redet er im Anschluß an die wunderbare Speisung von der Speise, die bleibt in das ewige Leben; nicht das Manna des Moses, sondern das Brot, das der Vater durch den Sohn gibt, ist das wahre Himmelsbrot. „Ich bin das Brot des Lebens", „das Brot, das vom Himmel herabkommt, damit man davon esse und nicht sterbe" 6, 27—50. Dann folgt die bestrittene Stelle 51—56, die das Fleisch des Christus für das Brot einsetzt: „Wer mein Fleisch ißt und mein Blut trinkt, hat das ewige Leben und ich werde ihn auferstehen lassen am letzten Tage." „Wer mein Fleisch ißt und mein Blut trinkt, der bleibt in mir und ich in ihm." Wie im Hinblick auf das Speisungswunder die Danksagung (Eucharistie, V. 23) Terminus des Ritualmahles ist, so sind in V. 51—56 Fleisch und Blut dem eucharistischen Ritual entnommen. Wenn man das Brot und Wasser des Lebens für sich betrachtete, herausgenommen aus dem Zusammenhang, so könnte man zweifeln, ob darunter notwendig die Gestalten des Abendmahles verstanden sein müssen; aber der Verfasser der Verse 51—56 hat bei dem ganzen Kapitel nichts anderes im Sinne gehabt. Der Korintherbrief spricht, bald nach den vorerwähnten Worten, von der Gemeinschaft im Sakrament; nach dem Johannesevangelium gewährt das Sakrament, kraft des Ritus, ewiges Leben, das Abendmahl ist ein Mittel, und zwar ein Zaubermittel, zur Erlangung der Unsterblichkeit geworden (φάρμακον ἀθανασίας sagt Ignatius epist. ad Ephes. 20, vgl. Wilpert, Malereien 282). Dahin ist es schließlich mit der Mahlidee gekommen. Bei der großen Bedeutung, welche dem vierten Evangelium in der Entwicklungsgeschichte der christlichen Dogmatik zukommt, muß man erwarten, in den Katakomben eucharistisch gemeinten Bildern zu begegnen. Brot und Wasser, und die ursprünglich messianischen Speisen Brot und Fisch, werden in den vorstehend besprochenen Bildern eucharistisch verstanden sein. Nicht ebenso in den Seligenmahlen; sondern dort sind die messianischen Speisen mit dem ganzen

[1] Bousset: bei Joh. Weiss, Schriften des N. T. II 1899.

Mahl in das Jenseits hinübergewandert. Die Märtyrervisionen kennen noch andere Formen von Himmelsspeise; man denke an den Mundvoll frischen Käse, welcher der Perpetua nach ihrem Eintritt in den Himmel vom guten Hirten gegeben wird, wie ein Ambrosia und Nektar, nicht bloß als einer Speise für Götter, sondern als einer solchen, die Unsterblichkeit, wie die der Götter, verleiht. Es ist ein eucharistisches Mahl im Himmel als Ritus der Aufnahme in den Himmel, der Aufnahme in die Gemeinschaft der Seligen mit dem Erstling der Seligen. Endlich sei erwähnt, daß der aus dem Speisungsmythus stammende Fisch, durch seine Verwendung als eucharistisches Symbol, zu einem allgemeinen Sinnbild des Christus geworden ist.

In Malereien seit Ende des zweiten Jahrhunderts sahen wir Wunder mittels eines Zauberstabes bewirkt, die Erweckung des Lazarus, die Brotvermehrung, das Weinwunder (Wilpert Taf. 45 und weiterhin). Schon vorher schlug Moses die Quelle aus dem Fels (Taf. 13). Letzteres beruht auf dem Bibeltext; da verrichtet Moses, im Wettstreit mit den ägyptischen Zauberern, die Wunder mit seinem oder Aarons Stab. Aarons Stab, vor den Pharao hingeworfen, verwandelt sich in eine Schlange; das machen die Zauberer nach, jedoch der Stab Aarons verschlang ihre Stäbe, Exod. 7, 9—12. Moses schlug mit dem Stab das Wasser des Nil, es verwandelte sich in Blut, 7, 20. Aaron schlug mit dem Stab den Staub auf dem Boden, der verwandelte sich in Stechmücken, 8, 13. Moses reckte seinen Stab gen Himmel empor und es erfolgte Gewitter und Hagelschlag, 9, 23. Er reckte seinen Stab aus über Ägypten und Ostwind brachte Heuschreckenschwärme, 10, 13. Das war der übliche, reichlich mannshohe Stab (Skeptron, Rhabdos) der Alten. Auch Kirke bedient sich zur Zauberei ihres hohen Handstabes; durch Berühren mit dem Stab verwandelte sie die Gefährten des Odysseus in Tiere, Od. 10, 237. 293. Artemis verwandelt die Schwestern des Meleager, die über seinen Tod in tiefer Trauer sind, mittels des Stabes in Vögel, Meleagriden (Antonin. Lib. 2, 10 nach Nikanders Heteroiumena). Der Stab des Hermes ist auch zauberkräftig; in alter Zeit war er lang, nachher kürzer, und gabelförmig (eigentlich ein sich gabelnder Zweig) mit verknoteten Enden.

Der Zauberstab ist nicht verschieden von der Wünschelrute. Varro betitelte eine Satura Menippea „Die Wünschelrute", Virgula divina; ihr Inhalt ist leider nicht erkennbar. Die virgula divina bezeichnet Cicero ausdrücklich als Wünschelrute; er spricht einmal davon, wie es wäre, wenn uns alles, was zum Lebensunterhalt und Komfort gehört, gleichsam durch eine Wünschelrute geliefert würde. Nun, wie eine Wünschelrute pflegt auch der Zauberstab in der Katakombenmalerei zu wirken: damit (nicht mit dem langen Stab) schlägt Moses den Quell aus dem Felsen, damit werden die Brote ins Ungemessene vermehrt, so daß Tausende satt werden; damit wird Wasser in Wein verwandelt. Nur die Erweckung des Lazarus tritt aus diesem Kreise heraus, es ist eher der Stab des Seelenführers, der hier aber in umgekehrter Richtung führt, aus dem Tod ins Leben. In allen Fällen aber bleibt die christliche Malerei im Rahmen der Antike, denkt ganz antik. Mit dem Zauberstab in der Hand erscheint Jesus als Thaumaturg, als Zauberer. Das ist er ja schon in den drei ersten Evangelien, überall wo sie von Wundern erzählen, es sind ja meist Heilungswunder; doch blieb es dem vierten Evangelium vorbehalten, diesen Charakter mit viel stärkerem Nachdruck zu unterstreichen; gleich im Beginne, Nathanael gegenüber, kündigt er sich so an (1, 48. 50). Der Zauberstab ist den Evangelien unbekannt; aber im

Bilde drückt er den Charakter des Wundermannes auf die einfachste und deutlichste Weise aus.[1])

Der Erlöser.

Wir sahen Jesus, als den Christus, in Ausübung des messianischen Berufs Kranke heilend, Tote erweckend; diese Szenen waren gemalt als Prototype, und insofern sie Leistungen seiner Wunderkraft waren, als Bürgschaften der Erlösung aus dem Tod ins ewige Leben. Andere Bilder zeigten ihn als den Spender des Brotes und Wassers des Lebens, überhaupt der Himmelsspeisen, deren Genuß das ewige Leben verschafft. Wir lassen nun die Bilder folgen, die ihn als Vermittler der Seligkeit und als den Herrn der Seligen darstellen, beides im Typus des Hirten, dem sich einigemal Orpheus unterschiebt. Anschließend besprechen wir die Darstellungen aus der Kindheitslegende.

Der gute Hirt. Die Metapher vom Hirten als dem Herrn und Leiter ist allgemein antik, griechisch und semitisch. Völkerhirt heißt der homerische Agamemnon. Hirt des Volkes Israel ist in der königlosen Zeit, und so im Exil, Jahwe. Der frühexilische Prophet Ezechiel verkündet, Kap. 34, die im Exil zerstreuten Israeliten sollen wieder gesammelt und in ihre Heimat zurückgebracht werden. Weil die Hirten Israels ihre Herde nicht recht weiden, so will Jahwe selbst seine Schafe weiden; und er will einen einzigen Hirten über sie bestellen, seinen Knecht David. „Ich werde sie aus den Völkern herausführen und aus den Ländern sammeln und in ihr Land bringen." „Auf guter Weide werde ich sie weiden —". „Das Verirrte werde ich aufsuchen und das Versprengte werde ich zurückholen, das Verwundete verbinden und das Kranke stärken —." Man sieht, das ist alles politisch gemeint. Aber gerade unter dem Drucke des Exils und seiner Nachwirkung nahmen die Gedanken eine Richtung auf Verinnerlichung. Das spricht aus den Psalmen. „Der Herr ist mein Hirte, und nichts wird mir mangeln. An den Ort des Grases, dort läßt er mich lagern; am Wasser des Ausruhens zieht er mich auf. Meine Seele leitet er, er führt mich auf Pfade der Gerechtigkeit wegen seines Namens. Wenn ich auch wandere mitten im Schatten des Todes, so fürchte ich nichts Schlimmes, weil du mit mir bist —", Psalm 22 (23) Swete II 238.

Den Hirten, der das verirrte Schaf aufsucht und heimbringt, haben Matthäus und Lukas. Die Metapher vom verirrten Schaf ist nun moralisch gemeint; es ist der Hirtenberuf des Christus und seiner Apostel, die sittlich Verirrten aufzusuchen, denn, heißt es in Verwendung der Worte des Ezechiel, das Volk war mißbraucht und vernachlässigt wie Schafe, die keinen Hirten haben (Mt. 15, 24. 10, 6. 9, 36). Dasselbe Motiv existierte auch zu einer ausführlichen Parabel entwickelt, Mt. 18, 12—14. Lukas trägt sie breiter vor, die Parabel von dem Manne, der hundert Schafe hat und eins davon verirrt sich; da verläßt er die neunundneunzig, um das verirrte zu suchen, und wenn er es gefunden hat, legt er es auf seine Schultern mit Freuden und

---

[1]) Varro, Sat. menippea 95, Al. Riese p. 235. — Cic., de off. I 158 si omnia nobis, quae ad victum cultumque pertinent quasi virgula divina, ut aiunt, suppeditarentur. Vgl. noch Furtwängler, Antike Gemmen 1900, 245. 451 Fig. 233, auch Taf. 22, 2. 7. 61, 51: abgeschnittener Kopf aus der Erde kommend, davor ein Mann, bald auf ein Diptychon schreibend, bald mit Zepter oder Stäbchen in der Hand.

bringt es nach Haus: so wird im Himmel mehr Freude sein über einen Sünder, der umkehrt, als über neunundneunzig Gerechte, die der Umkehr nicht bedürfen (Lk. 15, 4—7).

Das vierte Evangelium ist abgefaßt zu einer Zeit, da längst nicht mehr der Jesus vor Augen stand, wie er im Leben gewesen war, sondern da man nur noch den Verklärten im Himmel dachte; und die Lehre vom Christus als dem Logos ist von seiner völligen Vergottung nur noch wie durch ein dünnes Blatt Papier getrennt, sie ist Vergottung in der Sache, scheut aber noch die Sache beim Namen zu nennen. Der johanneische Christus ist anderer Art als der synoptische, er spricht in ganz anderem Tone. Er spricht immer wie im alten Testament Jahwe spricht: Ich —, Ich bin —. Dies wiederkehrende Ich hämmert auf die Nerven des feinfühligen Lesers. Was bei Ezechiel Jahwe spricht: Ich selbst werde meine Schafe weiden — ich werde sie aus den Völkern herausführen und in ihr Land bringen — auf guter Weide werde ich sie weiden —, das nimmt der johanneische Christus in seinen Mund: „Ich bin die Türe der Schafe —, Ich bin die Türe —. Ich bin der gute Hirte (ὁ ποιμὴν ὁ καλός). Der gute Hirte setzt seine Seele ein für seine Schafe —. Ich bin der gute Hirte und ich kenne die Meinen, und sie kennen mich —. Und ich habe andere Schafe, die nicht aus diesem Hofe sind; auch sie muß ich führen, und sie werden auf meinen Ruf hören, und es wird Eine Herde sein, Ein Hirt," Joh. 10, 1—16. Das „Tragen auf den Schultern" verwendet Johannes nicht. Nachher läßt er das Thema noch einmal aufnehmen, um ein wichtiges Moment hinzuzufügen: „Meine Schafe hören auf meine Stimme, und ich kenne sie, und sie folgen mir, und ich gebe ihnen das ewige Leben, und sie werden nicht verloren sein in Ewigkeit, und keiner wird sie aus meiner Hand reißen" 27—28. Wilpert meint, das Gleichnis berücksichtige nicht so sehr den Zustand der Gläubigen nach dem Tode, als vielmehr ihr zeitliches Leben auf Erden: die Herde versinnbilde die Gemeinde der Gläubigen, die Kirche unter ihrem geistigen Oberhaupte Christus. Richtig ist nun, daß Vers 16, gerade gegenüber der Herkunft der Schafe aus verschiedenen Höfen, die Einheit der Herde und des Hirten scharf betont; dies geschieht in Vorbereitung des später folgenden sog. hohepriesterlichen, richtiger oberhirtlichen Gebetes. Es bittet um die Einigkeit der Jünger (17, 11) und ebenso der Apostelschüler, das ist der nachapostolischen Christen, daß sie eins seien, wie der Sohn mit dem Vater, und sie in ihnen beiden (20—23). Das ist der praktische Angelpunkt im Gedankengang des vierten Evangeliums; der Nachtrag Kap. 21 bekräftigte es durch die Wendung, welche er dem Mythus vom wunderbaren Fischzug gibt. Neben diesem allerdings Diesseitigen steht aber die oben berührte Jenseitigkeit, sagen wir einmal die theoretische Seite der johanneischen Ideenwelt. Auch das Hirtenbild mündet dahin aus: es ist der gute Hirte, der den Schafen das ewige Leben gibt (10, 28); er hat die Macht über alles Fleisch, damit er allen, die Gott in seine Hand gab, das ewige Leben gebe, dadurch, daß sie den einen Gott und seinen Gesandten Jesus, den Christus, erkennen (17, 2—3); keiner, außer dem Verräter, ist ihm verloren gegangen (12); sie sollen alle dahin kommen, wo auch er, der verklärte Christus, ist, damit sie seine Herrlichkeit sehen (24—26).

In diesem jenseitigen Sinne ging das Bild vom Hirten und vom Schaf, das er auf die Schultern nimmt und nach Hause trägt, in die kirchlichen Begräbnisgebete über: „Ich bin das verlorene Schaf", heißt es in der griechischen Totenliturgie, „rufe

Der gute Hirt.

Coem. Callisti (Arkosol der Madonna).

mich zurück, Retter und rette mich,"
nämlich in die Seligkeit. In der
lateinischen wird Gott gebeten, daß er
den Verstorbenen, nachdem ihn der
gute Hirte auf seinen Schultern
heimgebracht, die Gemeinschaft der
Heiligen genießen lasse. Da ist der
johanneische „Gute Hirt" mit dem
Lukasschen Heimtragen auf den Schultern kombiniert.[1]

Die Bilder des guten Hirten sind
nächst denen des Jonas in den Katakomben am häufigsten verwendet. Zwei
Haupttypen lassen sich unterscheiden.
Der ältere und häufiger angebrachte ist
der Hirt, der das Schaf auf den
Schultern trägt (Wilpert Taf. 9. 11).
Selten steht er allein da (Taf. 17), in
der Regel aber zwischen zwei Schafen,
die zu ihm aufblicken oder grasen, und zwei Bäumen (unsere Abbildung). Der gute
Hirt trägt ein Schaf in das Paradies zu anderen Schafen, die schon dort sind, bisweilen sitzt auf jedem der beiden Paradiesesbäume eine Taube (Taf. 66, 1): das ist
also der Christus, der einen Verstorbenen in das ewige Leben einführt zu den bereits
früher selig Gewordenen. Meist steht der Hirt in Vorderansicht, das Schaf auf dem
Nacken hält er an den Beinen, manchmal mit beiden Händen, die Vorderbeine mit
der einen, die Hinterbeine mit der andern (unsere Abbildung unten unter Syntax)
oder nur mit der linken Hand, die rechte hält dann die vielrohrige Hirtenpfeife
(Panspfeife). Seine Kleidung, die der Hirten, besteht in dem Arbeiterkittel, der auf
der rechten Schulter gelöst ist (Exomis); auch trägt er lederne Beinschienen, mit
Bändern kreuzweis umwickelt, wie schon in der Odyssee der alte Laërtes zum Schutz
der Schienbeine gegen Dornen und Disteln bei der Gartenarbeit sie trug. Spätere
Bilder fügen den Mantel hinzu (Taf. 61. 63, 1, unsere Abbildung Seite 210), die
Hirtentasche. Um eine Lünette oder einen Arkosolbogen zu füllen, wird die
Komposition auch erweitert, die Paradieseslandschaft ausführlicher gemalt, die Zahl
der Schafe vermehrt, der Schäferhund hinzugefügt (Taf. 117. 190. 203. 222).[2]

Der andere, spätere und seltenere Typus ist der Hirt inmitten seiner Herde,
sie weidend; da trägt er kein Schaf auf den Schultern. Das also wäre eigentlich
der johanneische Gute Hirt (dieser Terminus wird irrig auf den das Schaf tragenden
übertragen, das Motiv kommt gerade bei Johannes nicht vor, wir fanden es nur bei
Lukas). Johanneisch ist der seine Herde weidende Hirt, unser zweiter Typus. Er

---

[1] Τὸ ἀπολωλὸς πρόβατον ἐγώ εἰμι, ἀνακάλεσόν με, σῶτερ, καὶ σῶσόν με. Offic. exseq. bei
Jac. Gras, Εὐχολόγιον sive Rituale Graecorum ²425. — Deum fideliter deprecemur, ut — morte
redemptum, debitis solutum, patri reconciliatum, boni pastoris humeris reportatum —
sanctorum consortio perfrui concedat. Or. post sepult. des Sacramentarium Gelasianum, bei
Muratori, Liturg. Rom. vetus I 751.

[2] Guter Hirt, ein Schaf tragend: Wilpert, Malereien 48. 431 m. Verz.

Der gute Hirt.
Coem. Callisti (Region des Eusebius).

steht auf seinen Stab gestützt, in späteren Exemplaren kreuzt das eine Bein das andere (Taf. 112,3). In der Hand hält auch er die Syrinx, vereinzelt soll er die Doppelflöte halten, Taf. 147. In diesem Fall trägt er statt des Arbeiterkittels den ungegürteten Talar, womit er ganz aus der Rolle fällt. Einmal sitzt er, auf sein Pedum gestützt, den Kragen um die Schultern gehängt, in reicher Landschaft, vorn unter Bäumen die Herde mit einem Widder darunter, den Hintergrund bilden Berge, Taf. 121 f. Eines der früheren Bilder, aus dem Anfang des dritten Jahrhunderts, zeigt ihn zwischen zwei Tiergruppen; zu seiner Rechten drängen sich Schafe an ihn heran, zu seiner Linken stehen Schwein und Esel, nach Wilpert Bilder des Teufels.[1]

Man begreift, daß die zwei Typen ihre Züge austauschten. So findet sich der Hirt, der das Schaf trägt, mit verschränkten Beinen gemalt, obwohl das Schema für ihn so unpassend ist, wie geeignet für den die Schafe weidenden Hirten (Taf. 100). Daß das Schema bei Exemplaren des schaftragenden Hirten früher vorkommt als bei weidenden, steht nicht im Wege, das ist Zufall. Wiederum kommt es vor, daß der schaftragende Hirt das Tier mit keiner Hand hält; eigentlich ist's der Typus des Weidenden, aber der Maler hat ihm ein Schaf auf den Nacken gelegt.

Die Geschichte des Hirtentypus ist noch nicht geschrieben; ein reiches Material liegt vor, obwohl es nur Trümmer eines einst viel reicheren Bestandes sind. Ein paar Proben müssen uns hier genügen. Aus altgriechischer Kunst, des sechsten Jahrhunderts vor Christus, haben wir zunächst die Statue eines kalbtragenden Mannes in Athen, er faßt die Beine des Tiers mit beiden Händen. Aber auch das Tragen eines Schafes, was man ohne Zweifel im Leben oft sah, hat die Kunst gestaltet. Besonders gern erscheint Hermes in diesem Schema; ein Exemplar in Dresden, vielleicht noch des sechsten Jahrhunderts, zeigt ihn in symmetrischer Haltung, in Spitzhut und um den Rücken genommenem Mantel. Bei den Verhandlungen über heidnische Vorbilder des guten Hirten wurde der widdertragende Hermes von Tanagra viel genannt, im Kultus stellte ihn ein nackter Knabe dar; bei dem jährlichen Grenzbegang trug er ein Lamm auf dem Nacken. Künstlerisch gestaltet wurde der Typus durch Kalamis, einem

---

[1] Der weidende Hirt: Wilpert, Malereien 231 m. Verz.

Künstler aus der Zeit zwischen den Perserkriegen und der perikleischen Blüte; auf Münzen der Stadt Tanagra sieht man den Typus. Um andere Beispiele zu übergehen, gibt es im freiesten Stil einen lammtragenden Knaben, bekleidet, in der Opferszene einer palatinischen Wandmalerei augusteischer Zeit. Es hat natürlich auch lammtragende Hirten in der griechischen Kunst gegeben.[1]

Auch der zweite Typus, der Hirt inmitten seiner Herde, hat klassische Analogien. Eine Terrakotte zeigt wieder einen jugendlichen Hermes, aber bekleidet mit Kittel, Mantel und Hut; ein Schaf steht zu seiner Rechten, freundlich legt er ihm die Hand auf den Kopf. Stil und Tracht sind verschieden, aber die Hauptsache, das Motiv, die Freundlichkeit gegen das Tier, ist beim Hermes und beim Christus identisch. Es gibt aus der Kaiserzeit Hirtenbilder, die auch in der Tracht den christlichen Hirtenbildern genau entsprechen. Aber wir sagten schon, es kommt nicht soviel darauf an; es ist die Spätantike im ganzen, welche all diese Hirtenbilder geschaffen hat, wie die heidnischen, so die christlichen, beides aber im Strom der typengeschichtlichen Entwicklung. Man könnte vielleicht sagen wollen, und es ist gesagt worden, die christlichen Maler hätten täglich soviel Gelegenheit gehabt, wirkliche Hirten zu beobachten, daß sie nicht zu den Vorbildern aus der heidnischen Kunst zu greifen brauchten. Indessen liegt die Sache umgekehrt. Die antiken Künstler kamen immer, Ausnahmen bestätigen die Regel, aus einer Schule; den Grundstock ihres Könnens wie ihres Typenschatzes brachten sie aus der Schule mit und aus dem Studium der anderen Schulen; das überkommene Kunstkapital aber vermehrten sie durch Weiterbildung der Technik und Schöpfung neuer, im Wetteifer mit der Wirklichkeit gestalteter Typen. So vorgebildet und so erzogen, sind auch die christlichen Maler an die Gestaltung herangetreten, in unserem Falle an die des guten Hirten, als antike Maler christlicher Konfession. Der Typus des guten Hirten ist aus dem Schoße der hellenistischen Idyllenmalerei hervorgegangen.[2]

Der Melkeimer, als Attribut des Hirten und in selbständiger Verwendung, verlangt besondere Erwähnung. Der gute Hirt des ersten Typus hält einmal einen kupfergetriebenen Melkeimer in der Hand (Taf. 66, 2), ein andermal steht er zwischen zwei Eimern, an deren einen der Hirtenstab gelehnt ist (Taf. 171, unsere Abbildung Seite 154). Zu letzterer Zusammenstellung, Melkeimer und Krummstab, muß der Gebrauch des Hakenstocks erläutert werden, wie er noch heute auf den arkadischen Bergweiden beobachtet werden kann. Will der Hirt ein Schaf oder eine Ziege melken, so wählt er das Tier mit dem schwersten Euter; um es herauszufinden, scheucht er die ganze Herde, daß sie in wilder Flucht dahingeht. Er mit großen ruhigen Sätzen hinterher, den Hakenstock in der Hand wiegend. Die Tiere mit schwerem Euter kommen bald ins Hintertreffen, und das schwerstbeladene wird letztes; nun mit ein paar größeren Sprüngen näherkommend, hakt er es mit vorgestrecktem Stab am Bein fest, es steht und läßt sich melken. Das ist der Gebrauch des Krummstabs, deshalb ist er im Bilde mit dem Melkeimer zusammengestellt. In anderen Malereien sehen

---

[1] Dresden: Hermann, Archäol. Anzeiger 1896, 208, 11 Abb. Tanagra: Roscher, Lexikon I 2396. Bekleidete Kriophoren: Veyries, Figures criophores (Bibl. écoles franç. d'Athènes et de Rome XXXIX 1886). de Rossi, Roma sott. I 347; Bull. com. 1889, 137. Vgl. die Hirten aus der Komödie: Alfr. Körte, Archäol. Jahrb. 1893, 74 u. 79 n. 31—33.

[2] Terrakotte: Roschers Lexikon I 2431. Treu, Archäol. Anzeiger 1891, 22 Abb. — Bergner, Der gute Hirt in der altchristlichen Kunst 1890.

Orpheus.

Coem. Callisti.

wir den Hirten melken (93. 117, 1). Nun aber war es antiker Brauch, statt der Person auch nur ihre Attribute vorzuführen, Blitz und Adler statt Zeus, Dreizack und Fisch statt Poseidon, Traube und Thyrsus statt Dionysos; so konnte auch Melkeimer und Krummstab, oder nur ersterer allein, statt des Hirten gemalt werden (Taf. 24, 2 Eimer auf Pfeiler zwischen zwei Schafen). Endlich tritt der Eimer ganz selbständig auf, als immerhin bedeutsames Ornament: ein Pflanzenstengel trägt ihn wie eine Blüte (der Eimer soll nimbiert sein, Taf. 158, vgl. Taf. 265 ff.). Die Milch, die der gute Hirt zu bieten hat, ist Himmelsspeise zum ewigen Leben, unsterblich machender Nektar und Ambrosia. Man denkt an den Bissen frischgemolkenen „Käse", den der gute Hirt der in den Himmel eingetretenen Perpetua in den Mund steckt. Doch bleibt die Frage, ob der Melkeimer nicht auch eucharistisch verstanden werden kann; das würde die Absicht nicht einmal wesentlich ändern.

An Stelle des guten Hirten treffen wir fünfmal den Sänger Orpheus. Es ist hier nicht der Ort, den Orpheus der Griechen zu schildern, noch zu fragen, woher sie ihn hatten und was er ihnen bedeutete; so notwendig die Kenntnis dieser Dinge zum vollen Verständnis der Religionsgeschichte der Kaiserzeit ist, so brauchen wir an dieser Stelle doch das Orpheusproblem nicht aufzurollen. War er ursprünglich, wie seine Gattin, selbst eine Unterweltsgottheit? War er ein Hirt der Toten? Oder bleiben wir besser bei dem Orpheus, wie ihn die griechischen Dichter und Maler schildern, die sonst unerbittlichen Todesgötter durch die Macht seines Zauberlieds erweichend? Er muß die Geister viel beschäftigt haben, auch die Christen griechischer Herkunft und griechischer Bildung. Justinus Martyr gewann aus untergeschobenen Hymnen die Vorstellung, Orpheus sei eine Art Prophet des Christus gewesen. Im Gegensatz hierzu erklärte Clemens Alexandrinus, nicht Orpheus, sondern Christus sei der wahre Zaubersänger, der nicht bloß die Leier in Harmonie gestimmt, sondern den Makrokosmus, die ganze Welt, und den Mikrokosmus, den Menschen.

Auf einem attischen Vasenbild sehen wir den thrakischen Sänger auf einem Fels sitzen und singen; Thraker stehen herum, in Gruppen verteilt, sie scheinen in verschiedener Weise, aber alle gleich tief ergriffen von seinem Gesang. Gehört das Vasenbild der Zeit unmittelbar vor der perikleischen Blüte an, so finden wir anderes in den Darstellungen aus römischer Zeit. Auch da sitzt Orpheus in einer Landschaft, aber sein Publikum ist ein anderes geworden; seine magische Kraft geht so weit, daß sie auch die Tiere zwingt, sie stehen und sitzen in großem Kreise um ihn herum. Thrakische Münzen geben neben den indifferenten Tieren wie Pferd, Rind, Schwein auch solche, die für Thrakien charakteristisch sind, Eber und Bär, alexandrinische dagegen spezifisch ägyptische wie Ibis, Affe, Gazelle, Schakal. Löwe und Panther, Hirsch, Hase, Eber, Storch und Ibis finden wir in der pompejanischen Landschafts-

malerei, die neben anderer Tierstaffage auch den Kreis der um Orpheus versammelten
Tiere verwendet. Sodann gibt es zahlreiche Mosaikbilder desselben Inhalts. Die
pompejanischen Wandmalereien, aus dem Anfang der Kaiserzeit, gehen dem Beginn
der Katakombenmalerei unmittelbar vorher, die Mosaiken aus dem zweiten und dritten
Jahrhundert sind ihrer Entwicklung gleichzeitig, beide sind aber nicht als die unmittelbaren Vorbilder der christlichen Malerei zu betrachten.

In der Katakombenmalerei erscheint Orpheus im zweiten Jahrhundert, und zwar
im Scheitelfeld einer Decke, mithin an einer Stelle, an der wir in erster Linie den
guten Hirten zu finden gewohnt sind. In der auch für ihn als Thraker typischen
Barbarentracht sitzt er, die Lyra im Arm, auf einem Stein, zwischen zwei ihn an-
blickenden Schafen (Wilpert Taf. 37, unsere Abbildung). In einem späteren Exemplar
sind es sechs Schafe, noch später wird, wie zum Hirten inmitten seiner Herde, der
Schäferhund hinzugefügt (Taf. 98. Bull. crist. 1887 Taf. 6). Das Bild kann nicht
einfach den Orpheus meinen; der war, wenn er Hirt war, Rinderhirt, nicht Schafhirt.
Die symbolische Bedeutung des Orpheus erhellt aber aus den, statt der sonst üblichen
mancherlei Tiere, ihm hier beigesellten Schafen, den Schafen des guten Hirten.
Mithin ist entweder der Orpheus im Schema des guten Hirten, das ist mit Schafen
dargestellt, oder der Christus, der gute Hirt, im Habitus und Typus des Orpheus.
Tatsächlich ist der stehende gute Hirte durch die sitzende Orpheusfigur vertreten,
also der gute Hirt im Typus des Orpheus gemalt, weniger wohl als Totenhirt, eher
wegen seiner Zauberkraft auch über den Tod. — Im dritten Jahrhundert regte sich
die Neigung zu erzählen, zu den zwei Schafen nebst einer Taube und einem Pfau in
den Bäumen — alles christianisierten Typen — treten die anderen Tiere des orphischen
Kreises, Pferd, Schlange, Schildkröte, Maus, Eidechse, ein Löwenpaar, in einer Wieder-
holung kommen dazu noch Rind, Kamel und Dromedar (Taf. 55, unsere Abbildung
auf S. 155. Wilpert Taf. 229).[1])

Aus dem Kindheitsmythus.

Es ist ein reiches und anmutendes Kapitel der Mythologie, die Kindheits-
geschichten. Von jedem Gott, von jedem Heros weiß die lokale Kultlegende die
Geschichte seiner Geburt zu erzählen, wie seine Eltern sich fanden, unter welchen
Umständen das Kind zur Welt kam, bisweilen wird auch von seinem Aufwachsen be-
richtet. Dergleichen Kindheitslegenden gab es allerorten: von Zeus wurde sie in
Kreta erzählt, auch in Arkadien, von Dionysos in Theben, von Apollon und Artemis
auf Delos, usf. Mannigfaltig gestaltet waren die Geburtsgeschichten der Heroen. Ein
erhebliches Moment bildete überall, wo sie vorkam, die Gotteskindschaft. War die
Mutter eine Göttin, so hatte es bei Vater und Mutter sein Bewenden; so waren
Peleus und Thetis die Eltern des Achill, Anchises und Aphrodite die des Äneas.
Wenn aber das Kind einen Gott zum Vater hatte, so stand meist noch ein sterblicher
Vater daneben, der eigentliche Gatte der Mutter. Wesentlich bei der Gotteskindschaft
scheint zu sein, daß das Gotteskind das Erstgeborene ist; als der Gott ihr nahte, war

---

[1]) Orpheus: Gruppe, Orpheus, in Roschers Lexikon III 1058. — Justinus M., Cohort. ad
Graecos 15. Clemens Al., Protreptic. 1. Vasenbild: Robert, 50 Berliner Winkelm. Programm.
Münzen: Pick, Archäol. Jahrbuch 1898, 135 Taf. 10, 1. 2. Pompeji: Presuhn, Ausgrab. v.
Pompeji 1878 III 2. 6. Mosaiken: Gauckler, Mon. Piot 1896, 215. Strzygowski, Orpheusmosaik
in Jerusalem (Zeitschr. d. deutschen Palästinavereins 1901, 539). — Christliche Orpheusbilder:
Heußner, Altchristl. Orpheusdarstellungen 1893. Gruppe, a. O. 1202. Wilpert, Malereien 38. 241.

die **Mutter** des Kindes noch Jungfrau. So Danaë, die ihr Vater einsperrte, damit kein Mann ihr nahe; so Alkmene, deren neuvermählter Gatte Amphitryon gelobt hatte, ihr nicht zu nahen, bis er ihre Brüder gerächt habe. Aber Zeus wußte zu Danaë zu gelangen, und Alkmene besuchte er eben in Amphitryons Abwesenheit. Ähnlich göttlichen Ursprungs glaubte man auch historische Personen zu wissen, obschon jedermann ihre wirklichen Väter kannte: Plato sollte Sohn des Apollo sein, Alexander des Zeus, Augustus wiederum des Apollo.

Die Jesuslegende fällt unter den Begriff der Heroenmythologie; in den Evangelien, sicher den synoptischen, ist er Gottessohn, nicht Gott; zur Vergottung bilden sich da erst Ansätze, am weitesten geht darin das vierte Evangelium. Die Kindheitslegende, die bei Markus fehlt, sei es, daß er sie nicht kannte oder nicht kennen wollte, und die bei Johannes durch die Identifikation mit dem Logos ausgeschlossen wird, bringen Matthäus und Lukas, ein jeder auf seine Weise. Joseph war der Gatte der Maria, ihr Erstgeborener war Jesus, der Heros der Christen, als solcher ein Gottessohn: Gott nahte seiner Mutter, ehe Joseph die Vermählung mit ihr vollzogen hatte. Maria hat dem Joseph noch mehrere Kinder geschenkt.

Die Vorgeschichte der Eltern haben die heidnischen Dichter oft novellistisch ausgesponnen, was denn zur Folge hatte, daß der Gott Vater in einem bedenklichem Lichte erschien und der wirkliche Vater in einem unverdient komischen. Im Kultus dagegen blieb das Kind immer die Hauptsache, und der Gott blieb in ehrwürdiger Höhe und Ferne. So ist auch in unserem Falle das Kind die Hauptsache.

Bildliche Darstellungen aus der ersten Kindheit hat die antike Kunst unzählige geschaffen. Das Motiv wurde natürlich immer der Wirklichkeit im täglichen Leben entnommen, manch eines ist ihr glücklich abgelauscht, wenn auch viele der in der Kunst dargestellten Kinder Namen von Heroen oder Göttern tragen. Galt es bei mythischen Szenen manchmal einer Situation, die im Leben so leicht nicht beobachtet wird, so wußte der Künstler aus seiner intimen Kenntnis der Natur doch naturhaft zu gestalten, z. B. wenn Neugeborene von Tieren gesäugt werden, wie Zeus von der Ziege, Telephos von der Hindin, Romulus und Remus von der Wölfin. Kinder an der Brust der Mutter oder einer Amme gibt es in der alten Kunst so gut wie solche, die auf dem Arm getragen werden (Beispiel für beides ist Dionysos, für letzteres Apollon und Artemis, Plutos) oder die auf dem Schoß spielen (Erot auf dem der Aphrodite, in Florenz, ein anderes Erotenkind auf dem Schoß einer Tanagräerin, von ihr mit dem Spinnrocken geneckt.[1])

Das Christuskind auf dem Schoße der Mutter kommt schon im Anfang des zweiten Jahrhunderts vor, es ist das berühmt gewordene Gemälde in Priscilla, in der Tat eins der schönsten Gemälde, welche die Katakomben zu bieten haben, von ähnlicher Schönheit wie etwa „Adam und Eva" der Neapeler Katakombe. Unser Christkind ist nackt, die Mutter hat es auf den Schoß genommen, doch wohl, um ihm die Brust zu geben, indem sie sich etwas vorneigt; das Kind selbst legt das gespreizte Händchen auf die Mutterbrust, wendet aber wie unruhig das Köpfchen herum nach dem Beschauer; dies eben wollte der Maler, begreiflicherweise. Beide, Kind und Mutter, sind in Haltung und Gebärdung vollkommen natürlich und lebenswahr; so

---

[1] Florenz: Dütschke n. 89. Einzelverkauf n. 283. Tanagräerin: Furtwängler, Samml. Saburoff Taf. 82.

natürlich hat erst wieder Raphael Kind und Mutter gemalt; besonders nah kommt in der Bewegung des Kindes die Berliner Madonna aus dem Hause Colonna. Die genre-

Das Christuskind auf dem Schoß der Mutter.
Coem. Priscillae.

hafte Auffassung hatte einzelne Erklärer veranlaßt, in dem Katakombengemälde ein bloßes Familienbild zu sehen; aber der Stern zu Häupten des Knaben bezeugt den mythischen Charakter der Gruppe (in unserer Abbildung, einem Ausschnitt, erscheint links oberhalb der Mutter, senkrecht über dem Kind, eben noch das untere Ende des achtstrahligen Sterns).

Links neben der Gruppe steht, ihr zugewandt, ein Mann im Mantel und Sandalen, in der Linken eine Schriftrolle, mit der Rechten wie nach dem Stern zeigend. Früher wurde er als Joseph erklärt, wo dann die Familie beisammen gewesen wäre; aber abgesehen davon, daß vielleicht der Mantel, nicht aber die Schriftrolle noch die zeigende Gebärde zu Joseph passen würde, wäre für jene Zeit der Joseph ein kunstgeschichtlicher Anachronismus, in der Frühzeit der altchristlichen Kunst hat man ihn noch nicht gemalt. Er wird jetzt als ein Prophet erklärt, bald als Jesaias, der von dem „Licht" redet, das in der Zeit der künftigen Herrlichkeit aufgehen werde (Deuterojes. 60, 1—6), bald als Bileam, der den „Stern aus Jakob" weissagte (Num. 24, 17; dazu Off. Joh. 22, 16 „Ich (Jesus) bin die Wurzel und das Geschlecht Davids, der leuchtende Morgenstern"). Bei Kirchenvätern wird die Prophezeiung des Sterns aus Jakob gelegentlich dem Jesaias zugelegt (Justin. M., apolog. 1, 32); das Vorkommnis warnt davor, die Deutung des Propheten zu sehr zu pressen. Wenn die Gestalt überhaupt ein Prophet der Art ist, so beweist seine Zusammenstellung mit dem bereits erschienenen Kinde wieder einmal, daß wenigstens die frühere Katakombenmalerei nichts weniger als historische, sondern ganz sinnbildliche Kunst war. Übrigens werden wir auf den Mann im Zusammenhang mit anderen „zeigenden Gestalten" unten zurückkommen.[1]

Den auf den Stern zeigenden Propheten allein, ohne die Gruppe der Mutter mit dem Kind, hat Wilpert in drei Bildern erkannt, die bisher falsch auf Moses gedeutet worden waren; man hatte geglaubt, Moses empfange das Gesetz aus der Hand Gottes; diese Szene scheidet nun aus dem Typenschatz der römischen Katakombenmaler aus. Alle drei Exemplare gehören dem vierten Jahrhundert an.[2]

Die späteren Exemplare der Gruppe, des Christuskindes auf dem Schoße der Mutter, führen den im Verlauf der Kaiserzeit einreißenden Niedergang der Kunst eindringlich vor Augen. Jenem ältesten und schönsten Bild in Priscilla sind zunächst zwei weitere anzureihen, beide aus dem späteren dritten Jahrhundert. Im einen, auch in Priscilla, hält die Mutter das wieder nackte Kind in den Händen, sieht aber darüber hinweg aus dem Bilde heraus; damit ist die Gruppe zerrissen, ein fremder Ton klingt an (Wilpert 203 Taf. 81). Im anderen Exemplar, in Domitilla, hat die Gruppe wieder den „Propheten" neben sich; mit vielen anderen Teilen des Bildes ist auch die Hand des Mannes zerstört, sie sollte nicht auf Maria zeigend ergänzt werden. Auch das Kind, nun bekleidet, hat eine aufrechtsitzende Haltung eingenommen, bereit, Huldigungen entgegenzunehmen (Wilpert 189 Fig. 14 Taf. 83, 1). In dieser zeremoniellen Haltung kommt die Gruppe oft vor, in der Szene des Kindheitsmythus, wie die Magier aus dem Morgenlande ihm Geschenke bringen.

Nur Matthäus erzählt den Mythus von dem Stern, den Magier im fernen Osten gesehen hatten und der sie nach Bethlehem führte; da blieb er über der Stätte stehen, wo das Kind sich befand, in dem sie (nicht einen Gott! sondern) den „neugeborenen

---

[1] Wilpert, Mal. 187 Taf. 21, 1. 22.
[2] Prophet: Wilpert, Malereien 199 Taf. 158, 2. 159, 3. 165 (die einzige Rückenansicht einer Figur in der ganzen Katakombenmalerei).

Die Magier vor dem Christuskind.
Coem. Callisti.

König der Juden" verehrten und dem sie Geschenke brachten, wie sie der Orient' liebt, Gold, Weihrauch und Myrrhen (Lukas hat statt dessen die Ankündigung des Kindes als des Volksheilandes durch die Worte der Engel an die Hirten). Die Magier waren der sternkundige Priesterstamm bei den Persern; in einem Relief der Hundertsäulenhalle zu Persepolis sieht man einen Magier in Funktion bei Hofe, in der auch den Mund verhüllenden Kapuze (Tiara) und dem medischen Talar, räuchernd vor dem thronenden König Darius. Wo und wie der Mythus vom Zug der Magier nach Bethlehem entstand, welche gegebenen Elemente, heidnische und jüdische, zusammengeschossen sind, um den Kristall zu bilden und in welchem Sinne der Mythus erzählt wurde, auf diese Fragen dürfen wir nicht eingehen. Den Katakombenmalern lag der Mythus fertig vor; wir begreifen, daß man in Rom lieber die Huldigung der aus dem Heidentum gekommenen Magier darstellte, als die Verkündigung der Engel an die jüdischen Hirten.[1]

Zu den Gemälden bleibt nur zu bemerken, daß das Kind ein paarmal als Wickelkind erscheint, sonst im Kleidchen, daß dreimal der Stern über seinem Haupte gemalt ist (Wilpert S. 198 Taf. 166, 2. 172, 2), daß die Magier in der typischen Barbarentracht auftreten (von der hierzu gehörigen hohen Mütze ist die persische Tiara nur eine Spielart), daß sie die nicht näher bestimmten Geschenke anfangs in den Händen, nachher auf runden Schüsseln bringen, daß sie meist eilfertig herankommen (das Exemplar in unserer Abbildung bildet eine Ausnahme; aber man sehe das andere, übrigens in Einzelheiten inkorrekt wiedergegebene unten unter „Syntax"). Da der Mythus die Zahl der Magier unbestimmt ließ, so wählten die Maler als Regel den kleinsten Ausdruck der Mehrheit, die Dreizahl, aber ohne sich daran zu binden; nach Maßgabe des Raumes und der Gesamtanordnung malten sie auch zwei oder vier Magier, und zwar in symmetrischer Verteilung. Die Festlegung der Dreizahl, die Deutung der Magier auf Könige, nicht alle des Ostens, sondern der drei Weltteile Asien, Afrika und Europa, ihre Eigennamen Kaspar, Melchior, Balthasar, die Differenzierung ihrer Lebensalter, zu diesem ganzen Sagengespinst knüpfte das christliche Altertum nur die ersten Fäden an, die Ausbildung gehört dem Mittelalter; ebenso die Festsetzung ihres Kultes auf den 6. Januar, den ehemaligen Tag der Epiphanie des Christus, der

---

[1] Magier räuchernd: Ker Porter, Travels I Taf. 49. Flandin et Coste, Voyage en Perse III Taf. 154. Texier, l'Arménie, la Perse et la Mésopotamie Taf. 114. Dazu Ferd. Justi, Chiliarch des Dareios (Zeitschrift der morgenländ. Gesellsch. 1897, 659).

verfügbar geworden war durch die im vierten Jahrhundert erfolgte Verlegung der Geburt des Christus auf den 25. Dezember.[1]

Problematisch ist eine späte Malerei, über dem Orpheusarkosol in Domitilla: rechts der Mosesquell mit einem Paradiesesbaum hinter dem nach der Mitte blickenden Moses; links, symmetrisch entsprechend, ein nach oben zeigender Mann. Das Mittelbild ist leider durch ein sekundär ausgebrochenes Fachgrab im obersten Teil zerstört, dabei fiel die rechte Hälfte des Mittelbildes herunter; die erhaltene, aber stark abgeblaßte linke Hälfte soll zwei Türme und eine nach rechts blickende Mutter mit dem Kind auf dem Schoß enthalten. Früher vermutete man in der Lücke die drei Magier, de Rossi und Wilpert bestreiten, daß hierfür genügend Raum sei (doch ist ein vertikales Trennungsband zwischen der Christkindszene und dem Mosesfelsen unwahrscheinlich). Wilpert erklärte die Türme für Bethlehem, davor sitze Maria mit dem Kind, der zeigende Mann sei der Prophet Micha (nach Micha 5, 2. Mt. 2, 2).[2]

Ebenso problematisch ist ein stark beschädigter Bilderstreif in Petrus und Marcellinus. Wilpert glaubt folgendes zu erkennen: von links kommend die Magier vor dem Christkind (erhalten nur das Mittelstück des dritten Magiers und Oberteil mit Stuhllehne der Maria); links und rechts je ein zur Mittelgruppe gewendeter Hirt, in der einen Hand eine Flöte (vielmehr einen kurzen Stab), der rechts hebt die offne Hand in der Richtung nach dem Kind; hinter ihm sei durch einige dicke Striche die Krippe angedeutet. Wilperts Meinung geht dahin, es seien hier die Hirten aus Lukas 2, 16 zu den Magiern des Matthäus hinzugefügt.[3]

Jesaias 1, 2 sagt: „Jahwe hat geredet: Kinder habe ich großgezogen und emporgebracht; sie aber haben sich gegen mich empört. [3]Ein Stier kennt seinen Besitzer und ein Esel die Krippe seines Herrn — Israel erkennt nicht —". Vers 3 wurde von Christen messianisch gedeutet, daher das Bild des Ochs und Esels, die den „Herrn" kennen. Eine ganz späte Malerei aus der Sebastianskatakombe, von de Rossi publiziert, hat Wilpert nicht wiedergegeben, weil sie zu verblaßt ist. Hier nun liegt das Wickelkind, mit Nimbus um das Köpfchen, auf einem Tisch, die Köpfe eines Esels und eines Ochsen beugen sich darüber; oberhalb ist eine Christusbüste gemalt.[4]

Es sind noch einzelne andere Momente aus der Kindheitslegende herausgehoben und bildlich gestaltet worden. Es heißt dort: „Da (die Magier) den Stern sahen (über dem Ort, wo das Kind war), hatten sie eine sehr große Freude" (die naive Kraft des

---

[1] Magier vor dem Christuskind: Wilpert, Malereien 190 m. Verz. — Zum Mythus: A. Dieterich, Die Weisen aus dem Morgenland (Preuschens Zeitschr. f. neutest. Wiss. 1902, 1). — Drei Könige: Ferd. Justi, Miscellen zur iranischen Namenskunde (Zeitschr. d. deutschen morgenländ. Ges. 1895, 688). Fr. X. Kraus, Geschichte I 151. — Epiphanias und Weihnachten: Herm. Usener, Religionsgesch. Untersuch., I Das Weihnachtsfest 1889. de Waal, Röm. Quartalschr. 1887, 297. Baumstark, eb. 1897, 51.

[2] „Micha": Wilpert, Malereien 200 Taf. 229.

[3] Bilderstreif: Wilpert, Malereien 201 Taf. 147 unten. Die Krippe ist doch sehr zweifelhaft, vollends in so weiter Entfernung vom Kind; man sollte das Kind in der Krippe liegend erwarten. Dunkel bleibt auch der Gegenstand zwischen dem Stuhl und den „Hirten".

[4] de Rossi, Bull. crist. 1877, 154 Taf. 1. 2. Wilpert, Malereien 202. Die messianische Deutung der Jesaiasstelle findet sich in Worten ausgesprochen erst im apokryphen Matthäusevangelium, das sich nicht über das 6. Jahrhundert zurückverfolgen läßt, vgl. Leclercq bei Cabrol Dictionn. I (1905) 2048 Art. Ane.

griechischen Ausdrucks läßt sich deutsch nicht wiedergeben). Ein Maler des dritten Jahrhunderts hat diese große Freude der Magier über den Stern zum Gegenstand eines besonderen Bildes gemacht: sie zeigen nach dem Stern und drücken ihre freudige Erregung durch verschiedene mehr oder weniger lebhafte Gebärdungen aus. Der Stern ist nicht wie sonst achtstrahlig, sondern der mittlere Querstrich wurde ausgelassen, so daß ein Monogramm übrig blieb, gebildet aus den griechischen Buchstaben *I X*, den Anfangsbuchstaben des Namens Jesus der Christus (Ἰησοῦς Χριστός). — Es wird ein zweites Beispiel derselben Darstellung angeführt, aus dem vierten Jahrhundert, wovon aber nur der eine Magier, der auf das Monogramm zeigt, erhalten sei. Vielmehr füllt der nach dem Stern zeigende Magier das rechte Zwickelfeld an einem Arkosolbogen aus (analog wie die Zwickelfelder an römischen Triumphbögen etwa durch schwebende Viktorien ausgefüllt sind); der Stern ist hier als das in einen Kreis gesetzte konstantinische Monogramm gezeichnet. Was im linken Zwickelfeld dargestellt war, können wir nicht wissen; der nach dem Stern zeigende Magier aber ist nicht bloß das Bruchteil einer Szene, sondern eine in sich abgeschlossene Komposition, ein von den Kindheitsszenen abgeleiteter symbolischer Typus.[1]

Endlich die „Verkündigung" nach Lukas 1, 26. Wie im Homer der Götterbote Hermes von Zeus, so wird hier der Engel Gabriel von Gott gesandt, und zwar nach Nazaret zu Maria. Er verkündet ihr die bevorstehende Geburt ihres Sohnes Jesus, des Sohnes Gottes und Königs von Jakob in alle Zeiten. Da Gabriel Maria in ihrem Hause aufsuchte, so war es für den Künstler nur natürlich, anzunehmen, daß er sie sitzend fand, wie sie denn in der nächsten Erzählung Vers 39 „aufstand", um in das Bergland zu gehen. Für den Boten, der nur, um seinen Auftrag auszurichten, in das Haus trat, war es ebenso natürlich, daß er stand. Daher hatte der Maler nur nötig, den bereits vorhandenen Typus der sitzenden Maria, unter Weglassung des Kindes, mit einem ihr gegenübertretenden gekleideten Manne zu verbinden, um die Komposition fertig zu haben. Damit, daß er Maria die Botschaft sitzend empfangen ließ, wollte er ihr nicht etwa einen Vorrang vor dem Engel zusprechen; die Doktorfrage, ob der Engel Gottes oder die Mutter des Christus höheren Rang habe, lag wenigstens dem Maler ganz fern. — Die Engel waren auch im alten Testament als Männer gedacht, in Anzug und Benehmen gleich anderen Männern; in der Katakombenmalerei sind sie mit den anderen bartlos. — Es gibt zwei Exemplare der Verkündigung, aus dem Ende des zweiten und dem dritten Jahrhundert.[2]

Den Typus der betenden Mutter mit dem nicht betenden Knaben vor sich besprechen wir füglich bei den „Oranten". —

Wilpert, der stetig Gottessohnschaft mit Gottheit verwechselt, nennt Seite 188 die, nach seiner Chronologie vor 150 gemalte „Madonna in Priscilla" eine „Mutter Gottes". Und die Besprechung der Bilder, in denen Maria eine Rolle spielt, die problematische betende Mutter mit eingeschlossen, schließt er Seite 213 mit dem Satze, diese Bilder zeigten, daß die Stellung der Maria in der Kirche der ersten Jahrhunderte

---

[1] Magier und Stern: Wilpert, Cyklus christologischer Gemälde Taf. 1—5; ders., Malereien 197. — Ein Magier: Wilpert, Malereien 198 Taf. 241.

[2] Verkündigung: Wilpert, Cyklus christolog. Gemälde 20 Taf. 6, 2 in Priscilla und Taf. 1—4 in Petrus und Marcellinus. Wilpert, Malereien 202. Leclercq bei Cabrol, Dictionnaire I (1905) 2255. — Engel: Stuhlfaut, Die Engel in der altchristlichen Kunst (Joh. Fickers Studien III 1897).

„im Wesentlichen" schon damals die gleiche gewesen sei wie in den späteren Zeiten. Das ist ein starkes Stück dogmatisch befangener Interpretation. Die neutestamentlichen Schriften, die Reden Gabriels, der Elisabeth und Simeons miteingeschlossen, wissen nichts von irgend einer Art Marienkultus. Gabriel sagt, sie habe Gnade gefunden vor Gott, Elisabeth preist die Mutter, Simeon die Eltern selig wegen ihres Kindes. Von da war es doch ein weiter Weg bis zur Erhebung der „Verkündigung" zu einem Kirchenfest und zur Definition der Maria als „Gottesgebärerin", was beides erst Jahrhunderte später geschah, ersteres frühestens im vierten, letzteres im fünften. Ein noch viel weiterer Weg aber war es bis zum Dogma von der unbefleckten Empfängnis nicht bloß des Christus, sondern auch seiner Mutter Maria, dem Dogma, das erst Pio nono verkündete, in unseren Zeiten, im Jahre 1854. Von alledem sagen die Katakombengemälde, die wir besprachen, nichts, sicher nichts von der unbefleckten Empfängnis, aber auch nichts von der jungfräulichen Mutter Gottes. Was sie vor Augen führen, das ist der Erlöser vom Tod, wie er auf die Welt gekommen ist, seine Epiphanie.[1])

---

[1]) Marienbilder: de Rossi, Immagini scelte della beata vergine Maria 1863. v. Lehner, Die Marienverehrung in den ersten Jahrhunderten 1881. Liell, Darstellungen der allerseligsten Jungfrau und Gottesgebärerin Maria auf den Kunstdenkmälern der Katakomben 1887. Fr. X. Kraus, Realencykl. II 361; Geschichte I 186, 4. Vgl. Cabrol, Dictionnaire I (1905) 2241.

Daniel in der Löwengrube.   Orante.   Jonas unter der Laube

Coem. Callisti.

Die Seligen im Himmel.

Durch die reiche Fülle, durch die schier verwirrende Menge der Katakombenmalereien haben wir uns den Weg zu bahnen gesucht. Wir setzten hier und dort an, und es wurde mählich licht. Wie wenn die Kreuzfahrer endlich das erstrebte Jerusalem vor sich liegen sahen, so liegt nun das Ziel vor uns, nicht das irdische Jerusalem, sondern das himmlische.

Wir sahen an den Gräbern das Paradies gemalt als lieblichen Park, mit blühenden Bäumen, sprudelndem Wasser und im Laub spielenden, am Wasser nippenden Vögeln. Wir sahen die Decken der Grüfte sich wölben wie leichte Lauben, zum Himmel sich wölben mit seinen seligen Bewohnern. Bereits sahen wir die Seligen beim himmlischen Gelage, die vom Tod Erlösten und in das ewige Leben Eingegangenen. Der Gedanke der Erlösung ließ andere Bilder sich aneinanderreihen, in wunderbaren Rettungen Typen der Erlösung, wiederum mystische Mittel zur Erlösung, endlich den Erlöser selbst, im Haupttypus des guten Hirten, der die Entschlafenen auf seinen Schultern in das Paradies trägt, und des Hirten, der seine Herde weidet. Zuletzt erlebten wir den Tag seiner Erscheinung, da er auf die Welt kam; mit den Weisen aus dem Morgenland begrüßten wir das Christkind. Denn wahrlich, der Christus hat viele erlöst, wenn nicht vom Tode, so doch, was mehr ist, von der Todesangst. Es ist mehr, weil es etwas ist.

Wir sind am Ziele, wir treten ein. Kein Pförtner frägt nach unseren Papieren. Die Güte selbst tut sich weit auf. Als Heilige und als Selige treten wir ein. Wir stehen vor dem Angesicht des Herrn.

Moses auf dem Berge Horeb. Da er die Schafe weidete, sah er den Busch, der brannte, jedoch nicht abbrannte. Er wollte das Wunder aus der Nähe betrachten, aber der Herr rief ihm aus dem Busche zu, nicht nahe zu kommen, sondern seine Sandalen abzulegen, denn der Ort, auf dem er stehe, sei heiliges Land. „Ich bin der Gott deines Vaters, der Gott Abrahams, Isaaks und Jakobs". Moses wandte sein Gesicht ab, denn „er scheute sich anzublicken angesichts Gottes" (Exod. 3, 1—6 Sept.). Die Bilder des Moses auf dem Horeb gehören alle erst dem vierten Jahrhundert an. Moses, unbärtig, in Rock und Mantel, hat einen Fuß auf einen Stein gestellt, um die Sandalen zu lösen; zugleich wendet er das Gesicht ab, das heißt nach der Seite des Beschauers oder noch weiter zurück. Den Typus der Figur mit hochaufgestelltem Fuß hatte einst die polygnotische Malerei geschaffen, im fünften Jahrhundert vor Christus; in Vasenbildern, die von ihr beeinflußt sind, kommt der Typus zuerst vor; dann finden wir ihn im Parthenonfries in das Relief übertragen, endlich statuarisch entfaltet im vierten Jahrhundert; bekannt ist der Hermes, der die Sandalen anlegt, um einen Auftrag des Zeus auszurichten (früher als Jason erklärt). Für das Motiv trägt es so gut wie nichts aus, ob die Sandale an- oder abgelegt wird; Moses zieht sie aus. Aber was soll das Bild in den Katakomben? Es schien so schwer, eine zutreffende Beziehung zu finden, daß einzelne Erklärer auf den verzweifelten Ausweg verfielen, es liege eine „mehr historische Auffassung" vor, es solle nur einfach biblische Geschichte erzählt werden. Andere fanden die Scheu vor dem Heiligen ausgedrückt; der Grund, weshalb Moses das Gesicht abwandte, war aber mehr Furcht vor dem vernichtenden Anblick Gottes. Eher läge dergleichen im Ausziehen der Sandalen; denn „die Stätte, auf die du trittst, ist heiliger Boden". In der Katakombensprache aber ist der heilige Boden das himmlische Paradies, der bartlose Moses auf heiligem Boden ist Typ des verstorbenen Christen im Himmel. Und schließlich, Moses steht vor dem Angesicht Gottes (in unserer Abbildung Seite 234 sieht man die Hand Gottes aus Wolken hervorgestreckt), wie eben die Seligen im Himmel vor dem Angesicht des Herrn stehen.

„Herr" war den Israeliten ein Prädikat des Gottes, Jahwes; die Christen übertrugen es (in Gestalt des griechischen Wortes κύριος) auf ihren Christus und bezogen manches, was dem Herrn Gott galt, auf ihren Herrn Jesus den Christ. Man könnte erwarten, die Seligen vor dem Angesicht Gottes stehend zu finden, es ist aber immer der gute Hirt, oder aber der Christus in direkter Darstellung, den wir im Zenith des gemalten Himmels sehen und vor dessen Angesicht die Seligen stehen. Der Grund dafür ist nicht bloß das Verbot, „abzubilden, was man verehrt"; sahen wir doch Moses auf dem Berge Horeb vor Gott stehen, ohne daß der Maler das Verbot übertreten hätte.[1])

Die Oranten.

Der beliebteste Typus für Darstellung Verstorbener ist der Betende (orans), es ist mit 153 Exemplaren gegen 129 Jonasbilder überhaupt der in der Katakomben-

---

[1]) Moses auf dem Berge Horeb: Wilpert, Malereien 421, gibt die Erklärung soweit richtig, schiebt aber dem Ausdruck des zuversichtlichen Vertrauens das Gebet unter. — Polygnotische Vasen: v. Sybel, Weltgesch. d. Kunst² 179 mit Anm. u. Farbtafel. Parthenonfries: Michaelis, Der Parthenon 1870 Taf. 9 Figur 29. Hermes (Jason): Scherer in Roschers Lexikon I 2418. Abbildung bei v. Sybel, Weltgesch. ²289.

malerei am stärksten vertretene Typus. Es muß aber bemerkt werden, daß in den Malereien, welche nach dem jetzigen Stand der Katakombenforschung als die frühesten gelten, Oranten noch nicht vorkommen; ihre anerkannte Reihe beginnt, immer noch früh genug, im zweiten Jahrhundert, in der Cappella greca und in Priscilla (Wilpert, Fractio panis 7 Taf. 12 und Malereien, Taf. 21, 2; das Orantenpaar Wilpert Taf. 14 wird aus der Susannageschichte gedeutet). Wohl kommen schon in den Malereien der Flavierzeit Betende vor, das sind aber nicht verstorbene Christen, wenigstens nicht in unmittelbarer Darstellung, sondern sinnbildliche Typen wie Noah in der Arche oder Daniel in der Löwengrube. Daß die Oranten im erhaltenen Bildervorrat nicht früher vorkommen, kann Zufall sein, ältere Exemplare können zugrunde gegangen sein; die besondere Art, wie ein Noah dargestellt wird, scheint sogar das frühere Dasein von Orantenbildern vorauszusetzen.

Die Gebärde des Gebets im Altertum war mannigfaltig differenziert, zumeist ein Heben der geöffneten Hände; es wird in semitischen, griechischen und christlichen Schriften erwähnt (z. B. Jes. 1, 15 Wenn ihr eure Hände ausbreitet, so verhülle ich meine Augen vor euch, und wenn ihr noch soviel betet, so höre ich euch nicht. Aristoph. Vögel 622 Wir werden zu ihnen beten, beide Hände emporstreckend, daß sie uns von allem Guten unser Teil geben. Tim. I 2, 8 Ich wünsche nun, daß die Männer beten an jedem Ort aufhebend heilige Hände). Das Grundmotiv des Gebetsgestus war nicht demütig abwartendes Erbitten, sondern gewaltsames Erzwingenwollen des Begehrten; hinter jeder Bitte lauert Ungeduld: Und folgst du nicht willig, so brauch ich Gewalt. Wie die Urmeinung unter der Decke der Sitte nur schläft, kann man an den heißblütigen Südländern sehen; die in der antiken Religiosität dahinlebenden Neapolitaner, wenn sie durch einen stärkeren Aschenregen des Vesuvs geängstigt ihren heiligen Januarius um sein Blutwunder anrufen, da gehen sie bald von dringenden Bitten zu Verwünschungen und Drohungen über. Den Gott zu zwingen ist die Grundabsicht des ganzen Kultus, ihn zu zwingen mit Gewalt oder mit List oder durch Kauf; es ist ein dauernder Kampf zwischen Gott und Mensch mit dem Risiko des Unterliegens. Den Gott gewaltsam zu zwingen, das geht ja nur im Mythus: so, wenn Herakles dem Triton sein Wissen durch körperliches Ringen abzwingt; das heißt eindringlich gebetet. Im Verkehr unter Menschen mildert die Kultur den Zwang zur Bitte, aber je dringender die Bitte, desto handgreiflicher wird sie; dann legt der Bittende die Hand an den Arm, an das Kinn des Gebetenen, und hatte er sich vor einem Mächtigen niedergeworfen, an dessen Knie. Dasselbe konnte man vor Göttern nur an ihrem Bilde tun. Wer aber nicht an ein Bild sich wandte, sondern an den Gott selbst, der konnte ihn nicht fassen; zum Himmelsgott droben mochte er Blick und Handwurf senden, zum Meeresgott vor sich mochte er die Hände vorstrecken, nur die Mutter Erde konnte er mit den Händen schlagen, daß sie ihn erhöre; mehr vermochte er auch nicht gegenüber den Mächten und den Toten in der Unterwelt.[1]

Das vollkommene Gebetsschema besteht darin, daß man die beiden Hände auswirft, gegen den Gott hin geöffnet, und zwar mit gespreizten Fingern. Letzteres

---

[1] Gebetsgesten: Hermann-Stark, Lehrbuch der gottesdienstlichen Altertümer 1858, 114. Schömann-Lipsius, Griechische Altertümer II 1902, 262. Sittl, Gebärden der Griechen und Römer 1890, 174. 305.

stammt wohl vom Urgebet mit seiner Spannung aller Muskeln am ganzen Körper, wie sie das sprungbereite Raubtier zeigt; war es doch nicht das Handausstrecken des Bettlers, um hingeworfene Almosen aufzufangen, sondern ein Fassenwollen, um zu zwingen. Weil die meisten Gebete an die Götter droben gerichtet wurden, so wäre der Haupttypus des Gebetsgestus, die flachen Hände zugleich mit dem Blick zu heben (χεῖρας ὑπτίας, manus supinas, nach moderner Terminologie aber nicht supiniert, sondern proniert); in der Regel jedoch werden Blick und Handflächen nicht nach oben, sondern mehr geradeaus gerichtet, wie zu einem gegenwärtigen Gott oder seinem Bild.

Anschauung Betender gewähren viele alte Kunstdenkmäler, indessen will mehreres dabei berücksichtigt sein. Einmal ist das Gebet nur Unterart eines Allgemeineren, nämlich der Ansprache, gerichtet an irgend eine Person, an einen Menschen, auch einen Verstorbenen, oder an einen Gott, der ja immer menschartig gedacht ist. Sodann tritt das Auseinanderführen, Öffnen und Spreizen der Arme, Hände und Finger als Folge äußerster Erregung und Spannung unter verschiedenen Umständen auf, außer bei dringender Bitte kommt es z. B. auch unter Einfluß von Schreck vor; dieser kann sich allerdings auch in einem Hilferuf und Gottesanruf äußern, besonders leicht bei so religiös empfindenden Menschen, wie die Alten von Haus aus waren. Kurz es ist nicht immer leicht, Beter von typverwandten Figuren zu unterscheiden, sei es, daß Ansprache oder Anruf nicht an eine kultlich zu verehrende Person gerichtet oder der Gestus nicht Ausdruck eines eigentlichen Gebetes ist. Wenn in einem berühmten Wandgemälde Iphigenie zum Altar geschleppt wird und in höchster Todesgefahr die Arme ausbreitet, da ruft sie doch wohl die Götter an; zweifelhafter kann es bei Kirke sein vor dem gezückten Schwert des Odysseus, bei Eurydike, da Orpheus sich zu ihr umkehrt zu ihrem Verhängnis.[1])

Beachtenswert sind auch die mancherlei Abstufungen in der Ausführung der Gebärde. Die Hände können verschieden hoch geführt werden. Bisweilen sehen wir sie bis über den Scheitel gehoben; es ist vermutet worden, der Berliner betende Knabe, dessen jetzige Arme modern ergänzt sind, habe sie so hoch gehalten. Die Sitte führte umgekehrt Mäßigungen in der Bewegung ein. Da wird der linke Arm unter dem Mantel gehalten, nur der rechte ausgestreckt, wie Metilius es tut. Oder die Hand wird überhaupt nicht ausgestreckt, sondern nur eben gehoben, nicht ganz in Schulterhöhe, nahe am Körper; die Hand wird nur halb geöffnet, nur eben der Zeigefinger und etwa der Mittelfinger. So zeigen es die unzähligen griechischen Adorantenreliefs. Die Athener übten, was Tertullian seinen afrikanischen Christen empfiehlt, die Hände nicht zu hoch, sondern maßvoll zu heben (de orat. 13 temperate). Der Gestus der halboffen gehobenen Hand diente, neben dem Handkuß, auch zur bloßen Adoration ohne Bitte; auf attischen Vasenbildern des fünften Jahrhunderts grüßt in dieser Weise ein Athener im Vorübergehen ein Bild seiner Göttin, und Herakles bei seinem Eingang in den Olymp seinen Vater, den Zeus. Doch konnte die Adoration auch mit ausgestreckter Hand, oder beiden ausgestreckten Händen geschehen.

Nicht übergehen dürfen wir die Tatsache, daß die Grabkunst der Heiden Beter dargestellt hat. An einem attischen, um 400 vor Chr. gemeißelten Grabstein streckt

---

[1]) Iphigenie: Helbig, Wandgemälde n. 1304. v. Sybel, Weltgesch. d. Kunst ²252 Abb. — Kirke: Mon. d. inst. V Taf. 41. Roscher, Lexikon II 1 1195 Abb. — Eurydike: Mon. VIII Taf. 28. Roscher, Lexikon III 1 1176 Abb.

der Verstorbene die flache Hand aus; eine späte Stele zeigt eine sitzende Frau, nicht
wie in der klassischen Zeit üblich war, in Profil oder Halbprofil, sondern in voller
Vorderansicht aus dem Relief herausblickend, die flachen Hände nach beiden Seiten
ausgestreckt. Erwähnung verdienen auch die flachen Hände, welche als Sinnbild des
Gebets des öfteren angebracht wurden; bisweilen findet sich in gleicher Bedeutung
auch nur eine Hand. Das Symbol steht z. B. beim „Stadtgebet von Itanos", ferner
bei Votivinschriften, an Felsgräbern und an Grabsteinen. Wenn die Grabschrift die
besondere Meinung des Gebets nicht ausspricht, so hält es schwer, sie zu präzisieren;
denn es kann bloße Adoration sein, es kann aber auch Anklage erheben, wie Prokope
ihre Hände gegen die Götter erhebt, die sie dem Leben entrissen haben, oder sie
kann eine Verwünschung gegen den Mörder aussprechen. In letzterem Sinne begegnet
das Symbol auch an jüdischen Grabsteinen aus dem Altertum; es hat sich übrigens
bei den Juden erhalten, nur umgedeutet in rituellen Segen.[1])

Wie Heiden und Juden, so erhoben die Christen die Hände zu ihrem Gott.
Solche Beterfiguren, beide Hände proniert gehoben, sind, wie gesagt, sehr häufig in
der Katakombenmalerei. Die geistreichen Kirchenväter, immer geneigt, zu kombinieren
und zu allegorisieren, fanden im Schema der ausgebreiteten Arme eine Reminiszenz
an den Gekreuzigten; das ist natürlich sekundär hineingedeutet, doch kann diese Auffassung immerhin die Haltung mancher Beter beeinflußt haben. Die Darstellungen
zeigen die „Oranten" mit sehr verschieden modifizierter Armhaltung, bald stehen die
Hände höher, bald tiefer, in einigen der ältesten und in vielen späteren Malereien
sind die Arme im Ellbogen scharf gebeugt, so daß die Kreuzform doch nur sehr vag
herauskommt. Klar erscheint sie erst im dritten Jahrhundert. Die Männer beteten
wie die heidnischen Griechen, mit bloßem Kopf, die Frauen mit verhülltem Haar
(Kor. I 11, 4—15).[2])

Die Oranten finden wir teils in die Decken, teils in die Wandmalereien eingesetzt. Die Decken disponierte man nach dekorativen Gesichtspunkten, auch wenn man
das Laubensystem als Andeutung des himmlischen Paradieses verstand und die Embleme
in eben diesem Sinne wählte und verteilte; denn für das Zenithfeld nahm man vorherrschend den Christus, im Typus des Guten Hirten, oder denselben in direkter
Darstellung, für die Zwickel- und Kappenfelder teils Selige, teils Rettungstypen. (Eine
Orans in der Decke oben Seite 154). Solche Seligenbilder, meist im Orantentypus,
bei aller Bedeutsamkeit auch sie dekorativ angeordnet, z. B. in der Form, daß je zwei

---

[1]) Betender Knabe: Conze, Archäol. Jahrbuch 1886, 1. Furtwängler und Conze, Archäol.
Anzeiger 1904, 75. Metilius: Amelung, Führer Florenz n. 249. v. Sybel, Weltgesch. der Kunst
²373 Abb. Adorantenreliefs: v. Sybel, Katalog d. Skulpturen pag. VIII Votivreliefs. —
Vasenbilder: Petersen, Ath. Mitteil. 1897, 318 Abb. Monum. d. instit. XI Taf. 39. — Grab-
stein: Conze, Attische Grabreliefs n. 204. v. Sybel, Weltgesch. d. Kunst 228 Abb. Stele: Ath.
Instituts phot., Grabst. n. 238. — Anderes bei Brückner, Anakalypteria 1904, Anm. zu S. 9. —
Hände: Material bei Sittl, Gebärden 306 f. Dümmler, Ath. Mitteil. 1891, 127 (Itanos). Noack,
Ath. Mitteil. 1894, 318. Förster, Archäol. Jahrbuch 1898, 190. Kalinka, Österr. Jahreshefte 1898,
Beibl. 108; ders., Tituli Lyciae 1901 n. 4. Wilhelm, Jahreshefte 1901, Beibl. 10 (jüdische Inschriften).
Sind nicht auch die Bronzehände Gebetshände? vgl. Hörnes, Urgeschichte der bild. Kunst in
Europa 1898, 423.

[2]) Oranten: Liell, Die Darstellungen der allerseligsten Jungfrau und Gottesgebärerin
Maria auf den Kunstdenkmälern der Katakomben 1887, 115 Die Oranten in der altchristlichen
Kunst. Wilpert, Malereien 115. 456 Die Oranten. Kreuzform: zuerst Wilpert Taf. 84, 2.

Männer und zwei Frauen sich diagonal gegenüberstehen, können nur dienen, die Idee des himmlischen Paradieses näher zu veranschaulichen. Diese Seligen sind nicht die besonderen, in der Kammer beigesetzten, sondern sie haben allgemeinere, wenn man will symbolische Bedeutung, sofern es Symbolik zu nennen ist, wenn die Maler ganz einfach den Himmel mit seinen seligen Bewohnern vor Augen zu bringen gedachten, so wie sie ihn etwa sich dachten und mit den bescheidenen Mitteln ihrer Kunst auszudrücken vermochten. Die Tauben und Pfauen, ursprünglich die gegebene Tierstaffage der Parks und Lauben, wie die aus der Idyllenmalerei stammenden Schafe, gehen da mit hinein, vollends wenn sie als Bilder der Seligen verstanden wurden, die einen als Bilder derer, die sich im Paradies erquicken, die anderen derer, die der gute Hirt aus dem Tod erlöste und in das ewige Leben einführte. Übrigens darf man an die Spiele der Phantasie nicht die Maßstäbe pedantischer Logik anlegen. Die geschilderte Bedeutung der Oranten wird durch den Umstand erhärtet, daß die Decken zuerst gemalt wurden, in der Regel ehe über Beisetzungen in der Gruft irgendwie bestimmt war. Die Vergleichung der Oranten in den Deckenmalereien mit den tatsächlichen Bestattungen in den Wandgräbern zeigt, daß keine Beziehung zwischen ihnen besteht; so wenn an der Decke einer Kammer zwei männliche und zwei weibliche Oranten in der erwähnten Anordnung gemalt sind, während in den Fachgräbern derselben großenteils Kinder beigesetzt waren. Auch an vielen Wänden ließ sich feststellen, daß ihre Bemalung vorweg gemacht war, zusammen mit derjenigen der Decke. Dabei wurden im Putz längliche Felder für die nach Bedarf einzubrechenden Gräber ausgespart, wobei es denn vorkam, daß einzelne Felder unbenutzt blieben, in andere, für Erwachsene berechnete Felder aber nur Kindergräber gebrochen wurden. Also war die ganze Ausmalung der Kammer unabhängig von den Gräbern und den darin Bestatteten entstanden (Liell 127). Solche Herstellung von Grüften auf Vorrat kam natürlich in der ersten Zeit noch nicht vor, erst nachdem die Katakombenbestattung sich zu einem festen Brauch ausgebildet hatte und die Anlagen weiterblickend geplant wurden.

Immerhin gibt es in den Wandmalereien einige Oranten, die durch beigeschriebene Namen als Darstellungen der dort Beigesetzten gekennzeichnet sind. In diesen Fällen war der Wandputz mit der Malerei erst nach der Beisetzung und dem Verschließen des Grabes aufgetragen; so ist es z. B. bei den sog. fünf Heiligen der Fall (unsere Farbtafel IV). Ob indessen die Persönlichkeiten und ihre Gesichtszüge wirklich porträthaft individualisiert seien, darüber gehen die Ansichten auseinander; Liell bejaht die Frage, Wilpert verneint sie. Ihre Erörterung ist aber ein so schöner Unterhaltungsstoff für alle diejenigen, welche die Malereien in den Katakomben selbst oder in der neuen Publikation gemeinsam betrachten, daß wir, um ihrem Witz nicht vorzugreifen, das Problem unerörtert lassen möchten. Im Ernst gesprochen, Archäologen und Kunsthistoriker, denen die Naturgeschichte der Porträtmalerei sowie die Subjektivität der Urteile über Porträts bekannt ist, werden unsere Zurückhaltung verstehen, vollends gegenüber der Handwerksarbeit der Katakombenmalerei. Ein einzigartiges Porträt auf Leinwand, das doch wohl ausgeführter gearbeitet war — im Cubiculum Oceani hatte man es oben im Lichtschacht auf den Putz befestigt, ist leider heruntergefallen und zugrunde gegangen.[1])

---

[1]) Cub. Oceani: Unsere Farbtafel II, vgl. Wilpert, Malereien 32, 3.

De Rossi, zuerst allerdings durch einige spätere literarische und monumentale Tatsachen bestimmt, hat versucht, die Bedeutung der Oranten genauer zu präzisieren: es seien bei diesem Typus nicht so sehr die Verstorbenen selbst gemeint, nämlich nach ihrer ganzen Persönlichkeit und Erscheinung im Leben, als deren im Tode abgeschiedene Seelen. Das wäre also eine selbständige Personifikation der Seele, ein neues und letztes Kapitel zur Mythologie der Psyche im Altertum. Unsere Einleitung vertrat den Gedanken vom antiken Charakter des Altchristentums und der altchristlichen Kunst; müßte dem Satz die Tragweite gegeben werden, daß nichts als altchristlich anzuerkennen wäre, das sich nicht über seinen antiken Charakter auszuweisen vermöchte, so wäre die fragliche Seelenmythologie als altchristlich legitimiert, wenn nicht nach ihrer Tatsächlichkeit, so doch nach ihrer Möglichkeit in den Grenzen der Antike. Sie gehorcht der Regel, wonach das Geschlecht einer Personifikation dem grammatischen Geschlecht des Begriffs folgt; die Psyche, anima, Seele, ist weiblichen Geschlechts wie in der Sprache so in der poetischen und bildnerischen Personifikation. Schon die heidnischen Griechen stellten sie als Mädchen dar; das Bild sahen wir von den Katakombenmalern übernommen, unsere Farbtafel I zeigt sie mit Eros Blumen pflückend. Ist das nicht auch ein Bild paradiesischer Seligkeit? So wäre es ein Präludium zu der neuen Personifikation der Seele in der Orans.

Aber warum soll denn die Orans nicht die Verstorbene als die ganze Persönlichkeit darstellen, sondern nur ihre in den Himmel eingegangene Seele? Vielleicht weil nach christlicher Vorstellung der Körper bis auf weiteres im Grabe bleibt, nur die befreite Seele unmittelbar in das Paradies eingeht? Die Gründe sind in Wirklichkeit nicht dogmatischer, sondern archäologischer Art. Es kommt vor, daß am Grabe eines Mannes, des Cäsidius Faustinus, eine weibliche Orans abgebildet ist; also scheint nicht er dargestellt, sondern seine Seele. Und seine Witwe Cyriace, die achtundzwanzig Jahre mit dem wackeren Manne lebte, weiht ihm seine Ruhestätte als der guten Seele, die nun im Frieden ruht (bonae animae in pace. Bull. crist. 1868, 12 n. 3). Ähnliches kommt mehr vor. Überhaupt fällt auf, daß die weiblichen Oranten in den Katakombenmalereien soviel zahlreicher sind als die männlichen. In der Tat ist es schwer, die Erscheinung zu erklären; die Deutung der Orans auf die Seele aber hilft nur scheinbar, weil sich ihr die doch auch vorhandenen seligen Männer nicht fügen. Ebensowenig wollen sich der Deutung auf verkörperte Seelen diejenigen Oranten fügen, welche zu mehreren gruppiert (wenn bloße Reihung als Gruppierung gelten darf) eine Familie darstellen: in Priscilla Mann und Frau, zu seiner Rechten ein Knabe, von dem leider nur ein Fuß erhalten ist; in Kallist ein Ehepaar (der Mann indes nicht betend, sondern nach der Speise auf einem Tischchen greifend) durch ein für sich eingerahmtes Seligenmahl getrennt von ihren zwei Kindern; in demselben Cömeterium in einer Arkosollünette eine Mutter zwischen ihren Kindern oder sonstigen Angehörigen, links vielleicht ein Kind (ganz zerstört) und anscheinend ein Knabe (nur der Kopf erhalten), rechts ein Kind, ein Jüngling und ein Mädchen; im Coemeterium maius in einer Lünette Frau und Mann (oder Mutter und Sohn, das bleibt zweifelhaft) und in einer anderen Lünette Mutter mit Schoßkind, das die Hände seinerseits nicht ausbreitet, beide voreinander und nur als Brustbilder (Wilpert Taf. 207). Die Meinungen über dieses Bild gehen auseinander, Bosio, de Rossi, Liell erklären die Mutter für Maria mit dem Jesusknaben, Bottari, Schultze, Kaufmann für eine gewöhnliche Orans. Wilpert hat geschwankt, früher vertrat er letztere Ansicht, jetzt zieht er die erstere vor. Die Deutung auf Maria wurde darauf gegründet, daß die Gruppe zwischen symmetrisch gezeichneten Christusmonogrammen steht, welche auf Christus hinweisen oder geradezu den Namen des Dargestellten angeben sollen (aber das Monogramm wird in den Malereien auch sonst den Verstorbenen hinzugefügt, übrigens ganz willkürlich); daß das Kind nicht bete (daraus folgt nichts, denn gerade Jesus betete sehr viel, andererseits beten Schoßkinder überhaupt nicht; übrigens findet sich ein nicht betendes Kind, dort neben seiner Mutter, Taf. 243, 2); das Schema der Gruppe lebe in einer Serie byzantinischer Muttergottesbilder fort (das eben ist die Frage, ob in unserem Falle das Schema schon für die Madonna verwendet sei). Wilpert erkennt diese Gründe nicht an, glaubt aber selbst einen neuen Beweis gefunden zu haben in der Tatsache, daß am Arkosolbogen über der Lünette ein Christuskopf angebracht, in allen Fällen vorkommender Christusbüsten aber noch wenigstens eine zweite Darstellung mit der Figur des Christus vorhanden, also auch an unserem Arkosol vorauszusetzen sei; das könne aber nur das Lünettenbild sein, weil hier außerdem nur noch zwei Oranten gemalt sind, an den Laibungen. Das Interesse der Sache für Wilpert ist ein dogmatisches; es liegt darin, daß, die Richtigkeit der Deutung auf Maria vorausgesetzt, sie hier zum erstenmal als Betende, mithin als solche erscheinen würde, die bei Gott für Lebende Fürsprache einlegen soll; damit wäre eines ihrer „großen Privilegien" dargestellt, „mit denen die Vorsehung die Mutter Gottes ausgezeichnet" habe. Wenn nun unser Gemälde, das nach de Rossi und Wilpert erst dem vierten Jahrhundert angehört, wirklich Maria als Fürbitterin darstellte, so wäre damit gerade dies immer noch nicht bewiesen, daß die Stellung der Maria in der Kirche der „ersten Jahrhunderte" „im Wesentlichen" die gleiche gewesen sei wie in den späteren Zeiten. Leider aber können wir, bei der Freiheit, womit an den Gräbern die Typen zusammengewürfelt sind, Wilperts neuen Beweis nicht ernst nehmen. Bis auf weiteres also müssen wir unsere Orans als eine gewöhnliche Verstorbene ansehen, als eine christliche Mutter mit ihrem Söhnchen, das, so denken wir uns, noch zu klein war, um schon zu beten. Es ist zur Erklärung des Bildes in diesem Sinne keineswegs nötig, aber bei der früheren so mangelhaften und oft geradezu fehlerhaften Therapie eigentlich recht naheliegend, zu fragen, ob die Mutter vielleicht bei der Geburt oder im Wochenbett starb, wobei es dahingestellt bleiben kann, ob das Kind am Leben blieb oder nicht.[1])

---

[1]) Orans als Seele: de Rossi, Bull. crist. 1867, 85; Roma sott. II 324. Kraus, Realencykl. II Art. Orans. Liell, Darstellungen der allerseligsten Jungfrau und Gottesgebärerin 1887, 132. Wilpert, Cyklus 1891, 43; Malereien 456; Kaufmann, Antike Jenseitsdenkmäler 1900, 114. Leclercq bei Cabrol, Dictionn. I 1488. — Die ältere Deutung einiger weiblicher Oranten auf die Kirche haben die vorgenannten Gelehrten so wesentlich eingeschränkt, wenn nicht aufgegeben, daß wir nicht mehr davon zu reden brauchen: Liell 168. Wilpert, Malereien 456. Kaufmann 154. — Familien: Priscilla: Wilpert 189 Taf. 21, 2. Kallist: eb. Taf. 41, 1. 2 (leider wurde der Bildstreif in dieser Publikation zerschnitten; unzerschnitten gibt ihn de Rossi, Roma sott. II Taf. 16, wo nun aber das Größenverhältnis der Figuren rechts zu denen links ein anderes ist als bei Wilpert); auf die strittige Erklärung des Bildstreifs kommen wir zurück unter „Syntax". Callist: Wilpert 90, 2. Coem. maius: Taf. 163. — Die angebliche Maria orans: Wilpert, Cyklus 47; Röm. Quart. 1900, 303. Malereien 57. 209. Taf. 163, 1. 207. 208. Liell, Allerseligste Jungfrau und Gottesgebärerin 333 Taf. 6. Kaufmann, Jenseitsdenkmäler 118 Taf. 9. Zu Maria orans noch Strzygowski, Röm. Quart. 1893, 4. — Eine verschollene Arkosolmalerei, welche de Rossi, Roma sott. III 10, 2 nach Bosio wiederholt, bringen wir unten unter „Syntax": in der Lünette steht ein Mann zwischen Frau und

Daß die Zahl der weiblichen Oranten in der cömeterialen Malerei ungleich größer ist als die der männlichen, will erklärt sein. Nach Wilpert hätten die Künstler an ihnen mehr Geschmack gefunden, weil sie malerischer waren (Malereien S. 112, eine etwas überraschende Erklärung bei einem Gelehrten, der die Malereien von der so antifemininen Geistlichkeit wenn nicht diktiert, so doch überwacht glaubt, eb. S. 58). Der Archäologe erinnert sich, daß schon in den heidnisch griechischen Grabreliefs die Frauen das numerische Übergewicht und selbst einen gewissen Vorzug haben. Es fällt auf, weil doch die Männer auch im Altertum insgemein später heirateten als die Frauen, also im ganzen öfter von ihnen begraben wurden als es umgekehrt der Fall sein konnte. Wenn auch viele Grabsteine durch einen frischen Todesfall veranlaßt sind, so gilt das doch nicht für alle. Die Männer, mag man denken, werden beizeiten für die Familiengrabstätte und ihren künstlerischen Schmuck gesorgt haben; dann wäre das in Rede stehende Phänomen eine Ergänzung zu den schriftlichen Nachrichten über die Stellung der Frau im Altertum.

Betend stehen die Seligen, sowohl die Repräsentanten aller derer, die schon in den Himmel eingingen, wie wir sie in den Deckenmalereien und gelegentlich an Wandgräbern finden, als auch die eben Beigesetzten, wie sie unverkennbar vorliegen in den Ehepaaren und Familien. Sie beten, aber was ist der Inhalt ihres Gebetes, wie bezeichnen wir ihr Gebet? Sie stehen vor dem Angesicht des Herrn; des Herrn, das heißt nun also nicht Gottes, sondern des Christus. Die Seligen stehen vor dem Angesicht des Herrn und schauen seine Herrlichkeit, wie das in den Märtyrervisionen geschildert ist. Dieser Ideenkreis einmal angenommen gibt es für die Seligen gar keine Möglichkeit einer anderen Haltung als die der Anbetung, der Adoration. Wilpert freilich rügt es als eine Verwirrung zweier elementarer Begriffe, wenn neuerdings mitunter der Ausdruck Adoranten statt Oranten (Anbetende statt Betende) gebraucht werde; der Gestus des Anbetens sei von dem des Gebetes verschieden, zur Adoration gehöre Kniebeugung (Malereien 456, 5. 487, 5). Die klassischen Archäologen werden dagegen geltend machen, daß zum antiken Ritus der Adoration, das ist der verehrenden Begrüßung, die Kniebeugung mit nichten gehörte; die letztere hat ihren besonderen Sinn neben der Anbetung, konnte zu ihr hinzutreten, war aber so wenig ihr unerläßlicher Bestandteil, daß wenigstens die Griechen als Regel sie nicht in Anwendung brachten. Man sehe außer der in den Handbüchern der Sakralaltertümer verzeichneten literarischen Überlieferung nur die vielen klassischen Adorationsbilder durch (einiges führten wir oben an), um sich davon zu überzeugen, daß der Grieche insgemein stehend adorierte; dabei konnten die Hände jede beliebige von den oben aufgeführten Stellungen einnehmen. Daß die Christen von jeher und allezeit die Anbetung nur kniend vollzogen hätten, ein so weitgehender Satz müßte doch reichlicher belegt werden als es Malereien 487 geschieht. Es bleibt bei dem Selbstverständlichen, die Seligen im Himmel stehen vor der Herrlichkeit des Herrn in Anbetung. Das hindert nicht, den konventionellen Terminus Oranten weiter zu gebrauchen.

Wir wollen doch hören, was denn der besondere Inhalt des Betens der Seligen sein soll, wenn sie nicht bloß anbeten. Liell machte einen Unterschied zwischen den

---

Sohn, nur letzterer hebt beide Hände, die Eltern heben bloß die Rechte und zwar der Vater vor der Brust. Vgl. noch Wilpert Taf. 212 Mutter zwischen zwei Kindern, 243, 2 Mutter mit Kind.

gewöhnlichen Oranten und denen, welche Märtyrer vorstellen: jene beteten überhaupt nicht, sondern sie, die im Fegfeuer zu denken seien, flehten die Besucher des Grabes um Fürbitte an; die Märtyrer aber legten umgekehrt für uns Fürbitte ein, die sie auf Erden und im Kampfe mit dem Bösen und der Welt zurückgelassen hätten. Die Idee des Fegfeuers, aus heidnischen Spekulationen abgeleitet und in die christliche Spekulation übergeführt, in ihrer Entwicklungsgeschichte auf der christlichen Seite an die Namen Tertullian, Clemens, Origenes, Ambrosius geknüpft, darf kurzerhand beiseite geschoben werden, wie sie in der christlichen Archäologie auch weiter keinen Anwalt gefunden hat. Der Augenschein lehrt nun, daß zwischen den Oranten irgend ein erkennbarer Unterschied nicht gemacht ist; wo immer sich eine Andeutung des Aufenthaltsortes der Oranten findet, sei es in einer ausgeführten Parklandschaft oder in einem Parkgitter, unter aufgehängten Girlanden und Rosen, wie endlich in den Lauben, ist klar, daß da immer das Paradies gemeint ist. Folglich sind alle Oranten als Selige im himmlischen Paradies gedacht. Wo aber den vorkommenden Eigennamen der Seligen die Worte in pace, im Frieden, beigefügt sind, da bedeutet das Wort dasselbe wie das gemalte Bild, den Frieden im himmlischen Paradiese. Freilich kommt auf Grabschriften auch die Formel vor „er lebte soviel Jahre im Frieden", das will sagen im Reich Gottes auf Erden, kurz als Christ. Ursprünglich meinte das Wort den Frieden auf Erden, im messianischen Sinne, aber seit der Verjenseitigung des Reiches ging auch der Friede von der Erde hinweg und in den Himmel hinüber. Das bedeutendste Paradiesesbild, das sich erhielt, ist das auf unserer Tafel IV wiederholte mit den sogenannten fünf Heiligen, die aber auf keine Weise als Märtyrer oder sonst als präkonisierte Heilige bezeichnet sind, Dionysas (?), Nemesius, Procopius, Eliodora und Zoe, eine sechste, Arcadia, ist nur mit Namen genannt. Wie die heidnisch-griechischen Grabschriften, so weit sie überhaupt ein Jenseits voraussetzen oder auch nur für möglich halten, den Verstorbenen immer ohne irgend ein Zögern oder Zweifeln als in den Ort der Frommen und Seligen eingegangen ansehen, so betrachten auch die Christen den Eingang ihrer Verstorbenen in die Seligkeit als gegebene Tatsache. Épitaphe, tout est épitaphe. Die Märtyrer aber, die wir als solche anerkennen dürfen, wie die Cäcilia, Abdon und Sennen, Milix und Bicentius, die man sich doch auch im Himmel dachte, sind jedenfalls in der vor dem Angesicht des Herrn sich gebührenden Stellung der Verehrung dargestellt.[1]

Liells Erklärung der Märtyrer als Fürbitter dehnt Wilpert auf alle Oranten aus; sie seien Bilder der in Seligkeit gedachten Seelen der Verstorbenen, welche für die Hinterbliebenen beteten, damit auch diese das gleiche Ziel erlangen möchten. Wilpert meint, den Gedanken an bloße Anbetung beseitigt und so Raum für den aus dogmatischem Interesse ihm wichtigen besonderen Gebetsinhalt gewonnen zu haben. Für sich zu beten haben Selige nicht nötig, da sie sich am Ziel ihrer höchsten Wünsche angelangt sehen. An Dankgebet sei auch nicht zu denken, denn auf keiner Grabschrift finde sich Andeutung eines Dankgebets, nämlich für die Aufnahme in den Himmel. In der Tat, so nahe eigentlich ein Dankgebet für die nicht durch eignes Verdienst, sondern durch reine Gnade (um die erzwingende Kraft der Riten hier aus

---

[1] Liell, Darstellungen der allerseligsten Jungfrau und Gottesgebärerin 154. 156. 165. — Fegfeuer: Harnack, Lehrbuch d. Dogmengeschichte ³1894 I 570 (Tertullian), 645,5 (Clemens und Origenes), II 65,4 (Ambrosius). — in pace auf das Leben bezogen z. B.: Maxema que vixit in pace annos triginta, de Rossi, Roma sott. I Taf. 17, 2.

dem Spiele zu lassen) in den Himmel Gelangten läge, so wenig ist davon die Rede;
wir wollen sagen, der Dank der Seligen geht in der Anbetung, dem allein und ewig
ertönenden „Heilig, heilig, heilig ist der Herr" unter. Somit bliebe denn als Inhalt
des Gebets der Seligen per exclusionem nur das gewünschte Demonstrandum übrig,
die Fürbitte für die Hinterbliebenen. Aber sollte nicht auch diese Fürbitte in der
Anbetung untergehen? Sollte nicht jedes Sondergefühl, selbst für die teuersten Angehörigen, in dem alles Einzelne einschließenden und anheimstellenden Allgefühl der
Vereinigung mit dem Dreimalheiligen untergehen? Um jedoch im engeren Kreis der
monumentalen Überlieferung zu bleiben, was für monumentale Zeugnisse werden für
die Fürbitte der Seligen beigebracht? Es sind zu wenige und zu späte Zeugnisse, um
für den Sinn der Malereien beweisen zu können. Wenn im vierten, oder auch schon
im dritten Jahrhundert jemand eine Bitte an den Verstorbenen an das Grab schrieb,
er möge im Himmel Fürbitte einlegen für ihn, den Lebenden, daß ihm seine Sünden
zu seiner Zeit nicht angerechnet werden möchten, so beweist das noch nichts für das
erste und zweite Jahrhundert. Und selbst, wenn solche Beischriften aus der Frühzeit
der Katakomben gefunden würden, so könnten sie nichts für die Erklärung der
Malereien beweisen; der Augenschein zeigt nur Anbetung, alles weitere ist von den
Exegeten hineingelegt.[1])

Könnte die Fürbitte der Seligen in literarischen oder Kunstdenkmälern der
christlichen Frühzeit nachgewiesen werden, so fände der klassische Archäologe eine
solche Tatsache ganz verständlich, immer wieder aus dem antiken Charakter des
Christentums heraus. Da wir in der Erfahrung Persönlichkeit nur an Menschen finden,
so kann eine persönliche Gottheit nicht anders als anthropopathisch gedacht werden,
mit menschlicher Empfindung begabt und aus menschlich empfundenen Beweggründen
menschlich handelnd; sie ist, wie wir schon Gelegenheit hatten zu erinnern, bestimmbar
durch Gewalt und List, durch Geschenke und Bitten. Daß der persönliche Gott zugänglich und bestimmbar sei, wird in aller Mythologie und mythologischen Religion
als selbstverständlich vorausgesetzt. Wie im Leben bei vorkommender Gelegenheit
für Verwandte und Freunde Fürbitte einzulegen im Altertum gang und gäbe war, so
erwartete man auch von den Himmlischen, daß sie für ihre sterblichen Angehörigen
und Schutzbefohlenen zur rechten Zeit Fürbitte einlegen würden. Die klassische
Reigenführerin aller Fürbitter und Fürbitterinnen ist Thetis, da sie im ersten Gesang
der Ilias aus dem Meere hinauf zum Olymp geht, zum Zeus, der abgesondert auf dem
höchsten Gipfel sitzt; da bittet sie für ihren Sohn, daß Zeus den Agamemnon nötige,
die dem Achill zugefügte Kränkung wieder gut zu machen; dabei beruft sie sich auf
den Schatz ihrer Verdienste um Zeus. Wir lassen die Morgenröte folgen. Den
schönsten Jüngling hat sie sich geraubt, den Tithonos; dann geht sie zu Zeus und
erbittet für ihn Unsterblichkeit und ewiges Leben. Und als im trojanischen Krieg
Achilleus und Memnon aufeinandertrafen, da traten die beiden Mütter, Thetis und
Eos, an Zeus heran, eine jede Fürbitte einlegend für das Leben ihres Sohnes; nachdem

---

[1]) Zeugnisse für die Bitte der Hinterbliebenen um Fürbitte der Seligen: Dormi in pace —
et pro nostris peccatis pete sollicitus, de Rossi, Bull. comunale, Roma 1893, 1. Vic[toria?] . . . et
pete . . . Wilpert, Gottgeweihte Jungfrauen Taf. II 1, 5; Malereien 427. 457. Anderes bei Cabrol,
Monumenta liturgica I, zitiert in seinem Dictionnaire I 245 (ora pro parentibus tuis, pete pro
Celsiniano coiugem, pete pro nos ut salvi simus usf.). Wilpert, Malereien 211: „in orationibus tuis
roges pro nobis quia scimus te in Christo."

dann Memnon im Kampfe gefallen war, erbat Eos von Zeus auch für ihn Unsterblichkeit. Noch ein Beispiel aus der Kaiserzeit, aus Hadrians Zeit: am Obelisk auf dem Monte Pincio zu Rom steht eine Inschrift des Inhalts: Antinous, nach dem Tod zu neuem Leben erwacht, findet sich als Genossen des Sonnengottes wieder und bittet diesen Lenker der Welt, dem Kaiser gnädig zu sein. Endlich ein paar Grabschriften, die von Fürbitte der Verstorbenen für Hinterbliebene wissen; man wolle beachten, daß unsere Beispiele aus dem ersten vorchristlichen und dem zweiten nachchristlichen Jahrhundert, zu den besseren Grabgedichten gehören und trotz der Popilia rein griechisch sind. „Hediste, Witwe des Menedemos, Tochter des Butichos, hat von ihrem Sohn Philippos die letzten Ehren gebührend erhalten; deshalb hat sie im Hades dem Rhadamanthys es gesagt, daß sie für ihre Kindesnöte den schuldigen Dank empfangen hat." „Dies ist das Grab der Popilia, mein Gemahl hat es selbst geschaffen, Okeanos, der in jeder Kunst erfahren ist; deshalb ist mir die Erde leicht, und am Acheron werde ich, lieber Mann, deine Pietät rühmen." Die Mutter legt für den frommen Sohn, die Gattin für ihren frommen Mann, beide zum Dank für die richtige Bestattung (und diese ist nach der ganzen Meinung zu verstehen, als Vollziehung eines in das Jenseits wirksamen Ritus) bei den Herren und Richtern der Toten Fürbitte ein, auf daß auch sie nach ihrem Tode drüben gutes Los finden.[1])

Wenn wir die Oranten, Bilder der Verstorbenen in der Seligkeit, zwischen zwei Bäume oder zwei Schafe oder zwei Milcheimer oder neben einen guten Hirten gestellt finden, so bedarf dergleichen keiner besonderen Erklärung; der Sinn ergibt sich aus früher Gesagtem, das etwa noch Fehlende wird weiterhin zur Sprache kommen. Endlich sehen wir an einer Türwand zwei Oranten gemalt, über, das meint hinter einem von Blüten durchsetzten Parkgitter unter hängenden Blätterschnüren und zwischen Blumen stehend, einen Mann links von der Tür, eine Frau rechts, über der Tür aber den Halbmond zwischen Sternen; wie Gitter, Girlanden und Blumen auf das Paradies, so deuten die Himmelslichter auf den Himmel: das Ehepaar steht im himmlischen Paradies in Anbetung vor der Herrlichkeit des Herrn.[2])

Im Himmel.

Die Himmelsleiter. Nach einer Anschauung, die bei den alten Ägyptern angetroffen wird, konnte die Seele des Verstorbenen auf einer großen Leiter, welche die Götter für sie errichteten, den Himmel erreichen, wo sie sich dann unter die Götter setzen durfte; Maspero hat bei einigen Mumien kleine Modelle von Treppen oder Leitern gefunden, deren die Toten sich dieser Anschauung gemäß bedienen sollten, um zum Himmel hinaufzusteigen. Anders verwendet der Elohist das Bild der Himmelsleiter, in der ätiologischen Sage, die er zur Erklärung des Namens der Stadt Bethel

---

[1]) Thetis: Ilias A 495. Tithonos: Rapp in Roschers Lexikon I 1 1261. Escher bei Pauly-Wissowa V 2658. Memnon: Roscher, Lexikon I 1 1264. Holland, eb. II 11 2654. Antinous: Erman, Röm. Mitteil. 1896, 116. Grabschriften: Kaibel, Epigrammata graeca ex lapidibus conlecta 1878 n. 514 und 559.

[2]) Wilpert 462 Taf. 218, 2; die achtstrahligen Sterne wie der Stern über dem Christuskind Taf. 172, 2.

(d. i. Wohnsitz Gottes) erzählt: „Da zog Jakob aus von Beersaba und machte sich auf den Weg nach Haran. Da gelangte er an eine [heilige] Stätte und blieb daselbst über Nacht —. Und er nahm einen von den Steinen dieser Stätte, legte ihn zu seinen Häupten und legte sich schlafen an selbiger Stätte. Da träumte ihm, eine Leiter sei auf die Erde gestellt, deren oberes Ende bis zum Himmel reichte, und die Engel Gottes stiegen auf ihr hinauf und herab. — Da fürchtete er sich und sprach: Wie schauerlich ist diese Stätte! Ja, das ist der Wohnsitz Gottes und die Pforte des Himmels! Frühmorgens aber nahm Jakob den Stein, den er zu seinen Häupten gelegt hatte, stellte ihn auf als Malstein und goß Öl oben darauf" usf. Gen. 28, 10—12. 17 ff. In der christlichen Literatur aber dient die Himmelsleiter wieder, wie es bei den alten Ägyptern gewesen war, den Seelen der Verstorbenen zum Aufstieg in den Himmel; es wird aber, wie bei der Jakobsleiter, der Rahmen einer Traumvision dazu benutzt. Das geschah in der Vision der Perpetua und ihrer Nachahmungen; die Märterin sah sich und ihre Leidensgefährten die schmale Himmelsleiter hinaufsteigen, einem unter der Leiter liegenden Drachen zertrat sie vor dem Aufstieg den Kopf. An der linken Laibung eines Arkosolbogens in Domitilla, aus dem vierten Jahrhundert, ist solch eine Szene gemalt: ein Mann in Tunika und Oberkleid setzt den Fuß auf die angelehnte hohe Leiter. Wilpert will unter der Leiter auch eine Windung der Schlange erkennen; die Windung sieht man, daß es aber eine Schlange wäre, kann man nicht sicher sagen, in der Abbildung erscheint es als ein Auslauf des „Hügels" neben der Leiter. Über oder hinter dem Hügel wachsen riesenhafte Ähren, die Wilpert als Sinnbild der Auferstehung oder der Eucharistie deutet; man könnte auch an das Bild von der reifen Ernte denken. Was die völlig zerstörte Malerei an der rechten Laibung enthielt, kann man nicht wissen; im Scheitelbild befand sich das nimbierte Brustbild des Christus.[1])

Auf der Schwelle des Himmels sehen wir eine Verstorbene im Gemälde an der Vorderwand ihres Grabes (Wilpert 467, 5 Taf. 241, unsere Abbildung): zwei Bartlose in ungegürteter Tunika ziehen einen Vorhang auseinander, das heißt sie öffnen den Eingang zum Paradies, zum Himmel, wenn man will zum Gelag, zum Gemach des himmlischen Bräutigams. Denn mit Vorhängen waren im Altertum die Eingänge der Empfangsräume geschlossen, die Türhüter zogen sie zur Seite, um Besucher einzulassen. Als Diener an der Himmelspforte (Ostiarii) möchte man sich Engel denken, es scheinen aber Selige gemeint zu sein. Die eben Verstorbene also tritt ein, anbetend breitet sie die Hände aus, denn nun steht sie vor dem Angesicht des Herrn. — Andere Malereien deuten den Eintritt in den Himmel dadurch an, daß der neu Eintretende von Bewohnern des Himmels, früher Verstorbenen, begrüßt wird. Eine eben Verstorbene tritt ein, in Dalmatika (vom Zeichner der Bosioschen Reproduktion mißverstanden) und Schleier, anbetend die Hände ausgebreitet; zwei ältere Selige, beide in Tunika und Oberkleid, begrüßen sie mit entgegengestreckten Händen (unsere zweite Abbildung, Wilpert 469, 10). Eine solche Begrüßung (nicht Unterstützung der im Gebet gehobenen Arme) war auch in Petrus und Marcellinus gemalt (Wilpert

---

[1]) Himmelsleiter, ägyptisch: Chantepie de la Saussaye, Lehrbuch der Religionsgesch.[2] I 138. — Jakobstraum ausgedeutet in platonisierender Kosmologie: Philo de somniis I 22 (Wendland-Cohen III). Norden, Äneis VI Seite 48, 1. — Domitilla: Wilpert, Malereien 484 Fig. 43 Taf. 153, 1.

465, 1 Taf. 101), eine dritte, mit einem Kind neben der Seligen, im Coem. Theclae (Wilpert 468, 6 Taf. 243, 2), eine vierte, einer Familie, bestehend aus Mutter und Kind, Vater und Sohn (?), in zwei Gruppen zwischen je zwei Seligen, beiderseits eines zentralen Christusmedaillons (Wilpert 468, 7. 8 Taf. 219, 1). — Das himmlische

Selige in der Himmelstür.
Coem. Cyriacae.

Selige im Paradies begrüßt.
Coem. Cyriacae.

Paradies wird dabei gelegentlich durch Bäume angedeutet, zwischen denen die Orans steht; die zwei sie begrüßenden Seligen kommen von den Seiten heran, einmal recht eilfertig (Wilpert 365, 5 Taf. 232, 3). Die Seligen werden ein andermal als Mann und Frau unterschieden, es sind vielleicht die früher verstorbenen Eltern, welche nun die nachfolgende Tochter im Paradies empfangen (Wilpert 467, 4 Taf. 219, 2). Ein andermal handelt es sich um einen Verstorbenen, der nicht die Hände ausbreitete, aber adorierend die Rechte vor der Brust hob; er stand zwischen zwei Laubbäumen, zwei Schafen und zwei bärtigen Seligen mit Schriftrolle, das Ganze in symmetrischer Komposition, wovon aber noch nicht die Hälfte sich erhielt (Wilpert 465, 2 Taf. 153, 1). In späteren Bildern sind die hinzutretenden Seligen bisweilen mehr oder minder namhafte Himmelsbewohner, wie die „Petronella martyr" neben der Verstorbenen „Veneranda". Petronilla war in der Nähe bestattet; das Recht auf den Titel Martyr wird ihr bestritten (Wilpert 466, 3 Taf. 213). In einem Bild aus der letzten Zeit der Bestattung in den Katakomben waren die Namen beigeschrieben, in den schwachen Spuren glaubt Wilpert „Petrus" und „Paulus" zu erkennen (W. 469, 9 Taf. 249, 1).

Susanna, ein Rettungs- oder Erlösungstyp wie die früher besprochenen, mußte zurückgestellt werden, weil er mit den Typen der adorierenden Seligen und der Begrüßung durch Selige so eng verknüpft ist, enger als etwa Noah oder Daniel, daß die Unterscheidung oft schwer hält, ob eine Verstorbene oder Susanna gemeint sei. In der vorderen Abteilung der Cappella greca sind an den Längswänden Friese mit figürlichen Gruppen gemalt, links ein Orantenpaar, Mann und Frau, und eine Frau, an den Handgelenken, wie es scheint, von zwei Männern gehalten, die ihr die Rechte auf den Kopf legen; gegenüber sieht man eine Orans zwischen einem Mann, der vor einem Giebelhaus steht, und zwei hereneilenden, die Hand nach ihr ausstreckenden Männern. Gegen die beim ersten Sehen sich anbietende Deutung auf adorierende, von anderen Seligen eingeführte und begrüßte Verstorbene erheben sich verschiedene Bedenken; daher griff man zu der Deutung auf Susanna: rechts der Überfall der beiden Alten, Daniel wäre proleptisch hinzugefügt, links die Anklage, bei der die Presbyteroi nach den Textworten ihr die Hand auf den Kopf legten, endlich das Dankgebet Susannas und Jojakims (Wilpert, Fractio panis Taf. 2. 4. 5; Malereien 119. 363 Taf. 14). Die Richtigkeit der Erklärung vorausgesetzt, ergäbe sich freilich das Unerwartete, daß das nach Wilperts Chronologie hier zuerst an ganzen Figuren auftretende Orantenschema nicht für den Typus der Seligen, sondern der Susanna geschaffen und von ihr auf die Seligen übertragen wäre, ebenso erschiene vom Überfall Susannas der Begrüßungstypus abgeleitet. Indessen treten die nach Wilpert frühesten Oranten als Selige schon unmittelbar nachher auf, bei der „Madonna in Priscilla" Taf. 21. — In einer Lünette des Coem. maius steht eine Orans zwischen zwei Bäumen, man möchte sie für eine Selige im Paradies halten; beiderseits folgt je ein Mann, aber nicht wie in den Begrüßungsszenen herankommend, sondern der eine kauert oder kniet am Boden (ähnlich lauert Achill dem Troilus auf, Peleus der Thetis), der andere streckt ihr nicht die Hand hin, sondern hebt sie in entgegengesetzter Richtung; das will weder zur Begrüßung noch zum Überfall passen (Wilpert 365, 4 Taf. 220). — In Prätextat, am Grab der Celerina, steht ein Schaf zwischen zwei Wölfen, dazu die Beischriften „Susanna" und „Senioris". Also eine doppelte Typologie in einem Bild: die Selige als Schaf aus der Herde des Christus und als Susanna, wie sie aus den Nachstellungen der zwei Alten gerettet ward (Wilpert 366, 6. 413 Taf. 251).

Den Begrüßungsszenen verwandt ist eine Malerei in Prätextat, in einer Gruft, die man nach dem Gemälde, als der einzigen Passionsszene in den Katakomben, Passionskrypta nennt. Man erkennt darin nämlich die Dornenkrönung und Verspottung: Jesus steht in Vorderansicht, die Rechte vor der Brust, das Haupt bekränzt; sein Obergewand ist nicht purpurn, auch keine Chlamys, wie Matthäus sagt, sondern

ein Himation, wie bei Johannes. Ihm zugewandt stehen links zwei Männer in weit-
ärmeliger Tunika und nicht sehr deutlich gezeichneter Chlamys, als Soldaten erklärt;
der eine hält einen Stock aufrecht, der andere ein Schilfrohr mit Blättern über Jesus'
Haupt. Rechts ein kahler Baum, von dem sich ein Vogel herabbeugt. — Eine gewisse
Verwandtschaft mit dem Bild hat ein viel späteres im Coem. maius: zwei Männer in
Tunika und kurzer Chlamys scheinen die Hauptperson, einen Mann in ungegürteter
Tunika und langer Chlamys rechtshin abführen zu wollen; von links folgt ein Mann
in Tunika und Oberkleid mit erhobenem Stab. Wilpert schlägt vor, die Bedrängung
des Aaron und Moses durch die murrenden Israeliten zu erkennen; letztere werden
durch das Quellwunder beruhigt und so Moses und Aaron gerettet; also ein Rettungstyp.
Die Darstellung wäre recht frei und nicht recht deutlich.[1]

Ein oder anderer Leser hat sich vielleicht gewundert, daß wir bereits Szenen
des Eintritts Verstorbener in den Himmel und ihrer Begrüßung durch Selige vorgeführt
haben, ohne des Gerichtes zu gedenken, das doch erst über die Aufnahme zu befinden hätte. Es werden viele Malereien als Darstellungen des Gerichts erklärt, die
wir nun allerdings betrachten wollen. Wir dürfen die generelle Bemerkung vorausschicken, daß jedenfalls das Zukunfts- und Weltgericht in der altchristlichen Malerei
niemals zur Darstellung gewählt worden ist; wenn überhaupt Seelengerichte vorkommen,
so gehen sie immer nur die einzelnen Verstorbenen an und gelten als unmittelbar
beim Tode abgehalten mit dem bei Epitaphmalerei selbstverständlichen günstigen Er-
folge der sicheren Zulassung des Verstorbenen in das himmlische Paradies.

Zunächst ein vielbesprochenes Gemälde in Kallist, welches von allen Erklärern
als Gerichtsszene aufgefaßt, wenn auch verschieden bezogen wird, von de Rossi auf
das Verhör zweier Märtyrer vor dem Prätor, von Schultze auf das Verhör des Apostels
Paulus vor dem cyprischen Prokonsul, von Wilpert auf die Verurteilung der beiden
Ältesten durch Daniel: eine weibliche Gestalt, vom Orantentypus abgeleitet, die Linke
auf die Brust gelegt, die Rechte mit eingeschlagenen zwei Fingern gehoben, sei
Susanna, die durch Daniels Klugheit gerettet wird; sie wendet sich zu einer, links
auf einem Bema (Podium) stehenden kleineren Figur, welche die Rechte nach ihr
vorstreckt, das sei der Knabe Daniel; der zwischen beiden mehr im Hintergrund
stehende und ein zweiter ganz rechts, völlig abgewandt, die Hand wie nachdenklich
oder mißmutig am Munde, das seien die beiden Ältesten, die Daniel getrennt verhörte;
daher der eine, bereits verurteilt, abgewendet steht, der andre sein Urteil erst eben
empfängt. Wenn das ganze wirklich eine Gerichtsszene ist, so könnte man immerhin
fragen, ob die vermeintliche Susanna nicht eine Verstorbene vor dem Richterstuhl des
Christus sei. Aber ein Umstand steht der Deutung auf ein Gericht entgegen: im
ganzen Altertum, in der ganzen literarischen und bildlichen Überlieferung, ist es feste
Regel, daß der Richter sitzt (auch in unserer Erzählung, Vers 50 Theod.). Auch
damit läßt sich die Deutung nicht retten, daß man statt des Urteilsspruchs das Verhör
dargestellt denkt; denn Verhör und Urteilsspruch sind beides nur Einzelmomente der
vom sitzenden Richter geführten Verhandlung. Die Gestalt auf dem Bema gibt nicht
das Schema von Richtern auf dem Tribunal wieder, sondern von Rednern auf der
Rednerbühne, auch von Kaisern bei Ansprachen und anderen, jedenfalls nicht

---

[1] Prätextat: Wilpert, Malereien 77. 226 Taf. 18. Vgl. Mk. 15, 17. Mt. 27, 28. Joh. 19, 3
(ἱμάτιον πορφυροῦν). — Coem. maius: Wilpert 388 Taf. 224, 2.

richterlichen Handlungen.   Eine zutreffende Erklärung vermögen wir noch nicht zu geben.[1]

Das Totengericht ist eine uralte Idee, ausgebildet zuerst wohl von den alten Ägyptern. Man sieht es im Totenbuch, das der Leiche beigegeben wurde: Osiris thront als Herr der Toten; vor ihm sitzt der Höllenhund, eigentlich der Rachen des Todes; ferner steht da die Wage zum Wägen der Seele und der Schreiber mit der Feder hinter dem Ohr; eine Verstorbene wird hereingeführt. Aus der griechisch-römischen Kunst besitzen wir manche Gerichtsbilder, mehrere in der pompejanischen

Verstorbener zwischen Seligen.   Hinter ihm thront der verklärte Christus.
Coem. Hermetis.

Wandmalerei, z. B. das sogenannte Urteil Salomonis; eine andere führt eine Gerichts-szene aus der täglichen Wirklichkeit vor: der Gerichtshof sitzt auf dem sehr hohen Tribunal unter einem Baldachin, unten werden Kläger und Beklagter herangeführt, jener blutet aus vielen Wunden, Gerichtsdiener und Wachen sind in Funktion. Eine ganze Reihe Gerichtsszenen finden sich in den Wandmalereien des im Garten der Farnesina zu Rom ausgegrabenen antiken Hauses.[2]

In der Gruft, die der Sabaziuspriester Vincentius beim Tode seiner Gattin Vibia an der Via Appia herrichten und ausmalen ließ, findet sich auch das Totengericht dargestellt. Auf hohem Tribunal sitzen die Totengötter „Dispater" und „Aeracura"; zur Seite des Tribunals stehen assistierend die drei matronalen „Fata divina", unter-

---

[1] Susanna: Wilpert, Sakramentskapellen 1897, 13; Malereien 119. 364, 2 Taf. 86. de Waal, Röm. Quart. 1898, 92.

[2] Totengericht: Rühl, de mortuorum iudicio (bei Dieterich-Wünsch, Religionsgesch. Versuche) 1903. — Osiris: Dümichen, Gesch. des alten Ägyptens. — Pompeji: Overbeck, Pompeji [4]583. Mau, Pompeji 15 (Urteil Salomonis). Presuhn, Pompeji 1878 IV 4 Taf. 5 (Gerichtsverhandlung). — Casa Farnesina: Mon. d. instit. XI Taf. 44, 2. Zone. Hülsen, Annali 1882, 309.

weltliche Parzen; der Bote Merkur („Mercurius nuntius") führt die Verstorbene vor („Vibia"), welcher Alkestis („Alcestis") das Geleite gibt. Alkestis erscheint als Anwalt und Fürsprech, denn Vibia war wie sie ein Muster von Gattinnentreue. Daß Vibia vor dem Gericht besteht, ist nicht bloß selbstverständlich, sondern auch dargestellt; wir sahen das Bild bereits, ihre Einführung in die Gefilde der Seligen und ihre Teilnahme am Gelage der Seligen, die aufgenommen sind nach dem Urteilsspruch der „Guten" („Bonorum iudicio iudicati"). Die „Guten" ist Euphemismus für die strengen Richter, deren Strenge freilich, nach den geschriebenen und gemalten Epitaphien zu urteilen, der jeweils Verstorbene nie zu fürchten hatte (unsere Abbildung S. 191).[1]

Nach Wilperts Chronologie gehört die Vibiagruft der ersten Hälfte des vierten Jahrhunderts und die paar christlichen Malereien, die vielleicht als Gerichtsszenen aufgefaßt werden können, der zweiten. Wenn es nötig wäre, ein direktes Abhängigkeitsverhältnis zwischen dem heidnischen und den christlichen Bildern anzunehmen, so müßten die christlichen vom heidnischen abhängig sein; wir indessen begnügen uns, gemäß dem in der Einleitung Gesagten, mit der Feststellung, daß auch im vorliegenden Falle die christliche Kunst mit der heidnischen zusammen im Strome der Gesamtantike steht.

Im Cömeterium des Hermes sehen wir einen Verstorbenen als Orans stehen, zwischen zwei Seligen; hinter ihm, auf hohem Podium, zu dem Stufen hinaufführen, sitzt der erhöhte Christus und hält die flach ausgestreckte Hand über den Kopf des Verstorbenen. Die beiden Seligen strecken ihre Rechte nach dem Neueingetretenen aus, in der Linken hält jeder eine Schriftrolle, eine offene hat auch der Christus in der Hand. Wegen der Schriftrollen wollten de Rossi und Kraus den Christus als lehrend verstehen; dagegen aber spricht das hohe Podium, der antike Lehrer saß nicht höher als seine Schüler; auch die Gebärde des Orans paßt nicht dazu, wie überhaupt die ganze Situation nicht recht verständlich wäre. Wilpert sieht das Seelengericht dargestellt, der Verstorbene stehe vor dem Herrn als seinem Richter; die zwei Seligen seien Fürsprecher. Suchen wir die Komposition des Bildes typologisch zu verstehen, so finden wir im Vordergrund eine Begrüßungsszene, den neu in den Himmel Eingetretenen von zwei Seligen begrüßt; mehr im Hintergrund ist der auf dem Podium thronende Christus hinzugefügt. Zunächst also ergibt sich, außer der Begrüßung, daß der Verstorbene nun im Himmel vor dem Angesicht des Herrn steht, anbetend, wie sich gebührt; also ein Seligkeitsbild. In dem hohen Podium aber kann vielleicht eine Andeutung an die Richtereigenschaft des Christus liegen (Kor. II 5, 10). Ob die begrüßenden Seligen damit zu Fürsprechern werden, wäre noch besonders zu überlegen. — In Cyriaca gibt es, an den Laibungen eines Arkosolbogens, zwei verwandte Bilder. Je eine Verstorbene steht im Orantenschema vor uns, seitlich und etwas zurückgeschoben sitzt der Christus, ihr zugewandt und ihr die Rechte zum Gruß zustreckend. Also auch hier einer Orantengestalt der Christus hinzugefügt, diesmal nicht auf hohem Podium, wozu freilich auch kein Raum gewesen wäre. Dies Bild am Arkosol des Zosimianus ist etwas älter als das im Coem. Hermetis, ein früherer Versuch; im letzteren ist etwas mehr gewagt.[2]

---

[1] Vibia: Garrucci, Storia VI Taf. 493; danach bei Maass, Orpheus 219. Jetzt bei Wilpert, Malereien 144. 392 Taf. 132, 2.

[2] Coem. Hermetis: Wilpert 394, 1 Taf. 247. — Schulszenen: Mon. d. inst. IX Taf. 54 Schale des Duris. Wissowa, Röm. Mitt. 1890, 3 Taf. 1. Hettner, Führer Trier 1903 n. 21. — Zosimianus: Wilpert, Malereien 403 n. 10 Taf. 206.

Die andere Malerei, welche vielleicht als Gerichtsszene verstanden werden kann, befindet sich im Scheitelfeld einer Decke in Domitilla (Wilpert 395 Taf. 196). Der Christus thront auf niedrigem Suggest, bei dem ein Schriftkasten steht; zwei Selige assistieren; beiderseits aber kniet je ein Mann, die Hände zum Herrn hebend. Bitten sie den Richter um Gnade? Das wäre ganz antik empfunden; denn der antike Richter galt dem Angeklagten keineswegs als unbestechlicher Künder des objektiven Rechtes, sondern es war Brauch, mit allen Mitteln den Richter günstig zu stimmen. Unserer Rechtsauffassung widerspricht dies Andrängen auf die Stimmung des Richters, es scheint uns auch der christlichen Sittlichkeit zu widersprechen, ebensosehr der christlichen Haltung. Nun sind schon im Altertum Stimmen laut geworden gegen diese Truggerichte, Plato z. B. geißelt sie in seinem ersten Totengerichtsmythus, der selbst nur Sinnbild kritischer Gedanken ist. Einst, da Kronos noch die Welt regierte, wurde das Gericht am Todestage, unmittelbar vor der Sterbestunde gehalten, ein Gericht Lebender über Lebende; sie erschienen umhüllt mit schönen Leibern und Adel und Reichtum, begleitet von vielen Zeugen, die bekundeten, daß sie gerecht gelebt hätten. Die Richter hatten als Lebende auch Schleier vor der Seele, Augen, Ohren und den ganzen Leib, so daß sie sich täuschen ließen und Unwürdige zu den Inseln der Seligen einließen. Daher verordnete Zeus, nachdem er die Weltregierung übernommen hatte, daß hinfort nur Tote über Tote richten sollten, nackte Seelen über nackte Seelen, die aller jener irreführenden Umhüllungen entkleidet wären (Gorg. 523). Was nun unsere Malerei betrifft, so sind die vorkommenden heidnischen Darstellungen Kniender meist im Krieg Besiegte, die sich dem Sieger unterwerfen, alles weitere seiner Gnade anheimstellend; so die Juden in einem Relief des Sanherib; so die Barbaren in einem Triumphalrelief des Kaiser Mark Aurel. Die Perser hatten den orientalischen Brauch übernommen, sich vor dem König der Könige niederzuwerfen, und man weiß, wie verächtlich diese Art Proskynese den freidenkenden Griechen erschien. Auch den Römern war solche Unterwürfigkeit von Haus aus fremd; erst als in der Kaiserzeit orientalisches Wesen immer mächtiger eindrang, fand auch die devote Adoration Eingang, und Diocletian fügte sie in die Hofetikette ein. So mußte dann auch der erhöhte Christus sich die Proskynese als Fußfall im Sinne göttlicher Verehrung bieten lassen, die der lebende Jesus grundsätzlich abgelehnt hätte. Unser Bild zeigt zwei Verstorbene in solcher fußfälliger Adoration, auch hier kann der Gedanke an das Gericht mit unterlaufen, es ist aber nicht klar ausgesprochen.[1])

Zu einer Gerichtsszene sind unerläßlich ein Richter und ein Beklagter; nicht ganz so wesentlich sind Gerichtsboten und Wachen, Fürsprecher und Zeugen. Weil in den paar eben besprochenen Bildern Richter und Beklagter gefunden werden können, so mag bei ihnen an das Gericht mitgedacht sein. Nun aber konstruiert Wilpert noch eine ganze Reihe von Gerichtsbildern, wo die unerläßliche Verbindung von Richter und Beklagtem gar nicht vorhanden ist; er bringt Figuren, die wohl in Nachbarschaft gemalt sind, aber jede in besonderem Rahmen, in eine bildlich nicht bestehende Beziehung zueinander und gewinnt so, die vorbesprochenen drei Malereien mitgerechnet, eine Liste von vierzehn Gerichtsbildern. Vorweg ist eine Malerei auszuscheiden, in der der angebliche Richter nicht sitzt, sondern steht (W. 406 n. 12 Taf. 54, 2. 40, 2). Ordnet man die übrige Liste chronologisch, so steht an der Spitze

---

[1]) Adoratio: Seeck bei Pauly-Wissowa I 400. Mark Aurel: v. Sybel, Weltgesch. d. Kunst 1903, 423 Abb. — Mk. 1, 40 γονυπετῶν, 5, 33 und 7, 25 προςέπεσεν ist anders gemeint.

die Decke der Kammer X Lucinae; ergänzen wir das erhaltene Bruchteil mit Wilpert, so sah man im Scheitelfeld den sitzenden Christus (es ist nichts davon übrig), in den Kappen- und Zwickelfeldern Selige, in jenen „angezogene" Männer, in diesen weibliche Oranten. Das ist wieder einmal der christliche Himmel, aber nicht die leiseste Andeutung von Gericht (W. 408 n. 14 Taf. 24, 1). Dasselbe gilt von den anderen Decken (W. 399 n. 6 bei Wilpert, Cyklus Taf. 1—4. — W. 403 n. 11 Taf. 75. — W. 400 n. 7 Taf. 96). Ähnlich gewaltsam werden an Fachgräbern und Arkosolien Gerichtsszenen konstruiert. In der Sakramentskapelle A² ist rechts vom Hauptgrab ein Sitzender gemalt, als sein Gegenstück (das zerstört ist) vermutet Wilpert einen Orans, an der Eingangswand beiderseits der Tür zwei Selige (nur einer ist erhalten): diese über den ganzen Raum zerstreuten Figuren sollen Komponenten einer Gerichtsszene sein (W. 407, n. 13 Taf. 39, 2. 40, 3). An der Lünette eines Arkosols ist öfter der oder die Verstorbene gemalt, am Bogenscheitel darüber der sitzende Christus; oder umgekehrt am Bogenscheitel die Orantenfigur, an der Lünette darunter der Christus; sind andere Selige („Heilige" als „Fürsprecher") dabei, so sieht Wilpert in Scheitel- und Lünettenbild ein Seelengericht (Christus im Scheitelbild: W. 399 n. 5 Taf. 170. — W. 402 n. 9 Taf. 154, 2. 155, 1. — W. 401 n. 8 Taf. 154, 1. 155, 2. — Christus in der Lünette: W. 398 n. 4 Taf. 245, 2). Alle diese Malereien verlangen eine weniger künstliche, schlichtere Erklärung.

Zunächst noch eine Malerei, eine spätere, aus dem vierten Jahrhundert. Wilperts Herstellung zu folgen, wären in zwei Gemälden drei Männer und drei Frauen gemalt gewesen, auf einer etwas merkwürdigen Erhöhung kniend vor dem thronenden Christus. Von den acht Personen ist nur der eine Christus erhalten nebst dem Oberteil der ersten Frau; sie hebt die Rechte in Brusthöhe, die zwei letzten Finger eingeschlagen, dieselbe Gebärde macht der Christus (W. 487 Fig. 44 Taf. 124). Man möchte erwarten, die zwei Bilder mit den vor dem Christus Knienden als Gerichtsszenen erklärt zu sehen, wenn auch freilich keine Advokaten dabei sind. Aber man sagt uns, diese Personen streckten nicht die Hände aus, um Gnade zu erflehen, sondern sie erhöben nur die eine Hand, bloß sprechend; ein solches fast familiäres Auftreten gegenüber dem Christus, als dem Herrn in seiner Herrlichkeit und Macht, komme nicht gewöhnlichen Verstorbenen, sondern nur Märtyrern zu, die in der Aufopferung ihres Lebens um Christi Namen willen sich ein Verdienst erworben hätten und Ansprüche erheben dürften. Wir hingegen sehen, die Richtigkeit der Ergänzung vorausgesetzt, lediglich eine andere Form von Adoration Verstorbener und in den Himmel Aufgenommener vor dem thronenden Christus. Und wir müssen die ganze, zugunsten der Märtyrer und im Sinne einer Bevorzugung derselben gemachte Unterscheidung ablehnen; dazu gehört auch ihr angeblicher Vorzug, daß sie unmittelbar nach ihrem Hinscheiden und ohne erst sich einem Gericht unterziehen zu müssen, sofort der ewigen Seligkeit teilhaft würden. Mag ein Tertullian in ähnlicher Richtung spekulieren, insgemein stellen die Kirchenschriftsteller den unmittelbaren Eingang der Märtyrer in den Himmel nicht zu einem Zwischenzustand der anderen Verstorbenen in Gegensatz, sondern zu der kurzen Qual des Martyriums: durch das Martyrium um so rascher zum Herrn. Wilpert selbst erkennt an anderer Stelle als die im christlichen Altertum mit Einschluß der Katakombenmalereien herrschende Meinung an, daß alle verstorbenen Christen unmittelbar vom Sterbebett in den Himmel kommen (Seite 430).

Aus der Liste der angeblichen Gerichtsbilder hatten wir einen stehenden

Christus vorweg auszuscheiden: Christus, bärtig, steht mit gespreizt geöffneter Rechten, darin dem Orantentypus gleichend, und mit einer offenen Schriftrolle in der Linken (Wilpert 406 n. 12 Taf. 54, 2. 40, 2). Das Bild befindet sich im Scheitel eines Arkosolbogens und eröffnet eine Reihe von stehenden Christusgestalten in Einzelfiguren. Das folgende Exemplar befindet sich an einer Bogenlaibung; Christus, hier bartlos, schaut aus der Nische heraus, die Rechte vor der Brust (W. 252 Taf. 83, 2). Wiederum findet sich der Typ in einer Deckenmalerei zentral, das Schema ist gleich dem des vorigen Exemplars (W. 252 f. Taf. 165). Endlich in noch einem Bogenscheitel; in der Linken hat er die Schriftrolle, die Rechte ist wie im ersten Falle geöffnet und ausgestreckt (W. 252 Taf. 172, 1). Die Bilder gehören dem dritten und vierten Jahrhundert. — Wir schließen eine bei der Auffindung großenteils zerstörte, von Wilpert aus dem Gedächtnis hergestellte späte Malerei an; danach stand der Christus auf der Weltkugel, die Rechte ausgestreckt, in der Linken die Rolle; zwischen Petrus, der mit verhüllten Händen die Rolle entgegennahm (erklärt als das neue Gesetz), und Paulus, der eine Rolle zwischen den Händen hielt (Bull. crist. 1887 Taf. 7. Wilpert, Malereien 250). — Noch ein anderes Unikum in der Katakombenmalerei mag hier seine Stelle finden, die Verleugnung des Petrus. Während das vorige Bild, aus der symmetrischen Gruppe des Christus zwischen Petrus und Paulus entwickelt, keine wesentliche Schwierigkeit bereitet, nimmt die Verleugnung eine Sonderstellung in der Katakombenmalerei ein. Der hier unbärtige Petrus steht mit flach erhobener Rechten links, rechts der größere bärtige Christus, der die Rechte hebt, die zwei letzten Finger eingeschlagen; zwischen beiden steht auf einem Pfeiler (der an einen Votivträger erinnert) der Hahn. Es hält schwer, dem Bilde einen der Katakombenmalerei angemessenen Sinn abzugewinnen. Garrucci erklärte es für eine Warnung, de Rossi merkwürdig genug für eine Darstellung der Glaubensstärke des Petrus; Wilpert sieht auch in dieser Malerei, wie in allen anderen, ein gemaltes Gebet: der Herr wolle der Verstorbenen verzeihen, wie er dem Petrus die Verleugnung verziehen habe. Wir vermögen diese Bildergebete nicht anzuerkennen und harren weiter der richtigen Deutung.[1]

Der Christus sitzend. Er kommt sowohl als Einzelfigur vor wie auch gruppiert mit anderen Personen, wobei wir nur solche zählen, die mit dem Christus innerhalb eines und desselben Bildrahmens zusammengestellt sind. In einigen Fällen ist solchen Personen, Oranten, der sitzende Christus hinzugefügt, als genauere Bestimmung: der Orans ist ein Verstorbener in der Seligkeit, diese Seligkeit wird durch den hinzugefügten erhöhten Christus näher bestimmt als die christliche, durch den Christus verbürgte und gewährte. Wiederum erscheint der Christus umgeben von anderen Personen; seine nähere Umgebung kann natürlich nur von ihm Nahestehenden gebildet werden, es sind Jünger oder Verehrer von ihm, nach Umständen können es diese oder jene selige Christen sein, nach Umständen der engere Kreis der Apostel. Und zwar sind es nicht die geschichtlichen zwölf, die während seines Auftretens im Leben ihm zur Seite standen, es ist auch nicht der, dem Bericht der Apostelgeschichte zufolge, nach dem Ausscheiden des Judas Ischarioth ergänzte Zwölferkreis, sondern ein idealer, welcher den Paulus einschließt. Diese Umgebung von Seligen oder Jüngern erscheint in verschiedener Zahl zusammengesetzt, von zweien bis zu zwölfen. Die Begleiter

---

[1] Verleugnung: Wilpert, Malereien 329 Taf. 241. 242, 1.

Der erhöhte Christus im Halbkreis der zwölf Apostel.
Coem. Domitillae, Ampliatusregion.

werden bald stehend, bald auch sitzend gegeben; erscheinen sie in größerer Zahl, so
sitzen sie meist gedrängt wie auf einer halbrunden Bank, während der Christus einen
grösseren Thron inne hat, der auch wohl auf einem Untersatz steht und eine Fußbank
vor sich hat. Mit der Zeit werden einzelne Apostel aus der Schar hervorgehoben, die
sogenannten Apostelfürsten Petrus und Paulus.

Sowohl der Christus wie die Begleiter, letztere nicht ausnahmslos, erheben die
Rechte, in Einzelfällen ganz geöffnet und die Finger gespreizt, wie die Oranten es
tun; in der Regel aber wird die Hand nur eben in Brusthöhe gehoben, die zwei
letzten Finger eingeschlagen, also in dem abgekürzten Schema der Begrüßung und
Verehrung, das aber in seiner Unbestimmtheit sehr mannigfaltig verwendet werden
konnte; Wilpert bezeichnet es als Redegestus, später figuriert es als das „lateinische"
Schema des Segnens (Kraus, Gesch. I 118).

Der sitzende wie der stehende Christus, pflegt in der linken Hand die Schriftrolle zu führen, bald geöffnet, bald geschlossen, auch die Begleiter bekommen sie
bisweilen in die Hand. Häufig steht neben oder vor dem Stuhl des Christus ein
runder Schriftrollenbehälter (scrinium, capsa; zweifelhaft bleibt die isolierte Verwendung
des Skriniums, vgl. Wilpert 233 Fig. 19 zu Taf. 178, 2). Der klassische Archäologe
erinnert sich, sowohl die Schriftrolle wie das Skrinium als Attribut von Porträtbildern
gesehen zu haben, und zwar erst an Exemplaren der hellenistisch-römischen Zeit.
Demosthenes war mit ausdrucksvoller Gebärde dargestellt worden, die Hände inein-
andergeschlagen, ein späterer Kopist legte ihm die Schriftrolle hinein; Kopien der
Sophoklesstatue wurden mit einem Skrinium versehen (beide Statuen bei Sybel,
Weltgesch. d. Kunst[2] 342 Abb.). Darin spricht sich die Tatsache aus, daß das
Geistesleben der klassischen Blüte Griechenlands für die Epigonen nur mehr Literatur
war, die Geistesheroen existierten nur noch, insofern sie Schriftsteller gewesen waren,
deren Werke nun in den Bibliotheken gesammelt und katalogisiert, ediert und
kommentiert wurden. Die Schriftrollen in der Hand des verklärten Christus und

seiner Seligen, die Apostel miteingeschlossen, dazu die Schriftenbehälter neben seinem
Stuhl, sie sprechen die Tatsache aus, daß das Christentum aus einer Erneuerung des
Lebens eine Buchreligion, eine Wissenschaft geworden war, wir haben hier nicht davon
zu reden was für eine; nun, es war eine antike Wissenschaft, die antike Metaphysik
in ihrem letzten Stadium unter dem Zeichen jener Reaktion.

Wo sich der Christus auf keine Weise zum Richter pressen läßt, da erklärt man
ihn für einen Lehrer oder auch Gesetzgeber. In der Tat schildern die Evangelien
Jesus als Lehrer an vielen Stellen, wie er in die Synagogen ging und dort lehrte,
sowie auch sonst — gewaltig, so heißt es, redete er, und nicht wie die Schriftgelehrten;
und wie ihm die Anrede Lehrer gegeben wurde (διδάσκαλε, Rabbi). Diese bei Lebzeiten ausgeübte Lehrtätigkeit aber hatte die praktische Reform zum Gegenstand, und
was von Theologie und Eschatologie mitlief (die Evangelien sind dafür befangene
Zeugen), das stand im Dienst der Reform; sonst hätte seine Messianität keinen Sinn
gehabt. Und es war nur lebendiges Wort, vom Menschen zum Menschen, wie bei
Sokrates. Keiner von beiden hat je ein Wort geschrieben, und es hat lange gedauert,
bis niedergeschrieben wurde, was in den Hörern Wurzel gefaßt hatte, und wohlverstanden, so wie es in ihnen ausgewachsen war. Nur in der christlichen Literatur
wirkte er nach. Dieser Lehrer Jesus aber kann in den Malereien nicht wohl gemeint
sein, nicht bloß deshalb, weil kein Christ mehr lebte, der ihn so gekannt hatte, sondern
auch deshalb, weil nicht der Mensch Jesus von Nazareth, sondern der Christus im
Himmel, der erhöhte Gottessohn und spätere Gott, gemalt wurde. Als Gesetzgeber
ist er in keiner Katakombenmalerei deutlich bezeichnet. Alle diese Erklärungen des
himmlischen Christus, als des Richters, des Lehrers, des Gesetzgebers, wollen uns zu
eng vorkommen, zu sehr spezialisiert, zu spekuliert, zu scholastisch. Der da oben im
Bogenscheitel des Nischengrabes oder im Scheitelfeld der Decke gemalt ist, im Zenith
des Himmels, das ist der erhöhte und verklärte Christus in seiner ganzen Wesenheit.
Jenes Besondere ist alles darin einbegriffen. Und dem christlichen Besucher der
Gruft und des Grabes, der da liebe oder verehrte Tote ruhen hatte, es blieb ihm,
wenn er das Auge über die bescheidene Malerei hinlaufen ließ, es blieb ihm überlassen, nach seiner persönlichen Empfindung und Stimmung die Bilder auf sich wirken
und aus ihrem Gesamtgehalte diese oder jene Saite anklingen zu lassen, in dem Christus
aber je nachdem den Lehrer, allenfalls auch den Gesetzgeber, oder aber den Richter zu
sehen, den gnädigen eher als den strengen, mit anderem Wort, den einen, den Erlöser.

Um beim Ei der Leda zu beginnen, nur im Rahmen der Katakombenmalerei, so
tritt der Typus des Sitzenden zuerst in Kallist auf, in den Sakramentskapellen, auf
die wir unten zurückkommen. Zweimal findet sich dort ein auf einem Steinwürfel
Sitzender, das eine Mal mit einer offenen Schriftrolle in den Händen; etwas tiefer ist
eine hochaufgeschürzte Frau, wenn es nicht doch ein Mann ist, beschäftigt, aus einem
Brunnen Wasser zu schöpfen. Die beiden Figuren kümmern sich nicht umeinander,
dennoch werden sie auf Jesus und die Samariterin am Jakobsbrunnen gedeutet
(Wilpert Taf. 29, 2). Der andere sitzt wie zeigend neben einem Fachgrab; sein Gegenstück ist zerstört (Taf. 39, 2).

Nun die sicheren Christusbilder. Zuerst die Einzelfiguren. In einem Bogenscheitel in Praetextat sitzt der Christus, hier und weiterhin immer auf einem Stuhl
oder Thron, mit einer offenen Schriftrolle in den Händen (W. 235. 251 Taf. 49); im
Zentrum einer Decke in Nunziatella mit Rolle in der Linken (W. 403 Taf. 75), in

Der erhöhte Christus im Halbkreis der zwölf Apostel.
Coem. Domitillae, Bäckergruft.

einem Bogenscheitel in Thekla hält er die Rechte über einem Skrinium (Röm.
Quartalschr. 1890 Taf. 9), wiederum in einem Deckenzentrum im Coem. maius thront
er zwischen zwei Skrinien (W. 409 Taf. 168). Bei einem Sitzenden mit Skrinium, der
an den Laibungen eines Arkosolbogens in Domitilla sich wiederholt, einmal bärtig,
einmal bartlos, mag man schwanken, ob Christus oder sonst ein Seliger gemeint sei
(W. 341 Taf. 197, 1).

Die Gruppe des sitzenden Christus im Kreise der Seinen. Eine Neapeler
Katakombenmalerei aus der Frühzeit zeigt den bartlosen Christus halb linkshin sitzend;
von dort kommt eine Schar Jünger oder Verehrer heran (das Bild ist am Rande verletzt, so daß ihre Zahl nicht festgestellt werden kann, erkennbar sind neun oder zehn,
vielleicht waren es zwölf). Alle heben die Rechte, die letzten Finger eingeschlagen;
das ganze ist ein Adorationsbild im klassischen Stil, vielleicht sind die Adoranten
etwas lebhafter bewegt, als die in gemessener Haltung Anbetenden auf den vielen
Weihreliefs der klassischen Blütezeit (Garrucci, Storia II Taf. 92, 3). Man wird nun
fragen, ob im Neapeler Gemälde die Adoration diesseitig oder jenseitig gemeint sei,
ob als eine dem lebenden Jesus von den Jüngern oder dem erhöhten Christus von
Seligen dargebrachte Huldigung. Die Girlanden, unter denen die Gruppe steht,
scheinen auf das himmlische Paradies zu weisen; sind es dann aber die in der
Gruft dort Bestatteten? oder generelle Typen der Christen im Himmel? oder die
Apostel?

Anders als das Neapeler Bild sind die römischen Gruppen komponiert, frontal
und symmetrisch. Die Männer sitzen im Halbkreis, der Christus in dessen Mitte.
Im ältesten Exemplar, in Petrus und Marcellinus, bereits aus dem späteren dritten Jahrhundert, sitzt der Christus, mit gestrecktem Zeigefinger, wie lehrend, zwischen beiderseits je drei Seligen (der zur Rechten des Christus scheint bärtig zu sein, wird daher
als Petrus erklärt; die Sechs wären dann die Apostel, Wilpert 400 Taf. 96). Die
übrigen Exemplare gehören alle erst dem vierten Jahrhundert an. Zwischen sechs

Aposteln sitzt der Christus noch an einem Arkosolbogen des Coem. maius, der mittlere Apostel rechts ist bärtig (W. 399 Taf. 170); zwischen nur zweien in der Lünette des Zosimianusgrabes (W. 402 Taf. 205). Sonst sind es die zwölf: in der „Kammer der sechs Heiligen“ in Domitilla, wo mehrere Apostelköpfe bärtig sind (W. 244 Taf. 126); in einer Lünette ebenda, in der Ampliatusregion, von den Aposteln sind einige durch Einbrechen eines Fachgrabes zerstört, den Bogen darüber schmückt eine Weinlaube mit lesenden Putten (W. 245 Taf. 148, 2, unsere Abb. Seite 275); an der Front über einem Arkosol des Coem. Hermetis, mit der Besonderheit, daß jeder der zwölf auf einem besondern Lehnstuhl sitzt, was der ganzen Darstellung etwas Puppenhaftes gibt (W. 414 Taf. 152); an einem Arkosolbogen in Domitilla, dem nimbierten Christus zunächst, sitzen Petrus und Paulus, ikonographisch differenziert, auch sie im Nimbus, außerdem ist noch ein Apostel der Reihe links bärtig (W. 401 Taf. 155, 2). — Bisweilen thront der Christus zwischen stehenden Seligen; so an einem anderen Arkosolbogen ebenda zwischen je zweien, neben denen links soll noch das Bein eines Putto erkennbar sein (W. 402 Taf. 155, 1); eine Lünette in Marcus und Marcellianus zeigt den thronenden Christus nimbiert, zwischen zwei Monogrammen, in der Linken die offene Rolle, den rechten Zeigefinger ausgestreckt, zwischen vier stehenden Männern, deren erster (von links her gezählt) nach einem Stern zeigt, daher erklärt man ihn als Matthäus, die drei andern als die übrigen Evangelisten (W. 250 Taf. 162, 2); in einer Lünette in Kallist sitzt der nimbierte Christus halbrechtshin zwischen zwei adorierenden Seligen, die zwei Ecken der Lünette sind mit je einem Skrinium ausgefüllt (W. 397 Taf. 243, 1); in einer Lünette des Coem. maius sitzt er zwischen zwei Skrinien, neben denen zwei Selige stehen, die nicht adorieren, im Hintergrund sind Pflanzen angedeutet (Taf. 245, 2); im Arcosolio rosso saß er zwischen Adorierenden, nur einer ist erhalten und wird auf Petrus gedeutet, sein Gegenüber sei Paulus gewesen (W. 249 Taf. 248. 128, 1). — Wir nehmen nun die Serie der Halbkreise mit zwölf Aposteln wieder auf. Sie setzt sich fort in zwei Exemplaren des Coem. Marci et Marcelliani (W. 246 f. Taf. 177, 1. 2). Kunstvoller komponiert ist die Malerei in einer Apsis in Domitilla, in der Bäckergruft; Christus sitzt auf einem Podium, davor das Skrinium steht; die zwei Apostelgruppen sind malerischer gestaltet durch Kombination der Schemata Stehender und Sitzender, die Mehrzahl der Apostel steht, nur Peter und Paul sitzen, jeder auf einem Klappstuhl vor den Stehenden, der Mitte zugewendet; die zu äußerst Stehenden scheinen in lebhafter Teilnahme sich näher zu drängen (W. 246 Taf. 193 unsere Abb. Seite 277). Endlich in einer Malerei in Domitilla sitzen wieder alle Apostel, in einer anderen in Pontian stehen sie alle (W. 248 Taf. 225, 1. 2).

Zum Verständnis des Typus ist es erforderlich, auf die altchristliche Literatur zurückzugreifen. Da es sich um den erhöhten Christus und seinen Kreis handelt, so sind wir auf die apokalyptische Literatur gewiesen; sie liegt teils in Stücken der Evangelien vor, teils in selbständigen „Offenbarungen“. Für den ganzen Typus kann die Schilderung des himmlischen Presbyteriums herangezogen werden, Off. Joh. 4, 4; da sitzen die vierundzwanzig Ältesten um den Thron des Herrn, im Halbkreis wie andere antike Kollegien. Zu unserem einen Gemälde aber, auf dem jeder Apostel auf eigenem und von den Nachbarn isoliertem Lehnstuhl sitzt, wird mit Recht auf eine der zahlreichen apokalyptischen Ausführungen bei Matthäus hingewiesen. Petrus sprach zu Jesus: „Wir haben alles verlassen und sind dir gefolgt, was wird uns dafür werden?“ Jesus antwortete: „In der Wiedergeburt, wenn der Menschensohn sitzen wird auf dem Thron seiner Herrlichkeit, werdet auch ihr sitzen auf zwölf Thronen, richtend die Stämme Israels," Mt. 19, 27. 28. Dies Wort wird den Maler zu seiner Auffassung angeregt haben, obschon man nicht übersehen darf, daß es sich im Gemälde nicht eigentlich um die Palingenesie handelt, auch nicht um ein Richten, am wenigsten über die zwölf Stämme Israels.

Die Anordnung im Halbkreis war für Besprechungen, Beratungen, Verhandlungen in Kollegien zweckmäßig und, wie es scheint, typisch. Ohne auf den Gegenstand an dieser Stelle tiefer eingehen zu wollen, seien nur einige monumentale Belege beigebracht, die zwei ersten führen uns in das vierte vorchristliche Jahrhundert zurück. Eine Ratsversammlung schildert die Malerei einer unteritalischen Vase, nämlich den Kriegsrat der Perser unter Darius, vor seinem Feldzug nach Griechenland: Darius thront in der Mitte, die übrigen sitzen zu beiden Seiten auf Sesseln, im Halbkreis, in welchem, auf einem niedrigen runden Bema stehend, einer der Räte warnend und sie beschwörend spricht. Die Vase mag aus der Zeit Alexanders des Großen stammen, durch seinen Zug mag die Malerei veranlaßt sein. Sodann ein Philosophendialog, wiedergegeben auf zwei in der Hauptsache übereinstimmenden Mosaiken, deren eines schon länger in der Villa Albani aufbewahrt wird, das andere neuerdings in Torre Annunziata gefunden wurde. Die Szene scheint Athen zu sein, die Akademie, im Hintergrund sieht man die Akropolis. Vorn steht unter einem Baumheiligtum und einer auf einer Säule angebrachten Sonnenuhr eine halbkreisförmige Bank. Sieben Philosophen sind teils auf der Bank sitzend verteilt, vor deren Enden und hinter ihrer Mitte steht je einer. Plato, so wird vermutet, mehr in die Mitte gerückt, zeigt mit einem Stab auf einen im Halbkreis aufgestellten Globus, die Verhandlung scheint Astronomie oder Kosmologie zu betreffen. Die ganze Gruppe ist auf der festen Basis des Hemizykliums mit viel Freiheit und mannichfachem Leben komponiert. Die Sitzung eines Stadtrats sehen wir auf einer Münze der Kaiserzeit, des dritten Jahrhunderts. Es ist der Senat von Alexandria Troas in Kleinasien, auch diese Stadträte sitzen im Halbkreis, einer zentral, die an den Ecken auf Klappstühlen. So fand in den altchristlichen Kirchen der Bischof seinen Platz im Fond der halbrunden Apsis, die Presbyter schlossen sich beiderseits an, mithin bildete der Klerus einen Halbkreis mit dem Bischof in der Mitte. In der christlichen Malerei hat sich der Typus behauptet, er fand seine höchste künstlerische Ausprägung in Rafaels Disputa: im Himmel sitzt der erhöhte Christus, über dessen Glorie sein göttlicher Vater erscheint, er sitzt zwischen Vorläufer und Mutter, im Halbkreis ausgewählter Apostel und anderer heiliger Personen, biblischer und kirchlicher; unten auf der Erde aber bilden Kirchenväter, Päpste und andere geistlichen Standes einen Kreis christlicher Philosophen, deren Dialogos die in den Augenpunkt des Gemäldes gesetzte Hostie auf dem Altar zum Gegenstand hat, also die Messe, den Brennpunkt des katholischen Ritus, den Angelpunkt, auf den gestützt die Kirche die Welt regiert.[1]

Die altchristliche Entwicklungsreihe schließt ab mit einigen späten Bildern, in denen neue Töne anklingen, die bis dahin in den Malereien nicht hervorgetreten waren. Eine größere Komposition in zwei Zonen — es ist eine Decke, in Petrus und Marcellinus — zeigt oben den nimbierten thronenden Christus zwischen Paulus und

---

[1] Vasenbild: Mon. dell' instit. IX Taf. 50. — Mosaiken: Petersen u. a, Röm. Mitteil. 1897, 328 Abb. — Münze: v. Sallet, Münzen und Medaillen 1898, 50 Abb.

Petrus, unten steht das nimbierte „Lamm Gottes" auf dem Berg, dem die vier Paradiesflüsse entströmen, zwischen vier Heiligen, links ein Petrus und Gorgonius, rechts Marcellinus und Tiburtius; die sechs Heiligen adorieren mit der gespreizt offenen Rechten; ihrer jeweiligen Stellung zum Christus entsprechend, strecken Peter und Paul die Hand einfach gegen jenen hin, während die unten Stehenden sie hoch heben, grüßend oder anbetend zum Christus hinauf: der Himmel hat seine Kreise, nicht jedem ist es gegeben, in den innersten Kreis oder den höchsten Himmel zu gelangen (W. 496 Taf. 252). Das Deckenbild wird um 400 angesetzt, in die letzte Zeit, da in den Katakomben noch Bestattungen vorkamen. Waren die sechs Heiligen dort noch in einiger Bewegung gegeben, mit Richtung nach dem ideellen Mittelpunkt, dem Christus, so trat mit dem Ausgang des Altertums die monotone Frontstellung ohne irgend welche Bewegung in alleinige Herrschaft. In einer Malerei des Coem. Hermetis thront der Christus zwischen rein frontal stehenden Heiligen, denen nun auch das Prädikat Heilig beigeschrieben wird (Sanctus Protus, Sanctus Hyacinthus; W. 497 Taf. 260, 1). Endlich eine Malerei in Generosa, mit dem thronenden Christus in Kreuznimbus und vier Heiligen im einfachen Nimbus, jener mit einem Buch, diese mit einer kostbaren Krone auf der verhüllten linken Hand (W. 498 Taf. 262). Die Malerei ist mit Sorgfalt ausgeführt; auf die Darstellung der Gesichter möchten wir aber gerade keine physiognomischen Studien bauen und die monotone leblose Frontstellung beweist, daß die Antike ihren Kreislauf nun wirklich bis zum letzten Punkt durchlaufen hat.

Ikonographisches.

Wir berührten gelegentlich ikonographische Momente. Wir fanden Jesus bald bartlos, bald bärtig gemalt, wir sahen in der späteren Malerei aus der Schar der Apostel den Petrus und den Paulus hervorgehoben und beide voneinander unterschieden. Was nun die angedeutete Entwicklung des Christusbildes betrifft, so beweist ihr Vorhandensein, daß die Christen ein authentisches Porträt ihres Christus nicht besessen haben; es ist keines überliefert worden, sonst hätten die Maler in seiner Darstellung nicht so schwanken können, wie sie es getan haben. Andrerseits erfolgte die Feststellung der Typen des Petrus und Paulus so spät, daß schon hieraus für die Apostel sich die gleiche Folgerung ergibt, nämlich daß irgend welche Porträts von ihnen nicht überliefert waren. Dergleichen lag nicht im Sinne der ersten Christen; es muß ihnen um so ferner gelegen haben, als bei der Blüte der gleichzeitigen Porträtkunst es ein leichtes gewesen wäre, zu Lebzeiten der verehrten Männer, des Jesus und der Apostel, ihre Porträts gestaltet zu bekommen. Bezeichnend ist auch, daß in der römischen Katakombenmalerei nur die in Rom zumeist verehrten Apostel Petrus und Paulus von der Kunst individualisiert wurden, nicht die übrigen, die doch sonst in der Christenheit hohe Verehrung genossen; man sieht, daß erst die Entwicklung des Kultus der „Apostelfürsten" das Bedürfnis nach ihren Porträts gezeitigt hat, ein Bedürfnis, das die Kunst dann aus ihren eigensten Mitteln zu befriedigen wußte.

In aller Kürze skizzieren wir die Entwicklung des Christusbildes in der Katakombenmalerei. Den Anfang macht ein bartloser Typus mit kurzem Haar. Es ist zu bemerken, daß dieser Typus für den lebenden Jesus immer beibehalten wurde;

der lebende, das ist aber der Wundertäter. Wir sind genötigt hinzuzufügen, er galt als Wundertäter, weil man in ihm den Messias sah, den man sich, nach der Vorstellungsweise der hellenistischen Zeit, nur als Thaumaturgen und zugleich als Gottessohn vorstellen konnte. In der Frühzeit, welche das Bild des wundertuenden Gottessohnes mythologisch, literarisch und bildnerisch erschuf, dachte man ihn noch nicht als Gott. Jener bartlose, kurzhaarige Kopf, das war aber kein Individualtypus, sondern der allgemeine Kopftypus für die Männer in der Katakombenmalerei der ersten Jahrhunderte. Wenn dieser erste Christuskopf kein Porträt, sondern nur ein Kunsttypus war, so machen sich die später auftretenden Christustypen erst recht verdächtig, konstruiert zu sein.[1]

Ein zweiter Christustyp hat reicheres Haar, bis zu lang gelocktem. Dabei blieb das Gesicht zunächst bartlos; dadurch sieht es jugendlich aus. Dieser Typus kam im dritten Jahrhundert auf. Einige Archäologen haben sich durch diesen unbärtig lockigen Typ an griechische Götter, wie Apollon oder Dionysos, erinnert gefühlt und haben dies Christusbild wohl direkt von Apollon oder von Dionysos abgeleitet geglaubt. Das ist ihnen von anderer Seite sehr verdacht worden. Nun, den lockigen Christus braucht man nicht gerade vom Apollon oder vom Dionysos abzuleiten, wenn man schon die Frage aufwerfen dürfte, was an Apollinischem und Dionysischem in dem sehr gehaltreichen und sehr verschieden blickenden literarischen Christusbild stecke. Aber alle die Lockenköpfe der klassischen und hellenistischen Kunst waren doch da, noch viele andere außer den genannten zwei Göttern, in ihnen war der künstlerische Typus des Lockenkopfes geschaffen und wieder mannigfach differenziert worden. In der Reihe dieser Differenzierungen des klassischen Lockenkopfs, die den christlichen Malern natürlich geläufig waren, ist dann auch der lockige Christuskopf entstanden. Auch der Christuskopf unterliegt den Gesetzen der Typik.[2]

Kein neuer Typus, nur eine Variante des zweiten Christusbildes mit reicherem Haarwuchs, dabei aber noch unbärtigem Gesicht, wäre seine Darstellung mit den ernsteren Zügen des gereiften Mannesalters. Wilpert findet diesen Ausdruck in einer seiner Gerichtsszenen ohne Beklagten (Christus säße da wie ein Richter bei Beginn des Termins, unmittelbar ehe die Sache aufgerufen wird) an der besprochenen Decke der Nunziatellakatakombe; er findet die Züge ernst, wie es einem Richter zukomme; das Haar ist ungeteilt in die Stirn gekämmt und fällt in langen Strähnen auf den Rücken (Wilpert 107 Taf. 75. 76, 2). Bei dem ungeteilt in die Stirn fallenden Haar denkt der Archäologe unwillkürlich an das Vorkommen derselben Haartracht in der heidnischen Kunst, an den jugendlichen, in Eleusis gefundenen Kopf, der unter dem Namen Eubuleus geht, mit allerdings stärker quellendem, aber eben in die Stirn fallendem Haar, sowie an die bärtigen Köpfe des Hades und Sarapis; kurz, er erinnert sich, daß in die Stirn fallendes Haar, das einst, in der vorperikleischen Kunst, eine

---

[1] **Christusbilder:** Da wir uns hier auf eine Skizze der Entwicklung des Christusbildes in der Katakombenmalerei zu beschränken haben, so verweisen wir auf Kraus, Realencykl. II 15 Jesus Christus; ders., Geschichte I 176. V. Schultze, Katakomben 143. v. Dobschütz, Christusbilder (in v. Gebhardt und Harnacks Text. u. Unt. III) 1899. Wilpert, Malereien 106. 254, 1. Die ältere Literatur findet man bei den erstgenannten Autoren. — Brustbilder (Medaillons, imagines clipeatae): Wilpert 210. 253f. — **Erster, bartloser Christustyp:** z. B. Wilpert Taf. 19. 45. 46, 2 u. ö.

[2] **Beispiele des zweiten Christustyps mit längerem bis zu lockigem Haar:** Wilpert, Malereien 107 Taf. 75 = 76, 2. 125 = 76, 1. 148, 2. 164, 1. 170. 177, 1. 181 = 251.

anmutige Mode war, später Unterweltspersonen charakterisierte. Der Christus ist in der Katakombenmalerei, als guter Hirt wie in direkter Darstellung, der Hirt und Herr der Toten; doch wird er mit seiner Herde als in den Himmel erhöht, verklärt und ewig lebend gedacht, kurz, er ist der Unterwelt entrückt und würde nicht mehr als Unterweltsperson zu charakterisieren sein. Es bleibt also die Frage, wie der Katakombenmaler zu dem in die Stirn fallenden Haar des Nunziatellachristus gekommen sei, ob er sich dabei etwas gedacht habe und was. — Als bartloser Mann sei der Christus auch auf dem Gemälde des Cubiculum II in Domitilla, aus der Mitte des vierten Jahrhunderts, geschildert (Taf. 196); der ernste Gesichtsausdruck erinnere an die fast gleichzeitige Darstellung in San Ponziano (Taf. 225, 2).

Als dritter Typus folgt der bärtige, mit langem Haar, auch er im dritten Jahrhundert auftretend. Der Bart des Christus ist in der Katakombenmalerei immer ungeteilt, zunächst viereckig und kurz geschnitten. Als ältestes Exemplar müßte der Stehende in Gruft III Domitillae gelten, mit offner Rolle in der Linken, die Rechte

Bärtiger Christus.
Coem. Domitillae, Gruft III.

Bärtiger Christus.
Coem. Domitillae, Gruft IV.

geöffnet wie bei Oranten (Wilpert 107 Taf. 40, 2, unsere Abbildung), wenn er sicher der Christus ist. Wie kam es aber, daß die Maler vom bartlosen zum bärtigen Christus übergingen? Wir denken, bei Schöpfung dieses dritten Typus wirkte derselbe Umstand wie bei der ersten, nämlich die Mode. Im dritten Jahrhundert war das Barttragen üblich, und so gab man ihn auch dem Christus. Wilpert findet einen besonderen Anlaß in den Gerichtsdarstellungen. Wir hörten bereits, wie er den gereiften Ernst gewisser noch unbärtiger Christusbilder aus der Richterwürde erklärte; aber wir erinnern uns auch, daß die Richterqualität höchstens in ganz wenigen Bildern ausgedrückt ist und auch da nicht sehr deutlich. Zurückhaltender sprachen wir vom erhöhten Christus. Dieser nahm mit der Steigerung seines Charakters in das Göttliche göttliche Qualitäten an; nun kann man in ihm auch sarapische, auch joviale Elemente entdecken. Wir müssen den bärtigen Christus typologisch in die Reihe der bärtigen Götterköpfe einordnen, und es ist auch berechtigt, seinem Verhältnis etwa zu Zeus oder zu Sarapis, oder auch zu Asklepios nachzufragen.

Die spätere Auffassung des Christusbildes bereitete sich im Laufe des vierten Jahrhunderts vor. Das Medaillon im Deckenzentrum der Gruft IV Domitillae zeigt den Christus in lang auf die Schultern fallenden Locken mit halbkurzem, ungeteiltem

Vollbart, breiter, niedriger Stirn, gerader Nase und geschlossenem Mund. „Die breite Kopfbildung paßt zu den übertrieben robusten Schultern. Trotzdem imponiert der Kopf durch den feierlichen Ernst, der aus ihm spricht" (Wilpert 108 Taf. 187, 3, unsere Abbildung).

Als den Gipfel der Christusbilder in den Katakomben bezeichnet Wilpert das der Deckenmalerei in Petrus und Marcellinus aus der Zeit um 400. Während andere Köpfe oft merkwürdig breit und gewöhnlich aussehen, interessiert dieses Gesicht durch sein schönes Oval, umrahmt vom reichen, kastanienbraunen Haar und langem, zugespitztem Vollbart. Die Stirn hoch, die Augen mandelförmig, von dunklen Brauen überschattet, die Nase fein, der Mund zum Sprechen geöffnet, das bildet einen majestätischen, äußerst charakteristischen Kopf, dessen Würde noch durch die Purpur-

Paulus.　Petrus.

Coem. Petri et Marcellini.

gewandung gehoben wird: als ob der Maler nicht einen bärtigen Kopf schlechthin, sondern womöglich ein Abbild „des Gottmenschen" habe schaffen wollen (Wilpert 109 Taf. 253). Am Schlusse dieses Bandes bringen wir die Abbildung eines noch späteren Christuskopfes, aus dem fünften oder sechsten Jahrhundert, im Kreuznimbus, mit gescheiteltem, aber mehr in den Nacken als auf die Schultern fallendem Haar, wieder kürzerem, aber noch ungeteiltem Bart; besonders charakteristisch sind die großen Augen (Wilpert 109 Taf. 257).

Aus der Zahl der Apostel wurden Petrus und Paulus herausgehoben und individualisiert; damit begann eine neue Entwicklungsreihe, Differenzierung der Apostel, die aber innerhalb der altchristlichen Kunst noch nicht weitergeführt wurde. Ein sitzend Lesender aus dem dritten Jahrhundert wird als Petrus erklärt (Taf. 93. 94), die übrigen Darstellungen, den Petrus und Paulus umfassend, gehören dem vierten. Peter und Paul stehen zu den Seiten einer Seligen im Typus der Orans, oder zu denen des Christus, in der Regel Petrus zur Rechten der Mittelfigur (links vom Beschauer); nur der Deckenmaler in Petrus und Marcellinus hat ihre Plätze vertauscht. Petrus trägt dichtes Haupthaar und einen kurzgeschnittenen, meist mehr viereckigen Bart, darin ähnlich dem bärtigen Christus in seiner ersten Phase. Paulus dagegen hat eine hohe Stirn und kahlen Schädel, dabei einen langen spitzen Bart; es ist das Oval und der lange spitze Bart des bärtigen Christus in seiner zweiten Phase, nur fehlt ihm das lange Lockenhaar. Paulus sieht unstreitig bedeutender, geistvoller aus, Petrus gewöhnlicher. Diese Typik der „Apostelfürsten" wurde festgehalten. Bei der Konstanz ihrer Darstellungsweise könnte man vermuten, daß es gleichzeitige Porträts von ihnen gegeben habe. Es werden dafür gewisse Bronzeplättchen mit ihren Bildern angeführt; da deren Datierung aber in weiten Grenzen schwankt, so müssen wir sie hier beiseite lassen. Die Autoren, welche von Apostelporträts reden, sind auch erst spät; freilich redet Eusebius von Porträts aus der Lebenszeit des Christus und der zwei Apostel, aber der Abstand vom ersten bis zum vierten Jahrhundert ist doch zu groß, um seiner Angabe Wert beilegen zu können. Hält man sich an die Katakombenmalereien, so wird man zu dem Verdacht gedrängt, die zwei Apostelbilder, mit den Phasen des bärtigen Christus, seien einfach typengeschichtlich entstanden, als Niederschläge der Entwicklungsphasen des bärtigen Männerkopfes. Zuerst kam der Typus mit kürzerem viereckigem Bart: auf dieser Stufe hätte sich der erste bärtige Christus und der Petrus gebildet. Sodann der lange spitze Bart: diesen erhielt der spätere Christus und der Paulus, der aber im scharfen Gegensatz zum langlockigen Christus kahlköpfig gestaltet wurde.[1]

---

[1] Apostel: Joh. Ficker, Darstellungen der Apostel in der altchristlichen Kunst 1887 (Seite 33 Literatur). — Peter und Paul: Wilpert 112 Taf. 153, 2. 154, 1 = 179. 182, 1 = 248; 182, 2 = 181, 2. Petrus und Marcellinus: Taf. 254, unsere Abbildung. — Bronzeplättchen: Kraus, Geschichte I 195.

Syntax der figürlichen Typen.

Wir haben die figürlichen Typen studiert und glauben ihre Bedeutung in der Hauptsache erfaßt zu haben, wenn auch einzelnes noch Problem bleibt. Die Typik bildet gleichsam die Formenlehre in der Grammatik der Bildersprache. Nach der Formenlehre käme nun die Syntax, die Lehre von der Zusammenstellung jener Typen im dekorativen Ganzen. Die Dekoration schließt sich den gegebenen Räumen an, der Art der zu verzierenden Wandflächen. Diese aber sind in ihrer Form bestimmt durch die Bestattungsweise: wir unterscheiden Nischengräber (Arkosolien) und Fachgräber (loculi), sowie Kammern mit Decken und Wänden. Danach gliedern wir unsere Syntax der figürlichen Malereien.[1])

Gegenstand der Malereien war die Erlösung aus dem Tod ins ewige Leben und die Seligkeit durch den Christus und in der bleibenden Gemeinschaft mit ihm, dies alles dargestellt nicht so sehr als bloße, vielleicht ängstlich zweifelnde Hoffnung, sondern als Gewißheit. Daher war der Haupttypus der Selige im Himmel. Dargestellt wurde der in die Seligkeit eingegangene Verstorbene in vollem bürgerlichen Anzug, also in Leibrock und Oberkleid (Tunika und Pallium); und zwar wie die so „Angezogenen" in der Kunst herkömmlich, nur mit der rechten Hand anbetend; die Frau aber in der Tunika oder der Stola, meist mit Kopftuch, sie, weil nicht durch den Mantel gehindert, mit beiden Händen adorierend (der konventionell sogenannte Orantentypus). Männer in der bloßen Tunika erscheinen in der ersten Zeit nur vereinzelt, wie die zwei Seligen beim Mahl und der Noah im Kasten, beide in Domitilla; später wurden sie häufiger, auch sie im Orantenschema gegeben. Die Oranten stellt der Maler wohl auch in die ihnen geöffnete Himmelstür, die Portièren werden für sie auseinandergehalten; ferner zwischen Paradiesesbäume und zwischen andere Selige. Auch fügte er manchmal den erhöhten Christus hinzu, zum Zeichen, daß der Verstorbene durch ihn in den Himmel gekommen sei. In der Spätzeit verwendete man den Typus des Seligen im Mantel nur mehr für die Apostel und andere kirchlich geprüfte und gebuchte „Heilige"; jetzt liebte man, in Rom wenigstens, den Verstorbenen als Seligen etwa zwischen Petrus und Paulus zu stellen.

Eine andere Darstellung der Seligen war die beim Gelage im himmlischen Paradies.

Eine besondere Klasse bildeten die Prototype (oder Protype) der Erlösung aus dem Tod, die biblischen Rettungen, des Noah aus der Sintflut, des Daniel aus der Löwengrube, der drei Jünglinge aus dem glühenden Ofen, des Isaak vom Opfertod, des David aus den Händen des Goliath, des Hiob aus seinen Leiden; dazu die evangelischen Heilungen, des Gichtbrüchigen, des Blinden, des Aussätzigen, der

---

[1]) In der Literatur, einschließlich Wilperts, ist der Gegenstand gelegentlich wichtiger Einzelfälle berührt, aber noch nicht im ganzen behandelt worden.

Epiphanie.

Drei Jünglinge.

Die Verstorbenen, Mann mit Frau und Sohn.
Am Arkosolbogen der gute Hirt zwischen vier Jonasszenen.
Coem. Callisti.

Blutflüssigen und die Erweckungen vom Tode, vorzüglich des Lazarus. Wiederum eine andere Klasse umfaßte die sinnbildlichen Darstellungen der Mittel zur Erlösung aus dem Tod ins ewige Leben. Die alten Christen besaßen zwei Sakramente, die Taufe, welche heilig machen sollte, den Menschen zum Christen, und das Abendmahl, das die Gemeinschaft mit dem Christus verbürgte, mithin, im sepulkral-jenseitigen Gedankenkreis der Katakombenkunst, die jenseitige Gemeinschaft in der Seligkeit. Die Taufe wurde teils in der vorbildlichen Jordantaufe des Jesus vor Augen gestellt, teils, wo ohne Taube, als die rituale Handlung. Das Abendmahl erscheint nie in direkter Darstellung (es gibt keine des Abendmahlsritus), immer nur in sinnbildlicher; das Speisungswunder, schon im Johannisevangelium eucharistisch verstanden, besaß in seinen Broten und Fischen heilige, wunderbar wirkende Speisen, die sich eucharistisch deuten ließen. In gleichem Sinn mochten auch das Weinwunder und der Mannaregen verwendet werden, sowie das johanneische Brot und Wasser des Lebens (Brotvermehrung, Samariterin am Brunnen, Mosesquell).

Die Seligen im Himmel stehen anbetend vor der Herrlichkeit des Herrn, wobei zu fragen ist, ob unter dem Herrn in altbiblischer Weise der Gott gedacht sei, der aber nicht abgebildet wurde, oder aber, wie bei den Christen gewöhnlich, ihr Herr, der Christus, den man in verschiedener Weise darstellte. Beim Typus des guten Hirten, der das Schaf auf den Schultern trägt, ist mehr an den Erlöser aus dem Tod gedacht, der die Verstorbenen in den Himmel bringt; der Hirte, der seine Schafe weidet, meint den Herrn der als Christen Gestorbenen und nun Seligen im Himmel. Der Christus in direkter Darstellung erscheint, abgesehen von den evangelischen Wundern, in der Epiphanie, sodann aber als der erhöhte und verklärte, der nach den literarischen Apokalypsen zur Rechten des Gottes sitzt, in den Malereien, den Zenithbildern, dagegen an dessen Stelle getreten zu sein scheint. Die Apostel umgeben ihn, gleichfalls apokalyptischen Vorstellungen gemäß, im Halbkreis.

In den vielen Bildern sind wenige Gedanken ausgedrückt, ein jeder durch viele Typen. Daraus folgt, daß eine große Mannigfaltigkeit in der Anordnung möglich war, scheinbar unendliche Variationen boten sich ohne feste Regel. Einige Bildtypen treten als herrschend aus der Reihe, sie nehmen gern Zentralstellen ein, allerdings selbst wieder in willkürlichem Wechsel untereinander.

Verzierung der Wandgräber.

Unter den Wandgräbern nehmen nach dem Alter des Typus und nach seinem höheren Rang die Nischengräber (Arkosolien) die erste Stelle ein. Ihr komplizierter Bau stellte dem Maler mannigfaltige Flächen zur Verfügung, die halbkreisförmige Rückwand der Nische (Lünette), ferner die Untersicht des Bogens über dem Trog mit ihren drei Teilen, den zwei ansteigenden Laibungen und dem im Zenith schwebenden Scheitelfeld, endlich die Frontwand rings um die Nischenöffnung, wiederum sich gliedernd in den Sockel (die Trogfront) und die Oberwand (die Umgebung des Nischenbogens). Hauptbildfeld ist der Regel nach die Lünette, an der Untersicht des Bogens nimmt das Scheitelfeld im Zenith über dem Trog eine bedeutsame Stelle ein; die Ausdehnung der Malerei auf die Frontwand ist seltener. In die Lünette fügt sich gut das Gelag, wegen der Halbkreisform des Sigma (Taf. 57. 184); auch sonst werden hier gern die Verstorbenen in der Seligkeit gemalt, unmittelbar über dem Trog (z. B. Taf. 117, 1 oder in unserer Abbildung Seite 286); dafür tritt dann auch der Seligkeitstyp „Jonas unter der Laube ruhend" ein; seltener findet sich hier der gute Hirte, in späteren Bildern aber erscheint da nicht ungern und gut in den Rahmen sich fügend, der erhöhte Christus, zwischen den Aposteln oder anderen Seligen sitzend (Taf. 148. 205). Im Bogenscheitel steht vorzugsweise gern der gute Hirt, in Taf. 117, 2 ist der ganze Bogen mit einer ausführlichen Hirtenmalerei ausgefüllt, in der Mitte der Hirt zwischen Schafen und Bäumen, an den Laibungen je ein Schäferhund. Die reichste Frontmalerei besitzt das Arkosol der Cinque santi, mit den fünf Oranten im Paradiespark und den aus Wasserbecken nippenden Tauben am Sockel (unsere Farbtafel IV).

Wir wollen nun einige Arkosolien betrachten, zunächst nur innen bemalte. In der Lünette eines Nischengrabes aus dem dritten Jahrhundert sehen wir die sog. Hochzeit zu Kana, typologisch betrachtet ein Seligenmahl, nämlich das Hochzeitsmahl des himmlischen Bräutigams, dem das Weinwunder aus der johanneischen Hochzeit zu Kana hinzugefügt ist; in der anstoßenden Laibung das Wasser des Lebens unter dem Typus der Mosesquelle, gegenüber das andere Wasserbild, die Taufe, im Scheitel die Verstorbene als Orans (Taf. 57). Die übrigen Malereien, die wir hier besprechen, gehören dem vierten Jahrhundert. In der Abbildung S. 286 zeigt die Lünette die Seligen, eine Familie, Vater, Mutter und Sohn, die Laibung links die babylonischen Jünglinge, die rechts die Epiphanie, der Scheitel den guten Hirten zwischen vier Jonasszenen. In einer Lünette sitzt der erhöhte Christus im Halbkreis der zwölf, unter der den Bogen füllenden Weinlaube mit Putten (Taf. 148). Die Grabnische des Marcus und Marcellianus ist sehr tief und überhöht, mit senkrechten Wänden unterhalb des Bogens; im Fond sind die hier Bestatteten gemalt, erhalten aber nur die untersten Teile von drei Figuren, zwischen zwei Männern stand eine kleiner gezeichnete Frau; an den Wölbungen des Bogens steigt je ein Seliger die Himmelsleiter hinan (?), aus dem Bogenscheitel schaut ein Christuskopf herab; an den Wänden sieht man rechts Moses vor dem Angesicht des Herrn und die Rettung Isaaks vom Tod, links Wasser und Brot des Lebens in den Typen des Mosesquells und des Brotwunders (Taf. 214—216). Im Arkosol der cripta delle pecorelle hat der Maler die Motive eigentümlich miteinander verschränkt. In der Lünette steht der gute Hirt in Landschaft zwischen sechs zerstreut angebrachten Schafen; auf die Laibungen ist Wasser und Brot des Lebens verteilt, rechts schlägt Moses den Quell aus dem Felsen, ein Israelit fängt das Wasser mit den Händen auf, links vollführt der Christus den Brotzauber, zwei Christen, Selige, empfangen Brote (die Arme des einen sind mit dem größten Teil des Christus zerstört; wenn er wirklich Fische hielt, so hat er sie vom Christus eben auch empfangen). Nun hat der Maler den Felsenquell noch zweimal in die Landschaft der Lünette gesetzt, zwischen die Schafe, mit je einem Wasser fangenden Israeliten; überdies hat er in die rechte Laibung, die noch Raum bot, den „Moses vor dem Angesicht des Herrn" eingeschoben; er ist in der älteren Weise bartlos, der andere Moses mit dem Felsenquell dagegen bärtig, nach der späteren Weise (Wilpert 279. 300. 453 Taf. 236—238). Das Arkosol des Hypogäums an der Via Latina vereinigt viele Typen in mehreren Zonen. Über dem Trog, in der Mitte Selige, ein Gelage von anscheinend zwölf Personen, rechts den Brot- oder Weinzauber, links eine Orans; in der oberen Zone der gute Hirt unter Bäumen. An den Seiten sind Rettungstypen verteilt, unten Jonasszenen, oben links eine Heilung, rechts Noah im Kasten und weiter oben noch Daniel. Von den zwischen den Mittel- und den Randbildern auf Pflanzenstengeln wachsenden mystischen Gefäßen war früher die Rede (Wilpert 538 Taf. 265—267).

Nun noch einige Nischengräber mit Frontmalereien. Sauber und nicht ohne Plan ist die Verzierung des Arkosols der Zosimiane in Cyriaka. Die Laibungen sind mit der Lünette innerlich verbunden; an den Laibungen steht je eine Orans, man hat ihr sinnvoll den erhöhten Christus hinzugefügt; dieser ist wiederholt im Fond, zwischen zwei gleichfalls sitzenden Seligen oder Aposteln. Im Zenith dann der gute Hirt; an der Front in der Mitte über dem Bogenscheitel der Seligentyp „Jonas in der Laube ruhend", rechts und links die zwei Mosesbilder, Moses vor Gott und der Felsenquell, unterhalb in den Zwickeln je eine Taube (Taf. 205). In derselben Katakombe findet sich wiederholt die Parabel von den klugen Jungfrauen verwendet, jedesmal in einer Lünette. Einmal steht die Selige in der Mitte, als Orans, rechts von ihr nahen die klugen Jungfrauen, die also zum Hochzeitsmahl des himmlischen Bräutigams zugelassen werden, links von der Orans ist das Mahl selbst dargestellt (Garrucci, Storia II Taf. 64, 2. Wilpert 427). Das andere Mal steht der himmlische Bräutigam selbst in der Mitte, vor und im Rahmen des rundbogig gezeichneten Himmelstores, von der einen Seite nahen sich die klugen Jungfrauen, von der anderen die törichten; dazu kommt hier nun noch ein synonymes Sockelbild, die Verstorbene erscheint in der von zwei Seligen geöffneten Himmelsportiere. Die Bogenbilder übergehen wir, der erhaltene Frontzwickel zeigt statt der Epiphanie wegen Raummangels nur einen auf den Stern zeigenden Magier (Wilpert 428, Taf. 241 f.).

Die Verzierung der Fachgräber hält sich im allgemeinen in engeren Grenzen. Es handelt sich meist nur um niedrige Friese, wie sie über und zwischen den übereinander angeordneten Gefachen übrig bleiben; bisweilen aber wird eine solche Gräbergruppe, die einer Familie gehört zu haben scheint, durch eine gemeinsame Frontmalerei in einheitlichem Rahmen auch dekorativ zusammengefaßt. Die älteren und besseren Dekorationen begnügen sich mit nur einem sinnigen Motiv, spätere schütten eine ganze Bilderfibel mit wenig Kunst und viel Behagen aus. Am Grab, das ein Januarius seiner Gattin machen ließ, ist im unteren Fries ein Schrifttäfelchen mit der Widmung gemalt; beiderseits steht ein weidendes Schaf neben einer Orans (Wilpert Taf. 116, 2; gegen 300). Ein andermal sehen wir unter dem Fachgrab, als Sockelmalerei, den Gitterzaun, oberhalb aber, statt des Paradiesesparks, eine Landschaft mit abschließendem Gebirg, darin sitzt der gute Hirt inmitten seiner Herde (Taf. 121; bald nach 300). Die folgenden Malereien, des vierten Jahrhunderts, geben alle zuviel. Rechts am Grab eine Orans; im Fries ein weidender Hirt, Lazarus' Erweckung, der Mosesquell, Hiob von seiner Frau gespeist; im nächst tieferen Fries, wieder rechts, zwei Oranten, im übrigen Fries anscheinend die Epiphanie (Taf. 147). Zweimal die Verstorbene als Orans, mit Namensbeischrift Grata, dazwischen die drei Jünglinge im glühenden Ofen und Daniel, links noch Lazarus (Taf. 62, 1). Eine durch gemeinsame Frontmalerei zusammengefaßte Fachgräbergruppe ist mit zwei Friesen und einigen Nebenbildern geschmückt: oben rechts drei Oranten (eine Mutter zwischen zwei Kindern), links sehen wir die Typen der Erlösungsmittel Mosesquell und Brotwunder nebst der Epiphanie des Erlösers, am Rand und im unteren Fries eine Anzahl Rettungswunder als Erlösungstypen, Noah, Lazarus, Daniel, Tobias, der Gichtbrüchige, ein nackter Gelagerter in der Ecke gilt nicht als Jonas, sondern als Tigris (Taf. 212). Links vom Grab eine Taube auf einem Zweig sitzend, rechts eine fliegende Taube mit

Zweig in den Krallen; im Fries über dem Grab, rechts Orans zwischen Paradiesesbäumen und Seligen, links Daniel, Mosesquell, Lazarus (Taf. 219).

Die Malerei über einem Fachgrab (in Priscilla, späteres drittes Jahrhundert, an
der Wandlünette unter der Wölbung) macht besondere Schwierigkeiten. In der Mitte
steht die Verstorbene, nun Selige, als reichgekleidete Orans mit Schleier. Auf jeder
Seite ist eine Nebengruppe hinzugefügt, zu näherer Bestimmung der Zentralfigur.
Rechts die Epiphanie des Erlösers aus dem Tod, das Christkind auf dem Schoß der
Mutter; es ist noch nackt und spielend gezeichnet, wenn die Gruppe auch nicht mehr
ganz so lebendig anmutet wie die ihres Orts besprochene früheste Epiphanie auch in
Priscilla. Die Szene links von der zentralen Orans also macht der Erklärung
Schwierigkeit. Nach der ganzen Art der Katakombenmalerei wird man in erster
Linie versuchen, eine Szene im Himmel zu erkennen, wie wir dergleichen in ver-
schiedenen Ausführungsweisen sahen. Die Hauptperson, ein Mädchen, ist, typologisch
betrachtet, nicht gerade eine Orans, aber vom Orantentypus abgeleitet; man hat ihr
eine offene Schriftrolle in die Hände gegeben, ohne aber Kopfstellung und Blick-
richtung dem neuen Motiv anzupassen. Halb hinter ihr steht eine irgendwie
sekundierende Gestalt; so halb hinter der Hauptperson sahen wir Alcestis bei Vibia,
Petronilla bei Veneranda. Hier aber ist es ein bartloser Mann, den wir in diesem
Falle vielleicht auch als Jüngling aufzufassen haben; er trägt über die Hände gehängt
ein weißes Stück Zeug, mit zwei Vertikalstreifen und gezackter Borte. Wilpert verstand es früher als Tunika, jetzt zieht er einen Schleier vor; der aber müßte quer-
gestreift sein, ist jedenfalls ganz verschieden vom Schleier unserer zentralen Orans.
Links von dem Mädchen mit der Schriftrolle, noch etwas weiter zurück, sitzt ihr zugewandt ein Bärtiger und streckt die Rechte vor, zeigend, wie es scheint. Nun könnte
man etwa denken, der Sitzende sei der erhöhte Christus, wie wir ihn auf mehreren
Bildern einem Oranten, das will sagen einem Seligen im Himmel, hinzugefügt sahen
(Taf. 206 und im sog. Gericht in Hermes); der Jüngling mit dem weißen Zeug könnte
ein Engel sein, welcher der in den Himmel Eintretenden das lichtweiße Gewand der
Verklärten bringe; oder wenn er, seiner Tracht wegen, kein Engel sei, dann vielleicht
ein Seliger, wie wir nicht Engel, sondern Selige die Himmelspförtner öffnen sahen.
Aber der Bärtige soll ein Greis sein, und er trage über der weißen Tunika eine
Pänula, während der Christus wohl bärtig, aber so wenig wie Juppiter als Greis
gemalt wird und immer das Pallium trägt. Andere versuchten in der Szene die
Konsekration einer gottgeweihten Jungfrau zu erkennen oder eine Eheschließung oder
endlich Unterricht. Das etwas trübe Kapitel von den gottgeweihten Jungfrauen
zunächst im Altertum, bei Heiden, Juden und Christen, lassen wir gern beiseite.
Wenn das Bild die Einkleidung einer solchen Jungfrau darstellen sollte, so wäre es
in der Tat ein für die Kultusaltertümer besonders wertvolles Denkmal. Die Meinung
ist, der bärtige Greis sei der Bischof, der auf der Kathedra sitzend die Ansprache
hält; das Mädchen stehe bereit, von der Schriftrolle die Formel des Keuschheits-
gelübdes abzulesen, ihr zur Seite stehe der Diakon mit dem für sie bestimmten
Schleier. Auf der Kathedra sitzend kann der Bischof allerdings nur die Ansprache
halten, eine eigentliche Konsekration, oder der Moment der Konsekration selbst wäre
nicht dargestellt (es ist übrigens nicht richtig, daß der Bischof alle liturgischen Handlungen auf der Kathedra sitzend vornehme; wenn er persönlich die Messe liest und
die Kommunion austeilt, wenn er tauft oder firmt oder traut oder ein Totenamt hält,

so steht er). Eine Eheschließung pflegt anders komponiert zu sein, stets stehen die Brautleute auf gleicher Linie sich gegenüber. Zu einer Schulszene sind einige Elemente vorhanden, doch stimmt dazu weder der Jüngling mit dem weißen Stück Zeug, noch die typologische Ableitung der Hauptfigur von der Orans.[1]

Verzierung der Kammern.[2]

Den Schematismus der Decken besprachen wir oben. Wir unterschieden Kappen- und Zwickelfelder, je vier im Wechsel, und das zentrale Scheitelfeld, im Zenith der Gruft. Als figürliche Embleme fanden wir vor allem Selige, Männer ursprünglich im Pallium, Frauen als sog. Oranten, meist in die Zwickel gestellt, auf Blumen stehend und so in den Himmel gleichsam hineinwachsend, zu dem im Scheitelfeld und Zenith dargestellten guten Hirten, an dessen Stelle später die direkte Darstellung des erhöhten Christus trat (Selige bei Wilpert Taf. 25 = unsere Farbtafel III, Hirt bei Wilpert Taf. 9. 17. 35. 38, Christus Taf. 165. 168). Ausnahmsweise tritt auch ein anderes beliebtes Bild in das Scheitelfeld, Noah oder Daniel (Taf. 56. 104). Die breiteren Kappenfelder eigneten sich mehr für Handlungsbilder, wie die schmäleren Eckfelder mehr für ruhig stehende Einzelfiguren. Unter den vier Kappenfeldern kommt einem eine Vorzugsstellung zu, demjenigen zu Füßen der Zentralfigur im Scheitel und zugleich gegenüber dem Eingang, so daß der erste Blick des Eintretenden darauffällt. Wenn auch im allgemeinen die Typen, hier die Rettungstypen, als Synonyme wie im Kaleidoskop in zufälligem Wechsel erscheinen, so taucht doch immer einmal der Versuch einer planvollen Anordnung auf. Der wichtigste ist der mit dem Jonaszyklus, der eben deshalb auf vier Bilder gebracht wurde, um mit ihm die je vier Kappenfelder einer Decke zyklisch zu füllen. Dabei nun wurde gern der Jonas unter der Laube, der Seligkeitstyp, in das Vorzugsfeld über der Fondwand gesetzt (Taf. 61. 130 mit der Blutflüssigen statt des vierten Jonasbildes). Ein Versuch verwandter Art in engeren Grenzen ist es, wenn die zwei Mosesbilder sich gegenübergestellt werden (Taf. 168). Irgend welche feste Regeln befolgt zu finden darf man nicht erwarten.

Die frühere zentrierte Anordnung wurde zuletzt aufgegeben, die Komposition baut sich auf einer Richtungsachse auf, in zwei Zonen. Wir meinen die Decke in Petrus und Marcellinus mit dem „Lamm Gottes" auf dem Paradiesesberg, dem die Flüsse entströmen, zwischen vier Heiligen; diese adorieren mit erhobener Hand den im oberen Himmel zwischen den gleichfalls adorierenden Apostelfürsten thronenden Christus (Wilpert Taf. 252).[3]

Da die Plafonds vorweg gemalt werden mußten, so pflegen sie eine in sich abgeschlossene Malerei zu tragen. Wurden die Wände der Gruft auch einheitlich ausgeschmückt, so findet nur vereinzelt eine Wechselbeziehung zwischen Decken- und Wandmalerei statt. Eine einheitliche Wandmalerei zeigt die heidnische Gruft bei

---

[1] V. Schultze, Archäol. Studien 1880, 182 (Unterrichtsszene). Mitius, Familienbild (in Fickers Archäol. Studien I) 1895 (Eheschließung); de Waal, Röm. Quartalschr. 1898, 93 findet ein Familienbild aus dem wirklichen Leben sehr plausibel. Wilpert, Gottgeweihte Jungfrauen 1892, 52; Malereien 203 § 63 Taf. 79—81.

[2] Wilpert, Malereien 150 Die hervorragendsten Bildercyklen des 2. 3. und 4 Jahrhunderts.

[3] Decken: oben Seite 153.

Prätextat, des Vincentius und der Vibia, zunächst einen dreigliedrigen Bilderzyklus, der sich auf Vibia bezieht. Das erste Bild schildert den Tod der Vibia als eine Art Brautraub, sie wird von Pluto entführt wie Proserpina. Im zweiten Bild führt der Götterbote und Seelenführer sie vor das Gericht der Unterirdischen, Alcestis begleitet sie als Fürsprecherin. Wir sahen das dritte Bild mit ihrer Einführung in die Gefilde der Seligen und wie sie am Gelage der Seligen teilnimmt. Vincentius hat die Gruft gelegentlich des Todes seiner Gattin angelegt, um selbst dereinst in ihr seine Ruhe zu finden; daher ließ er sich in einem vierten Bilde verewigen, im Höhepunkt seines Daseins, beim Mahl im Kollegium der „sieben frommen Priester" des Sabazios; das war ein mystischer Kult, einer von denen, welche die Jenseitshoffnung pflegten.[1]

Wir heben einige christliche Kammern hervor, welche die Aufmerksamkeit besonders auf sich gezogen haben und um deren Erklärung manche Kämpfe ausgefochten worden sind. Um so nötiger ist es, alle etwa mitgebrachten Vorurteile beiseite zu setzen und mit größter Zurückhaltung in die Interpretation einzutreten.

Die Cappella greca in Priscilla, eine Doppelkammer, durch Wegnahme der Trennungswand zu einem oblongen Raum verbunden, immerhin durch einen stehengelassenen Gurtbogen in zwei Abteilungen geschieden. Die großenteils zerstörte Decke der ersten Abteilung war in den Ecken (Zwickeln) mit Köpfen der vier Jahreszeiten geschmückt, in den Kappenfeldern standen Vasen, an deren eine ein Thyrsus gelehnt war; nur in einem der seitlichen Kappenfelder (rechts) fand sich statt dessen ein figürliches Bild, der Gichtbrüchige. So die Ergänzung Wilperts; ihr auffallender Mangel an Gleichgewicht hat keine Analogie. Ebensowenig hat die Einordnung der Taufszene in das Scheitelfeld Analogien in der römischen Katakombenmalerei; auf Grund eines kleinen Bruchstückes Stuck, an dem Wasser gemalt sei, wird diese Anordnung für unsere Decke vorgeschlagen. Am Gurtbogen der Türwand ist das Wasser des Lebens gemalt im Typus des Mosesquells, links der Tür ein Zeigender, rechts der glühende Ofen; im oberen Teil der Längswände sieht man die sog. Susannaszenen, am trennenden Gurtbogen die Epiphanie des Erlösers aus dem Tod. An der Decke der zweiten Abteilung war eine Weinlaube gemalt, in den vier Ecken Selige, abwechselnd in Mantel und in Tunika (Oranten); am Gurtbogen und über den zwei seitlichen Grabnischen Erlösungsbilder, Lazarus' Erweckung, Isaaks Rettung, Daniel in der Löwengrube (daneben noch Noah), im Fond aber, über der Mittelnische, das Seligenmahl (Wilpert, Fractio panis; Malereien Taf. 13—16).

Die „Passionskrypta" in Prätextat trug an den beiden Längswänden je vier Bilder; an der linken Wand sind noch drei erhalten: unten die Samariterin am Jakobsbrunnen, oben die Erweckung des Lazarus, links das auf die Dornenkrönung gedeutete Bild, das vierte ist zerstört, wie auch drei Bilder der rechten Wand verloren sind, erhalten ist da nur das untere, die Heilung der Blutflüssigen. Die immerhin nicht ganz sichere Deutung jenes einen Bildes auf die Dornenkrönung hat der Kammer den konventionellen Namen Passionskrypta verschafft. Wilpert sucht die Sujets der zerstörten vier Bilder zu erschließen und gelangt auf diesem Wege zu einem christologischen Zyklus: gegenüber der Verspottung setzt er die Richtszene „Christus vor Pilatus" an, es könne „keinem Zweifel unterliegen, daß sie hier auch wirklich, in einer

---

[1] Vincentiusgruft: Garrucci, Storia VI Taf. 493. Maaß, Orpheus 219. Wilpert 144. 392. 506 Taf. 132. 133.

den Sarkophagreliefs ähnlichen Form, abgebildet war." Uns ist es zu gewagt, von den Sarkophagreliefs des vierten Jahrhunderts zurückzuschließen auf Wandmalereien des zweiten, vollends wo Passionsszenen ihr sonst ganz fehlen, auch die Dornenkrönung bleibt problematisch. Ebensowenig können wir die christologische Auffassung des Lazarus und der Samariterin uns zu eigen machen; in der Auferweckung zeige sich Christus als Überwinder des Todes, also als Gott, der Samariterin gebe er sich als den Messias zu erkennen. Uns bedeutet jenes Bild die Erlösung aus dem Tod, dieses das Wasser des Lebens. Daß an der rechten Wand Jesaias oder die Magier mit dem Stern und Huldigung der Magier gestanden haben sollen, diese Vermutungen sind eben dem Wunsche entsprungen, hier einen christologischen Zyklus zu konstruieren (Malereien 226 Taf. 18—20).

Die „Sakramentskapellen" A¹ bis A⁶ im Coem. Callisti, sechs Kammern an einem Gang nebeneinander gelegen; A¹ bis A³ wurden zuerst angelegt, etwas später A⁴ bis A⁶, nach Wilpert alle noch im zweiten Jahrhundert. Sakramentskapellen nannte man sie, weil man ihre Malereien als Darstellungen der Sakramente verstehen zu sollen glaubte; allerdings ließen sich die jetzt sieben römischkatholischen Sakramente nicht alle nachweisen, immerhin glaubte man drei teils in direkter, teils in symbolischer Darstellung vorzufinden, Taufe, Abendmahl und Buße. Dabei konnte man auch dies sich nicht verhehlen, daß nicht alle Malereien in der Darstellung von Sakramenten aufgingen, sondern daß noch ein mehr oder minder erheblicher Rest anders zu erklärender Bilder übrig blieb. An die ganze Deutung haben sich Verhandlungen angeknüpft, die zu dem Ergebnis führten, daß das dritte Sakrament, die Buße, von den römischen Archäologen selbst aufgegeben worden ist. Die Buße sollte im Typus des Gichtbrüchigen dargestellt sein, mit Beziehung auf die in seiner Geschichte gesprochenen Worte: „Dir sind deine Sünden vergeben", oder, wie es bei Johannes heißt, „Sündige hinfort nicht mehr"; aber von Buße ist bei der Geschichte gerade in den Evangelien keine Rede. Das Bild aber haben wir als Typus der Erlösung aus dem Tode verstehen gelernt. Nach alledem dürfte korrekterweise gar nicht mehr von Sakramentskapellen gesprochen werden; doch wird man den Namen konventionell im Gebrauch behalten.

Es blieben nun noch die zwei Sakramente Taufe und Abendmahl übrig, die zwei einzigen, welche das christliche Altertum kannte, die Taufe als Mittel zur Heiligkeit und das Abendmahl als Mittel zur Seligkeit, in der Gemeinschaft mit dem Christus; sie konnten sich den Katakombenmalern zur Darstellung wohl empfehlen. Tatsächlich findet sich in unsern Kammern die Taufe unzweideutig gemalt. Nicht ganz so klar liegt die Sache für die Eucharistie. Direkt ist sie in der Katakombenmalerei nirgends dargestellt, höchstens indirekt (davon sprachen wir), wie andere Bilder als Symbole der Taufe gedeutet werden. Bei der fließenden Art sowohl der christlichen Vorstellungen wie der antiken Allegorie bleibt da vieles fragwürdig; vollends fragwürdig werden dergleichen Deutungen, wo der Wunsch Vater des Gedankens ist.

Leider ist viel von den Malereien zerstört, diejenigen von A¹ sind völlig zugrunde gegangen. Von den beiden anderen Kammern der älteren Serie zeigt A³ am ehesten etwas wie planvolle Anordnung der Bilder, während eine solche in A² vermißt wird. Wir wissen nicht, welche Kammer früher entworfen wurde; es bleibt uns die Antwort auf die Frage versagt, ob die Maler aus anfänglicher Planlosigkeit sich zu

der durchdachten Disposition in A³ heraufgearbeitet haben, oder ob A² als willkürliche
Änderung und Zerrüttung des in A³ korrekt zur Ausführung gebrachten Grundplanes angesehen werden muß. Was uns hier interessiert, das ist die andere Frage, wie weit überhaupt, nach dem Zeugnis unserer Kammern, die Katakombenmaler es in planvoller Anlage
gebracht haben; daher halten wir uns an die Gruft A³ (übrigens dieselbe, auf welche
de Rossi seine Theorie von den Sakramentskapellen vorzugsweise gebaut hatte).

Die Decke zeigt das lineare Laubensystem und zwar mit „übernommenen Emblemen", Vasen, Vögeln usf., im Scheitelfeld den guten Hirten. In den drei geschlossenen Wänden sind je zwei Fachgräber, so daß zwischen, unter und über ihnen nur
niedrige Friese zur Dekoration offenstehen. Der oberste Fries der drei Wände ist
zyklisch verziert, mit den drei Jonasbildern: links und rechts die zwei Seeszenen, wie
der Prophet aus dem Schiff geworfen und nachher vom Seetier wieder ans Land
gespien wird; an der Mittelwand der Seligkeitstypus Jonas unter der Laube ruhend.
Sodann der Mittelfries; man hat dabei zu bemerken, daß hier an jeder Wand das
Mittelstück des Frieses von einer besonderen Rahmenlinie umzogen ist. An der linken
Wand hat der Maler als Mittelstück Jesus' Taufe im Jordan gemalt; aus demselben
Wasser, in dem der Täufling steht, zieht der Angler einen Fisch; außerhalb der
Rahmenlinie steht rechts der Gichtbrüchige, die Figur links ist zerstört, es mag, wie
Wilpert annimmt, Lazarus gewesen sein. Der Mittelfries an der rechten Wand ist
zerstört; hervorragende Bedeutung aber besitzt derjenige der Fondwand, dem Eingang
gegenüber; um ihn dreht sich auch der meiste Streit. Man sieht da einen Mann im
Mantel, der mit der Hand nach den Speisen auf der Platte eines Dreibeins greift, es
sind die typischen heiligen Speisen Brot und Fisch; an der anderen Seite des Tisch-
chens steht eine Orans. Dann folgt in besonderem Rahmen ein Gelage von sieben
Personen, ein Gelage am Boden mit ein paar Schüsseln im Halbrund, vorn stehen
die Brotkörbe aus dem Speisungswunder, ihrer acht. Sodann rechts vom Mittelstück
zwei kleinere Oranten, mindestens der eine ein Knabe, dazu ein Schaf und ein Baum
nebst einem Bündel Holzscheite (unsere Abbildung des Mittelstreifs der Fondwand oben
Seite 198).

De Rossi wollte in dem Mann im Pallium, der nach den mystischen Speisen
greift, einen konsekrierenden Priester sehen, mithin in der ganzen Szene das römische
Meßopfer, die Orantin daneben sei die römische Kirche. Wilpert dagegen erklärt den
Palliatus für Jesus, der das Speisungswunder, die Brot- und Fischvermehrung, ver-
richte, diese aber als Symbol der eucharistischen Konsekration, daher unter Aufnahme
des Altartisches in das Bild; die Orantin aber sei eine Selige. Die Brotvermehrung
pflegt anders dargestellt zu werden, da berührt Jesus mit der Wünschelrute die bereits
voll gezeichneten Körbe; die Fischvermehrung wurde in den Katakomben überhaupt
nicht gemalt. Typologisch betrachtet erscheint der Mann als einer der Seligen im
Mantel, mit der Modifikation, daß man ihm jenes aus den Seligenmahlen sattsam
bekannte Speisentischchen beigegeben hat; der Maler hat Typus an Typus gereiht,
wie man Letter an Letter reiht, oder besser, er hat dem Seligen das Tischchen als
nähere Bestimmung hinzugefügt, der Selige ist nun nicht als anbetend geschildert,
sondern als teilnehmend am himmlischen Mahle. Die Umbiegung des Typus ist ein
wenig ungeschickt ausgefallen, wie die rechte Hand des Seligen, der doch in Vorderansicht steht, vor seinem Leibe vorbeigreift nach dem auf seiner anderen Seite stehenden
Tischchen. Die Orantin hat Wilpert richtig als Selige erklärt, nur wissen wir, daß

sie nicht betend (bittend), sondern anbetend steht. Mit dieser Gruppe, es ist Mann und Frau, verbinden sich ungezwungen die zwei abgestuft kleineren Oranten rechts vom Mittelstück, es sind die Söhne des Paares; hinzugefügt zu näherer Bestimmung sind hier die geläufigen Paradiesestypen Schaf und Baum. Das dann noch folgende Bündel Holzscheite hat Anlaß gegeben, die zwei Knaben auf Isaak und Abraham zu deuten, hier als Symbol des Kreuzesopfers. Aber sie werden doch nie adorierend gezeichnet. Vielmehr ist auch dies Bündel nur eine jener Abbreviaturen komplizierterer Typen, denen wir so oft begegneten, auch dies nur eine Letter, den Oranten hinzugefügt, um zu sagen, daß sie aus dem Tod erlöst seien wie Isaak aus seiner Todesnot.

Das Gelage im Mittelstück erklärt Wilpert für die Speisung der Tausende als Symbol der Kommunion; wir haben im Kapitel über die Mahlbilder den Typus zur Genüge besprochen. Wohl stammen die vollen Brotkörbe aus dem Speisungsmythus, aber das Gelage ist ein Mahl der Seligen, hier eingeschoben in die Reihe der Oranten, um durch das vollständige Gelage am Boden noch runder auszusprechen, was durch das Tischchen nebenan nur erst angedeutet war, daß die hier bestattete Familie nun nicht bloß anbetend vor dem Angesicht ihres Herrn stehe, sondern auch an seinem himmlischen Mahle teilhabe. Und wegen dieser seiner hervorragenden Bedeutung ist das Bild an den Ehrenplatz in der Mitte der Fondwand gestellt, der Tür gegenüber.

Endlich an der Eingangswand, links von der Tür: eine wasserschöpfende Gestalt, sowie etwas höher und seitwärts geschoben ein sitzend Lesender im Mantel; beide zusammen werden als die Samariterin am Brunnen und Christus erklärt. Rechts von der Tür: das Quellwunder des Moses. Also zweimal Wasser des Lebens.[1]

In der gleichzeitig entstandenen Kammer A[2] finden wir die gleiche Raumdisposition und großenteils dieselben Bilder, nur etwas anders verteilt, zum Teil auch etwas umgebildet. Man empfängt hier doch überwiegend den Eindruck des Sekundären. Das Gelage der Seligen hat mit der Taufe den Platz gewechselt, es steht nun an der linken Wand, mit dem Angler und dem eben dorthin versetzten Quellwunder vom selben Rahmen umfaßt, daher beengt und kaum skizziert. Das Quellwunder, als Bild für das Wasser des Lebens, paßt gut zum Gelage, besser als der Angler. Die Taufe, nun in der zentralen Stelle an der Fondwand, ist hier, ohne Taube, die rituale. Die Jonasszenen wurden aus dem oberen Fries in die Kappenfelder der Decke verpflanzt; dabei mußte sich der Seligkeitstyp „Jonas unter der Laube ruhend" aus der Vorzugsstelle über der Fondwand an die Seite schieben lassen, um einer sinnvollen Lettergruppe Platz zu machen, dem Dreibein mit Fisch und Brot zwischen den hier sieben vollen Brotkörben. Das Dreibein gehörte schon im frühesten Exemplar in

---

[1] Sakramentskapellen: Um das Ensemble vollständig und richtig vor Augen zu haben, muß man auf de Rossi, Roma sott. II zurückgehen, Tafel CD gibt Übersichten in Skizze. — A[3]: Roma sott. II Taf. CD oben die Übersicht, Taf. 16. 17 die Wände, 18, 1 die Decke. Dazu Wilpert, Malereien der Sakramentskapellen 1897; Mal.d. Kat. Seite 289 Taf.26, 2.3. 27, 3. 29, 2. 41, 1—3. — Eine zufällige, rein formale und nicht einmal ganz genaue Typverwandtschaft besteht zwischen dem Palliatus, wie er nach den Speisen auf die Dreibeinplatte greift, und dem Epikur an dem in das zweite vorchristliche Jahrhundert gesetzten Gerippebecher von Boscoreale; der Epikur greift in die Schüssel auf eben solchem Dreibein, oder er wärmt sich die Hand über dem Kohlenbecken (Michaelis, Preuß. Jahrb. 1896, 17. Winter, Arch. Anzeiger 1896, 81).

Domitilla zum Seligenmahl, die Körbe sahen wir typisch mit dem Seligengelage verbunden, also deutet die Letterngruppe „Dreibein und Körbe" abermals, und zwar
zwiefach, das Seligenmahl an. War das Gelagbild selbst auch von der Fondwand ver-
drängt, so fand die Idee doch im Fond der Gruft bedeutsamen Ausdruck.

Vom Jonaszyklus ist immerhin noch ein Nachklang an der Oberwand, und zwar
im Fond der Gruft, übrig geblieben, ein Derivat von der Szene, wie Jonas aus dem
Schiff geworfen wird. Ein Schiff im Sturm, eine Sturzsee geht über das Vorder-
teil, ein Mann ist über Bord; einer aber steht im Schiff, ein Orans, und aus dem
Himmel neigt sich, von einem Nimbus mit Strahlen umgeben, Büste und Arm eines
wie üblich Bartlosen vor, der die Hand auf das Haupt des Orans legt, wie in der
Taufszene darunter der Taufende seine Hand auf den Kopf des Täuflings. Das Vertrauen, welches in dem Israeliten Jesus Wirklichkeit und Leben geworden war, das
ihn trug wie auf Händen, über alles hinweg, das Vertrauen, welches „Berge versetzt"
(Mt. 17, 20), welches „auf dem Wasser geht" (Mk. 8, 48. Mt. 14, 29), welches „im
Sturm ruhig schläft" (Mk. 4, 38), dieser große, man möchte sagen größte, unerschöpflich reiche und fruchtbare Gedanke wurde unter den Händen der Christen verengt
und verbogen zur Vorstellung, durch die Hilfe des Christus aus dem Tod in das
ewige Leben gerettet zu werden. Das gemalte Bild ist ein Rettungsbild, ein Typus
der Erlösung aus dem Tod, der Orans im Schiff ist der aus dem Sturm, der Todesnot,
in das ewige Leben gerettete Selige, die lichtumflossene Gestalt, die aus dem Himmel
sich neigt und die Hand über ihn hält, ist nicht Gott (Gott wurde nicht gemalt),
sondern der verklärte und erhöhte Christus im Himmel. Die römischen Interpreten
reden von dem „Schiff der Kirche"; das ist aber in unserem Bilde nicht dargestellt,
in der ganzen Katakombenmalerei kommt es nicht vor.[1])

Auch die übrigen Kammern operieren mit denselben bildlichen Typen, nur
mischen sie die Karten immer etwas anders. A[4] bringt wieder Oranten in der Fondwand, wie A[3], hier aber sind es nur zwei, Mann und Frau, zwischen zwei Schafen;
A[5] setzt das Gelage an die linke Wand, wie A[2], aber den ruhenden Jonas an die
rechte; A[6] hat die Jonasszenen links, das Gelage der Seligen rechts.

Eine Gruft in Petrus und Marcellinus mit Fachgräbern in den daher unverziert
gelassenen geschlossenen Wänden zeigt an der Türwand drei Heilungen, einerseits die
Blutflüssige und den Gichtbrüchigen, andererseits den Blinden, dazu die Samariterin
mit Jesus am Brunnen, also Typen der Erlösung aus dem Tod und das Wasser des
Lebens; an der Decke in den vier Zwickelfeldern zwei Selige, Oranten, und zwei
Hirten; in den Kappenfeldern drei Szenen aus der Kindheitslegende, über der Fondwand die Magier in der Freude über den Stern, links die Epiphanie, über der Tür
die Verkündigung, dazu rechts Jesus' Taufe; im Scheitelfeld sitzt der erhöhte Christus
im Halbkreis von acht Seligen, vielleicht Aposteln, der Schriftenbehälter steht dabei.
Die vier Kappenbilder mit dem Zenithbild, diese fünf, aber nur diese, kann man wirklich als einen christologischen Zyklus bezeichnen. Die Hirten, auch wenn sie den
Guten Hirten meinen, gehören doch nicht in den Zyklus; die Oranten erst recht
nicht, obschon sie durch den Christus selig sind; endlich die Bilder an der Tür
sprechen nicht „den Glauben an die Gottheit Christi", sondern das Vertrauen auf die

---

[1]) Gruft A²: de Rossi, Roma sott. II Taf. CD unten; ferner Taf. 11. 15. Wilpert, Malereien
290. 418 Taf. 27, 2. 38. 39. 40, 3.

Erlösung durch den Christus und das Wasser des Lebens aus, sind daher wohl christlich gedacht, aber nicht Glieder jenes christologischen Zyklus. Es ist auch zu beachten, daß diese Malereien frühestens dem ausgehenden dritten Jahrhundert angehören; am Anfang der Katakombenmalerei war überhaupt noch kein Zyklus christlicher Bilder zustande gekommen, am wenigsten ein christologischer, aber im Lauf der Jahrhunderte, mit dem Überwuchern des Kultus der Person, wurde dergleichen möglich und Tatsache.[1]

Kammern, deren Malereien zu beschädigt sind, als daß man die Anordnung des Ensembles übersehen könnte, wie es bei der Doppelkammer XY Lucinae und der „Gruft der sechs Heiligen" in Domitilla der Fall ist, müssen wir übergehen.[2]

Eine noch unbeantwortete Frage aus dem Gebiete der Syntax aber wollen wir wenigstens aufwerfen. Es betrifft gewisse Einzelfiguren, die im ganzen eine mehr untergeordnete Stellung einzunehmen scheinen, und welche eine präzise Erklärung noch nicht gefunden haben. Zum erstenmal begegnet eine solche Gestalt in der Cappella greca, an der Eingangswand links von der Tür. Ein Mann im Mantel zeigt mit ausgestrecktem Finger nach der Tür oder an ihr vorbei nach der Malerei auf der anderen Seite, den drei Jünglingen im glühenden Ofen. Wilpert schreibt der Figur keine höhere Bedeutung zu, sicher weiß er sie nicht zu erklären; mit Recht lehnt er eine engere Beziehung zur Ofenszene ab, wegen der Entfernung könne es weder der Engel noch Gott sein; entweder sei sie für eine bloße Raumfüllung zu halten oder für den Erzähler der Perikope, den Propheten Daniel (Wilpert 357 Taf. 13). Ebenfalls in Priscilla findet sich das zweite Beispiel. Dort ist ein Fachgrab hart unter der Decke eines Ganges oder Winkels angebracht; links vom Grab sind die Verstorbenen gemalt, als Selige im Orantenschema, ein Ehepaar, der Mann im

Fossor zeigend.
Coem. Callisti.

Pallium, mit einem Knaben, rechts vom Grab ein andrer Palliatus, der mit ausgestrecktem Zeigefinger sei es nach dem Grabe, sei es nach der an dessen anderer Seite gemalten Familie zeigt (übrigens ist es ein berühmter Winkel, an seiner Decke befindet sich die früheste und schönste Epiphanie). Auch hier hat Wilpert nur eine Vermutung: der Zeigende solle wohl nicht allein das kleine Feld ausfüllen, sondern auch die Aufmerksamkeit des Beschauers auf die drei Oranten lenken (Malereien 189 Taf. 21).

[1] Wilpert, Ein Zyklus christologischer Gemälde aus der Katakombe der heiligen Petrus und Marcellinus 1891.
[2] „Sechs Heilige": Wilpert, Malereien 486—494 Taf. 124—126.

In den „Sakramentskapellen" gibt es auch dergleichen Zeigende, jeweils an der Fondwand und an der Türwand. In der Gruft A² beiderseits der dort zentral angebrachten Taufszene; die Figur links ist zerstört, rechts sitzt ein Mann im bloßen Mantel auf einem Steinwürfel und zeigt nach dem oberen Grab (Taf. 39, 2. Die von Wilpert konstruierte Gerichtsszene erledigten wir oben). An der Eingangswand steht links der Tür ein Mantelmann mit Schriftrolle, die Rechte ausgestreckt; diesmal nicht nach der Tür, sondern nach der Nebenwand, ihren Gräbern und Malereien (Taf. 40, 3). Das Gegenstück ist wieder zerstört; es bleibt zweifelhaft, ob hier ein zweiter Palliatus oder ein hauender Fossor zu sehen war, von dem sich ein Bruchstück im Schutte fand.

Die Frage geht also dahin, wer diese stehend oder sitzend Zeigenden sind, worauf sie eigentlich zeigen und in welchem Sinne sie es tun. Im ersten Fall ließ der Augenschein es zweifelhaft, ob der Mann nach der Grufttür oder nach der Malerei daneben zeige; wenn er noch wenigstens an der Außenseite gemalt wäre, so könnte man denken, er zeige nach der Gruft wie die zwei anderen nach dem Grab.

Eine Klasse zeigender Mantelmänner sondert sich aus; sie zeigen nach dem Stern des neugeborenen Königs der Juden, des Messias. Sie gelten für Propheten, werden aber verschieden benannt, meist Jesaias oder Bileam; wir wissen schon, daß in der Namensfrage nicht vorwärts zu kommen ist. Das früheste Beispiel bot uns die Epiphanie in Priscilla mit dem Stern zu Häupten des Kindes; der Prophet hält eine Schriftrolle in der Linken (oben S. 248). Ein weiteres Beispiel findet sich, erst im vierten Jahrhundert, in Petrus und Marcellinus; hier ist's eine Einzelfigur (Taf. 159, 3). In Gruft IV Domitillae war über der Grabnische die jetzt fast ganz verblaßte Epiphanie gemalt, Mutter und Kind rechtshin blickend, wir können nicht wissen, ob mit oder ohne Stern. Hinter ihnen ist Bauwerk gemalt zur Andeutung von Bethlehem; ganz links steht ein rechtshin zeigender Palliatus, der auf Micha gedeutet wird (vgl. Micha 5 bei Mt. 2, 6. Wilpert Taf. 229). Sicher auf den Stern zeigt ein vierter Mann, den aber seine Tracht als Magier kennzeichnet, in Cyriaka, im Zwickelfeld rechts über der Grabnische mit den klugen und törichten Jungfrauen (Taf. 241). Der sog. Überfall Susannas im Coemeterium maius ist im Typus der Orans zwischen zwei Paradiesesbäumen und zwei Seligen gemalt; nur daß der eine am Boden kniet oder kauert (vielleicht nur des engen Raumes wegen), der andere aber die Hand nicht nach der Orans hinstreckt, sondern in der Richtung nach der Bogenlaibung, an der die Epiphanie mit Magiern und Stern gemalt ist. Sollte die Richtung dieser Hand nicht zufällig, sondern beabsichtigt sein, so spräche das für die Deutung der Orans als einer Seligen im Paradies (Taf. 220).

Zur Typik tragen wir nach, daß das Schema des zeigenden Mantelmannes in biblischen Bildern wiederkehrt. Mehrfach bewirkt Jesus die Auferweckung des Lazarus nicht mit der Zaubergerte (er hält sie dann wohl müßig in der Linken), sondern mit dem erhobenen Finger (Taf. 45, 1. 230, 2). Man könnte auf die Vermutung verfallen, jener Zeigende bei Bethlehem hänge typologisch irgendwie mit der Lazarusszene zusammen. Hier ist auch der Moses im Quellwunder zu nennen; überall wo Stab und Fels verblaßt sind, glaubt man zuerst einen Zeigenden zu sehen.

Bei den Gestalten an den Türen gedenkt man leicht der Hadestüren und ihrer figürlichen Belebung. Das Motiv war den alten Ägyptern wichtig, ihre sepulkralen Schein- und Prunktüren vermittelten den Verkehr der Verstorbenen mit der Welt

der Lebenden; daher wurden sie an solchen Türen dargestellt, allein oder mit Angehörigen, Familie und Untergebenen. Auch in den etruskischen Gruftmalereien sehen
wir die Hadestür, zwei Männer stehen davor, die eine Hand begrüßend vorgestreckt,
mit der anderen schlagen sie sich in Trauer den Kopf. Auf freierer Kunststufe sehen
wir einmal zwei Personen an der Tür, einen Jüngling Saties, die Hände unter dem
reichgestickten Mantel, und einen Knaben, der am Boden hockend mit seinem an
einen Faden gebundenen Vogel spielt. Es sind nicht dieselben Typen wie in der
christlichen Kunst, aber wir bemerken die Tatsache, daß auch dort an den Türen
besondere Gestalten erscheinen. Der Unterschied, daß es in den Katakomben nicht
Scheintüren sind, sondern die wirklichen Grufttüren, ist nicht so erheblich.[1]

War in der Sakramentskapelle A² neben dem Zentralbild der Fondwand ein
Sitzender, an der Türwand ein Stehender, beide zeigend, gemalt, so sehen wir in A³
umgekehrt den ·Sitzenden an der Tür, den Stehenden im Fond. Das Hauptbild, die
Familie mit dem eingeschobenen Seligenmahl, wird eingefaßt von zwei stehenden
Fossoren, welche die Spitzhacke müßig im Arm tragen und mit der anderen Hand
nach der Mitte zeigen, wenn auch nicht mit vorgestrecktem Finger. Sie tragen die
ungegürtete Tunika; der Typus scheint von denen der Oranten abgeleitet (unsere Abbildung S. 297, de Rossi, Roma sott. II Taf. 17 und CD 1). — Der Sitzende also
befindet sich in A³ an der Tür, aber er hält in beiden Händen eine Schriftrolle (vgl.
den sitzend Lesenden, der auf Petrus gedeutet wird, Wilpert 251 Taf. 93. 94). Auf
tieferem Niveau und in keiner Weise zu ihm in Rapport gebracht, sehen wir die wasserschöpfende Figur undeutlichen Geschlechts, die man als die Samariterin am Brunnen
erklärt; wir können nur soviel sagen, daß die schöpfende Figur von der Samariterin
abgeleitet sein und irgendwie das Wasser des Lebens andeuten wird, als Synonym des
Mosesquells auf der anderen Seite der Tür (Wilpert Taf. 29, 2).

Die Fossoren malte man sonst bei der Arbeit an den Grüften, in das Gestein
hauend (unsere Abbildung S. 98. Wilpert Taf. 48, 1. 3. 59, 2. 65, 3. 112, 5). Sie
tragen dann die Tunika gegürtet, bisweilen einen Spitzhut; die Lampe hängt an einer
Schnur von einem eingeschlagenen Stab herab. Einmal ist der Fossor gemalt, wie er
zur Arbeit geht, die Lampe am Stab tragend, einen Sack mit Mundvorrat über den
Rücken geworfen (48, 2). Zwei Fossorenbilder sind an Fossorengräbern gemalt, sehr
bekannt ist dasjenige des Diogenes in Domitilla, in der Lünette seines Nischengrabes.
Er steht vor einem Gebäude, mit seinem Gerät, die Rechte schultert die Hacke,
über die linke Schulter hat er den Sack geworfen, die linke Hand trägt die Lampe
am Stab, zu beiden Seiten sind Bohreisen und Hammer angelehnt (Garrucci, Storia II
41, 1. Wilpert Taf. 180). Die in das Gebirg hauenden Fossoren pflegen beiderseits
der Grufttüren gemalt zu sein, passenderweise, weil sie eben durch die Tür in den
Fels eindrangen. Hierzu lassen sich monumentale Analogien beibringen. In einem
altphrygischen Felsgrab sieht man im Eingang in Relief einen vorgestreckten Arm, die
Hand hält einen Doppelhammer. Sie wird als abwehrend aufgefaßt, als ob sie jeden
unbefugt in die Gruft Eindringenden zerschmettern wolle; vielleicht aber ist es, ursprünglich wenigstens, auch nur das Zeichen des Fossors, der die Felsgruft aushöhlte.
Andere Vorläufer der christlichen Fossoren waren die etruskischen. Sie selbst sind
unseres Wissens in den dortigen Grabkammern nicht abgebildet worden; aber ihre

---

[1] Hadestür etruskisch: Mon. d. inst. XI 26. — Saties: eb. VI Taf. 32.

Attribute, Hacke und Hammer, entlehnte von ihnen der etruskische Todesdämon, sei es Mantus oder Charun. Das Werkzeug in dessen Hand gleicht bald mehr der Doppelhacke, bald mehr dem Doppelhammer. Charun erscheint auch als Türhüter am Grabe, wiederum verdoppelt.[1])

An Darstellungen aus Handwerk und Gewerbe verzeichnet Wilpert, außer den Fossoren, noch folgende, alle erst aus dem vierten Jahrhundert.

Arkosol eines Wagenlenkers, der grünen Partei: in der Lünette ein nacktes Brustbild des Verstorbenen in Rundschild, zwischen zwei Frauen mit offenen Schriftrollen (Musen?). An den Laibungen des Bogens je ein Viergespann, dessen Lenker als Sieger Kranz und Palme in den Händen hält; darüber in je drei schmalen Feldern zwischen zwei Flügelpferden unter Girlanden ein auf einer Blume stehender Jüngling, mit Fruchtschale auf der gehobenen Hand; im Scheitelrund des Bogens ein tizianisch dahineilender jugendlicher Bacchus mit Stab (Thyrsos) und Becher (Kantharos), neben ihm springt, doch wohl nicht ein Hund, sondern ein Panther daher. An der Front, in den Zwickeln über dem Nischenbogen, schwebt je eine Viktoria, auch sie mit Palme und Kranz, unter jeder steht ein Adler auf der Weltkugel — kaiserliche Symbole, die Viktorien sind von den Triumphbögen entlehnt. De Rossi erklärte, freilich im irrigen Glauben, die Gestalten zwischen den Flügelpferden seien Venusse, das Arkosol für heidnisch; Christliches ist allerdings nichts darin, und Bacchus als Seligkeitstyp statt des guten Hirten ist in christlicher Malerei mindestens gewagt, auch als Vertretung der Weinlaube oder des Seligengelages (Wilpert 523 Taf. 145, 2. 146, 1).

Das Arkosol eines Kriegers, nur wenige Schritte von dem des Wagenlenkers entfernt (beide in der Katakombe der Vigna Massimo). Die Lünette, jetzt sehr zerstört, zeigte den Krieger mit einem Knaben, seinem Sohn; die Bogenlaibung rechts ihn noch einmal mit gezogenem Gewehr, im Feld einen Ehrenkranz; die Laibung links bringt seine Frau, ihrerseits auch mit dem Sohn; das Scheitelrund zeigt noch einmal die Büste des Kriegers. Auch hier ist nichts spezifisch Christliches zu finden; immerhin sind uns die Girlanden, unter welchen die Verstorbenen in der Lünette und an den Laibungen stehen, vertraute Sinnbilder des himmlischen Paradieses (Wilpert 528 Taf. 144, 1. 3).

Die „Bäckergruft" in Domitilla, die Grabkammer eines Brotlieferanten. Von drei Feldern in Hochformat zeigt das mittlere einen hinter einem besonders großen Modius stehenden Mann in Tunika, mit vollem Gesicht, vermutlich den Inhaber der Gruft; im Feld rechts hat er das Brotwunder malen lassen, in stolzer Anspielung auf seinen Beruf, gegenüber in üblicher Entsprechung das Quellwunder, beides zusammen also Brot und Wasser des Lebens andeutend (Wilpert 530 Taf. 142, 2). Der Fries über den Arkosolien bringt Szenen aus dem Gewerbe des Verstorbenen, wertvolle Ergänzungen des zu einem Viertel zerstörten Frieses am Denkmal des Brotlieferanten Eurysaces vor Porta Maggiore: dargestellt ist das Ausladen von Getreide in Säcken, man sieht drei Kähne, Laufbretter sind ans Quai herübergelegt; dann einige schwerer zu erklärende Szenen, zwei Berittene, vier Träger mit einer Bahre auf den Schultern, und sieben Männer in Tunika und Oberkleid (Taf. 194 f.).[2])

---

[1]) Phrygien: Erich Brandenburg, Bayer. Akad. Abh. XXIII III 1906, 713. Etrurien: Müller-Deecke, Die Etrusker II 1877 103 f. v. Sybel in Roschers Lexikon I 886. Waser bei Pauly-Wissowa III 2178. — Fossoren: oben Seite 102.

[2]) Zur Bäckergruft vgl. Wilpert Taf. 193. — Eurysaces: Canina und Jahn, Annali 1838 Mon. d. inst. II Taf. 58 f.

So interessant in antiquarischer und archäologischer Hinsicht dergleichen Darstellungen aus dem Gewerbeleben im Altertum sind, so wenig bringen sie an spezifisch Christlichem; daher haben wir hier nicht bei ihnen zu verweilen. Wir gehen kurz über die anderen Beispiele hinweg, die Arkosolien des „Viktualienhändlers" mit Darstellung seines Ladens und dessen Personals, der „Gemüsehändlerin" mit ihrem ganzen Gemüsestand, zwei Tischplatten auf Böcken, des „Schiffers" mit seinem amphorenbeladenen Kahn, der „Böttcher" mit einem Transport großer Fässer, des „Winzers" mit seinem Ochsenwagen und dem großen Faß darauf. Wenn nun die Hökerin ihren Gemüsestand unter einer den Bogen füllenden Weinlaube malen ließ und Rosenblätterschnüre und abgeschnittene Rosen an die Trogfront, wenn der Winzer seine Weinfuhre unter den typischen Girlanden anbrachte, also die eine wie der andere das eigne Gewerbe in das Bild des himmlischen Paradieses verpflanzte, so könnte dieser und jener sich der Urvorstellung erinnern, daß dem Toten sein Werk nachfolge; aber man braucht diese Malereien wohl nicht so beim Buchstaben zu nehmen.[1])

Wir sind am Ende der Bildererklärung. Aber wir dürfen das Buch nicht schließen, ohne eine Schuld abzutragen, die uns noch aufliegt, eine Schuld der Anerkennung für viele Arbeit, die von den verschiedensten Seiten geleistet wurde, um das Verständnis der Katakombenmalereien auf festeren Boden zu stellen. Wir zielen jetzt nicht auf das bleibende Verdienst, welches Viktor Schultze sich dadurch erwarb, daß er die sepulkrale Bedeutung der altchristlichen Bildwerke zuerst entschieden hervorhob. Wir denken auch nicht gerade an den Streit über Freiheit oder Gebundenheit der Maler. Dieser Streit ist nur eine Episode in dem teils interkonfessionellen, teils innerkonfessionellen Streit um die Freiheit. Die einen suchen ihre Unterwerfung unter die Befehle einer kirchlichen Monarchie aus der Geschichte zu rechtfertigen, als ob das sittlich Unzulässige aus der Geschichte gerechtfertigt werden könnte, die andern suchen ihre Freiheit geschichtlich zu begründen, als ob das ethisch Begründete einer geschichtlichen Begründung bedürfte. Während jene in der Geschichte des Christentums nur die Momente der Gebundenheit sehen, finden diese überall Bekundungen und Wirkungen des Prinzips der Freiheit. Nach den einen sollen die Katakombenmaler ihre sinnreichen Dekorationen nach Vorschrift der Geistlichkeit entworfen haben, nach den andern folgten sie ungebunden den eignen Eingebungen. Während doch vom ersten Tage des Christentums an innere Freiheit und äußere Gebundenheit miteinander in Widerstreit lagen. So gewiß Jesus ein Prophet der sittlichen Freiheit war, so gewiß hat die Macht seiner Persönlichkeit die Gemüter seiner Jünger vom ersten Tage an gebunden, und die harte antike Polis hat in ihrer letzten Gestalt, der Kirche, sich ausgelebt, immer schärfer in ihrer Eigenart sich vollendet. In dieser unfrei freien Christenheit schwammen die Maler mit. Gerade in den ersten Jahrhunderten schufen sie aus privatem Auftrag, von kirchlicher Leitung der Katakomben ist erst später die Rede. Sie malten, was die Christen dachten; die christlichen Gedanken standen aber offiziell unter Leitung des Lehramts, ohne doch

---

[1]) Viktualienhändler: Wilpert, Röm. Quartalschr. 1887 Taf. 1; Malereien 532. — Gemüsehändlerin: Wilpert 534 Taf. 143, 2. — Schiffer: eb. 535 Taf. 173, 1. — Böttcher: eb. 535 Taf. 202. — Winzer: eb. 536 Taf. 245, 2.

mit dessen Lehrmeinungen identisch zu sein. Vor allem weiteren aber müssen wir
die Bilder richtig verstehen; es wäre verfrüht, über die Quelle ihrer Ideen zu streiten,
solange nicht über das Tatsächliche dieser Ideen Verständigung erzielt ist.[1]

Den besonderen Quellen, aus denen die Maler ihre Ideen schöpften, hat man
neuerdings eifrig nachgespürt; und man hat — eine Fragestellung, die den philologisch denkenden Archäologen sofort interessiert — nach literarischen oder doch
literarisch greifbaren Quellen gesucht. Den Anstoß gab Le Blant, dessen Forschungen
so läuternd auf die Interpretation der altchristlichen Bildwerke wirkten. Bei seinen Untersuchungen über die christlichen Sarkophage Galliens machte er die Beobachtung, daß
in den Grabschriften Formeln wiederkehrten, die den Sterbegebeten eignen; dies führte
zu der Hypothese, daß dieselben Gebete auch Quelle für die sepulkrale Skulptur
gewesen seien. Die in den Gebeten sich wiederholende Bitte, der Herr möge den
Verstorbenen erlösen, wie er den Daniel aus der Löwengrube erlöst habe, den Jonas
aus dem Bauche des Fisches usf., legte den Gedanken nahe, eben aus diesen Gebeten
seien die Sujets der Sarkophagreliefs entnommen, Daniel, Jonas usf. Nun gehören
die Sarkophage dem vierten Jahrhundert an, die Sterbegebete aber finden sich erst in
wesentlich jüngeren Niederschriften; doch glaubt man ihr Dasein bis in das vierte
Jahrhundert zurückführen zu dürfen, und Liell versuchte, ihre Spuren bis in das
dritte Jahrhundert zurückzuverfolgen, so daß sie auch für die von Le Blant ganz
beiseite gelassenen Katakombenmalereien einigen Wert erhalten würden. Aber man
kam auf diesem Wege doch nicht bis zu den ersten Anfängen der Katakomben und
ihrer Malereien im ersten Jahrhundert, gerade ihre erste Entstehung ließ sich aus den
Totenliturgien nicht erklären.[2]

Inzwischen hatte man diesen und jenen anderen Weg zur Erklärung der Bildwerke einzuschlagen versucht. David Kaufmann machte auf die altjüdischen
liturgischen Gebete aufmerksam, Johannes Ficker auf die altchristlichen Dichtungen,
Steinmann auf die Predigten, de Waal zog die Psalmen heran. Die altjüdischen
Bußgebete können Motive an die frühchristlichen Gebete abgegeben und durch diese
auf die Bildung der altchristlichen Typik in Einzelfällen eingewirkt haben. Die altchristlichen Dichtungen und Predigten sind zu jung, um zur Erklärung wenigstens
der Katakombenmalereien dienen zu können. Mit Psalmengebeten und -gesängen
endlich war das ganze christliche Leben in der Tat durchwebt; es gibt Psalmen-
stellen, die zum Verständnis der Malereien heranzuziehen sind.[3]

Neuerdings hat Karl Michel das Problem der Gebete als Quellen der Bilder

---

[1] Viktor Schultze, Archäologische Studien über altchristliche Monumente 1880. Dazu
Kraus, Geschichte I 74, 1.

[2] Sterbegebete: Commendatio animae, quando infirmus est in extremis. Ordo in exitu
animae. Oratio de agonizantibus. — Le Blant, Étude sur les sarcophages chrétiens de la ville
d'Arles 1878, Introduction § 5 Les basreliefs des sarcophages chrétiens et les liturgies funéraires.
Auch Revue archéol. 1879. — Über Le Blant, Les commentaires des livres saints et les artistes
chrétiens des premiers siècles (Acad. des inscript., extr. des mém. tome XXXVI II, Paris 1899) vgl.
Joh. Ficker in der Deutschen Literaturzeitung 1900, 372. — Liell, Darstellungen der allerseligsten
Jungfrau und Gottesgebärerin 1887, 139.

[3] David Kaufmann, Revue des études juives 1887. Monatsschrift für die Wissenschaft
des Judentums 1896, 382. — Joh. Ficker, Bedeutung der altchristlichen Dichtungen für die
Bildwerke (in der Festgabe für Anton Springer) 1885. — Steinmann, Tituli und kirchliche
Wandmalerei 1892, 72. — de Waal, Römische Quartalschr. 1896, 339.

einer neuen Bearbeitung unterzogen. In Untersuchungen, die bis in die vorchristliche Zeit zurückgreifen, ist er den Ursprüngen der in Frage kommenden christlichen Gebete nachgegangen; er findet, daß sie ursprünglich exorcistisch waren, Gebete zur Beschwörung des Satans und der Dämonen. In primitiv antiker Anschauungsweise schrieb man den Dämonen die Schuld an Krankheit, Tod und allem Übel zu, einschließlich Schuld und Sünde; hiergegen rief man die Macht Gottes und Christi an und zählte die biblischen Taten Gottes zum Heile Israels auf, man sprach das Vertrauen aus, Gott werde auch weiter, und im besonderen Fall, helfen, vermöge derselben Kraft, mit der er früher Tote erweckt, Blinde sehend gemacht, Lahme und Aussätzige geheilt, den Jonas aus dem Bauche des Fisches gerettet habe, den Daniel aus der Löwengrube, die drei Knaben aus dem Feuerofen usf.; so wolle Gott den Betenden auch aus der Hand dessen befreien, der ihm nach der Seele trachte, des Satans. Von hier aus erklären sich nun auch die Sterbegebete. Der Exorcismus trat zurück, und der Gebetsinhalt beschränkte sich auf die Erlösung aus dem Tod. Der von Johannes Ficker angegebene, von Michel beschrittene Weg, durch Verwertung neuer literarischer Hilfsmittel und durch Verbindung der literarkritischen mit der religionsgeschichtlichen Methode weiter zu kommen, eröffnet verheißungsvolle Perspektiven, wenn auch die Forschung über das dritte Jahrhundert vorläufig nur hypothetisch zurückzugehen vermag.

Gesetzt aber, die Gebete mit den alt- und neutestamentlichen Rettungstypen ließen sich bereits im ersten Jahrhundert sicher nachweisen, so wäre damit immer noch nicht bewiesen, daß sie die entsprechenden Bildtypen hervorgerufen hätten. Franz Xaver Kraus hat das Umgekehrte als durchaus nicht undenkbar bezeichnet, daß nämlich die populär gewordenen und allgemein verständlichen Szenen der Bildnerei gerade wegen ihrer Geläufigkeit in die Liturgien aufgenommen wurden. Wir wollen nicht soweit gehen, wollen es auch dahingestellt sein lassen, ob es wahrscheinlich sei, daß gerade die Sterbegebete in erster Linie die Volksvorstellung befruchteten, deren Niederschlag jetzt in den Katakombenmalereien als einer altchristlichen Volkskunst gesehen wird. Einstweilen werden wir bei einer zurückhaltenderen Formel stehen bleiben: Die christlichen Vorstellungen waren vorhanden auch ohne Sterbegebete und Katakombenmalereien, die eher beide als parallelgehende Niederschläge aus eben jenen Vorstellungen betrachtet sein wollen.[1])

Über die von den genannten Gelehrten versuchte Ableitung der Bilder aus gewissen Gebeten als der Quelle ihrer Idee geht nun Wilpert noch wesentlich hinaus, indem er die Bilder selbst für gemalte Gebete erklärt. Die Fürbitte für die Verstorbenen, sowie der Verstorbenen für die Hinterbliebenen, und die große Rolle, die sie im katholischen Kultus spielt, hat ihn dazu verführt, das Schema der „Oranten“, wie wir hörten, nicht als das der Anbetung, sondern der Bitte zu erklären, der Fürbitte, weiter aber ganze Reihen von Bildern für Bildergebete. Die meisten Typen aus dem alten Testament, Daniel, Noah usf., bezeichnet er als „Darstellungen, welche die Bitte um den Beistand Gottes für die Seele der Verstorbenen ausdrücken“ (Malereien Seite 332). Diese Auffassung bestätigt er bei einzelnen Bildern: Hiob sei

---

[1]) Karl Michel, Gebet und Bild in frühchristlicher Zeit (in Joh. Fickers Studien über christliche Denkmäler 1) 1902. Vgl. Wilpert, Malereien 145—148. — Franz Xaver Kraus, Gesch. d. christl. Kunst I 1896, 71. — Zu den Beziehungen zwischen Kunst und Literatur vgl. noch Hennecke, Altchristliche Malerei und altchristliche Literatur 1896.

in der Grabmalerei ein Ausdruck der Bitte um den Beistand Gottes für die Seele des Verstorbenen (382). Die Susanna zwischen den zwei lüsternen Alten führe uns im Bilde vor, was die Bitte besage: Befreie, o Herr, die Seele des Verstorbenen (413). Wieder andere Bilder seien Darstellungen, welche die Bitte um Zulassung des Verstorbenen in die ewige Seligkeit ausdrückten (417). Er geht sogar so weit, daß er den Malern die Absicht zuschreibt, „die Besucher der unterirdischen Grabstätten zum Gebete für die Verstorbenen anzuleiten" (334).

In gleicher Weise, als bildlichen Ausdruck von Bittgebeten, erklärt Wilpert weiterhin die zwischen Seligen („Heiligen") stehenden Oranten. Solch ein Gemälde habe „einen großen Wert; denn es sei eine Verbildlichung der uralten Bitte um Anteil an der Gemeinschaft der Heiligen" (464). Aus Grabschriften des vierten Jahrhunderts bringt er eine Reihe Bitten an Heilige um Aufnahme des Verstorbenen in den himmlischen Frieden, fährt dann aber fort „In der Malerei der Katakomben fanden jene Bitten ihren bildlichen Ausdruck" — nun gebe man acht — „oder vielmehr ihre Beantwortung in den Darstellungen, welche den Verstorbenen zwischen — — Heiligen zeigen" (465). Mit den Worten „oder vielmehr ihre Beantwortung" nimmt Wilpert seine ganze Lehre von den „Bildergebeten" selbst zurück; er muß der Wahrheit die Ehre geben und anerkennen, daß eben nicht Bitten gemalt sind, sondern „vielmehr ihre Beantwortung", das ist ihre Erfüllung. Denn gemalt ist ganz einfach der Verstorbene zwischen anderen Seligen im Himmel, gemalt ist „die Gewißheit, daß der Verstorbene der Seligkeit teilhaftig geworden ist", das sind Wilperts eigne Worte an andrer Stelle (431).

In den Grabschriften gehen die Hinterbliebenen allerdings den Verstorbenen um seine Fürbitte an, „denn, sagen sie, wir wissen, daß du bei Christus bist" (quia scimus te in Christo, bei Wilpert 211). In einem andern Epitaph heißt es „er war begierig Gott zu schauen, er hat ihn zu schauen bekommen" (Deum videre cupiens vidit); daran anschließend sagt Wilpert „Was die Hinterbliebenen hier mit solcher Sicherheit aussprechen, daß der Verstorbene nämlich zur Anschauung Gottes gelangt ist, wird in einigen liturgischen Gebeten und späteren Inschriften Gott in Form einer Bitte vorgetragen" und „die cömeteriale Kunst brachte diese Bitte zum Ausdruck" (421). Warum geht Wilpert am Nächstliegenden, daß die Bilder das Schauen Gottes aussprechen, vorbei und folgt den liturgischen Gebeten und späteren Inschriften? Auch hier war der Wunsch Vater des Gedankens, der Wunsch, geltende Dogmen in den Denkmälern des christlichen Altertums ausgedrückt zu sehen.

Gott zu schauen, das war der Gedanke des antiken Christen; darum stellen ihn die Gruftmalereien anbetend dar, vor dem Angesicht des Herrn, der ihn aus dem Tod erlöst, wie er so viele schon aus allerlei Not, Todesnot, erlöste, und der ihn in das himmlische Paradies verbringt zum Gelage des himmlischen Bräutigams.

Das ist der Gedanke der Katakombenmalereien.

Verzeichnis der Illustrationen.

Register.

* Abbildung.

Bärtiger Christuskopf.
Coem. Pontiani.

Cubiculum Oceani. Coemeterium Callisti.

Deckenmalerei.   Hypogaeum Lucinae.

Fünf Selige im Paradies. Coemeterium Callisti.

Die zwei kleinen Fachgräber sind nachträglich eingehauen.